Charles Berlitz, 1913 in New York geboren, ist der Enkel des Begründers der Berlitz School of Languages, der 1872 aus Württemberg in die USA auswanderte. Charles Berlitz selbst spricht mehr als 25 Sprachen. Er studierte Geschichte und Sprachwissenschaften an der Yale University und promovierte dort 1936. Seit vielen Jahren beschäftigt er sich mit dem Rätsel Atlantis, mit Unterwasser-Archäologie, Weltraumforschung und dem Phänomen Unbekannter Flugobjekte. Für seine fesselnden und aufsehenerregenden Berichte erhielt er 1978 den Prix International Dag Hammarskjöld.

Sonderausgabe
für Weltbild Verlag GmbH, Augsburg 1994

Umschlaggestaltung Manfred Waller, Reinbek
Umschlagfoto Steven Hunt/The Image Bank
Druck und Bindung Elsnerdruck, Berlin
Printed in Germany

ISBN 3-89350-682-9

Charles Berlitz

Unglaublich!

Ungewöhnliche Erlebnisse
außergewöhnlicher Menschen

Aus dem Amerikanischen
von Angelika Bardeleben

Die Welt des Unbegreiflichen

Erlebnisse mit einer
anderen Dimension

Aus dem Amerikanischen
von Klaus Berr

Weltbild Verlag

Unglaublich!

Ungewöhnliche Erlebnisse
außergewöhnlicher Menschen

Charles Berlitz berichtet in diesem Buch wieder über unerklärliche Phänomene, Rätsel und Geheimnisse unserer Welt.

»Die Grenze zwischen dem Paranormalen und den anerkannten Naturwissenschaften beginnt sich aufzulösen. Wir leben in einer Zeit, wo die Geschichte sozusagen die Luft anhält, wo die Gegenwart sich von der Vergangenheit löst ...«

Titel der Originalausgabe »Strange People And Amazing Stories«

Einleitung

Wir Menschen haben meist Schwierigkeiten damit, Ideen oder Dinge zu akzeptieren, die wir noch niemals vorher gesehen haben. Viele der Gegenstände oder Maschinen, die uns heute durchaus alltäglich und lebensnotwendig erscheinen, wurden früher als bloßer Betrug oder als eine Art Phantasieprodukt betrachtet.

Was sonst als wilde Hirngespinste oder Zauberkunst hätte dahinterstecken können, wenn wirre Geister die Möglichkeit erwogen, durch die Luft zu fliegen oder mit einer seltsamen Maschine durch die Landschaft zu rasen? Die Vorstellung, daß man sich möglicherweise unter der Meeresoberfläche fortbewegen könnte, ohne dabei naß zu werden, oder daß man von seinem Haus aus zu Freunden in weit entfernten Städten sprechen oder sogar Geschehnisse beobachten könnte, die sich in weiter Ferne abspielten, muß den Menschen früher einigermaßen absurd erschienen sein. Und war die Überlegung, ob man nicht durch den Weltraum zum Mond oder zu anderen Planeten oder sogar noch weiter fliegen könnte, nicht ein bloßer Rückgriff auf mythologische Vorstellungen?
Die Menschen früher hielten solche Ereignisse nicht nur für einfach unmöglich; sie begegneten auch vielen der heutigen technischen Wunderwerke während der Zeit ihrer Entwicklung und Erprobung mit Widerstand und Verachtung.
Im Jahre 1868 wurden in zahlreichen Zeitungen Leitartikel veröffentlicht, die besagten, daß Telefone nichts als ein fau-

ler Trick seien, mit dem man es darauf anlege, die Öffentlichkeit zu schröpfen und an der Nase herumzuführen.
Die ersten fünf Jahre nach der erfolgreichen Luftfahrt der Gebrüder Wright lehnte es der *Scientific American* beharrlich ab, irgend etwas darüber zu berichten oder einen Kommentar abzugeben. Vielmehr bewies Simon Newcomb vom *Smithsonian* mit Hilfe mathematischer Berechnungen, daß der Flug einer Maschine, die schwerer ist als Luft, unmöglich wäre. Der berühmte französische Wissenschaftler Lavoisier behauptete, daß Meteoriten nicht existieren würden. Er meinte: »Steine können unmöglich vom Himmel fallen, da es ja im Himmel keine Felsen gibt.«
Vor 1914 entschied das Oberkommando der französischen Armee, daß Flugzeuge wohl für militärische Beobachtungen zu gebrauchen seien, für sonstige militärische Zwecke allerdings nicht.
Als das erste Grammophon an der Pariser Akademie der Wissenschaften getestet wurde, sprang der ständige Staatssekretär dem Wissenschaftler, der die Demonstration durchführte, plötzlich an die Kehle und schrie, daß das Geräusch von nichts anderem herrühre als von der Bauchrednerei des Vorführenden — aber natürlich spielte die Platte während dieses Zwischenfalls unermüdlich weiter.

Sogar die Idee der Kernspaltung wurde als reine Theorie angesehen — bis zum August 1945, als sie sich schließlich in ein tragisches Faktum verwandelte. Es gibt noch andere Vorstellungen und Themen, die bis jetzt noch nicht von der Wissenschaft akzeptiert wurden, die aber gleichwohl in den vergangenen Jahrzehnten eine gewisse Respektabilität erlangt haben und zum Gegenstand experimenteller Studien geworden sind. Dazu gehören die Phänomene der Telepathie, also der Teleübertragung, der Telekinese oder Vorausschau, der Seelenwanderung und der Existenz einer eigenständigen Psyche (griechisch für ›Seele‹). Die Vorstellung, daß es so etwas wie eine Seele gäbe — und das bedeutet, daß das Gehirn eine Art spiritueller Komponente besitzt, die über das rein körperlich vorhandene Gehirn hinausreicht —, ist immer noch so geheimnisvoll wie in den Zeiten des Mittelalters. Könnte diese vom bloßen körperlichen Gehirn eigenständig existierende Einheit so etwas sein wie ein mit Einsicht begabtes Wesen, das über den Tod hinaus fortbesteht und das sich vielleicht auch manchmal während des Lebens vom Körper trennt? Es gibt mehr und mehr Hinweise darauf, daß die Psyche nicht einfach nur ein bestimmtes Verhaltensmuster aufgrund chemischer Reaktionen ist, sondern daß dazu noch mehr gehört — und daß sie vielleicht eine eigene Antriebskraft und in sich vorhandene Kraft der Bewegung hat.

Mit Hilfe neuer Experimente und Methoden ist dieses Mysterium jetzt, zusammen mit anderen Geheimnissen der Welt und des Universums, das Objekt wissenschaftlicher Forschung.

Die Trennungslinie zwischen dem Paranormalen und den etablierten Wissenschaften verblaßt allmählich, und in einigen Fällen beginnen diese beiden Bereiche miteinander zu verschmelzen. Das, was wir als ein bloßes Spiel der Phantasie angesehen haben, ist möglicherweise ein Faktum. J. B. Haldane meinte zu diesem Thema: »Wir leben in einer Zeit, in der die Geschichte den Atem anhält und in der die Gegenwart sich von der Vergangenheit ablöst wie das abgebrochene Stück eines Eisbergs ...«

Für den Menschen der prähistorischen Zeit dienten die Zähne als Waffen und auch als Werkzeuge, um unbearbeitete Nahrung zu verzehren. Aber während sich die menschliche Rasse weiterentwickelte und dabei riesige Waffenarsenale und zugleich weiche, verfeinerte Nahrungsmittel produzierte, verloren die Zähne ihre lebenswichtige Bedeutung. Nach Meinung eines Experten wird das Endergebnis dieser Entwicklung letztlich ein vollkommen glattes, zahnloses und haarloses Exemplar Mensch sein.

Der Kiefernorthopäde David Marshall meint, daß die menschlichen Kiefer bereits kleiner geworden sind und daß sich zugleich die Schädelhöhle deutlich ausgedehnt hat. Parallel zu dieser Entwicklung fallen die Zahnkronen aus, und die Zahnwurzeln schrumpfen. Marshall, der fünfunddreißig Jahre lang Schädeluntersuchungen durchgeführt und ein anatomisches Museum in Syracuse, New York, eingerichtet hat, ist zu dem Ergebnis gekommen, daß sich die menschliche Gestalt in einem Veränderungsprozeß befindet. Er meint, daß die Menschen in einigen Millionen Jahren kahl sein, daß ihre Gesichtszüge dann sehr viel deutlicher als heute hervortreten und daß ihre Kieferknochen erheblich verkleinert sein werden.

Aber im Vergleich mit den Menschen der Urzeit haben wir, so versichert Marshall, sehr viel größere Möglichkeiten, unsere Umgebung zu gestalten. Und, so fügt er hinzu, »solche Möglichkeiten wie Gentechnologie könnten die Entwicklung durchaus in eine andere Richtung lenken.«

Kinder, die dem Tod ins Gesicht sahen

Ein siebenjähriges Mädchen aus Washington, das fast in einem öffentlichen Schwimmbad ertrunken wäre, wurde in die Unfallstation eines Krankenhauses gebracht und fiel dort in ein tiefes Koma. »Ich war tot«, erzählte sie, nachdem sie drei Tage später das Bewußtsein wiedererlangt hatte. »Ich war in einem dunklen Tunnel. Ich hatte sehr große Angst, und ich konnte nicht laufen.«

Eine Frau namens Elizabeth, so sagte das kleine Mädchen, sei plötzlich aufgetaucht, um sie in den Himmel zu geleiten. Als sie dort angelangt war, begegnete sie ihren toten Großeltern, einer toten Tante und »dem lieben Gott und Jesus«. Auf die Frage, ob sie ihre Mutter sehen wollte, antwortete das Mädchen mit »ja« und wachte im Krankenhaus wieder auf.

Dies war der erste Fall einer Erfahrung mit dem Reich der Toten, von dem in der medizinischen Literatur berichtet wurde. Er wurde von dem Kinderarzt Melvin Morse im *American Journal of Diseases of Children* (amerikanische Zeitschrift für Kinderkrankheiten) geschildert. Später interviewte Morse noch weitere Kinder, die nach traumatischen Unfällen ähnliches zu erzählen wußten. Ein Kind erinnerte sich daran, im Himmel ausgeschimpft worden zu sein, ein anderes wurde auf einem Lichtstrahl durch einen langen, dunklen Tunnel getragen.

Sicherlich sind diese Kinder wohl in sehr religiösen Familien aufgewachsen; aber dennoch ist Morse der Meinung, daß ihre Erfahrungen mehr sind als bloße Phantasie. Er ist der Ansicht, daß die Kinder möglicherweise wirklich einen Blick in das Leben nach dem Tode geworfen haben oder daß sie einige der archetypischen Bilder und Visionen sahen, die alle Menschen in ihrem Unterbewußtsein gespeichert haben.

Tödliches Alibi

An einem klaren, sonnigen Aprilnachmittag des Jahres 1953 beobachteten mehrere Menschen einen Mann, der gerade die Tür einer vornehmen Wohnung in Chicago aufbrach. Vor Gericht erkannten die Zeugen den Missetäter — den 32jährigen William Brooks — wieder, und sie erinnerten sich noch ganz genau, zu welcher Zeit sich der Einbruch abgespielt hatte.

Die Polizei in Chicago allerdings wußte überhaupt nicht, wie sie in diesem Fall vorgehen sollte. Alle Indizien deuteten darauf hin, daß der Mann ein sehr merkwürdiges, aber dennoch perfektes Alibi hatte.

Als sie der Geschichte von Brooks nachspürten, fanden die Kriminalbeamten von Chicago heraus, daß er gerade aus der Haft entlassen und vollkommen mittellos war. Nachdem unter dem Sitz von Brooks' Auto ein Schraubenzieher gefunden wurde, erschien der Fall sonnenklar. Die Spitze des Werkzeugs paßte nämlich ganz genau in die Spuren, die der Dieb an der Tür der Wohnung hinterlassen hatte.

Bei der Gerichtsverhandlung jedoch versicherte Brooks, er könne überhaupt nicht schuldig sein, weil er zum Zeitpunkt des Einbruchs tot gewesen sei. Sein Pflichtverteidiger ging der Sache nach und fand erstaunlicherweise heraus, daß diese Behauptung zutraf.

Und dies war Brooks' Geschichte: Im März des Jahres 1953 wurde er aus einem Krankenhaus entlassen, in dem er wegen seiner Magengeschwüre behandelt worden war. Allerdings wurde seine Krankengeschichte irrtümlich auf einen anderen Mann mit demselben Namen übertragen. Der andere starb im Krankenhaus. Am Tag des versuchten Einbruchs hatte Brooks im Verwaltungsbüro des Krankenhauses vorgesprochen, um den Irrtum klarzustellen. Er wollte nämlich vor allen Dingen seine Rentenansprüche aus der Zeit des Militärdienstes nicht verlieren. Tatsächlich sagten Zeugen aus, daß er zu dem Zeitpunkt, an dem das Verbrechen begangen worden war, im Verwaltungsbüro des Krankenhauses gesessen und auf ein Telegramm gewartet habe, das seine Identität bezeugen sollte und das schließlich um ein Uhr vierundvierzig auch wirklich eintraf.

Der Gerichtshof einigte sich schnell darauf, daß Brooks unschuldig war — und zwar aufgrund dieses wahrscheinlich einmaligen Alibis in der Geschichte der Menschheit. Als nämlich um ein Uhr dreißig mittags der Einbruch begangen wurde, war William Brooks im Sinne des Gesetzes ein toter Mann.

Außerirdische haben möglicherweise bereits seit langem die günstigste Stelle gefunden, um eine Kolonie zu gründen — und zwar den Asteroidengürtel zwischen Jupiter und Mars.

Der Astronom Michael Papagiannis von der Universität Boston nennt verschiedene Gründe, warum diese Gruppe von Sternen den Reisenden des Weltalls besonders attraktiv erscheinen mag. In diesem Gebiet gibt es nämlich sehr viele Rohstoffe, die eine Kolonie von Außerirdischen sicherlich gut gebrauchen könnte; darüber hinaus sind die Planeten der Sonne so nahe, daß es möglich ist, die Sonnenenergie zu nutzen. Und natürlich gibt es auf den Asteroiden auch viele kleine Täler, die wunderbar als Parkplatz für Raumschiffe dienen könnten.

Weiter weist Papagiannis darauf hin, daß das felsige Gebiet der Asteroiden noch einen weiteren Vorteil bietet: es könnte nämlich die Aktivitäten der Außerirdischen vor den Blicken der Erdbewohner schützen. Aber warum sollten Außerirdische ein Interesse daran haben, ihre Kolonie im Weltall vor den Teleskopen der Erdenmenschen zu verbergen? »Wir haben enorme technologische Fortschritte gemacht«, antwortet Papagiannis. »Die Außerirdischen sind vielleicht dabei sich zu entscheiden, ob sie uns helfen oder in einem Großangriff auslöschen sollen.«

Vogelregen

»Es regnet Katzen und Hunde« — so sagt man in England und in den USA, wenn ein heftiger Regen vom Himmel prasselt. Allerdings wurde verschiedentlich berichtet, daß es tatsächlich tote Tiere, nämlich Vögel, vom Himmel geregnet hat.

So besagt eine zuverlässige Quelle, daß im Herbst des Jahres 1846 ganze Gegenden in Frankreich mit toten oder sterbenden Vögeln bedeckt waren, die zusammen mit seltsamen roten Regentropfen vom Himmel gefallen waren. Wissenschaftler in Lyon und Grenoble konnten nicht herausfinden, wodurch nun die vielen Lerchen, Rotkehlchen, Enten und Wachteln zu Tode gekommen waren — und sie konnten auch den Grund für den »roten Regen« nicht erforschen.

Fünfzig Jahre später, im Juli des Jahres 1896, fielen in der Gegend von Baton Rouge in Louisiana Hunderte von toten Spechten, Drosseln, Krähen, wilden Enten und anderen Vögeln zu Boden. Seltsamerweise waren einige dieser unglücklichen Tiere noch nicht einmal in diesem Teil des Landes beheimatet.

Im Sommer des Jahres 1960 prasselte noch ein weiterer Vogelregen vom Himmel, dieses Mal in Capitola in Kalifornien. Der Polizist Ed Cunningham war der erste, der um ungefähr zwei Uhr dreißig morgens den merkwürdigen Tierregen bemerkte. Große tote Vögel schlugen neben seinem Auto auf das Pflaster. »Sie fielen so schnell und mit solcher Wucht zu Boden, daß sie mich durchaus hätten bewußtlos schlagen können«, erinnert er sich.

»Ich fand es ratsam, im Auto sitzenzubleiben, und genau das tat ich dann auch.«

Schließlich fuhr er mit seinem Wagen von Capitola nach West Cliff Drive. Er entdeckte nun, daß die Küstenstraße und der Strand ebenfalls mit toten Vögeln übersät waren.

Bei Sonnenaufgang wurde die Situation geradezu dramatisch: Vogelleichen hingen auf Zäunen, Elektroleitungen, Rasenflächen, im Gebüsch und auf Fernsehantennen.

Experten stellten fest, daß die großen Vögel zu den Sturmvögeln, in den USA »Sooty Shearings« genannt, gehörten. Einige der Vögel überlebten wundersamerweise ihren Sturz auf die Erde und flogen schließlich unversehrt weiter.

Aber was war überhaupt der Grund für den Vogelregen? War es das Wetter, beispielsweise Smog? Waren es Krankheiten oder gar Gift? Experten, die die toten Vögel untersuchten, bestätigten, daß sie durch den Sturz in die Tiefe zu Tode gekommen waren. Aber warum sie überhaupt ihren Flug unterbrochen hatten, bleibt bis zum heutigen Tag ein Rätsel.

Die blonde Mumie

Chinesischen Archäologen ist es gelungen, eine sehr alte und äußerst gut erhaltene Mumie zu bergen. Es ist in der Tat die älteste Mumie, die jemals in China gefunden wurde — aber die wohlkonservierte Dame, die im Alter von ungefähr vierzig Jahren das Zeitliche segnete, war gar keine Chinesin. Sie war vielmehr eine blonde Kaukasierin, und sie starb vor fast 4000 Jahren in China.

Die Zeitung *China Daily* berichtete, daß die Frau ungefähr fünf Fuß (ungefähr 1,50 Meter) groß war, daß sie gebräunte Haut und lange blonde Haare hatte. Da sie in vollkommen trockenem Wüstensand begraben wurde, schien sie äußerlich wohlbehalten und elastisch, und ihre inneren Organe waren praktisch intakt.

Forscher zogen daraus den Schluß, daß die Frau wahrscheinlich Mitglied des Stammes der Uiger, eines Nomadenstammes, gewesen war. Die Uiger waren die Vorfahren der heutigen Türken. Nach Aussagen des Direktors des *Boston Museum of Fine Arts*, Wu Tung, war die Kultur der Uiger von den Griechen, Indianern und Chinesen beeinflußt.

Ärzte in Shanghai, die die gut erhaltene Leiche untersuchten, machten einige verblüffende Entdeckungen. Wer auch immer sie gewesen sein mochte, zum Zeitpunkt ihres Todes hatte sie große Mengen von Cholesterin in ihrem Muskelgewebe — und unerklärlicherweise Spuren eines silbrig-weißen, metallischen Elements, Antimon, in ihren Lungen.

Der Mensch, der eine Verbrennung überlebte

Zwar gibt es zahlreiche Berichte darüber, daß Menschen plötzlich und ohne ersichtlichen Grund lichterloh in Flammen standen, aber dennoch behaupten Skeptiker, daß bei Menschen eine spontane Selbstentzündung vollkommen unmöglich sei. Allerdings dürfte es schwerfallen, gerade Jack Angel aus Atlanta, Georgia, von dieser Tatsache zu überzeugen. Angel gilt bei vielen Experten als das einzige Opfer derartiger Selbstentzündungen, die den Vorfall überlebt haben und davon berichten können.

Früher war Angel bei bester Gesundheit und verdiente 70 000 Dollar im Jahr. Heute dagegen ist er schwerbeschädigt und ans Haus gefesselt — und das alles wegen des bizarren Vorfalls, der sich ereignete, als er sich gerade auf Geschäftsreise in einer Savannengegend befand.

Als er nämlich in seinem Campingwagen ein Nickerchen machte, wurde Angel von einem reißenden Schmerz durchzuckt, und sein Körper stand in hellen Flammen. David Fern, ein Arzt, wurde herbeigeholt, um die Verbrennungen zu behandeln. Er konnte nur noch feststellen, daß Angel ein Loch in der Brust hatte, daß seine Rückenwirbel zusammengeschmolzen waren und daß zudem einer seiner Arme so furchtbar verbrannt war, daß er nicht gerettet werden konnte.

Fern kam zu der Überzeugung, daß es nur eine einzige Erklärung für diesen Brand geben konnte. Da in dem Wohnwagen überhaupt keine Brandspuren zu sehen waren, mußte sich Angel wohl selbst entzündet haben —

und zwar durch eine bisher ungeklärte molekulare Reaktion, durch die Menschen im wahrsten Sinne des Wortes zu Staub und Asche werden.

Computerisierte Evolution

Hat der Mensch aufgehört, sich zu entwickeln? Nach Meinung des Wissenschaftlers Hans Moravec ist dies nicht der Fall. Aber seine Vision des Menschen von morgen sieht ein wenig anders aus als die des großschädeligen, schlitzmäuligen, haarlosen Humanoiden, die in der heutigen *Science-Fiction*-Literatur so häufig auftaucht. Statt dessen sagt Moravec, ein Erforscher der künstlichen Intelligenz am *Carnegie-Mellon Robotics Institute,* daß der Pfad der menschlichen Evolution direkt zu einer Verschmelzung mit Maschinen führe.

Moravec beharrt darauf, daß Menschen in etwa dreißig Jahren ihre schwachen sterblichen Gliedmaßen gegen haltbarere Roboterteile austauschen und daß das relativ kleine menschliche Gehirn von superintelligenten Computern unterstützt werden wird. Er meint weiter, daß wir imstande sein werden, genaue Kopien des Gehirns auf Computerprogramme zu übertragen, die uns dann wiederum ermöglichen werden, tausendmal so schnell zu denken, als es jemals möglich gewesen ist.

Ein anderer riesiger evolutionärer Schritt wird, so erklärt Moravec, dann gemacht werden, wenn talentierte Roboter ihr Bedürfnis nach Individualität verlieren und anderen ihre Programme mitteilen. So wird beispielsweise ein Architekt, der nichts vom Kochen weiß, ein phantastisches Menü zubereiten, indem er sich einfach das Gedächtnis eines begnadeten Kochs ausleiht. Und ebenso werden Wissenschaftler in der Lage sein, zu brillanten intellektuellen Systemen Zugang zu finden und ihre Zeit gemeinsam damit zu verbringen, über die Geheimnisse des Universums nachzudenken.

Wenig später wird, meint Moravec, die Idee vom Individuum allmählich verschwinden. Letztendlich, so sagt er voraus, werden sich alle menschlichen Gehirne mit anderen Lebensformen vermischen. »Schließlich«, führt er aus, »könnte unsere Entwicklung darauf hinauslaufen, daß wir alle eine gemeinsame Bewußtseinseinheit bilden, deren Gedächtnis in einem riesigen Reservoir, das das ganze Universum umfaßt, gespeichert ist.«

Das Konzept, das Moravec entwickelt hat, ist dasselbe, das bereits seit Tausenden von Jahren von hinduistischen Philosophen gepredigt wird. In den ältesten Aufzeichnungen des Sanskrit heißt es, daß schließlich das ganze Leben und alles, was der menschliche Geist erschaffen hat, wieder zu Brahma, der ursprünglichen Lebenskraft, zurückkehren wird.

Das Meer des Teufels

Das Bermudadreieck ist nicht der einzige Ort, an dem Schiffe mit alarmierender Regelmäßigkeit verschwinden. Ein Gebiet im Pazifik, ein Stück vor der Küste von Japan gelegen, hat unerklärlicherweise so viele Schiffe geschluckt, daß die japanische Regierung diese Gegend offiziell zur Gefahrenzone deklariert hat.

Die gefährliche Stelle bekam schließlich den Namen »Teufelsmeer« oder »Dämonenmeer«, und zwar seit dem Zeitpunkt, als dort im Jahre 1955 neun Schiffe verschwanden; ein Suchschiff, die Kaiyo Maru, das dorthin gesandt worden war, um die anderen zu finden, wurde nach ungefähr zehn Tagen zum letztenmal geortet. In den nächsten fünfzehn Jahren verschwanden im »Teufelsmeer« über ein Dutzend Schiffe spurlos.

Japanische Forscher haben vermutet, daß schlechtes Winterwetter und riesige Wellen in einigen Fällen das Verschwinden der Schiffe verursacht haben könnten. Sie weisen auch darauf hin, daß das »Dämonenmeer« eine ganz bestimmte Eigenheit aufweist — der tatsächliche Norden und der Norden der Magnetnadel fallen dort zusammen, so daß es in diesem Gebiet unmöglich ist, den Kompaß genau zu lesen.

In der Hoffnung, das Geheimnis der gefährlichen Gewässer aufdecken zu können, hat das japanische Transportministerium in diesem Gebiet ein weiteres Forschungsprojekt gestartet. Aber anstatt nun noch mehr Menschen der Gefahr für Leib und Leben auszusetzen, installierte die Regierung im »Teufelsmeer« eine Roboterboje. Diese

Forschungsboje soll dort nun jahrelang im Meer schwimmen und den Wind, das Wetter und die Strömung im »japanischen Bermudadreieck« erforschen.

Sezierübungen bei Verwandten

Als die frischgebackenen Medizinstudenten der Universität von Alabama ihre erste Leichensezierübung für den Anatomiekurs machen sollten, waren sie ziemlich nervös. Aber in einem Brief, der im *Journal of the American Medical Association* abgedruckt war, wurde außerdem noch von einem schrecklichen Vorfall berichtet. Eine Medizinstudentin war vollkommen erschüttert, als sie die Leiche einer Frau vor sich sah. Diese Frau war nämlich ihre erst kürzlich verstorbene Großtante.

Es stellte sich heraus, daß die Verwandte nach ihrem Ableben zum staatlichen Anatomieinstitut gebracht worden war. Als die Ärzte der Universität von Alabama erfuhren, daß die Medizinstudentin hatte zusehen müssen, wie der Körper eines Menschen, den sie persönlich gekannt hatte, seziert wurde, hatte man die Leiche sofort in ein anderes Laboratorium bringen lassen. Von diesem Tag an wurden die Namen der Leichen mit den Namen der neuen Studenten verglichen.

»Jene Studentin erholte sich schnell von dem Trauma«, meint der Psychiater Clarence McDanal, einer der Unterzeichner des Briefes.

Vielleicht war es sogar die Studentin selbst gewesen, die dafür verantwortlich war, daß die Leiche ihrer toten Tante überhaupt in die Anatomie gebracht wurde. Vor dem Ableben der Tante hatte nämlich die junge Frau mit ihr darüber gesprochen, wie verdienstvoll es sei, seinen Körper der Universität für wissenschaftliche Untersuchungen zur Verfügung zu stellen.

Am 29. Januar 1963, um ungefähr 3 Uhr morgens, richtete sich Mrs. John Walik aus Long Beach in Kalifornien plötzlich voller Entsetzen in ihrem Bett auf. Sie war von einem schrecklichen Alptraum, der jedoch zugleich auch ungewöhnlich realitätsnah war, aufgewacht.
Sie hatte von einem Flugzeug geträumt, das in geringer Höhe über das Wasser flog. Das Flugzeug näherte sich gerade einer etwa dreißig Meter entfernten Landebahn am Ufer. Plötzlich aber fiel es senkrecht auf die Wasseroberfläche, sprang wie ein Gummiball wieder nach oben und explodierte dann in tausend Stücke.
Mrs. Walik mußte immer wieder an die Einzelheiten des Traums denken. Sie hatte deutlich erkannt, daß das Flugzeug eine große, viermotorige Constellation war, genau dasselbe Flugzeug, mit dem ihr Mann als Navigationsoffizier für *Slick Airways* flog.
Sollte der Traum eine Warnung sein, daß John Walik in Gefahr war? An jenem Morgen rief Mrs. Walik sofort das *Slick Airways*-Büro an und fragte, ob es ihrem Mann gut gehe. Man versicherte ihr, daß es keine Flugzeugabstürze gegeben habe und daß ihr Mann John, der gerade mit einem Frachtflugzeug auf dem Wege zur Westküste war, in wenigen Tagen wieder zu Hause sein würde.
Aber diese Aussagen beruhigten Mrs. Walik nicht. In den nächsten Tagen erzählte sie Freunden, Nachbarn und ihrer Familie — jedem, mit dem sie zusammentraf —, daß dieser Traum irgendwie anders gewesen sei, irgendwie erschreckend. Er war ihr so schrecklich *realistisch* vorgekommen.

Ein paar Tage später, am 3. Februar, erkundigte sich Mrs. Walik voller Unruhe noch einmal nach ihrem Mann. Wieder beteuerten die Angestellten der Fluggesellschaft, daß es mit Johns Flugzeug überhaupt keine Probleme gegeben habe und daß John ein paar Stunden später auf dem *San Francisco International Airport* landen würde.
Sobald Mrs. Walik den Hörer wieder aufgelegt hatte, kamen ihr die Einzelheiten ihres Traums wieder in den Sinn. Das Flugzeug in ihrem Alptraum war in der Nähe eines Gewässers zerschellt. Und tatsächlich: Um auf dem *San Francisco International Airport* landen zu können, mußte das Flugzeug mit ihrem Mann an Bord über die Bucht von San Francisco einfliegen.
Sie wählte noch einmal die Nummer des Büros der *Slick Airways*. Aber noch bevor sie das Gespräch beendet hatte, war ihr erschreckender Traum Wirklichkeit geworden. Das Flugzeug ihres Mannes zerschellte neben einer Rollbahn und entzündete sich. Fünf Männer der Crew kamen ums Leben. Vier andere allerdings – und darunter auch John Walik – überlebten.
Am nächsten Tag stand in der *Long Beach Independent Press* eine Reportage mit der Überschrift »Frau sah den Flugzeugabsturz ihres Mannes im Traum vorher«. Die Zeitung betonte ausdrücklich, daß genau dieser Unglücksfall von Mrs. Walik »fünf Tage vor seinem Eintreten« im Traum vorhergesehen worden war.

In den sechziger Jahren wurde die Familie des Lastwagenfahrers Eugene Binkowski aus Rotterdam, New York, von einer ganzen Reihe unerklärlicher Leiden befallen. Kopf, Zähne und Gelenke der einzelnen Familienmitglieder begannen zu schmerzen. Aber weshalb?

Alle fragten sich jedoch, ob ein schwacher Summton, den sie Tag und Nacht in ihrem Haus hörten, möglicherweise mit ihren Schmerzen zu tun haben könnte. Die Polizei und die Techniker eines in der Nähe gelegenen Elektrizitätswerks wurden um Rat gebeten. Als sie allerdings das Haus betraten, waren sie völlig verdutzt, daß die Familie Binkowski angab, ein dauerndes Summen zu hören. Sie selbst nämlich vernahmen keinen Laut.

Schließlich schrieb Eugene an Präsident Kennedy und bat ihn um Hilfe bei der Lösung dieses Rätsels. Ein paar Tage später schickte das Weiße Haus sechs Tontechniker der *Air Force* zum Haus der Binkowskis. Sie trugen äußerst komplizierte Instrumente bei sich, mit denen man Geräusche sehr hoher Frequenzen aufzeichnen konnte.

Zwar vermochten auch diese Experten nicht den Ursprung der Töne auszumachen, die möglicherweise die Probleme der Familie verursachten, aber die Techniker machten eine erstaunliche Entdeckung: Alle Binkowskis hatten ein ungewöhnlich feines Gehör und waren in der Tat fähig, Geräusche, die andere Menschen nicht wahrnahmen, zu hören. Sogar der kleine sechsjährige Terry konnte Töne wahrnehmen, die das menschliche Gehör normalerweise nicht erfassen kann. Die einzige Erklärung allerdings, die die Spezialisten der *Air Force* für den permanenten Summton anbieten konnten, war, daß das Geräusch möglicherweise von drei nahegelegenen Radiostationen herrührte.

Als die Öffentlichkeit vom »summenden Haus« in Rotterdam hörte, kamen Hunderte von Neugierigen, die das Geräusch auch hören wollten. Angeblich konnten die meisten dieser Leute tatsächlich den Summton hören oder behaupteten, einen fürchterlichen Druck und eine Benommenheit im Kopf zu spüren. Was auch immer aber diese seltsamen Vorkommnisse verursacht haben mochte, die Familie Binkowski beschloß letztendlich doch, dem andauernden Summen zu entfliehen. Sie packten deshalb ihre Sachen und zogen in eine nahegelegene Garage um.

Russische Mumien

Die russische Zeitung *Trud* berichtet, daß Mitte der achtziger Jahre eine Gruppe von sowjetischen Höhlenforschern auf etwas recht Unheimliches stieß: Sie entdeckten Höhlen, in denen Unmengen von alten Mumien zu finden waren. Sehr bald wurden diese Höhlen »Totenstadt« getauft.

Es bleibt allerdings rätselhaft, warum so viele Männer, Pferde und wilde Tiere sich überhaupt in diese Höhlen begaben — und wie sie zu Mumien wurden.

Sowjetische Experten äußerten in *Trud* die Vermutung, daß die Männer möglicherweise Nomaden des 4. Jahrhunderts gewesen sein könnten, die versucht haben, sich vor der Invasion der Truppen Alexanders des Großen in Sicherheit zu bringen. Der Historiker der *Emory University,* Thomas Burns, stützt diese Ansicht: »Es ist durchaus möglich, daß Flüchtlinge, die versuchten, jener Eroberungsarmee zu entfliehen, dorthin gelangten, wo die Mumien gefunden worden sind« — nämlich in diese zentrale Region der UdSSR. Er hat weiter die Vermutung geäußert, daß die Leute »sich möglicherweise wegen einer Familienfehde in eine Höhle flüchteten«.

Brad Shore dagegen, Professor für Anthropologie an der *Emory University,* meint, daß die Höhlenbewohner vielleicht durch eine Laune der Natur zu Mumien geworden sind. »Es ist zwar ungewöhnlich, aber sicherlich nicht vollkommen neu«, stellt er fest, »daß man auf diese Weise gut erhaltene Mumien viele Jahre nach einem Erdrutsch wiederfindet.«

Wahrscheinlich wird man niemals herausfinden, wie die Mumien in der russischen »Totenstadt« ihr Leben ließen; die Menschen allerdings, die in der Nähe dieser Höhlen leben, meiden diesen Ort schon seit langem.

Trud berichtet von einem Aberglauben der Bewohner dieser Gegend, daß von den madenbefallenen Höhlen ursprünglich die Pest ausging. Tatsächlich haben die russischen Höhlenforscher ausgesagt, daß sie sich in den Höhlen schmerzhafte Stiche zuzogen — und zwar von den Insekten, die immer noch zu Tausenden die Höhlen bevölkern.

Traumsprache

Wenn Wilma Sutherland aus Mesa, Arizona, zusammen mit ihrem Mann Gene im Ehebett lag, konnte sie meist nicht die ganze Nacht friedlich durchschlafen. Ihr Mann pflegte nämlich häufig im Schlaf zu sprechen. Gewöhnlich hörte Wilma allerdings nur ein paar Worte oder Sätze und versank dann wieder in ihre eigenen Träume. Aber in einer ganz besonderen Nacht klang Genes Gebrabbel völlig ungewohnt.

Gene erschien, so erinnert sich Wilma, vollkommen erregt und aufgewühlt. Er sprach mit einem starken ausländischen Akzent, und sie konnte mehrfach die Silben »ski« und »vich« heraushören.

Mrs. Sutherland fand sofort, daß dieses Schlafgemurmel äußerst ungewöhnlich war und nahm die Laute mit einem Tonbandgerät auf. Als sie ihrem Mann am nächsten Morgen die Aufnahmen vorspielte, war er selbst vollkommen erstaunt. Aber Wilma konnte sich des Eindrucks nicht erwehren, daß das, was ihr Mann im Schlaf redete, wie Russisch klang. Sie rief also das Institut für Fremdsprachen in Arizona an und bat Professor Lee Croft, sich das Tonband einmal anzuhören.

Croft bestätigte nicht nur, daß Mr. Sutherland auf dem Tonband Russisch sprach, er konnte sogar acht oder neun russische Redewendungen, einschließlich der Worte für »Betrunkener« und »Entschuldigung, das ist doch ganz offensichtlich«, ausmachen.

Gene Sutherland beteuerte jedoch nachdrücklich, daß er überhaupt nicht Russisch konnte. Die einzige Gelegenheit, bei der er diese Sprache einmal gehört hatte, war im Zweiten Weltkrieg gewesen, als er sich als Soldat der US-Armee einmal mit den Angehörigen der Roten Armee an der Elbe getroffen hatte.

Croft vermutete nun, daß sich auf irgendeine Weise die Klänge der russischen Laute in Sutherlands Unterbewußtsein eingegraben haben mußten und daß er dadurch im Schlaf Russisch sprechen konnte. Nachdem allerdings die Geschichte von Genes nächtlichen Erzählungen in Russisch bekannt geworden war, hörten die Sutherlands sehr bald von einer Reihe von Leuten noch ganz andere Theorien; Reinkarnation und Besessenheit vom Teufel waren nur zwei dieser vielen möglichen Erklärungen.

Das Monster aus Tasmanien

Es ist nicht ungewöhnlich, daß nach einem heftigen Sturm tote Tiere an die Küste gespült werden. Aber das Tier, das im Juli 1960 nach einem besonders heftigen Sturm an einem Strand in Tasmanien angetrieben wurde, war ganz anders . . .

Der Viehzüchter Ben Fenton und einige seiner Arbeiter waren gerade dabei, Tiere einzukreisen, und zwar dort, wo der Fluß Interview in den Ozean mündet. Plötzlich erblickten zwei von Fentons Männern das »Monster«: eine riesige runde Masse von ungefähr sechs Metern Durchmesser und einer Dicke von etwa eineinhalb Metern. Sein Körper war mit kurzem struppigen Haar bedeckt.

Fenton benachrichtigte die Polizei, um über den seltsamen Fund zu berichten, und schon bald eilten ein Naturkundler und andere interessierte Wissenschaftler herbei, um sich das rätselhafte Tier einmal anzusehen.

Die zentimeterdicke Haut des Tieres war so unglaublich fest, daß es fast unmöglich war, daraus Gewebeproben zu entnehmen. Nachdem sie jedoch das Tier mehr als eine Stunde lang mit scharfen Äxten bearbeitet hatten, konnten zwei Wissenschaftler schließlich eine Probe des weißen Gewebes entnehmen.

Allerdings ergaben sich dann bei der Laboruntersuchung mehr Fragen als Antworten. Die Forscher konnten nicht im mindesten sagen, was das Tier nun eigentlich war — nur, was es nicht war. Es gehörte zumindest nicht zu irgendeiner der bekannten Tiergattungen auf der Erde.

Zwei Jahre verstrichen, aber das tasmanische Monster

blieb unvergessen. Die Mitglieder des australischen Parlaments wollten nun ebenfalls dem Rätseltier auf die Spur kommen, und noch einmal begab sich eine Gruppe von Wissenschaftlern im Dienst der Regierung zu dem entfernt gelegenen Strand, wo das haarige Tier noch immer in der Sonne schmorte.

Nach zwanzigstündigen Untersuchungen und Konsultationen gab die Gruppe eine offizielle Stellungnahme bekannt. Ergebnis: Das Tier war und blieb ein Rätsel, das von der wissenschaftlichen Welt nicht aufgeklärt werden konnte.

Die Behauptung, daß in North Carolina Känguruhs gefunden wurden, klingt wahrscheinlich genauso glaubhaft wie die Geschichten von rosa Elefanten. Aber Loren Coleman, ein Sozialarbeiter im Bereich der Psychiatrie, der sich in seiner Freizeit mit Kryptozoologie beschäftigt, meint, es gäbe — außer der Möglichkeit von Halluzinationen — auch noch eine andere Erklärung dafür, daß ein Tier nicht in seiner natürlichen Umgebung lebt. Coleman, der sich intensiv mit Dutzenden dieser Fälle beschäftigt hat, sagt, daß die Tiere möglicherweise auf mysteriöse Weise von einem Ort zum anderen »teleportiert« worden sein könnten.

»Es gibt bei diesen Dingen eine Art zufälliger Regelmäßigkeit«, behauptet Coleman. »Manchmal kommen diese Tiere im wahrsten Sinne des Wortes aus dem Blauen heraus.« So wurden beispielsweise in den frühen achtziger Jahren in North Carolina, Oklahoma und Utah Känguruhs gesichtet, und am Strand von New Jersey fand man einen Pinguin. Mehrere Einwohner Floridas waren vollkommen erstaunt, als sie beinahe zwei Meter lange Nileidechsen sahen; Tiere also, die man angeblich nur in Afrika findet.

Coleman räumt ein, man könne durchaus berechtigt vermuten, daß diese Tiere vielleicht als Babys ins Land gebracht worden sind. »Aber so einfach ist es denn doch nicht«, meint er. Er weist darauf hin, daß er Hunderten von Beispielen außerhalb ihrer natürlichen Umgebung lebender Tiere nachgegangen sei. Zwar ist, so meint er, in mehr als der Hälfte der Fälle eine logische Erklärung zu finden. Aber auf der anderen Seite ist für wenigstens zwanzig Prozent dieser Fälle überhaupt keine Erklärung zu finden.

Berührung eines Seeungeheuers

Eine ganze Anzahl von Menschen haben im Laufe der Jahrhunderte davon berichtet, daß sie dinosaurierähnliche Seeungeheuer, wie etwa die berühmte Nessie aus Loch Ness, gesehen hätten. Aber eine Frau aus British Columbia ist das einzige menschliche Wesen, das wirklich eines dieser Tiere *berührt* hat.

Für Barbara Clark begann das abenteuerliche Erlebnis am Okanagan-See, an einem hellen sonnigen Morgen im Juli des Jahres 1974. Sie schwamm gerade in der Nähe einer Sprungplattform ungefähr vierhundert Meter von der Küste entfernt, als sie spürte, daß irgend etwas Riesiges und Rauhes im Wasser an ihr vorbeischwamm und dabei ihre Beine zerkratzte. Barbara zuckte zusammen, schwamm zur Plattform und kletterte voller Schrecken hinauf. Als sie sich umdrehte, sah sie das Biest: ein dunkelgraues, schlangenartiges Tier mit einer Länge von ungefähr neun Metern und etwa eineinviertel Meter breit. Es schwamm in einer Entfernung von vier bis fünf Metern an der Plattform vorbei. Der Kopf des Tieres befand sich unter Wasser, aber die Schwanzflosse war deutlich sichtbar.

J. Richard Greenwell, der Sekretär der Internationalen Gesellschaft für Kryptozoologie, einer Gesellschaft, die sich mit Berichten über rätselhafte oder angeblich seit langem ausgestorbene Tiere befaßt, ging der Behauptung von Barbara Clark nach und kam zu der Ansicht, daß sie eine durchaus glaubwürdige Zeugin sei. »Sie ist erst vor kurzem mit ihrer Geschichte an die Öffentlichkeit getreten«, stellt er fest. »Sie hatte nämlich Angst, daß niemand ihr glauben würde.«

Greenwell weist darauf hin, daß sogar noch bevor sich Europäer in dieser Gegend niederließen, die hier ansässigen Indianer Geschichten von einem Monster, das im Okanagan-See lebte, erzählten. Im Laufe der Jahre gab es mehr als zweihundert Augenzeugenberichte über das Tier, das die Bewohner der Gegend »Ogopogo« nannten. Die meisten dieser Berichte, so sagt Greenwell, beschreiben ein Tier, das dem, das Barbara Clark berührte, verblüffend glich.

Was auch immer dort durch das dunkle Wasser des Sees geschwommen sein mag, das Tier schien jedenfalls kein Interesse daran gehabt zu haben, sie anzugreifen. Greenwell meint, daß sein Schwanz der mögliche Grund dafür sein könnte. »Die Schwanzflosse des Tieres weist auf eine Abstammung von Säugetieren hin«, stellt er fest. »Säugetiere sind sehr neugierig. Vielleicht ist das Tier zu Barbara hingeschwommen, um zu sehen, was dort eigentlich im Wasser planschte.«

Olivers Geheimnis

Oliver wurde vor über zwölf Jahren irgendwo im Kongo gefunden. Er sieht sehr ungewöhnlich aus, möglicherweise aufgrund einer Genmutation oder weil er aus einer Verbindung zwischen Mensch und Affe entstanden ist. Vielleicht gehört er aber auch einer Affenrasse an, die bisher noch nicht bekannt war. Er ähnelt einem glatzköpfigen Schimpansen, aber seine Ohren stehen auf dem Oberkopf und nicht seitlich wie beim Menschen. Seine Nase allerdings ähnelt der des Menschen: Sie ragt deutlich aus seinem Gesicht hervor. Und wie ein Mensch geht Oliver aufrecht. Dieser Tiermensch wurde gründlich von Ralph Helfer, einem Verhaltensforscher für Tiere, untersucht. Ralph ist der Direktor des Instituts *Gentle Jungle* in Burbank, Kalifornien, das übrigens auch »Tierschauspieler« ausbildet. Oliver hat 47 Chromosomen, genau eines weniger als die Affen und eines mehr als Menschen. Dies deutet darauf hin, daß es sich möglicherweise um eine Kreuzung zwischen Mensch und Affe oder auch um einen Fall von Mongolismus handeln könnte. Allerdings ist Oliver sehr intelligent und daher sicherlich kein mongoloider Affe. Er sieht sich im Fernsehen stundenlang Western und spannende Reißer an — ganz anders als Schimpansen, die sich nicht konzentrieren können und sich schon nach ein paar Minuten zu langweilen beginnen. Jeder, der Oliver kennenlernt, sei er nun Jäger oder Anthropologe, ist von dem Tier begeistert. »Niemand glaubt, er sei ein Schimpanse, aber er ist auch kein infantil gebliebener Mensch«, meint Helfer. Man ist sich jedoch einig, daß Oliver ein recht ungewöhnliches Geschöpf ist.

Teen Wolf

Im Jahre 1976 fand der Dorfälteste einer kleinen Siedlung in der Gegend von Sultanpur bei Lucknow, Indien, ein Kind, das gerade mit drei Wolfsjungen in einem Wald spielte. Später berichtete die amtliche indische Nachrichtenagentur, daß die Nägel des Jungen zu dicken Krallen gewachsen wären. Das Alter des Kindes wurde auf etwa acht Jahre geschätzt. Es verfügte über eine dichte Körperbehaarung; zudem war sein Kopfhaar sehr üppig und völlig verfilzt.

Da der Junge einem Bären ähnlich sah, wurde er vom Dorfältesten Bhaloo genannt. Und obwohl er später den Namen Bhaskar bekam, nannten ihn viele Leute einfach den »Wolfsjungen«, da sie glaubten, er sei von einem Wolf aufgezogen worden.

Der Dorfälteste hatte gehofft, das Wolfskind zähmen zu können, aber seine Anstrengungen blieben erfolglos. Es war unmöglich, Bhaskar zu einer sinnvollen Arbeit zu bewegen. Schließlich steckte man ihn in ein Heim für Obdachlose und Arme in Prem Nivas, das von Missionaren geleitet wurde. Dieses Heim befand sich 135 Kilometer südöstlich von Neu-Delhi und stand unter der Oberaufsicht der öffentlichen Wohlfahrtsbehörde. Bhaskar blieb dort, bis er im Jahre 1985 starb.

Ein wiederentdeckter Fluß

Als vor ungefähr zwei Millionen Jahren die Eiszeit über große Teile der Erde hereinbrach, verwandelte sich das fruchtbare Weideland im Grenzgebiet zwischen Ägypten, dem Sudan und Libyen ganz plötzlich in eine Wüste. Die urzeitlichen Menschen waren wahrscheinlich die letzten, die die großen Flüsse, Täler, Kanäle und fruchtbaren Ebenen, die es dort einstmals gegeben hat, zu Gesicht bekamen. Seitdem war fast kein Leben in diesem Gebiet möglich; es regnet dort nur alle vierzig Jahre oder noch seltener. Seit jeher jedoch sind Forscher in diese unwirtliche Gegend gereist, um nach Spuren von *Bahr-bela-ma*, einem riesigen Netz von Flüssen, zu suchen. Man nimmt an, daß von diesem Flußnetz vielleicht noch Spuren unter dem Sand der Sahara zu finden sein könnten. Tatsächlich hielt sich die Legende von den »großen Flüssen ohne Wasser« über viele Jahre hinweg, obwohl es nicht die geringsten Anzeichen für ein solches Flußnetz gab — bis zum Jahre 1982. Bei Aufnahmen von der Erdoberfläche haben Wissenschaftler an Bord eines *space shuttle* Radarbilder eines ausgedehnten Flußsystems unter dem Sand der Sahara aufgenommen. Nach Meinung des Leiters der Experimente, des Geologen John McCauley, ist es unwahrscheinlich, daß die Flüsse mit dem Nil in Verbindung standen. Das Bett der Flüsse neigt sich meist eher in südliche und westliche Richtung, also nicht zum Nil hin. McCauley ist der Ansicht, daß diese Flüsse möglicherweise in ein großes Becken hineingeflossen sind, das von der Größe her etwa mit dem Kaspischen Meer vergleichbar ist.

Mammutbabys

In der vorgeschichtlichen Zeit lebten in Sibirien riesige Mammuts. Als vor ungefähr 40 000 Jahren einmal eine Herde dieser Tiere über die gefrorene Tundra donnerte, blieb ein sieben Monate altes Jungtier im Schlamm stecken. Das verängstigte Junge war trotz seines verzweifelten Überlebenskampfes schon bald erschöpft und ging im Schlamm unter. Der Leichnam war vollkommen bedeckt und so vor Aasfressern geschützt, und schließlich wurde die Unglücksstelle unter Schneemassen, die niemals auftauten, begraben.

Die Stelle, wo das Tierbaby den Tod gefunden hatte, blieb bis zum Jahr 1977 unberührt. In diesem Jahr jedoch förderte plötzlich ein Bagger das kleine Mammut zutage: Es lag in einer Schicht von Eis, Geröll und Schlamm in der Nähe der nördlichen Magadan-Region begraben. Der vollkommen erhaltene Kadaver wurde in ein Kühlhaus gebracht, wo russische Wissenschaftler das Fleisch wogen, ausmaßen, beschrieben und konservierten. Die Mammutfunde aus früheren Zeiten waren immer beträchtlich beschädigt gewesen, so die Aussage von Nikolai Vereschagin, dem Vorsitzenden des Komitees für Mammutforschung an der Akademie der Wissenschaften der UdSSR.

Das Mammutbaby — das erste vollkommen erhaltene Exemplar, das jemals gefunden wurde — ermöglicht uns ein klares Bild vom Äußeren des Mammuts und auch von der Lage und Beschaffenheit seiner inneren Organe. Sowjetische Forscher konnten jetzt sein Gehirn, sein Skelett und seine Muskeln untersuchen. Sie sezierten sein Herz, seine Lungen, seine Nieren, den Magen und andere innere Organe. Vielleicht werden sie sogar eines Tages in der Lage sein, die Gründe herauszufinden, warum die Tiere, die doch anscheinend so perfekt an das kalte Klima angepaßt waren, plötzlich ausstarben.

Bikini

Heute bezeichnet man mit dem Wort Bikini unsere freche, knappe Badebekleidung — kaum jemand denkt an das Inselatoll im Pazifik, wo zwischen 1946 und 1958 die Wasserstoffbombe getestet wurde. Vielleicht läßt sich die Namensgleichheit aus der offensichtlichen Tatsache, daß beide so klein sind — das Bikiniatoll ist nur etwa eineinhalb Quadratkilometer groß — ableiten.

Auf jeden Fall wohnten früher auf Bikini Menschen, die recht zufrieden waren mit ihrem Fleckchen Land mitten im Meer. Eines Tages aber wurden alle evakuiert, so wie die Ureinwohner von Eniwetok, wo in den fünfziger Jahren ebenfalls eine Reihe von Atomversuchen stattfanden.

Im Jahre 1968 erlaubte man den Ureinwohnern beider Inseln, wieder nach Hause zurückzukehren. Als allerdings die Farmer des Bikiniatolls auf ihren Feldern ernteten, stellten sie fest, daß die Ernte radioaktiv verseucht war. Also wurden die verstörten Inselbewohner aufs neue mit Schiffen aus ihrer Heimat fortgebracht. Eniwetok hat eine etwas größere Fläche als die Bikiniinseln. Der Bereich wurde entseucht, und da die gesamte Vegetation von der Explosion geradezu fortgeblasen worden war, wurden dort zunächst wieder Palmen angebaut. Es war den Insulanern jedoch vorerst von behördlicher Seite verboten, die Kokosnüsse, die an den neu angebauten Bäumen wuchsen, zu verzehren.

Die Inselbewohner waren zwar enttäuscht und ziemlich verwirrt, da aber die meisten aufgrund der unermüdlichen Anstrengungen mehrerer Generationen von Missionaren mit der Bibel vertraut waren, trösteten sie sich mit den Geschichten von einem schönen Garten, dessen scheinbar harmlose Frucht den Bewohnern — ebenfalls unter Strafe — zu pflücken verboten war: »die Frucht des Baumes, der inmitten des Gartens steht«.

Versunkene Stadt

Die alte Stadt Baiae gilt als das Monte Carlo des Römischen Reiches: Sie verfügte über eine Vielzahl von luxuriösen Villen, von denen einige direkt ins Meer hinein gebaut waren. Wahrscheinlich erstreckte sich die Stadt über ein sechs Kilometer langes und etwa vierhundert Meter breites Gebiet und war so noch größer als die Nachbarstadt Pompeji. Unter anderem besaßen auch der Kaiser Augustus und der Philosoph Cicero ein Haus in diesem Kurort an der Westküste von Neapel.

Im zweiten Jahrhundert nach Christus bauten die Römer einen Küstenwall, um die Stadt vor dem Ansturm der See zu schützen. Aber letztlich war der Wall den Kräften der Natur nicht gewachsen. Die schöne Küstenstadt wurde schließlich nach einem Erdbeben und mehreren Vulkanausbrüchen vom Meer überspült.

Heute liegen die großen Villen mit ihren Schätzen immer noch auf dem Boden der italienischen Bucht von Pozzuoli. Nur die Taucher können beim Durchschwimmen dieser gut erhaltenen Unterwasserstadt die Freude und Aufregung der Altertumsforscher nachempfinden. Der deutsche Archäologe Bernhard Andreae ist jedoch auf einen ungewöhnlichen Gedanken gekommen: Er hat vorgeschlagen, eine wasserdichte Plastikblase zu konstruieren, und zwar groß genug, um die kaiserliche Villa zu bedecken. Andreae, der an den Ausgrabungen von Baiae beteiligt war, plant eine Röhre von der Küste bis zu der Blase zu legen, durch die das Wasser abgepumpt und Luft hineingeblasen werden soll. Besucher der Stadt könnten dann nicht nur die Ruinen der reichen Villenstadt besichtigen, sondern auch die Nachbildungen der alten Statuen, die man an ihren ursprünglichen Fundorten wieder aufstellen könnte.

Der Todeskuß

Im nordöstlichen Teil Chinas trug sich folgende Geschichte zu: Ein frischgebackenes chinesisches Ehepaar zog sich von den Hochzeitsfeierlichkeiten in die nahegelegenen Brautgemächer zurück. Dort wollten die Verliebten zum erstenmal den Liebesakt vollziehen. Der Bräutigam begann hingebungsvoll den Hals seiner jungen Frau zu küssen.

Sehr bald jedoch hörten die Hochzeitsgäste einen lauten Schrei. Als sie in das Schlafzimmer eilten, fanden sie die beiden Liebenden bewußtlos auf dem Bett liegen. Sofort fuhren sie das junge Paar ins Krankenhaus, aber es stellte sich heraus, daß die Braut bereits ihr Leben ausgehaucht hatte.

Die Heftigkeit ihrer Leidenschaft und der ausdauernde Kuß des Bräutigams, so stellten die Ärzte fest, hatten bei der jungen Frau ein lebensgefährliches Herzjagen hervorgerufen. Sie war in der Hochzeitsnacht einem Herzstillstand erlegen.

Verschollen im Bermudadreieck

Nach einer dreißigjährigen Dienstzeit als Chefpilot der *Ford Motor Company,* mit so berühmten Fluggästen wie Henry Ford und dem damaligen Direktor Lee Iacocca, ging Dick Yerex im Jahre 1986 in Pension. Er verließ zusammen mit seiner Frau sein Haus in Gibraltar, Michigan, und zog nach Palm Beach in Florida. Dort nahm er einen Posten als Pilot für den örtlichen Pendelflugverkehr an.
Am 27. November des Jahres 1987 startete Yerex einen seiner Pendelflüge, um Passagiere von Abaco Island auf Bermuda abzuholen. Seine zweimotorige Cessna war in tadellosem Zustand und hatte im übrigen auch niemals zuvor irgendwelche Probleme oder größeren Reparaturen verursacht. Bis auf einige leichte Regenschauer herrschte wunderbares Wetter und klare Sicht. Yerex hatte als Pilot einen hervorragenden Ruf. Alles war also in bester Ordnung.
Genau vierzig Minuten nachdem das Flugzeug abgehoben hatte, sandte Yerex einem anderen Piloten einen Funkspruch und teilte ihm mit, daß er einen der staatlichen Satellitenballons gesichtet habe. Dies war das letzte, was man von ihm hörte, bevor er in Richtung auf das Bermudadreieck weiterflog. Das Bermudadreieck ist eine verrufene, gefährliche Gegend und liegt innerhalb einer imaginären Verbindungslinie zwischen Melbourne, Florida, Bermuda und Puerto Rico.
»Das einzige, was wir mit Sicherheit wissen, ist, daß das Flugzeug abgehoben hat«, kommentierte Ron Bird, ein Sicherheitsbeamter beim *National Traffic Safety Board* in

Miami, das Geschehen. »Alles Weitere ist völlig ungeklärt.«
Nach einer intensiven, aber erfolglosen Suche wurde offiziell erklärt, daß Yerex mitsamt seiner Cessna verschollen sei.

Rätselhaftes Manuskript

Im Jahre 1912 kaufte der englische Buchhändler Wilfrid Voynich einem Jesuitenkloster in Italien ein 204 Seiten langes Manuskript ab. Es war eine Handschrift mit unbekannten Buchstaben, illustriert mit mehrfarbigen Zeichnungen. Voynich überließ jedem, der sich an einer Übersetzung die Zähne ausbeißen wollte, bereitwillig eine Kopie.

Viele Experten versuchten sich daran, die rätselhafte Handschrift zu entziffern, aber keiner von ihnen hatte Erfolg — bis zum April 1921, als William Romaine Newbold von der Universität Pennsylvania meinte, er hätte nun endlich den Code dechiffriert. Newbold war der Ansicht, Voynichs Manuskript sei von Roger Bacon, einem englischen Erfinder und Bettelmönch, im 13. Jahrhundert verfaßt worden. In der Übersetzung gibt es einige Hinweise darauf, daß Bacon bereits Mikroskope und Teleskope gebaut und benutzt hat, und zwar vierhundert Jahre vor der »offiziellen« Erfindung dieser Instrumente.

Nicht lange nach Newbolds Tod entdeckte man jedoch einige Fehler in seiner Übersetzung, obwohl niemand sonst mit einer überzeugenderen Entschlüsselung aufwarten konnte. Schließlich wurde das Manuskript der Yale-Universität vermacht, und dort ist es bis heute geblieben: noch immer ein Geheimnis für Lehrer und Schüler.

Der Yeti aus dem All

Eine Frau in Pennsylvania wurde vom Lärm, der spät in einer Februarnacht auf der Straße zu hören war, aufgeschreckt. Wild entschlossen griff sie zur Pistole und schlich ein paar Schritte weit auf die Veranda ihres Hauses hinaus. Plötzlich erblickte sie eine Art Yeti, der in einer Entfernung von etwa zwei Metern in seiner ganzen Leibesfülle vor ihr stand. Als sie auf den Bauch des seltsamen Wesens zielte, verschwand es plötzlich mit einem Lichtblitz.
Der Sohn der Frau hatte den Schuß gehört und kam nun auch herbeigerannt. Draußen vor dem Haus tummelten sich noch mehrere dieser Riesengeschöpfe am Waldrand. Über ihnen schwebte ein knallrotes, blitzendes Licht.
Einige Berichte sprechen davon, daß UFOs und solche sogenannten Großfüßler zur selben Zeit und in derselben Gegend gesichtet worden sind. Ein ähnlicher Vorfall, bei dem ebenfalls menschenähnliche UFO-Insassen eine Rolle spielten, ereignete sich auf einer Farm in der Nähe von Gettysburg in Pennsylvania. Stephen, der zweiundzwanzigjährige Sohn eines Farmers, erblickte in einer Oktobernacht des Jahres 1973 plötzlich eine große, helle, dicht über dem Erdboden schwebende Leuchtkugel. Neben ihm standen zu diesem Zeitpunkt zwei zehnjährige Jungen, die ebenfalls Zeugen dieses merkwürdigen Anblicks wurden. In der Nähe der Kugel hockten zwei riesige, affenartige Kreaturen mit grünen, glühenden Augen und langem, dunklen Haar. Als diese seltsamen Wesen auf die Menschengruppe zugingen, feuerte Stephen über ihren

Köpfen einen Schuß ab. Sie ließen sich allerdings nicht einschüchtern und kamen immer näher. Stephen feuerte deshalb noch drei weitere Schüsse ab; einer davon traf die größere dieser grünäugigen Kreaturen. Plötzlich verschwand die Leuchtkugel. Die haarigen Gestalten drehten sich daraufhin um und verschwanden in den Wäldern.

Amerikanisches Dreieck

Das Bermudadreieck kann man sich bildlich vorstellen, wenn man eine imaginäre Linie zieht, die von einem Punkt in der Nähe von Melbourne, Florida, über Bermuda nach Puerto Rico und dann zurück nach Florida verläuft. Eine Zeitlang war dieses Gebiet regelrecht verrufen, denn Dutzende von Schiffen und Flugzeugen sind aus unerfindlichen Gründen in dieser Gegend verschwunden und nie wieder aufgetaucht. Nach Meinung von Hugh Cochrane, einem Experten für derart gefährliche oder sogar todbringende Dreiecksgebiete auf der Erde, entstehen solche seltsamen Zonen durch Energieströme, die am Boden des Ozeans ihren Ausgang nehmen.

Dreiecksgebiete können jedoch wandern, so wie sich auch Erdbebengebiete bewegen, sagt Cochrane, der Autor des Buches *Das Tor zum Vergessen*. Genau das, so meint er, geschieht zur Zeit mit dem Bermudadreieck. Es bewegt sich seiner Auffassung nach in Richtung Westen – auf die Vereinigten Staaten zu. Er meint, daß infolge dieser Lageveränderung zwar in Zukunft Fahrzeuge nicht mehr einfach verschwinden werden, daß es aber mehr Eisenbahnunglücke und Flugzeugabstürze geben wird.

Tom Gary, der Autor des Buches *Abenteuer eines Amateurmediums,* behauptet, daß die destruktiven Energien des Bermudadreiecks von einer Stelle unterhalb des Meeresbodens aufsteigen. Er geht von einem Energienetz im Bereich der Bermudainseln unterhalb des Wassers aus. Dieses Netz, so führt er aus, ist die Spitze eines großen Energiekerns, der sich durch die Erdkruste hindurch tief hinein in die Erdmasse erstreckt. »Wenn die Bedingungen dafür günstig sind, dann fließt durch dieses Netz ganz plötzlich Strom, und dadurch verlieren dann die Schiffs- und Flugzeugkapitäne die Kontrolle über ihre Maschinen.«

Nach Garys Meinung bilden fließende Ionen einen elektrischen Strom, der ein Magnetfeld erzeugt; dadurch wiederum werden bei Fahrzeugen, Flugzeugen und Schiffen in der Nachbarschaft die Meßinstrumente ungenau. Die Magnetnadeln von Kompassen, Benzinuhren, Höhenmesser und alle Arten von elektrisch betriebenen Instrumenten sind davon betroffen. Piloten, die ein solches Tohuwabohu überlebt haben, berichteten, daß plötzlich alle Batterien nur noch sehr wenig Energie abgaben.

Seltsamer Diebstahl

Eines Tages ging ein Ladendieb in ein Geschäft, probierte eine Sportjacke an und wollte sich dann mit der Jacke davonstehlen. Bevor er jedoch die Tür erreicht hatte, gab es in der Jacke eine kleine Explosion. Wahrscheinlich hatte eine Gruppe von Terroristen explosives Material in verschiedenen Warenhäusern verteilt und einen Teil davon in den Taschen dieses Mantels deponiert. Der Ladendieb, der zwar unverletzt geblieben war, sich aber nun in einer peinlichen Lage befand, hatte natürlich große Schwierigkeiten, das FBI davon zu überzeugen, daß er kein Terrorist war.

In einem anderen Fall, in dem ebenfalls das FBI aktiv wurde und bei dem es auch um Diebstahl und Terroristen ging, zwangen Flugzeugentführer aus Kroatien einen Piloten zur Landung in Paris, wurden dort jedoch verhaftet. Die Passagiere wurden mit einem anderen Flugzeug in die Vereinigten Staaten zurückgeflogen, und die Besatzung kehrte mit der gekidnappten Maschine nach Chicago zurück. Niemand schien jedoch zu wissen, was eigentlich mit der Bombe der Terroristen geschehen war — bis schließlich der Flugkapitän und die anderen Besatzungsmitglieder zugaben, sie hätten sie an sich genommen, weil sie fanden, dies sei ein wirklich tolles Souvenir.

Tatsächlich stapeln sich beim FBI Akten voller ungewöhnlicher Fälle. Viele Menschen, so scheint es, sind bereit, nahezu alles zu stehlen: einen Getränkelastwagen mit lauter leeren Bierflaschen, einen Schiffscontainer voller Ochsenmäuler, sogar Pferdeäpfel. Geklaut wurde sogar ein sprechender Papagei, der einen Wortschatz von zweihundertfünfzig Wörtern hatte und bellen konnte wie ein Hund. Mit solchen Talenten gesegnet, war der Vogel für den Dieb, der ihn schließlich mitgehen ließ, ein sehr verführerisches Objekt — und natürlich fand er prompt eine Familie, die ihn ihm abkaufte. Die Polizei erfuhr jedoch sehr bald, wo das wertvolle Tier zu finden war, denn die Nachricht von seiner ungewöhnlichen Begabung hatte sich sehr rasch in der ganzen Gegend verbreitet.

Diebe lassen sich natürlich von allem, was irgendeinen Wert hat, in Versuchung führen. Und eine solche Versuchung stellten offensichtlich auch die neunzig Gramm gefrorenen Bullensamens aus dem größten Viehzuchtinstitut der Welt dar. Der Samen war aus einer Samenbank des Züchterverbandes in Waupun, Wisconsin, gestohlen und wahrscheinlich in den kanadischen Raum transportiert worden. Der Wert des Samens — in den Vereinigten Staaten ungefähr 30 000 Dollar — belief sich in Kanada auf das Dreifache.

Ein Vogel — eigentlich eine Schaufensterpuppe, die wie ein Vogel dekoriert war — zog das Interesse eines vorbeiflanierenden Mannes auf sich. Da er die Puppe absolut unwiderstehlich fand, schlug er kurzerhand das Fenster ein und rannte mit dem Pseudovogel davon; allerdings nahm ihn die Polizei nur wenige Häuserblocks weiter umgehend fest.

Unfälle, bei denen sich Menschen plötzlich selbst entzünden, spielen sich, so scheint es, fast immer hinter geschlossenen Türen und ohne Zeugen ab. Allerdings beobachteten immerhin in der Nacht, als Cornelia di Bandi, eine italienische Gräfin im 18. Jahrhundert, starb, einige Zeugen, daß aus ihrem Schlafzimmer gelblicher Rauch quoll. Ein Dienstmädchen eilte in das Zimmer und stieß auf die sterblichen Überreste der Gräfin in Form eines Häufchens Asche neben dem Bett. Ihre Beine allerdings hatten die Flammen seltsamerweise verschont.
In Amerika versuchte ein 27jähriger Mann aus Pontiac, Michigan, sich das Leben zu nehmen, indem er Kohlenmonoxyd einatmete. Plötzlich entzündete er sich und verbrannte zu Asche.
Nach Ansicht von Experten ereignete sich der erste Fall von spontaner Selbstentzündung, bei dem ein glaubwürdiger Zeuge zugegen war, im Jahre 1982. In Chicago sah ein Mann, der in seinem Auto saß, eine Frau, die gerade die Straße überquerte. Der Mann wandte sich um, um die Frau noch ein zweites Mal anzusehen, und stellte fest, daß sie lichterloh brannte. Eine genaue Überprüfung durch Sprengstoff- und Brandexperten ergab keine Hinweise darauf, daß es für diese Verbrennung irgendeine äußere Ursache gegeben haben könnte.

In den Überlieferungen der Hopi-Indianer, die noch heute in den Vereinigten Staaten leben, gibt es Geschichten von verschiedenen Katastrophen auf der Erde, die die Menschheit fast ausgelöscht haben. Ebenso wie die Azteken haben die Hopis die Zeiträume zwischen den Katastrophen in »Sonnen« eingeteilt (beispielsweise in die Sonne des Wassers, die Sonne der Erde, die Sonne des Windes und die derzeitige Sonne des Feuers).
Nach der Berechnung der Hopis wird die Sonne des Feuers kurz nach dem Jahre 2000 zu Ende sein. Diesem Ereignis wird das Erscheinen eines dunklen Sterns vorangehen, der sich schon jetzt der Erde nähert. Das Ende der Feuersonne wird sich außerdem auch durch eine ungewöhnliche blaue Blume ankündigen, die in der Wüste blüht.
Angeblich ist eine seltsame blaue Blüte, die bis jetzt unbekannt war, in den Wüstengegenden von New Mexico gefunden worden.
Obwohl die Azteken fünf Sonnen zählten, stimmen sie mit den Hopi darin überein, daß die gegenwärtige Sonne, die Feuersonne, die letzte sein wird.

Ralph Waldo Emerson und Frau Luther

Manchmal ereignen sich Fälle von außersinnlicher Wahrnehmung ganz besonders dann, wenn es niemand erwartet. Deshalb werden sie häufig als bloße Zufälle angesehen, wie etwa die Erfahrung, die die Ehefrau des Mathematikers am Trinity College, F. S. Luther, im 19. Jahrhundert machte.

Mrs. Luther wurde einmal von einem Freund gefragt, ob sie irgendwelche Bücher über den Dichter Ralph Waldo Emerson besäße. Nein, meinte sie, und dachte nicht weiter darüber nach. In derselben Nacht jedoch träumte sie, sie hätte einer Freundin ein solches Buch gegeben; die Freundin wiederum träumte, sie hätte den Text erhalten. Der Mathematiklehrer berichtete nun, daß seine Frau am nächsten Tag ganz plötzlich zum Bücherregal ging. Sie zog eine Ausgabe des *Century Magazine* hervor und schlug ohne Zögern eine Seite mit der Artikelüberschrift »Das Leben Emersons« auf.

Als endlich die Polizeibeamten im Hause von Mary Reeser eintrafen, war die Eingangstür so heiß, daß man sie nicht anfassen konnte. Nachdem es ihnen schließlich doch gelungen war, sie zu öffnen, schlug ihnen ein Schwall heißer Luft entgegen. Für Mrs. Reeser allerdings kam jede Rettung zu spät.

Der Polstersessel, in dem sie in jener Nacht des Jahres 1951 gesessen hatte, war bis auf die Sprungfedern niedergebrannt. Der Teppich war verkohlt. Ruß lag auf der Decke über dem Sessel. Ganz anders als bei den meisten Todesfällen durch Verbrennung, wo der Schädel anschwillt oder explodiert, war Mrs. Reesers Schädel durch die intensive Hitze zusammengeschrumpft. Durch die enorme Wärmeentwicklung hätte eigentlich, nach Meinung des Gerichtsexperten Wilton Krogman, die ganze Wohnung vollkommen niedergebrannt sein müssen. Aber es waren alle anderen Gegenstände unbeschädigt geblieben, sogar ein Stapel Papier, der neben dem Stuhl lag.

Es gab zahlreiche Versuche, den Tod von Mrs. Reeser zu klären. So wurde etwa behauptet, daß sich in ihrem Haus Methangas entzündet habe, daß sie durch einen Flammenwerfer oder durch Napalm ermordet worden sei, und ein Briefschreiber behauptete, einen »Feuerball« in ihrem Hause gesehen zu haben. Krogman selbst vermutete, daß Frau Reeser an einem ganz anderen Ort verbrannt worden sei, und zwar von jemandem, der mit bestimmten, in Krematorien benutzten Geräten umging und der dann ihre sterblichen Überreste wieder zurück in ihre Wohnung gebracht hatte. Dort hätte dann ihr Mörder noch darauf geachtet, daß einige Gegenstände ebenfalls Brandspuren aufwiesen und daß der Türknauf auch noch am nächsten Morgen Hitze ausstrahlte.

Der Untersuchungsrichter übernahm schließlich die Theorie des FBI, wonach Mrs. Reeser während des Rauchens eingeschlafen und durch die glühende Zigarette in Brand geraten sei. Aber im Grunde gab es niemals eine plausible Erklärung für diesen Fall.

Russische Telepathie

In der Sowjetunion läuft die parapsychologische Forschung schon seit längerer Zeit unter strenger Geheimhaltung ab. Noch vor dieser Periode hat der russische Physiologe Leonid Wasiliew offen erklärt, er und andere Forscher seien in der Lage gewesen, telepathische Befehle an hypnotisierte Patienten weiterzugeben.
In einem Experiment, von dem Wasiliew erzählte, konnte beispielsweise eine teilweise gelähmte Frau, deren Krankheit psychosomatisch bedingt war, ihren linken Arm und ihr linkes Bein im Zustand der Hypnose mit Leichtigkeit bewegen. Und Wasiliew machte darüber hinaus die Entdeckung, daß sie, wenn er ihr einen telepathischen Befehl gab, in der Lage war, ihre Gliedmaßen zu bewegen — und zwar ohne jede Hypnose!
Als er diese Fähigkeit einer Gruppe von Wissenschaftlern vorführen wollte, verband Wasiliew der Frau die Augen mit einem Tuch. Jede Anordnung wurde protokolliert und der Gruppe übergeben, und dann erst stellten Wasiliew oder sein Assistent sich geistig darauf ein. Die Patientin war nicht nur in der Lage, die Botschaften aufzunehmen und sich entsprechend zu verhalten, sie wußte sogar, von wem sie ausgesandt worden waren.
Bei anderen, neueren Experimenten überwachte eine Gruppe von sowjetischen Wissenschaftlern eine Sitzung, für die der Biophysiker Yuri Kamensky in Sibirien und der Schauspieler und Journalist Karel Nikolaiew in Moskau sich als Versuchspersonen zur Verfügung gestellt hatten. In einem der Tests beschrieb Nikolaiew ganz korrekt

sechs Objekte, die man Kamensky in die Hand gegeben hatte, und benannte zwölf von zwanzig Karten zur außersinnlichen Wahrnehmung richtig.

Die Wissenschaftler führten darüber hinaus während des Versuchsablaufs eine eindrucksvolle Demonstration durch. Sie schlossen Nikolaiew an ein Elektroenzephalogramm (EEG) an: Sobald Kamensky begann, sich die Objekte im Geist vorzustellen, veränderten sich Nikolaiews Gehirnwellen.

Aufgrund der Ergebnisse des EEG ersannen die Wissenschaftler eine Technik, um Botschaften im Morsealphabet weiterzugeben. Als sie Kamensky befahlen, er solle sich vorstellen, mit Nikolaiew zu kämpfen, da deutete das EEG auf ganz klare Veränderungen in Nikolaiews Gehirnwellen hin. Kamensky konnte Morsezeichen in Form von »Punkten« und »Strichen« umsetzen, indem er sich verschieden lange Kampfrunden vorstellte. Eine 45 Sekunden lange Runde rief einen wahren Wirbelwind von Gehirnwellen hervor, die dann in einen Strich umgesetzt wurden; eine 15 Sekunden lange Runde bedeutete einen Punkt. Die Wissenschaftler, die sich 2000 Meilen weit fort in Moskau befanden, konnten aufgrund dieser Gehirnwellen das russische Wort *mig* (Augenblick) entziffern.

Die Geier von Gettysburg

Die Schlacht von Gettysburg war eine der blutigsten des amerikanischen Bürgerkriegs. Nach dreitägigen Kämpfen waren die Schlachtfelder mit Tausenden toter Pferde und ungefähr 50 000 toten oder schwerverletzten Männern übersät. Plum Run, der Fluß, der durch den heutigen nationalen Militärpark fließt, war rot vom Blut der Gefallenen. Für Geier allerdings war die schreckliche Szenerie ein wahres Fest.

Noch heute kehren die aasfressenden Tiere jedes Jahr wieder nach Gettysburg zurück — wie sie es schon seit mehr als hundert Jahren tun. Dies jedenfalls hat der Sachverständige für Grünanlagen und Erholungsgebiete, Harold J. Greenlee, festgestellt. Studenten des polytechnischen Instituts von Virginia und der Universität von Pennsylvania, die mit Greenlee zusammenarbeiten, haben die Geier und auch ihre Flugbewegungen untersucht. Sie überprüfen weiter, ob irgendwo in den historischen Dokumenten über den Bürgerkrieg die Geier erwähnt werden.

Die Vögel lassen sich regelmäßig auf »Little Round Top« und »Big Round Top« nieder. Dies sind zwei Hügel, auf denen einige der blutigsten Schlachten stattfanden, erläutert Greenlee. »Möglicherweise sind die Geier, nachdem sie eine so fette Beute fanden, den Winter über dortgeblieben und dann regelmäßig immer wieder hergekommen.« Greenlee und seine Studenten glauben, mit Hilfe dieser These erklären zu können, warum noch heute 900 Geier in diesem Nationalpark leben.

Telepathische Morseschrift

Telepathie ist ein schwer greifbares Phänomen, das sich häufig völlig unvermutet manifestiert. Der Elektrochemiker und Erforscher psychischer Phänomene Douglas Dean hat immerhin eine konstante Meßeinheit für dieses Phänomen entdeckt: Die Blutmenge, die durch das Gehirn fließt, verändert sich meßbar, wann immer Menschen Botschaften über ein Familienmitglied oder über einen intimen Freund erhalten. Wenn sich beispielsweise ein Medium auf das Bild Ihrer Mutter einstellt, wäre Dean in der Lage, ganz genau zu sagen, wann die geistigen Schwingungen dieses Mediums bei Ihnen angekommen sind — und zwar dadurch, daß er Ihren Blutstrom mißt.
Das Instrument, das die Blutströme im Gehirn mißt, nennt sich Plethysmograph. Dean benutzte dieses Instrument und entwickelte mittels seiner Aufzeichnungen eine bestimmte Morsetechnik. Eine bestimmte geistige Aktivität des Versuchsobjekts übertrug er in einen Morsepunkt; ein relativer Ruhezustand des Gehirns wurde in einen Morsestrich übertragen. Auf diese Weise war Dean in der Lage, telepathische Morsebotschaften über lange und auch kurze Strecken zu übermitteln. In einem Fall konnte er solch eine Botschaft von New York nach Florida schicken — und das ist immerhin eine Entfernung von 1200 Meilen (1920 km).

Der Geistliche, der hellsehen konnte

Im 19. Jahrhundert sah der englische Geistliche Canon Warburton, wie sein Bruder auf den obersten Stufen einer Treppe stolperte und kopfüber hinabstürzte. Da er sich allerdings im Sturz mit Händen und Füßen abstützte, kam er ohne ernste Verletzungen davon.

Plötzlich wachte Warburton auf und fand sich in einem Lehnstuhl im Haus seines Bruders wieder. Die Szene, deren Zeuge er soeben gewesen war, war lediglich in seinem Traum passiert. Canon Warburton war nach London gekommen, um seinen Bruder zu besuchen. Der besagte Bruder war an diesem Abend zu einer Tanzveranstaltung gegangen und hatte eine kleine Nachricht hinterlassen, in der er mitteilte, daß er ungefähr um ein Uhr nachts zurückkehren würde. Während nun Canon Warburton auf seinen Bruder wartete, war er im Lehnstuhl eingeschlafen.

»Fast hätte ich mir den Hals gebrochen«, erzählte aufgeregt sein Bruder, als er ungefähr eine halbe Stunde später zurückkehrte. »Als ich aus dem Ballsaal kam, verhakte ich mich mit meinem Fuß im Treppengeländer und stürzte kopfüber in die Tiefe.«

Seltsame Gravitationsverhältnisse in Indien

In Sriharikota in Südindien liegt die größte Raketenabschußbasis des Landes. Allerdings weiß man auch, daß gerade an dieser Stelle sehr viele Raketen wieder abstürzen. Professor Ram S. Srivastava, ein sehr renommierter Weltraumforscher, hat dafür folgenden Grund gefunden: Diese Unfälle geschehen, weil sich die Raketenbasis in einer Gegend befindet, in der die Schwerkraft völlig ungewöhnlichen Bedingungen unterliegt. Allerdings hat Srivastava für diese Tatsache keine Erklärung. Er ist aber auf jeden Fall der Meinung, daß diese Schwerkraftbedingungen die Raketen von ihrem Kurs abbringen, weshalb sie plötzlich aus dem Himmel über Indien in die Tiefe stürzen.

Wurden die Pyramiden aus Betonblöcken gebaut?

Der Film *Die Zehn Gebote* hat uns sehr eindrucksvoll vor Augen geführt, wie Tausende von Sklaven mühselig aus weit entfernten Steinbrüchen riesige Quader zu den Gräbern der Pharaonen, den großen Pyramiden, schleifen mußten. Joseph Davidovits, Chemiker an der Universität von Barry, hat jedoch eine andere Theorie: Die alten Ägypter, so meint er, verwendeten für die Steinblöcke eine Art Beton, der aus mehr als einem Dutzend natürlicher Bestandteile, einschließlich Kalkstein und Muscheln, zusammengemischt wurde. Obwohl die derzeitige ägyptische Regierung sich geweigert hat, seine Theorie durch Gesteinsproben vor Ort auf ihre Richtigkeit hin zu überprüfen, hält Davidovits an seiner These fest, das nahtlose Zusammenpassen der Steinblöcke sei nur dadurch zu erklären, daß man sie vor ihrer Verwendung geformt habe.

Der Pharus von Alexandria

Als höchster Turm der Antike gilt der Pharus von Alexandria, ein riesenhafter Leuchtturm zur Orientierung für die Schiffe, die im Hafen von Alexandria ein- oder ausliefen. Alexandria war die frühere griechisch-ägyptische Hauptstadt des alten Ägypten. In der Nacht brannte auf dem hoch aufragenden Turm ein helles Feuer, und während des Tages reflektierte ein riesiger Spiegel die Sonnenstrahlen. Angeblich war dieses Licht am Tag selbst aus einer Entfernung von bis zu 50 Kilometern noch sichtbar. Man schätzt heute, daß der Turm etwa 150 Meter hoch war.

Um auf den Turm hinaufzugelangen, hat man kleine Wagen eingesetzt, die von Eseln gezogen wurden. Diese Esel trabten geduldig auf wendeltreppenartigen Rampen den Turm hinauf und herab, und die »Fahrgäste« konnten auf den verschiedenen Ebenen ein- oder aussteigen — ähnlich wie bei einem modernen Fahrstuhl.

Irgendwann im frühen Mittelalter funktionierte dann dieses primitive Fahrstuhlsystem nicht mehr, und zwar ab dem Zeitpunkt, als Alexandria von den Arabern erobert wurde. Da nämlich ließ der Kalif Al-Walid den Pharus auf der Suche nach verborgenen Schätzen teilweise abreißen. Ein Großteil der Ruinen wurde schließlich zu einer Moschee umgebaut, aber auch diese Moschee wurde schließlich von einem Erdbeben zerstört und die Ruinen zuletzt als Steine für andere Gebäude verwendet.

Vor ungefähr 40 Jahren entdeckten Taucher auf dem Meeresgrund eine große Marmorsäule. Archäologen fanden heraus, daß es sich dabei um den *Finger* einer der riesigen Statuen handelte, die einstmals die Ecken des imposanten Pharus geschmückt hatten.

Geheimnisvoller Luftsog

Zu Beginn des Jahres 1988 fuhren die achtundvierzigjährige Fay Knowles und ihre drei Söhne in ihrem Auto den Eyre Highway entlang. Sie befanden sich gerade irgendwo in der Nähe des kleinen Dörfchens Mundrabilla in der riesigen Wüste des südlichen Australien. Plötzlich schoß der Wagen in eine unerwartete Richtung — nämlich schnurgerade nach oben in den Himmel.

Die Insassen des Autos erzählten später der Polizei, sie seien von einem »riesigen, glühenden Objekt« verfolgt worden, das den Wagen ganz einfach nach oben in die Luft gesogen habe. Während dieser mehr als seltsamen Fahrt registrierten Fay Knowles und ihre Söhne, daß ihre Stimmen seltsam undeutlich und ganz ungewöhnlich schleppend wurden. Schließlich ließ das UFO den Wagen auf den Highway zurückfallen; dabei platzte einer der hinteren Reifen. Es gab übrigens im südlichen Teil Australiens drei weitere Zeugen für dieses seltsame Flugobjekt.

»Die Leute, die das merkwürdige Flugzeug ebenfalls gesehen hatten, waren Hunderte von Kilometern voneinander entfernt und hatten nicht den mindesten Grund, sich gemeinsam auf irgendeine Lügengeschichte zu einigen«, erzählt Sergeant James Fennell aus Ceduna, einer etwa 370 Meilen (etwa 560 Kilometer) entfernt gelegenen Stadt. Darüber hinaus, fährt er fort, habe eine genaue Überprüfung des Autos der Familie Knowles gezeigt, daß es innen und außen von einer dicken Schicht schwarzer Asche bedeckt gewesen war. Auch das Dach wies Schäden auf.

»Alle Insassen des Autos waren fürchterlich niedergeschlagen«, stellt Fennell fest. »Irgend etwas Deprimierendes muß sich dort draußen ereignet haben.«

Der Raumfahrer aus dem 19. Jahrhundert

Am 19. April 1897 ereignete sich in der winzigen Dorfgemeinschaft von Aurora in Texas etwas so Ungewöhnliches, daß die Leute noch heute davon reden. Den Berichten zufolge, die damals in den Zeitungen von Dallas und Fort Worth erschienen, schoß an jenem schicksalsschweren Frühlingstag ein zigarrenförmiges Raumschiff vom Himmel herab und brach in das Dach des Hauses von Richter J. S. Proctor ein. Bei diesem Unglück wurden allerdings nur ein Fenster, ein Wassertank und ein Blumengärtchen zerstört.
S. E. Hayden, ein Baumwollhändler und Zeitungsreporter aus dieser Gegend, berichtete, daß der kleine Mann, der am Steuer des Raumschiffes saß, durch den Aufprall in Stücke gerissen worden sei. »Allerdings ließen seine sterblichen Überreste darauf schließen, daß er zu seinen Lebzeiten nicht zu den Erdbewohnern gehört hatte«, schrieb Hayden in einem Zeitungsartikel über dieses sensationelle Ereignis. »Die Männer des Dorfes suchten die Leichenteile zusammen und bestatteten sie auf dem Friedhof von Aurora.«
Der Grabstein des Außerirdischen ist vor einigen Jahren verschwunden. Manche Einwohner von Aurora behaupten, nicht mehr genau zu wissen, wo das Grab sich eigentlich befindet und was tatsächlich darin bestattet gewesen ist. Aber in regelmäßigen Abständen wird ein bestimmter Teil des Friedhofs völlig durchwühlt — wahrscheinlich von Leuten, die die Überreste des einzigen Außerirdischen zu finden hoffen, der angeblich auf dem Planeten Erde begraben wurde.

Belohnung für ein UFO

Im Jahre 1947 sah Kenneth Arnold, ein routinierter Pilot, bei seinem Flug über die Cascade Mountains in der Nähe von Washington plötzlich neun nicht identifizierbare, runde Metallobjekte mit einer Geschwindigkeit von ungefähr 2000 Stundenkilometern an seinem Flugzeug vorbeisausen. Seit diesem Zeitpunkt gab es viele tausend Berichte von UFOs, die angeblich über den Ebenen, den Bergen, den Wüsten, den Seen, den Ozeanen und den Städten der Erde gesehen worden sind.
Eine ganze Reihe von UFOs konnte auch fotografiert werden, aber kaum eines dieser Fotos wurde jemals auf seine Authentizität hin überprüft. Experten sind allerdings den Spuren angeblicher UFOs auf der Erde nachgegangen und haben versucht, Rückstände von Mineralien oder Chemikalien festzustellen. Sie wollten herausfinden, ob die UFOs nach bestimmten geometrischen Formen konstruiert worden sind oder ob sich gewisse mathematische Berechnungen anstellen ließen. Außerdem wurden alle Berichte gesammelt und miteinander verglichen.
Nach Berichten des *People's Almanach* hat die *Cutty Sark Company* in London eine Belohnung von einer Million Pfund für denjenigen ausgesetzt, dem es gelingt, ein »Raumschiff oder ein anderes Flugobjekt« heranzuschaffen, das das *Science Museum* in London als »Raumschiff aus dem All« anerkennt. Die Firma *Cutty Sark*, übrigens Hersteller eines berühmten schottischen Whiskys, behauptet, daß die in Aussicht gestellte Belohnung für ein echtes UFO durchaus ernst gemeint sei, und die Firma

hat bereits eine Versicherung abgeschlossen, mit der die mögliche Auszahlung der Belohnung abgedeckt werden soll.

Zwar ist dieses Geld bis jetzt von niemandem gefordert worden, aber es gibt Gerüchte, daß ein bestimmtes Objekt dafür durchaus geeignet sein könnte, nämlich eine abgestürzte fliegende Untertasse oder möglicherweise ein Raumschiff, das am 2. Juli 1947 in der Nähe von Socorro, New Mexico, gefunden worden ist. Das Raumschiff, das einer fliegenden Untertasse durchaus ähnlich sieht, wurde zuerst zur *Roswell Air Force Base* transportiert und dann mit seiner menschenähnlichen Besatzung zu einer genaueren Untersuchung zur *Muroc Air Force Base* in Kalifornien gebracht. Dort sollte es von Präsident Eisenhower unter strenger militärischer Geheimhaltung besichtigt werden. Schließlich landete es auf dem *Wright Patterson*-Fliegerhorst in Ohio, wo man es aufbewahrte. Zuletzt schickte man das seltsame Objekt nach Langley Field in Virginia, dem Hauptquartier des CIA. Es gibt Gerüchte, daß andere Teile des Wracks noch in der *McDill Air Force Base* in Florida aufbewahrt werden. Angeblich existieren im *Wright Patterson*-Fliegerhorst noch Fotos des Objekts. Da allerdings sämtliche UFO-Aktivitäten unter strengster Geheimhaltungspflicht stehen, ist darüber nichts Näheres zu berichten.

Wahrscheinlich braucht die Firma *Cutty Sark* im Falle Roswell die Belohnung doch nicht zu bezahlen, denn die Beweise für das Auftauchen eines wirklichen UFOs reichen wieder einmal nicht aus. Sollte es konkrete Hinweise darauf geben, daß andere Staaten im Besitz von gekaperten oder abgestürzten UFOs sind, so werden diese Tatsachen wahrscheinlich ebenfalls geheim bleiben. Zumindest so lange, bis die gegenwärtige politische Weltlage sich deutlich verändert. Tatsächlich nämlich würden Kenntnisse der Konstruktion und des Funktionierens der UFOs entweder im Weltraum oder aber auf der Erde selbst für die Länder, die über dieses Wissen verfügen, einen ganz erheblichen Vorteil bedeuten.

Also wird *Cutty Sark* sich weiterhin die Belohnung von einer Million Pfund sparen können, und das Markenzeichen der Firma wird auch in Zukunft ein Segelschiff bleiben — statt eines interplanetarischen Raumschiffs.

Der Riesenkrater am Südpol

Stellen Sie sich einmal ein Loch vor, das so riesengroß ist, daß es fast die Fläche zwischen Chicago und Indianapolis ausmacht! Ein Wissenschaftler der Universität von Indiana, John G. Weihaupt, behauptet, über Beweise zu verfügen, daß es solch einen riesigen, allerdings bis heute noch nicht entdeckten Krater wirklich gäbe, daß er sich in der Nähe des Südpols befände und dadurch entstanden sei, daß der größte Meteorit, der jemals auf der Erde eingeschlagen ist, gerade hier niederging.
»Wir haben jetzt Beweise dafür, daß es auch auf der Erde einen Krater gibt, der mit den größten vorhandenen Mondkratern vergleichbar ist«, stellt Weihaupt fest. Er nimmt an, daß sich unter dem Eis der nördlichen Antarktis ein 750 Meter tiefer und 240 Kilometer breiter Krater befindet. Diese Fläche ist viermal so groß wie die jedes anderen Meteoritenkraters auf diesem Planeten.
Wodurch könnte dieses riesige Loch entstanden sein? Weihaupt meint, hier sei ein Mammut-Meteorit eingeschlagen. Mit einem Gewicht von ungefähr 13 Billionen Tonnen und einem Durchmesser von vier bis sechs Kilometern soll dieser Meteorit vor etwa 600 000 bis 700 000 Jahren in die Erde geschossen sein, und zwar mit einer Geschwindigkeit von über 70 000 Stundenkilometern.
Obwohl der Aufprall ohnehin schon entsetzlich gewesen sein muß, hätte die Wirkung für unseren Planeten doch noch schrecklicher sein können. Weihaupt ist der Ansicht, seine Berechnungen würden beweisen, daß der Ein-

schlag zumindest nicht mit so furchtbarer Wucht erfolgte, daß der Winkel der Erdachse oder die Erdumdrehung dadurch verändert worden sind.

Elektrizität in der Antike

Bei der Ausgrabung einer alten Parthersiedlung im heutigen Iran entdeckte im Jahre 1936 der österreichische Wissenschaftler Wilhelm König einen ziemlich mysteriösen Gegenstand. Obwohl er aus dem Jahr 250 vor Christus stammte, schien er doch durchaus den Erfordernissen moderner Technik zu entsprechen. König meinte so etwas wie eine stromerzeugende Batterie gefunden zu haben.

Der Gegenstand befand sich in einem Topf aus Terrakotta. Er war röhrenförmig, hatte eine Breite von zweieinhalb Zentimetern, war außen mit einer Kupferschicht verkleidet, mit einer Legierung von Zinn und Blei zusammengelötet und insgesamt ungefähr zwölf Zentimeter hoch. Eine enganliegende Kupferkappe, die mit Pech isoliert war, bedeckte das eine Ende; das andere Ende war ebenfalls mit einem Pechpfropfen versiegelt. Aus diesem Pfropfen ragte ein eisernes, mit Kupfer isoliertes Stäbchen. Wenn man das Rohr mit einer Säurelösung (wie Essig, Wein oder Zitronensaft) füllte oder auch mit einer alkalischen Flüssigkeit (beispielsweise einer Lauge), dann würde, meinte König, Elektrizität erzeugt.

In zwei Versuchen — einer davon wurde im Jahre 1957 in den USA durchgeführt, den anderen machte kürzlich der Ägyptologe Arne Eggebrecht vom Museum Hildesheim — wurden Nachbildungen des Objekts hergestellt (das Original befindet sich im Irakischen Museum von Bagdad), mit denen tatsächlich bewiesen wurde, daß mit dieser merkwürdigen Batterie elektrischer Strom erzeugt werden kann. Mit Hilfe einer Kupfersulfatlösung gelang es dieser Batterie, die ursprünglich von unzivilisierten Nomaden erfunden wurde, eine Stromstärke von fünf Volt abzugeben. Es gibt Hinweise darauf, daß die alten Ägypter ebenfalls wußten, wie man Elektrizität erzeugt. In vielen Grabstätten, die zur Zeit der Pharaonen gebaut wurden, gibt es Räume und Gänge, in denen jede Lichtquelle fehlt. Und man hat auch niemals eine Spur von Ruß, Fackeln, Kerzen oder Petroleum gefunden, meint Professor Helmuth Satzinger vom Museum für Kunstgeschichte in Wien. Kann es sein, daß die größen ägyptischen Bauwerke beim Schein von elektrischem Licht erbaut worden sind?

Der alte ägyptische Tempel von Dendera, am Ufer des Nils gegenüber der Stadt Kena, birgt möglicherweise die Antwort auf diese Frage. In jenem Tempel gibt es Relieffiguren, die neben Objekten stehen, die aussehen wie riesige Glühbirnen mit Schlangen — oder auch symbolischen Glühfäden —, die wellenförmig verlaufen. Vielleicht ist es kein Zufall, daß Thoth, der ägyptische Mondgott, der die Nacht mit seinem Licht erhellte, ebenfalls dort abgebildet ist.

Die Wände des Tempels sind mit anderen Illustrationen oder Hieroglyphen bedeckt, die Ägyptologen vergeblich zu entziffern versucht haben. Dr. John Harris, ein Wissenschaftler aus Oxford, der sich mit den Reliefs beschäftigt hat, vertritt die Ansicht, daß es sich bei diesen Abbildungen um technische Codes handeln könnte, ähnlich denen, die die Wissenschaftler heute benutzen. Der erfahrene österreichische Wissenschaftler und Elektroingenieur Walter Garn ist ebenfalls der Meinung, daß man im Tempel von Dendera technische Hinweise und Informationen erhalten kann — ganz besonders Hinweise auf die Erzeugung von Elektrizität.

Garn deutet die »Schlangen« in den glühbirnenförmigen Zeichnungen als elektrische Ströme. Er meint weiter, daß eine flötenartige Säule, die die »Birne« zu unterstützen scheint, einem modernen Hochspannungsisolator erstaunlich ähnlich sieht.

Todesstern

Als Wissenschaftler der Universität von Kalifornien das Alter der größten Erdkrater herauszufinden versuchten, machten sie eine erstaunliche Feststellung. Die Krater, die durch das Einschlagen von Kometen in die Erde entstanden, scheinen alle 28 Millionen Jahre neu geformt worden zu sein — und dieser Zeitpunkt fällt genau mit dem mysteriösen Massensterben von Tieren zusammen, die einstmals die Erde bevölkerten.

Aber was war der Grund dafür, daß Kometen in derart präzisen zeitlichen Intervallen in die Erde einschlugen? Forscher behaupten, daß die Erde unter dem Einfluß eines »Todessterns« stehe, der Kometen — und damit katastrophale Zerstörung — über sie bringe.

Der Physiker Richard Muller hat in Zusammenarbeit mit seinem Kollegen Piet Hut von der Universität Princeton und dem Professor für Astronomie Marc Davis aus Berkeley eine Theorie entwickelt, die erklärt, wie der »Todesstern« wirkt. Als kleiner, kühler Zwerg hat er eine elliptische Umlaufbahn, durch die er 2,4 Lichtjahre von der Sonne fortgetragen wird, und zwar genau in einen Teil des Weltalls, in dem sich eine Kometenwolke, die 100 Billionen Kometen enthält, befindet. Wenn er durch die Wolke hindurchsaust, schleift der Stern einige der Kometen mit sich, und später, wenn er alle 28 Millionen Jahre einmal am Sonnensystem vorbeirast, dann fallen einige dieser Asteroiden auf die Erde.

»Die Erde ist eine derartig kleine Zielscheibe, daß man eigentlich nicht erwarten kann, daß zwei Dutzend solcher

Asteroiden sie treffen könnten«, erklärt Muller. »Und doch passiert das in einem relativ kurzen Zeitraum.«

Als die Meteoriten in der Vergangenheit auf unserem Planeten einschlugen, so die Theorie von Muller, verursachten sie eine Staubwolke, die das Sonnenlicht blockierte und so die Fotosynthese verhinderte. Das, so meint er, könnte die Erklärung dafür sein, warum vor ungefähr 65 Millionen Jahren die Dinosaurier vom Erdboden verschwanden, nachdem sie doch 140 Millionen Jahre lang die Herren der Schöpfung gewesen waren: Staubstürme haben den Planeten monatelang in Kälte und Dunkelheit gestürzt, so daß viele Lebewesen schließlich vor Kälte und Hunger starben.

Die Wissenschaftler sind der Meinung, daß der »Todesstern« die Erde mit Sicherheit irgendwann wieder heimsuchen wird. Aber diesmal werden wir zumindest wissen, wann er kommt: Es wird in ungefähr 15 Millionen Jahren sein.

Griechische Sonnenenergie

Ungefähr im Jahre 214 vor Christus, so sagt die Geschichte, erdachte der griechische Mathematiker und Erfinder Archimedes eine erstaunliche Möglichkeit, um die römischen Truppen aufzuhalten, die auf die sizilianische Hafenstadt Syrakus zumarschierten: Er nutzte die Energie der Sonne, um sie bei lebendigem Leib zu rösten.

Angeblich soll Archimedes einen riesigen konkaven Spiegel am Strand aufgestellt haben. Die reflektierende Oberfläche dieses Spiegels intensivierte die Sonnenstrahlen und warf sie zurück auf die Schiffe der Römer, die innerhalb von Sekunden in hellen Flammen standen.

Um herauszufinden, ob diese Geschichte sich wirklich zugetragen haben könnte, hat der griechische Ingenieur Ioannis Sakkas 1973 das Ereignis noch einmal inszeniert. Er hatte die Theorie entwickelt, daß Archimedes wahrscheinlich Hunderte von verspiegelten Schildern von Soldaten — anstatt eines einzigen riesigen Spiegels — für seine Zwecke eingesetzt hatte. Deshalb ließ Sakkas siebzig griechische Seeleute in einer Reihe am Strand aufmarschieren. Jeder dieser Seeleute hielt einen Bronzespiegel in der Größe von eineinhalb mal einen Meter. Dann wies er die Gruppe an, sie sollten ihre verspiegelten Schilder in einem bestimmten Winkel zu einem Sperrholzboot aufstellen, das in einer Entfernung von etwa fünfzig Metern auf den Wellen des Meeres trieb. Und tatsächlich: In wenigen Minuten stand das ganze Boot in Flammen.

Sakkas meinte allerdings, daß Archimedes die Sonnenenergie wahrscheinlich auf noch effektivere Weise genutzt hat: Die Schiffe der Römer waren noch leichter entflammbar als sein eigenes Modell, und während die Männer, die an seinem Experiment teilnahmen, etwa auf Meereshöhe standen, hatten die Männer von Syrakus wahrscheinlich noch den zusätzlichen Vorteil, daß sie erhöht auf einer Mauer postiert waren. »Archimedes«, so schlußfolgerte Sakkas, »hätte sicherlich unter besseren Voraussetzungen gearbeitet.«

Die Ballonflieger von Nazca

Die Geschichtsschreibung behauptet, daß die ersten bemannten Heißluftballons erst im 18. Jahrhundert auftauchten. Allerdings deutet einiges darauf hin, daß Angehörige eines alten Volkes, das in der Gegend lebte, die heute als Nazca-Tal bezeichnet wird, schon vor vielen Jahrhunderten in ihren Heißluftballons über die Ebenen von Peru schwebten. Tatsächlich könnten diese Kenntnisse der Luftfahrt erklären, wie die Peruaner es schafften, riesige abstrakte Muster und Figuren zu malen, die sich über viele Meilen in schnurgeraden Linien hinziehen. Es handelt sich nämlich dabei um Formen, die nur vom Himmel aus erkennbar sind.

1975 hat eine Reisegruppe, die sich *International Explorers Society* nennt und die ihren Sitz in Coral Gables, Florida, hat, sich mit der Frage beschäftigt, ob die Nazcas möglicherweise bereits Ballonflüge unternahmen. Die Mitglieder der Gruppe stellten die These auf, daß Arbeiter aus Nazca riesige lineare Muster auf dem Erdboden entwarfen und dabei von Beobachtern, die in Heißluftballons über ihnen schwebten, gelenkt wurden.

Diese Forschungen stützten sich teilweise auf eine Darstellung auf einem Tongefäß aus Nazca, die anscheinend einen Heißluftballon darstellt. Man erkundete außerdem, daß Textilien, die man aus Wüstengräbern barg, ein Beweis dafür waren, daß die Nazcas bereits die notwendigen Materialien für die Herstellung eines Ballons besaßen.

Zusätzlich entdeckte man noch einen Hinweis in einem

Dokument in der Universität von Coimbra in Portugal, der wichtige Aufschlüsse geben könnte. Diese Quelle besagt, daß ein in Brasilien geborener Jesuitenmissionar namens Bartholomeu de Gusamao im Jahre 1709 Lissabon besuchte. Dort präsentierte er das Modell eines Ballons, der sich in die Lüfte erhob, wenn er mit Rauch und Luft, die von glühenden Kohlen in einem Tontopf erhitzt wurden, aufgepumpt wurde. Dieses Ereignis war besonders deshalb bemerkenswert, weil es schon 75 Jahre vor dem bahnbrechenden Ballonflug der Brüder Montgolfier, die damals ihren Flug über Paris absolvierten, stattfand. Und was noch wichtiger ist: Die Experten sind der Ansicht, daß Gusamaos Ballon die Nachbildung eines anderen Ballons darstellt, mit dem bereits die südamerikanischen Indianer durch die Lüfte reisten.

Die *International Explorers Society* hat ihre Theorie von den fliegenden Nazcas überprüft, indem sie die *Condor I* gebaut hat — eine Imitation des vermeintlichen Heißluftballons der Nazcas. Dieser Ballon hatte eine über 26 Meter hohe Hülle aus einem Material, das dem ganz ähnlich ist, das man aus den Nazca-Gräbern herausgeholt hat. Dazu gehören Taue und Befestigungen aus Naturfasern und Gräsern, die im Titicacasee in Peru wachsen.

Auf ihrer Jungfernfahrt erreichte die *Condor I* eine Höhe von 180 Metern in einem Zeitraum von nur dreißig Sekunden. Allerdings kam plötzlich eine starke Brise auf, der Ballon wurde leicht auf den Boden zurückgedrückt, und die beiden Piloten purzelten heraus. Dann stieg er jedoch wieder bis in eine Höhe von 360 Metern und flog innerhalb von 18 Minuten zwei Meilen weit, bis er schließlich sanft auf einer Wüstenebene landete.

Obwohl der Start offensichtlich etwas schiefgelaufen war, meinte Michael Debakey (der Sohn des berühmten Herzchirurgen und ein Direktor der *International Explorers Society*), daß der Flug der *Condor I* sein Ziel erreicht habe. »Wir wollten zeigen, daß schon die Nazcas den Wunsch hatten zu fliegen und daß sie zudem über die Geschicklichkeit und das Material verfügten, um sich diesen Wunsch zu erfüllen«, stellte er fest. »Ich glaube, wir haben nun den Beweis dafür erbracht.«

Affensprache

Schon seit langer Zeit weiß man, daß Affen miteinander kommunizieren: Laute und Körperbewegungen werden, vielleicht instinktiv, zur Warnung von Artgenossen eingesetzt, zur gegenseitigen Hilfe beim Jagen und bei anderen wesentlichen Bedürfnissen. In den letzten Jahren haben Wissenschaftler herausgefunden, daß man einigen Tieren beibringen kann, sich direkt mit Menschen zu verständigen. Beispielsweise hat das berühmte Gorillamädchen Coco gelernt, menschliche Worte zu erkennen, darauf zu reagieren und mit Hilfe einer Zeichensprache sogar ihre eigenen Sätze zu bilden.

Aufgrund eines bestimmten Ereignisses kamen die Experten jedoch zu der Vermutung, daß eine Gruppe Affen ihre eigene *gesprochene* Sprache haben könnte, die dann auch benutzt wird, um sich gegenseitig über ein tragisches Ereignis in Kenntnis zu setzen und einen Racheplan zu schmieden.

Nachdem ein Jugendlicher auf sehr grausame Weise ein Affenbaby in den botanischen Gärten von Penang zu Tode gesteinigt hatte, begannen etwa 60 Affen damit, Spaziergänger und Jogger in diesen Gärten anzugreifen. »Wir sahen, daß sich uns eine große Affenhorde näherte«, wird einer der Jogger in *The New Straits Times* zitiert. »Zunächst dachten wir, daß sie nur etwas zum Fressen haben wollten, und versuchten, sie zu vertreiben. Als sie aber begannen, uns massiv anzufallen, mußten wir die Flucht ergreifen.«

Besonders erstaunlich an dieser Verfolgung von Menschen durch Affen war, daß die Tiere nur hinter solchen Menschen her waren, die Kleidung in derselben Farbe trugen wie der junge Mann, der das Affenbaby getötet hatte — nämlich gelb.

Ein Maultier namens Krause

Maultiere sind Kreuzungen zwischen weiblichen Pferden und männlichen Eseln, können sich selbst aber nicht weiter vermehren. Dies ist einfach ein biologisches Faktum. Allerdings schien ein Maultier namens Krause davon nichts zu wissen.

Krauses Besitzer, Bill und Oneta Silvester aus Champion in Nebraska, stellten fest, daß ihr Maultier immer dicker wurde. »Ihre Mutter war ein walisisches Pony, und die haben große Mägen«, erzählt Oneta. »So dachten wir, daß sie einfach ein bißchen fett würde.« Erst als Krause ein Fohlen gebar, wurde dem Ehepaar Silvester klar, daß sie tatsächlich ein ganz und gar ungewöhnliches Tier besaßen.

Nach Meinung des Erbforschers Oliver Ryder von der Zoologischen Gesellschaft in San Diego (ein Forschungszentrum für die Vermehrung von gefährdeten Arten) hat es noch weitere Berichte über Maultiere gegeben, die angeblich Nachwuchs bekommen haben sollen. Aber wann auch immer Forscher in der Vergangenheit solchen Behauptungen nachgingen, erwies sich, daß irgend etwas daran nicht stimmte. »Das angeblich fruchtbare Maultier erwies sich manchmal als ein wie ein Maultier aussehendes Pferd«, schmunzelt Ryder. »Oder die Mutter war wirklich ein Maultier, aber das Fohlen war nicht ihr eigenes; sie hatte es von einem anderen Pferd oder Esel ›adoptiert‹.«

Als jedoch Ryder einmal dem Maultier Krause und ihrem Nachkommen, genannt *Blue Moon,* auf die Schliche zu kommen versuchte, fand er durch Chromosomentests und eine Blutanalyse heraus, daß das Maultier mit Sicherheit das Fohlen selbst geboren hatte.

»Nach allen bisher verfügbaren Erkenntnissen war anzunehmen, daß Maultiere beiderlei Geschlechts vollkommen steril sind«, erklärt Ryder. »Pferde haben vierundsechzig Chromosomen, und Esel haben zweiundsechzig. Maultiere haben dann dreiundsechzig Chromosomen, die ganz gut für die prächtige Entwicklung des Tieres sorgen. Erst wenn das Maultier versucht sich fortzupflanzen, erweist sich, daß das unmöglich ist.«

Allerdings schaffte Krause dann doch das, was für Maultiere erwiesenermaßen unmöglich ist: einen Nachkommen zur Welt zu bringen. »Soviel ich weiß, ist dies der erste Fall von angeblicher Fruchtbarkeit eines Maultieres, der einer wissenschaftlichen Analyse standhielt«, kommentiert Ryder.

Ein moderner Neandertaler

Der behaarte Neandertaler mit der niedrigen Stirn ist vor Tausenden von Jahren ausgestorben. Oder vielleicht doch nicht? Nach Meinung der Archäologin Myra Shackley von der University Leicester in England gibt es zahlreiche Augenzeugenberichte, die darauf hindeuten, daß eine kleine Sippe von Neandertalern noch immer in Höhlen haust, und zwar hoch oben in den Bergen der äußeren Mongolei. Von anderen Bewohnern dieser verlassenen und öden Gegend, die sich zwischen der südlichen UdSSR und China hinzieht, werden diese wilden Männer Almas genannt.

Miss Shackley, die ihre Forschungsberichte in der renommierten Archäologiezeitschrift *Antiquity* veröffentlichte, stellte folgendes fest: »Die Idee, daß der moderne Mensch möglicherweise die einzige überlebende menschenartige Spezies sei könnte, ist eine durchaus unzeitgemäße Form von biologischer Arroganz. Die Existenz der Almas läßt sich wohl kaum abstreiten.«

Miss Shackley schreibt weiter, daß glaubwürdige Bürger und seriöse Wissenschaftler berichtet hätten, die Neandertaler gesehen zu haben. Während sie ihren Forschungen in der äußeren Mongolei nachging, entdeckte Miss Shackley selbst mögliche Spuren der Almas: Steinwerkzeuge, die aussahen, als wären sie von Neandertalern hergestellt worden. In der Hoffnung, die Herkunft dieser Werkzeuge erkunden zu können, reiste sie am Rande der Wüste Gobi und der Altai-Berge entlang und fragte die Hirten in diesem Gebiet, wer wohl die Gegenstände her-

stellen könnte. Die Antwort, so erzählt sie, war immer dieselbe: »Leute, die dort in der Gegend leben.« Diese Menschen, so erzählte man der Archäologin, hausen heute in Berghöhlen und ernähren sich von ihrer Jagdbeute.
Die Mongolen waren jedoch erstaunt darüber, daß Miss Shackley die Almas so bemerkenswert fand. »Den Mongolen selbst waren sie durchaus vertraut«, stellt sie fest.

Die Frau, die den Blitz anzieht

Versetzt Sie die Vorstellung eines Blitzes, der plötzlich aus dem Himmel herabschießt, in Angst und Schrecken? Dann wäre es sicher recht weise, sich nicht in die Nähe von Betty Jo Hudson aus Winburn Chapel in Mississippi zu begeben — einer Frau, die elektrische Blitze geradezu anzuziehen scheint!

Die Sache begann, als sie ein Kind war und an Kopf und Gesicht vom Blitz getroffen wurde. Später wurde das Haus ihrer Eltern wiederholt von Blitzen heimgesucht. Im Jahre 1957 zerstörte ein Blitzschlag schließlich das ganze Gebäude.

In den letzten Jahren haben Betty Jo und ihr Mann Ernest beobachtet, daß Blitze überall in der Nähe ihres Wohnhauses in der ländlichen Gemeinde von Winburn Chapel einschlugen. Blitze trafen nicht nur in drei aufeinanderfolgenden Jahren ihr eigenes Haus, sondern auch das Haus ihres Nachbarn wurde durch Blitzschlag beschädigt. Andere Blitze aus heiterem Himmel töteten den Hund der Hudsons, zerschmetterten einen Baum und eine Pumpe und rissen tiefe Löcher in ihren Hof.

Bis jetzt hat Betty Jo noch keine ernsthafte Verletzung erlitten, aber sie befand sich mehrmals in Lebensgefahr. Als beispielsweise die Hudsons einmal gerade dabei waren, auf ihrer Veranda Erbsen zu pulen, brauten sich plötzlich dunkle Wolken zusammen, und ein Sturm brach los. Nur wenige Minuten, bevor der Blitz durch ein Schlafzimmerfenster ins Haus einschlug, hatte sich das Ehepaar in das vordere Schlafzimmer zurückgezogen. »Wären wir dort drin gewesen«, meint Betty Jo, »dann wären wir sicher getroffen worden.«

UFO-Schnappschuß

Dave und Hannah McRoberts machten mit ihrem Auto eine Spazierfahrt auf Vancouver Island in British Columbia und entschlossen sich um die Mittagszeit herum, zum Erholungsgebiet am Eve River hinüberzufahren. Weit in der Ferne konnte das Ehepaar eine Reihe von zerklüfteten Bergen ausmachen, die sich, abgegrenzt von einer weißen Wolke, gegen den Himmel abhoben — genau die Szenerie, die, wie Hannah meinte, ein stimmungsvolles Fotomotiv hergeben würde.

Hannah nahm ein einziges Bild auf. Einige Wochen später, im Oktober 1981, wurde der Film entwickelt. Die Bergszene kam klar und malerisch heraus. Das Foto zeigte aber außerdem noch ein sehr seltsames Objekt. Die McRoberts waren sich gar nicht bewußt gewesen, daß sie etwas Derartiges überhaupt gesehen hatten, als sie das Bild aufnahmen: eine silbrige Scheibe, die über den Bergen schwebte.

Wegen des UFOs, das sie unabsichtlich im Film festgehalten hatten, nahmen die McRoberts sofort mit dem kanadischen Verteidigungsministerium in Comox Kontakt auf. Die Armee zeigte kein Interesse an dem merkwürdigen Flugobjekt. Allerdings waren Freunde und Nachbarn von dem Foto fasziniert. Die McRoberts ließen einen Haufen Kopien davon anfertigen und gaben sie an jeden, der eine haben wollte, weiter.

Eines der Fotos fiel in die Hände des Psychologen Richard Haines in Pasadena, Kalifornien. Haines, Präsident der *North American UFO Federation*, beschloß, mehr über das

Foto herauszufinden. Er besuchte die McRoberts in ihrem Haus in Campbell River, überprüfte und testete ihre Kamera und erforschte dann die Gegend, wo das Foto aufgenommen worden war.

Im Juli 1984 erklärte Haines den Teilnehmern der *Rocky Mountain UFO Conference*, daß das untertassenförmige Objekt tatsächlich existiere.

Er stellte fest, daß bei der Explosion eines UFOs an der oberen Seite ganz deutlich eine gewölbte Kuppel zu sehen wäre. Aber bis jetzt gibt es noch keine Erklärung dafür, *was genau* Hannah McRoberts auf dem Film festgehalten hat. »Der Gegenstand ist und bleibt unidentifizierbar«, stellt Haines fest.

Umfrage zur Seele

Da man den Erfahrungen einer menschlichen Seele, die den Körper verläßt, in den letzten Jahren sehr intensiv auf der Spur gewesen ist, haben der Psychiater Fowler Jones und zwei Kollegen der Universität von Kansas ebenfalls begonnen nachzuprüfen, ob an diesem Phänomen wirklich etwas Wahres ist. Zu diesem Zweck befragten sie 420 willkürlich ausgewählte Leute aus 38 US-Staaten und drei ausländischen Nationen. Was nun fanden sie heraus? Die große Mehrzahl der Befragten meinten, sie hätten zumindest eine derartige Seelenreise unternommen; einige sagten, sie hätten *Hunderte* von Malen eine solche Reise, in der sich der Geist über die Materie erhob, erlebt.

»Es waren gesunde, intelligente Leute, die meisten von ihnen regelmäßige Kirchgänger, die über diese Erfahrungen berichteten«, erklärt Jones. Er weist darauf hin, daß Seelenreisen durchaus keine mittels Drogen veränderten Bewußtseinszustände und auch keine Träume seien.

Wie auch immer die Erfahrungen beschaffen sein mochten, fügt Jones hinzu, sie wurden jedenfalls von 85% der Befragten als angenehm beschrieben. »Menschen, die derartige Erfahrungen durchmachen, haben das Gefühl, sie seien ganz real. Sie beschreiben sie auf verschiedene Weise, aber diese Beschreibungen stimmen darin überein, daß der Geist, der denkende und fühlende Teil der Persönlichkeit, sich nicht länger im Körper befindet, sondern vielmehr irgendwo außerhalb«, erzählt Jones. »Es ist so, als sei das Zentrum ihres Bewußtseins beweglich und befinde sich eben im Augenblick ein paar Meter oder auch einige Kilometer vom physischen Körper entfernt.«

Wenn der Geist den Körper verläßt, dann kann er offensichtlich einen Blick auf Ereignisse werfen, die erst in der Zukunft eintreten werden. So hat zum Beispiel ein Mann, der für Jones' Forschungsarbeiten interviewt wurde, erklärt, daß die Erfahrung der Seelenreise ihm das Leben gerettet habe. Als nämlich sein Geist seinen Körper verließ, da wanderte er in ein Zimmer, in dem sich Menschen befanden, die seinen Mord planten. Nachdem er wieder in seinen Körper zurückgekehrt war, erzählt Jones, konfrontierte der Mann einen der Verschwörer, eine Frau, mit dem, was er wußte. Sie war über sein Wissen so entsetzt, daß sie sofort alles zugab.

Autounfälle durch UFOs

Im Sommer des Jahres 1979 sahen zwei junge Männer rätselhafte Lichtstrahlen über ihr Auto hinwegwandern. Plötzlich preßte eine undefinierbare Kraft sie ganz tief in ihre Sitze. Als die jungen Leute schließlich weiterfahren konnten, bemerkten sie, daß ihr Auto ganz unkontrolliert vorwärtsschoß, als hätte es seinen eigenen Willen.

Ein paar Wochen später, um ein Uhr vierzig nachts, sah ein Polizist aus Minnesota am Himmel ein ungewöhnliches Licht und fühlte, wie sein Auto von einer unsichtbaren Hand über die Straße gefegt wurde. Dann verlor er das Bewußtsein. Als er wieder zu sich kam, entdeckte der Polizist, daß die Windschutzscheibe zerschmettert und die Antenne verbogen war; die Uhr ging unerklärlicherweise 14 Minuten nach.

Nach Aussage des Zentrums für UFO-Studien in Evanston, Illinois, sind solche Vorfälle durchaus nicht einzigartig. Insgesamt gibt es aus allen Teilen der Welt Berichte über 440 Fälle, bei denen UFOs Autounfälle verursachten oder doch fast verursacht hätten. Es scheint, als bewirkten die UFOs bestimmte »elektrochemische Reaktionen«, durch die Automotoren zum Stillstand gebracht und Radios durch atmosphärische Störungen beschädigt werden können.

Der Astrophysiker Mark Rodenghier, der sich mit den Berichten befaßt hat, meint, es gäbe für die meisten dieser Vorfälle keine wissenschaftliche Erklärung. Er weist darauf hin, daß der Ford, den der Polizist aus Minnesota fuhr, von Ingenieuren der Firma Ford untersucht worden sei. Diese Ingenieure kamen zu dem Schluß, daß kein bisher bekanntes physikalisches Gesetz das Automobil dazu gebracht haben könnte, so ungewöhnlich zu reagieren.

Das Comeback von Elvis

Vor einigen Jahren registrierte ein Lastwagenfahrer in einem Waldstück einen seltsamen Feuerball. Davor stand ein Tramper. Als er anhielt, um den Reisenden mitzunehmen, stellte der Lastwagenfahrer fest, daß ihm irgend etwas an dem sehr höflichen jungen Mann vertraut erschien. Aber erst, als sie die hellen Lichter von Memphis erreicht hatten, erkannte der Lastwagenfahrer in seinem Passagier einen Mann, der bereits drei Jahre zuvor gestorben war: Elvis Presley.

Nach Meinung des Psychiaters Raymond Moody ist das Erlebnis des Lastwagenfahrers durchaus nicht einzigartig. Wie er in seinem Buch *Das zweite Leben von Elvis* dokumentiert, gab es überall im Lande Erzählungen über sein gespenstisches Wiederauftauchen auf der Erde. »Eine Psychotherapeutin, die Elvis einmal getroffen hatte, als sie beide noch sehr jung waren, behauptet, daß er eines Tages vollkommen unerwartet in ihrem Büro auftauchte — nach seinem Tode! — und ihr einige Ratschläge gab, wie sie mit ihrem Leben besser fertigwerden könnte«, erzählt Moody. »Eine andere Frau erzählte mir, daß Elvis plötzlich im Entbindungssaal auftauchte, um ihr bei einer schwierigen Geburt beizustehen.«

Moody stellt fest, daß Elvis noch bei anderen paranormalen Ereignissen eine Rolle spielte. Ein Fan hatte in der Nacht vor Presleys Tod einen Traum, in dem der Sänger ankündigte: »Dies ist mein letztes Konzert.« Ein anderer Mann beobachtete mehrmals, daß der Ärmel eines Jacketts, das einmal Elvis gehört hatte, sich eigenständig bewegte.

Mysteriöses Vogelsterben

In den frühen Januartagen des Jahres 1978 flogen Hunderte von Gänsen über Norfolk County in England – und plötzlich fielen alle diese Tiere, die sehr geschickte Flieger sind, vom Himmel. Sehr bald lagen auf einer Strecke von ungefähr 45 Kilometern insgesamt 136 tote Gänse. Weitere 105 Gänse fielen in der Nähe von Wicken Farm, Castleacre, zu Boden. Weitere wurden in verschiedenen anderen Gebieten entdeckt, in Gruppen von zwei bis vierzehn Tieren.

Die Gänse waren nicht etwa deshalb gestorben, weil sie von irgendwelchen Jägern abgeschossen worden wären; es gab nicht die geringsten Anzeichen für Schußwunden. Durch verschiedene Autopsien stellte man zudem fest, daß die Vögel nicht vom Blitzschlag getroffen worden waren. Bei einigen Vögeln wurden Blutgerinsel in den Lungen und innere Blutungen festgestellt, bei anderen war wiederum die Leber gerissen.

Einige Forscher haben schließlich vermutet, daß die Gänse während ihres Fluges möglicherweise auf eine meteorologische Kaltfront gestoßen sein könnten, die starke Tornados mit sich führte. Die Tiere wurden in die sogartigen Winde hineingezogen und dadurch in eine größere atmosphärische Höhe hinaufbefördert. In diesen immensen Höhen kam es dann wohl zu Lungenblutungen, so daß die Tiere schließlich tot zur Erde fielen.

Spinnwebenregen

In dem Film *Der Zauberer von Oz* gibt es einen Tornado, der alles, was ihm im Weg liegt, hinwegfegt und viele Meilen weit fortträgt. Tornados und Wirbelstürme verursachen meist schwere Verwüstungen. Aber oft lassen sie auch die merkwürdigsten Dinge zurück.

So ist beispielsweise durch kleine Wirbelwinde Heu auf Hochspannungsleitungen getragen worden. Und durch gewöhnliche Luftströme sind Spinnweben weite Strecken fortgeweht und dann auf die Erde fallengelassen worden. Zum Beispiel hat Charles Darwin, während er sich an Bord der *Beagle* befand, einen Regen von Spinnweben beobachtet — ungefähr hundert Kilometer vom Land entfernt.

Heute weiß man, daß einige Spinnen sich fortbewegen, indem sie sich an einem in der Luft schwebenden Spinnennetzfaden festhalten. In der Tat haben diese Spinnweben, wenn sie zu Boden gefallen sind, teilweise große Flächen wie mit Schaum bedeckt. Auf einen See beispielsweise fielen Spinnweben mit einer Länge von mehr als 60 Zentimetern aus großer Höhe nieder. In einem ähnlichen Fall, der sich in Green Bay, Wisconsin, ereignete, wurden lange Fäden von Spinnweben in die Bucht hineingeschwemmt; die einzelnen Fäden waren bis zu 18 Meter lang.

Wenn solche Spinnweben in der Luft treiben und dabei möglicherweise noch das Sonnenlicht reflektieren, könnte es sehr leicht sein, daß man sie für einen UFO-Flugkörper hält.

Manna vom Himmel

Im Bibeltext vom Exodus der Israeliten aus Ägypten wird die Geschichte vom Manna erzählt, das in großen Mengen auf die Erde fiel und durch das die Menschen während ihres langen Marsches vor dem Hungertod bewahrt wurden. Wissenschaftler haben sich bisher nicht darauf einigen können, woraus diese Nahrung bestand und woher sie kam.
In neuerer Zeit gab es jedoch ebenfalls Berichte über Manna, das vom Himmel gefallen sein soll. Im Jahre 1980 beispielsweise kam in der Türkei ein Mannaregen auf die Erde nieder, der schließlich ein Gebiet mit einem Durchmesser von zehn Kilometern bedeckte. Botaniker untersuchten das »Manna« und stellten fest, daß es sich um eine Art Flechte handelte, bestehend aus kleinen Kügelchen, die außen gelb und innen weiß waren. Es ist dies eine Pflanze, die auch auf sehr kargen Oberflächen wie Felsen und flachen Steinen wächst; manche Wissenschaftler vermuten, daß es sich hierbei um die himmlische Speise der Israeliten gehandelt haben könnte.
Manna kommt jedoch aus mehr als nur einer möglichen Quelle. Auf einer Forschungsreise im Jahre 1927, die von der Universität in Jerusalem organisiert worden war, stellten Wissenschaftler fest, daß Manna überall in der Welt bekannt ist. In vielen Fällen meint man damit einen klaren, süßen Saft, den eine Pflanze namens *Tamarix nilotica* absondert. Diese Flüssigkeit wird von auf den Pflanzen sitzenden Läusen und anderen Insekten aufgenommen, die in den Wüstensträuchern leben. Das trockene Klima der Wüste bewirkt, daß der Sirup kristallisiert und dabei weißliche Körner bildet, die die Zweige bedecken oder auf den Boden fallen.

Die verlorene Flotte von Alexander dem Großen

Das Auftauchen griechischer Wörter im Sprachraum von Amerika, Indien und der Pazifischen Inseln stellt Sprachforscher vor große Rätsel. Die ersten Weißen, die nach Delaware und Maryland kamen, stießen auf einen Fluß, den die Indianer »Potomac« nannten, sehr ähnlich dem griechischen Wort *potamos,* das »Fluß« bedeutet.

Als die spanischen Eroberer in das Reich der Azteken in Mexiko einfielen, hörten sie, daß die Tempel der Pyramiden (wo die Aztekenpriester die Herzen der Opfer herausrissen und die Körper die Treppen der Pyramiden hinunterwarfen) *teocalli* genannt wurden. Dies ist eine Kombination aus zwei griechischen Wörtern, *theon* und *kalis,* was soviel bedeutet wie »Sitz« oder »Aufenthaltsort« Gottes. Die Bedeutung in der Nahuatl-Sprache (der Sprache der Azteken) ist dieselbe.

Zwar ist es denkbar, daß Seeleute verschiedener Nationalitäten die beiden amerikanischen Kontinente auf dem Wege über den südlichen Golfstrom erreichten, aber dennoch ist das Auftauchen von griechischen Wörtern in Dialekten auf Hawaii und Tahiti ganz erstaunlich. Hier sind einige Beispiele:

Englisch	*Hawaiisch*	*Altgriechisch*
eagle	aeto	aetos
come/arrive	hiki	hikano
think/learn	manao	manthano
sing/melody	mele	melodia
thought	noo-noo	nous

Woher kannten die Bewohner Hawaiis diese griechischen Wörter? Könnte es sein, daß sie sie von ihren Nachbildungen griechischer Kriegshelme abkopierten, die die Griechen aus Metall und Pferdemähnen herstellten und die dann von den Bewohnern Hawaiis mit Holz und Federn kopiert wurden? Aber wo hätten die Hawaiianer solche Helme sehen können? Ist es möglich, daß die Griechen den Atlantik 1800 Jahre vor Kolumbus überquerten — und *dann* auch noch den Pazifik?

Möglicherweise gibt es auch eine einfachere, aber gleichermaßen erstaunliche Erklärung. Sie hängt zusammen mit Alexander dem Großen, dem Eroberer eines Großteils der Alten Welt. Nachdem Alexander das persische Reich erobert hatte, strebte er in seinem Expansionsdrang nach Osten auf die indische Halbinsel zu und nach Norden, in das Gebiet der heutigen UdSSR. Zugleich erforschte eine seiner Flotten mit 800 Schiffen unter dem Seehelden Nearchus die Küste von Indien. Die Seeleute kehrten schließlich im Jahre 234 vor Christus müde und erschöpft nach Griechenland zurück.

Ein Teil der Flotte allerdings kam nicht wieder. Waren diese Schiffe weitergesegelt, jenseits der Küste von Indien, an der Malaiischen Halbinsel vorbei und dann hinaus in die Ströme des Pazifik? Vielleicht gingen einige der Schiffe auf Ozeaninseln wie Tahiti und Hawaii vor Anker, wo das Leben leicht und angenehm war, wo die Mädchen lockten und wo die Fremden aus dem Meer mit ihrer perfekten Rüstung und ihren Waffen wahrscheinlich wie Götter auf Besuch behandelt wurden.

Menschliches Haar aus dem Erdinnern

Ein Erdbeben tobte durch das östliche Siam (heute Thailand) und brachte Zerstörung und Unheil mit sich. Der Fluß blubberte und kräuselte sich und wurde weiß. Die Erde barst durch die Erschütterung, und aus den Spalten wuchsen Menschenhaare empor. Lang und aufrecht stehend blieben sie doch fest in der Erde verwurzelt. Verbrannt rochen sie sogar wie Menschenhaar. Die *Singapore Free Press* meinte dazu, daß die Haare vielleicht durch elektrische Energien produziert worden seien. Spätere Erklärungen liefen darauf hinaus, daß irgendein Naturmaterial, vielleicht Teer, durch die Öffnungen der Erde in feinen Fäden herausgepreßt worden sei. Als die Temperatur sank, erstarrten diese Fäden und sahen dann wie Menschenhaar aus.

Aber solche »Erdhaare« wuchsen nicht nur in Siam. Viele Chinesen, die solche Haare jahrtausendelang gesammelt haben, glauben, daß sie vielleicht zum Pelz eines unterirdisch lebenden Tieres gehören, dessen plötzliche Bewegung die Erde mit großem Getöse aufbrechen läßt.

Atmende Erde

Drei Wochen lang waren die Molukken von einem schwefelhaltigen Nebel eingehüllt. Plötzlich aber, am 1. November 1983, erschütterte ein heftiges Erdbeben die ganze Inselgruppe.

In frühen Berichten über Erdbeben findet man häufig Hinweise darauf, daß Schwefel in die Erdatmosphäre ausströmte und daß sich durch Erdbeben eine Menge Wasser, Sand und anderes in der Erdatmosphäre verteilen kann. In der Tat haben moderne Wissenschaftler festgestellt, daß bei solchen Naturkatastrophen eine erhöhte Menge von Gasen in die Erdatmosphäre einströmt. So ist auch das Ausströmen von Radon aus heißen Quellen und in Bergwerken mit späteren Erdbeben in Verbindung gebracht worden. Entlang der *fault line,* die durch das Erdbeben von Matsuhiro in Japan entstand, wurde außerdem eine signifikante Menge von Helium nachgewiesen. In diesem Fall nahm man an, daß geschmolzenes Felsgestein tief in der Erde das Helium freisetzte, das dann durch die Erdoberfläche nach oben drang.

In einer Untersuchung, die im Jahre 1978 von der wissenschaftlich orientierten Zeitschrift *Nature* veröffentlicht wurde, entwickelte der Biologe Helmut Tributsch aus der Bundesrepublik die Theorie, daß Gase, die vor einem Erdbeben aus der Erde entweichen, elektrisch aufgeladen sind und daher Ionenwolken bilden. Der Fluß der Ionen sei, so meinte er, der Grund für die Erregung der Tiere, für bestimmte physiologische Veränderungen beim Menschen und für bestimmte atmosphärische

Phänomene, die sich vor vielen großen Erdbeben manifestieren.

In der Tat gibt es in den Berichten über Erdbeben auch Hinweise auf sehr eigenartiges Verhalten von Tieren, das die Menschen durchaus vor der bevorstehenden Zerstörung hätte warnen können. Fünf Tage vor dem großen Erdbeben, das im Jahre 373 vor Christus Helike zerstörte, beobachteten die Bewohner der Stadt beispielsweise, daß Mäuse, Wiesel, Schlangen und andere Kriechtiere ihre unterirdischen Verstecke verließen und massenweise flüchteten.

Lange vor den Menschen spüren Vögel, Fische und Säugetiere, daß irgend etwas Ungewöhnliches bevorsteht. Es wurde beobachtet, daß Kühe eine größere Standfestigkeit suchten, indem sie ihre Vorderbeine spreizten. Schafe blöken verängstigt, Hunde jaulen, Wölfe heulen und Katzen rennen wie wild hin und her.

In den dreißiger Jahren dieses Jahrhunderts beobachteten die Japaner Welse und stellten fest, daß sie bis zu sechs Stunden, bevor ein Erdbeben auf den Seismographen registriert wurde, Anzeichen von Unruhe zeigten. Wenn man sie in ein Aquarium steckte, dann reagierten die naturgemäß ruhigen Welse nicht einmal auf Klopfen. Wenn jedoch ein Erdbeben bevorstand, dann versetzte solches Klopfen die Fische in helle Aufregung.

Wissenschaftler haben häufig versucht, dieses rätselhafte Phänomen mit Tönen von hoher Frequenz oder Veränderungen im elektromagnetischen Feld zu erklären. Jetzt hat Helmut Tributsch diesen Theorien seine eigene These von der ionisierten Luft entgegengesetzt.

Riesenwellen

Am 12. April 1966 fuhr das italienische Schiff *Michelangelo* bei heftigem Sturm in westliche Richtung. Es bewegte sich mit regelmäßiger Geschwindigkeit sechshundert Meilen südöstlich von Neufundland in Richtung auf New York zu — durch sieben bis neun Meter hohe Wellen. Plötzlich erhob sich eine riesige Wasserwand und krachte in das Schiff. Stahlaufbauten brachen zusammen, schwere Teile am Bug wurden abgerissen, Fenster auf der Kommandobrücke zersplitterten, und das Schott (eine Trennwand im Schiff) wurde heftig verbogen. Drei Menschen wurden getötet und zwölf verletzt.

Fast jeder Seemann kennt eine Geschichte von einer Riesenwelle, die ganz plötzlich aus dem Nichts auftauchte. Die Höhen dieser Wellen sind unterschiedlich: Im Jahr 1921 schätzte man eine solche Wasserwand im nördlichen Pazifik auf über 20 Meter; eine andere Welle, die zu einem späteren Zeitpunkt ungefähr 160 Kilometer von Cape Hatteras, Virginia, entfernt auftauchte, war ungefähr 30 Meter hoch. Schon 1826 berichtete der französische Wissenschaftler und Marineoffizier Captain Dumon d'Urville über Wellen in einer Höhe von 25 bis 30 Metern — eine Schätzung, die drei Kollegen bestätigten. Admiral FitzRoy, der Direktor des meteorologischen Instituts, berichtet, daß er selbst Wellen in einer Höhe von etwa 18 Metern gesehen habe, und fügt hinzu, daß sogar noch höhere Wellen gesichtet worden seien.

Die Entstehung solcher Riesenwellen ist immer noch unklar. Einige Wissenschaftler meinen, daß sie durch schwere Stürme verursacht würden, durch die dann immer größere Wellen entstünden. Aber es gibt auch Berichte über monumentale Wellen, die plötzlich in ruhigen und windstillen Gewässern auftauchten. Könnten sie möglicherweise durch unterirdische Erdbeben oder vulkanische Ausbrüche entstanden sein? Die Ozeanographen sind bis heute damit beschäftigt, das Phänomen zu erforschen, aber es ist und bleibt rätselhaft.

Nebelkanonen

W. S. Cooper unternahm eine Segeltour im Golf von Mexiko, ungefähr dreißig Kilometer südöstlich von Cedar Keys, Florida. Das Wasser war ruhig, der Himmel wolkenlos. Ein leichter Nebel lag über dem Wasser, und man spürte keinen Windhauch. Kurz nach Sonnenaufgang hörte er jedoch das Donnern einer entfernten Kanone, das sich in Intervallen von fünf Minuten wiederholte. Ein Kamerad, der an der Küste wohnte, erzählte Cooper, daß solche Geräusche häufig in den stillen Morgenstunden zu hören seien.

Ähnliches berichtete ein gewisser A. Cancani über ein Dröhnen, das jedoch länger anhielt als ein Kanonenschuß und sich in unterschiedlich langen Intervallen wiederholte. In einem anderen Bericht erfährt man, daß auf den ostindischen Inseln alle paar Sekunden nebelhornähnliche Töne zu hören sind und daß dieses Tuten ein oder zwei Sekunden lang andauert.

Forscher, die sich mit diesen Geräuschen befassen, die auch an der Küste von Nordamerika und Europa zu hören sind, meinen, daß sie durch bestimmte Schalleffekte bewirkt werden.

Nach einer anderen Hypothese werden die Schüsse durch die Eruptionen von natürlichen Gasen unter dem Meeresboden hervorgerufen. Die Entdeckung von pockennarbenähnlichen Spuren in vielen Sandbänken auf dem Meeresboden weist darauf hin, daß häufig Naturgase aus der Erde entweichen.

Ganzheitliche Heilung

Einige Religionen lehren uns, daß wir über beträchtliche Entfernungen hinweg heilende Schwingungen aussenden können. Dieser Glaube wurde kürzlich wissenschaftlich überprüft.

Das Experiment wurde von Dr. Robert Miller, einem renommierten Wissenschaftler, Ingenieur und Erfinder, erdacht. In Zusammenarbeit mit dem *Holmes Center,* einer Forschungsanstalt für ganzheitliche Heilung in Los Angeles, wollte Dr. Miller herausfinden, ob Menschen auch dann geheilt werden können, wenn sie nicht wissen, daß gerade ein Geistheiler sie von ihrem Leiden zu befreien versucht.

Miller, der an dem Projekt zwischen 1976 und 1979 arbeitete, holte sich zunächst einmal acht Geistheiler in seine Runde. Zwei davon waren Anhänger der *Science of Mind*-Schule, zwei waren unabhängige Geistheiler und die anderen protestantische Geistliche. Die Heiler wurden angewiesen, Patienten mit hohem Blutdruck, die nicht wußten, daß sie in das Experiment einbezogen worden waren, zu behandeln.

Die Patienten wurden heimlich von verschiedenen Ärzten, die Dr. Miller allerdings persönlich kannte, ausgewählt. Die Heiler wiederum begegneten den Patienten nicht persönlich, sondern man teilte ihnen einige Fakten über diese Menschen mit, beispielsweise wo sie wohnten, wie die Anfangsbuchstaben ihrer Namen lauteten und noch ein paar weitere persönliche Daten. Jeder Heiler behandelte sechs Patienten in den Vereinigten Staaten.

48 Patienten wurden im Verlauf des Projekts therapiert; daneben gab es eine Kontrollgruppe von weiteren 48 Kranken. Nicht einmal die Ärzte selbst wußten, welche Patienten für die Behandlung ausgewählt worden waren und welche nicht. Man hatte die Ärzte lediglich beauftragt, den diastolischen und systolischen Blutdruck ihrer Patienten aufzuzeichnen sowie ihren Herzschlag und ihr Gewicht.

Man wies die Heiler an, mit diesen Patienten genauso zu verfahren wie mit anderen Kranken, die sie behandelten, und die meisten von ihnen »heilten«, indem sie sich die betreffenden Personen als vollkommen gesunde Menschen vorstellten.

Nach Aussage der Forscher war das Experiment nur mäßig erfolgreich. Bei mehr als 92 Prozent derjenigen, die durch Fernheilung behandelt wurden, sank der Blutdruck, aber 75 Prozent der Patienten in der Kontrollgruppe zeigten ebenfalls bessere Ergebnisse.

Lebende Tote unter Wasser

Die Sultane des Osmanischen Reiches hatten, ebenso wie die römischen Kaiser, die Gewalt über Leben und Tod ihrer Untertanen. Vor allem die Konkubinen mußten fortwährend die Launen eines meist gereizten Herrschers ertragen. Unter Abdul dem Verdammten beispielsweise wurden untreue oder übellaunige Mätressen in einen mit einem Gewicht beschwerten Sack eingenäht und vom Aussichtsturm des Palastes in den Bosporus gestürzt. Obwohl sie in dem tiefen Wasser unweigerlich ertranken, verschwanden sie nicht gänzlich: Viele Jahre später entdeckten Taucher, die die tiefe Wasserstraße zwischen der europäischen und der asiatischen Türkei erforschten, die Unglücklichen, die noch immer in den Säcken eingeschlossen waren, aber aufrecht auf dem Grund standen und dabei im Strom des Wassers hin und her schwangen, als lebten sie.

Taucher, die den Boden des tschechoslowakischen Teufelssees absuchten, entdeckten ebenfalls etwas sehr Merkwürdiges. Im Jahre 1957, als sie nach einem jungen Mann suchten, von dem man annahm, daß er beim Bootfahren ertrunken sei, entdeckten sie nicht nur eine Leiche, sondern eine ganze deutsche Artillerieeinheit: Soldaten in Uniform, von denen einige in Last- oder Munitionswagen saßen; dazu Pferde, die noch im Geschirr standen. Im Zweiten Weltkrieg hatte nämlich die deutsche Armee in einem bitterkalten Winter versucht, den gefrorenen See zu überqueren. Unter der Last der darüberdonnernden Armee brach das Eis, und Menschen und

Tiere ertranken. Das extrem kalte und tiefe Wasser konservierte jedoch die Ertrunkenen in ihrer merkwürdig kampfbereiten Haltung, so daß sie bei ihrer Entdeckung aussahen wie eine heranrückende Armee.

Einstein und der Uhrmacher

Die Theorien von Albert Einstein haben unsere Vorstellungen von Zeit, Raum, Energie, Materie und vom Universum grundlegend verändert, aber zum Thema Religion hat der Physiker sich nicht geäußert — bis auf ein einziges Mal. Als man ihn drängte zu definieren, wie er zur Religion stünde, erwiderte Einstein, daß er immer von der universalen Ordnung beeindruckt gewesen sei. Alles, vom Atom bis zur Milchstraße, funktioniere wie ein präzises kosmisches Uhrwerk, meinte er.

»Eines Tages«, so fügte er nachdenklich hinzu, »würde ich gerne einmal den Uhrmacher treffen.«

Gibt es ein Leben auf dem Mars? Wissenschaftler haben darüber verschiedene Theorien entwickelt. So hielt man beispielsweise die Existenz einfacher Organismen, aber auch die menschenähnlicher Wesen für vorstellbar. Sogar Städte und Kanäle sollen auf dem Mars existieren. Der italienische Astronom Giovanni Schiaparelli war der erste, der im Jahr 1877 »Marskanäle« beschrieben und auf einer Karte aufgezeichnet hat. Zu dieser Zeit waren verfeinerte und damit leistungsfähigere Teleskope entwickelt worden, mit denen man die Marsoberfläche genauer beobachten konnte. Dabei wurde deutlich, daß die vermeintlichen Wasserstraßen oder Kanäle vielmehr natürliche Flußbetten waren, und zwar in einer Breite von zwei bis 60 Metern. Viele Experten sind der Meinung, daß sich auch heute noch Wasser — in Form von Eis — auf dem »roten Planeten« befindet.

Zwar konnte bisher mit Satellitenfotos kein Leben auf dem Mars ausgemacht werden, aber einige Marsexperten sind dennoch der Meinung, daß es dort zumindest früher Leben gegeben haben muß. Eine bestimmte Region, die von den Astronomen »Stadt der Pyramiden« genannt wird, läßt Strukturen erkennen, die den ägyptischen Pyramiden ähneln; die Marspyramiden sind jedoch am Fuß jeder Seite 900 Meter breit, während die Cheopspyramiden eine Breite von etwa 80 Metern aufweisen. Bilder eines riesigen Felsens oder einer Statue zeigen ein teilweise im Schatten liegendes Gesicht, das ungefähr eineinhalb Kilometer breit ist; die deutlich sichtbaren Einzelheiten —

Augen, Nase, Mund und Stirn — sind menschlichen Gesichtszügen sehr viel ähnlicher als die Züge der Großen Sphinx in Ägypten. In der Niederung von Cofrates sind verschiedene Formen erkennbar, die möglicherweise die Ruinen eines alten Hafens sein könnten: mit viereckigen Konstruktionen, bei denen es sich um Docks, Straßen oder Gebäude gehandelt haben mag.

Genauere Forschungen werden zeigen, ob es sich hier um bloße Sinnestäuschungen oder um wirkliche Bauwerke handelt. Schließlich war die Existenz der Türme von Babylon und der Trojanischen Mauer auch bis zum Zeitpunkt ihrer Ausgrabung nicht erwiesen.

Zwischen 1547 und seinem Tod im Jahre 1556 sagte Nostradamus verschiedene Ereignisse voraus: Seuchen, Kriege, Revolutionen, Erdbeben, Massaker und die Entwicklung moderner Kriegsgeräte und Kriegsführung. Jeder, der mit der Geschichte und der Natur vertraut ist, kann natürlich über Kriege und Naturkatastrophen plausible Vorhersagen wagen. Nostradamus jedoch war in seinen Aussagen sehr präzise und konnte bestimmte Menschen sogar Hunderte von Jahren, bevor sie überhaupt geboren wurden, beschreiben.

Der Prophet des 16. Jahrhunderts sagte beispielsweise Hitler voraus, beschrieb seine Nationalität, seinen Aufstieg zur Macht und seine erfolgreiche Invasion Frankreichs. Er nannte den deutschen Führer »Hister« und meinte, daß »der größte Teil des Schlachtfeldes gegen Hister sein wird«.

Nostradamus prophezeite die Schicksale zahlreicher Politiker, wie etwa Napoleon, Edward VII., Winston Churchill und Franklin Delano Roosevelt. Häufig erwähnte er sie unter ihren Spitznamen, aber gelegentlich nannte er ihre genauen Namen, wie im Falle von Louis Pasteur, der, wie er sagte, »wie eine gottesähnliche Figur« gefeiert werden würde. Als er über Spaniens zukünftigen Franco schrieb und über Primo de Rivera und seine Nachfolger, prophezeite Nostradamus: »Aus Kastilien wird Franco die Versammlung hervorbringen.« Und: »Riveras Leute werden in der Menge sein.«

Bereits 223 Jahre vor der Französischen Revolution hat

Nostradamus außerordentlich präzise das Schicksal von Louis XVI. vorhergesagt. Der Seher sprach vom König als vom »gewählten Capet«, er benutzte also den tatsächlichen königlichen Familiennamen, und von »Lui«, wobei er das französische Pronomen *ihn*, das wie der Name »Louis« klingt, in einen Namen verwandelte.

Nostradamus' Vorhersagen und die tatsächlichen Begebenheiten während der Französischen Revolution, die zweihundert Jahre *später* stattfand, stimmen oft in verblüffender Weise überein. Er schrieb beispielsweise, daß ein »Kampf über die ›tile‹ hinweggehen« würde (*tile* ist das englische Wort für »Kachel«); tatsächlich bezieht sich das französische Wort *tuile* auf die Tuilerien, die von der Menge gestürmt wurden. Nach Nostradamus' Vorhersage würde Louis' Flucht aus Frankreich von »zwei Verrätern« vereitelt werden. Er nannte einen dieser beiden »Narbon«, wobei er sich auf den Grafen Narbonne-Lara bezog, den französischen Kriegsminister, der tatsächlich später Louis verriet. Der andere, den Nostradamus als »Saulce« bezeichnete, war der historische Saulce, der Prokurator von Varenne, der die Kutsche des Königs auf der Flucht aufhielt und die königliche Familie zurück nach Paris schickte.

Der Tod von Louis XVI. und seiner Königin, Marie Antoinette, so sagte Nostradamus voraus, würde ein Unwetter, Feuer, Blut und »Abtrennen« mit sich bringen — dieses letzte Wort bezog sich auf die Guillotine, die zu Nostradamus' Zeit noch nicht erfunden worden war.

Indianer in Europa

Während der Regierungszeit von Kaiser Augustus vor 2000 Jahren, als die Römer über einen großen Teil Westeuropas herrschten, wurde ein langes, schmales Boot an die Nordseeküste gespült. Die kupferhäutigen Seefahrer, die eine fremde Sprache sprachen, deuteten immer wieder mit den Händen auf ihr Boot und dann in Richtung Westen. Die römischen Soldaten, die die Barbaren nicht verstehen konnten, nahmen sie gefangen und geleiteten sie zum römischen Prokonsul, Publius Metellus Cellar, der sie versklavte.

Die Reisenden wären sicherlich in Vergessenheit geraten, gäbe es nicht von einem von ihnen eine Büste, die deutlich zeigt, daß sie den Eingeborenen Amerikas sehr ähnlich sahen. Offensichtlich hatten die Indianer irgendwo in der Nähe der nordamerikanischen Küste die Orientierung verloren, und ihr Kanu wurde durch die ostwärts gerichteten atlantischen Strömungen in Richtung Europa getrieben.

Kolumbus, der ebenfalls die atlantischen Strömungen auf seinen Reisen in die Neue Welt nutzte, mag die Geschichte vom verlorenen Boot und der Versklavung durch Publius gekannt haben. Er befaßte sich sehr intensiv mit Aufzeichnungen und Erzählungen über frühere Überquerungen des Atlantik und erwähnte auch einmal zwei tote Männer — wahrscheinlich Chinesen —, die an der westlichen Küste Irlands in der Nähe von Galway in einem langen, schmalen Boot treibend aufgefischt wurden.

Noch bevor die Europäer die neue Welt entdeckten, spielten die Menschen in Zentralamerika, Mexiko und in einigen Teilen des Südwestens der Vereinigten Staaten mit Begeisterung *tlachtli*. Ähnlich wie beim Fußball oder Korbball ist es Ziel des Spieles, einen kleinen, harten Gummiball in ein Steinloch zu schlagen. Entsprechend den Spielregeln konnte man dazu die Ellenbogen, die Hüften, die Beine oder den Kopf benutzen, aber es war verboten, den Ball mit den Händen zu berühren.

Offensichtlich war *tlachtli* mehr als nur ein Sport — es scheint zudem ein religiöses Ritual gewesen zu sein. Die Verlierer mußten oft nicht nur ihre Kleidung oder sonstige Habseligkeiten fortgeben, sondern verloren häufig auch ihr Leben. So ist beispielsweise bekannt, daß aztekische Priester die Herzen von Spielern, die wie Adlerschwingen ausgebreitet auf einen Opferaltar gelegt wurden, herausgerissen haben.

Das vielleicht risikoreichste *tlachtli*-Spiel wurde zwischen dem aztekischen Gottkönig Moctezuma und Nezanualpilli, dem Herrscher von Tezcoco, ausgetragen. Ziel des Spieles war, die Verläßlichkeit der Astrologen aus Tezcoco festzustellen, die vorausgesagt hatten, daß Tezcoco (also Mexiko) eines Tages von Fremden regiert werden würde. Spieleinsatz waren drei Hähne gegen das Königreich von Tezcoco. Als Moctezuma verlor, und zwar drei zu zwei, behielt Nezanualpilli sein Königreich und gewann die Hähne.

Das Spiel *tlachtli* half tatsächlich bei der Eroberung Mexikos durch die Spanier. Die Prophezeiung, daß er sein Königreich verlieren würde, deprimierte Moctezuma derartig, daß er unfähig war, den später hereinbrechenden Fremden Widerstand entgegenzusetzen.

Verbotene Flüche

Während des sechsten Kreuzzugs, durch den das Heilige Land von den Ungläubigen befreit werden sollte, wurde Ludwig IX. von eben diesen Ungläubigen gefangengenommen. Nachdem das Lösegeld bezahlt und er wieder in Freiheit war, verbrachte er einen Großteil seiner Regierungszeit damit, den Untertanen seine religiösen Ansichten aufzuzwingen.

Er war der einzige französische König, der nach seinem Tod heiliggesprochen wurde. Er glaubte unter anderem, daß Gott ihn beauftragt habe, den Mißbrauch profaner Wörter auszumerzen. Um beispielsweise seine Untertanen daran zu hindern, *Pardieu* (bei Gott) oder *Cordieu* (Leib Christi) auszurufen, befahl er, die Zunge des Lästerers mit einem heißen Eisen zu verbrennen.

So wurde es denn bald Mode, statt dessen Ausdrücke wie *parbleu* (»bei Blau«) oder *sacrebleu* (»heiliges Blau«) zu verwenden, die den verbotenen Wörtern ähnelten. (»Bleu« war überdies der Name von Ludwigs Lieblingshund.) Die harmlosen Flüche überlebten schließlich das Mittelalter und wurden zu einem festen Bestandteil der französischen Sprache.

Sieg über den Teufel

Am Tag vor *Halloween* im Jahr 1987 wurde in Little Rock, Arkansas, eine ungewöhnliche Klage eingereicht. Das ganze war von Ralph Forbes, früher ein Kandidat für den US-Senat, in die Wege geleitet worden. Er wollte verhindern, daß in den öffentlichen Schulen des Staates der *Halloween*-Tag gefeiert würde, und meinte, dieser Brauch sei nichts anderes als ein »Ritus des Satans«.

Ob diese Klage nun irgendeine Wirkung hatte oder nicht — es sollte unter anderem verboten werden, Eier zu werfen, Farbe zu verspritzen, gegen Häuser zu schlagen oder Hütten zu demolieren —, auf jeden Fall war einer der Hauptangeklagten offensichtlich eine unheimliche Persönlichkeit. Sein Name war Satan, *der Teufel*. Ein weiterer Beklagter, der jedoch einen erheblich besseren Ruf hatte, war der Schulbezirk von Russelville. Die Klage wurde eingereicht im Namen von Ralph Forbes, Jesus Christus und allen minderjährigen Kindern.

Als die Portugiesen im Jahr 1500 Brasilien entdeckten, hatten sie keine Schwierigkeiten, dem Land einen Namen zu geben. Das Land war vor allem reich an Eisenerz. In verschiedenen semitischen Sprachen und auch beispielsweise im modernen Hebräisch bedeutet *Brazil* (das englische Wort für Brasilien) »Eisen« oder »Land des Eisens«.
Zahlreiche Steintafeln mit Worten in phönizischer und anderen semitischen Sprachen sind am Amazonas gefunden worden. Eine ganze Reihe dieser Tafeln, deren Inschriften häufig von Expeditionen erzählen, wurden ursprünglich als Fälschungen angesehen. Allerdings hätten Fälscher sehr große Schwierigkeiten gehabt, solche Tafeln herzustellen und sie dann im tiefen Dschungel des Amazonas zu deponieren. Wenn sie tatsächlich echt sein sollten, dann ist anzunehmen, daß semitische Völker lange vor den Portugiesen zu den Küsten Brasiliens gereist sind — und dies sogar noch viele Jahre vor der Entdekkung Amerikas durch Kolumbus.

Der Mann, den man nicht hängen konnte

Wegen Diebstahls und Mordes an einem Polizeioffizier in Sydney, Australien, wurde Joseph Samuels im September 1803 zum Tode durch den Strang verurteilt. Er beteuerte zwar fortwährend seine Unschuld, aber schließlich mußte er sich mit dem Strick um den Hals auf den Hinrichtungswagen stellen. Als aber die Pferde angetrieben wurden, fiel Samuels aus dem Wagen und landete auf dem Boden. Beim zweiten Versuch, ihn zu hängen — diesmal wurden ihm die Hände gebunden —, löste sich plötzlich der Knoten ein wenig, und Samuels wurde zwar schrecklich gewürgt, lebte aber immer noch. Beim dritten Versuch riß der Strick, als der Wagen unter seinen Füßen weggerissen wurde, und Samuels fiel, immer noch mit der Schlinge um den Hals, zu Boden.

Nach drei erfolglosen Versuchen, den Verurteilten zu hängen, wurden die Zuschauer rebellisch, weil sie meinten, daß dies die Zeichen für Samuels Unschuld sein könnten. Anstatt noch einen weiteren Anlauf zu wagen, brachten die Henker Samuels in seine Gefängniszelle zurück.

Später wurde Isaac Simmonds, der Samuels im Todeswagen hämisch verspottet hatte, der Verbrechen überführt und zum Tode durch Hängen verurteilt. Diesmal war die Hinrichtung beim ersten Versuch erfolgreich.

Zwischen 1346 und 1350 starben 75 Millionen Menschen überall in Europa an der Pest. Man vermutet, daß die schreckliche Seuche zuerst in Kaffa auftrat. Experten nehmen an, daß sich auf Schiffen aus dem Mittleren Osten Ratten befanden, die von Läusen befallen waren, die wiederum diese Krankheit auf Menschen übertrugen.

Während sich die Seuche ausbreitete, wurden alle möglichen Arten von Medikamenten und Gebeten ausprobiert, die zur Heilung und Vorbeugung dienen sollten. Vermeintliche Hexen und die mit ihnen »verbündeten« Katzen wurden grausam verfolgt. Die Lage verschlimmerte sich jedoch durch die Katzenverfolgung nur noch weiter, denn die Ratten nahmen dadurch deutlich überhand.

Als jedoch die Seuche zu wüten aufhörte und die zerstörten Dörfer und Städte wieder aufgebaut wurden, kehrten die Katzen zu ihren Rattenfängerpflichten zurück und durften ihren Platz am häuslichen Herd wie früher einnehmen.

Filmdebüt eines UFOs

Als im Jahre 1972 ein Werbespot auf dem Dach des Sheraton Hotels in San Juan, Puerto Rico, gedreht wurde, sah die Filmcrew zu ihrem Entsetzen, daß sich plötzlich ein großes UFO näherte. Die Menge konnte auf den Monitorbildern deutlich erkennen, daß es sich bei dem hellglühenden Objekt weder um ein Flugzeug noch um einen Hubschrauber oder ein anderes der üblichen Luftfahrzeuge handelte. Es verschwand so schnell, wie es gekommen war, aber der Werbefilm mußte wegen des UFOs noch einmal gedreht werden.

In diesem Jahr gab es mehr Berichte über UFOs (Unidentified Flying Objects; nicht identifizierte Flugobjekte, die aber nicht unbedingt außerirdischer Herkunft sein müssen) in Puerto Rico als irgendwo anders auf der Welt. So war also der Vorfall auf dem Dach des Sheraton Hotels nur einer unter vielen ähnlichen — mit einer Ausnahme. Die Filmmeter, auf denen das große, glühende Objekt zu sehen war, wurden an *Creative Films* verkauft. Das war eine Filmgesellschaft, die die Bilder eines UFOs für einen Film brauchte, der zu jenem Zeitpunkt gedreht wurde.

Die hohle Erde

In vielen Kulturbereichen überall auf der Welt glauben Menschen daran, daß die Erde hohl sei. Im Griechenland des Altertums war man beispielsweise davon überzeugt, daß einige Vulkane die Eintrittspforten zum Hades seien, der sich tief im Inneren der Erde befinden müßte. In der Mythologie der Japaner lebt unter den japanischen Inseln ein Drache, der bewirkt, daß Erdbeben ausbrechen. Und in Zentralasien beschreibt die buddhistische Legende von Arghati eine zweite Welt, die sich unter der Mongolei und Tibet befinden soll und wo angeblich der König der Erde und seine Gefolgsleute leben.

Einige Amerikaner haben jedoch solche Erzählungen wörtlich genommen. So hat beispielsweise Cyrus Read im Jahre 1870 die *Hollow Earth Society* gegründet und Tausende von Mitgliedern dafür gewonnen. Zu einem noch früheren Zeitpunkt hat der Kapitän John Symmes seine Theorie von der hohlen Erde im Jahre 1823 dem Kongreß der Vereinigten Staaten vorgetragen. Innerhalb unserer Erdkugel, so sagte er, sei ein »reiches, warmes Land mit prächtigem Gemüse und mit Tieren, möglicherweise auch mit Menschen«. Um dieses Land zu finden, wollte Symmes zum Nordpol segeln, um, wie er es nannte, das »Symmes-Loch« zu entdecken, dort in die Erde hineinzuwandern und den inneren Teil des Planeten zu erforschen. Der Kongreß gab seine Zustimmung zu diesem abenteuerlichen Plan, und die Minister für Seefahrt und Finanzen veranlaßten, daß drei Schiffe speziell für dieses Unternehmen ausgerüstet werden sollten. Zuletzt allerdings legte Präsident Andrew Jackson sein Veto gegen dieses Vorhaben ein.

Die Verfechter der Theorie von der hohlen Erde veröffentlichen noch immer Bücher zu diesem Thema, und in einigen dieser Bücher gibt es sogar Luftaufnahmen von jenem angeblichen »Loch« am Nordpol. Anhänger dieser Theorie führen aus, daß viele Dinge in der Natur — Knochen, Früchte und Tiere beispielsweise — hohl seien. Deshalb sei es nur logisch anzunehmen, daß dies auch für die Erde zutreffe.

Ein deutscher Luftwaffenpilot mit Namen Bender, der im Zweiten Weltkrieg von den Alliierten gefangengenommen wurde, verwirrte seine Landsleute mit einer außergewöhnlichen Theorie. Er beteuerte, daß das Land, das Wasser und alles andere, was wir auf der Erde sehen, sich eigentlich auf der inneren Schale des Planeten befinden. Der Mond und die Sonne, ohnehin kleiner als wir annehmen, würden eigentlich zwischen unserer eigenen Erdoberfläche und einer äußeren Erdschale liegen, die wir jedoch aufgrund von Dampf- und Nebelschwaden nicht sehen könnten.

Adolf Hitler fand Benders Theorie außerordentlich interessant und wollte sogar eine Expedition losschicken, die dieser Theorie nachgehen sollte und die dann, wenn sie sich bewahrheiten sollte, möglicherweise dabei helfen könnte, den Krieg zu gewinnen. So nahm Hitler beispielsweise an, daß im Falle einer hohlen Erdkugel die britische Flotte leichter zu besiegen sein müßte. Um diesen Fragen nachzugehen, trafen sich deutsche Wissenschaftler und einige Armee- und Seeoffiziere auf der Insel Rügen.

Ihr Glaube an die Theorie von der hohlen Erde hatte für sie jedoch eher nachteilige Folgen. Das sehr kompliziert ausgearbeitete Experiment von Rügen, das im April 1945 stattfand und eine beträchtliche Menge Geld kostete, zog die Aufmerksamkeit und die Kräfte von hochkarätigem wissenschaftlichen und militärischen Personal von den Kriegsaktivitäten ab. Auch Radarausrüstungen, die man eigentlich benötigt hätte, um die deutschen Städte vor Luftangriffen zu schützen, wurden für dieses Experiment eingesetzt.

Die unendliche Geschichte von Loch Ness

In Erzählungen über das berühmte Monster von Loch Ness wurden vor allem die Länge des Tieres — 12 bis 18 Meter —, seine vier kurzen Beine oder Schwimmflossen und die Haltung seines Reptilienkopfes betont. Die Beschreibung ähnelt der eines Plesiosauriers, der seit 70 Millionen Jahren ausgestorben ist.

Berichte, in denen das Monster von Loch Ness erwähnt wird, gibt es schon seit dem sechsten Jahrhundert. Damals wurde das Ungeheuer als ein »bekannter Dämon« und »eine Quelle der Angst für die Umgebung« beschrieben. Angeblich hat der heilige Columban das Monster daran gehindert, einen Schwimmer aufzufressen. In einer anderen Geschichte erzählt man, wie das Tier zwei Kinder in einem Teil des Sees, der heute »das Kinderbecken« genannt wird, unter Wasser zog. Vor einem Jahrhundert haben angeblich Hunderte von Menschen beobachtet, wie das Tier an der Oberfläche des Wassers entlangschwamm.

Im zwanzigsten Jahrhundert wollen mehr und mehr Menschen das Monster im See gesehen haben. So sind beispielsweise ganze Suchmannschaften zur Jagd auf das Ungeheuer gestartet. Vor allem motivierte sie das Angebot der Firma *Black and White,* eine Belohnung von zweieinhalb Millionen Pfund an denjenigen zu zahlen, der Beweise für die Existenz von Nessie erbringt. Im Jahr 1967 bekam ein in der Gegend ansässiger Politiker das Monster zu Gesicht und wurde deshalb von der Debatte über Nessies Existenz wegen Voreingenommenheit ausgeschlossen. Der skeptische Besitzer eines Hotels am Loch Ness, Johnny Macdonald, verkündete gerade lauthals, daß das Ganze nichts weiter sei als ein Mythos, als das Monster seinen Kopf aus dem Wasser hob und gemächlich am Hotel vorbeischwamm.

Nessie wurde von zahlreichen Leuten fotografiert, und seine Schwimmgeschwindigkeit — 50 bis 60 Stundenkilometer —, durch die heftige Wellen erzeugt wurden, wurde mit einer Stoppuhr gemessen. Auf zumindest einer Blitzlichtaufnahme kann man etwas erkennen, das aussieht wie ein unfreundlicher, gehörnter Kopf, der direkt in die Kamera blickt. Elektronische Detektoren haben ermittelt, daß ein sieben bis neun Meter langes Objekt etwa zwölf Meter unterhalb der Oberfläche des Loch Ness schwimmt.

Es scheint jedoch, als sei Nessie selbst nicht direkt gefährlich. So fuhr beispielsweise im Jahr 1952 ein gewisser John Cobb sehr schnell über das ruhige Wasser, als sein Boot plötzlich hohe Wellen durchpflügen mußte. Vielleicht wurde diese starke Bewegung der Wasseroberfläche von dem überraschten Monster verursacht, das untertauchen mußte, um dem Boot auszuweichen.

Fremde sind Nessie im allgemeinen nicht besonders willkommen. Für Filmaufnahmen, die am See stattfanden, hatte man ein »Ungeheuer« nachgebildet, das die Rolle von Nessie spielen sollte. Während einer der Szenen schnappte plötzlich »etwas« nach der Abschleppleine und zog das Plastikmonster auf den Grund des Sees. Es ist niemals wiedergefunden worden.

Australische Malereien aus der Eiszeit

In Europa sind Felsenmalereien entdeckt worden, die ein Tier aus der Eiszeit, ein sogenanntes Diprotodon, darstellen. Es handelt sich dabei um ein Tier von der Größe eines Rhinozeros, das vor ungefähr 6 000 Jahren ausgestorben ist. Die Forscher waren allerdings sehr erstaunt, als sie eine ähnliche Malerei in Australien — das bekannt ist für seine Beuteltiere, wie etwa das Känguruh — entdeckten. Das Bild wurde in einem Felsenversteck in der Nähe von Cairns in Queensland entdeckt und zeigt das Diprotodon mit einem Seil um den Hals: ein Hinweis darauf, daß es nicht nur dort gelebt hat, sondern auch von den Bewohnern Australiens domestiziert wurde.

Als Josef Blumrich, der deutsche Weltraumforscher, der später Chef der Planungsabteilung der NASA wurde, eines der Bücher von Erich von Däniken gelesen hatte, war er ziemlich ärgerlich. Däniken vertrat darin die Ansicht, daß in der Bibel, im Buch Ezechiel, verschiedentlich auf Weltraumraketen und Astronauten Bezug genommen werde. Blumrich, der Skylab und Saturn V entwickelt hatte, fühlte sich durch die, wie er fand, lächerliche Theorie des Autors verärgert und gereizt und wollte nun beweisen, daß Däniken Unrecht habe.
Doch genau das Gegenteil geschah: Blumrich entdeckte, daß Ezechiel beschreibt, auf welche Weise eine Rakete landet, und er berichtet mit allen Einzelheiten, wie eine Rakete möglicherweise für einen Beobachter hätte aussehen können, der ein derartiges Geschoß bis dahin nicht gekannt hat. So könnten beispielsweise Ezechiels Worte »Wirbelwind aus dem Norden, eine große Wolke und ein Feuer, das sich entwickelt« die Beschreibung einer Raketenlandung sein. Die »Füße wie die Sohle eines Kalbes« wären demnach die Landestützen.
»Die geflügelten Geschöpfe auf jeder der vier Seiten« waren wohl menschenähnliche Darstellungen eines Löwen, eines Ochsen und eines Adlers, wie sie sich beim Wenden der Maschine dem Zuschauer vielleicht darstellten.
Interessanterweise sieht auch die Geminikapsel unseres modernen Raumzeitalters mit ihren Luken und Öffnungen aus wie das lange Gesicht eines Ochsen.
Der Satz »Unter ihren Flügeln hatten sie menschliche

Hände« scheint darüber hinaus auf die mechanischen Arme, die an Zylindern befestigt sind, hinzuweisen. Die »brennenden Kohlen« und die Wendung »Aus dem Feuer kam ein Blitz« sind zutreffende Beschreibungen eines Landevorgangs. Ezechiel erwähnt außerdem sich verändernde Farben von Juwelen sowie Räder, die die Erde berührten. Das erste Kapitel schließt mit der Erwähnung von etwas »Thronähnlichem« und von einem Menschen, der darauf sitzt. Ezechiel fügte natürlich hinzu, daß »dies ganz ähnlich aussah wie der Thron Gottes«.

Nachdem er das Buch von Däniken genau gelesen hatte, war Blumrich überzeugt, daß Ezechiel in der Tat ein Raumschiff gesehen habe. Anstatt Däniken des Irrtums zu überführen, änderte Blumrich ganz und gar seine Meinung und schrieb sein eigenes Buch, *The Spaceship of Ezechiel*.

Trotz der Prognose, daß in einem Atomkrieg möglicherweise Millionen oder sogar Milliarden Menschen sterben könnten, gibt es doch immer noch sehr viele Optimisten, die der Meinung sind, daß es den Überlebenden irgendwie möglich sein müßte, weiter zu existieren und den Schaden zu »reparieren«. Einige Wissenschaftler haben jedoch Zweifel an dieser Annahme geäußert.
Der Astronom Carl Sagan und andere haben eine düstere Theorie vom »nuklearen Winter« entwickelt. Demnach würde ein groß angelegter Atomkrieg auf jeden Fall eine Menge Staub, Ruß und Rauch in der Erdatmosphäre verbreiten. So könnten dann die Sonnenstrahlen nicht mehr durchdringen, Seen, Flüsse und Teile des Ozeans würden einfrieren, und die Temperatur auf der Erde würde um mindestens 75 Grad Celsius sinken. Ein Großteil der landwirtschaftlichen Anbaufläche wäre verwüstet, und dadurch würde eine Hungersnot und Kämpfe um die restlichen Nahrungsreserven ausbrechen. Dies und dazu die schrecklichen Feuersbrünste in den Wäldern und Städten dieser Erde müßten bewirken, daß es den Siegern letztendlich nicht besser erginge als den Verlierern.

Engelsflügel

Der Maler El Greco war, als er im Jahre 1541 vor der Spanischen Inquisition erscheinen mußte, nicht wegen Ketzerei und mangelnder Glaubensfestigkeit angeklagt worden. Der Klerus war vielmehr brüskiert durch seine Darstellung von Engelsflügeln.

Nach Meinung der Inquisitoren sahen die Engel, die El Greco malte, nicht so aus, wie es der Kirchenkanon und die heiligen Schriften vorschrieben. Sie waren einfach nicht so gemalt, daß die Flügel wirkliche Engelsflügel darstellten. Im Gegensatz zu anderen Opfern der Inquisition konnte El Greco jedoch seine Darstellungen erfolgreich verteidigen. Er vermochte seine Theorien von Form, Reinheit und Grazie so überzeugend darzustellen, daß die Richter ihn freisprachen. Vielleicht haben sich die Repräsentanten der Kirche damals in der Tat unter ihren schwarzen Kutten noch ein wenig Wertschätzung wirklicher Kunst bewahrt — jedenfalls so lange, wie diese Kunst nicht zu offensichtlich heidnisch war.

Bleivergiftung im alten Rom

Zwei römische Städte, die während des Ausbruchs des Vesuv im Jahre 55 vor Christus zerstört und begraben worden waren, Pompeji und Herculaneum, sind wahre Fundgruben für Archäologen und geben sehr aufschlußreiche Hinweise darauf, womit sich die Menschen zum Zeitpunkt der Katastrophe gerade beschäftigt hatten. Pompeji, das zum Zeitpunkt des Unglücks in seiner wirtschaftlichen Blüte stand, hat einen noch höheren Bekanntheitsgrad erreicht als Herculaneum. Das ganze Mittelalter hindurch haben italienische Adelige Kanäle zu der verschütteten Stadt gezogen und eine Reihe von alten Kunstwerken freigelegt. Über Herculaneum wurde dagegen einige Jahrhunderte nach dem Vulkanausbruch eine neue Stadt gebaut. Dies macht die archäologischen Forschungen erheblich schwieriger.

Dennoch wurde Herculaneum im Jahre 1988 von Archäologen gründlich untersucht. Bei diesem Forschungsprojekt wurden ganze Stadtteile und sehr viele Leichen freigelegt. Eine Untersuchung der erhaltenen menschlichen Überreste hat Aufschlüsse darüber ergeben, von welchen Krankheiten die alten Römer geplagt wurden. Eine der häufigsten Krankheiten war die Bleivergiftung.

Das Blei kam, so nimmt man an, von den Lötstellen an Behältern für Wein und Essen. Wissenschaftler haben die Theorie entwickelt, daß das mit der Nahrung aufgenommene Blei sowohl den Geist als auch die Zeugungsfähigkeit der Römer beeinträchtigt haben könnte. Da sich die Römer nicht ausreichend vermehrten, waren sie, diesen

Theorien zufolge, den einfallenden Barbaren (die meist kerngesund waren und kein Blei für die Herstellung von Nahrungsmittelbehältern verwendeten) wehrlos ausgesetzt. Geistige Verwirrungen und Labilität — nicht nur im einfachen Volk, sondern auch bei Herrschern wie Caligula und Nero — haben das weitere Zerbröckeln und schließlich den Zusammenbruch des Imperiums beschleunigt.

Frasier, der jugendliche Löwenopa

Im Jahr 1971 plante die *Lion Country Safari* in Südkalifornien, zwölf Löwinnen decken zu lassen. Fünf junge männliche Löwen wurden den Löwendamen an die Seite gesetzt, aber die Löwinnen nahmen keines dieser männlichen Tiere an. Einer der Löwen wurde sogar sehr übel zugerichtet.

Später stieß zur *Safari* ein alter Löwe namens Frasier. Er hatte vorher einem bankrotten mexikanischen Zirkus gehört, der es sich nicht länger leisten konnte, das Tier zu füttern. Da er die meiste Zeit seines Lebens in einem Käfig verbracht hatte, war Frasier voller Narben, fast blind, zahnlos und lahm. Die zwölf Löwinnen fanden ihn jedoch unwiderstehlich, wetteiferten miteinander um seine Gunst und kauten ihm sogar das Essen vor. Schließlich kamen in Frasiers neuem Harem im Laufe von 16 Monaten 35 kleine Löwen zur Welt. Dann starb Frasier — wahrscheinlich in glücklicher und zufriedener Gemütsverfassung.

Das Rätsel der toten Wissenschaftler

Im August des Jahres 1986 wurde die Leiche von Vimal Sajibhai unter einer Brücke in der Nähe von Bristol in England gefunden. Sajibhai war Experte und Prüfer für Unterwassertorpedosysteme gewesen. Aber das war nur der Anfang einer rätselhaften Serie von Todesfällen. Neun andere Wissenschaftler, die an Verteidigungsprojekten in England arbeiteten, starben ebenfalls auf sehr mysteriöse Weise — wobei die Todesfälle anscheinend nicht miteinander in Verbindung standen. Bei jedem dieser Fälle hieß es, daß der Tod entweder durch Selbstmord verursacht oder »nicht aufzuklären« sei.

Einige Monate nach Sajibhais Tod legte jemand unmerklich eine Schlinge um den Hals von Ashhad Sharif, als er sich gerade in sein Auto setzen wollte. Das andere Ende der Schlinge hing an einem Baum im Park von Bristol, und als Sharif das Auto mit ziemlicher Geschwindigkeit startete, brach er sich das Genick.

Im Januar 1987 starb der Computerdesigner Richard Pugh. Man fand ihn in seinem Haus im Osten von London. Im selben Monat fand man den Computerfachmann des *Royal Armaments Research and Development Establishment*, John Brittem, tot in seiner Garage. Er saß bei laufendem Motor in seinem Auto. Weiterhin wurden der Metallurg Peter Peapul und der Computeringenieur Trevor Knight die Opfer einer Kohlenmonoxidvergiftung.

Die Liste ist noch länger: Der Computerfachmann David Sands krachte mit einem Wagen voller Benzinkanister in ein leeres Restaurant und verbrannte. Der Computerspezialist Mark Wisner erstickte, als jemand plötzlich eine Plastiktüte über seinen Kopf zog. Victor Moore starb wahrscheinlich an einer Überdosis Tabletten. Und Russel Smith, einer der ganz großen Geheimnisträger der britischen Atomenergiebehörde, wurde in seinem Auto, das vom Sturm von einer Klippe gefegt worden war, tot aufgefunden.

Großbritanniens Zeitungen spekulierten, daß die Todesfälle Ergebnis einer Serie von geplanten Morden sein könnten. Der Zweck: Unterwasserkriegsführung und andere Verteidigungsprogramme sollten möglicherweise sabotiert werden. Einige Mitglieder des britischen Parlaments fanden die Todesfälle derart verdächtig, daß sie eine offizielle Untersuchung verlangten.

Rasputins rätselhafte Heilungen

Der russische Zar Nikolaus und seine Gemahlin wurden sehr stark von dem mysteriösen sibirischen Mönch Rasputin beeinflußt. Die Zarin sprach von ihm immer nur als »unser Freund«. Der Grund für Rasputins Macht über die königliche Familie war, daß er durch Hypnose die inneren Blutungen ihres Sohnes, des bluterkranken Thronerben, aufzuhalten vermochte. Durch die Macht, die er über den Zaren und die Zarin ausübte, war Rasputin in der Lage, sich durch Munitionshandel zu bereichern, seinen Freunden Regierungsposten zu verschaffen, sich in militärische Fragen einzumischen und ein im allgemeinen recht lasterhaftes Leben zu führen, in das häufig die Damen des Hofes verstrickt waren. Sein steigender Einfluß auf die Regierung hat darüber hinaus das öffentliche Vertrauen in den Staat zerstört und die militärischen Anstrengungen des Landes im Ersten Weltkrieg geschwächt.

Einige Historiker haben sogar die Vermutung geäußert, daß Rasputin möglicherweise ein deutscher Spion gewesen sein könnte, da seine Handlungen ganz sicherlich dem Feind geholfen haben. Die Deutschen argumentierten, daß so lange, wie Rasputin im Palast regierte, die russischen Kriegsanstrengungen ohnehin zum Scheitern verurteilt waren. Deshalb taten sie alles mögliche, um dem Mönch seine Macht zu erhalten.

Deutsche Agenten haben häufig russische Soldaten bestochen, sich bewußtlos zu stellen, wenn Rasputin bei seinen Besuchen der Verwundeten in russischen Armeehospitälern an ihr Bett trat. Wenn der Mönch dann begann, einen dieser deutschen Spitzel zu segnen, dann setzte sich der Soldat ganz plötzlich auf und rief, daß er geheilt worden sei, wobei er Gott, allen Heiligen und Rasputin für das offensichtliche Wunder dankte. Solche »Wunderheilungen« steigerten Rasputins Ruhm im russischen Volk und seinen Einfluß auf die königliche Familie noch weiter.

Schließlich, im Dezember des Jahres 1916, dachte sich Prinz Felix Jusupow ein Komplott aus, um Rußland von Rasputin zu befreien. Er nutzte das Interesse des Mönchs an attraktiven Adelsdamen und lud ihn zu einem Treffen ein. Dann machte er ihn betrunken, gab ihm vergiftete Kekse zu essen, erschoß ihn und warf ihn hinterher in die eisige Newa.

Es war jedoch bereits zu spät. Das Vertrauen der Bevölkerung in die zaristische Regierung war durch Rasputins Einfluß und durch seine Handlungen so stark geschwächt, daß in der Februarrevolution des Jahres 1917 die Dynastie der Romanows entmachtet wurde.

Zeitverschiebung in Versailles

Im Jahr 1901 besichtigten während einer Frankreichreise die beiden englischen Lehrerinnen Annie Moberly und Eleanor Jourdian das königliche Schloß in Versailles. Nachdem sie den Hauptteil des Schlosses besucht hatten, gingen sie durch die weltberühmten Gärten zum *Petit Trianon*, dem kleinen Schlößchen von Marie Antoinette. Da sie die Parkanlage nicht kannten, baten sie zwei Männer, offensichtlich Hausmeister, die in Gewänder des 18. Jahrhunderts gekleidet waren, sie zu führen. Plötzlich sahen die Frauen eine Dame und ein junges Mädchen, beide sehr altmodisch gekleidet, in der Tür einer Hütte stehen.

Die Lehrerinnen gingen weiter und kamen in ein Waldstück. Dort stießen sie auf einen dunkelhaarigen Mann mit grimmigem Gesichtsausdruck, der vor einem *temple d'amour*, einem Pavillon mit einem runden, von Säulen gestützten Dach, saß. Ein junger Mann trat hinter einem Felsen hervor und kam über einen unkrautbedeckten Pfad auf sie zu. Er sprach einen französischen Dialekt, den die beiden Frauen nicht kannten. Mit Hilfe von Gesten und Handzeichen führte er sie an einer hölzernen Brücke entlang quer über eine kleine Wasserrinne zum *Petit Trianon*. Auf der anderen Seite lag der Vorgarten des Schlosses.

Während ihres Spazierganges, so sagte Miss Moberly später, »sah alles unnatürlich aus. Es schien sogar, als seien die Bäume flach und leblos geworden. Es gab weder Licht noch Schatten, kein Windhauch bewegte die Bäume. Es herrschte eine intensive Stille.«

In der Nähe des *Petit Trianon* bemerkte Miss Moberly eine

attraktive und offensichtlich adelige Dame, die die nahegelegenen Wälder zeichnete. Sie trug einen großen Hut, ein Mieder und einen kurzen weißen Rock. Als sie die Lehrerinnen erblickte, war sie zutiefst erschrocken.

Plötzlich schien sich die unheimliche Stille aufzulösen, und die ganze Umgebung wurde wieder real. Ein Führer tauchte auf und begleitete die Damen bei ihrer weiteren Besichtigungstour. Die adelige Künstlerin war verschwunden.

Mehrere Tage lang sprachen die beiden Lehrerinnen nicht miteinander über ihre Eindrücke; erst im Jahr 1911 veröffentlichten sie gemeinsam, allerdings anonym, ihre Geschichte in einem kleinen, aber erfolgreichen Buch. Zu diesem Zeitpunkt hatten sie bereits intensive historische Recherchen angestellt; das Ergebnis war, daß sie wohl durch einen Sommertag des Jahres 1789 gelaufen sein mußten.

Die »Gärtner«, so erklärten sie, seien Mitglieder der Schweizergarde gewesen. Der dunkle, drohende Mann war wahrscheinlich der Conte de Vaudreuil, der zu dem Zeitpunkt wohl das *Trianon* besucht hatte. Die Frau und das junge Mädchen, die in der Tür der Hütte standen, könnten, nach historischen Quellen, möglicherweise Bauern gewesen sein, die auf dem zum Schloß gehörenden Grundbesitz lebten. In den Memoiren von Marie Antoinettes Schneiderin wird erwähnt, daß verschiedene Mieder und weiße Röcke hergestellt wurden; es war übrigens das letzte Lebensjahr von Marie Antoinette.

In keinem der Berichte über diese Zeit wurde jedoch eine hölzerne Brücke über ein Bächlein erwähnt. Der Teil, der in dem Puzzle fehlte, bewirkte dann auch, daß die Erzählung der Lehrerinnen vielfach verspottet wurde — bis die ursprünglichen Pläne des königlichen Architekten, in denen die Wasserleitung und die Brücke erwähnt wurden, schließlich im Kamin eines alten Hauses in einer nahegelegenen Stadt gefunden wurden. Die Pläne waren dort vor langer Zeit, möglicherweise aus Sicherheitsgründen, deponiert worden.

Dennoch bleibt der Vorfall von Versailles ungeklärt. Hatten die Damen Moberly und Jourdian tatsächlich zu Geistern aus einem Sommertag des Jahres 1798 gesprochen? Oder waren die Frauen irgendwie in der Zeit zurückgereist, wobei sie sich selbst in sichtbare, sprechende Geisterscheinungen verwandelt hatten?

Der Traum der Witwe

Als Ruth Ammer an einem heißen Nachmittag im August des Jahres 1962 einschlief, war sie noch mit dem syrisch-amerikanischen Schuster Joseph Ammer verheiratet. Aber zu dem Zeitpunkt, als sie aufwachte, hatte sie das schreckliche Gefühl, Witwe geworden zu sein.

Ruth hatte einen prophetischen Alptraum gehabt. Sie hatte, so erzählte sie später der Polizei, geträumt, ihr Mann sei in seinem Laden und würde von einem Mann mit einem Hammer angegriffen.

Als Mr. Ammer dann nicht wie jeden Mittag zum Essen heimkam, da machte sich Ruth große Sorgen. So entschloß sie sich, Joes Mittagessen einzupacken und es ihm selbst in seinen Laden zu bringen.

Als Ruth ankam, sah sie, daß ihr Alptraum Wirklichkeit geworden war. Sie fand ihren Mann, gefesselt mit Schusterdraht, tot in seinem Blut. Die Waffe des Mörders, ein Hammer, lag in der Nähe.

Obwohl sie der Polizei den Mann, den sie in ihrem Traum gesehen hatte, genau beschrieb, waren die Beamten nicht besonders daran interessiert — bis sie hörten, daß ein Mann, auf den Mrs. Ammers Beschreibung einschließlich der Kleidung zutraf, dabei beobachtet worden war, wie er in einem Park seine blutigen Hände wusch.

Obwohl ihr Traum bei der Gerichtsverhandlung des Mörders William Edmonds offiziell keine Rolle spielte, wurde Ruth Ammer jetzt dennoch die Genugtuung zuteil, daß der Mörder ihres Mannes — der, den sie in ihrem Alptraum gesehen hatte — schuldig gesprochen und zu lebenslangem Gefängnis verurteilt wurde.

Eine Lady träumt von Mord

Sir Henry Wilson, der im Ersten Weltkrieg der Führer der britischen Armee und zugleich *Member of Parliament* gewesen war, verbrachte im Juni des Jahres 1922 einen lustigen Abend mit seiner alten Freundin, der geselligen Lady Londonderry, und einigen anderen Gästen. Die Gruppe blieb im Haus der Lady bis zwei Uhr morgens zusammen; man unterhielt sich und machte Späße. Dann ging Lady Londonderry ins Bett — allerdings war ihr Schlaf nicht gerade erholsam. Als ihr Mann sie aufweckte, schrie sie und war schweißnaß.

In einem sehr beängstigenden Traum, so erzählte sie ihrem Mann, hatte sie zugesehen, wie Sir Henry starb. Sie beschrieb, wie ihr Freund sich für die Fahrt durch die Straßen von London ein Taxi nahm, das vor seinem Haus anhielt. Dann bezahlte Sir Henry den Fahrer und ging zu seiner Eingangstür. Als er die Tür aufschließen wollte, näherten sich ihm die beiden Mörder, zogen Pistolen unter ihren Mänteln hervor und erschossen ihn. Dann rannten sie fort.

In dem Traum gab es eine Einzelheit, auf die man sich anscheinend keinen Reim machen konnte. Lady Londonderry hatte Sir Henry in seiner offiziellen Militäruniform »gesehen«; gewöhnlich aber trug er zivile Kleidung.

Etwa eine Woche später wurde Sir Henry gebeten, das Kriegerdenkmal an der Paddington Station zu enthüllen. Zu diesem Anlaß trug er seine Militäruniform. Nachdem das Denkmal eingeweiht worden war, nahm er ein Taxi und fuhr nach Hause. Dort schossen ihn — zwei Minuten, nachdem er den Fahrer bezahlt hatte — zwei bewaffnete Mörder tot. Dies war genau die Tragödie, die Lady Londonderry in ihrem schrecklichen Traum miterlebt hatte.

Unmöglicher Regen

Jedes Schulkind weiß, daß Wolken und Regen zusammengehören. Aber es gab auch rätselhafte Situationen, wo es vom Himmel schüttete, ohne daß man irgendwo ein Wölkchen gesehen hätte.

Mrs. R. Babington kam am 11. November des Jahres 1958, einem klaren und sonnigen Tag im Spätherbst, nach Hause und stellte fest, daß Wasser auf ihren Rasen und auf das Haus ihres Daches heruntersprühte. Es regnete mit Sicherheit nicht, also nahm sie an, daß der Gartensprenger ihres Nachbarn versehentlich auf ihr Haus und ihren Garten gerichtet wäre.

Als sie allerdings genauer hinsah, bemerkte sie, daß niemand in der Nähe war, der den Garten wässerte. Wasserleitungen waren nicht geplatzt, und es gab draußen keine Hähne, die offengeblieben wären. Das Wasser mußte von irgendwoher kommen. Aber woher?

Sehr bald konnten Dutzende von Leuten, einschließlich des Herausgebers des *Alexandria Daily Town Talk*, Adras LaBorde, sehen, daß Regen auf Mrs. Babingtons Haus — und in einem Umkreis von ungefähr 30 Quadratmetern —, aber sonst nirgendwo in der Nachbarschaft herunterprasselte. Mehrere Stunden lang strömte es vom Himmel, und Beamte des *Weather Bureau* und der *England Air Base* waren unfähig, eine Erklärung für dieses Phänomen zu finden.

Vor fast einem Jahrhundert wurde in Dawson, Georgia, über ein ähnliches Ereignis berichtet. Obwohl an jenem Septembertag des Jahres 1886 kein Wölkchen am Himmel stand, regnete es in einem Gebiet mit einem Durchmesser von ungefähr 7,5 Metern mehr als eine Stunde lang.

Im selben Jahr, einen Monat später, wurden zwei Gegenden in South Carolina von wolkenlosem Regen heimgesucht. Nach Angaben des *Charleston News and Courier* wurden in dieser Seehafenstadt ein Haus und ein Rasen mehrere Stunden lang von einem rätselhaften Schauerregen getroffen. Und, wie die *New York Sun* am 24. Oktober jenes Jahres berichtete, ein kleiner Teil von Chesterfield County in South Carolina wurde zwei Wochen lang durch einen Dauerregen, der von einem klaren, sonnigen Himmel herunterschüttete, bewässert.

Die lebensrettende Vorahnung

Mrs. Hazel Lambert aus Pennsbury Heights in Pennsylvania hatte eine Kollegin noch ein Stück in ihrem Auto mitgenommen. Es war ungefähr zehn Uhr am Weihnachtsmorgen des Jahres 1958. Dann entschloß sie sich, einiges in einem nahegelegenen Lebensmittelgeschäft einzukaufen. Aber als sie sich dem Laden näherte, fühlte Mrs. Lambert das Bedürfnis, aufs Gaspedal zu drücken und die Franklin Street hinunterzujagen — eine Straße, die sie vorher niemals gefahren war.

Was stand hinter diesem seltsamen inneren Zwang? Mrs. Lambert gelang es nie, das herauszufinden. Später erzählte sie Reportern, daß sie ganz einfach unbedingt ihren starken Gefühlen, die sie zur Franklin Street leiteten, hätte folgen müssen. Plötzlich blickte sie zu dem dort entlangfließenden Kanal hinüber und sah Kinderhände in Fausthandschuhen, die sich am Rand eines Loches im Eis festhielten. Sie raste über die Straßenkreuzung direkt auf das Eis zu und fühlte, daß ihr Wagen in das gefrorene Wasser einbrach. Die Türen klemmten, als der Wagen über einen Meter tief versank, und so drückte sie auf die Hupe und schrie nach Hilfe.

Durch den Tumult wurden George Taylor und sein halbwüchsiger Sohn auf die Gefahr aufmerksam und halfen der gefangenen Autofahrerin und dem Kind, das sich immer noch am Eis festhielt. Der junge Taylor nahm schnell eine Stange zur Hand, um Carol Scheese zu retten. Das zweijährige Mädchen wäre sicherlich gestorben, wenn Mrs. Lambert nicht diesem seltsamen inneren Zwang nachgegeben hätte.

Eigenartige Stromausfälle

Um ungefähr zwölf Uhr mittags, am 14. Februar des Jahres 1963, gab es plötzlich und unerwartet einen Stromausfall, weil die Verbindung zwischen zwei der Hauptstationen, die Denver versorgen, nicht funktionierte. Durch den Ausfall entstand eine Überlastung der Leitungen, so daß die Verbindungen nach Cheyenne und Boulder ebenfalls unterbrochen waren. Um zu verhindern, daß die Turbinen der Firma *Cherokee* beschädigt würden, schloß man die Fabrik.

Was hatte den Stromausfall verursacht? Ingenieure, die Schäden an der Elektrizitätsleitung oder andere Störungen feststellen sollten, wurden zur Überprüfung losgeschickt — und waren äußerst erstaunt, als alles vollkommen in Ordnung zu sein schien. Dann kam der Strom wieder — auf ebenso geheimnisvolle Weise, wie er ausgefallen war. »Möglicherweise werden wir nie wissen, was geschah«, so wurde ein Beamter von einer der Lokalzeitungen zitiert.

Es gibt jedoch einige Leute, die meinen, daß es vielleicht einen Zusammenhang zwischen UFOs und derartigen unerklärlichen Stromausfällen geben könnte. Dr. Olavo Fontes aus Brasilien ging einem der Beispiele nach und erzählt davon in einem Buch von Carol Lorenzen, Leiterin der *Aerial Phenomena Research Organization*.

In einer Augustnacht im Jahr 1959 schalteten sich vier automatische Tasten im riesigen Elektrizitätswerk von Uberlandia, Minais Gerais, von selbst aus; der Strom zu allen Hauptverbindungslinien war damit abgeschnitten. Techniker rannten emsig hin und her, um herauszufinden, was los war. Es schien als sei alles in Ordnung, außer daß die ausgeschalteten Tasten den Stromkreis unterbrochen hatten.

Sofort rief ein Arbeiter der angeschlossenen Stationen den leitenden Ingenieur in Uberlandia an und erzählte ihm eine unglaubliche Geschichte: Ein UFO war in geringer Höhe über das Kraftwerk hinweggeflogen und hatte bewirkt, daß sich die Tasten in diesem Elektrizitätswerk von selbst abschalteten.

Der leitende Ingenieur behauptete, der Mann, der diese Feststellungen machte, sei betrunken, und begab sich wieder an seine Arbeit. Er drückte auf zwei der Haupttasten und entdeckte, daß auch sie nicht arbeiteten. Dann betätigte er die dritte Taste, und plötzlich funktionierten auch alle anderen wieder. In diesem Moment begannen Arbeiter des Elektrizitätswerks in Uberlandia zu schreien und in den Himmel zu deuten. Ein glühendes Objekt in Form einer Scheibe schwebte über ihren Köpfen genau über das Elektrizitätswerk hinweg. Sobald die »fliegende Untertasse« außerhalb des Blickfelds war, begann das Kraftwerk wieder normal zu arbeiten.

Das lebende Denkmal

Sicherlich gibt es Denkmäler, die einen aufwühlenden, rührenden oder »bewegenden« Eindruck hinterlassen. Allerdings gibt es sogar ein Grabmal in der östlichen Ecke des Friedhofes von Marion, Ohio, das sich *tatsächlich* bewegt. Und niemand weiß, wie oder warum das geschieht.

Die spitz zulaufende weiße Granitsäule, die auf einer großen, schwarzen Granitkugel von über einem Meter Durchmesser steht, markiert die Gräber von Charles Merchand und sechs seiner Verwandten. Das Grabmal wurde im Jahre 1897 erbaut und zog nicht besonders viel Aufmerksamkeit auf sich – bis zum Juli des Jahres 1905. Zu diesem Zeitpunkt nämlich bemerkte ein Arbeiter, daß die schwere schwarze Kugel auf dem Grabmal einige Zentimeter weit bewegt worden war. Dadurch entstand am Fuße der Kugel, dort, wo sie einst mit der unteren Fläche verbunden gewesen war, eine rauhe Stelle.

Wenn irgendwelche verrückten Scherzbolde den Vorfall verursacht hätten, dann wäre dafür sicherlich schweres Handwerkszeug und eine immense Kraft notwendig gewesen. Da die Kugel Hunderte von Pfund wiegt, hätte man einen Holzkeil und bestimmte Geräte benötigt, um sie überhaupt von der Stelle zu bewegen.

Angestellte des Friedhofs wollten nicht zulassen, daß irgend jemand sich wieder am Grab der Merchands zu schaffen machte. Sie schütteten also Bleizement auf die Granitsäule, um die Kugel an der ursprünglichen Stelle sicher zu befestigen. Aber zwei Monate später hatte sich der schwarze Ball wieder bewegt. Diesmal befand er sich 25 Zentimeter neben der Stelle, wo er eigentlich hätte liegen sollen.

Wissenschaftler und Amateurforscher, einschließlich eines Geologen, boten mögliche Erklärungen an, aber keine dieser Theorien traf richtig ins Schwarze. Tatsächlich sagt man, daß sich die schwere schwarze Kugel immer noch unruhig hin- und herbewegt — als hätte sie ihren eigenen Kopf.

Die Geisterschiffe und der Zerstörer

Der Marinezerstörer *Kennison* begegnete auf See zwei wahrlich unheimlichen Schiffen — und beide Begegnungen wurden pflichteifrig im Logbuch des Zerstörers aufgezeichnet.

Der erste Vorfall fand im Jahr 1942 in der Nähe der Golden Gate-Brücke statt, als die *Kennison* nach japanischen Unterseebooten fahndete. Es herrschte so dichter Nebel, daß sich die Mannschaft, um nicht bei den Faralloninseln auf Grund zu laufen, ausschließlich nach den Radarbildern orientieren mußte. Aber einige Seeleute, und zwar ein Wachposten namens Tripod und ein Mann mit Namen Jack Cornelius, entdeckten etwas in dem dichten Nebel, das das Radargerät überhaupt nicht aufgezeichnet hatte: ein alt aussehendes, unbemanntes, zweimastiges Segelschiff, das in ein paar Metern Entfernung am Heck der *Kennison* vorbeifuhr.

Die Männer riefen die Mannschaft zusammen, um ihnen das seltsame Geisterschiff zu zeigen. Es war jedoch nach wenigen Sekunden verschwunden. Allerdings waren Tripods und Cornelius' Beschreibungen des seltsamen Fahrzeugs, das sie im Wasser schwimmen gesehen hatten, vollkommen identisch.

Im Frühling des nächsten Jahres fuhr die *Kennison* etwa 240 Kilometer vor der Küste von San Diego entlang. Im Logbuch steht verzeichnet, daß das Meer glatt und der Nachthimmel sternenklar waren. Die Seeleute Carlton Herschell und Howard Brisbane hielten auf der Schiffsbrücke Wache. Als sie durch ihre Feldstecher blickten, sahen sie beide einen Frachter, der auf ihren Zerstörer zusteuerte. Sie warnten sofort den Radaroffizier, der auf seinem Bildschirm allerdings nichts ausmachen konnte. Herschell und Brisbane konnten schon bald den Frachter mit bloßem Auge erkennen. Er war noch ungefähr elf Kilometer von ihnen entfernt und steuerte auf ihr Schiff zu. Plötzlich allerdings verschwand er spurlos.

Zeitverschiebung im Bermudadreieck

Viele Jahre lang verschwanden im Bermudadreieck — einem Gebiet zwischen den Bermudainseln, der Ostküste von Florida und Puerto Rico — Schiffe im Meer und Flugzeuge vom Himmel oder auch einfach nur die Mannschaften von ihren Schiffen. Nur in seltenen Fällen hatten die Verschollenen eine Art »letzter Botschaft« hinterlassen. Und es wurden auch nur wenige Wrackteile gefunden. Die vielen Theorien über das Verschwinden sind unterschiedlich und spekulativ: So dachte man etwa an das plötzliche Auftreten riesiger Seiches oder unterirdische Vulkanausbrüche. Wenn Schiffstrümmer an die Wasseroberfläche gelangen, so werden sie möglicherweise die Küste hinauf oder auch vom Golfstrom hinaus in den Ozean getragen. Außerdem könnte menschliches Versagen im Spiel sein oder auch Funktionsstörungen der elektromagnetischen Geräte, beispielsweise im Falle von Radios und Motoren. Hier einige weitere Erklärungsversuche:

Strudel und »Löcher« im Ozean, die Schiffe und Flugzeuge verschlingen; Flugzeugentführungen durch moderne Piraten oder Drogenhändler; das Brechen verschiedener Materialien durch Resonanzeffekte (eine von der UdSSR geäußerte Vermutung); kleine, dichte Nebelschwaden über der Wasseroberfläche, in die die Schiffe hineingleiten, aber nicht mehr herauskommen; Entführung von Besatzungsmitgliedern sowie Geräten und Werkzeugen durch »Sammler« aus dem Weltall, die durch das Bermudadreieck eindringen. Dieses Dreieck ist möglicherweise ein Gebiet, in das ein problemloser Zugang möglich ist und über dem der Himmel wie ein Loch wirkt.

Es gibt noch mehr Theorien:

Ein Ausstoß von unterirdisch erzeugten Gasen, durch die die Flugzeuge plötzlich die Orientierung verlieren und in den Ozean tauchen; riesige versunkene Pyramiden, die von Bewohnern des Atlantik als Kraftwerke gebaut wurden und die möglicherweise immer noch sporadisch funktionieren und die Kontroll- und Kommunikationssysteme von Schiffen und Flugzeugen außer Funktion setzen.

Aber abgesehen vom Verschwinden von Flugzeugen, Schiffen und Menschen gab es eine Reihe von sehr ungewöhnlichen *Erscheinungen*, für die es ebenfalls keine logische Erklärung gibt und durch die möglicherweise unsere Vorstellungen von Zeit, Raum und Materie in Frage gestellt werden könnten:

Eine Gruppe von Forschern auf der Yacht *New Freedom*, die die Verhältnisse im Ozean untersuchen sollte, segelte durch einen starken, aber regenfreien elektromagnetischen Sturm. Während eines enormen Energieausbruchs fotografierte Dr. Tim Thorne den geradezu explodierenden Himmel. Dieses Foto zeigte, als es entwickelt wurde, die Explosion am Himmel, aber es zeigte auch ein viereckiges, aufgetakeltes Schiff auf dem Meer, ungefähr 100 Meter von der *New Freedom* entfernt, obwohl noch einen Moment vorher die Meeresoberfläche leer gewesen war.

John Sander, ein Steward auf der *QE-I*, sah ein kleines Flugzeug, das etwa auf der Höhe des Decks still neben seinem Schiff herflog. Er alarmierte einen anderen Steward und den wachhabenden Offizier, und plötzlich fiel das Flugzeug, nur etwa 70 Meter vom Schiff entfernt, in den Ozean. Die *QE-I* wendete und sandte ein Rettungsboot hinüber, aber man fand keine Spur des Flugzeugs.

Ein anderes Phantomflugzeug stürzte am 17. Februar 1935 bei Daytona Beach lautlos vor Hunderten von Zeugen in den Ozean, aber nicht ein einziges Wrackteil wurde im flachen Wasser in der Nähe des Strandes gefunden.

Helen Cascio war die Pilotin der Cessna 172, die mit nur einem einzigen Passagier nach Turk Island auf den Bahamas flog. Zu dem Zeitpunkt, als sie eigentlich hätte ankommen sollen, sah man eine Cessna 172 den Tower der Insel umkreisen, ohne jedoch zu landen. Im Tower hörte man Stimmen vom Flugzeug, aber umgekehrt konnten die Landeinstruktionen vom Tower offensichtlich nicht vom Piloten gehört werden. Man vernahm die Stimme einer Frau: »Ich muß in die falsche Richtung geflogen sein. Hier sollte eigentlich Turk Island liegen, aber dort unten ist nichts. Kein Flughafen, keine Häuser.« Der Tower gab inzwischen fortwährend Landeinstruktionen, die jedoch nicht empfangen wurden. Schließlich hörte man die Stimme einer Frau: »Gibt es keinen Weg hier raus?«, und die Cessna, die von Hunderten von Leuten beobachtet wurde, flog von Turk Island weg in eine Wolkenbank und verschwand spurlos. Für die Bewohner von Turk Island war das Flugzeug deutlich sichtbar gewesen, aber die Pilotin sah offensichtlich, als sie hinunterblickte, nur eine Insel ohne Menschen und Häuser.

Hatte sie möglicherweise die Insel zu einem Zeitpunkt gesehen, bevor der Flughafen und die Häuser gebaut wurden? Und wohin ist sie schließlich fortgeflogen?

Der Junge, der schon einmal gelebt hat

Am 9. Mai 1943 starb der indische Geschäftsmann Parmanand Mohan in Moradabad. Ungefähr zehn Monate später bekamen der Hochschullehrer Bankey Lal Sharma und seine Frau, die in Bisauli (Indien) lebten, einen Sohn. Bereits im Alter von drei Jahren behauptete der Junge, er sei Parmanand. Er beschrieb sogar, wie er gestorben sei. »Mein Bauch wurde naß, und ich starb«, erzählte er seinem Vater. »Jetzt muß ich nach Bisauli kommen.«

Als der Junge fünf Jahre alt war, fuhr der Professor mit ihm nach Moradabad, in eine Stadt, die das Kind nie zuvor gesehen hatte, um zu prüfen, ob seine Erzählungen von Parmanand irgend etwas mit der Realität zu tun haben könnten. Der Junge führte seinen Vater und andere Verwandte schnell und zielstrebig zu einem Laden, wo er in seinem früheren Leben beschäftigt gewesen war, und er demonstrierte in allen Einzelheiten, wie das Gerät zur Herstellung von Kohlensäure, an dem Parmanand gearbeitet hatte, funktionierte. Eine Gegenüberstellung mit der Ehefrau und den Söhnen des verstorbenen Parmanand erschien sogar noch überzeugender. Er nannte sie bei ihren Namen, sprach mit ihnen über sehr persönliche Angelegenheiten und zeigte sogar, wie sie ihr Haus nach »seinem« Tod verändert hatten. Sowohl die Familie von Parmanand als auch der kleine Pramodh brachen bei diesem Besuch in Tränen aus.

Immerhin bekam man nach dem Ausflug eine Erklärung für eine der ersten Behauptungen des Kleinen über sein früheres Leben. »Mein Bauch wurde naß, und ich starb«

erwies sich als eine genaue, wenn auch kindgemäße Beschreibung von Parmanands Sterben. Der Mann, der unter unerklärlichen Bauchbeschwerden gelitten hatte, war, kurz bevor er starb, in ein heißes Bad gelegt worden.

Die Träume, die Josiah Wilbarger retteten

Im Jahr 1883 brach der Lehrer Josiah Wilbarger aus La Grange in Texas im Morgengrauen auf, um zusammen mit vier anderen Männern seinen Freund Reuben Hornsby zu besuchen. Hornsby lebte auf einer Farm nicht weit entfernt vom heutigen Austin. Aber bald nachdem sie sich auf den Weg gemacht hatten, wurden die Weißen von einer Horde von Indianern angegriffen. Zwei der Männer erlagen sofort ihren tödlichen Verletzungen. Die Indianer schossen Josiah in den Hals, entkleideten und skalpierten ihn. Zwei Männer der Gruppe, die es schafften, lebend zu entkommen, ließen Josiah zurück. Er sei sicherlich tot, so meinten sie, und hätte eine Frau nicht von ihm geträumt, wäre er auch wirklich gestorben.

Wilbarger erwachte, nachdem er mehrere Stunden lang bewußtlos gewesen war, nackt und vor Kälte zitternd im Busch. Blut strömte aus seinem Hals und von seinem Kopf. Aber er lebte, und er war entschlossen, irgendwie zum Haus von Hornsby, das ungefähr sechs Kilometer entfernt lag, zu gelangen. Nachdem er sich ungefähr vier Kilometer weiter geschleppt hatte, brach er schließlich zusammen und verlor immer wieder vorübergehend das Bewußtsein. Dann erschien ihm seine Schwester.

»Mein Bruder Josiah, du bist zu schwach, um alleine zu gehen«, sagte die Traumgestalt zu ihm. »Bleib hier, wo du bist, und Freunde werden kommen, um sich deiner vor Sonnenuntergang anzunehmen.« Darauf lächelte seine Schwester traurig und bewegte sich in Richtung auf das Haus von Hornsby davon. Erst später erfuhr man, daß die

Frau 24 Stunden vorher in Missouri gestorben war, bevor sie erschien, um ihren verletzten Bruder zu trösten.

An jenem Abend hatte Mrs. Hornsby, der man erzählt hatte, daß Wilbarger tot sei, einen erschreckenden Traum. Sie sah Josiah blutüberströmt, nackt und skalpiert, aber immer noch lebendig, unter einer kleinen Zeder liegen. Mrs. Hornsby wachte auf und stellte fest, daß alles nur ein Traum gewesen war. Aber als sie wieder einschlief, wiederholte sich der Traum mit derselben schrecklichen Lebendigkeit. Auf ihr Drängen hin machten sich am nächsten Morgen ihr Mann und Wilbargers Freunde auf, nach Josiah zu suchen.

Sie folgten seiner Blutspur und fanden ihn sehr bald halbtot an eine verkrüppelte Zeder gelehnt. Die Männer säuberten seine Wunden, wickelten ihn in warme Wolldecken und trugen ihn zur Farm seines Freundes, wo er sich schließlich erholte.

Die Geschichte von Mrs. Hornsbys Träumen bleibt unvergessen. Schließlich errichtete der Staat Texas dieser Frau, deren Alpträume Josiah Wilbarger retteten, ein Denkmal.

Das kahle Grab

Anfang des 19. Jahrhunderts kam der junge Engländer John Davies als Farmarbeiter in die walisische Stadt Montgomery, um dort für eine Witwe auf ihrer Farm zu arbeiten. Dies war der größte Fehler, den er bis dahin in seinem jungen Leben gemacht hatte.

Als er eines Tages eine Straße entlangging, traten zwei Männer, die in der Nähe wohnten, auf ihn zu und verlangten Geld. Davies weigerte sich, der Forderung der beiden Gauner nachzukommen, und es kam zu einem Kampf. Davies wurde nicht nur verprügelt; die beiden Ganoven verschleppten ihn darüber hinaus nach Welshpool und behaupteten, daß *er* versucht habe, *sie* auszurauben.

Wenig später verurteilten die Behörden von Welshpool Davies wegen Straßenraubs am 6. September 1821 zum Tode. Wenige Sekunden, bevor ihm die Schlinge um den Hals gelegt wurde, erhob er seine rechte Hand und erklärte, daß hier ein Unschuldiger ins Grab geschickt würde: »Ich sterbe mit dem Gebet an Gott, daß er kein Gras auf meinem Grab wachsen lassen möge, damit auf die Weise meine Unschuld bewiesen wird.«

John wurde auf dem Friedhof der Gemeinde Montgomery neben einer Reihe anderer Gräber, die alle mit Gras bedeckt waren, beigesetzt. Aber das Grab von Davies blieb kahl. Die örtlichen Behörden versuchten, das Grab mit bereits angegangenem Rasen zu bepflanzen, aber die Grasstücke wurden sofort wieder braun und gingen ein. Als nächstes versuchte man es mit dem Aussähen von Grassamen. Keiner der Samen ging jemals auf.

30 Jahre nach Davies' Hinrichtung wurde der Friedhof gärtnerisch neu gestaltet. Alle Gräber wurden etwa einen halben Meter hoch mit frischer Erde bedeckt, und neues Gras wurde ausgesät. Schon bald war der gesamte Friedhof von dichtem Rasen bedeckt — mit Ausnahme eines einsamen, braunen Rechtecks, das weder durch Samen noch durch Düngemittel in ein Stückchen Grün verwandelt werden konnte. Es war das Grab von John Davies. Schließlich wurde ein Zaun darum gezogen. Das Grab bleibt wohl für immer ein kahles, stummes Zeugnis für die Unschuld eines Menschen.

Im Jahr 1921 fand Elwood Hummel einen sehr seltsamen Stein. Er angelte gerade am Fluß Susquehanna in der Nähe von Winfield, Pennsylvania, als er im klaren Wasser das kleine, flache Objekt, auf das seltsame Zeichnungen gekritzelt waren, entdeckte. Als er es sich genauer betrachtete, entdeckte Hummel, daß es sich um eine Art gebranntes Tontablett handelte. Was immer es auch gewesen sein mochte, dem Fischer schien es nicht besonders wichtig, und deshalb steckte er es einfach in die Tasche seines Mantels. Erst 37 Jahre später, als seine Enkelkinder ihn fragten, was denn diese seltsame Platte, die sie unter seinen Anglerrequisiten gefunden hatten, bedeuten mochte, entschloß er sich, sie dem Direktor des Museums in Chicago zu schicken.

Dort befaßten sich die Historiker mit den Gravierungen und übersetzten schließlich die auf dem Tablett niedergeschriebene Botschaft. Das Tonplättchen erzähle, so sagten sie, von einem Kredit, den ein assyrischer Händler in Kappadokien ungefähr im Jahre 1800 vor Christus aufgenommen habe. Was ihnen jedoch unerklärlich blieb, war die Frage, wie ein assyrisches Dokument in einen Fluß in Pennsylvania gelangen konnte.

Das Rätsel wurde niemals gelöst, aber das so merkwürdig verpflanzte Objekt ist nur eines von vielen, die in den USA gefunden wurden und die darauf hinweisen, daß die Neue Welt lange vor Kolumbus — oder sogar vor der Zeit der Ureinwohner Amerikas — bereits eine ganze Reihe von Besuchern empfangen hat.

So fand beispielsweise in Bradley County in Tennessee ein gewisser J. H. Hooper einen Stein, der mit seltsamen Symbolen bemalt war. Der Farmer fragte sich, ob es wohl auf seinem Besitz noch mehr seltsame Steine gäbe, und er stieß in der Tat sehr bald noch auf verschiedene andere Funde: beispielsweise auf eine unterirdische, lange Steinmauer, die mit undechiffrierbaren Zeichen, Ziffern und Abbildungen von Tieren bedeckt war. Ein Bericht, der von der New Yorker Akademie der Wissenschaften veröffentlicht wurde, führte aus, daß auf der Wand zahlreiche orientalische Schriftzeichen zu entziffern waren. Die verwunderten Forscher entschieden jedoch, daß dies nur »zufällige Imitationen« sein könnten.

Die australischen Astronomen und das UFO

Wenn ein paar Teenager oder ein übermüdeter Lastwagenfahrer behaupten, eine »fliegende Untertasse« gesehen zu haben, dann ist es leicht, den Vorfall als Hirngespinst abzutun. Wenn aber drei berufserfahrene Astronomen zur selben Zeit ein UFO ausmachen, dann ist das schon eine andere Geschichte.

Am 30. Mai des Jahres 1963 lautete die Schlagzeile des *Melbourne Herald* in Australien: »Drei Astronomen entdecken fliegende Untertasse«. In dem Artikel wurde zugleich darauf hingewiesen, daß es sich hier um den »bislang am zuverlässigsten belegten« Vorfall handelte. Professor Bart Bok, ein Experte für die Milchstraße, Dr. H. Gollnow, einer der erfahrensten Astronomen am Observatorium von Mt. Stromi, und die Assistentin Miss H. Mowat hatten, so wurde berichtet, um ungefähr sieben Uhr abends ein glühendes, orangerotes Objekt, das fast direkt über das Observatorium hinwegflog, gesehen.

Die drei Astronomen konnten das Objekt, während es sich unterhalb der Wolken von Westen her in Richtung Osten bewegte — mit einer Geschwindigkeit, die für einen Ballon bei weitem zu hoch war —, mit den Augen verfolgen. Die Beobachter schlossen weiterhin aus, daß es sich hier um einen Meteor handeln könnte, denn das UFO flog weitaus langsamer als derartige Himmelskörper und ließ keine sichtbare Spur hinter sich.

Da sich der Gegenstand im übrigen unter einer Wolkendecke bewegte, so argumentierten die Astronomen, konnte es wegen der niedrigen Höhe auch kein Satellit sein.

Darüber hinaus gab eine Überprüfung von Satellitenkarten Aufschluß darüber, daß sich über dem Gebiet, wo das UFO gesichtet worden war, keiner befunden hatte. Zudem bestätigte das zivile Luftfahrtkontrollzentrum, daß zum besagten Zeitpunkt keine Flugzeuge in der Nähe gewesen waren.

Die drei Wissenschaftler zogen daraus den Schluß, daß das Objekt, das aus sich selbst leuchtete und kein Sonnenlicht reflektierte, »mit Sicherheit von Menschen hergestellt« worden sei. Aber welche Art von »Mensch« dieses fliegende Objekt, das weder ein Satellit noch ein Flugzeug war, hergestellt haben mag, ist niemals geklärt worden.

Können Menschen den nahenden Tod eines Verwandten erspüren?

Im Februar des Jahres 1958 bemerkte beispielsweise Eugene Bouvee, daß ihm sein siebzigjähriger Onkel Eugene einfach nicht aus dem Sinn ging. Es gab keinen Grund, sich um den alten Herrn Sorgen zu machen: Er war, soweit bekannt, kerngesund. Als Eugene am nächsten Tag einen der älteren Nachbarn seines Onkels anrief, wurde ihm ebenfalls mitgeteilt, daß sein Onkel gesund und bester Dinge sei. Dennoch konnte der Neffe das Gefühl nicht loswerden, daß irgend etwas nicht in Ordnung war.

Der junge Mann fuhr zum Haus seines Onkels in Flint, aber er konnte nicht hinein. Die Haustür war verschlossen, und durch die Ritzen drang Rauch. Kurzentschlossen trat er die Tür mit dem Fuß ein, wich allerdings sofort wieder vor den Flammen und dem dichten Rauch zurück. Wenig später kam die Feuerwehr, aber es war bereits zu spät: Man fand Onkel Eugene tot auf dem Boden des Badezimmers.

In einem ähnlichen Fall erhielten Mr. und Mrs. Richard Ryan aus Sheboygan in Wisconsin eine Warnung von ihrem Sohn, dem Flugkapitän Lawrence Monk, daß sein Tod bevorstehe. Er erzählte seiner Mutter, daß er sicher sei, bald sterben zu müssen, und daß er sich wünsche, sie möge seine Bibel aufbewahren. »Ich werde sie nicht mehr brauchen, Mom«, sagte er. »Du wirst mich niemals wiedersehen, aber du wirst von mir hören.«

Zwei Tage nach dem Besuch ihres Sohnes erhielten die Ryans die tragische Nachricht: Ihr Sohn war, zusammen mit 66 anderen Passagieren, bei einem Flugzeugabsturz der *United Airlines* in Wyoming ums Leben gekommen.

Aber nicht alle Vorahnungen haben derart bittere Folgen. Manchmal *retten* sie auch ein Leben. So beispielsweise im Falle des dreißigjährigen Fred Trusty aus Painesville, Ohio, der, wie er sagte, ein »seltsames Gefühl« empfand. Dies spielte sich im Jahre 1958 ab, und das seltsame Gefühl bewirkte, daß er sein Werkzeug fallenließ und in Richtung auf einen in der Nähe gelegenen Teich blickte. Er sah nichts Ungewöhnliches, nur ein Kräuseln der Wasseroberfläche, das wahrscheinlich die Fische verursacht hatten. Er nahm erneut sein Werkzeug zur Hand, aber das seltsame Gefühl kehrte wieder. Noch einmal blickte er hinüber zum Teich. Diesmal sah der die Mütze eines kleinen Jungen im Wasser.

Er rannte den Hügel hinunter und sprang kopfüber in den Teich — gerade rechtzeitig, um das Leben seines zweijährigen Sohnes Paul zu retten.

Die Arme der Venus von Milo

Die Venus von Milo wurde offiziell im Jahre 1820 auf der Insel Milos gefunden. Heute wird sie im Louvre in Paris verwahrt; sie gilt als eine der berühmtesten und schönsten Statuen der Welt. Aber viele Kunstliebhaber und Touristen haben sich oft voller Verwunderung gefragt, wo die fehlenden Arme wohl geblieben sein mögen.

Als die Venus erstmals gefunden wurde, waren die Arme noch an ihrem Platz. Ein griechischer Bauer, der auf Milos lebte, hatte die Statue in einer Höhle unter einem Feld entdeckt; vielleicht war sie Zierde eines alten Hauses oder Tempels gewesen. Er brachte die Venus in seine Scheune und versteckte sie dort. Häufig ging er, nach vollbrachter Arbeit, allein dorthin, um ihre Schönheit zu bewundern. Er verbrachte so viel Zeit damit, daß seine Frau den Verdacht hegte, er würde sich im Dorf mit einer anderen Frau treffen. Sie holte sich einen Priester zu Hilfe. Als der Priester entdeckt hatte, daß die schöne Rivalin aus Stein war, war die Ehefrau zufrieden, aber das Geheimnis war nun enthüllt, und die Nachricht von der antiken Statue verbreitete sich überall in Windeseile.

Türkische Besatzungstruppen, die den Fund gern nach Konstantinopel bringen wollten, kamen zur selben Zeit auf Milos an wie die französische Fregatte, die König Louis XVIII. geschickt hatte. Er wollte die Statue unbedingt haben, um Frankreichs Ruhm zu mehren. Zwischen den Franzosen und den Türken brach ein Kampf aus. In der Zwischenzeit versuchten nunmehr die Griechen, die Statue aufs Meer hinauszubringen, und als sie,

gefolgt von den Franzosen und den Türken, in einem kleinen Boot flohen, brachen im allgemeinen Tumult die Arme der Statue ab und fielen ins Meer. Die Franzosen gelangten als erste zu dem kleinen Boot, griffen sich die Statue und transportierten sie nach Paris, wo sie heute als Wunderwerk der Antike im Louvre zu besichtigen ist.
Es gibt Hinweise darauf, wie die Arme der Statue ausgesehen hatten, als man sie ursprünglich auf Milos fand. Vor dem französisch-türkischen Zusammenstoß war eine Zeichnung gemacht worden. Die rechte Hand der Göttin raffte graziös das Gewand, während die linke Hand einen Apfel umschloß, und zwar den Apfel der Zwietracht, der in der Mythologie mit Helena, Paris und dem Trojanischen Krieg in Zusammenhang gebracht wird.

Der rätselhafte Tod von Jimmy Sutton

Am 12. Oktober des Jahres 1907, um ungefähr acht Uhr dreißig abends, erzählte Mrs. James Sutton senior ihrem Ehemann, daß sie gerade eine erschreckende Vorahnung gehabt hätte. »Ich hörte einen schrecklichen, brüllenden Laut und fühlte einen entsetzlichen Schlag auf meinen Kopf niedergehen«, rief sie. »Dann spürte ich Schmerzen wie von einem Messer in meinem Körper, und in meinem Kopf drehte sich alles. Ich weiß nicht warum, ich weiß nur, daß Jimmy irgend etwas passiert ist. Irgend etwas Schreckliches!«

Um zwei Uhr dreißig in jener Nacht wurde die düstere Vorahnung von Mrs. Sutton durch einen Telefonanruf bestätigt. Ihr Sohn, der US-Marineoffizier James Sutton, war tot. Beamte der Marine teilten der Familie mit, daß der junge Mann in Annapolis betrunken gewesen und mit zwei Offizierskameraden bei einer Tanzveranstaltung in Streit geraten sei. Dann habe er Selbstmord begangen.

Aber, so berichtete Mrs. Sutton, sobald sie diese Nachricht hörte, erschien ihr der Sohn und behauptete eindringlich, daß er sich nicht selbst getötet habe. »Mama, sie haben mich zuerst fast totgeschlagen und dann erschossen«, sagte er zu seiner entsetzten Mutter. »Ich wußte nicht, daß man mich erschossen hatte, bis meine Seele in die Ewigkeit einging.«

Vier Tage später erschien die gespenstische Vision erneut, diesmal um die von der Marine veröffentlichten Berichte darüber, wie der junge Mann gestorben sei, zu widerlegen. Mrs. Sutton behauptete, daß ihr Sohn ihr Einzelheiten seines Todes erzählt habe, die beweisen könnten, daß es sich nicht um Selbstmord handelte. Beispielsweise hatte Jimmy behauptet, auf seiner Stirn sei ein Bluterguß und eine Schwellung an seinem linken Kiefer — Tatsachen, die bestimmten Ergebnissen der amtlichen Untersuchung völlig widersprachen.

Mr. und Mrs. Sutton verlangten, daß der Körper ihres Sohnes exhumiert werden sollte. Bei einer zweiten Untersuchung, die nicht von einem Amtsarzt durchgeführt wurde, bestätigte sich, daß Jimmy in der Tat mit einem großen Bluterguß an seinem Kiefer und mit einem anderen blauen Fleck an der Stirn gestorben war. Der Arzt kam außerdem zu dem Ergebnis, daß sich der junge Leutnant ganz sicher nicht selbst getötet hatte: Die Kugel war nämlich von der Schädeldecke her in den Kopf des Opfers eingedrungen. Darüber hinaus erfuhr man, daß die Kugel, die man aus Jimmys Körper wieder entfernt hatte, nicht, wie von der Marine behauptet, aus der Schußwaffe des Toten stammte.

In der zweiten Untersuchung kam dann heraus, daß Jimmy nicht Selbstmord begangen hatte. Irgend jemand hatte ihn zusammengeschlagen und dann erschossen — genau so, wie die geisterhafte Erscheinung behauptet hatte.

Séance für einen Mörder

Es war ein Herbsttag des Jahres 1921, als das Medium Dr. O. A. Ostby und einige Personen aus seinem Freundeskreis sich in Minneapolis trafen, um eine spiritistische Sitzung abzuhalten. Schon bald erklärte Ostby der Gruppe, daß sich in ihrer Mitte ein junges Mädchen aufhalte. Die geisterhafte Erscheinung, so sagte er, würde unter Tränen die Anwesenden um einen Gefallen bitten. Die Frau nannte sich Edna Ellis. Edna bäte darum, so erklärte das Medium, daß jemand der Polizei von St. Louis einen Brief schreiben möge, in dem erklärt würde, daß man sie ermordet habe. Sie wollte nicht, daß ihre Eltern weiterhin glaubten, sie sei fortgelaufen, um ein unmoralisches Leben zu führen.

Am nächsten Tag schrieb Ostby dem Polizeichef in St. Louis, Martin Obrien, einen Brief — wie von der Geisterfrau gewünscht. Obrien erwiderte, daß Edna Ellis tatsächlich ermordet worden sei und daß ihr Freund, Albert Ellis, für die Tat im Staatsgefängnis von Missouri eine lebenslängliche Gefängnisstrafe abbüße.

Als Ostby und seine Gruppe sich zu einer weiteren spiritistischen Sitzung trafen, erschien ihnen die junge Frau noch einmal und dankte dem Medium. Dann bat sie, daß ihr Brief zu ihren Eltern nach South Dakota geschickt werden solle. Ostby war jedoch durch ein bestimmtes Detail in der Geschichte der wiedererschienenen Frau verwirrt. Das Mädchen sprach von ihrem Liebhaber, einem »George«, der sie getötet habe, aber die Polizei hatte den Namen Albert Ellis genannt. Ednas Geist erklärte, daß der volle Name ihres Freundes George Albert sei, daß sie aber von ihm immer nur als »George« spreche.

Im November des Jahres 1922 allerdings rollte der Oberste Gerichtshof von Missouri das Verfahren gegen Albert Ellis noch einmal auf und entschied, daß er schuldlos verurteilt worden sei. Der Mann wurde aus dem Gefängnis entlassen, starb jedoch vier Jahre später bei einem Unfall. Es scheint, als habe Edna Ellis keinen Groll gegen ihren Mörder gehegt. Am 16. Juli 1928 erschien der Geist von Edna Ellis noch einmal in einer anderen spiritistischen Sitzung, die von Dr. Ostby geleitet wurde, und erzählte ihm, daß sie und George nun endlich glücklich vereint seien.

Die beiden Herren McDonald

Ein Mensch kann sich in der Tat zur selben Zeit an zwei verschiedenen Orten aufhalten. Dies ist zumindest die Entscheidung, zu der das Gericht von New York City am 8. Juli 1896 gelangte.

Das seltsame Urteil wurde am Ende einer Gerichtsverhandlung wegen Einbruchs gesprochen. William McDonald wurde beschuldigt, in ein Haus in der Second Avenue eingebrochen zu sein. Obwohl der Angeklagte beteuerte, daß er unschuldig sei, bezeugten sechs Personen, daß er auf jeden Fall der Mann sei, den sie beim Zusammenpacken von gestohlenen Gegenständen in einem Haus überrascht hätten. Es war jedoch dem Dieb gelungen zu entkommen. McDonald wurde allerdings schon bald danach aufgrund einer Zeugenaussage festgenommen.

Aber bei Mcdonalds Gerichtsverhandlung machte ein anderer Zeuge zur Verteidigung des angeklagten Diebes eine erstaunliche Aussage. Nach Aussage von Professor Wein, einem Arzt, der von Zeit zu Zeit in der Öffentlichkeit Hypnoseexperimente durchführte, wurde McDonald vor mehreren hundert Menschen in einem Theater in Brooklyn hypnotisiert — und zwar genau zu dem Zeitpunkt, als auch der Einbruch stattfand.

Wein bezeugte, er sei sicher, daß McDonald genau der Freiwillige gewesen wäre, den er in Trance versetzt habe. Er erinnerte sich ganz genau an ihn, denn der Mann hatte sich für die Hypnose als ungewöhnlich geeignet erwiesen.

»Er war sehr aufnahmebereit und konnte die Anweisungen äußerst schnell ausführen«, sagte der Arzt im Gerichtssaal aus. »Ich nahm an, daß er sich in einem Zustand der Erstarrung befand, das heißt, daß er eine Zeitlang keine anderen Gefühle hatte als diejenigen, die ich seinem Willen aufzwang.«

»Wäre es vielleicht möglich«, so fragte ein Rechtsanwalt, »daß der Geist dieses Mannes möglicherweise herumgewandert ist, während sein Körper, im Zustand einer hypnotischen Trance, möglicherweise zugleich vor den Zuschauern anwesend war?«

Der Professor antwortete, daß dies sehr gut möglich sein könnte.

Nachdem sie diese Behauptung und die Aussage der sechs Augenzeugen des Einbruches gehört hatten, sprachen die Geschworenen William McDonald frei. Sie urteilten, daß jedermann die Wahrheit gesagt habe: McDonald war auf der Bühne eines Theaters gewesen und zugleich in einem Haus, das sich acht Kilometer weit entfernt befand.

UFO-Landebahnen

Wenn Außerirdische beschließen, sich auf der Erde umzusehen, dann landen sie wahrscheinlich in Gebieten, die von UFO-Liebhabern speziell für Besucher aus dem Weltraum gebaut worden sind.

Im Jahr 1973 zeichnete ein pensionierter Marineoffizier Pläne für einige nachgemachte »fliegende Untertassen«, die als Köder zum Anlocken von fremden Piloten benutzt werden könnten. Ihm ging jedoch bald das Geld aus. In den achtziger Jahren war dann eine Gruppierung, die sich die *New Age Foundation* nannte, in der Lage, eine ähnliche Landebahn zu bauen, die weitere UFOs anziehen sollte. Ein Gebiet von 15 Morgen in der Nähe von Mount Rainer im US-Bundesstaat Washington wurde als Landegebiet für UFOs vorgesehen.

Weiter südlich, im Lawson-Tal in der Nähe von San Diego in Kalifornien, haben UFO-Fans einen weiteren Landeplatz für derlei Flugobjekte gebaut. Er gehört Ruth Norman, der Leiterin einer Stiftung, die die Theorie vertritt, daß Außerirdische sicherlich bald ihre Raumschiffe hier aufsetzen werden.

Die lebenden Toten

Die meisten von uns sind dieser Meinung: Zombies gibt es nur in Horrorfilmen. Aber auf Haiti werden die lebenden Toten durchaus ernst genommen. Im Strafgesetzbuch dieses Inselstaates steht denn auch geschrieben, daß es einem Mord gleichkäme, wenn man jemanden in einen Zombie verwandelt. Und der Leiter des psychiatrischen Krankenhauses auf Haiti, Lamarque Douyon, behauptet, er habe drei solche Gestalten persönlich untersucht. »Ich bin absolut davon überzeugt, daß es Zombies gibt«, stellt er kategorisch fest.
Douyon verbrachte 20 Jahre seines Lebens damit, zu beweisen, daß Voodoo-Zauber und ähnliche Phänomene nur in der Phantasie existierten. Dann traf er Zombies persönlich. Douyon fand heraus, daß es sich dabei wirklich um Menschen handelte, die mittels Drogen in einen todesähnlichen Zustand versetzt worden waren. Dies geschah wahrscheinlich durch ein Gift, das man aus Blumen der Gattung Datura gewann. »Diese Menschen werden für tot erklärt und öffentlich beigesetzt«, erklärt Douyon. »Dann graben die Voodoo-Zauberer, die ihnen die Drogen gegeben haben, sie wieder aus und erwecken sie wieder zum Leben.«
Dadurch, daß sie ihren Opfern jeden Tag eine kleine Menge der Drogen geben, gelingt es den Zauberern, die meisten dieser Zombies ein Leben lang zu versklaven. Einigen dieser lebenden Toten ist es jedoch gelungen zu entfliehen. Zwei sind in Douyons Klinik in Port-au-Prince unter Beobachtung. Dort arbeitet der Psychiater daran, die Geheimnisse der Zombies von Haiti zu entschlüsseln.

Spielereien mit der Evolutionstheorie

Naturwissenschaftler können aus Fossilien bestimmte Schlüsse ziehen: Danach haben Menschen und Affen sich mindestens 20 Millionen Jahre lang nicht so sonderlich nahegestanden. Andererseits haben Forscher entdeckt, daß vor nur viereinhalb Millionen Jahren die DNS bei Menschen und Affen sehr ähnlich war. Zwei britische Journalisten, Jeremy Cherfas und John Gribbin, haben eine Erklärung ersonnen: Menschen haben sich nicht aus den Affen entwickelt, sondern die Affen sind vielmehr Abkömmlinge *der Menschen*.

Gribbins und Cherfas' Theorie besagt, daß vor ungefähr 4,5 Millionen Jahren eine Horde aufrecht gehender Affen sich in zwei Gruppen aufteilte. Die Gruppe, die in einer flachen Ebene lebte, entwickelte sich zu primitiven Menschen. Die andere Gruppe von Affen entwickelte sich zurück: Sie alberten auf den Bäumen herum und wurden schließlich zu den Affen, wie wir sie heute kennen.

Sind Cherfas und Gribbin wirklich der Meinung, daß es sinnvoll ist, auf diese Weise mit der Evolutionstheorie herumzuspielen? Vielleicht ja, vielleicht auch nicht. »Wir wollen nur beweisen, wie viele Grauzonen es im Bereich der Fossilienforschung doch gibt«, kommentiert Cherfas. »Wir fänden es gut, wenn Paläontologen zunächst einmal die molekulare Uhr konsultieren und dann erst das, was sie finden, einer Überprüfung unterziehen würden.«

Der Monsterfilm in der Chesapeake-Bucht

Loch Ness ist nicht das einzige Gewässer, in dem ein unheimliches Geschöpf gesehen worden ist. Ein amerikanisches Seeungeheuer namens Chessie lebt angeblich in der Chesapeake-Bucht — und es gibt sogar Videoaufnahmen von diesem Tier.

Am 31. Mai 1982 sahen Bob und Karen Frew und ihre Gäste in der Abenddämmerung, daß sich ein dunkles Objekt in der Bucht bewegte. Bob nahm schnell seine Videokamera und begann das Wesen, das aussah wie eine neun Meter lange Schlange mit Höckern auf dem Rücken, zu filmen.

Mehrere Wissenschaftler des *Smithsonian Institute* wollten sich danach gerne einmal das 3-Minuten-Videoband ansehen. George Zug, der Leiter der Abteilung für Wirbeltierzoologie des Nationalmuseums für Naturgeschichte in Washington resümierte, daß man das Ding — was auch immer es gewesen sein mochte — nicht einfach als einen unter Wasser treibenden Holzscheit oder als optische Täuschung ansehen sollte. »Die Sache war außerordentlich interessant«, meint der Wissenschaftler, weigert sich allerdings, darüber Vermutungen anzustellen, was die »Sache« nun eigentlich war.

Mike Frizelle und Bob Lazzara, Mitglieder einer Organisation in Maryland, die sich *Enigma* nennt und unerklärten Phänomenen auf die Spur zu kommen sucht, haben sich daran gemacht, das Erscheinen von Chessie in der Vergangenheit mit neueren Zeugnissen, einschließlich des Videobandes des Ehepaars Frew, zu vergleichen. »Wenn wir nur den Aufenthaltsort des Tieres herausfinden könnten«, meint Lazzara, »dann könnten wir uns aufmachen und danach suchen.«

»Wir haben vorher Chessie nicht so ernst genommen«, fügt Frizelle hinzu. »Aber durch das Videoband der Frews erscheint uns ihre Existenz durchaus wahrscheinlich.«

Das gescheite Universum

Nach Meinung des Paläobiologen Dale Russel vom Nationalmuseum für Naturwissenschaften in Ottawa könnten, selbst wenn es heute keine intelligenzbegabten Außerirdischen auf der Erde geben mag, solche Wesen doch »auf ein Zwinkern des Kosmos hin« in Erscheinung treten.

Nach dem Studium der Fossilienfunde auf der Erde, mittels dessen er herausfinden wollte, in welchem Ausmaß die Größe des Gehirns und die Intelligenz sich im Laufe der Zeit verändert haben, kam Russel zu dem Ergebnis, daß bei den Geschöpfen der Erde das Gehirn recht schnell wächst. Auf anderen Planeten könnte sich möglicherweise dasselbe abspielen. »Vielleicht ist Intelligenz im Universum so etwas wie ein Hefekuchen, der sehr schnell aufgeht«, meint Russel.

Russel ist nicht derselben Meinung wie einige andere Forscher, die glauben, daß es auf der Milchstraße nur wenige andere intelligente Geschöpfe geben kann. »Ihre Schätzungen basieren auf der irrigen Annahme, daß Zivilisationen nur für einen bestimmten Zeitraum bestehen und dann ganz einfach aussterben. Aber es scheint, als sei dies kein unumstößliches biologisches Gesetz.«

Tatsächlich, so führt Russel aus, könnten dann, wenn die Menschen auf der Erde aussterben, dort sogar noch intelligentere Wesen heranwachsen. »Es ist durchaus möglich, daß der Mensch durch ein vollkommen anderes Geschöpf ersetzt wird«, erklärt er. »Der Papagei, der Elefant und der Delphin haben bereits ein Gehirn, das so groß ist wie das einiger sehr naher Verwandter und Vorfahren des Menschen.«

Er fügt hinzu, es gäbe keinen Grund anzunehmen, daß Menschen die einzigen Bewohner der Erde mit einem Gehirn seien. »Wir haben bisher keine Außerirdischen entdecken können. Aber das Universum entwickelt sich immer weiter, und es gibt darin wahrscheinlich eine ganze Menge unterschiedlicher Zivilisationen.«

Verfassungsrecht für Außerirdische

In einer Zeit ständiger Rechtsstreitigkeiten und Gerichtsverfahren ereignete sich im Jahre 1983 etwas ganz besonders Erstaunliches. Larry Bryant aus Alexandria, Virginia, präsentierte dem Pentagon einen Haftprüfungsbefehl für die Gerichtsbehörde von Washington, der besagte, daß innerhalb eines Zeitraums von 60 Tagen die Leichen aus »einem oder mehreren abgestürzten UFOs von offensichtlich außerirdischer Herkunft« vorgeführt werden sollten.
Die Außerirdischen, um die es sich hier handelte, waren angeblich in drei sogenannten »fliegenden Untertassen« gesessen, die in New Mexico abstürzten. Dort hatte eine riesige Radaranlage offensichtlich die Kontrollsysteme der UFOs gestört. Jedes dieser Flugobjekte, so war in dem Haftprüfungsbefehl festgehalten worden, war mit drei menschenähnlichen, in metallische Anzüge gehüllten Geschöpfen bemannt gewesen. Der Haftprüfungsbefehl war aufgrund des Rechts der Bürger auf freie Wahl des Aufenthaltsortes erlassen worden, und, wie der Kläger feststellte, die betreffenden Lebewesen würden auf dem Wright-Patterson-Luftwaffenstützpunkt festgehalten.
Bryant meinte darüber hinaus: Wenn einige der Außerirdischen noch lebten und man sie gegen ihren Willen festhielte, dann bedeutete dies, daß man sie ihrer in der Verfassung verankerten Rechte beraube. Seit jener Zeit allerdings hat die Öffentlichkeit von dieser Aktion nichts weiter gehört. Sie ist von Henry Catto, einem Sprecher des Pentagon, als ein Haftprüfungsbefehl »Habeas corpus Außerirdische betreffend« bezeichnet worden.

Das harte Schicksal der Dinosaurier

John Ferguson, ein Raumfahrtingenieur, der in Surrey, England, arbeitet, ist der Meinung, daß die Schwerkraft der Erde sich verändert habe. Es seien, so meint er, jene Veränderungen der Schwerkraft gewesen (die übrigens lange Zeit übersehen worden sind), die die Dinosaurier, die einstmals den Planeten beherrschten, nicht überleben ließen.

»Zu Zeiten hoher Schwerkraft wiegt alles mehr, während zu Zeiten niedriger Schwerkraft alles weniger wiegt«, stellt Ferguson fest. Wesen, die sich im Meer bei hoher Schwerkraft entwickelten, so fügt er hinzu, konnten nicht auf dem Lande leben, bis eine Zeit niedrigerer Schwerkraft anbrach; dann konnten sie aus dem Wasser kriechen.

»Dinosaurier entwickelten sich unter den Bedingungen niedriger Schwerkraft, und sie starben genau dann aus, als die Schwerkraft intensiver wurde«, meint Ferguson. Da die massigen Tiere ein so immenses Gewicht hatten, wurde das Leben für sie in den Zeiten intensivierter Schwerkraft unmöglich. Hinzu kommt, so erklärt der Forscher, daß bei einer intensiveren Schwerkraft auf der Erde die Sonne sicherlich mehr Energie erzeugt — sonst wäre sie unter dem Druck der Erde zusammengebrochen. Die Sonne gab mehr intensive Ultraviolettstrahlen ab und weniger warmes, schwächeres Infrarotlicht, so daß sich insgesamt das Klima abkühlte.

Das, so sagt Ferguson, war wahrscheinlich für die Dinosaurier der letzte Todesstoß: Die Nahrungsquellen der tropischen Wälder starben aus, und das ultraviolette Licht, das auf die riesigen Reptilien niederstrahlte, bewirkte, daß sich eine seuchenartige, krebsverursachende Krankheit ausbreitete.

Selbstmord durch Sonnenenergie

Wenn man die Sonne als Symbol nimmt, dann assoziiert man sie gewöhnlich mit Glück und Hoffnung. Aber für einen Arbeitslosen aus Seattle wurde die Sonne Mitte der achtziger Jahre zu einer Todesvision. Er konstruierte nämlich eine von Sonnenenergie betriebene Selbstmordmaschine und verwandelte so die Wärme von Frühlingssonnenstrahlen in Todesstrahlen.

Robert Saylor, der mittels Fernunterricht Elektronik studiert hatte, rief seine Frau, von der er getrennt lebte, an und kündigte an, daß er sterben wolle. Er sagte, er habe sich in einem Hotelzimmer eingeschlossen; er wolle sie und seine kleine Tochter nur noch ein einziges Mal sehen. Als sie sich trafen, erzählte er seiner Frau, er habe eine narrensichere Selbstmordmaschine erfunden, und zwar bestünde sie aus einer Sonnenzelle, einer Packung Batterien und Sprengkörpern.

Am nächsten Tag rief Saylor wieder an. Dieses Mal verständigte seine Frau auf seine Selbstmorddrohung hin die Polizei. Kurz nach Mitternacht begaben sich die Polizisten zum Schauplatz der Tragödie und versuchten Robert, der sich eingeschlossen hatte, per Telefon von seinem Plan abzubringen.

Nach der Aussage des Polizeisprechers von Washington, Dick Larson, beteuerten die Polizeibeamten, sie hätten versucht, den Mann dazu zu überreden, sein verbarrikadiertes Zimmer zu verlassen. Statt dessen hörte man bei Sonnenaufgang eine gedämpfte Explosion. Als die Polizisten das Zimmer stürmten, fanden sie Saylors leblosen Körper.

Er saß in einem Stuhl und hatte seine Beine auf dem Bett ausgestreckt. Saylor hatte ein lichtempfindliches Empfangsgerät in das Fenster des Hotelzimmers gelegt. Es war mit Batterien verbunden, die bei intensiver Sonnenbestrahlung eine Explosion verursachten.

»Wir werden niemals wissen, ob er wirklich jemals beabsichtigte, aus dem Zimmer herauszukommen«, sagt Larson dazu, »oder ob er nur darauf wartete, daß die Sonne aufginge.«

Der Satellit aus einer anderen Welt

Im Juli 1960 stand in einem Artikel der *Newsweek*, daß die Zahl der Objekte, die die Erde umkreisen, nicht mit der Zahl der Satelliten, die in den Weltraum geschickt worden sind, übereinstimme. Nach Aussage des *National Space Surveillance Center* (des nationalen Weltraumüberwachungszentrums) haben die USA elf Satelliten in den Weltraum geschickt, und die Sowjetunion zwei. Aber in *Newsweek* wurde behauptet, daß zumindest ein weiteres Raumschiff den Planeten umkreise. Woher also kam dieses Raumschiff?

Newsweek meint dazu: »Dieser Satellit, so vermuten die Wissenschaftler, ist von den Wesen eines anderen Sterns auf unsere Milchstraße geschickt worden, und er soll dazu dienen, durch archäologische und anthropologische Forschungen herauszufinden, wie es in diesem Teil des Weltraums aussieht.«

Ist es möglich, daß jener fremde Satellit mit dem UFO identisch sein könnte, das man am 18. Dezember 1957 entdeckte? An jenem Abend schoß Dr. Luis Corrales vom Ministerium für Kommunikation in Caracas, Venezuela, ein Foto des sowjetischen Sputnik II. Als Dr. Corrales das Bild entwickelte, war er sehr erstaunt, daß auf dem Film auch ein anderes Objekt zu sehen war.

Neben dem russischen Satelliten befand sich ein UFO, das, da Dr. Corrales nur sehr kurz belichtet hatte, wie ein Lichtstreifen aussah. Als Experten das Foto begutachteten, kamen sie zu der Ansicht, daß das Objekt kein Meteor oder Stern sein könne.

Statt dessen, so meinten sie, war es ein nicht deutlich erkennbares, intelligent kontrolliertes Fahrzeug, das in der Lage war, von der Bahn des Sputnik II abzuweichen und dann wieder auf seine Seite zurückzukehren.

Die Frau, die über einer Bombe schlief

Es ist kaum zu glauben, daß Zinaida Bragantsowa früher einmal tief und entspannt schlafen konnte. Seit 1941 befand sich das Bett der Frau über einer Bombe, die in der sowjetischen Stadt Berdyansk im Zweiten Weltkrieg in ihre Wohnung gefallen war und ein großes Loch in ihren Fußboden geschlagen hatte. Natürlich dachte sie schon gelegentlich über die Gefahr nach, aber sie konnte leider für ihr explosives Problem nirgendwo Hilfe finden.

Da ihr niemand glauben wollte, daß sich an jener Stelle wirklich eine Bombe befand, schob Frau Bragantsowa ganz einfach ihr Bett über die reparierte Stelle im Fußboden, unter der sich die Bombe befand. Nach Aussage der Zeitschrift *Literary Gazette* machten sich andere Leute in der Stadt über ihre Behauptungen nur lustig und nannten sie spöttisch »die Großmutter, die ihre eigene Bombe besitzt«. Die sowjetischen Behörden warfen ihr vor, die ganze Geschichte nur deshalb erfunden zu haben, damit sie eine neue Wohnung zugewiesen bekäme.

In den letzten Jahren wurde jedoch der Behauptung der Frau ein wenig mehr Beachtung geschenkt. Als in ihrer Nachbarschaft neue Telefonkabel installiert wurden, begannen Sprengstoffexperten, nach vergrabenen Sprengkörpern aus dem Zweiten Weltkrieg zu suchen. Als sie diesmal die Beamten bat, ihr Problem einmal genauer unter die Lupe zu nehmen, da willigten sie zögernd ein.

»Wo ist die Bombe, Oma? Unter deinem Bett?« so fragte ziemlich arrogant ein Leutnant der Armee die vierundsiebzig Jahre alte Dame. »Dort«, antwortete sie schlicht.

Die Sprengstoffexperten waren dann ziemlich entsetzt, als sie herausfanden, daß Frau Bragantsowa die Wahrheit gesagt hatte. Unter ihrem Bett lag eine 225 Pfund schwere Bombe, die die Experten, nachdem 2000 Menschen aus der Gegend evakuiert worden waren, entschärften. Die Wohnung von Frau Bragantsowa wurde bei der Aktion zerstört, aber, so bemerkte die *Literary Gazette,* die Großmutter bekam schließlich ein neues, bombenfreies Appartement.

Antriebssysteme für Raumschiffe

Diejenigen, die der Vorstellung, es gäbe UFOs, skeptisch gegenüberstehen, werden sicherlich den Einwand vorbringen, daß es nach den bisher bekannten physikalischen Gesetzen keine Möglichkeit gäbe, die langen Strekken zwischen den verschiedenen Sonnensystemen zurückzulegen.

Freeman Dyson, ein früherer Berater der Weltraumbehörde NASA, der an der Universität von Princeton lehrt, behauptet hingegen: »Ich halte es für wahrscheinlich, daß noch andere Lebewesen durch die Gegend schwirren und dabei die entferntesten Ecken des Weltalls zu erforschen versuchen.«

Nach Meinung von Dyson ist dies durchaus rational erklärbar. Er meint, es gäbe verschiedene praktische Systeme, um Raumschiffe bei ihrer Fahrt zu den Sternen anzutreiben. Dazu gehören Systeme, die ein Raumschiff dadurch in Bewegung setzen, daß sie entweder einen Hochgeschwindigkeits-Laserstrahl abschießen oder daß feste Lichtteilchen eine Art »Segel« bilden. Es gibt außerdem einen auf einer Bahn verlaufenden elektromagnetischen »Generator«, der ein zwischen den Sternen fliegendes Fahrzeug antreibt, so daß es mit einer unglaublich hohen Geschwindigkeit in den Raum hinausschießt.

Wenn man es schaffen könnte, ein Raumschiff mit der halben Lichtgeschwindigkeit anzutreiben, so prophezeit Dyson, dann könnte sehr gut eine ganze Gruppe von Weltraumforschern die uns am nächsten liegenden Sterne in weniger als neun Jahren erreichen.

Edgar Allan Poes Geburtstag

Seit der Zeit, in der der Schriftsteller Edgar Allan Poe Rätselhaftes, Unheimliches und Makabres zu Papier brachte, ereignen sich, so scheint es, immer dann, wenn sich sein Geburtstag nähert, sehr merkwürdige Dinge. So gibt es beispielsweise eine geheimnisvolle Person, die regelmäßig seit dem 19. Januar des Jahres 1849 (das Jahr, in dem Poe starb) Rosen und eine Flasche Cognac auf Poes Grab auf dem Friedhof von Westminster in Baltimore niederlegt.

An einem der letzten Geburtstage des Autors entschloß sich Jeff Jerome, der Verwalter von Poes Haus, ein wenig Spionage- und Detektivarbeit zu leisten, um die Identität des rätselhaften Besuchers zu enthüllen. Jerome und vier andere Fans von Edgar Allan Poe warteten also in der Nacht vor seinem Geburtstag an seinem Grab. Plötzlich, um ungefähr ein Uhr dreißig, hörten sie ein Rasseln an der Friedhofspforte. Als sie das Licht ihrer Taschenlampen auf die Stelle richteten, floh der Eindringling. Allerdings erhaschten Jerome und seine Freunde doch immerhin einen Eindruck von ihm.

Byerly beschreibt den rätselhaften Fremden als einen Mann mit blondem oder braunem Haar, der einen dramatisch aussehenden Umhang trug. »Er preßte einen Spazierstock mit einem goldenen Knauf an sich — genau so einen, wie Poe ihn zu tragen pflegte«, fügt Jerome hinzu. »Bevor er über die Mauer verschwand, hob er seinen Stock hoch in die Luft und schüttelte ihn mit einer triumphierenden Geste in unsere Richtung.«

Affenmenschen in China

Viele Chinesen haben übereinstimmend berichtet, daß sie mehr als zwei Meter große wilde Affenmenschen in der Gebirgsgegend von Hubei gesehen hätten. Die Lebewesen, die sich angeblich von Baum zu Baum schwingen und sich von Blättern und Insektenlarven ernähren, sind am ganzen Körper braun behaart. Einer der Augenzeugen erzählte, er habe eine sehr freundliche Affenfrau mit ihrem Kind kennengelernt. Ein anderer Mann berichtete, er sei von einem gewalttätigen männlichen Affen angegriffen worden, den er schließlich erstochen habe.

In den letzten Jahren haben die chinesischen Wissenschaftler Yuan Zhenxin und Huang Wanpo spekuliert, daß die Geschöpfe einer überlebenden Spezies aus dem Zeitalter der Riesen angehören könnten. In einem Artikel in der chinesischen Zeitschrift *Hua Shi* schreiben sie, daß darüber hinaus viele Fossilien, die über das Leben jener Menschen Aufschluß geben, an mehreren Orten in Hubei gefunden worden seien.

In einer altüberlieferten Erzählung findet sich eine andere mögliche Erklärung für die Herkunft der chinesischen Affenmenschen. Es heißt, daß sich zur Zeit des Herrschers Qin Shi Huang-ti, ungefähr im Jahre 200 vor Christus, eine Gruppe von Untertanen geweigert habe, beim Bau der Großen Chinesischen Mauer zu helfen. Da sie in die Berge geflohen seien, entwickelten sie sich schließlich in einen primitiven Zustand zurück: Sie wurden, so erzählt die Geschichte, zu haarigen, affenähnlichen Geschöpfen.

Fossilientraum

Der im 19. Jahrhundert lebende Wissenschaftler Louis Agassiz berichtet in seinem Buch *Recherches sur les Poissons Fossiles* (Forschungen über Fischfossilien), daß ein immer wiederkehrender Traum ihn zu einer seiner wichtigsten Entdeckungen hingeleitet habe.

Mehrere Wochen lang hatte der Zoologe versucht herauszufinden, wie man die versteinerten Überreste eines Fisches aus einem uralten Felsbrocken herauslösen und seine frühere Form deutlich erkennen könnte. Agassiz hatte keine Idee, wie man dies bewerkstelligen könnte; er legte schließlich den Stein auf ein Regal und wandte sich einer anderen Arbeit zu.

Aber einige Nächte später träumte er, wie der versteinerte Fisch ausgesehen hatte, als er noch lebte. So sah er sich die Steinplatte, in der das Fossil enthalten war, noch einmal an, konnte aber die Umrisse des Tieres immer noch nicht deutlich erkennen.

In der nächsten Nacht kam der Traum noch einmal wieder. Am darauffolgenden Morgen versuchte der Wissenschaftler erneut, die äußere Form des vorzeitlichen Fisches in der Steinplatte zu erkennen — aber er hatte nicht mehr Erfolg als vorher.

Würde die Vision sich noch einmal wiederholen? Er legte sich zunächst einmal vorsorglich einen Bleistift und ein Stück Papier neben sein Bett. Dann schlief er ein und sah wieder den Fisch in seinem Traum. Agassiz zwang sich aufzuwachen und zeichnete im Dunkeln, was er gesehen hatte.

Am nächsten Tag war der Wissenschaftler sehr überrascht, als er erkannte, daß in seiner Zeichnung Einzelheiten enthalten waren, die er auf dem Fossil niemals entdeckt hatte. Er benutzte die Zeichnung als einen Anhaltspunkt und entschloß sich, den Fossilienstein mit einem Meißel zu bearbeiten, in der Hoffnung, daß er dann weitere Einzelheiten über den Körper des Fisches herausfinden würde.

Als er eine nur hauchdünne Steinschicht abgetragen hatte, wurde deutlich, wie der Fisch aussah. Diesmal konnte er das urzeitliche Geschöpf deutlich in Reliefform erkennen: Es handelte sich um eine Fischart, die vorher unbekannt gewesen war und die in allen Einzelheiten dem Tier entsprach, das Agassiz in seinen Träumen gesehen hatte.

Ein Traum aus vorgeschichtlichen Zeiten

Der Anthropologe Joseph Mandemant träumte einmal, es sei Nacht und er stünde an der Öffnung der Höhle von Bedeilhac in Frankreich. In dieser Höhle hatte sich eine Gruppe von Jägern, nur in Tierhäute gekleidet, um ein Feuer versammelt. Mandemant konnte erkennen, daß sich an der Decke der Höhle Zeichnungen von Jagdszenen befanden. Er bemerkte auch, daß ein junger Mann und eine junge Frau ein wenig abseits von den anderen saßen.

Das Paar erhob sich sehr bald und ging in eine andere Nische der Höhle, in der sich eine Felsbank befand. Die beiden begannen sich im Dunkeln zu lieben. Aber die Idylle — und der Traum des Anthropologen — wurden abrupt beendet, als plötzlich die Decke der Höhle einstürzte und dadurch die Nische, in die das junge Paar gegangen war, um allein zu sein, nach außen hin abschloß.

Der Traum war so detailliert und klar, daß Mandemant ihn aufschrieb und sich aufmachte, die Höhle bei Bedeilhac zu besichtigen. Alles schien genau so zu sein, wie es der Wissenschaftler geträumt hatte, außer daß die eigentliche Höhle zur Rechten eine Wand hatte, die aus festem Kalkstein bestand.

Konnte es sein, daß hinter dieser Steinwand die Nische versteckt war, in die sich die Liebenden für ihr Schäferstündchen zurückgezogen hatten? Mandemant klopfte mit einem Holzhammer auf den Kalkstein und entdeckte, daß es hohl klang. Es gab also tatsächlich noch einen Raum hinter der Kalksteinwand.

Mehrere Tage lang pickelten Arbeiter sich einen Weg durch den Felsen. Schließlich hatten sie ein ausreichend großes Loch geschlagen, so daß der Anthropologe hindurchklettern konnte. Auf der anderen Seite war die Nische, so wie Mandemant es geträumt hatte, einschließlich der Steinliege.

Es gab jedoch keine Spuren der Skelette des jungen Paares. Die Nachforschungsarbeiten von Mandemant ergaben, daß der Stein, als er von der Decke der äußeren Höhle fiel, eine Öffnung ließ, die gerade eben groß genug war, um einen Fluchtweg für das junge Paar freizulassen.

Obwohl sich wesentliche Teile seines Traumes bei der Besichtigung der Höhle als wahr erwiesen hatten, gab es für Mandemant dennoch keinen handfesten Beweis, daß er im Schlaf tatsächlich Zeit und Raum hinter sich gelassen hatte. Dann erinnerte er sich an eine andere Einzelheit seines Traumes — die Jagdszenen an der Decke. Tatsächlich fand der Wissenschaftler dann in der Höhle dieselben Zeichnungen, die er ja bereits »gesehen« hatte, als sie, schon vor Tausenden von Jahren, noch neu gewesen waren.

Der Premierminister träumt seinen eigenen Tod

Im Frühling des Jahres 1812 hatte ein reicher Engländer namens John Williams einen ungewöhnlichen Traum, der sich bis zum Abend des 3. Mai insgesamt dreimal wiederholte. Obwohl er sich nicht für Politik interessierte, träumte Williams mehrfach, er sei in der Garderobe des *House of Commons* und sähe, daß ein kleiner Mann in einem dunkelgrünen Mantel Premierminister Spencer Perceval in die Brust schoß. Der Traum wühlte ihn so sehr auf, daß Williams in Erwägung zog, den Premierminister zu warnen. Seine Freunde jedoch machten sich über diese Absicht lustig, und schließlich verdrängte er seinen Alptraum.

Premierminister Perceval hatte sieben Tage später allerdings genau denselben Alptraum. Am Morgen des 11. Mai erzählte er seiner Familie seinen Traum: Als er durch die Vorhalle des *House of Commons* ging, wurde er von einem Geistesgestörten erschossen. Der Mörder trug einen dunkelgrünen Mantel mit Messingknöpfen.

Obwohl Percevals Familie ihn drängte, die Warnungen des Traums nicht in den Wind zu schlagen und an jenem Morgen zu Hause zu bleiben, machte er sich dennoch auf, um der an diesem Tag stattfindenden Sitzung des *House of Commons* beizuwohnen. Er wollte es einfach nicht zulassen, daß etwas so Lächerliches wie ein Traum ihn von seinen offiziellen Pflichten abhielte. Als er dann durch die Vorhalle ging, erschoß ein Mann, den er niemals zuvor gesehen hatte und der in einen dunkelgrünen Mantel mit glänzenden Messingknöpfen gekleidet war, Spencer Perceval.

Mick, der Retter

Heute springt Percy, der Chihuahua, fröhlich im Haus seines Frauchens in England herum. Aber hätte es nicht die unerklärlich scharfen Sinne eines anderen Hundes, nämlich von Mick, dem Terrier, gegeben, dann wäre er lebendig begraben worden.

Als die Besitzerin von Percy, Christine Harrison, eines Tages ihre Eltern in Barnsley besuchen wollte, nahm sie ihren kleinen Hund mit. Der winzige Chihuahua wollte nicht in seinem Garten bleiben und wurde, als er auf die Straße hinausrannte, von einem Auto angefahren. »Wir konnten den Herzschlag nicht mehr hören, und seine Augen waren glasig«, erinnert sich Christine.

Ganz sicherlich, so meinte sie, war ihr geliebter Percy tot. Sie ließ ihn von ihrem Vater in einen schweren Papiersack einpacken. Dann wurde der Hund einen halben Meter tief im Garten eingegraben.

Mick, der Hund von Christines Eltern, bewegte sich keinen Zentimeter von Percys Grab fort. Nachdem Christine nach Hause gekommen war, war sie sehr schockiert, als ihre Eltern erzählten, daß Mick den Körper ihres Hündchens ausgebuddelt und ihn, immer noch im Sack, zum Haus ihrer Eltern geschleift habe. Der Terrier mußte irgendwie gespürt haben, daß Percy immer noch lebte.

»Mein Hund war von den Toten auferstanden«, erzählt Christine. Obwohl er bewußtlos war, schlug das Herz des kleinen Hundes noch schwach. Man brachte ihn eiligst zum Tierarzt, der meinte, das Tier habe deshalb überlebt, weil sich in der Tüte, in der es begraben worden war, Luft befand.

Der Tierarzt sagte außerdem, daß Mick Percy dabei geholfen habe, sich zu erholen, indem er ihn so intensiv mit seiner Zunge massierte, daß sein Kreislauf wieder in Schwung kam.

Mick wurde von der Königlichen Gesellschaft zur Verhinderung von Grausamkeiten gegen Tiere für sein tapferes Verhalten ausgezeichnet. Aber Christine meint, sie könne nicht verstehen, warum der Terrier Percy gerettet hat. »Die beiden Hunde hassen einander«, stellt sie fest. »Sie haben sich immer gehaßt und tun das auch jetzt noch.«

Invasion vom Mars

Noch vor der Zeit, als jedermann abends vor dem Fernsehschirm saß, wurde im Rundfunk ein Science-fiction-Hörspiel gesendet. Die Sendung wurde zur Zeit einer hochbrisanten politischen Entwicklung ausgestrahlt und hatte eine fast unglaubliche Wirkung auf ihre Zuhörerschaft.

Es geschah im Jahr 1938, als die Zuhörer bereits psychologisch auf die Möglichkeit eines Weltkrieges vorbereitet waren: kurz nach dem Scheitern des Münchner Gipfels und unter dem Druck einer Invasion der benachbarten Länder durch Deutschland und Italien.

Das Hörspiel handelte von der imaginären Invasion der Erde durch Truppen vom Mars. Die Story basierte auf einer Science-fiction-Erzählung von H. G. Wells, und der Schauspieler Orson Welles war der Erzähler. Zwar war vorher ausdrücklich angekündigt worden, daß es sich hier um reine Fiktion handelte; der Inhalt verbreitete jedoch unter den Zuhörern, die sich erst nach Programmbeginn eingeschaltet hatten, entsetzliche Panik. In meisterlicher und aufregender Weise berichtete Welles von der Invasion der Erde, vor allem im nördlichen Teil New Jerseys, durch gigantische kontrollierte Robotertürme aus dem Weltall, die mit Hilfe von »Todesstrahlen« unter der Bevölkerung und unter den Truppenmitgliedern Zerstörung verbreiteten. Es gab auch spontane Interviews mit »Flüchtlingen«. Während die Zuhörer sich untereinander anriefen und das, was sie aufgezeichnet hatten, miteinander verglichen, verfestigte sich immer mehr die Überzeugung, es müsse sich um eine echte Invasion handeln. Die Telefonleitungen waren wegen der vielen

Anrufe total überlastet, und die Erregung stieg immer weiter, da über den Rundfunk keine weiteren Erklärungen abgegeben wurden. Panik breitete sich aus. Die Straßen von New Jersey und Teile von New York und Long Island waren verstopft von Autos voller »Flüchtlinge« und von Polizeiwagen, Feuerwehrautos und Motorrädern. Bald kam der Verkehr völlig zum Erliegen, und es dauerte mehrere Stunden, bis die bundesstaatlichen Behörden und die örtliche Polizei ihn wieder in Fluß gebracht und die Ordnung wiederhergestellt hatten.

Sogar noch zu diesem Zeitpunkt glaubten viele der Menschen auf der Flucht, daß eine Invasion aus dem Weltraum stattfände und daß sie der Öffentlichkeit nur verschwiegen würde, um eine Panik zu verhindern.

Einige Zeit nachdem die »Marsinvasionshysterie« sich gelegt hatte, wurde dasselbe Programm in Spanisch vom Rundfunk aus einem Theater in Lima, Peru, übertragen. In diesem Fall wurden die Gemüter so angeheizt, daß während der Vorführung Straßenkämpfe ausbrachen. Es gab viele Verwundete und Verletzte und sogar 15 Tote.

Zwei Jahre später brach in Westeuropa eine ähnliche Panik aus, aber diesmal kamen die Eindringlinge nicht vom Mars . . .

Das Wunderkind aus Georgia

In Cedartown, Georgia, konnten eines Nachts im Jahr 1883 die 14jährige Lulu Hurst und ihre Cousine Lora wegen eines Gewitters nicht einschlafen. Plötzlich bemerkten die Mädchen ganz in ihrer Nähe seltsame klopfende und ploppende Geräusche.

Lulus Eltern dachten zunächst, daß der Lärm auf elektrische Ladungen in der Atmosphäre zurückzuführen wäre. Aber am nächsten Abend wurde offensichtlich, daß hier irgendein anderes Phänomen eine Rolle spielte: Das Bett der Tochter hüpfte so stark, daß sie es fühlen konnten, und mehr als ein Dutzend Zeugen hörten in Lulus Zimmer einen Lärm, der die Wand erzittern ließ. Beobachter entdeckten, daß mit den Geräuschen anscheinend Fragen beantwortet wurden. Ein Klopfzeichen bedeutete offensichtlich ein Ja, zwei Klopfzeichen ein Nein.

Man erkannte jedoch erst vier Tage später, daß das, was hier geschehen sein mochte, in irgendeinem Zusammenhang mit Lulu stand. Als nämlich eine Verwandte, die zu Besuch kam, einen Stuhl ergriff, den Lulu ihr gerade reichte, wurde sie durch die Luft geschleudert. Vier Männer, die das herumwirbelnde Möbelstück zu fassen versuchten, merkten plötzlich, daß sie in einen Ringkampf mit einer unsichtbaren Kraft, die schließlich den Stuhl in Stücke brach, verwickelt waren.

Lulu rannte kreischend und weinend fort, selbst entsetzt über ihre neuen Kräfte. Aber innerhalb von zwei Wochen war sie der Star einer atemberaubenden Sensations-Show.

Der erste Auftritt der »wunderbaren Lulu Hurst«, wie sie

von den Zeitungen *Atlanta Constitution* und *Rome Bulletin* genannt wurde, fand in einem Saal in Cedartown statt, der bis zum letzten Platz mit Neugierigen besetzt war. Richter, Rechtsanwälte, Bankdirektoren, Polizisten und Ärzte saßen dort, um sich die Talente des kleinen, zarten Teenagers einmal ganz aus der Nähe zu betrachten.

Ein kräftig gewachsener Mann aus dem Publikum meldete sich freiwillig, um die Kräfte des Mädchens zu testen. Man gab ihm einen geschlossenen Schirm, den er sich mit beiden Händen vor die Brust hielt. Zudem stützte er sich mit beiden Füßen fest auf. Aber als Lulu einfach mit der Fläche ihrer rechten Hand den Schirm berührte, sprang der Schirm heftig von einer Seite zur anderen. Der Mann begann sich zu winden und wurde schließlich in eine Gruppe von Zuschauern geschleudert, die in der Nähe saßen.

In den nächsten beiden Jahren bewies Lulu auf Reisen durch die USA, daß sie ein starkes Mädchen war. Sie trat vor den Professoren und Studenten des *Medical College* von Charleston, South Carolina, auf — vor einem Publikum, das der *Charleston News and Courier* »seriös und kritisch« nannte. Nachdem die Zuschauer gesehen hatten, daß das äußerlich schmächtige Mädchen Menschen nur durch eine einzige Berührung auf der Bühne hin- und herwerfen konnte, schrieb die Zeitung voller Bewunderung: »Es gab in dieser honorigen und gelehrten Runde keinen, der das rätselhafte Phänomen hätte erklären können.«

Schließlich widmeten sich Alexander Graham Bell und zwanzig Wissenschaftler des *Smithsonian and Naval Observatory*-Instituts dem Studium der seltsamen Kräfte dieser jungen Frau. Sie vermuteten, daß sie über eigenartige elektrische Kräfte verfügte. Aber es gelang ihnen nicht, durch ihre Studien und Beobachtungen das Rätsel der erstaunlichen

Lulu zu lösen. Als sich Lulu ein paar Jahre später von der Bühne zurückzog und heiratete, war die Herkunft ihrer besonderen Kräfte immer noch genauso rätselhaft, wie sie immer gewesen war.

Die seltsame Trance der Molly Fancher

Molly Fancher aus Brooklyn, New York, machte den Eindruck einer normalen und gesunden vierundzwanzigjährigen Frau, bis ihr plötzlich, an einem Februartag des Jahres 1866, schwindelig wurde und sie das Bewußtsein verlor. Ihre Mutter dachte, daß Molly nur ganz einfach ohnmächtig geworden sei. Aber als der Arzt Samuel F. Spier die junge Frau untersuchte, fand er sie in einem Zustand tranceähnlichen Komas, wie er es in ähnlicher Form noch nie bei einer Patientin gesehen hatte.

Mehrere Monate vergingen, und Molly wachte einfach nicht auf. Dr. Spier untersuchte ihren feuchtkalten Körper und stellte fest, daß sie kaum zu atmen schien. Ihre Körpertemperatur war niedriger als normal, und ihr Puls war außerordentlich schwach; manchmal schien er ganz und gar auszubleiben. Zahlreiche andere Ärzte wurden hinzugezogen, damit sie sich zu dem Fall äußerten, aber im Grunde konnte keiner helfen.

Neun Jahre später hatte Dr. Spier immer noch seine im Koma liegende Patientin in Behandlung. Er machte zwei sehr erstaunliche Beobachtungen. Zum einen hatte die Patientin während der ganzen Zeit, in der sie sich in diesem todesähnlichen Zustand befunden hatte, fast ohne Nahrung gelebt. Spier erklärte, daß sie während der ganzen Jahre nur soviel gegessen habe, wie ein normaler Mensch in zwei Tagen konsumiert! Hinzu kam, daß sie, wie der Doktor es nannte, »übernatürliche« Fähigkeiten entwickelt hatte.

Dr. Spier lud verschiedene Wissenschaftler, einschließlich zweier renommierter Neurologen und des berühmten

Astronomen Dr. Richard Parkhurst, ein, damit sie einen Eindruck von Mollys seltsamem Talent bekämen. »Meine Herren, dieses Mädchen kann in allen Einzelheiten die Kleidung und die Handlungen von Menschen beschreiben, die sich Hunderte von Meilen entfernt aufhalten«, erzählte er der Gruppe. »Außerdem kann sie ungeöffnete Briefe und Bücher lesen!«

Um Dr. Spiers wenig einleuchtende Behauptungen zu überprüfen, steckten die beiden Gehirnspezialisten je einen Zettel mit einer Botschaft in drei versiegelte Umschläge. Sie schickten diese Umschläge durch einen Boten zum Büro von Dr. Spier, das sich mehrere Kilometer weit entfernt befand. Dann fragte Dr. Parkhurst Molly, was sich in den Umschlägen befände. Zu seinem Erstaunen antwortete sie vollkommen korrekt. »Es ist ein Brief«, flüsterte sie. »In drei verschiedenen Umschlägen, geschrieben auf einem Stückchen Papier, stehen die Worte ›Lincoln wurde von einem verrückten Schauspieler erschossen.‹«

Um ihre Fähigkeiten noch weiter auf die Probe zu stellen, wurde Molly gefragt, wo der Bruder des Neurologen Peter Graham sich gerade befände und was er täte. Miss Fancher sagte schnell, daß Frank Graham in New York sei. Er trüge einen Mantel, an dessen rechtem Ärmel ein Knopf fehle und er hätte seinen Arbeitsplatz wegen Kopfschmerzen vorzeitig verlassen. Durch ein Telegramm wurde sehr bald bestätigt, daß alles, was die junge Frau in ihrem Trancezustand gesagt hatte, korrekt war.

Molly überlebte sowohl ihre Mutter als auch Dr. Spier. Sechsundvierzig Jahre lang blieb sie im Koma. Aber im Jahr 1912 erwachte sie ebenso plötzlich und geheimnisvoll, wie sie in Trance gefallen war. Sie lebte bis zum März des Jahres 1915, als sie, im Alter von 73 Jahren, friedlich im Schlaf verstarb.

Die Sehkraft von Blinden

Als europäische Forscher erstmals auf die Samoainseln kamen, erzählte man ihnen ganz erstaunliche Geschichten von blinden Eingeborenen, die mittels ihrer Haut sehen konnten. Dies mag unglaublich klingen, aber auszuschließen ist es sicherlich nicht: Es gibt zahlreiche belegte Berichte von Menschen, die auf irgendeine Weise sehen konnten, ohne ihre Augen zu benutzen.

Der französische Arzt Jules Romain untersuchte diese Fähigkeit sowohl bei Blinden als auch bei Menschen mit normaler Sehkraft in einem Zeitraum von mehreren Jahren nach dem Ersten Weltkrieg. Er entdeckte, daß bei einigen Menschen die Haut in gewissen Bereichen lichtempfindlich bewar. Also, so theoretisierte er, machen es wahrscheinlich stimmte Nervenenden auf der Haut möglich, daß Sehen ohne Augen möglich wird.

Ein Mann, der behauptete, diese Fähigkeit zu haben, war Ved Mehta, ein Inder, der infolge einer Hirnhautentzündung im Alter von drei Jahren vollständig erblindete. In seinem Buch *Face to Face* (Von Angesicht zu Angesicht), das im Jahr 1957 veröffentlicht wurde, erläutert Mehta, daß er niemals einen Stock brauchte, um sich zurechtzufinden. Er konnte vielmehr sogar in überfüllten Straßen ohne Probleme Fahrrad fahren. Sein Geheimnis? Mehta behauptete erhartnäckig, daß seine Gesichtshaut ihm das Augenlicht setze — er vermochte irgendwie mit Hilfe seiner Haut zu »sehen«.

Manchmal behaupten Menschen, die tatsächlich sehen können, ebenfalls, diese Fähigkeit zu besitzen. Die junge

Margaret Foos aus Ellerson, Virginia, konnte, selbst wenn man ihr die Augen verbunden hatte, so gut »sehen«, daß ihr Vater sie im Januar 1960 für spezielle Tests zum *Veterans Administration Center* (Interessenvertretung für Kriegsveteranen) brachte. Das vierzehnjährige Mädchen konnte mit verbundenen Augen nicht nur aussagen, wo bestimmte Objekte sich befanden und welche Farbe sie hatten, sondern sie konnte darüber hinaus sogar Zeitungsartikel laut vorlesen.

Der Zeitungskolumnist Drew Pearson zitierte in seiner Reportage über den Test einen Psychiater: »Es ist vorstellbar, daß man gerade irgendeinen bisher unbekannten Teil des Gehirns entdeckt hat.«

Erstaunliche Geschichten rund ums Gehirn

Das menschliche Gehirn ist so kompliziert angelegt, daß die Wissenschaftler alle seine Mechanismen immer noch nicht im einzelnen kennen. Man weiß, daß sogar scheinbar geringfügige Verletzungen und Schocks gelegentlich Schäden im Gehirn, wie etwa Gefühllosigkeit oder Anfälle, verursachen können. Andererseits gibt es in der medizinischen Literatur Beschreibungen von schweren Hirnschäden, die den betreffenden Patienten überhaupt nichts auszumachen schienen.

Im September des Jahres 1847 hatte der fünfundzwanzigjährige Phineas Gage, ein Vorarbeiter bei der Eisenbahn, ein derartiges Glück. Als er ein wenig Schießpulver in ein Loch, das er aufsprengen wollte, hineinfüllte, fiel der Eisenstab, den er benutzte, auf einen Stein. Durch den entstehenden Funken wurde eine heftige Explosion ausgelöst, der Stab sauste durch die Luft und bohrte sich in Gages Schädel.

Noch immer bei Bewußtsein, wurde Gage von Mitarbeitern in eine Arztpraxis getragen, wo man den Metallstab entfernte — zusammen mit Teilen seiner Schädelknochen und Gehirngewebe. Die beiden Ärzte, die ihn behandelten, hätten niemals erwartet, daß er überleben würde, und noch viel weniger hätten sie gedacht, daß eine solche schwere Kopfverletzung ohne Folgen bleiben könnte. Aber abgesehen davon, daß er die Sehkraft auf seinem linken Auge (das durch den Unfall fast aus seiner Höhle gepreßt worden war) verlor, erholte sich Gage schon sehr bald vollständig.

Eine Frau, die im Jahr 1879 in einer Mühle arbeitete, erlitt an ihrem Arbeitsplatz einen ebenso schrecklichen Schock wie

Gage. Aus einer Maschine flog eine riesige Schraube, die sich zehn Zentimeter tief in die Schädeldecke der Frau bohrte. Teile ihres Gehirns wurden dadurch unheilbar zerstört, und noch mehr Gewebe mußte entfernt werden, als Ärzte die Schraube aus ihrem Kopf herausoperierten. Die Frau erholte sich jedoch und lebte weitere 42 Jahre — übrigens ohne auch nur jemals Kopfschmerzen gehabt zu haben.
In einer Ausgabe der Zeitschrift *The Medical Press of Western New York* aus dem Jahr 1888 wird berichtet, daß ungefähr ein Viertel des Gehirns eines Mannes zerstört wurde, als er zwischen dem Holzpfosten einer Brücke und dem Gerüst eines Schiffes, an dem er gerade arbeitete, eingeklemmt wurde. Durch die scharfe Kante des Holzpfahles wurde ein Teil seiner Schädeldecke geradezu abrasiert. Ärzte, die die Wunde behandelten, konnten nur noch feststellen, daß der Mann wesentliche Teile seines Gehirns und eine Menge Blut verloren hatte. Aber sobald der Verletzte das Bewußtsein wiedererlangt hatte, sprach er und zog seine Kleidung wieder an, als sei nichts geschehen. Abgesehen von einigen Schwindelanfällen, blieb er, obwohl er große Teile seines Gehirns eingebüßt hatte, vollkommen gesund. Erst 26 Jahre später litt er plötzlich unter partiellen Lähmungen und bekam einen unsicheren Gang.
Siebenundzwanzig Tage lang schien ein Baby, das im *St. Vincent Hospital* in New York geboren worden war, vollkommen normal zu sein: Es weinte, aß und bewegte sich. Erst nachdem es gestorben war, entdeckten die Ärzte bei einer Autopsie, daß es überhaupt kein Gehirn gehabt hatte.
In einem Bericht, der von Jan W. Bruell und Dr. George W. Albee im Jahr 1957 der *American Psychological Association* vorgelegt wurde, erklärten die Ärzte, daß es notwendig gewesen sei, an einem 39 Jahre alten Mann einen drastischen Eingriff vorzunehmen. Obwohl sie die gesamte rechte Hälf-

te des Gehirns dieses Mannes entfernen mußten, überlebte der Patient. Und, so schlossen die Ärzte ihren Bericht ab, trotz der Operation blieben auf unerklärliche Weise seine intellektuellen Fähigkeiten unbeeinträchtigt.
Ein noch seltsamerer Vorfall wurde von dem deutschen Gehirnexperten Hufeland aufgezeichnet. Als er an einem gelähmten Mann, der bis zum Zeitpunkt seiner Lähmung bei vollem Verstand gewesen war, eine Autopsie vornahm, da fand er überhaupt kein Gehirn — nur 312 Gramm Wasser.

Das Medium, das einen Mordfall löste

Als der Wachtmeister der kanadischen berittenen Polizei Fred Olsen im Jahr 1928 das Haus des Farmers Henry Booher aus Mannville, Alberta, betrat, fand er eine gräßliche Szene vor. Henry und sein einundzwanzigjähriger Sohn Vernon hatten die Körper von Mrs. Booher, ihrem Sohn Fred und zwei bezahlten Mördern entdeckt. Sie alle waren erschossen worden.

Wer auch immer die blutige Tat begangen haben mochte, hatte sehr sorgfältig die leeren Patronenhülsen eingesammelt — außer einer. Diese Hülse lag in einer Schüssel mit Seifenwasser und stammte aus einem Gewehr, demselben, das kürzlich einem Nachbarn gestohlen worden war. Es gab einige wenige Hinweise auf die Identität des Mörders. Was allerdings Wachtmeister Olsens Verdacht erregte, waren der Haß und die Verachtung, mit der der junge Vernon in seine Richtung blickte, wenn er sich unbeobachtet fühlte.

Olsen fand sehr bald heraus, daß Vernons Mutter ihn dazu gebracht hatte, seine Beziehung zu einer hübschen Frau in Mannville abzubrechen, und er sagte deshalb dem jungen Mann geradewegs ins Gesicht, daß er seine Mutter und die anderen in einem Anfall von Wut und Rachsucht ermordet habe.

»Haben Sie das Gewehr gefunden?« fragte Vernon in aller Ruhe. Als der Wachtmeister zugab, daß das Gewehr nicht entdeckt worden sei, da meinte der junge Booher: »Sie werden es sicherlich nie schaffen, ein Geständnis aus mir herauszupressen.«

Olsen war überzeugt, den Mörder gefunden zu haben — genau wie sein Kollege, Inspektor Hancock. Sie nahmen Vernon sogar fest. Aber sie hatten keine für eine Gerichtsverhandlung ausreichenden stichhaltigen Beweise. In seiner verzweifelten Suche nach einem Anhaltspunkt nahm Hancock schließlich Kontakt mit Maximilian Langsner auf, der angeblich die Fähigkeit besaß, durch Gedankenlesen Verbrecher aufzuspüren. Langsner, der behauptete, im Fernen Osten Telepathie studiert zu haben, wollte sich nun in Vernons Gedankenfluß einschalten, um herauszufinden, wo sich die Mordwaffe befand.

»Wenn er daran denkt, kann ich die Impulse, die von seinem Gehirn ausgesandt werden, aufnehmen und sie interpretieren«, versicherte Langsner Wachtmeister Olsen.

Vier Stunden lang wartete Hancock vor Vernons Zelle. Schließlich brach der Mordverdächtige zusammen. »Hau ab, verdammt noch mal!« schrie er. »Hau ab, sage ich!«

Aber Langsner bewegte sich keinen Zentimeter von der Stelle. Er starrte nur weiter vor sich hin. Eine weitere Stunde verging, und Vernon war durch die geistige Anstrengung offensichtlich erschöpft. Dies war die Gelegenheit, auf die der Gedankenleser gewartet hatte, um zu den dunklen Winkeln im Gehirn des Massenmörders Zugang zu gewinnen.

»Er hat mir durch seine Gedanken verraten, wo dieses Gewehr versteckt ist«, erklärte Langsner Wachtmeister Olsen. Dann zeichnete er einen genauen Plan auf: Demnach befand sich die Mordwaffe unter einem Busch nicht weit entfernt von der Farm der Boohers.

Wachtmeister Olsen, Inspektor Hancock und Langsner machten sich sofort dorthin auf den Weg. Langsner erkannte gleich die Stelle, die er mit Hilfe seiner telepathischen Kräfte »gesehen« hatte. Er rannte den anderen voraus, fiel in der Nähe einiger Büsche auf die Knie und begann mit bloßen

Händen die Erde beiseitezuscharren. Sehr bald kam die Mordwaffe zum Vorschein.
Als man ihn mit diesem Beweis konfrontierte, gab Vernon sein Verbrechen sofort zu und wurde zum Tod durch den Strang verurteilt.
Obwohl die kanadische Polizei sich bei ihrer Arbeit gewöhnlich nicht auf irgendwelche telepathischen Fähigkeiten verließ, entschloß sich Inspektor Hancock dennoch, die Öffentlichkeit über die Rolle, die Langsner bei der Aufklärung des Verbrechens gespielt hatte, aufzuklären. Er diskutierte die Einzelheiten des Falles mit Zeitungsreportern und berichtete pflichtgemäß in den Akten der kanadischen Polizei, wie ein mit übersinnlichen Fähigkeiten begabter Mann sich in die Gedanken eines Massenmörders eingeschaltet hatte.

Arthur Price Roberts

Arthur »Doc« Roberts, der im Jahr 1866 in Denbeigh, Wales, geboren wurde, hatte schon als Kind ungewöhnliche Fähigkeiten bewiesen: Er hatte die Gabe der übersinnlichen Wahrnehmung und konnte so verlorengegangene Gegenstände und verschollene Personen wiederfinden. Als Erwachsener wurde er eine Art von Detektiv, der der Polizei und Privatpersonen dabei half, Rätsel zu lösen.

So verschwand beispielsweise Duncan McGregor aus Pestigo, Wisconsin, spurlos im Juli des Jahres 1905. Einige Monate später wandte sich seine untröstliche Ehefrau hilfesuchend an »Doc« Roberts. Da er nicht sofort ein Bild vor seinem geistigen Auge sah, versenkte sich »Doc« in Trance und konnte Mrs. McGregor bald nicht nur aufklären, daß ihr Mann ermordet worden war, sondern auch darüber, wo genau seine Leiche sich befand. Die Polizei folgte den Anweisungen des telepathisch begabten Detektivs und fand die Leiche genau an der Stelle, die Roberts beschrieben hatte: im Menomonee River, seine Kleidung verhakt an Holzstämmen, die am Boden des Flusses trieben.

»Doc« löste auch das Rätsel um den verschwundenen Bruder des reichen Chicagoer Geschäftsmannes J. D. Leroy. Roberts berichtete Leroy, daß der Mann ermordet worden war; seine telepathischen Fähigkeiten zeigten ihm, daß sich die Leiche in einem bestimmten Teil New Mexicos befand. Das Opfer wurde etwa 60 Meter von dem Ort entfernt gefunden, den der erstaunliche Detektiv genau beschrieben hatte.

Während er als Gast im *Fond du Lac Hotel* weilte, bat ihn ein Polizist, der in der Gegend wohnte, um Hilfe bei einem seit zwei Jahren ungelösten Mordfall. Der Hellseher schloß seine Augen, »sah« das Mordopfer und beschrieb den Mann genau. Am nächsten Tag bat er die Polizeibeamten, ihm Fotos polizeilich registrierter Krimineller zu zeigen. Als er die Verbrecherfotos durchblätterte, hielt Roberts plötzlich inne und zeigte auf eines von ihnen. »Da ist Ihr Killer, Gentlemen!« rief er aus. »Sie werden ihn in British Columbia finden; dort arbeitet er bei der berittenen Polizei!« Wie gewöhnlich erwies sich, daß »Doc« präzise Detektivarbeit geleistet hatte.

Roberts konnte die Zukunft vorhersagen und sich auch in Ereignisse, die bereits vergangen waren, vertiefen. Die *Milwaukee News* berichtete, daß »Doc« am 18. Oktober 1935 einige erstaunliche Vorhersagen gemacht hatte. Er warnte die Polizei von Milwaukee, daß sie sich auf Bombenattentate einstellen sollte. »Ich sehe zwei gesprengte Banken und möglicherweise auch ein Bombenattentat auf das Rathaus. Polizeistationen werden in die Luft fliegen. Schließlich wird es noch südlich des Flusses (des Menomonee) eine Explosion geben. Dann wird alles vorbei sein!«

Acht Tage später explodierte im Rathaus eine Ladung Dynamit, durch die zwei Kinder getötet und viele Menschen verletzt wurden. Am nächsten Tag detonierten Bomben in zwei Banken von Milwaukee und in einigen Polizeistationen.

English, ein Kriminalbeamter der Polizei von Milwaukee, wandte sich an Roberts, um mehr Informationen über die gewalttätigen Ereignisse zu bekommen. »Am Sonntag, dem 4. November, wird es südlich des Menomonee noch eine weitere große Explosion geben. Und das wird dann alles sein«, sagte »Doc« voraus.

Am 4. November gab es in Milwaukee eine so schwere Explosion, daß sie in einem Umkreis von etwa 13 Kilometern zu hören war. So wie Roberts vorhergesagt hatte, war dies die letzte Explosion. Die Polizei fand die zerfetzten Leichen der Bombenattentäter, des einundzwanzigjährigen Hugh Rutkowski und seines neunzehnjährigen Freundes Paul Chovonee unter den Trümmern. Während sie gerade weitere Bomben gebaut hatten, um die Bewohner der Gegend zu terrorisieren, hatten sich die beiden versehentlich selbst in die Luft gesprengt.

Eine seiner letzten Vorhersagen machte »Doc« Roberts auf einer Party, die zu seinen Ehren gegeben wurde. Es war im November des Jahres 1939, und der dreiundsiebzigjährige Detektiv dankte seinen Freunden dafür, daß sie sich hier versammelt hatten. »Ich fürchte, bei der nächsten Party werde ich nicht dabeisein. Zwar würde ich sehr gerne bleiben, aber ich werde nur bis zum 2. Januar 1940 unter euch weilen.«

Wieder einmal hatte »Doc« recht. Am 2. Januar 1940 starb er in seinem Haus in Milwaukee.

Gladstones Geschenk

An einem kalten Dezemberabend des Jahres 1932 entschloß sich Constable Carey von der kanadischen Polizei — da er gerade keinen Dienst hatte —, ein kleines Theater in Beechy, Saskatchewan, zu besuchen. Ein großer, gutaussehender Mann, der sich Professor Gladstone nannte, wollte auf der Bühne vorführen, wie man Gedanken liest.

Zusammen mit den anderen Zuschauern lachte Constable Carey herzlich, als einige Freiwillige in hypnotisiertem Zustand nach den Anweisungen von Gladstone ihre Scherze trieben. Plötzlich aber schlug die heitere Stimmung abrupt um, als sich der Hellseher vor den Viehzüchter Bill Taylor stellte und schrie: »Ich hab's! Du denkst gerade an deinen Freund Scotty McLauchlin! Er wurde auf brutale Weise ermordet!«

Dann zeigte er auf Wachtmeister Carey. »Das ist der Mann. Er ist derjenige, der die Leiche finden wird!« rief Gladstone aus. »Und ich werde dann bei ihm sein!«

Der Polizist wußte, daß Scotty McLauchlin vor fast vier Jahren auf rätselhafte Weise verschwunden war. Der Fall konnte allerdings nie aufgeklärt werden. Carey suchte den Hellseher privat auf und fragte, woher er wüßte, was mit McLauchlin geschehen war. Gladstone erläuterte, daß er psychische Schwingungen empfing, die ihm sagten, daß Scotty ermordet worden war.

Die beiden Polizeibeamten und der Hellseher suchten zunächst einige Leute auf, die Scotty McLauchlin gekannt hatten, bevor er am 16. Januar 1929 verschwand. So auch

Ed Vogel, den sie besonders intensiv befragten, weil sie wußten, daß Scotty ihn einmal bedroht hatte. Vogel explodierte vor Wut und bestand darauf, daß die Informationen der Polizisten nichts als »ein Haufen schmutziger Lügen« seien.

Plötzlich wies Gladstone mit dem Finger auf Vogel und begann zu erzählen, was in der fraglichen Nacht geschehen war. »Du lagst krank im Bett. Schumacher (ein Bekannter) stürmte ins Zimmer und erzählte dir, daß er einen Streit mit McLauchlin habe. Er schwor, daß er diesen verdammten Schotten umbringen werde«, sagte der Hellseher.

Vogel wurde blaß und gab zu, daß Gladstones Behauptungen zutreffend seien.

Während ihrer eiligen Autofahrt zu Schumachers Farm bat Gladstone plötzlich die Polizeibeamten, etwas langsamer zu fahren. Er behauptete, er spüre Verwesung in der Luft. Der Körper von Scotty McLauchlin, so sagte er, befände sich irgendwo in der Nähe.

Die Beamten trafen tatsächlich Schumacher auf seiner Farm an und fuhren mit ihm in die Stadt, um ihn zu verhören. Der Verdächtige behauptete hartnäckig, daß er und Scotty gemeinsam die Farm bewirtschaftet und dabei ein durchaus freundschaftliches Verhältnis gehabt hätten. Als der jetzt verschwundene Mann angekündigt habe, daß er die Stadt verlassen werde, habe Schumacher ihm seinen Anteil an der Farm abgekauft.

Gladstones hellseherische Fähigkeiten sagten ihm jedoch, daß der Mann log. »Es ist die Scheune!« rief der Hellseher aus. »Jetzt kann ich Ihnen sagen, wie Sie es gemacht haben! Scotty hat das Haus verlassen, und Sie sind ihm gefolgt. Sie zwangen ihn zu einem Zweikampf! Scotty fiel zu Boden. Aber Sie schlugen immer weiter auf ihn ein — bis er tot war! Dann haben Sie seine Leiche in der Nähe der Scheune unter dem Misthaufen begraben!«

Schumacher leugnete alles ab. Am nächsten Tag brachten die Polizeibeamten Woods und Carey, begleitet von Gladstone, den Verdächtigen zur Farm zurück. Sie gingen gerade auf die Scheune zu, als der Hellseher einen Haufen gefrorenen Mist erblickte und ausrief: »Darunter, Gentlemen, ist Scotty McLauchlin begraben!«

Die Leiche des Mannes, der schon so lange Zeit verschwunden gewesen war, wurde ausgegraben. Schumacher leugnete nun nicht länger und gestand, daß der Mord genau so stattgefunden hatte, wie Professor Gladstone ihn vor seinem geistigen Auge ablaufen sah.

Der sprechende Bleistift

Man erzählt sich, daß König Artus und Königin Guenevere in der Abtei von Gladstone begraben seien. Einige Leute behaupten sogar, daß Jesus der Abtei einmal einen Besuch abgestattet habe. Trotz seiner historischen Bedeutung wurde dieses Gotteshaus jedoch von Heinrich VIII. zerstört. Er ließ die Bibliothek plündern und die Gebäude in die Luft sprengen. Lange Zeit fand man an diesem Ort, der von vielen Menschen als »der heiligste in England« bezeichnet wurde, nichts als einen Haufen von Trümmern und Ruinen.

Im Jahr 1907 begann der Archäologe und Architekt Frederick Bligh-Bond an dieser Stelle zu graben. Er suchte nach zwei seit langem verschwundenen kleinen Kapellen, die von frühen Chronisten erwähnt worden waren: eine war dem Märtyrer König Edgar gewidmet, eine andere war die Kapelle *Unserer Heiligen Frau von Loretto*. Wie er in seinem 1933 erschienen Buch *The Gate of Remembrance* (Das Tor der Erinnerung) festhielt, kamen die eigentlich wertvollen Hinweise für das Ausgrabungsprojekt unerwarteterweise von einem »sprechenden« Bleistift.

Bligh-Bond hörte zum erstenmal von »automatischem Schreiben«, einer Methode, mittels derer man Botschaften aus einer anderen Dimension empfangen kann, von seinem Freund Kapitän Bartlett. Da ihn dies Phänomen neugierig machte, entschloß sich Bligh-Bond, es selbst auszuprobieren. Er hielt den Bleistift nur sehr leicht in der Hand und fragte: »Kannst du uns irgend etwas über Glastonbury erzählen?«

Nach weiteren Fragen begann der Bleistift sich zu bewegen und schrieb in altertümlichem Latein einige Details nieder, die die Kapelle von Edgar dem Märtyrer betrafen. Bligh-Bond erfuhr, wie der Grundriß überarbeitet worden war und zeichnete eine Karte, wie die Abtei einstmals ausgesehen hatte — und zwar einschließlich einer der lange gesuchten Kapellen. Ein Mensch, der von sich selbst sagte, er sei ein Mönch, genannt Gulielmus, teilte mit, daß Edgars Kapelle sich 27 Meter nach Osten erstrecke und daß sie Fenster aus blauem Glas habe.

Als sie den Anweisungen folgte, die von dem »sprechenden« Bleistift gegeben wurden, entdeckte Bligh-Bonds Forschungsgruppe schon sehr bald die Ruinen der Kapelle — einschließlich einiger Scherben aus blauem Glas.

Als die Archäologen versuchten, das »automatische Schreiben« einzusetzen, um festzustellen, wo sich die Kapelle *Unserer Heiligen Frau von Loretto* befinden könnte, empfingen sie eine Botschaft, die diesmal im Englisch des frühen 16. Jahrhunderts geschrieben war. Durch diese Botschaft wurde Bligh-Bond informiert, daß er die Ruinen auf der harten Erdbank nördlich der Abtei finden würde. Darüber hinaus wurde jedoch mitgeteilt, daß nur eine Wand freigelegt werden würde, da Plünderer den Rest zum Bau von privaten Gebäuden abgetragen hätten. Ausgrabungen in diesem Bereich bewiesen erneut, daß der »sprechende« Bleistift recht gehabt hatte.

Körperlose Wesen, von denen eines behauptete, Johannes Bryant zu sein, der im Jahre 1533 gestorben war, wußten und erzählten noch mehr historische Einzelheiten über Glastonbury. Ein anderer Geist, der sich selbst »Awfold ye Saxon« nannte, wies Bligh-Bond an, an einer Stelle zu graben, wo man Überreste einer tausend Jahre alten Hütte aus Flechtwerk finden könnte. Der Archäologe folgte den Anweisungen und machte tatsächlich den bereits angekündigten Fund.

Viele Jahre lang bewahrten Bligh-Bond und sein Freund Bartlett die Aufzeichnungen auf, die sie durch »automatisches Schreiben« empfingen. Sie hatten dadurch Informationen gewonnen, wo Archäologen graben sollten, und sie hatten Maßangaben erhalten, die sogar auf Bruchteile von Zentimetern genau waren.

Revolutionäre Prophezeiungen

Im Sommer des Jahres 1788 feierte die Herzogin von Gramont in Frankreich ein Gartenfest. Unter den gescheiten und illustren Gästen waren der Atheist Jean La Harpe und ein exzentrischer Poet mit Namen Jacques Cazotte. Als Cazotte plötzlich begann seltsame Prophezeiungen auszustoßen, wurden diese von La Harpe niedergeschrieben. Da er nicht an übersinnliche und hellseherische Fähigkeiten glaubte, war La Harpe überzeugt, er könne die Vorhersagen benützen, um die, die daran glaubten, eines Besseren zu belehren. Er konnte das Material tatsächlich nutzen — aber auf ganz andere Weise, als er es sich hätte träumen lassen.

Cazotte begann seine Prophezeiungen, nachdem Guillaume des Malesherbes, ein Minister von Ludwig XIV., erklärt hatte: »Ein Hoch auf den Tag, an dem die Vernunft siegt — obwohl ich selbst nicht lange genug leben werde, um diesen Tag kommen zu sehen!«

Cazotte näherte sich dem Minister. »Sie haben Unrecht, Monsieur!« schrie er. »Sie *werden* diesen Tag erleben — er wird nämlich in sechs Jahren anbrechen!«

Als nächstes wandte Cazotte sich dem Marquis de Condorcet zu und erklärte ihm: »Du wirst den Henker betrügen, indem du Gift nimmst!«

Der Prophet bewegte sich weiter durch das Gewühl der Gäste und hielt Chamfort, einen Günstling des Königs, fest, um ihm zu sagen, daß er seine Handgelenke zweiundzwanzigmal mit einem Rasiermesser aufschneiden werde. »Aber das wird Sie nicht umbrin-

gen«, sagte Cazotte. »Sie werden danach noch lange leben.«
Die Vorhersage für den berühmten Astronomen Bailly war noch düsterer: Er würde vom Mob gelyncht werden.
Guillaume des Malesherbes versuchte, dem Abend wieder ein wenig Leichtigkeit und Frivolität zu verleihen. Er verbeugte sich vor dem Dichter und fragte mit gespielter Betroffenheit: »Können Sie auch meiner atemlosen Beunruhigung über mein Schicksal ein Ende bereiten?«
»Es tut mir leid, Ihnen mitteilen zu müssen, Monsieur«, antwortete Cazotte, »daß Ihr Schicksal ähnlich dem Ihres Freundes Chamfort verlaufen wird. Sie werden in aller Öffentlichkeit hingerichtet werden.«
Jetzt hatte der Skeptiker Jean La Harpe genug von diesem Hokuspokus. »Und was wird aus mir werden, Monsieur?« fragte er sarkastisch. »Wenn Sie meinen Hals retten, tun Sie mir wahrhaftig nichts Gutes. Ich bitte Sie inständig: Man möge mir erlauben, mich meinen Freunden anzuschließen, so daß wir den blutrünstigen Mob gemeinsam verspotten können. Sie werden mir doch sicherlich diesen letzten Gefallen tun können?«
Man wußte, daß der Atheist und der Dichter einander haßten; also fanden die Gäste diesen Wortwechsel recht amüsant. Cazotte lächelte jedoch nicht.
»Monsieur La Harpe«, erwiderte er. »Es wird Ihnen gelingen, dem Beil des Henkers auszuweichen — und Sie werden ein demütiger Christ werden!«
Die Menge brüllte vor Lachen. In dem Versuch, die wieder hergestellte gute Stimmung des Abends aufrechtzuerhalten, tat die Herzogin so, als schmolle sie, und fragte Cazotte, warum eigentlich die Henker anscheinend die Damen verschonten.

Der zum Propheten gewordene Dichter hielt beide Hände seiner Gastgeberin fest. »Leider, meine liebe Freundin, haben die Henker nur sehr wenig Ehrerbietung, selbst für die Alleredelste der Damen«, sagte er traurig. »Es wird der Tag kommen, an dem es lebensgefährlich sein wird, adlig zu sein. Sie werden so sterben, wie der König selbst, nachdem man Sie im Karren zum Schafott gefahren hat!«

Fünf Jahre später bewahrheiteten sich die »unmöglichen« Vorhersagen von Jacques Cazotte. Und der Augenzeugenbericht von Jean La Harpe über die Prophezeiungen des Dichters wurde dem Kloster übergeben, in dem er als hingebungsvoller und ergebener Christ lebte — wie Cazotte es vorhergesagt hatte.

E. A. Wallis Budge wurde im Jahr 1857 als Kind armer Eltern in Cornwall geboren, und es schien wenig wahrscheinlich, daß er irgendeine Art von Schulbildung erhalten würde. Niemand hätte auch nur im Traum vermutet, daß er einer der hervorragendsten Sprachwissenschaftler seiner Zeit werden würde. Aber Dank einer ungewöhnlichen Neigung zu orientalischen Sprachen — und eines rätselhaften Traums — trat genau dies ein.

Premierminister William Gladstone, ein Spezialist für klassische Sprachen, hörte davon, daß der einundzwanzigjährige Budge auf diesem Gebiet großes Talent aufwies, und er verhalf dem lernwilligen jungen Mann zu einem kostenlosen Stipendium am Christ's College in Cambridge.

Später benötigte Wallis ein Stipendium für ein Graduiertenstudium. So entschloß er sich, an einem Wettbewerb teilzunehmen, der von einem der berühmtesten lebenden Experten für alte Sprachen, Professor Sayce, organisiert wurde. Jeder Student, der sich um das Stipendium bewarb, sollte vier schwierige Fragen ausführlich beantworten.

Am Abend vor der schicksalsträchtigen Prüfung stellte Wallis Budge fest, daß er so intensiv gelernt hatte, daß sein Kopf anscheinend völlig leer war. Geistig und körperlich erschöpft, schlief er sehr schnell ein. Doch schon bald befiel ihn ein seltsamer Traum.

Er machte eine Prüfung, aber nicht im Klassenzimmer. Statt dessen befand er sich in einem Schuppen. Ein Studienleiter kam herein und gab ihm die Prüfungsunterlagen. Aus irgendeinem unerfindlichen Grund waren die Fragen auf grünes Papier geschrieben. Wallis fiel es leicht, den ersten Teil des Tests zu beantworten. Als man ihn aber bat, schwierige assyrische und andere Keilschrift-Buchstaben zu übersetzen, bekam er Angst und wachte auf.

Kaum war er wieder eingeschlummert, kehrte derselbe Traum wieder, insgesamt dreimal. Schließlich stand er auf und sah auf die Uhr. Es war wenige Minuten nach zwei Uhr morgens. Statt wieder ins Bett zu gehen, nahm sich Budge das Buch *Keilschriften im westlichen Teil Asiens* von Rawlinson aus dem Regal. Ihm schien, als seien die schwierigen Passagen, von denen er geträumt hatte, irgendwo im Text enthalten. Während dieser frühen Morgenstunden des Prüfungstages saß er unermüdlich über seinem Buch.

Um neun Uhr morgens ging Wallis zum Prüfungsraum, aber man sagte ihm, er sei besetzt. Man führte ihn daher in ein Zimmer, das er nie zuvor gesehen hatte. Es ähnelte nicht nur dem Schuppen, den er in seinem Traum gesehen hatte, er erkannte auch den verschrammten Tisch und die düsteren Lampen wieder, die er im Traum gesehen hatte.

Es gab noch mehr merkwürdige Zufälle. Der Prüfungsleiter, der ihm die Tür öffnete, war derselbe Mann, von dem Wallis geträumt hatte. Und er gab dem jungen Mann eine Liste mit Fragen auf *grünem* Papier — genau die Fragen über Keilschriften, von denen Budge wegen seines seltsamen Traumes einige Stunden zuvor gelesen hatte.

Wie Wallis Budges guter Freund Sir Henry Haggard in seinem 1926 veröffentlichten Buch *The Days of my Life* (Mein Leben) erzählte, bekam Budge das Stipendium und wurde ein berühmter Gelehrter, am bekanntesten vielleicht durch seine Übersetzung des ägyptischen Totenbuches. Für einen armen Jungen, der ursprünglich nur wenig Hoffnung auf eine derartige Karriere haben konnte, war dies in vielerlei Hinsicht ein Traum geworden, der in Erfüllung gegangen war.

Diebstahl im Schlaf

Im Jahr 1881 begann ein Reporter namens D. O. Spencer, der in Monroe County, Indiana, lebte, sich ein wenig mit Gedankenlesen zu befassen. Er gab sich selbst den Namen »Colonel« Spencer und führte überall in der Stadt seine Tricks vor, die eine Mischung aus Hypnose und Zauberspielchen darstellten. Spencer nahm niemals ernsthaft für sich in Anspruch, irgendwelche übersinnlichen Kräfte zu haben, aber eines Tages stellte er fest, daß er *tatsächlich* Gedanken las — und dabei gelang es ihm, ein Rätsel zu lösen. Die *Indianapolis News* schrieb dazu: »Danach wurde Mr. Spencer zu einer Art Hexenmeister!«

Spencer machte gerade seine Vorführung vor dem Publikum in einer Schule. Unter den Zuhörern war Mrs. Harmon mit ihren erwachsenen Kindern, drei Töchtern und einem Sohn. Die Familienmitglieder hatten sich untereinander zerstritten, da ihre gesamten Ersparnisse, ungefähr viertausend Dollar, die sie an fünf verschiedenen Stellen versteckt hatten, verschwunden waren. Da nur die Mitglieder der Familie wußten, wo das Geld versteckt war, mußte einer von ihnen der Dieb sein. Aber wer?

John Harmon erhob sich von seinem Platz und fragte, ob »Colonel« Spencer wohl seine geistigen Kräfte einsetzen könne, um das herauszufinden. Spencer war niemals zuvor mit einer solchen Bitte konfrontiert worden, aber er meinte, daß es sicherlich interessant werden würde, einen Diebstahl aufzuklären. »Wenn Sie wollen, werde ich es versuchen«, sagte er den Harmons, nicht ohne hinzuzufügen, daß »die Geister« zehn Prozent von dem, was er finden würde, als Belohnung für sich beanspruchen würden.

Am nächsten Tag bevölkerten ungefähr 300 neugierige Menschen das Anwesen der Familie Harmon. Sie wollten zusehen, wie »Colonel« Spencer das Rätsel um das verschwundene Geld lösen würde. Spencer sah Mrs Harmon und ihre Töchter nervös im Wohnzimmer sitzen. Er erklärte den Zuschauern, daß er Ruhe brauche, und begann die Familienmitglieder nacheinander zu hypnotisieren und sie zu bitten, ihn zum Geld zu führen.

Nancy Harmon begann zu weinen, also wandte Spencer sich ihrer Schwester Rachel zu. Die junge Frau ließ sich leicht hypnotisieren, aber sie war so träge, daß der »Colonel« es aufgab, irgendwelche Informationen aus ihr herauszukitzeln. Als nächstes nahm er sich Rhoda vor. Sie war schon bald in tiefer Trance.

»Du wirst dich jetzt geradewegs dorthin begeben, wo das Geld versteckt ist«, befahl er. »Du wirst langsam hinter mir her genau zu dem versteckten Geld gehen. Wenn ich eine falsche Richtung einschlage, wirst du mich aufhalten. Also geh jetzt!«

Als er seine Hand auf den Kopf des Mädchens legte, führte sie Spencer zu einer aus Holz gebauten Futterkrippe, die etwa 30 Meter von einer Scheune entfernt stand.

»Grabt hier, Männer!« wies Spencer einige der Umstehenden an. »Dies ist genau die richtige Stelle!«

Vergraben in einem flachen Loch unter den Holzscheiten, befand sich eine Rolle vergilbten Papiers. Darin war das vermißte Geld.

Als Rhoda aus ihrer Trance aufgeweckt wurde, brach sie, angesichts der wiedergefundenen Ersparnisse ihrer Familie, ohnmächtig zusammen. »Colonel« Spencer gab als Erklärung an, die Frau habe wahrscheinlich beim Schlafwandeln das Geld gestohlen und könne sich selbst nicht mehr an ihr Verbrechen erinnern.

Spencer änderte seine Meinung über »die Geister«, die zehn Prozent des wiedergefundenen Geldes haben wollten. Er änderte auch seinen Vorsatz, ein professioneller Hellseher zu werden, und gab nach dem Fall Harmon das Gedankenlesen ganz auf. Vielleicht hatte er entdeckt, daß er wirklich ein geheimnisvolles geistiges Potential besaß — und daß es besser wäre, mit solchen Kräften nicht herumzuspielen.

Die Psychopille

Nach Meinung der englischen Parapsychologin Serena Roney-Dougal könnten die Menschen möglicherweise eines Tages mit Hilfe von Pillen ihre übersinnlichen Kräfte verfeinern, um Gedanken zu lesen oder in die Zukunft zu sehen. Zwar klingt dies eher wie eine Behauptung aus einem Science-fiction-Film, aber Mrs. Roney-Dougal meint, daß die Substanz für eine solche Droge wahrscheinlich bereits existiere, und zwar handelt es sich dabei um das Harmalin, das am Amazonas aus der Pflanze Banisteriopsis gewonnen wird.

Primitive Völker, die die Substanz seit mehreren Generationen benutzt haben, um Bewußtseinsveränderungen hervorzurufen, glauben, daß in der Zirbeldrüse die geistige Kraft wohne. Und Harmalin hat in der Tat eine chemische Ähnlichkeit mit der Substanz Melatonin, die in der Zirbeldrüse produziert wird. Die Forscherin meint, daß Harmalin auf irgendeine Weise die übersinnlichen Kräfte steigern könne, da dadurch die Zirbeldrüse angeregt würde.

»All diese Faktoren scheinen darauf hinzudeuten, daß die Zirbeldrüse in gewisser Weise unsere paranormalen Fähigkeiten beeinflußt«, stellt Mrs. Roney-Dougal fest.

Die Wissenschaftlerin ist der Meinung, daß Harmalin für parapsychologische Studien zugelassen werden sollte. Man könnte Menschen, die sich für Experimente zur Verfügung stellen, diese Substanz verabreichen und dann auf ihre übersinnlichen Fähigkeiten hin testen. Wenn sich die Resultate als positiv erweisen sollten, dann, so meint sie, müßten andere alte Rezepturen zur Aktivierung der Zirbeldrüse erprobt werden.

Wasseraffen

Nicht alle affenähnlichen Vorfahren des Menschen haben sich von Ast zu Ast geschwungen. Vor ungefähr dreieinhalb bis neun Millionen Jahren lebten einige affenähnliche Geschöpfe im Meer. Diese Theorie, die von der englischen Autorin Elaine Morgan in ihrem Buch *The Aquatic Ape* (Der im Wasser lebende Affe) dargelegt worden ist, erklärt, warum der menschliche Körper bestimmte Anpassungsmerkmale aufweist, die andere auf dem Land lebende Tiere nicht haben.

Mrs. Morgan stellt fest, daß die Affen, die aus den Ozeanen auftauchten, um wieder auf festem Boden zu leben, im Gegensatz zu anderen Affen »nackt« waren. Kahlheit bei Affen wurde bisher gewöhnlich auf die schweißtreibende Hitze in der offenen Savanne zurückgeführt. Aber Mrs. Morgan weist darauf hin, daß in diesem Fall auch andere Beutetiere wie der Löwe und die Hyäne unbehaart sein müßten.

Der Mensch hat, so sagt sie, sein Haarkleid aus demselben Grund verloren wie die Delphine und Wale: »Wenn irgendein großes Tier im kalten Wasser warm bleiben muß«, so stellt sie fest, »dann ist ihm besser mit einer Fettschicht unter der Haut als mit einem Haarkleid gedient.«

Morgan führt weiter aus, daß unsere im Wasser lebenden Affenvorfahren im Lauf der Zeit lange und starke Hinterbeine bekamen, die zwar zunächst nur zum Schwimmen benutzt wurden, sich dann aber als perfekte Instrumente für den aufrechten Gang erwiesen. Darüber hinaus lernten sie auch das Sprechen: Die Sprache wurde für sie, nachdem sie nicht mehr im Wasser lebten, existentiell wichtig, denn Kommunikation durch Mimik und Gestik genügte nicht mehr.

Mrs. Morgan weist außerdem darauf hin, daß die Menschen die einzigen Primaten sind, die weinen können. Allerdings vergießen auch Seehunde und andere Meeressäuger Tränen. »Wenn wir den Menschen als ein Landtier ansehen, dann ist er einzigartig und unerklärlich«, so meint sie. »Wenn wir ihn aber als ehemals im Wasser lebendes Geschöpf betrachten, dann ist die Herausbildung bestimmter Merkmale durchaus einsichtig.«

Das Bumerang-UFO

In den Nächten zwischen dem 17. und dem 23. März des Jahres 1983 sahen Hunderte von Bewohnern New Yorks etwas vollkommen Verblüffendes: ein Flugobjekt in Form eines Bumerangs, das geräuschlos über ihnen schwebte und dabei helle Lichtstrahlen aussandte. Wie J. Allen Hynek, der Direktor des Zentrums für UFO-Forschung in Evanston, Illinois, ausführte, waren die zahlreichen Berichte über dieses Ereignis etwas durchaus Ungewöhnliches, denn meist werden UFOs nur von Einzelpersonen gesehen. »Aber dieses UFO zeigte sich mehrere Tage lang über einem dichtbevölkerten Gebiet«, so erklärte er, »und es gab eine ganze Reihe von Zeugen dafür.«

Der Meteorologe Bill Hele war der erste, der das seltsame, schachbrettartig gefleckte Objekt mit den vielfarbigen Strahlenbündeln erblickte, als er den *Taconic State Parkway* hinunterfuhr. Er sah, wie einen Moment lang die Lichter ausgingen; dann strahlten sie wieder auf – und diesmal in leuchtendem Grün. Hele berichtete, das Fahrzeug, das zwei oder drei Minuten lang in einer Höhe von 30 Metern in der Luft stand, bevor es in Richtung Norden aus dem Blickfeld verschwand, habe einen Durchmesser von fast 90 Metern gehabt.

Im Laufe von nur wenigen Tagen sammelten sich andere, ähnliche Berichte, und das Zentrum für UFO-Forschung veranlaßte eine Untersuchung, die von dem Naturwissenschaftler Phil Imbrogno, dem Forscher George Lesnick und Hynek selbst geleitet wurde. Das Team interviewte eine Vielzahl von Zeugen – darunter Ärzte, Kranken-

schwestern, Rechtsanwälte, Geschäftsleute, Hausfrauen und einige Angestellte der Eisenbahnlinie *Metro North*. Dann wurden die gesammelten Informationen mit Hilfe eines Computers verglichen. Das Ergebnis: Alle Beschreibungen waren einander verblüffend ähnlich.
Aber die Forscher stellten auch einige Widersprüche fest. Da auch in Städten, die mehrere Kilometer auseinanderlagen, UFOs gesichtet worden waren, meinte man, daß möglicherweise verschiedene Flugobjekte am Himmel gewesen sein könnten. Berichte von Hunderten angeblicher UFOs aus fünf Städten in Connecticut einen Monat nach den Ereignissen von New York ließen jedoch den Rückschluß zu, daß es sich möglicherweise um eine Falschmeldung gehandelt haben könnte. Die Zeugen dort nämlich hörten Motorengeräusche und sahen Manöver, die möglicherweise von kleinen, in Formation fliegenden Flugzeugen stammten.
Dennoch, so erklärten die Wissenschaftler, unterschieden sich diese zuletzt erwähnten Beobachtungen ganz wesentlich von den Beschreibungen des Bumerang-UFOs über New York. Imbrogno stellte dazu fest: »Flugzeuge mit nur einem Triebwerk können nicht geräuschlos in der Luft stehen, eine Wendung von 90 Grad vollziehen oder blendende Lichtstrahlen aussenden.«

Wie schmecken tiefgekühlte Mammuts?

Das Mammut, dieser haarige Urahn des Elefanten, ist, so nimmt man an, seit Tausenden von Jahren ausgestorben. Aber viele Menschen in Sibirien, Touristen wie Wissenschaftler, haben angeblich das Fleisch der riesigen Dickhäuter gekostet. Nachdem es nämlich Ewigkeiten lang in tiefem Eis begraben war, kamen unsere Artgenossen doch noch in den Genuß eines knusprigen Bratens.
Gerüchte besagen, daß russische Wissenschaftler sich gelegentlich treffen, um ein »Mammut-Büfett« zu verspeisen. Und ein paar sowjetische Hilfskräfte bekamen die größten Schwierigkeiten mit verschiedenen Paläontologen, als sie ihre Hunde mit dem Fleisch von Mammuts fütterten.
Der Geologe Robert M. Thorson von der *University of Alaska* in Fairbanks hat noch nie Mammutfleisch probiert, obwohl er augenblicklich dabei ist, eines dieser zum Teil erhaltenen Tiere auszugraben. Er hat aber immerhin schon einen Bissen von einem 30000 Jahre alten gefrorenen Bison gekostet. »Das Stück, das ich gegessen habe, schmeckte ziemlich scheußlich«, stellt er fest. Seine Kollegen, die Mammutfleisch probiert haben, berichten, daß es ebenfalls nicht besonders delikat gewesen sei — obwohl bis jetzt noch niemand von dieser Kost krank geworden ist.
Möglicherweise gibt es in Zukunft doch mehr Mammutfleisch zu essen — und nicht nur eingefrorenes. In einem kürzlich abgehaltenen Symposium über das Fleisch des Mammuts stellten einige Wissenschaftler die These auf, daß das Tier möglicherweise noch in einigen weit abgele-

genen Gebieten Sibiriens leben könnte. Und der sowjetische Zoologe Nikolai Wereschkagin schlug vor, daß man neue Mammutherden aus den gefrorenen Zellen eines seit langem verstorbenen Tieres durch Klonen erzeugen solle.

UFOs und veränderte Bewußtseinszustände

Lorraine Davis, eine Forscherin an der John F. Kennedy University in Orinda, Kalifornien, führte einmal eine Untersuchung durch, die helfen sollte, die Existenz von UFOs zu erklären. UFOs sind, so meint sie, möglicherweise gar keine Raumschiffe von anderen Planeten, sondern vielmehr psychische Phänomene, die mit den hellen Lichtern, die einige Menschen sehen, kurz bevor sie sterben, in Zusammenhang stehen mögen.

Mrs. Davis kam diese Idee nach dem Besuch eines Seminars über Erfahrungen kurz vor dem Tod, das von dem Psychologen Kenneth Ring von der Universität von Connecticut geleitet wurde. Davis stellte fest, daß es auffällige Ähnlichkeiten gab zwischen den veränderten Bewußtseinszuständen von Menschen, die dem Tod schon sehr nahe waren — einschließlich eines blendend hellen Lichts und der Anwesenheit einer Gruppe von toten Verwandten! —, und den Erfahrungen derer, die UFOs gesichtet haben. Mit Hilfe eines Fragebogens zu Erfahrungen in Todesnähe, der von Ring entwickelt worden war, nahm Mrs. Davis mit 261 Menschen, die behaupteten, sie seien mit UFOs in Kontakt gewesen, Verbindung auf.

Als sie die 93 Antworten, die sie zurückerhielt, auswertete, entdeckte Davis ein immer wiederkehrendes Muster. Genau wie Menschen, die aus einem Zustand klinischen Todes wieder ins Leben zurückgeholt worden waren, erzählten auch die, die ein UFO gesehen hatten, von einer seelischen Veränderung: Ihre Einstellung zu sich selbst und zu anderen Menschen sei nun weniger egozentrisch, und ihre religiöse Glaubenseinstellung habe sich geändert. Atheisten, Anhänger einer Sekte oder Mitglieder einer Konfession entwickelten sich zu Menschen mit einem festen Glauben an eine Art universeller spiritueller Ordnung. Sie berichteten darüber hinaus, daß ihre übersinnlichen Fähigkeiten ganz deutlich gewachsen seien.

Davis ist der Meinung, daß der Anblick von UFOs und die besonderen Erfahrungen in Todesnähe möglicherweise nur veränderte Bewußtseinszustände widerspiegeln. »Jeder, der ein UFO zu sehen bekam, erlangte diese Fähigkeit erst durch ein bestimmtes vorangegangenes Ereignis«, sagt sie, »genau so, wie ein vom nahen Tod ins Leben Zurückgerufener durch die Nähe des Todes verändert wurde.«

Dies bedeutet jedoch *nicht*, so betont Mrs. Davis, daß Menschen, die UFOs sehen, sich dies nur einbilden.

»Wenn die UFO-Erfahrung tatsächlich im Zustand eines veränderten Bewußtseins stattfindet, dann materialisiert sich möglicherweise wirklich ein paar Minuten lang ein real existierendes Fahrzeug«, sagt sie. »Wer weiß? Es ist sicherlich möglich, in anderen Bewußtseinszuständen Dinge mit einem noch intensiveren Realitätsgefühl wahrzunehmen.«

Zigarrenförmiges UFO über New Mexico gesichtet!

Am 8. Dezember 1981, ungefähr eine Stunde vor Sonnenuntergang, entdeckte Dan Luscomb ein riesiges zigarrenförmiges Objekt in der Nähe von Reserve, New Mexico, am Himmel. Luscomb, der Besitzer des *Whispering Pines Resort*, einer Ferienanlage, die sich sich etwa elf Kilometer südlich von Reserve befindet, meint, das UFO sei »so groß wie vier Boeing 747 zusammen« gewesen. Er sah auch, daß ein Düsenflugzeug das seltsame Luftschiff verfolgte. »Aber jedesmal, wenn das Flugzeug in die Nähe kam«, so erinnert sich Luscomb, »gelang es dem Objekt auszuweichen.«

J. Allen Hynek, der Direktor des Zentrums für UFO-Studien, erfuhr von dem, was Luscomb gesehen hatte, aus einem Artikel in der *El Paso Times*. Ein paar Monate später, im April, entschloß er sich, nach Reserve zu fahren, um dem Fall persönlich nachzugehen.

Hynek traf neun Personen an, die in der Gegend wohnten und die behaupteten, ebenfalls dasselbe zigarrenförmige Objekt gesehen zu haben — und zwar ungefähr zum selben Zeitpunkt wie Luscomb. Lance Swapp, Angestellter eines Lebensmittelgeschäfts im nahegelegenen Luna, sagte, er habe ein helles Licht entdeckt, als er von der Arbeit nach Hause fuhr. »Als ich heimkam, schrie mein Bruder mir zu, ich solle mal zum Himmel hinaufgucken«, erinnerte er sich. »Über unseren Köpfen war ein großes Objekt, das von einem Jet verfolgt wurde.«

Die Hausfrau Alma Hobbs berichtete, sie habe einen großen roten Ball gesehen, der sich, als sie sich gerade zu Luscomb begeben wollte, vom Boden erhob. Einige Sekunden später schwenkte das Objekt zur Seite ab, und sie bemerkte, daß es eigentlich röhrenförmig war.

Hynek meinte, die Zeugen könnten auf keinen Fall eine Rakete gesehen haben. Die nämlich hätte einen ohrenbetäubenden Lärm verursacht, während das UFO über New Mexico lautlos blieb. Er zog daraus die Schlußfolgerung, daß es sich wahrscheinlich nicht um ein militärisches Testflugzeug gehandelt habe, denn »keines der hochentwickelten Flugzeuge kann so, wie es angeblich bei diesem Flugobjekt der Fall war, eine Wendung von 90 Grad vollziehen. Derartiges würde Newtons Zweitem Gesetz der Bewegung gänzlich widersprechen.«

Die erstaunliche Vorhersage von Jules Verne

Wenn die Autoren von Science-fiction zukünftige Entwicklungen prophezeien, dann sind ihre Vorhersagen häufig falsch. Gelegentlich aber sind solche Beschreibungen zukünftiger Ereignisse verblüffend korrekt.

Einer der ersten Verfasser eines Buches aus dem Bereich der Science-fiction, Jules Verne, schrieb in den sechziger Jahren des 19. Jahrhunderts über ein Mondfahrzeug, das die Erde von einer Abschußbasis an der Küste Floridas verließ. Er nannte das Schiff die *Nautilus*. Seine Flugzeit zum Mond betrug 73 Stunden und 13 Minuten. Es scheint ein fast unglaublicher Zufall zu sein, daß das erste echte Mondfahrzeug – die Apollo 11 – genau 73 Stunden und 10 Minuten brauchte, um den Ort im Weltraum zu erreichen, von wo aus es den Mond umkreisen sollte.

In einem anderen Science-fiction-Roman beschrieb Jules Verne exakt die Maße eines Atomunterseeboots, das er ebenfalls *Nautilus* nannte. Dies geschah 100 Jahre vor der Erbauung des ersten wirklichen Atomunterseeboots, ebenfalls mit Namen *Nautilus*. Es durchkreuzte als erstes Boot dieser Art die eisigen Gewässer des Nordpols. Später wurde nach ihm eine ganze Serie von Atomunterseebooten benannt.

Die Prophezeiungen des Nostradamus

Fünf Jahrhunderte lang haben Wissenschaftler und Übersetzer versucht, die verschlüsselten Prophezeiungen des Astrologen und Mystikers Nostradamus zu enträtseln. Obwohl er Christ war und behauptete, von Gott inspiriert zu sein, fürchtete Nostradamus dennoch den Zorn der katholischen Inquisition und verschleierte deshalb seine Vorhersagen mit allen möglichen mysteriösen literarischen Anspielungen — einschließlich bestimmter wortspielerischer Techniken wie Anagrammen (Buchstabenversetzrätsel) und Aphäresen (das Weglassen des Anfangsbuchstaben oder der Anfangssilbe eines Wortes).
Es gibt ungefähr 400 Deutungsversuche für seine Prophezeiungen, aber bis zur Ära der Computer konnten Nostradamus' komplizierte Texte nicht entschlüsselt werden. Jean Charles de Fontbrune, Manager eines Pharmakonzerns, gab die Daten, die er im Laufe der Jahre gesammelt hatte, in ein Computerprogramm ein. Dadurch konnte er den Abstand messen, in dem Buchstaben, Wörter, Sätze und andere sprachliche Konfigurationen von Nostradamus sich wiederholten. Bald erkannte de Fontbrune deutlich, daß der Mystiker in lateinischen Strukturen gedacht hatte und jene Strukturen dann direkt ins Französische übertrug — eine Erkenntnis, mit deren Hilfe es de Fontbrune gelang, 600 der 1100 Texte von Nostradamus aufzuschlüsseln.
Obwohl er 1980 ein Buch veröffentlichte, in dem seine Erkenntnisse festgehalten waren, verursachte er damit kaum Aufsehen. Dann plötzlich fiel jemandem de Font-

brunes Hinweis auf, daß »das Jahr, in dem die Rose blühte« zeitlich mit einem Aufstand eines islamischen Volkes gegen den Westen zusammenfiel.

Da die Rose das Symbol der französischen Sozialisten ist, die tatsächlich in demselben Jahr einen Wahlsieg errangen, in dem die US-Botschaft in Teheran besetzt wurde, interessierten sich die Menschen plötzlich dafür, was das Buch von de Fontbrune wohl sonst noch hergab. Die Leser entdeckten nun, daß Nostradamus die erstaunliche hellseherische Fähigkeit gehabt hatte, den Tod von Heinrich II. in einem Turnier vorherzusagen, den Aufstieg von Napoleon Bonaparte und sogar den Sturz des Schah im Iran durch »religiöse Eiferer«.

Die Interpretation der Texte des Nostradamus durch de Fontbrune geht nun dahin, daß der Islam noch vor dem Ende des Jahrhunderts die römisch-katholische Kirche zugrunde richten wird. Dann werden die arabischen Nationen sich mit der Sowjetunion zusammenschließen und nach Westeuropa vordringen. Eine Menge Blut wird in Paris fließen, und die Welt wird unausweichlich in einen schrecklichen Krieg geraten. Diese Vorhersagen haben eine derartige Unruhe verursacht, daß einige Franzosen angeblich bereits aus ihrem Heimatland ausgewandert sind.

Der Physiker Freeman Dyson vom *Institute for Advanced Studies* in Princeton, New Jersey, behauptet, Molekularbiologen hätten bereits damit begonnen, eine Technologie zu entwickeln, die notwendig ist, um das Leben auf der Erde neu zu gestalten. Eines Tages, so behauptet Dyson, werden die Menschen genetisch so programmiert sein, daß sie fähig sind, im Weltall oder in fremden Umgebungen zu leben, ohne irgendwelche Raumanzüge oder andere Hilfsgeräte zu brauchen.

Wie werden diese Zukunftswesen nun aussehen? Dyson meint, sie hätten wahrscheinlich keine Nasen mehr (»Dort oben im Weltall gibt es ohnehin nichts zu riechen!«), aber dafür eine krokodilartige Haut, die wegen des stark reduzierten Drucks innerhalb des Körpers den Organismus davor schützen müßte, sich durch den stärkeren Druck der Atmosphäre zu überhitzen. Er fügt hinzu, daß diese neue, veränderte menschliche Rasse möglicherweise auch mit einem Isolierpelz oder Federn bedeckt sein könnte, damit sie vor der eisigen Kälte des Weltalls geschützt wäre. Dem problematischen Umstand, daß sich Knochen bei langen Flügen durchs Weltall im Zustand der Schwerelosigkeit aufzulösen drohen, kann durchaus insoweit abgeholfen werden, so meint er, als man den chemischen Haushalt des Körpers an diese Bedingungen anpaßt.

Vorchristliche Raumanzüge

Zwischen 7000 und 520 vor Christus schufen japanische Kunsthandwerker kleine Tonstatuen mit spitzen Köpfen, Augenschlitzen und Rümpfen, die mit komplizierten Mustern aus Streifen und Punkten dekoriert waren. Diese Objekte, die man Dogu nennt, werden im allgemeinen als Abbilder alter japanischer Fruchtbarkeitsgötter angesehen. Aber Vaughn Greene, Verfasser des Buches *Astronauts of Ancient Japan*, ist der Ansicht, Dogus stellen genau das dar, wonach sie auch aussehen: Humanoiden in Raumanzügen. In der Tat, meint er, wirken sie weitgehend so, als trügen sie einen EMU *(extravehicular mobility unit)*, einen Raumanzug, der von der NASA für die Astronauten des *Space Shuttle* zum Aufenthalt außerhalb des Raumschiffes entworfen wurde.

Greene vermutet, daß das Oberteil und das Unterteil des Dogu-Raumanzugs getrennt angezogen wurden, genau wie beim EMU. Darüber hinaus weist er darauf hin, daß die Kontrollinstrumente am Brustkorb sich beim EMU an ungefähr derselben Stelle befinden wie die runden Knäufe, die man auf dem Brustteil der Dogus findet. Die Streifen um die Dogu-Knäufe herum, so vermutet er, sind nicht nur reine Dekoration; sie sind vielmehr Kontrolleinheiten, die dazu dienen sollten, die Wasser- oder Sauerstoffmenge zu messen, die auf das Wesen in diesem Raumanzug einwirkte.

Rätselhafte Katzen und Hunde

Im Lauf der letzten zehn Jahre ist der Autor Michael Goss bestimmten Berichten über rätselhafte, fleischfressende Geschöpfe in Großbritannien nachgegangen, die bisweilen als riesige Katzen oder auch als Hunde beschrieben wurden.

Laut Goss sind solche Wesen nachweislich siebzigmal auf den Britischen Inseln gesichtet worden. Manchmal wird eines dieser rätselhaften Tiere als gelbbraune, drei Meter lange Katze beschrieben, und einige Zeugen, die beobachtet haben, wie das Tier andere Tierkadaver verschlang, sagen sogar, daß es sein Futter auf die gleiche Art wie eine Katze fresse. Andere Augenzeugen wiederum, die den Auftrag erhielten, ein derartiges Tier zur Strecke zu bringen, das fast 100 Schafe in Stokenchurch getötet hatte, sagen, daß es einem großen Hund ähnelte.

Eines dieser mysteriösen Tiere wurde, so berichtet Goss, im Sommer des Jahres 1982 östlich von London in den Fobbing-Sümpfen gesichtet. Der Vorarbeiter einer Gesellschaft für Wasserversorgung arbeitete eines Nachmittags in einem abgelegenen Gebiet, wo sich ein Wasserspeicher befand, und wurde durch einen seltsamen Hund aufgeschreckt. Ein paar Tage später sah ein Spaziergänger an dieser Stelle wahrscheinlich dasselbe Tier hinter einer Hecke hervorspringen. Keiner der beiden Augenzeugen war sich sicher, ob er nun eine Katze oder einen Hund gesehen habe. Ende des Jahres 1983 beobachteten drei Menschen, einer davon mit einem Feldstecher, ein Tier, das sich etwa eineinhalb Kilometer von den Fobbing-Sümpfen entfernt aufhielt, und behaupteten steif und fest, sie hätten einen riesigen Panther gesehen.

Einige Leute in Großbritannien, so erzählt Goss, glauben, daß diese Berichte auf »außerirdische« Katzen und Hunde, die im Land ihr Unwesen treiben, hinweisen könnten. »Wenn dies eine Art Mummenschanz ist, dann sollte man uns davon informieren«, kommentiert er. »Wenn es sich hier aber um ein real existierendes paranormales Wesen handelt«, meint er, »dann müssen wir möglichst viel darüber herausfinden.«

Die Suche nach Mallorys Kamera

Am 8. Juni 1924 verschwanden George Mallory und Andrew Irvin spurlos bei ihrer Besteigung des Mount Everest. Niemand weiß, wie nahe die beiden ihrem Ziel waren, als erste Menschen den höchsten Berg der Welt zu bezwingen, aber es gibt möglicherweise einen Weg, um genau das herauszufinden. Ein Computerfachmann aus Massachusetts, Tom Holzel, hat eine Suche nach den beiden Kodak-Kameras in die Wege geleitet, die die Bergsteiger bei sich hatten.

Holzel erfuhr von den Kameras aus einem kleinen Artikel in der Zeitschrift *New Yorker.* Er war sicher, daß diese Kameras wahrscheinlich unentwickeltes Filmmaterial enthielten, das zeigen würde, wie weit die Bergsteiger gekommen waren. »Aber«, so räumt er ein, »wenn man man zwei kleine Pocket-Kameras auf einem riesigen Berg finden will, so ist das mit der berühmten Stecknadel im Heuhaufen vergleichbar.«

Dennoch, meint Holzel, könnte es möglich sein. Um die Suche zu erleichtern, ließ er von der Firma *White's Electronics* in Neuengland spezielle, äußerst robuste Metalldetektoren bauen, um die Stahlgehäuse der Kameras aufzuspüren.

Im Jahr 1986 machte sich Holzel drei Monate lang auf die Suche nach Mallorys und Irvins Kameras. Das, wonach er suchte, fand er nicht, obwohl er immerhin an einer Stelle, wo sich möglicherweise das Lager der Bergsteiger befunden hatte, Sauerstoffflaschen entdeckte.

Warum aber ist Holzel, obwohl das Unternehmen doch

fast hoffnungslos erscheint, wild entschlossen, weiterhin nach den Kameras und den beweiskräftigen Filmen, die sie enthalten könnten, zu suchen? Er beantwortet diese Frage mit demselben Satz wie Sir Edmund Hillary, als man ihn fragte, warum er den Mount Everest besteige: »Weil Mallory dort ist.«

Großfußjäger

Mark Keller quittierte seinen Dienst im Postamt und verkündete, er wolle eine fünfmonatige Jagdtour machen. Er plane, so erzählte er, eine großartige Beute zu machen; vor allem war er darauf aus, *Bigfoot*, das legendäre Affenwesen, das in den tiefen Wäldern der nordwestlichen Pazifikstaaten lebt, zu erlegen.
Als aber bekannt wurde, daß Keller plante, einen *Bigfoot* zu schießen, bekam er über 100 Drohanrufe. Einige der Anrufer sagten, sie würden sicherlich einen Weg finden, um Kellers Pläne zu vereiteln. Andere bedrohten direkt das Leben des Jägers.
»Einige Pfeil-und-Bogen-Jäger oben in Washington haben angerufen und gesagt, daß sie mich töten würden, wenn ich es darauf anlegte, *Bigfoot* zu töten«, berichtet Keller.
Sergeant Jim Dawson aus Arcata hält fest, daß Keller auch einige Drohbriefe erhalten hat. Die Polizei konnte allerdings nicht herausfinden, wer sie nun eigentlich geschrieben hatte.
Aber alle, die sich derartige Sorgen um *Bigfoot* machten, waren schon sehr bald erleichtert zu hören, daß Kellers Jagdausflug verschoben worden war — und zwar auf unbestimmte Zeit. Er wurde nämlich in der Innenstadt von Eureka in Kalifornien der Polizei übergeben.
»Er hatte ein Gewehr mit einem Infrarot-Zielfernrohr für das Schießen in der Dunkelheit bei sich«, erklärte der Beamte. »Deshalb nahm ich ihn fest.«

Eisiges Grabmal

Wesley Bateman aus Poway in Kalifornien sah sich eines Abends einen Videofilm über Ufos an und machte dabei eine merkwürdige Entdeckung. Er registrierte, daß ein eisbedecktes Objekt, das angeblich von Apollo-11-Astronauten fotografiert worden war, ungefähr wie ein Flugzeug des Typs *TBM Avenger* aussah. »Der schwerste Teil des Flugzeugs, die ›Nase‹, weist zur Erde«, so erklärt er, »und man kann sehr leicht einen blasenförmigen Vorsprung und einen Schwanz erkennen.«

Aber was macht ein Flugzeug, Jahrgang 1945 und angetrieben von einem Propeller, auf einer Flugbahn um die Erde? Bateman glaubt die Antwort gefunden zu haben. Das Flugzeug war eines von fünf *TBM Avenger*-Torpedobombern, die am 5. Dezember 1945 den Luftwaffenstützpunkt in Fort Lauderdale, Florida, verlassen haben und niemals wiedergekehrt sind.

Auf einem Routineflug waren damals in weniger als drei Stunden alle Flugzeuge und ihre aus 14 Mann bestehende Besatzung verschwunden. Ein Luftschiff mit 13 Männern an Bord, das man für eine Rettungsexpedition ausgesandt hatte, verschwand ebenfalls. In den letzten 30 Jahren gab es immer wieder Spekulationen, daß möglicherweise Außerirdische mit dem mysteriösen Vorfall zu tun haben könnten — vor allem deshalb, da einige Zeugen behaupteten, sie hätten den Flugkapitän rufen hören: »Folgen Sie mir nicht! Die sehen so aus, als kämen sie von irgendwo außerhalb des Weltalls.« Dies war die letzte Meldung von ihm.

Bateman sagt, daß die *Avenger,* die die Erde umkreist, möglicherweise konkrete Beweise enthalten könnte, daß Außerirdische das Verschwinden der Flugzeuge bewirkt haben. Er ist der Meinung, daß das Flugzeug auf seinem Trainingsflug Tiefenmeßgeräte ins Meer fallengelassen haben könnte und daß dabei möglicherweise ein Flugobjekt von Außerirdischen, das sich unter der Meeresoberfläche befand, beschädigt worden ist. »Als das UFO, um weiteren Schaden zu vermeiden, aus dem Wasser aufstieg«, erzählt er, »wurde durch das schnelle Abheben ein Strudel erzeugt, in den die Flugzeuge hineingesogen wurden.«

Er fügt hinzu, daß jedermann, der in Zweifel zieht, daß eine *Avenger* Baujahr 1945 die Erde umkreist, sich das Flugzeug, das von einer dicken Eisschicht umschlossen ist, genau ansehen sollte. »Ich kann mir nicht vorstellen, daß dann noch jemand behauptet, es sei *keine Avenger.* Dies ist ein schlüssiger Beweis dafür, daß es UFOs gibt.«

Träume der Toten

In vielen Träumen gibt es Hinweise auf ein Leben nach dem Tod. Dies ist zumindest das Ergebnis, zu dem die Schweizer Psychologen Marie-Louise von Franz und Emmanuel Xipolitas Kennedy nach der Auswertung von 2500 Träumen kamen.

Die Forscher weisen darauf hin, daß viele Träume vom Leben nach dem Tod nur Ausdruck der momentanen psychischen Situation des Träumers seien. Andere Träume aber haben eine fast fotografisch genaue, übernatürliche Qualität, durch die sie sich deutlich von den üblichen Traumerlebnissen unterscheiden. Der Schlafende ist nach einem solchen Traum davon überzeugt, daß es ein Leben nach dem Tode gibt. »Es scheint in der Tat so, als seien diese Träume Begegnungen mit den Seelen Verstorbener«, erklärt Kennedy. »Nachdem sie diese Träume hatten, beschleicht die Menschen das Gefühl, sie hätten die Toten gesehen.«

Wenn Todkranke im Sterben liegen, sind ihre Träume häufig ganz ähnlich, fügt er hinzu. Kennedy meint, daß oft Sterbende sich selbst zu einer früheren Zeit ihres Lebens sehen oder aber sie treffen jemanden, der schon auf die »andere Seite« hinübergegangen ist.

»Die Träume scheinen dem Unterbewußtsein zu bestätigen, daß der nahende Tod nicht das Ende bedeutet«, erklärt Kennedy. »Das letzte Ziel scheint die Vereinigung des individuellen mit dem archetypischen Selbst zu sein, das wir uns als Gottvater vorstellen. Die Träume geben Hinweis darauf, daß alles, was in diesem Leben unvollendet bleibt, auf irgendeine Weise nach dem Tode weitergeführt wird.«

Vision eines Mordes

Als Etta Louise Smith, Buchhalterin in einer Schiffsbaufirma in Lockheed und Mutter von drei Kindern, an einem Nachmittag im Jahr 1980 eine Nachrichtensendung über eine verschollene Krankenschwester im Radio hörte, befiel sie das seltsame Gefühl, die junge Frau sei bereits tot. In den Nachrichten wurde erklärt, daß die Polizei ganze Häuserreihen nach der Frau durchsucht habe, aber Mrs. Smith kam immer wieder der Gedanke: »Sie ist nicht in einem Haus«. Dann sah sie plötzlich vor ihrem geistigen Auge »so etwas wie eine Fotografie«, erinnert sie sich. »Die Frau auf dem Bild war tot.«

Mrs. Smith entschloß sich, mit ihren Visionen der Polizei von Los Angeles zu helfen. Nachdem sie mit einigen Untersuchungsbeamten gesprochen hatte, fuhr sie zu dem entfernt gelegenen Tal, das sie vor einigen Stunden vor sich »gesehen« hatte. Schon bald entdeckte sie die verstümmelte Leiche der 31jährigen Melanie Uribe.

Sofort fiel der Mordverdacht auf Mrs. Smith selbst, und sie verbrachte vier Tage im Gefängnis — bis schließlich ein ortsansässiger Mann gestand, daß er zusammen mit zwei Komplizen das Verbrechen begangen hatte. Die Männer wurden später tatsächlich der Tat überführt.

Mrs. Smith klagte wegen unrechtmäßiger Festnahme gegen die Stadt Los Angeles, und der Richter am Obersten Gerichtshof, Joel Rudolf, entschied, daß die Polizei keine ausreichenden Gründe und Beweismittel gehabt habe, um die Frau unter Mordverdacht festzunehmen. Das Gericht sprach ihr eine Entschädigung von 26 184 Dollar zu.

Nach Meinung des Vorsitzenden war die Mehrzahl der Geschworenen der Ansicht, daß Mrs. Smith wohl tatsächlich eine Vision gehabt habe, die sie zur Leiche der Ermordeten hinführte.

Mrs. Smith meint jedoch inzwischen: »Vielleicht werde ich in Zukunft nur noch anonym über meine Visionen berichten.«

Das geheimnisvolle Flugzeug im Bermudadreieck

Endlich, so schien es, kam doch ein wenig Licht in den Fall um das mysteriöse Verschwinden der fünf *TBM-3 Avenger*-Flugzeuge und des Luftschiffs, die am 5. Dezember 1945 Fort Lauderdale verlassen und in Richtung auf das sogenannte Bermudadreieck geflogen waren. Die Mannschaft des Schatzsuchers Mel Fisher entdeckte etwas, das eines der verschollenen Flugzeuge zu sein schien und teilweise von Schlamm bedeckt war. Es befand sich auf dem Grund des Ozeans, ungefähr 30 Kilometer westlich von Key West.

Zwar meinten UFO-Enthusiasten, daß sich vielleicht Außerirdische der vermißten Flugzeuge bemächtigt hätten, aber die Wrackteile der *Avenger,* die Fishers Männer gefunden hatten, wiesen keinerlei Spuren eines möglichen Kontaktes mit außerirdischen Wesen auf. Es sah einfach so aus, meinte K. T. Budde, ein Mitglied der Rettungsmannschaft, »als habe sich das Flugzeug verirrt und schließlich keinen Treibstoff mehr gehabt«.

Ist also das Rätsel um die verschwundenen Flugzeuge gelöst? Durchaus nicht. Wie David Paul Horan, Fishers Rechtsanwalt, erklärt, ging aus Aufzeichnungen der Marine hervor, daß die kürzlich entdeckte *Avenger* nicht zu den fünf vermißten Flugzeugen gehört habe. »Diese Maschine nämlich wurde selbst bereits drei Monate vor dem Verschwinden jener Flugzeuge von Key West vermißt«, stellt er fest. »Einer der Überlebenden konnte das Flugzeug identifizieren.«

Horan, der ebenfalls Pilot ist, sagt, er sei enttäuscht, daß das Rätsel der vermißten *Avenger* nicht von Fishers Mannschaft gelöst werden konnte, als sie auf dem Grund des Ozeans nach vergrabenen Schätzen suchte. »Tatsächlich«, so stellt Horan fest, »sieht nichts, was dort unten gefunden worden ist, so aus, als stünde es irgendwie mit dem Verschwinden der Flugzeuge in Zusammenhang«.

Blaue Menschen

Wesen in seltsamen Farben — wie die kleinen grünen Marsmännchen — sind eine unerschöpfliche Quelle der Phantasie für Science-fiction-Geschichten. Aber Wissenschaftler haben tatsächlich blaue Menschen entdeckt, die mitten unter uns auf der Erde leben.

Als der Bergsteiger und Physiologe John West von der Universität von Kalifornien die Andenregion Aucanquilcha in Chile bereiste, machte er eine umwerfende Entdeckung. Ziemlich lange hatten Forscher geglaubt, daß Menschen nicht in Höhen über 5250 Metern leben könnten, aber West begegnete persönlich einigen Männern, die in einer Höhe von fast 6000 Metern ihr Zuhause hatten — und sie waren von blauer Hautfarbe.

Die Wissenschaft wußte bereits seit langem, daß die Haut durch bestimmte Krankheiten eine bläuliche Schattierung erhält und daß, etwa durch Erbanomalien, sich die Haut mancher Menschen in den Ozark-Bergen pastellig verfärbte. West fand nun außerdem heraus, daß die Männer in den Anden noch aus einem anderen Grund blau waren: Ihre Hautfarbe ist anscheinend das Ergebnis einer Anpassung an die Luft in einer extremen Höhe, die weniger als die Hälfte des Sauerstoffs enthält, die man in Meereshöhe mißt.

West erklärt, daß die Bergbewohner große Mengen von Hämoglobin produzieren; das ist das Sauerstoff transportierende Pigment in den Zellen des Blutes. »Das Hämoglobin ist nur schwach mit Sauerstoff versorgt«, sagt er, »und es schimmert deshalb bläulich durch die Haut. Ich nehme an, daß diese Menschen die Tiefe und die Schnelligkeit ihrer Atmung intensivieren und, da sie in einer Höhe von 1 500 bis 3 600 Metern geboren worden und aufgewachsen sind, sehr starke Anpassungsmechanismen entwickelt haben. Aber es gibt noch sehr viel, was wir nicht erklären können.«

Ein Physiologe der Universität von Pennsylvania, Sukhamay Lahiri, hat ebenfalls die blauen Männer in den Anden gesehen. Er führt aus, daß tibetanische Priester, die sich in ähnlichen Höhen im Himalaja aufhalten, auch eine bläuliche Hautfarbe haben. »Besonders erstaunlich ist allerdings«, sagt er, »daß diese Männer in derartigen Höhen leben und zudem noch schwere körperliche Arbeit verrichten.«

Der verfluchte Highway

Viele Leute würden es sich sicherlich zweimal überlegen, die neue *Route 55* in New Jersey entlangzufahren. Die Straße ist als Projekt von 4,2 Meilen (6,72 km) Länge angelegt, und zwar in der südlichen Gemeinde Deptford. Ein Teil der Straße führt durch die archäologischen Überreste eines alten Indianerdorfs, zu dem auch der Friedhof von Paleo-Indianern gehört, die die Gegend vor etwa 8000 Jahren bewohnten. Der dort ansässige Medizinmann, ein Indianer vom Stamm der Nanticoke mit Namen Carl Peirce (auch bekannt als Wayandaga), äußerte sehr deutlich und durchaus öffentlich seine Bedenken, daß die Entweihung des Ruheplatzes seiner Vorfahren möglicherweise katastrophale Folgen haben könnte.

»Ich sagte bereits, daß meine Vorfahren sich sicherlich rächen, wenn diese Straße zu Ende gebaut würde«, erklärt Peirce. »Ich habe ebenfalls vorhergesagt, daß man sich auf einen Racheakt durch den Geist gefaßt machen müßte.«

Kurz nach einer Pressekonferenz, in der Wayandaga seine Prophezeiungen deutlich aussprach, wurde die *Route 55* von Katastrophen und Todesfällen heimgesucht. Ein Arbeiter wurde von einer Asphaltwalze überrollt, ein anderer brach während seiner Arbeit mit einem Gehirnschlag zusammen. Einer der Arbeiter entdeckte zu seinem Entsetzen, daß sich seine Füße aufgrund mangelnder Durchblutung schwarz verfärbten, und ein anderer verletzte sich schwer beim Sturz von einer Autobahnbrücke. Ein weiterer Straßenarbeiter erlitt drei Herzanfälle. Dann explodierte Material in einem Lastwagen, in dem fünf Arbeiter saßen.

»Es kam schließlich so weit, daß die Frage ›Was geschieht nun als nächstes?‹ an unserer Arbeitsstelle schon zu einer festen Redewendung wurde«, stellt Bauinspektor Karl Kruger fest.

Wayandaga behauptet beharrlich, daß die unter einem Fluch stehende Straße für Reisende niemals sicher sein werde: »Wenn der *Highway 55* nicht an eine andere Stelle umgeleitet wird, werden dort weiterhin immer wieder Menschen sterben.«

Der Psychologe Kenneth Ring von der Universität von Connecticut behauptet, Menschen, die vom Zustand des klinischen Todes ins Leben zurückgekehrt sind, hätten nicht nur ihre Vergangenheit an sich vorbeiziehen sehen — sie hätten außerdem einen Blick in die Zukunft werfen können.

Ring, der sich mit den Erfahrungen von mehreren Dutzend Menschen überall in den USA beschäftigt hat, erklärt, daß sich ein Mann bereits im Alter von zehn Jahren, als er im Sterben lag, als verheirateter Erwachsener gesehen habe. Während dieser Vision, die er bei einer Blinddarmoperation im Jahr 1941 hatte, sah der Mann sich selbst und seine beiden Kinder. Er »beobachtete« sich in einem Lehnstuhl sitzend, und er bemerkte etwas »sehr Seltsames« hinter der Wand.

1968 erkannte der Mann plötzlich, daß die Vision, die er in Todesnähe, zur Zeit seiner Blinddarmoperation, gehabt hatte, Realität geworden war. »Als ich in einem Stuhl saß, ein Buch las und zufällig zu meinen Kindern hinüberblickte, da erkannte ich, daß *genau dieses Bild* die Vision von 1941 war«, erklärt er. »Und das seltsame Objekt hinter der Wand war ein Heizlüfter, ein Gegenstand, den ich damals als Kind noch nicht kennen konnte.«

Andere, deren Erfahrungen ebenfalls vom Psychologen Ring überprüft wurden, erzählten ganz ähnliche Geschichten. Aber es gab auch zahlreiche Berichte von Menschen, die im Zustand des klinischen Todes das Schicksal der Erde voraussahen. Fast alle diese Menschen, so sagt

Ring, hätten eine Katastrophe gesehen, die, so behaupten sie fest, in weniger als zehn Jahren über die Erde kommen werde. Erdbeben, Vulkanausbrüche, Hungersnöte, ein Atomkrieg und Dürreperioden sind einige der Katastrophen, die diese Todeskandidaten voraussagten. Aber sie erzählen ebenso, daß es schließlich Frieden geben werde. Nach einer Reihe von Katastrophen werden »Jahrzehnte einer weltweiten Verbrüderung kommen«.

Ring ist der Meinung, daß niemand sich über den prophezeiten Zusammenbruch der Welt Sorgen machen sollte. »Ich glaube eher, daß die Prophezeiungen nichts weiter als Bilder sind, die die Befürchtungen und Hoffnungen des Unterbewußtseins ausdrücken«, sagt er.

Der Amateurfilmer und das UFO

Am 11. Januar 1973, wenige Minuten nach neun Uhr morgens, entdeckte der Bauleiter Peter Day in der Nähe des Dorfes Cuddington in England einen orangefarbenen, glühenden Ball am Himmel. Er griff zu seiner Super-8-Filmkamera, die in seinem Auto lag, und filmte das Objekt, das sich gerade in einer Entfernung von ungefähr 400 Metern über die Spitzen der Bäume hinwegbewegte.

Als man der *British UFO Research Association* (BUFORA) den Film zur Überprüfung aushändigte, stellte diese Organisation fest, daß das Bild, das Day geschossen hatte, »echt und verwirrend« war. In einer anderen Überprüfung kam der UFO-Fotospezialist Peter Warrington, der mit den Kodak-Werken in Hempstead zusammenarbeitet, zu dem Schluß: »Da ist kein Trick dabei.« Darüber hinaus wurde die Echtheit des Films vom Kodak-Experten Peter Sutherst bestätigt, der erklärte: »Der Film zeigt ein tatsächlich vorhandenes Objekt am Himmel.«

Ein anderes Forschungsteam unter Ken Phillips, einem UFO-Experten, sah sich den Film an und meinte, daß das merkwürdige Objekt in Days Film wahrscheinlich ein F-11-Jet der amerikanischen Air Force sei, der wahrscheinlich, nachdem er vom Luftwaffenstützpunkt in Heyford abgehoben hatte, plötzlich in Brand geriet. Der Zeitpunkt und das Datum des Absturzes? Er geschah am 11. Januar 1973 um 9 Uhr 46 vormittags.

Aber nicht jeder stimmt dieser Hypothese zu. Der Fotospezialist Warrington betont, daß seine Forschungsgruppe den Film beträchtlich vergrößert habe und man »nirgendwo ein Flugobjekt« hätte erkennen können.

Day behauptet schlicht, er könne nicht glauben, daß er ein normales Flugzeug gefilmt habe. »Ein Dutzend anderer Leute, einschließlich eines Lehrers und einer Reihe von Schulkindern, sahen das UFO ebenfalls. Sie waren dem Objekt näher als ich, und ihre Beschreibungen stimmen mit dem, was man auf dem Film sieht, überein.«

Ein brasilianisches UFO

Im Februar 1982 waren auf einem Nachtflug zwischen Fortaleza und Sao Paulo in Brasilien die meisten Passagiere fest eingeschlafen. Plötzlich machte der Pilot Gerson Maciel de Britto eine unerwartete Durchsage: »In einem Abstand von 60 bis 80 Kilometern sehe ich gerade links von uns ein seltsames Flugobjekt, und ich brauche noch ein paar Augenzeugen.«

Die Passagiere wurden allmählich munter und entdeckten, daß sie von einem hellen Licht überflutet waren. Immer wenn sie im Lauf der nächsten 82 Minuten aus dem Fenster blickten, beobachteten sie, daß sich der Himmel rot, orange, weiß und blau färbte.

Von seinem Aussichtspunkt im Cockpit aus erblickte de Britto eine »sich schnell bewegende, untertassenförmige Scheibe mit fünf Blinklichtern«. Da das Objekt, obwohl de Britto ihm Funksprüche in Portugiesisch und Englisch gesandt hatte, keinen Kontakt aufnahm, versuchte er, durch eine besonders intensive Konzentration mit der Scheibe zu kommunizieren, und zwar indem er versuchte, Nachrichten auf telepathischem Wege auszusenden oder zu empfangen.

Als sich das Flugzeug für eine geplante Zwischenlandung Rio de Janeiro bis auf etwa 13 Kilometer genähert hatte, bemerkte der Pilot, daß das UFO ebenfalls nur mehr etwa 13 Kilometer vom Flugzeug entfernt war und immer näher kam. Obwohl die seltsame Scheibe nicht auf dem Radarschirm zu sehen war, wurden dennoch vom Kontrollturm in Rio aus drei Piloten gefragt, ob sie das seltsame

Licht sehen könnten. Alle drei bejahten die Frage. Brasilianische Militärflugzeuge jagten schon bald hinter dem Flugobjekt her; der offizielle Bericht über das Ergebnis dieser Jagd wird geheimgehalten.

Nachdem die großen Zeitungen in Brasilien die Geschichte veröffentlicht hatten, hielten UFO-Skeptiker dagegen, daß an dem betreffenden Morgen der Planet Venus um 3 Uhr 10 aufgegangen sei. Könnte es sein, daß der Pilot de Britto und seine Fluggäste aufgrund des intensiven und farbigen Glühens dieses Planeten irrtümlich meinten, ein UFO gesehen zu haben?

De Britto behauptet, das sei unmöglich. Er beharrt darauf, den Planeten Venus *und* das seltsame Objekt gesehen zu haben. Und er fügt hinzu, daß das Licht auch dann auf das Flugzeug strahlte, als es seine Flugrichtung um 51 Grad änderte. Das nämlich wäre ein Anzeichen dafür, daß irgendein intelligentes Wesen das Flugobjekt steuerte. »Wenn das, was der Pilot sagt, wahr ist, kann es auf keinen Fall der Planet Venus gewesen sein«, stellte J. Allen Hynek, Direktor des Zentrums für UFO-Studien in Evanston, Illinois, fest. »Und wenn es nicht der Planet Venus war, dann war es eben ein UFO.«

Körper können sich nach dem Tod weiter bewegen, und sie tun es gelegentlich auch. Das kann jeder, der schon einmal ein Huhn ohne Kopf durch die Gegend rennen gesehen hat, bezeugen.

Reaktionen von abgeschlagenen menschlichen Köpfen und den Körpern, von denen sie abgetrennt worden waren, wurden in der Schreckensperiode der Französischen Revolution um 1792, als gerade die Guillotine eingeführt worden war, beobachtet. Viele unglückliche Menschen — zunächst die Aristokraten, später auch andere, die nicht »linientreu« waren — wurden nacheinander enthauptet. Die sensationslüsternen Zuschauer beobachteten dabei gelegentlich sehr makabre Reaktionen.

Manchmal geschah es, daß sich der Mund eines der unglücklichen Opfer öffnete und schloß. Manchmal bewegten sich die Augen in ihren Höhlen, oder sie öffneten und schlossen sich abwechselnd. Die Körper zuckten und bewegten sich ebenfalls weiter, obwohl sie ja schon vom Kopf getrennt waren.

Gleichermaßen erschreckend war der Fall des Verbrechers George Foster, der in London im Jahr 1803 gehängt wurde. Nachdem Foster exekutiert worden war, setzte ein gewisser Professor Aldini in Gegenwart von medizinischen Beobachtern die Leiche unter Strom, um zu sehen, was geschehen würde. Die Resultate waren schockierend: Sie zeigten, daß einige Bewegungsnerven immer noch funktionsfähig waren. Die Beine bewegten sich, die rechte Hand wurde angehoben und zur Faust geballt, ein Auge öffnete sich langsam.

Jedenfalls schaffte es Foster, sich in gewisser Weise an der Gesellschaft zu rächen. Ein Chirurg mit Namen Pass, der die Versuche beobachtet hatte, starb, als er sich von dem Experiment nach Hause begab. Man führte seinen Tod auf Herzversagen durch Schockeinwirkung zurück.

Das Dorf, das einfach verschwand

Man hört gelegentlich, daß ein Mensch verschwindet, aber im Jahr 1930 verschwand ein ganzes Dorf — und es blieb bis heute verschwunden.
Dieses Dorf befand sich in der Nähe des Angikuni-Sees, ungefähr 750 Kilometer nordwestlich der Polizeistation in Churchill, Kanada. Zwar war das Dorf eigentlich recht isoliert und abgelegen, doch die Eskimos, die dort lebten, wurden immerhin häufig von Pelztierjägern besucht, die Felle austauschten und mit den Eskimos Karibus verzehrten. Der franko-kanadische Trapper Joe LaBelle, der ungefähr vierzig Jahre lang durch diesen Teil der kanadischen Wildnis reiste, betrachtete die Leute, die in der Nähe des Angikuni-Sees lebten, als alte Freunde.
Als aber Joe sich im November 1930 entschloß, dem Dörfchen einen Besuch abzustatten, wußte er sofort, daß irgend etwas nicht in Ordnung war. Zuerst einmal bellten die Hunde nicht. Er rief ein paar Grußworte, aber niemand antwortete. Schließlich öffnete er die Türen zu einigen der niedrigen, grasgedeckten Hütten, und schrie nach seinen Freunden. Niemand antwortete ihm.
Eine einstündige Durchsuchung des Dorfes ergab, daß sämtliche Einwohner verschwunden waren. Es gab keinerlei Anzeichen für einen Kampf: Töpfe mit Essen standen auf Feuerstellen, die schon seit Wochen kalt geblieben waren. In einem Kleidungsstück, das eine Frau geflickt hatte, steckte immer noch eine Nadel. Kajaks lagen verlassen und leck im Wasser. Auf den Gewehren sammelte sich der Staub. Die Hunde der Eskimos, die ihre Be-

sitzer an Baumstümpfen festgebunden hatten, waren verhungert.

Die Sache wurde noch rätselhafter, als LaBelle den Friedhof des Dorfes durchsuchte, wo üblicherweise große Felsbrocken die begrabenen Toten bedeckten. Ein Grab war geöffnet und die Leiche herausgeholt worden. Das Verschleppen einer Leiche, das wußte LaBelle genau, war für einen Eskimo ein Tabu. Wer auch immer die Tat begangen haben mochte, hatte die Grabsteine zu zwei Haufen aufgeschichtet, also konnte kein Tier die Leiche herausgescharrt haben.

Die kanadische Polizei ging LaBelles Bericht über das verschwundene Dorf nach. Obwohl sie in dem Ruf stehen, »den Bösewicht auf jeden Fall zu erwischen«, waren die Polizisten vollkommen ratlos, wie und warum dreißig Eskimos mitten im Winter verschwunden waren. Monatelange Detektivarbeit, einschließlich Interviews mit anderen in dieser Gegend lebenden Menschen, ergaben keinen einzigen Hinweis darauf, wieso das Dorf verschwunden war.

Das verlassene Schiff

Die *Arakwe* war ein hölzernes Schiff mit riesigen Schaufelrädern, ähnlich den berühmten »Riverboats« auf dem Mississippi. Sie war zur Zeit des amerikanischen Bürgerkrieges gebaut worden. Ausgerüstet mit ein paar kleinen Kanonen, wurde sie offiziell als eines der Kanonenboote der US-Marine betrachtet und zum Horn of Aconaqua in Chile geschickt. Sie sollte demonstrieren, daß die USA die chilenische Regierung tätig unterstützten, indem sie die amerikanische Flagge und ihre Kanonen vorführten.
Der Kapitän der *Arakwe* und ihre Mannschaft hatten eigentlich wenig Grund zu glauben, daß es tatsächlich zu irgendeinem Zwischenfall kommen könnte, und noch viel unwahrscheinlicher war es, daß sich dieser Zwischenfall auf dem Land ereignen würde. Aber aufgrund eines ziemlich verrückten Naturereignisses geschah genau dies.
Kapitän Alexander war gerade in seiner Kabine, als er, wie das Logbuch besagt, »bemerkte, daß die Lampe in der Kabine hin- und herschwang. Ich rannte an Deck und erkannte schnell, daß der Ursprung der Störung ein Unterwassererdbeben war, denn das Wasser floß mit hoher Geschwindigkeit aus der Bucht hinaus ins Meer.«
Schon bald ritt die *Arakwe* hoch oben auf einer mächtigen Flutwelle, die das hölzerne Schiff und Dutzende anderer Boote weit in die Bucht hereintrug. Schließlich fanden sich Kapitän Alexander und seine Leute drei Kilometer vom Meer entfernt auf einer Klippe wieder. Die unten abgeflachte *Arakwe* war zwar auseinandergebrochen, aber doch, verglichen mit den Wracks anderer Schiffe, deren

Teile überall verstreut lagen, immer noch in einer guten Verfassung.

Die Ladungen der zerstörten Schiffe lagen über viele Quadratkilometer verstreut und zogen Scharen von Plünderern an. Einige dieser Ganoven versuchten nun, die *Arakwe* zu entern. Kapitän Alexander und seine Mannschaft zogen ihre Pistolen und taten ihr Bestes, sie zu verscheuchen. Aber sie wichen nicht. Der Kapitän wußte wohl, daß er stärkere Waffen brauchte, aber die Munition war irgendwo unter Deck des Schiffes verborgen. Es gab nur eine Chance, so überlegte Alexander, nur einen einzigen möglichen Ersatz für Kanonenkugeln. Schnell holte die Mannschaft steinharte, runde kleine Käselaibe aus der Kombüse und schob sie, zusammen mit Pulver, in die Kanonen.

Als schließlich die Plünderer sich dem Schiff auf ein paar hundert Meter genähert hatten, gab der Captain schließlich das Signal »Feuer«. Die Kanonen donnerten, und die Käsekugeln warfen immerhin so viele Leute zu Boden, daß der Rest der Plünderer sich voller Schrecken davonmachte.

Die *Arakwe* wurde niemals wieder seetüchtig, und in den Annalen der Marine gilt sie als in der Schlacht zerstört. Aber sie hatte immerhin ein einmaliges Schicksal: Sie ist das einzige Schlachtschiff in der amerikanischen Militärgeschichte, das auf dem trockenen Land mit Käse eine Schlacht austrug — und sie auch noch gewann.

Wikinger in Tennessee

Um 1874 wurde in der Nähe einiger Indianergräber und Erdwälle in Catalina Springs, Tennessee, eine knapp 50 Zentimeter lange und etwa 40 Zentimeter breite Kalksteinplatte entdeckt. In ihre Oberfläche eingraviert fand man die Geschichte einer heftigen Schlacht — und zwar zwischen eingeborenen Amerikanern und Wikingern.

Die Szene stellt zwei sehr unterschiedlich aussehende Menschengruppen dar. Die mit den mandelförmigen Augen sind anscheinend von jenseits der Hügel gekommen; ihre Gesichter sind bemalt, und sie tragen Tierhäute am Körper. Ihre Knöchel und Handgelenke sind mit Bändern geschmückt, und auf den Köpfen tragen sie einen äußerst kunstvollen Putz.

Bei der zweiten Gruppe sind die Augen mit einem Strahlenkranz umrandet. Die Forscher Ruth Verrill und Clyde Keeler von der naturwissenschaftlichen Akademie von Georgia meinten, daß dies vielleicht Wimpern sein könnten. Der Führer der zweiten Gruppe trägt einen viereckigen Schild. Er sieht vollkommen anders aus als irgendein Gegenstand, der jemals von amerikanischen Indianern getragen worden ist — aber er ähnelt ganz bestimmten Schildern, die von den frühen Normannen benutzt wurden.

Auf dem Boden liegt ein Speer, der wie die Waffe eines Wikingers geformt ist, genau so, wie sie Johannes Bronsfed in seinem Buch *Die Wikinger* dargestellt hat. Der Mann mit den Strahlenaugen hat Schuhe an den Füßen, und ein Krieger trägt einen phrygischen Helm oder auch einen nach Art der Römer, mit einem großen halbmondförmigen Aufsatz.

Möglicherweise wird man nie erfahren, worum es in dieser Schlacht ging, aber es ist auf jeden Fall viel Blut geflossen. Ein anderer Krieger mit Strahlenaugen ist enthauptet worden. Es gibt auch Anzeichen dafür, daß möglicherweise Frauen in diesem Streit eine Rolle gespielt haben: Eine Frau mit Mandelaugen, die einen Rock und Schuhe trägt, hält irgend etwas in der Hand — möglicherweise einen Keuschheitsgürtel als Angebot für Frieden und Versöhnung. Sie wird von einem männlichen Indianer angegriffen. Eine weitere Frau, die auch zu den Strahlenäugigen gehört, kniet in einem seltsamen Häuschen, das Verrill und Keeler als Hütte eines indianischen Medizinmannes identifiziert haben. Sie starrt nach oben, als würde sie an ihren Gott appellieren, und raucht eine Pfeife.

Eine Gruppe der Kämpfer sind eindeutig Wikinger, denn auf einem Teil des Bildes ist zweifelsfrei ein Wikingerboot zu sehen. Verrill und Keeler haben festgestellt, daß das Boot denselben Mast und dieselbe Segelvorrichtung besitzt, wie wir sie von den Schiffen der Wikinger her kennen; andere Gegenstände, die auf dem Schiff zu erkennen sind, entsprechen dem, was nordeuropäische Händler und Forscher bis ungefähr 1200 vor Christus benützt haben. Am Bug des Schiffes steht der Kommandant. Er trägt die berühmten Wikingerhörner, die zeigen, daß er der Führer ist. Fünf Männer sitzen an den Rudern; die metallenen Paddelenden sind abgerundet. Dies entspricht den Einkerbungen an Felsen aus dem Eisenzeitalter, die in Schweden entdeckt wurden. In der Mitte des Bootes ist der Landehaken, und am Heck fällt ein Ankertau ins Wasser. Die Platte zeigt weiter die deutlichen Umrisse einer bestimmten Form von Anker, der erwiesenermaßen gelegentlich von den Wikingern benutzt wurde.

Wenn es tatsächlich Wikinger waren, die mit den Indianern in Tennessee gekämpft haben, wie sind sie dann überhaupt dorthin gekommen? Verrill und Keeler zogen den Schluß, daß vielleicht ein Wikingerschiff in den Golf von Mexiko geraten sein könnte. Von dort aus ist es möglicherweise weitergefahren bis zum Mississippi, bis Ohio und zu den Flüssen von Cumberland, dann nach Rock Creek und nach Catalina Springs — und damit wären sie genau dort angelangt, wo auch die alte Steinplatte mit den Eingravierungen gefunden wurde.

Die Wiederkehr von John Paul Jones

Im Jahr 1773 war ein junger Schotte namens John Paul Kapitän eines britischen Handelsschiffs. Bei einer Revolte erschoß John Paul einen Mann, und als das Boot den Hafen von Tobago erreichte, nahmen britische Polizeibeamte ihn fest. Da er wußte, daß er mit fast hundertprozentiger Sicherheit die Todesstrafe zu erwarten hatte, nahm er seine ganze Kraft zusammen, knackte das Schloß vor seiner Gefängnistür und floh in die amerikanischen Kolonien.

Dort traf er auf eine Familie, mit der er sich anfreundete, und bald paßte er seinen Namen dem Familiennamen dieser Leute an; er änderte ihn in John Paul Jones. Es war ein Name, der eines Tages bei seinen Landsleuten so populär werden sollte, daß im 20. Jahrhundert die Regierung der USA eine Expedition aussandte, um seine Leiche zu bergen.

Unter der Führung von Admiral John Paul Jones gelang es nämlich der amerikanischen Flotte mehrfach, britische Schiffe zu besiegen. Nach dem Amerikanischen Freiheitskrieg verpflichtete er sich als Söldner bei der russischen Marine unter Katharina der Großen und half den Russen, die Türken zu schlagen.

Der stolze Soldat war aber körperlich nicht besonders robust, und dies beeinträchtigte seine militärischen Leistungen. Im Alter von 45 Jahren starb er einsam in Paris. Die US-Regierung ordnete an, daß sein Körper einbalsamiert und per Schiff nach Amerika zurückgebracht werden sollte.

Aber — wahrscheinlich durch die Trägheit des bürokratischen Apparats — die Leiche des großen Helden des Freiheitskrieges wurde letztlich doch in Paris begraben. In den USA geriet John Paul Jones allerdings niemals ganz in Vergessenheit. 113 Jahre später entschloß sich die amerikanische Regierung, seine Leiche zu überführen. Es gab dabei nur ein Problem: Niemand wußte mit Sicherheit, wo sie sich befand.

Der Friedhof, auf dem Jones begraben lag, war vor vielen Jahrzehnten aufgegeben worden, und jetzt standen dort Fabriken, Geschäfte und Krankenhäuser. Schließlich entdeckte einer der Experten, die nach der Leiche forschten, alte Schriften, die einen Plan enthielten, wo sie sich befinden mochte.

Aber wie konnte man an sie herankommen?

Die einzige Lösung war, das Problem mit Hilfe von erfahrenen Bergleuten in den Griff zu bekommen. In der Nähe eines großen Gebäudes, mehrere hundert Meter von der Stelle entfernt, wo man die Leiche von John Paul Jones vermutete, wurde ein Schacht gegraben. Dann bauten die Bergleute unter bestimmten Gebäuden und um andere Gebäude herum Tunnel, bis sie schließlich den Bleisarg mit den legendären Initialen J. P. J. fanden.

Als man den Sargdeckel entfernte, bemerkten die Umstehenden, daß der Körper so gut erhalten war, daß durchaus noch eine Ähnlichkeit mit den Ölporträts des Kriegshelden festzustellen war.

Wenig später wurde der Admiral in die USA überführt, mit Ehren überhäuft und zusammen mit den anderen Kriegshelden in Annapolis beigesetzt. John Paul Jones wurde von einigen Schiffen der amerikanischen Kriegsflotte zur letzten Ruhe geleitet — von eben der Flotte, der er vor mehr als einem Jahrhundert zur Blüte verholfen hatte.

Das ungewöhnlich begabte Pferd

Mrs. Fonda aus Richmond, Virginia, kaufte 1925 ein zwei Wochen altes Fohlen. Schon bald begann die kleine Stute, sich sehr merkwürdig zu verhalten. Noch bevor ihre Eigentümer sie überhaupt gerufen hatten, kam sie angelaufen — sobald sie nur daran *dachten*, sie zu rufen! Ein paar Jahre später war das Pferd, genannt Lady Wonder, in der Lage, zu zählen und kurze Wörter zu buchstabieren, indem es Bauklötze mit der Nase umherschob.

Lady Wonder nutzte ihre ungewöhnlichen Talente, um die Zukunft mit einer erstaunlichen Genauigkeit vorherzusagen. So schrieb die *Chicago Tribune*, das Pferd habe prophezeit, daß Franklin D. Roosevelt der nächste Präsident der Vereinigten Staaten werden würde — und zwar noch bevor er überhaupt nominiert worden war. Und in vierzehn von siebzehn Jahren sagte die Stute den Gewinner der *World Series* vollkommen korrekt voraus. In zwei tragischen Fällen, die mit dem Tod von Kindern zu tun hatten, war Lady Wonder in der Lage, Einzelheiten aufzuspüren, die nicht einmal die Polizei hatte herausfinden können.

Zu Beginn der fünfziger Jahre wurde Lady Wonder von Beamten in Norfolk County, Massachusetts, gefragt, ob sie ihnen dabei helfen könne, den vierjährigen Danny Matson zu finden, der schon seit mehreren Monaten vermißt wurde. Das Pferd »sagte« den Polizisten, sie sollten zu einer mit Wasser gefüllten Kiesgrube gehen. Man hatte an diesem Ort bereits gesucht, ohne aber irgendwelche Beweise in diesem Fall zu finden. Nun entschloß sich die

Polizei, es noch ein weiteres Mal zu versuchen — und man fand tatsächlich die Leiche des kleinen Danny.

Im Oktober des Jahres 1955 verschwand ein anderer Junge, der dreijährige Ronnie Weitcamp. Er hatte mit drei kleinen Kameraden im Vorgarten gespielt und war mit dem Roller ums Haus seiner Familie in Indiana-City gefahren. Die Polizei des Bundesstaates Indiana, begleitet von etwa 1500 Mitarbeitern des örtlichen Marinestützpunktes, durchkämmte Tausende von Quadratmetern in der Nähe von Ronnies Elternhaus. Man fand allerdings von dem kleinen Jungen keine Spur.

War Ronnie entführt oder ermordet worden? Hatte er sich verlaufen? Alle möglichen Hinweise gingen im Polizeihauptquartier ein, aber es gab keine festen Beweise. Ronnie Weitcamp war und blieb verschwunden. Schließlich wurde am 22. Oktober die Suche offiziell eingestellt.

Der Journalist Frank Edwards, damals noch Nachrichtenredakteur beim Fernsehen in Bloomington, der sich an die merkwürdigen Geschichten von Lady Wonder erinnerte, nahm daher mit einem Freund Kontakt auf. Dieser Freund lebte in der Nähe des Hauses von Mrs. Lord und sollte nun herausfinden, ob ihre »sprechende« Stute irgendwie bei der Suche nach Danny behilflich sein könnte.

Obwohl sie schon 30 Jahre alt war — ein sehr hohes Alter für ein Pferd —, konnte Lady Wonder noch immer »sprechen«. Edwards' Freund stellte ihr mehrere Fragen.

Auf die Frage »Weißt du, warum wir hier sind?« buchstabierte das Pferd sofort »boy« (Junge), indem es mit dem Maul gegen große Blechbuchstaben stieß, die von einem Balken vor ihrem Stall hingen. Als man sie nach dem Namen des Jungen fragte, stubste die Stute gegen die Buchstaben »Rone« — als wollte sie Ronnie buchstabieren.

Nach dem, was Lady Wonder von sich gab, war der Junge tot. Er war nicht entführt worden, und man würde ihn in einem Loch, das etwa eineinhalb Kilometer von seinem Zuhause entfernt lag, finden.

»Was ist in seiner Nähe?« wurde das Pferd gefragt. »Elm« (Ulme) buchstabierte Lady Wonder. Sie deutete weiter an, daß der Boden um den Jungen herum sandig sei und daß er im »Dec« (Dezember) gefunden werden würde.

Edwards gab die Informationen, die das »sprechende« Pferd mit den übernatürlichen Fähigkeiten gegeben hatte, am 24. Oktober 1955 über den Rundfunk bekannt. Natürlich wurde die Geschichte ziemlich kritisch aufgenommen. Dann fanden zwei Teenager Ronnies Leiche.

Das Kind wurde in einem sandigen Abflußloch in der Nähe einer Ulme gefunden, ungefähr eineinhalb Kilometer von dem Ort entfernt, wo man ihn zuletzt lebend gesehen hatte. Und man fand ihn im Monat Dezember, genau wie die bemerkenswerte Lady Wonder fast zwei Monate zuvor vorhergesagt hatte.

Der seltsame Tod von Meriwether Lewis

Obwohl fast jeder von der berühmten Lewis-Clark-Expedition gehört hat, kennen nur wenige das seltsame Schicksal von Meriwether Lewis. Der Nationalheld starb unter so merkwürdigen Umständen, daß wahrscheinlich nicht einmal Sherlock Holmes hätte herausfinden können, was genau geschehen war.

Im Oktober des Jahres 1809, kurz bevor er getötet wurde, reiste Lewis zusammen mit dem Major der US-Armee John Neely nach Washington. Dort sollte er sich rechtfertigen, weil er angeblich als Gouverneur von Louisiana illegale Geldmanipulationen vorgenommen hatte. Diese Anklage wurden aber schließlich fallengelassen. Als sie auf dem Wege entlang einer Hügelkette im westlichen Tennessee waren, scheuten während eines Gewitters mehrere Packesel, die mit Büchern und Aufzeichnungen von Lewis beladen waren, und liefen davon. Major Neely machte sich daraufhin auf den Weg, um die Tiere wieder einzufangen.

Gouverneur Lewis ritt allein weiter. Er war ein gebrochener Mann: von Malaria ausgemergelt, besorgt wegen der Anklagen, die gegen ihn erhoben worden waren, und dann noch in seiner tiefsten Seele verletzt durch die Zurückweisung, die er von der Tochter von Vizepräsident Aaron Burr hatte einstecken müssen. Als er schließlich die Hütte von Mr. und Mrs. John Griner erreichte, fragte er lediglich, ob er sich hier wohl über Nacht ausruhen dürfe.

Er gab sich niemandem zu erkennen. Er nahm schweigend sein Abendessen ein und zog sich zurück. Später hörten die Griners jemanden in seinem Zimmer sprechen, aber sie konnten nicht feststellen, ob ihr Gast Selbstgespräche führte oder sich wirklich mit jemand anderem unterhielt. Und *wenn* er sich wirklich mit jemand anderem unterhielt, warum hatten dann die Hunde nicht gebellt, als ein Fremder das Haus betrat?

Kurz vor Morgengrauen wurden die Griners durch einen Schuß geweckt. Das Paar sah sich um, und beide stellten fest, daß sich alles an Ort und Stelle zu befinden schien. Dann hörten sie aus dem Zimmer des Fremden ein Stöhnen.

Als sie das Schlafzimmer betraten, sahen die Griners, daß der hagere Mann im Sterben lag. Er versuchte zu sprechen, und Blut floß aus einer Wunde in der Nähe seines Herzens. »Ich bin kein Feigling«, röchelte er, »aber es ist hart zu sterben ... So jung ... So hart zu sterben ...« Wenige Augenblicke später war er tot.

Als die Griners seine ledernen Reisetaschen durchsuchten, um ihn zu identifizieren, fanden sie ein Buch, das den Verstorbenen als »Meriwether Lewis, Albemarle, Virginia, Capt., U. S. Army« auswies.

Hatte der berühmte Forscher sich das Leben genommen? Beide Griners waren innerhalb weniger Sekunden nach dem Schuß bei Lewis gewesen. Aber beide bezeugten, daß es im Zimmer keinen Rauch vom Schießpulver gegeben habe – trotz der Tatsache, daß das Schießpulver, das man zu dieser Zeit benutzte, immer einen übelriechenden weißen Qualm verursachte. Das Gewehr von Lewis fand man im Gästezimmer, in einer Ecke an die Wand gelehnt. Daraus war nicht geschossen worden. Keine andere Pistole oder sonstige Schußwaffe wurde im Zimmer entdeckt.

Der Reisegefährte des Gouverneurs, Major Neely, kam

erst irgendwann am nächsten Vormittag in der Hütte der Griners an. Warum hatte es so lange gedauert, bis er ein paar Esel eingefangen hatte, und wo hatte er die Nacht verbracht?

Könnte es sein, daß Meriwether Lewis' politische Feinde auf irgendeine Weise seinen Tod inszeniert hatten und sich zugleich zu seinen persönlichen Aufzeichnungen Zugang verschafften, um zu sehen, ob darin irgend etwas enthalten war, das ein schlechtes Licht auf sie werfen könnte?

Niemand hat je diese Fragen beantworten können. Der seltsame Tod von Meriwether Lewis ist und bleibt ein Rätsel.

Der Tag, an dem der Teufel in die Stadt kam

Als am 8. Februar 1855 George Fairley, ein Bäcker aus Topsham in England, zur Arbeit ging, fielen ihm seltsame Spuren auf, die zur Tür seines Ladens hinführten. Da der Boden mit einer frischen Schneeschicht bedeckt war, konnte Fairley die seltsame Form der Fußabdrücke deutlich erkennen. Der Verursacher dieser seltsamen Spuren war unten an einer Mauer entlanggegangen, dann hinaufgeklettert und eine Weile darauf balanciert, und schließlich, bevor er sich zur Tür hin bewegt hatte, auf den Boden zurückgesprungen.

Dieser Vorfall wäre wohl kaum erwähnenswert, wenn nicht noch etwas anderes hinzugekommen wäre. George Fairley war nämlich nur einer von *Tausenden* von Menschen in und um Devonshire, die an diesem verschneiten Morgen aufwachten und entdeckten, daß ein seltsamer Besucher über ihre Dächer, Felder und Mauern gesprungen, gelaufen oder geschliddert war — und dabei deutlich hufförmige Fußspuren hinterlassen hatte.

Bald verbreitete sich das Gerücht, daß die hufförmigen Spuren, die bisweilen gespalten aussahen, in irgendeiner Weise mit dem Teufel zu tun hätten. Fast entstand eine Panik, und die Einwohner der Stadt begannen, sich gegen das unbekannte Wesen zu bewaffnen.

In einem Artikel, der am 16. Februar 1855 in *The Times* veröffentlicht wurde, beschrieb man die Abdrücke folgendermaßen: »Eher so wie die eines Zweifüßlers als die eines Vierfüßlers ... Die Schritte waren durchschnittlich etwa 20 Zentimeter voneinander entfernt. Die Fußabdrücke ähnelten sehr stark denen eines Esels, und sie waren vier bis sechs Zentimeter lang.«

Wer auch immer die Spuren hinterlassen haben mag, hat es geschafft, in wenigen Stunden Hunderte von Meilen zurückzulegen. Seine Rundreise muß am Abend des 7. Februar um ungefähr 7 Uhr begonnen haben, und zwar nachdem der Schnee zu fallen aufgehört hatte, und sie war zu Ende, noch bevor die Abdrücke am nächsten Morgen entdeckt wurden. Das seltsame Wesen hat außerdem zwei große Gewässer, darunter den Fluß Exe in Exmouth, überquert.

Nie hat man das Wesen, das als der »Teufel von Devonshire« bekannt wurde, zu Gesicht bekommen, und niemals wurden je wieder hufförmige Abdrücke in dieser Gegend gefunden. Aber wer auch immer das merkwürdige Geschöpf gewesen sein mag, es hat möglicherweise auch einer einsamen Insel in der Nähe der Antarktis einen Besuch abgestattet. Nach den offiziellen Aufzeichnungen von Kapitän James C. Ross fand eine Gruppe, die sich dort aufhielt, ähnliche unerklärliche Fußstapfen. Dr. Robertson beschrieb diese Fußspuren als etwa 7,5 Zentimeter lang und etwa 6 Zentimeter breit. »Der Abdruck ähnelte in gewisser Weise einem Pferdehuf.«

Ist es möglich, daß das Wesen, das diese seltsamen Spuren hinterließ, aus dem Meer kam? Zwei seltsame Funde vor der Küste von England deuten darauf hin. Im November des Jahres 1953 wurde ein sehr stark verwestes Geschöpf von ungefähr 80 Zentimetern Größe und mit menschenähnlichen Gliedmaßen vor der Küste von Canfey an Land gespült. Später, im August des Jahres 1954, entdeckte der Geistliche Joseph Over ein ähnliches Wesen, das in einem See trieb. Dieses Geschöpf wog ungefähr 11 Kilogramm, hatte eine Länge von 1,20 Metern und zwei kurze

Beine. Die Polizisten vor Ort, die das Wesen genau untersuchten, berichteten, daß es große Augen habe, Löcher, wo eigentlich die Nase sein sollte, einen offenstehenden Mund und Kiemen. Es war nicht wie ein Fisch mit Schuppen bedeckt, sondern hatte eine dicke rosafarbene Haut.

Es war jedoch vor allem die Form seiner winzigen Füße, die einige Leute an einen Vorfall erinnerte, der sich fast ein Jahrhundert zuvor ereignet hatte. Das Wesen hatte an jedem Fuß fünf kleine Zehen, die hufförmig um einen gewölbten Rist herum angeordnet waren.

ITT gegen Haifische

Wenn Telefongespräche nach Übersee früher stark gestört waren, dann waren möglicherweise Haie die Verursacher, die die neuen Kabel, die in einer beträchtlichen Tiefe durch den Atlantischen Ozean hindurch verlegt wurden, durchgebissen haben. In den beschädigten Kabeln fand man tatsächlich Haifischzähne. Vorher hatten die Haifische allerdings niemals Unterseekabel durchgebissen, und so erschienen die Angriffe auf die neuen Kabel besonders erstaunlich, vor allem, wenn man bedachte, daß diese Kabel sicherlich weniger auffällig aussahen als die alten. So haben die neuen einen Durchmesser von weniger als 2,5 Zentimeter, während die alten so dick waren wie ein Menschenarm. Der Preis für die Reparatur der von den Haifischen beschädigten Kabel, die sowohl durch den Atlantik als auch durch den Pazifik gelegt worden sind, beläuft sich jeweils auf mindestens 250 000 Dollar.
Es gab Vermutungen, daß die straffe Spannung der Kabel möglicherweise bestimmte Schwingungen hervorgerufen hat, die die Haifische als ein Freßsignal auffassen. In der Tat reagieren Haifische auf Signale, die durch ein elektronisches Feld erzeugt werden, und schnappen in jedem Fall nach allem, was ein derartiges elektronisches Feld erzeugt (dies ist für Schwimmer wichtig, die eine elektronische Ausrüstung bei sich haben!).
Die Experten von ITT, der amerikanischen Telefongesellschaft, planen nun, die Kabel vor den Angriffen der Haifische dadurch zu schützen, daß sie sie mit einer doppelten Lage Stahlband umwickeln, so daß die Haifische sich daran buchstäblich die Zähne ausbeißen.

Der Kannibalenbaum

Roger Williams wanderte im Jahr 1631 nach Amerika aus. Da er ein leidenschaftlicher Verfechter der freien Religionsausübung war, wurde er jedoch schon sehr bald aus dem Staat Massachusetts ausgewiesen. Dafür sollte er aber sehr schnell zum allseits beliebten und anerkannten Führer der Kolonie von Rhode Island werden. Die Geschichtsbücher haben zwar Williams' Leben akribisch aufgezeichnet, aber sie haben eines der faszinierendsten Details seines Todes ausgelassen — daß nämlich einige Bewohner von Rhode Island ihn versehentlich verspeisten.

Es begann im Jahr 1683, als er starb und zur letzten Ruhe gebettet wurde, und zwar auf seiner Farm an der Seite seiner Frau. Die Gräber wurden durch einen einfachen Grabstein markiert, und einige Jahre später entschlossen sich die Bürger, die in dieser Gegend lebten, ein Denkmal zu errichten, das Williams wirklich würdig sein sollte.

Entsprechend wurde eine Kommission damit beauftragt, seine sterblichen Überreste und die seiner Frau zu exhumieren, um für sie eine angemessenere Grabstätte unter dem neuen Denkmal zu errichten. Aber da gab es ein Problem: Als man die beiden Gräber öffnete, mußte man feststellen, daß Williams und seine Frau spurlos verschwunden waren.

Zwar dauerte es eine ganze Weile, bis man herausfand, wer nun eigentlich die Gräber ausgeraubt hatte, aber schließlich wurde der »Dieb« dann doch noch gefunden. Es handelte sich um einen Apfelbaum, der für seine besonders wohlschmeckenden Früchte bekannt war!

Die Wurzeln des Baumes waren nämlich durch die Särge, in denen sich die sterblichen Überreste des Ehepaares Williams befanden, hindurchgewachsen und hatten sich in die beiden Leichen hineingebohrt. Schließlich waren beide Körper gänzlich von den Baumwurzeln absorbiert worden. Merkwürdigerweise hatten die sich ausbreitenden und verzweigenden Wurzeln, die man konservierte und zur *Rhode Island Historical Society* brachte, eine ganz deutliche Ähnlichkeit mit dem Kreislaufsystem eines Menschen.

Bald wurde jedermann klar, daß alle, die von den köstlichen roten Äpfeln des Baumes gekostet hatten, unwillkürlich auch einen der berühmtesten Männer der Kolonialzeit verspeist hatten.

Augenzeugen für das Leben nach dem Tod

Dank der grandiosen Erfolge der modernen Medizin gibt es immer mehr Leute, die Herzattacken und Unfälle überleben und die dann in der Lage sind zu erzählen, was es bedeutet, zu sterben und »die andere Seite« zu besuchen.

Eine Gruppe von Kardiologen aus Denver, Colorado, führte mit 2300 Herzpatienten, die nach ihrem klinischen Tod noch einmal wiederbelebt worden waren, eine Studie durch. Das Resümee des Ärzteberichts aus dem Jahr 1980 war, daß 60 Prozent dieser Menschen ganz ähnlich geartete Erlebnisse gehabt hatten. Sie beschrieben, daß sie einen Ort voll wunderbaren Lichts besucht hatten, wo sie von Freunden und Familienmitgliedern, die bereits gestorben waren, empfangen wurden.

Entsprechend dem Bericht dieser und anderer Forscher sind die Geschichten in ihrem Kern kaum unterschiedlich, obwohl die Einzelheiten nicht immer identisch sind. Menschen, die klinisch tot sind, sehen sich selbst häufig genau an dem Ort ihres Todes, so etwa am Schauplatz eines Unfalls oder in einem Krankenzimmer. Da sie sich dessen bewußt sind, daß sie sterben, fühlen sie, wie sie sich aus ihrem Körper entfernen und als Geistwesen weiterleben. Möglicherweise sehen sie zu, wie Menschen sich voller Hektik an ihren bewußtlosen Körpern zu schaffen machen, bis sie schließlich durch einen dunklen Tunnel eingesogen und auf einen Lichtpunkt zu bewegt werden.

Wenn sie das Licht erreichen, finden sie sich in einer wunderschönen Landschaft wieder und spüren ein Gefühl von überwältigendem Frieden. Familienmitglieder und Freunde, die vor ihnen gestorben sind, stehen gewöhnlich hinter einer Art Welle und rufen entweder die klinisch Toten zu sich oder weisen sie an zurückzukehren.

Schließlich werden die »Verstorbenen« wieder in ein tintenschwarzes Dunkel getaucht, bevor sie mit dem konfrontiert werden, was der Thanatologe James Graves eine »verblüffende Lichtsäule, durch die sie von Gefühlen der Freude überwältigt werden« nennt. Sie sagen, daß das Lichtwesen sich nicht zu erkennen gäbe, man aber plötzlich sein ganzes Leben vor sich sähe und von dem Wesen gefragt würde: »Was hast du mit dem Leben, das ich dir gegeben habe, gemacht?«

Graves, der als Psychologiedozent am Muskegon Community College in Delaware in den sechziger Jahren Berichte von solchen Erlebnissen sammelte, stellt fest, daß viele Menschen nicht ins Leben zurückkehren möchten. Sie haben berichtet, daß das Licht sie mit den allerschönsten Glücksgefühlen erfüllt habe. »Dies ist die letzte Stufe vor der Umkehr«, erläutert Graves. »Wenn sie weitere Stufen erreicht haben, dann kommen sie tatsächlich nicht mehr zurück.«

Nicht alle Erfahrungen in Todesnähe sind jedoch so angenehm. Wissenschaftler haben herausgefunden, daß einige Menschen durch den Tunnel der Dunkelheit gehen und sich dann in einem grauen Nebel wiederfinden, der sie mit Gefühlen von Wut und Depression erfüllt. Sie müssen, zusammen mit anderen Menschen, immer wieder eine Art Kreislauf der Verzweiflung durchleben.

Die Erfahrungen der Menschen, die bereits klinisch tot waren und ins Leben zurückgekehrt sind, wurden von einigen Forschern als irrelevant von der Hand gewiesen:

Sie meinten, derlei Erfahrungen seien durch die Einwirkung von Medikamenten oder auch durch mangelnde Sauerstoffversorgung des Gehirns zustande gekommen. Das erklärt jedoch nicht die zahlreichen Fälle von Erfahrungen in Todesnähe, die zu beweisen scheinen, daß der »Tote« tatsächlich über seinem leblosen Körper schwebte. So erlitt beispielsweise ein Patient, der in Michigan operiert wurde, einen Herzstillstand. Als es gelungen war, ihn wiederzubeleben, war der Mann in der Lage, den Namen des Apothekers zu nennen, der der aufgeregten Krankenschwester in letzter Minute das lebensrettende Medikament in die Hand gedrückt hatte. Obwohl seine Augen während der Narkose geschlossen geblieben waren und sein Herz nicht mehr schlug, sei er selbst, so versicherte der Patient, bei der Krankenschwester gewesen und habe sie auf ihrem hastigen Lauf zur Krankenhausapotheke begleitet. »Ich habe Ihnen immer mein volles Vertrauen geschenkt«, erzählte der Mann später der Krankenschwester. »Deshalb bin ich Ihnen, als Sie den Operationssaal verließen, gefolgt.«

Riesenschildkröten

Die meisten Leute stellen sich unter einem Seeungeheuer so etwas wie einen Dinosaurier oder eine Schlange vor. Aber es gibt noch andere Seeungeheuer, die mehrfach in den Weltmeeren gesichtet worden sind: Riesenschildkröten.

Als er im Jahr 1484 die südöstliche Spitze von Spanien umsegelte, erblickte Christoph Columbus eines dieser riesigen Geschöpfe. Es war, so berichtete er, »ein widerwärtiges Seetier, so groß wie ein mittelgroßer Wal, mit einem Rückenpanzer wie eine Schildkröte, einem schrecklichen, faßähnlichen Kopf und zwei Flügeln.«

Fast fünfhundert Jahre später, im Oktober 1937, fing ein kubanischer Fischer eine Schildkröte von gigantischen Ausmaßen. Das Tier hatte eine Länge von fast vier Metern und ein Gewicht von mehreren hundert Pfund. Zoologen schätzten, daß es sicherlich mindestens 500 Jahre alt war.

Im März des Jahres 1955 trieb ein Schiffbrüchiger auf einem Floß zehn Tage lang ohne Nahrung und Wasser auf dem Meer vor der kolumbianischen Küste. Dort entdeckte er ein ganz ähnliches Geschöpf, das vom Kopf bis zum Schwanzende ungefähr vier Meter lang war. In einem Zeitungsbericht über diese unheimliche Begegnung, den der Nobelpreisgewinner Gabriel Garcia Marquez schrieb, berichtete er, der Schiffbrüchige habe »eine riesige gelbe Schildkröte mit getigertem Kopf« gesehen. Sie habe »starre, blicklose Augen gehabt, die zwei riesigen Glaskugeln ähnelten.«

Bruce Mournier, ein Fischer aus Miami, behauptet, daß er sich beim Tauchen in der Nähe der Bahamas plötzlich Auge in Auge mit einer Schildkröte wiedergefunden habe. Mournier berichtet, das Tier sei ungefähr 200 Pfund schwer gewesen. Sein Kopf habe weit aus dem Panzer hinausgeragt und sich wie der einer Schlange bewegt und gewunden.
Wenn es tatsächlich solche überdimensionalen Schildkröten geben sollte, bleibt die Frage offen, woher sie eigentlich kommen. Mehrere solcher Tiere sind im Meer in der Nähe von Kanada und vor der Küste des europäischen Kontinents gesichtet worden. Eines ist all diesen Fundorten gemeinsam: Sie liegen im Bereich des Golfstroms. So ist anzunehmen, daß dies der natürliche Lebensraum dieser riesenhaften Tiere sein könnte.

Demonstranten mit Transparenten und Spruchbändern sind heute in den meisten Teilen der Welt zu einem vertrauten Anblick geworden. Im Jahr 1986 allerdings sah man in Athen ein Transparent, dessen Bedeutung über die üblichen politischen Anliegen hinausging. Der Anlaß der Demonstration war der Protest der Bürger gegen die Verteilung neuer Personalausweise. Die Demonstranten protestierten jedoch nicht gegen die Ausweise an sich, sondern gegen die Codenummer, die diese Ausweise tragen sollten: die Zahl 666. Für jeden, der die Bibel genau kennt, steht 666 für den »Antichrist« und weist auf die Werke des Teufels hin.
Der Erzbischof der griechisch-orthodoxen Kirche Afxentios von Athen behauptete, die Zahl sei von »finsteren Mächten« auf die Ausweise gelangt. Diese Mächte stünden der christlichen Religion feindselig gegenüber. Mehrere tausend Menschen trugen nun bei dieser Demonstration Spruchbänder, auf denen geschrieben stand »Nein zu 666!«. Damit wurde deutlich, daß die Vorstellung vom Kampf des Satans gegen die wahren Gläubigen in dieser alten Stadt noch immer lebendig ist.
Auf jeden Fall jedoch gibt es dazu eine ganz eindeutige Textstelle in der Bibel.
Vers 13,18: Hier ist Weisheit: Laßt den, der verstehen kann, die Zahl des Tieres nennen, denn es ist die Zahl eines Menschen; und sie lautet 666.

Der letzte Vorhang

Im November 1986 stand Edith Webster zum letztenmal in Baltimore in dem Schauspiel *The Drunkard* (Der Trunkenbold) auf der Bühne. Sie hatte acht Jahre lang sehr erfolgreich die Rolle der Großmutter gespielt. Die Regieanweisungen schrieben vor, daß sie das Lied »Bitte sprecht nicht über mich, wenn ich tot bin« singen und auf der Bühne zusammenbrechen sollte. Aber bei ihrem letzten Auftritt und unter tosendem Applaus des Publikums starb sie wirklich. Die Zuschauer dachten, die Sterbeszene gehöre zum Schauspiel, sogar dann noch, als laut nach einem Arzt gerufen wurde. Es dauerte eine Weile, bevor sie mitbekamen, daß der Tod wirklich eingetreten war. Da endete plötzlich der Applaus, und die meisten Zuschauer begannen zu beten.

In den Augen liegt die Seele

Die Erzählungen von monströsen Ungeheuern mit vielen Augen klingen möglicherweise wie reine Phantasie. Aber es gibt einige schriftliche Berichte von bizarren Fehlstellungen der Augen.

In einer Ausgabe des *Boston Medical Journal* berichtete beispielsweise ein englischer Wissenschaftler über den Fall eines vieräugigen Mannes aus Cricklade. Der Patient hatte ein doppeltes Augenpaar vorzuweisen, wobei sich das eine Paar Augen über dem anderen befand. »Er konnte jedes Auge unabhängig vom anderen schließen und auch alle Augen in jeweils verschiedene Richtungen drehen. Wenn man ihm ins Gesicht blickte, fühlte man sich dadurch extrem verwirrt«, schrieb die Wissenschaftler und führte weiter aus, daß der vieräugige Mann auch in anderer Hinsicht sehr seltsam war. Im Bericht wurde erwähnt, er habe »mit einer krächzenden Stimme gesungen, der ich nicht ohne Widerwillen zuhören konnte«.

Ein Mann namens Edward Mordrake, ein englischer Adliger, hatte ebenfalls vier Augen, aber in seinem Fall lag das zweite Paar Augen am Hinterkopf. Außerdem hatte er eine zusätzliche Nase, ein weiteres Lippenpaar und vier Ohren. Mordrakes »zweites Gesicht« konnte lachen und weinen, seine Augen konnten sehen, aber er hat mit diesem Gesicht niemals gegessen oder gesprochen. Schließlich wurde Mordrake wahnsinnig und starb im Zustand geistiger Umnachtung.

Wissenschaftler haben auch über die Existenz eines echten einäugigen Zyklopen berichtet. Der Mann, der jahrelang in den tiefen Wäldern von Mississippi lebte, hatte genau in der Mitte seiner Stirn nur ein einziges Auge von normaler Größe. Man bot ihm häufig schäbige Auftritte in drittklassigen Shows und im Zirkus an, aber er wollte seine seltsame Abartigkeit nicht finanziell ausbeuten — und jeden, der ihm etwas anderes vorschlug, starrte er mit seinem Auge bedrohlich an.

Die Warnung vor Pearl Harbor

Die farbigen Schmierereien auf dem Bürgersteig vor der Schule in Owensville, Indiana, waren, so die Meinung der Bürger dieser Stadt, Ausdruck eines üblen Vandalismus. Und was sollten überhaupt diese rätselhaften Worte bedeuten? Der Satz, in riesigen Buchstaben geschrieben, lautete: »Vergeßt Pearl Harbor nicht!«

An einem Wintermorgen im Dezember 1939 rätselten die Bürger über den Sinn dieser Worte. Was sollte »Pearl Harbor« sein? Es gelang ihnen nicht herauszufinden, wer die Worte geschrieben hatte und warum. Man dachte schließlich an einen schlechten Scherz und vergaß den Vorfall — bis zu dem Tag genau zwei Jahre später, an dem die Japaner Pearl Harbor bombardierten.

Das Gesicht in der Kanne

Nicht alle Porträts werden von Künstlern gemalt. Manchmal zeigt sich, ohne daß Menschen etwas dazu getan hätten, an ungewöhnlichen Stellen ein Bild. Im Jahr 1948 erschien in Northamptonshire in England auf sehr mysteriöse Weise ein Bild in einem Milcheimer.

Mrs. Margaret Leatherland war gerade dabei ihre Kühe zu melken, als sie zu ihrem großen Erstaunen sah, wie sie aus dem blanken Eimer heraus ein Gesicht anlächelte. Es handelte sich um ein Porträt ihres Bruders, des berühmten Zirkusdirektors Sir Robert Fossett.

Mrs. Leatherland rief ihre Familie zusammen, damit jeder sich das seltsame Bild ansah, und alle Angehörigen erkannten ebenfalls das Gesicht von Sir Robert. Er selbst bekam dieses Porträt jedoch nie zu Gesicht. Ein paar Wochen, nachdem das Bild seines Gesichts in dem Eimer aufgetaucht war, starb er.

Mrs. Leatherland war entschlossen, das Bild aus ihrem Milcheimer herauszuschrubben, aber sogar heftiges Scheuern mit Soda oder Säure hatte keine Wirkung. Manchmal schien das Bild schwächer zu werden, dann aber zeigte es sich klarer als je zuvor wieder aufs neue.

Die Geschichte von dem seltsamen Gesicht im Eimer verbreitete sich sehr rasch. Eine Zeitung veröffentlichte ein authentisches Foto von der Innenseite des Milcheimers, und die Gesellschaft zur Erforschung übernatürlicher Phänomene in Northampton schickte einen ihrer Repräsentanten, um die Erscheinung näher zu untersuchen. Auch dieser Wissenschaftler konnte das Bild von Sir Ro-

bert im Milcheimer sehr deutlich erkennen und verließ die Farm zutiefst erstaunt, aber ohne eine Erklärung.
Was Mrs. Leatherland selbst anbelangt, so wurde sie allmählich derart melancholisch, daß sie schließlich den Eimer loswerden wollte. Und das aus gutem Grund. Jedesmal nämlich, wenn sie ihn füllte, konnte sie hineinsehen und beobachten, wie das Gesicht ihres Bruders in Milch ertrank.

Das Überleben der Frösche

In einem Bericht vom 2. Februar 1958 schrieb die *Salt Lake City Desert News* über folgenden Vorfall: Vier Bergleute gruben gerade in einer Uranmine in Utah nach Erz, als sie einen unglaublichen Fund machten. Die Arbeiter — Charles North, sein Sohn Charles, Ted McFarland und Tom North — hatten mit ihren Geräten durch eine fast zwei Meter dicke Sandsteinschicht gegraben, als sie auf einen versteinerten Baum stießen, der sich genau in der Mitte einer Uranschicht befand. Um das Erz abbauen zu können, mußten sie den Baum aus dem Weg sprengen.

Durch die Explosion wurde in den steinigen Baumstumpf ein Loch gerissen, in dem ein winziger Frosch saß. Das Tier war von graubrauner Farbe und schien irgendwie verschrumpelt zu sein. Es hatte lange, einzeln stehende Zehenglieder und Saugnäpfe an seinen winzigen Vorderfüßen. Die Form des Loches, in dem man den Frosch fand, wies darauf hin, daß das Tier einmal die Höhle völlig ausgefüllt hatte, daß es aber im Laufe von Jahrmillionen offensichtlich auf ein Drittel seiner Größe geschrumpft war.

Die Bergleute berichteten, daß der Frosch unglaublicherweise immer noch lebte. Es schien, als habe er in dem versteinerten Baum auf irgendeine Weise unendlich lange Zeit überlebt. Aber 28 Stunden, nachdem man ihn ins 20. Jahrhundert entlassen hatte, starb er.

Das rätselhafte Porträt

Die englische Künstlerin Margaret Moyat erwachte an einem Junimorgen des Jahres 1953 aus einem seltsamen Traum. Die Bilder, die sie gesehen hatte, schienen ihr ungewöhnlich lebendig gewesen zu sein. Im Traum nämlich hatte sie einen unbekannten älteren Mann getroffen. Er lächelte, und sie nahm an, daß er darauf wartete, von ihr gemalt zu werden.

Die Künstlerin beschäftigte sich in ihrer Vorstellung immer wieder mit diesem Traum. Sie fühlte sich schließlich dazu gedrängt, das Bild des alten Mannes zu malen. Das Porträt, das ein sehr ausdrucksvolles Gesicht mit hellblauen Augen und schneeweißem Bart zeigte, war in nur zwei Tagen fertiggestellt.

Ein paar Wochen später besuchten zwei Frauen, die dreißig Jahre lang in Eythorne gelebt hatten, Miss Moyat. Als sie sich das bewußte Porträt ansahen, waren die beiden Damen völlig bestürzt. Zweifellos, so berichteten sie der Künstlerin, sei dies das Bild eines gewissen Mr. Hughes, eines Geistlichen, der in Eythorne gelebt hatte und bereits seit mehr als 25 Jahren tot war.

Andere ältere Bürger der Stadt bestätigten, daß dieses Porträt ganz eindeutig Hughes abbildete. Aber warum nun Miss Moyat gerade dieses Bild gemalt hatte, blieb unerklärlich; die Künstlerin hatte lediglich zwei Jahre lang in Eythorne gelebt und noch nicht einmal von Reverend Hughes gehört – bis zu dem Zeitpunkt, als sie ihn auf der Leinwand verewigt hatte.

Fußabdrücke auf dem Grabstein

Salem in Massachusetts ist nicht der einzige Ort, in dem eine Hexenjagd stattfand. Bucksport in Maine wurde von dieser Hysterie damals ebenfalls angesteckt, vor allem auf Betreiben des Stadtgründers, Colonel Jonathan Buck, eines grausamen Mannes, der eine alte Frau als Hexe verfolgen ließ, nur weil sie ein vorstehendes Kinn hatte und ein wenig exzentrisch war.

Die Frau beteuerte ihre Unschuld, aber Buck ließ sich nicht davon abbringen, daß sie für den Teufel arbeitete, und befahl, sie so lange zu foltern, bis sie ein Geständnis ablegte. Trotz der qualvollen Schmerzen weigerte sich die Frau. Schließlich befahl der Colonel ihre Hinrichtung.

Im Augenblick ihres Todes verfluchte die alte Frau Colonel Buck. Im Augenblick seines Todes, so sagte sie, würden Beweise auftauchen, die zeigten, daß er eine unschuldige Frau ermordet hatte. Ihr Fußabdruck werde auf seinem Grabstein erscheinen.

Offensichtlich besorgt über die Prophezeiung der Frau, ordnete Buck, als er im Sterben lag, ganz ausdrücklich an, daß er einen Grabstein »ohne jeden Makel« wünsche. Seine Verwandten entsprachen seinem Wunsch und ließen eine riesige schneeweiße Steinplatte auf sein Grab legen.

Doch schon bald bemerkten der Totengräber und der Geistliche, daß ein Fleck auf dem Grabstein aufgetaucht war. Jeden Tag wurde er deutlicher: Es war der Fußabdruck einer Frau. Sofort bestellte Bucks Familie einen Steinmetz, der den Abdruck wegätzen sollte. Nach ein paar Wochen erschien der Fußabdruck jedoch aufs neue.

Ganze Scharen von Neugierigen pilgerten zu Bucks Grab. Also ließen seine Erben den Grabstein entfernen und ersetzten ihn durch einen anderen. Aber schon bald war auch der neue Stein durch den Abdruck eines Frauenfußes verunziert. Die alte Dame hatte ihre Drohung also wahr gemacht.

Ein Sarg zuviel

Henry und Harry Kalabany aus Westport in Connecticut gruben gerade das Erdreich in der Nähe ihres Familiengrabs auf dem Friedhof um. Man schrieb das Jahr 1956. Plötzlich traf ihre Schaufel auf etwas Hartes. Sie entdeckten einen Sarg — und zwar in einer Gegend des Friedhofes, wo kein einziges Mitglied ihrer Familie jemals zur Ruhe gebettet worden war.
Neugierig öffneten die Brüder den wertvoll aussehenden Sarg. Darin befand sich die Leiche eines Mannes mit harten und groben Gesichtszügen, den sie nie zuvor gesehen hatten. Er war etwa 45 bis 50 Jahre alt und mit einem blauen Anzug aus teurem Stoff bekleidet. Die Brüder Kalabany mußten den Sarg wieder beerdigen; da man den Mann nicht identifizieren konnte, war es nicht möglich, die Leiche an einen anderen Ort zu transportieren. Allerdings waren sie nun neugierig herauszufinden, wer der Mann war und warum er bei ihrem Familiengrab lag.
Schließlich, im darauffolgenden Frühling, willigte die Polizei ein, den Brüdern zu helfen. Erneut wurde der rätselhafte Sarg ausgegraben. Aber diesmal fand man keine teuer gekleidete, wohlerhaltene Leiche. Statt dessen fand man nur das Skelett eines Mannes, der bereits seit mindestens 50 Jahren tot war.
Obwohl die Brüder beteuerten, dies sei nicht die Leiche, die sie damals gesehen hatten, begrub die Polizei den Toten wieder an derselben Stelle, wo er gefunden worden war, und schloß die Ermittlungen in diesem Fall ab.
Die Kalabanys erfuhren niemals, wer der Mann, den sie

ursprünglich gesehen hatten, eigentlich gewesen war. War er vielleicht ein Mordopfer, jemand, den man später an eine andere Stelle gebracht und durch die verweste Leiche ersetzt hatte? Oder hatte sich der Leichnam, nachdem einmal der Sarg geöffnet worden war, blitzschnell in Staub verwandelt? Oder konnte es sein, daß Harry und Henry Kalabany aus irgendeinem Grund die Leiche so erblickten, wie sie im Leben ausgesehen hatte?

Der uralte Riese

Im Juli 1877 suchten vier Goldgräber die Hügel von Spring Valley in der Nähe von Eureka, Nevada, ab. Dabei schlugen sie mit ihren Pickeln in einige Felsbrocken. Plötzlich entdeckte ein Mann aus der Gruppe etwas Ungewöhnliches, das aus einem Felsriff herausragte, und kletterte hinauf, um zu sehen, worum es sich handelte. Was er allerdings fand, war kein Gold, sondern ein Hinweis darauf, daß hier einst ein Riese gelebt hatte.

Die Goldsucher nahmen ihre Spitzhacken und legten Fuß- und Beinknochen frei, die fest ins Gestein eingeschlossen waren. Es handelte sich um ein Kniegelenk, eine Kniescheibe, die unteren Beinknochen und alle Fußknochen. Der Mann, der einmal auf diesem Bein, das knapp über dem Knie abgehackt wurde, gegangen war, hatte offensichtlich die Größe eines Riesen besessen: Vom Knie bis zur Ferse maß man 77 Zentimeter.

Die Männer brachten ihren Fund sehr schnell nach Eureka, wo er von Ärzten begutachtet wurde. Die Mediziner waren der Meinung, daß die Knochen von einem Menschen stammten und extrem alt waren. Nachdem die Tageszeitung von Eureka Artikel über den gigantischen Beinknochen veröffentlicht hatte, schickten verschiedene Museen Archäologen zum Fundort, die den Rest des merkwürdigen Skeletts bergen sollten. Allerdings fand man von dem alten Riesen leider keine weitere Spur.

Piloten, die im Himmel verschwanden

Im Sommer 1924 waren sowohl die Temperaturen als auch die Temperamente in der Wüste des Mittleren Ostens stark aufgeheizt. In dem Gebiet, das man früher als Mesopotamien bezeichnete, rebellierten die Araber, und die Briten hatten Schwierigkeiten, die Situation im Griff zu behalten. Am 24. Juli starteten der Flugkapitän W. T. Day und der Flugoffizier D. R. Stewart zu einem vierstündigen routinemäßigen Erkundungsflug über das Gebiet.

Nachdem die Piloten einige Zeit ausgeblieben waren, wurde eine Suchexpedition ausgesandt. Am nächsten Tag fand man tatsächlich ihr Flugzeug — vollkommen unbeschädigt. Es war nicht abgeschossen worden. Der Tank war voll, und die Maschine war flugbereit. Aber wo waren Day und Stewart? Und warum waren sie in diesem öden Wüstengebiet gelandet?

Auf der Suche nach irgendwelchen Lebenszeichen entdeckte die Suchmannschaft an der Stelle, wo die Offiziere aus dem Flugzeug gesprungen waren, Stiefelabdrücke. Diese Abdrücke zeigten, daß die Männer das Flugzeug verlassen hatten und eine Strecke von ungefähr 40 Metern nebeneinander gelaufen waren. Dann waren beide offensichtlich stehengeblieben und — verschwunden.

Einem halben Dutzend Suchmannschaften — einer Gruppe von Wüstenbewohnern und mehreren Einheiten von Soldaten — gelang es nicht, irgendeine Spur der vermißten Piloten zu finden; es schien, als seien sie einfach von der Erdoberfläche verschwunden.

Es war eine klare, ruhige Nacht am 28. Oktober 1902. Der Dampfer *Fort Salisbury* fuhr durch den Golf von Guinea vor der Westküste Afrikas nach Süden in Richtung Äquator.
Da er wußte, daß sein Schiff solide gebaut und seine Mannschaft vertrauenswürdig war, legte der Kapitän des Schiffes sich schlafen. In der Nacht gab es zunächst keine besonderen Vorkommnisse. Aber plötzlich, um fünf Minuten nach drei Uhr morgens, schlug die Wache wilden Alarm.
Genau vor der *Fort Salisbury,* wo man eigentlich gar nichts zu sehen erwartete, war ein riesiges rundes Objekt aufgetaucht.
A. H. Raymer, der Zweite Offizier, rannte an Deck und befahl, den Scheinwerfer auf das seltsame Objekt zu richten. Er erleuchtete ein Metallgerüst mit zwei orangeroten Lichtern an dem einem Ende und zwei blaugrünen Lichtern an dem anderen. Die Mannschaft meinte, es sähe aus wie ein riesiges Luftschiff aus Metallplatten. Aus dem Rumpf des Objekts kamen Geräusche, die wie das Rattern von Maschinen klangen, und die Schiffsbesatzung hörte ein unverständliches, aufgeregtes Gemurmel.
Der Kapitän und seine Mannschaft beobachteten, wie das seltsame Fahrzeug langsam ins Meer sank, und riefen hinüber, um Hilfe anzubieten. Aber die riesige Metallscheibe war für immer aus ihrem Blickfeld verschwunden.

Eine übernatürliche Rettung

Howard Wheeler, ein gläubiger Mensch, war gerade in seinem Heim in Charlotte, North Carolina, ins Gebet vertieft. Es war ein Uhr mittags am Sonntag, den 10. Juni 1962. Plötzlich fuhr Wheeler in die Höhe. »Ich habe einen Autounfall gehört!« rief er seiner verdutzten Frau Pat zu. »Ich bin sofort wieder zurück!«

Wheeler rannte aus dem Haus und sprang in sein Auto. Dann hielt er einen Augenblick inne, um nachzudenken. Alles, was er gehört hatte, war ein merkwürdiges, weit entferntes Krachen gewesen. Wohin eigentlich fuhr er also, und warum?

Obwohl er in einer Gegend wohnte, die in allen Richtungen von Straßen durchzogen war, schien es Howard, als leite ihn irgend etwas die *Park Road* hinab. Als er Woodlawn erreicht hatte, wandte er sich nach rechts und fuhr einen Hügel zum Hafen hinunter auf ein Krabbenfängerboot zu. Dort waren kein Unfall und kein Autowrack zu sehen. Plötzlich spürte er die deutliche Eingebung, daß er wenden und so schnell wie möglich zurück zum *Montford Drive* fahren sollte.

Die *Charlotte News* berichtete später darüber: »Er fuhr ungefähr 180 Meter den *Montford Drive* entlang, bog um eine Kurve und sah ein Auto, das mit Wucht gegen einen Pfahl geprallt war. Er konnte niemanden sehen, aber eine Stimme rief: »Hilf mir, Humpy, hilf mir!«

Wheeler entdeckte seinen alten Freund Joe Funderburke, der jetzt hilflos im Autowrack festklemmte. Obwohl Funderburke schwer verletzt war, gelang es Wheeler, ihn aus dem Metallknäuel zu befreien und in ein Krankenhaus zu bringen. Durch eine Notoperation gelang es schließlich, sein Leben zu retten.

Howard Wheeler konnte später keine Erklärung dafür finden, wie er einen Autounfall eine halbe Meile von seinem Haus entfernt hatte hören können und wie es ihm gelungen war, das Auto ausfindig zu machen.

Einer der Männer, die 1974 an der Entführung von Patty Hearst beteiligt gewesen waren, hatte sich selbst den Namen Cinque gegeben. Der eigentliche Cinque, der Anführer einer Meuterei auf einem Segelschiff, hatte zu Zeiten des amerikanischen Sklavenhandels traurige Berühmtheit erlangt.

Cinque, ein Angehöriger des Stammes Mende, den man im Jahr 1839 im heutigen Sierra Leone gefangen genommen hatte, war zusammen mit anderen Afrikanern nach Kuba verschifft worden. Aber das Sklavenschiff war auf seinem Weg von einer britischen Polizeipatrouille, die Sklavenhändler aufspüren sollte, aufgehalten und zurück nach Afrika eskortiert worden. In Sierra Leone verschifften die hartnäckigen Händler jedoch Cinque und fünfzig andere Sklaven erneut auf die *Amistad* und segelten zurück in Richtung Kuba.

Als aber schließlich einer der Köche an Bord, ebenfalls ein Stammesangehöriger der Mende, den Sklaven ankündigte, daß nun der Moment gekommen sei, wo sie getötet und zum späteren Verzehr eingesalzen werden sollten, beschloß Cinque zu handeln. Es gelang ihm, die Handschellen — seine eigenen und die der anderen Sklaven — mit einem Nagel aufzubrechen, er besorgte einige lange Messer und übernahm, nachdem er ein paar Aufseher ermordet hatte, die Kontrolle über die *Amistad*. Einige der spanischen Seeleute ließ er am Leben, damit sie das Schiff wieder nach Afrika zurückbringen konnten.

Die Afrikaner konnten sich zwar nach der Sonne orientieren, aber nicht nach den Sternen. Deshalb steuerten die gefangenen Spanier tagsüber auf Afrika zu, und bei Nacht zurück nach Kuba. Man fuhr also ungefähr in nordöstliche Richtung. Als das Schiff schließlich das Festland erreichte, legte es an der Nordküste von Long Island nahe der Landzunge von Montauk an. Cinque und die anderen Afrikaner gingen an Land, um nach Nahrung zu suchen, und kamen mit Hunden und Gin zurück. Allerdings wurden sie von Männern der Küstenwache der Vereinigten Staaten verfolgt, die von Jägern alarmiert worden waren.

Das Schiff wurde beschlagnahmt, und die Sklaven steckte man ins Gefängnis, zuerst nach New London und später zur Gerichtsverhandlung nach New Haven.

Überall in Nordamerika begannen nun politisch interessierte Bürger, sich leidenschaftlich gegen den Sklavenhandel zu engagieren; man bildete ein »Komitee zur Verteidigung der Afrikaner auf der *Amistad*«, zu dem der ehemalige Präsident John Quincy Adams und außerdem Emerson und Garrison gehörten. Die Südstaatler widersetzten sich sofort den Zielen dieses Komitees und behaupteten, dadurch werde auf die laufende Gerichtsverhandlung Druck ausgeübt.

Der damalige Präsident Martin Van Buren wurde von verschiedenen Seiten unter Druck gesetzt und mit Petitionen geradezu eingedeckt: Sie kamen von den Bürgerrechtlern gegen die Sklaverei, von Königin Victoria und von der spanischen Regierung. Van Buren entschied sich, neutral zu bleiben. Allerdings bekamen die Afrikaner Hilfe von der *Yale Divinity School* und anderen Sympathisanten.

Der Fall wurde schließlich vor den Obersten Gerichtshof gebracht. Der ehemalige Präsident Adams setzte sich in einem 100 000 Wörter langen Schriftstück für die Sklaven ein. Ein Satz darin lautete: »Die Sklaven müssen als freie Menschen betrachtet (und) umgehend in die Freiheit entlassen werden.«

Schließlich ordnete im Jahr 1842 der Richter an, daß die Gefangenen nach Afrika zurückgeschickt werden sollten; in ihrem Heimatland wollte man eine christliche Mission gründen, für die man bei öffentlichen Auftritten und Reden zu sammeln beabsichtigte. Die Sklaven hatten übrigens in den Gefängnissen Englischunterricht erhalten.

Cinque kehrte zusammen mit den anderen Sklaven nach Afrika zurück. Allerdings blieb er nicht lange im Missionshaus. Er ging zurück in den afrikanischen Dschungel, und man hörte, daß er später einer der führenden Organisatoren des einheimischen Sklavenhandels geworden sei.

Der Alptraum von der Lusitania

Als der Dozent I. B. S. Holbourne nach einer sehr erfolgreichen Vortragsreise in den USA im Frühjahr 1915 zurück nach England fahren wollte, nahm er den riesigen Ozeandampfer *Lusitania*. Natürlich konnte er nicht wissen, daß er schon sehr bald die gewaltsame Zerstörung des Schiffes miterleben sollte. Aber irgendwie schien es, als habe seine Frau, die sich auf der anderen Seite des Ozeans befand, den siebten Sinn gehabt und geahnt, was ihrem Mann bevorstand.

Marion Holbourne schreckte plötzlich, am 7. Mai 1915, aus ihrem Sessel im Lesezimmer des Hauses hoch. Sie hatte gerade ein Mittagsschläfchen gehalten. Dabei war sie von einem schrecklichen Alptraum heimgesucht worden. Sie hatte nämlich einen großen Ozeandampfer in schwerer Seenot gesehen. Das Schiff hatte Schlagseite, und die Rettungsboote sollten zu Wasser gelassen werden. Obwohl es nicht zu einer Panik kam, waren die Menschen natürlich in heller Aufregung.

In ihrem Traum sah sich Mrs. Holbourne selbst auf dem oberen Deck stehen und beobachtete, wie das Schiff mit ihr an Bord versank. Ein junger Offizier trat zu ihr, und sie fragte ihn, ob ihr Mann auch an Bord sei. Der Offizier antwortete, daß der Professor bereits eines der Rettungsboote erreicht habe.

Nach dem Aufwachen erzählte Mrs. Holbourne ihrer Familie den beunruhigenden Traum. Allerdings erntete sie ziemliches Gelächter, und jeder meinte, daß sie wohl nur wieder einmal »einen ihrer Alpträume« gehabt habe.

Einige Stunden später allerdings lachte keiner mehr. Die Nachricht, daß die *Lusitania* angegriffen und von einem deutschen U-Boot vor der irischen Küste versenkt worden sei, war nach England gedrungen.

Allerdings, so erfuhr die Familie, war Professor Holbourne mit dem Leben davongekommen. Nachdem er anderen Passagieren geholfen hatte, in die Rettungsboote zu steigen, hatte auch er das Schiff verlassen müssen. Als er schließlich zu Hause angelangt war, konnte er bestätigen, daß der Traum seiner Frau genau den Tatsachen entsprochen hatte; und zwar einschließlich der Beschreibung des jungen Mannes, mit dem sie gesprochen hatte. Der Professor sagte, dies sei der Offizier gewesen, der ihm befohlen hatte, ins Rettungsboot zu steigen, und der ihm dadurch das Leben gerettet hatte.

Auroras an der Erdoberfläche

In einer Ausgabe der Zeitschrift *Nature* von 1931 wurde berichtet, daß im Winter 1917/18 Arbeiter auf einer staatlichen Rundfunkstation in der Antarktis plötzlich »eingehüllt waren in eine leichte, dunstige oder nebelähnliche Substanz«. Ihre ausgestreckten Hände schienen von einem farbigen Nebel umgeben zu sein, und »ein Kaleidoskop verschiedener Farben war zwischen Hand und Körper sichtbar«.. Am erstaunlichsten jedoch war die Tatsache, daß diese Dunstwolken keine Feuchtigkeit enthielten. Als die Arbeiter sich vom Funkturm hinabbeugten, konnten sie diesen Nebel deutlich erkennen, denn er hatte sich gut einen Meter über dem Boden ausgebreitet.
Viele Forscher haben von solchen seltsamen Nebeln berichtet und das Phänomen sogenannten Auroras zugeschrieben. Dabei handelt es sich um Lichtphänomene, die durch elektrische Ladungen in der Atmosphäre hervorgerufen werden. Wissenschaftler haben diese Erklärung angezweifelt und behauptet, daß Auroras niemals in einem Bereich unter 50 Kilometern über der Erdoberfläche auftreten könnten, sondern sich vielmehr erst Hunderte von Kilometern über der Erde bilden.
Und dennoch gibt es Berichte über Auroras in geringeren Höhen. Ein solches Phänomen wurde auch von Floyd C. Kelley in Hartford, Connecticut, beobachtet. Floyd studierte dort am Trinity College. »Die Lichteffekte machten auf mich den Eindruck, als ob die Atmosphäre mit Nebel angefüllt sei und jemand diesen Nebel erleuchtete, in-

dem er einen Scheinwerferstrahl darin herumwandern ließ«, schrieb er 1934 in einer Ausgabe von *Nature*. Er hörte außerdem »zischende Geräusche« im Rhythmus des Auroralichts.

Manchmal fällt es schwer, bestimmte Blitzerscheinungen zu erklären. So schrieb beispielsweise 1891 das *Royal Meteorological Society's Quarterly Journal* über einen Vorfall, bei dem ein Blitz in eine Küche in Mayo, Irland, eingeschlagen hatte. »Alle Gegenstände aus Glas oder Porzellan waren umgefallen, aber nur sehr wenige waren zerbrochen; von einem gläsernen Tintenfaß war eine Ecke wie mit einem Messer abgeschnitten worden, ohne daß dabei auch nur ein Tropfen Tinte verschüttet worden wäre. Besonders erstaunlich, was mit einem Korb Eiern geschehen war, der auf dem Boden der Küche gestanden hatte. Die Schalen hatten Sprünge, so daß sie beim Kochen der Eier abfielen, aber die inneren Eihäute waren intakt.«

Ein *Nature*-Artikel aus dem Jahr 1886 berichtete darüber, wie ein Blitz in eine Scheibe einschlug. Der Blitz hatte nämlich ein Loch von der Größe einer Pistolenkugel in den unteren Teil des Glases geschlagen. Eine Wasserfontäne schoß aus dem Einschlagloch im Boden empor und schlug gegen die Decke, die teilweise einstürzte und einen kleinen Tisch im Zimmer zertrümmerte.

Vor wenigen Jahren erst bohrte ein Blitz in Schottland, in der meteorologischen Fakultät der Universität von Edinburgh, ebenfalls eine kreisförmige Öffnung in eine Glasscheibe. Die Zeitschrift *Weather* schrieb, daß man das herausgebrochene Glasstück unbeschädigt im Zimmer wiedergefunden habe.

Das UFO und der Dampfer

Im Logbuch des Kapitäns der *Llandovery Castle* ist ein seltsamer Bericht zu finden. Darin steht, wie in der Nacht zum 1. Juli 1947 der Dampfer bei seiner Fahrt durch die Straße von Madagaskar kurze Zeit von einem UFO begleitet wurde.

Es war ungefähr elf Uhr nachts, als die Passagiere erstmals ein helles Licht entdeckten, das über ihren Köpfen am Himmel mitreiste. Als das Licht den Bereich über dem Schiff durchquerte, verlor es an Höhe und Geschwindigkeit und sank schließlich auf eine Höhe von etwa 15 Meter über dem Wasserspiegel herab. Der Lichtstrahl war zuerst nach unten gerichtet; er wirkte wie ein Suchscheinwerfer, der vom Wasser reflektiert wurde. Aber dann erlosch das Licht, und die Passagiere sowie die Schiffsbesatzung konnten das Objekt neben sich deutlich sehen.

Zeugen beschrieben das Fahrzeug als riesig: mindestens 300 Meter lang, von zylindrischer Form und aus metallischem Material. Manche sprachen von einer Art »Riesenzigarre« mit abgeschnittenem Ende. Es war ungefähr fünfmal so lang wie breit, hatte aber keine sichtbaren Fenster oder Bullaugen. Die Besatzung beobachtete, daß das rätselhafte Fahrzeug sich in genau derselben Geschwindigkeit bewegte wie die *Llandovery Castle*; die Männer folgerten daraus, daß wohl ein intelligenzbegabtes Wesen am Steuer sitzen müsse.

Nachdem das Fahrzeug ungefähr eine Minute lang neben der *Llandovery Castle* entlanggeglitten war, erhob es sich lautlos in die Luft. Als es sich in einer Höhe von ungefähr 300 Metern befand, schoß es plötzlich, einen orangefarbenen Feuerschweif hinter sich lassend, in die Höhe und entschwand in den schwarzen Nachthimmel.

Babys mit zwei Köpfen

In drittklassigen Horrorfilmen sieht man manchmal Monster mit zwei menschlichen Köpfen — was oft eher eine erheiternde Wirkung hat. Aber die Schicksale von real existierenden Menschen mit zwei Köpfen waren ohne Ausnahme sehr tragisch.

Im Mai 1829 wurde von einer dreißigjährigen Frau in Sassari, Sardinien, ein zweiköpfiges Baby geboren. Die siamesischen Zwillinge besaßen je ein Rückgrat und waren am Bauch zusammengewachsen. Schon bald wurde offenkundig, daß die Köpfe des Kindes ihr eigenes Leben führten: Jedes Kind hatte seine ganz individuellen Vorlieben und Abneigungen sowie seinen eigenen Wein-, Schlaf- und Wachrhythmus.

Die Eltern nannten das Kind Rita-Christina, und da sie vollkommen verarmt waren, brachten sie es nach Paris, in der Hoffnung, das Kind dort gegen Eintritt ausstellen zu können. Die Pariser Behörden bezeichneten jedoch dieses Vorhaben als »menschenunwürdig« und verboten es. Die Familie aus Sassari hatte allerdings nun keine andere Verdienstmöglichkeit. Schon bald starb das zweiköpfige Kind im ungeheizten Zimmer der Familie an Erkältung. Eine Autopsie erbrachte, daß es nur ein Herz und einen Magen gehabt hatte.

Ein noch unglücklicheres Wesen kam am 24. Juni 1889 in Tipton County, Indiana, zur Welt. Das Kind, das in den medizinischen Zeitschriften »die Jones-Zwillinge« genannt wurde, hatte einen Rumpf, vier Beine und zwei Arme. Darüber hinaus besaß es zwei Köpfe, und zwar jeweils an den gegenüberliegenden Enden des Körpers. Nachdem die unglücklichen Zwillinge mehr als ein Jahr lang zur Schau gestellt worden waren, starben sie in einem Hotel in Buffalo, New York, im Februar 1891.

UFOs auf Hawaii

Seit Ende der vierziger Jahre dieses Jahrhunderts haben immer wieder unidentifizierte Flugobjekte Schlagzeilen gemacht. Zunächst konnten Wissenschaftler kaum ihr Auftauchen vorhersagen oder gar einordnen. Später schien es so, als würden »fliegende Untertassen« zumeist in der nördlichen Hemisphäre, und zwar im Frühling und in den Sommermonaten, auftauchen. Den restlichen Teil des Jahres besuchten sie eher die südliche Hälfte der Welt.

In den frühen sechziger Jahren wiederum tauchten sie bei anderen Gelegenheiten auf: vor allem beim Abschuß von Satelliten und bei Atombombentests. Es schien auch, als sei die Neugierde der UFOs durch andere technologische Bereiche geweckt worden. Beispielsweise fotografierte der Flugkapitän Joe Walker seltsame Objekte, die während eines Testflugs der Rakete X15 mit einer Geschwindigkeit von Tausenden von Meilen in der Stunde blitzartig über den Himmel schossen.

Viele dieser UFOs wurden nur von einer oder von zwei Personen beobachtet; bei einem Vorfall allerdings, der sich am 11. März 1963 ereignete, gab es Hunderte und vielleicht sogar Tausende von Augenzeugen. Ein rundes, glühendes Objekt, das einen verschwommenen weißen Lichtstrahl hinter sich herzog, durchquerte fünf oder sechs Minuten lang den Himmel über Hawaii.

Zwei hawaiische Piloten beobachteten das seltsame Flugobjekt. Sie berichteten, sie hätten es aus ihren Flugzeugen in einer Höhe von vierzigtausend Fuß gesehen. Leutnant George Joy stellte fest, daß das unidentifizierte Objekt einen glühenden Strahl ausstieß. Ein Sprecher der bundesstaatlichen Luftfahrtbehörde berichtete den Reportern, daß er und seine Mitarbeiter den Gegenstand ebenfalls gesehen hätten.

Was immer dieses Ding auch gewesen sein mag, es war auf jeden Fall kein Satellit. Und Meteoren und Raketen hätten nicht mehrere Minuten lang am Himmel stillstehen können, während Hunderte von Menschen zusahen. So ist und bleibt das UFO, das über Hawaii flog, eines der vielen Luftfahrzeuge, deren Auftauchen unerklärlich bleibt.

Selbstmordtraum

Mrs. Bertha Stone, eine Bauersfrau, die in Jefferson County in Indiana lebte, machte jeden Nachmittag ein Nickerchen. Am 10. Juni des Jahres 1951 erwachte sie plötzlich aus einem entsetzlichen Traum.

Sie hatte sich selbst gesehen, und zwar am Ende einer riesigen Brücke in einer Stadt, die sie nicht kannte. Eine Frau, die sie nicht erkennen konnte, in mittlerem Alter und schwarz gekleidet, näherte sich Mrs. Stone und sagte zu ihr: »Ich bin nach Abilene gekommen, um in den Fluß zu springen.«

Mrs. Stone mußte hilflos und voller Entsetzen zusehen, wie die Frau über das Brückengeländer kletterte und hinuntersprang.

Der Alptraum erschien so realistisch, daß sich Mrs. Stone entschloß, der Sache nachzugehen. Hatte sich wirklich eine Frau getötet, indem sie von einer Brücke in Abilene sprang? Aber um welches Abilene handelte es sich?

Mrs. Stone schrieb sowohl an die Polizei von Abilene in Kansas als auch an die in Abilene, Texas, einen Brief und fragte nach, ob irgend jemand an dem Tag, als sie den Traum gehabt hatte, Selbstmord begangen habe.

Die Polizei von Kansas ließ den Brief unbeantwortet. Aber die texanischen Behörden schrieben, daß eine Frau sich in einem Hotel unter dem Namen Ruth Brown eingetragen und nach dem nächstgelegenen Fluß gefragt habe. Dann sei sie zur Brücke über diesen Fluß gelaufen und in den Tod gesprungen.

Die Selbstmörderin wurde nie identifiziert; der Name

und die Adresse, die die Frau im Hotel angegeben hatte, waren frei erfunden, und ihre Kleidung ließ keine Aufschlüsse über ihre Person zu. Bertha Stone selbst hat nie herausgefunden, wie oder warum sie den tragischen Tod, der sich Tausende von Meilen entfernt ereignete, hatte »sehen« können.

Außerirdische im Miniformat

Am 28. November 1953 stürmten zwei Männer in heller Aufregung in die Polizeistation in Caracas. Die Geschichte, die sie erzählten, schien so weit hergeholt, daß die Polizisten dachten, die beiden seien betrunken. Aber ein Alkoholtest zeigte, daß sie vollkommen nüchtern waren und außerdem unter Schock standen. Gustavo Gonzales und Jose Ponce hatten in der Tat etwas sehr Ungewöhnliches erlebt.

Laut ihrer unter Eid gemachten Aussage hatten die zwei Männer Caracas um ungefähr zwei Uhr nachts in einem Lastwagen verlassen. Sie wollten nach Petare, einer Stadt, die sich ungefähr 20 Minuten entfernt an der Hauptstraße befand. Auf halbem Weg wurden sie von einem glühenden, runden Objekt, das mitten auf dem Highway stand, zum Anhalten gezwungen.

Das Fahrzeug schwebte ungefähr eineinhalb Meter über der Straße, und Ponce und Gonzales wollten es sich genauer ansehen. Als sie sich dem Gegenstand näherten, kam ein kleines, dunkel behaartes, menschenähnliches Wesen, nur mit einem Lendenschurz bekleidet, auf sie zu. Gonzales packte den kleinen Mann und war erstaunt, daß er nur sehr wenig wog, schätzungsweise 30 Pfund. Allerdings merkte er sofort, daß es sehr gefährlich war, das Wesen anzufassen, denn er wurde ungefähr viereinhalb Meter in die Höhe geschleudert. Ponce wandte sich ab und rannte auf die Polizeistation zu. Als er sich umwandte, sah er zwei andere kleine Wesen, die, die Hände voller Pflanzen, zu ihrem leuchtenden Schiff liefen.

Tatsächlich mußte die Polizei anerkennen, daß etwas Wahres an der Geschichte sein konnte, denn schon bald wurde sie aus einer weiteren verläßlichen Quelle bestätigt.

Zwei Tage, nachdem die Männer die seltsamen Wesen getroffen hatten, trat einer der Ärzte, von denen die beiden zunächst untersucht worden waren, an die Öffentlichkeit. Obwohl er zunächst nicht mit derlei mysteriösen Ereignissen in Verbindung gebracht werden wollte, sagte er nun aus, daß er, auf der Heimfahrt von einem dringenden Krankenbesuch, Zeuge des ganzen Vorfalls geworden sei. Er hatte beobachtet, so sagte er, daß sich genau das, was Gonzales und Ponce ausgesagt hatten, auch wirklich zugetragen hatte: Die Erzählung vom UFO stimmte ebenso wie die Beschreibung des behaarten Außerirdischen im Miniformat.

UFO-Absturz in Nevada

Am 18. April 1962 gab es verschiedene aufgeregte Berichte über ein rotes Objekt, das am Himmel über Oneida, New York, gesichtet worden war und in westliche Richtung flog. Zwar konnte man irgend etwas auf dem Radarschirm feststellen, aber es war nicht auszumachen, worum es sich eigentlich handelte. Als das Objekt schließlich den Mittleren Westen der USA erreicht hatte, wurden vom amerikanischen Verteidigungszentrum in Phoenix Düsenjäger losgeschickt, um dem UFO den Weg abzuschneiden.

Gut hundert Kilometer nordwestlich von Las Vegas jedoch verschwand das rätselhafte Flugzeug plötzlich vom Radarschirm. Nach Schätzungen der *Las Vegas Sun*, der einzigen Zeitung, die den Berichten auf den Grund ging, ist es möglich, daß das UFO vielleicht über Nevada explodiert ist. Zum Zeitpunkt seines Verschwindens vom Radarschirm nämlich, so die Zeitung, fand über dem *Mesquite Range* eine Explosion statt, die so heftig war, daß die Straßen von Reno erleuchtet waren wie am hellichten Tag. Zwar meinten viele Leute, daß der helle Blitz auf einen Atombombentest zurückzuführen sein könnte, aber die Atomenergiekommission bestritt, daß es zu diesem Zeitpunkt überhaupt Kernversuche in den USA gegeben habe.

Ein paar Stunden später wurde eine andere seltsame Begebenheit, die möglicherweise damit etwas zu tun haben könnte, vom *United States Press Service* aufgezeichnet. Beobachter sagten aus, daß ein riesiges Objekt neben einem

Elektrizitätswerk in Eureka, Utah, gelandet sei. Erneut versuchten Reporter der *Las Vegas Sun* herauszufinden, was an der Geschichte wahr sein könnte. Als sie einen Beamten des Luftwaffenstützpunktes in Reno danach fragten, erklärte der ihnen, daß in der Tat ein Flugobjekt gelandet sei. Der Sprecher, der unbedingt anonym bleiben wollte, meinte dazu, daß die Wucht der Landung im UFO einen zeitweiligen Stromausfall hervorgerufen habe.

Seltsamerweise hatten allerdings nur wenige Amerikaner von den rätselhaften Objekten gehört, die an jenem Frühjahrsabend den Südwesten der USA heimsuchten. Es waren nur die *Las Vegas Sun* und einige Lokalblättchen, die überhaupt die Nachricht brachten, daß offensichtlich eine »fliegende Untertasse« auf die Erde gestürzt war.

Ein sorgfältiges Studium exakter Übersetzungen der Bibel ist nicht nur ein Zeitvertreib für Geistliche. Archäologen und Geologen haben immer wieder versichert, daß sie durch ein solches Studium auf unschätzbare verborgene Hinweise gestoßen seien.

Dr. Nelson Glueck beispielsweise, Präsident des *Hebrew Union College,* vermutete, daß Salomon den alten persischen Königen Kupfer verkauft habe. Seine Ansicht wird von Hinweisen im Fünften Buch Mose gestützt: »Aus den Bergen sollt ihr Kupfer gewinnen.« Aber wo waren diese Kupferminen?

Im Verlauf verschiedener Flüge machte Glueck Farbaufnahmen von Gebieten in der Nähe eines kürzlich entdeckten Seehafens, den König Salomon einst benutzt hatte. Daraufhin forschten Arbeitsgruppen nach Wasserlöchern, die seit langer Zeit verlassen waren. Aus verschiedenen einzelnen Erkenntnissen zog Glueck folgenden Schluß: Die alten Kupferminen von König Salomon befanden sich in der Gegend des heutigen Wadi el Arabah. Darüber hinaus entdeckte er Kupferadern, aus denen heute, viele tausend Jahre später, erneut Kupfer gewonnen wird.

Ein anderer Wissenschaftler, dessen Thesen durch die Bibel erhärtet wurden, war Dr. James Pritchard vom Museum der Universität Pennsylvania. Er hatte sich sehr lange mit der Lage des Sees von Gideon beschäftigt, der in der Bibel erwähnt wird. Nach dem Studium der entsprechenden Bibeltexte kamen er und seine Forscherkollegen zu der Erkenntnis, daß der See etwa zwölf Kilometer nördlich von Jerusalem liegen müßte. Als die Armeen von Nebukadnezar im Jahr 587 vor Christus eingefallen waren, hatten, so die Erkenntnisse der Forscher, die Eroberer den Brunnen mit Tonnen von Steinen zugeschüttet, und bald war er in Vergessenheit geraten. Aber Pritchard griff auf die Bibelhinweise zurück, um den Ort wiederzufinden. So kommt es, daß heute die Quelle von Gideon wieder fließt und zu einem Segen für das ausgedörrte Heilige Land geworden ist.

Die ruhelosen Särge

Die winzige Insel Ösel liegt in der Bucht von Riga in der Ostsee. Im einzigen Städtchen dieser Insel, Arensburg, gibt es eine Anzahl kleiner privater Kapellen, die von den wenigen Wohlhabenden der Gegend erbaut worden sind.

Wenn einer der ihren stirbt, dann lassen die Bürger von Arensburg seine Leiche eine Weile in einem schweren Eichensarg in der Kirche ruhen. Nach einiger Zeit wird sie dann auf den Friedhof gebracht. Es schien jedoch, als hätte irgend jemand ein rätselhaftes Interesse daran, die Toten, die in der kleinen Kapelle der Buxhöwdens lagen, in ihrer letzten Ruhe zu stören. Es sah aus, als hätten unsichtbare Hände wiederholt die schweren Eichensärge umhergeschleudert wie Spielzeuge.

Das erste dieser seltsamen Vorkommnisse ereignete sich am 22. Juni 1844, als Frau Dalmann das Grab ihrer Mutter besuchte. Ein Pferd, das in der Nähe der Kapelle der Buxhöwdens angebunden war, geriet so heftig in Erregung, daß ein Tierarzt gerufen werden mußte. Ein paar Tage später fanden andere Inselbewohner, die ihre Pferde vor der Kapelle der Buxhöwdens angeleint hatten, nach dem Gottesdienst ihre Tiere in einem ähnlichen Erregungszustand. Was in aller Welt hatte diese Panik ausgelöst?

Einige Familienangehörige wollten nun die Kirche und den Friedhof untersuchen, um die Gerüchte, die Angstzustände der Pferde könnten mit dem Ort zusammenhängen, widerlegen zu können. Aber sobald sie die Kirchentür geöffnet hatten, wurde ihnen klar, daß sich dort in der Tat seltsame Dinge ereignen mußten. Mitten im Kirchenschiff hatte nämlich irgend jemand Särge aufeinandergestapelt.

Die Buxhöwdens brachten nun die ungeöffneten Särge an ihre ursprünglichen Plätze zurück. Sie schlossen die Tür der Kapelle fest zu und verplombten die Särge. Niemand sollte hereinkommen und noch einmal mit den sterblichen Überresten ihrer Verwandten Unfug anrichten.

Kurze Zeit später starben jedoch drei von elf Pferden, die man vor der Buxhöwden-Kapelle angebunden hatte, in schrecklicher Panik.

Die Kapelle wurde aufs neue geöffnet, und wieder hatte irgend jemand die Särge in die Mitte der Kapelle gezerrt. Einige lagen umgekippt, und einer sah aus, als hätte jemand ihn aus größerer Höhe herunterfallen lassen.

Die Buxhöwdens brachten die Särge wieder dorthin, wo sie eigentlich stehen sollten, verschlossen und versiegelten die Tür — und warteten. Der Kirchenrat beschloß, der Sache auf den Grund zu gehen, und sein Vorsitzender, Baron von Guldenstubbe, besichtigte die Grabstätte der Familie. Nachdem das Siegel gebrochen und die Tür geöffnet war, ging er hinein und stand vor der gleichen unheimlichen Szenerie: Die Särge waren in der Mitte des Raumes zu einer Pyramide aufgetürmt worden.

Um sicher zu gehen, daß der rätselhafte Eindringling, der die Särge bewegte, keinen geheimen Tunnel benutzte, grub man den Boden des Familiengrabes um und zog einen Graben darum. Spuren waren allerdings auch jetzt noch nicht zu entdecken.

Als nächstes kam man auf die Idee, auf den Stufen der Kapelle Asche auszustreuen, um die Fußspuren des Eindringlings sichtbar zu machen. Die Tür wurde aufs neue abgeschlossen und versiegelt, und vor der Pforte wurden zwei bewaffnete Wächter postiert.

Obwohl die Wachen keine Eindringlinge hörten oder sahen und man keine Spuren in der Asche fand, mußte man schon bald feststellen, daß die Särge erneut vom einen zum anderen Ende der Grabstätte bewegt worden waren.

Bis heute ist ungeklärt, warum die Särge ruhelos in der Familienkapelle umherwanderten. Ermüdet und erschöpft von den rätselhaften Vorgängen, resignierten die Buxhöwdens schließlich und beschlossen, die sterblichen Überreste ihrer Vorfahren an einer anderen Stelle beizusetzen.

Ankündigung eines tödlichen Unfalls

Winnie Wilkinson aus Sheffield in England konnte gewöhnlich mittags nicht schlafen. Aber eines Nachmittags im Sommer 1962 schlummerte sie doch ein — und fiel schon bald in einen beunruhigenden Traum.
Später erzählte sie der Polizei, sie habe geträumt, jemand hätte heftig an ihre Tür geklopft. Als sie öffnete, stand eine unbekannte Frau vor ihr. In heller Aufregung erzählte die Fremde Mrs. Wilkinson, ihr Mann, von dem sie getrennt lebte, sei schwer verletzt. Die Besucherin im Traum erklärte, daß er von einem Baugerüst gefallen sei und dringend nach seiner Frau verlange.
Winnie dachte zwar daran, sich von Gordon scheiden zu lassen, aber trotzdem war sie entsetzt über die Vorstellung eines solchen Unglücks. Sie schrieb sich schnell den Zeitpunkt des Traumgeschehens auf, 3 Uhr 12, und rief sofort bei seiner Arbeitsstelle an, um herauszufinden, ob ein Unfall geschehen sei.
Gordon Wilkinson gehe es gut, wurde ihr versichert. Aber schon am nächsten Tag, um genau 3 Uhr 12 nachmittags, war er tot; er war von einem Baugerüst in den Tod gestürzt.

Der französische Detektiv Robert Ledru bot der örtlichen Polizei während seiner Ferien in Le Havre Hilfe bei der Aufklärung des Mordes an André Monet an. Monet war ein kleiner Geschäftsmann gewesen; er hatte wenig Freunde, aber auf jeden Fall keine Feinde gehabt. Während er allem Anschein nach um Mitternacht im Meer gebadet hatte, wurde Monet durch einen Pistolenschuß getötet. Es gab kein offensichtliches Tatmotiv und nur zwei vage Spuren. Eine war, daß der Schuß aus einer Luger, einer sehr bekannten Revolvermarke, abgefeuert worden war. Die zweite war ein Fußabdruck im Sand; allerdings hatte sie wohl nur sehr geringen Wert, denn der Täter hatte seine Schuhe ausgezogen und war auf Strümpfen gelaufen.

Als er sich jedoch einen der Fußabdrücke genauer ansah, wurde Ledru plötzlich von Entsetzen geschüttelt. Der Mörder hatte, genau wie Ledru selbst, an seinem rechten Fuß nur vier Zehen. Ledru drückte seinen nur mit einem Strumpf bekleideten Fuß neben der Spur in den Sand. Er beschaffte sich die Pistolenkugel, die man aus dem Opfer entfernt hatte, ging nach Hause und schoß mit seiner eigenen Luger in ein Kissen. Dann verglich er die beiden Kugeln und erstattete seinen Vorgesetzten in Paris Bericht.

Nach einem Artikel der *Enzyklopädie der Geisteskrankheiten*, einem Handbuch der Psychiatrie, mußte sich selbst der oberste Polizeichef der Beweislage beugen. Ledru, der sich immer mit Socken zu Bett legte, war am Morgen nach dem Mord aufgewacht und hatte, für ihn zunächst unerklärlich, entdeckt, daß seine Socken naß waren. Er selbst hatte als Schlafwandler Monet ermordet.

Die seltsamen Zwillinge und der Kalender

Mit dem Ausdruck *idiot savant* belegt man in Frankreich einen Menschen, der zwar nur unterdurchschnittlich intelligent ist, aber zugleich ganz besondere intellektuelle Fähigkeiten besitzt. Nach den Beobachtungen von Experten konzentriert sich deshalb ein *idiot savant* häufig selbst auf dieses ganz bestimmte Talent und kann so seine spezielle Fähigkeit immer wieder unter Beweis stellen und zugleich durch Übung verbessern.

Das *American Journal of Psychiatry* berichtet allerdings, daß die eineiigen Zwillinge George und Charles diese These widerlegten. Das Paar hatte eine fast unheimliche Begabung, sich an bestimmte Daten zu erinnern. Sie konnten sich fast jeden Tag ins Gedächtnis rufen und ganz genau beschreiben, wie an jenem Tag das Wetter war. George legte darüber hinaus sogar ein noch bemerkenswerteres Talent an den Tag. Während sein Bruder Charles sich ganz genau nur an Daten aus dem zwanzigsten Jahrhundert erinnern konnte, umfaßte Georges Erinnerungsvermögen sogar Daten aus den vorangegangenen Jahrhunderten. Ebenso leicht war es den Zwillingen möglich, etwa den 15. Februar 2002 als einen Freitag oder den 28. August 1591 als einen Mittwoch zu identifizieren — wobei diese Fähigkeit wieder bei George besser entwickelt war als bei Charles. Und obwohl ihnen der Unterschied zwischen dem Gregorianischen und dem Julianischen Kalender unbekannt war, zogen sie, wenn sie bestimmte Tage vor 1582 (als die Kalenderzählung geändert wurde) identifizierten, exakt die Differenz von zehn Tagen in Betracht. Diese

Fähigkeit machte um so mehr Eindruck, als sie nicht in der Lage waren, die einfachen Rechenarten Addition, Subtraktion, Multiplikation oder Division auszuführen. Allgemeine Intelligenzleistungen wie Erinnern, Lernen und Wiederholen beherrschten die Zwillinge noch weniger. Dafür aber konnten sie sogar weiter vorausdenken als bis zum Jahr 7000. Es kann sein, daß Motivation bei der Entwicklung dieser besonderen Fähigkeit eine Rolle gespielt haben mag, aber dies allein ist keine ausreichende Erklärung für die erstaunliche Fähigkeit der Zwillinge.

Der Fliegende Holländer

Die Sage vom Fliegenden Holländer, dem Schiffskapitän, der Gott verfluchte und als Strafe dazu verdammt wurde, mit seinem Geisterschiff für alle Ewigkeit über die Meere zu segeln, ist in den Geschichten der Seeleute und in einer Wagneroper der Nachwelt erhalten geblieben.

Segelschiffe, die unbemannt in Sturm und Nebel gesichtet wurden, trugen häufig den Namen »Der Fliegende Holländer«. In den Erzählungen über das Leben auf dem Meer ist ein Treffen mit dem Fliegenden Holländer immer als Warnung vor einem drohenden Unheil angesehen worden.

Auf dem britischen Kriegsschiff *Inconstant*, das am 11. Juli 1861 auf dem Pazifik segelte, wurde etwas Ungewöhnliches gesichtet. Im Logbuch der *Inconstant* findet sich folgender Eintrag:

»Um vier Uhr morgens segelte der ›Fliegende Holländer‹ an uns vorbei. Es ging ein seltsam phosphoreszierendes Licht von ihm aus, als handele es sich um ein glühendes Phantomschiff. In diesem Licht waren sehr deutlich die Masten zu erkennen. Der Offizier auf der Brücke sah das Schiff, ebenso der auf dem Mittelschiff. Letzterer wurde sofort zum Vorderdeck geschickt. Als er aber dort ankam, sah man keine Spur von dem Geisterschiff. Die ruhige See erstreckte sich bis zum Horizont, und die Nacht war sternenklar.«

Im Kriegsgeschehen ist es manchmal schwierig und gefährlich zuzugeben, daß die eigene Seite durch irgendein zufälliges Ereignis einen ganz entscheidenden Vorteil gewonnen hat.
Ein Dilemma dieser Art wurde durch die Bombardierung von Coventry, der britischen Kathedralenstadt, geschaffen. Coventry wurde während des großen Luftangriffs auf England im Jahr 1940 in Schutt und Asche gelegt. Der britische Geheimdienst war über den massiven Angriff schon vorher informiert gewesen, da er es geschafft hatte, den deutschen Geheimcode zu Beginn des Zweiten Weltkrieges zu entschlüsseln. Allerdings wollte der Geheimdienst unter keinen Umständen die Tatsache preisgeben, daß er die geheimen Botschaften, die die Deutschen aussandten, entschlüsseln konnte. Deshalb konnte, auf Churchills Befehl hin, nur die Flugabwehr zur Verteidigung von Coventry mobilisiert werden. Der deutsche Angriff fand also fast ungehindert statt, aber das Geheimnis, daß die Briten den Code »Enigma« entschlüsseln konnten, blieb gut gehütet, und diese Kenntnis konnte später außerordentlich erfolgreich im Kampf gegen Rommel in Nordafrika und bei anderen militärischen Operationen eingesetzt werden.

Der *Purple Code,* der unter höchster Geheimhaltung stehende Code der Japaner, war eine leicht veränderte Version von »Enigma«. Amerikanische Experten für Geheimcodes hatten, noch vor Amerikas Eintritt in den Zweiten

Weltkrieg, die Entschlüsselung dieses Codes bis zur Perfektion entwickelt.

Eine codierte japanische Botschaft wurde zum Zeitpunkt gewisser militärischer Operationen im Pazifik abgefangen. Sie gab Aufschluß darüber, wann und wo Admiral Yamamoto, der Kommandant der japanischen Flotte, die Verteidigungslinien der Solomoninseln inspizieren würde. Aufgrund dieser Kenntnisse waren Flugzeuge der Vereinigten Staaten in der Lage, Admiral Yamamotos Flugzeug sowie die Begleitflugzeuge zu finden und abzuschießen. Ungeachtet des hohen Propagandawertes, den diese Aktion gehabt hätte, wurde die Operation geheimgehalten, um die Tatsache, daß die Vereinigten Staaten den Code kannten, zu verschleiern. Diese strikte Geheimhaltung lohnte sich. Während der entscheidenden Seeschlacht von Midway waren amerikanische Code-Experten in der Lage, japanische Botschaften ebenso schnell oder sogar noch schneller als die Japaner zu entziffern.

Das fehlende Bindeglied

Um den Verfolgungen und dem Spott der Mitbürger seines russischen Heimatstädtchens zu entkommen, floh der junge Andrian in die Wälder. Dort lebte er in einer Höhle und lernte, für sich und seine Kinder selbst zu sorgen. Mindestens zwei von ihnen – eine Tochter, die bereits als Kleinkind starb, und ein Sohn, der überlebte und mit seinem Vater auf die Jagd ging – ähnelten ihm.
Wenn man einem Bericht im *Scientific American* glauben schenken darf, handelte es sich bei Andrian um einen Affenmenschen. Und tatsächlich: Als er im Rahmen eines medizinischen Seminars in Berlin im Alter von etwa fünfzig Jahren vorgeführt wurde, waren sein Körper, sein Gesicht und sein Hals vollständig behaart.
Andrian war jedoch nicht das erste menschliche Wesen, das dem Bindeglied zwischen dem modernen Menschen und seinen Vorfahren auf den Bäumen ähnelte. Julia Pastrana beispielsweise, eine Mexikanerin, lebte aufgrund ihrer tierähnlichen Körperbehaarung unter demütigenden Umständen und starb, so nachzulesen in der Zeitschrift *Science,* bei der Geburt eines Sohnes, der tragischerweise seiner Mutter glich.
Die geistigen Fähigkeiten solcher Menschen sind jedoch nicht unbedingt eingeschränkt oder gar unter menschlichem Niveau. Die sechsjährige Kra-o zum Beispiel, die auf Borneo entdeckt wurde, hatte dickes, krauses Haar, das wie eine Mähne über ihre Schultern und ihren Rücken wuchs, und ihre Ähnlichkeit mit einem Gorilla wurde durch eine flachgedrückte Nase noch verstärkt. Außer-

dem verfügte sie über Backentaschen, in denen sie, wie Affen es tun, Nahrung hamstern konnte. Allerdings, so in einem weiteren Bericht des *Scientific American*, lernte sie unglaublich schnell die englische Sprache, und schon bald nach ihrer Ankunft in Großbritannien konnte sie sich gut verständigen.

Nach Aussagen von Experten scheint sich eine derartige Behaarung wie bei der kleinen Kra-o aus einem embryonalen Körperflaum zu entwickeln, wie man ihn bei vielen Säugetieren nachweisen kann, nicht aber bei Menschen. Diese weiche, daunenartige Behaarung wird bei Tieren später zu Pelz oder Federn. Es kann nun passieren, daß Gene unserer urzeitlichen Vorfahren in der menschlichen DNS erhalten bleiben. Und in seltenen Fällen können sie immer noch dominant werden.

Bevor der Tote ins Grab gelegt wurde, zog der Leichenwäscher ihn an, frisierte ihm die Haare und rasierte ihn sogar. Zwei Jahre nach der Beerdigung in Iowa wurde der Sarg exhumiert. Der anwesende Arzt berichtete, daß durch die Ritzen, wo das Holz des Sarges geborsten war, Haare sprossen. Die Zeitschrift *English Mechanic* schrieb, daß das Kopfhaar 45 Zentimeter, der Schnauzbart 20 Zentimeter und das Haar auf der Brust ungefähr 12 Zentimeter lang waren.
In einem anderen Fall, über den im Jahr 1847 berichtet wurde, entdeckten Friedhofsarbeiter, die ein neues Grab aushoben, das Skelett eines Mannes, der zehn Jahre zuvor begraben worden war. Sein Haar war jedoch nicht vermodert, sondern sogar um ungefähr 30 Zentimeter nachgewachsen.

Am 21. Mai 1883 fiel Marguerite Boyenval aus Angst vor Polizisten, die in ihre Wohnung eingedrungen waren, in einen kataleptischen Zustand. Sie war zu diesem Zeitpunkt 22 Jahre alt, und ihr Körper war so starr wie der einer Leiche. Ihre Arme hielt sie steif vom Körper weggestreckt.

Obwohl Miss Boyenval die meiste Zeit nicht wußte, was um sie herum vorging, gab es Momente, in denen sie vage hören konnte, was gesprochen wurde. Während einer ärztlichen Untersuchung beispielsweise öffnete sie plötzlich nach fünf Minuten ihre Augen und rief: »Sie kneifen mich!«

Obwohl sie künstlich ernährt wurde, verschlechterte sich ihr Gesundheitszustand im Lauf der Jahre immer weiter. Sie bekam die Schwindsucht, und ihr Körper verfiel allmählich. Im Jahr 1903 starb Miss Boyenval schließlich — nach zwanzigjährigem Schlaf.

Der Wirtschaftsexperte William Stanley Jevons war der Überzeugung, daß ökonomische Krisen auf bestimmte Weise mit den Bewegungen der Gestirne am Himmel in Zusammenhang stünden. Um diese Hypothese zu überprüfen, entschloß sich sein britischer Kollege, der Wirtschaftswissenschaftler Sir Maynard Keynes, die Geschichte der Konjunkturkrisen bis fast zum Beginn des 18. Jahrhunderts zurückzuverfolgen. Er stellte fest, daß wirtschaftliche Zyklen sich anscheinend in Intervallen von zehn oder elf Jahren wiederholen. Schließlich gelang es Keynes, Wirtschaftskrisen mit dem zyklischen Auftauchen von Sonnenflecken in Verbindung zu bringen.
Keynes versuchte, vermeintliche Zusammenhänge aufzudecken, und erklärte, daß »meteorologische Phänomene bei der Erntefluktuation eine Rolle spielen und daß solche Fluktuationen sich auf den Handelszyklus auswirken. Man sollte Jevons' Ideen und Vorstellungen nicht einfach von der Hand weisen.«
Trotz der zeitlichen Übereinstimmung von zyklisch auftretenden Wirtschaftskrisen und den Intervallen der Sonne konnten Zusammenhänge doch niemals bewiesen werden.

Der Riesenspiegel

Mitte des 20. Jahrhunderts gelang es Ingenieuren und Wissenschaftlern, einen überdimensionalen Glasgegenstand herzustellen. Es handelte sich um den fünfzig Meter hohen Spiegel im *Hale Telescope* in Mount Palomar. Aber es war bereits vor *Tausenden* von Jahren in Beth She'arim, einem historischen Zentrum jüdischer Wissenschaft im südwestlichen Galiläa, schon einmal gelungen, eine riesige Glasscheibe herzustellen, die sogar nur halb so schwer war, nämlich 8,8 Tonnen.

Diese Scheibe wurde 1956 entdeckt. Zu dieser Zeit wurde eine alte Zisterne in der Nähe einiger Katakomben abgerissen, weil sie in ein Museum verwandelt werden sollte. Dabei stieß ein Bagger auf einen harten Gegenstand, der im Boden vergraben war. Es handelte sich dabei um eine etwa 3,4 Meter lange und 1,95 Meter breite Glasscheibe. Da sie für den Transport zu groß und zu schwer war, ließ man sie inmitten des heutigen Museums liegen.

Durch jahrtausendelangen Einfluß von Wind und Wetter und durch den Druck des Erdreichs ist das Glas milchig geworden, und es befinden sich winzige Kristalle darin. Säubert man es mit Wasser, zeigt es eine rote Farbe, in die sich in einer Ecke Streifen von Grün und Purpurrot mischen.

Forscher waren der Ansicht, daß die Scheibe sicherlich nicht als Ergebnis bestimmter geologischer Vorgänge entstanden sein konnte. Sie war auch kein Abfallprodukt des Erzschmelzens. Man kam vielmehr zu dem Schluß, daß sie von Menschen geschaffen worden war — obwohl es ein Rätsel bleibt, wie und warum die riesige Glasscheibe überhaupt hergestellt worden ist.

Die rätselhaften Kugeln von Costa Rica

Vor ungefähr 50 Jahren hackten sich die Arbeiter einer Bananenpflanzung einen Pfad durch die dichte Vegetation des tropischen Waldes in Costa Rica. Sie wollten Land für den Anbau von Bananen erschließen. Sie fanden nicht nur den fruchtbaren Grund und Boden, nach dem sie gesucht hatten, sondern sie entdeckten auch etwas vollkommen Unerwartetes: einen riesigen runden Stein mit einem Durchmesser von ungefähr 1,8 Metern.

Als die Arbeiter das Gestrüpp in der Umgebung durchforschten, fanden sie eine ganze Reihe weiterer Steine. Einige davon hatten nur einen Durchmesser von ein paar Zentimetern und wogen nur wenige Pfund. Andere wieder zeigten einen Umfang von fast zwei Metern und wogen mehr als 16 Tonnen. Alle hatten eine vollkommen glatte Oberfläche und erschienen so perfekt gerundet, daß man auf den ersten Blick annahm, es würde sich um Kugeln handeln.

Als die Arbeiter über ihre Entdeckung berichteten, erfuhren sie, daß nur wenige Leute in der Gegend diese Objekte jemals gesehen hatten. Niemand wußte, wer sie gemacht hatte oder warum sie geformt worden waren — nicht einmal Wissenschaftler, die aus allen Teilen der Welt anreisten, um die rätselhaften Kugeln zu untersuchen.

Fast alle Objekte bestanden aus Granit, allerdings waren auch einige aus Kalkstein darunter. Die meisten davon wurden in Dreiergruppen gefunden, aber man fand auch bis zu 45 Stück zusammen an einer Stelle. Einige waren unerklärlicherweise in Dreiecksformen zusammengestellt, andere in Kreisen. Wieder andere hatte man in langen geraden Reihen angeordnet, deren Spitzen nach Norden und nach Süden zeigten. Es wurde daher spekuliert, daß seit langem in Vergessenheit geratene Urvölker die Positionen von Himmelskörpern festzulegen versucht hatten.

Biologen im *Veterans Administration Hospital* in Long Beach, Kalifornien, wollten herausfinden, ob Katzen Röntgenstrahlen aufspüren könnten. Dafür wurden die Katzen in Intervallen von fünf Sekunden einer Röntgenbestrahlung ausgesetzt. Die Biologen richteten einen Röntgenstrahl von fünf Millimetern Durchmesser auf bestimmte Körperteile der Tiere und entdeckten, daß die größte Wirkung erzielt wurde, wenn der Strahl auf das Geruchszentrum hinter der Nasen- und Mundhöhle gerichtet wurde. Die Hypothese, daß die Katzen den Ozon riechen könnten, wenn die Röntgenstrahlen auf die Nase gerichtet wurden, verwarf man jedoch wieder.

Als nämlich das Geruchszentrum entfernt worden war, erwies es sich, daß die Katzen auf Röntgenstrahlen immer noch sensibel reagierten, vor allem bei erhöhten Dosen.

Die Wissenschaftler zogen daraus den Schluß, daß bei Katzen vielleicht mehr als nur ein einziges Sinnesorgan dazu angelegt ist, Röntgenstrahlen zu spüren. Diese These wird wiederum durch Forschungen unterstützt, die zeigen, daß der gesamte Körper der Katze sehr empfindlich auf Röntgenstrahlen reagiert.

Gestrandete Wale

Am Abend des 19. August 1971 wurden drei kurzflossige Wale in einer kleinen Pfütze von weniger als einem Meter Tiefe am Strand von Sarasota, Florida, gefunden. Etwa eineinhalb Kilometer entfernt wurden weitere sechs Wale in einem sehr flachen Gewässer in der Nähe der Küste entdeckt. Alle neun konnten sich ihrem Schwarm, der 130 Meter vor der Küste entlangzog, wieder anschließen; Bewohner der Gegend hatten dabei geholfen, die großen Tiere wieder in tiefere Gewässer zurückzuschleifen. Dann bewegte sich der Schwarm langsam parallel zur Küste in südliche Richtung. Nachdem sie ungefähr eine Entfernung von 18 Kilometern zurückgelegt hatten, gerieten wieder einige Wale auf Sand und brauchten erneut die Hilfe von Menschen, um ins Meer zurückzugelangen. Einmal stob der Schwarm in alle Richtungen auseinander — wobei einige Wale wieder am Sandstrand landeten —, weil die Tiere dem Besitzer eines Unterwasseraquariums folgten, der einen jungen Wal zu verschleppen versuchte. Und wieder mußten Menschen dabei helfen, die Wale zurück ins Wasser zu schleifen; aber bereits fünf Tage später waren die Tiere erneut gestrandet.

Es gibt eine Reihe von Theorien (einschließlich der, daß die Wale Massenselbstmord begehen wollten), mit deren Hilfe man versuchte, das Verhalten der Tiere zu erklären. Viele Wissenschaftler, die sich mit dem Phänomen befaßt haben, sind zu der Ansicht gekommen, daß Parasiten in den Gehörgängen und im Bereich des Mittelohres den Orientierungssinn der Wale geschädigt haben könnten.

Eine andere Theorie entwickelte der Walexperte F. G. Wood. Diese Theorie besagt, daß Meeressäuger gelegentlich das primitive Verhalten ihrer Vorfahren wieder annehmen und bei Krankheit, Verletzungen oder Angriff ihrem Instinkt folgen, wieder an Land zurückzukehren.
Aber der Erklärungsversuch von Wood war, wie andere Hypothesen auch, nicht zu belegen.
Die Forscher jedoch, die nicht an eine solche Theorie glauben, weisen darauf hin, daß dieses instinktive Verhalten möglicherweise früher einmal nützlich war, sich aber heute als destruktiv erweist und deshalb eigentlich im Laufe der Entwicklungsgeschichte hätte eliminiert werden sollen.
Letztlich ist bis heute unbekannt geblieben, warum Wale manchmal stranden.

Singende Mäuse

Häufig fühlte sich Philip Ryall in der Nacht durch Geräusche gestört, die, wie er meinte, Vogelgezwitscher im Schornstein glichen. Eines Nachts jedoch entdeckte er eine Maus, die aus einem kleinen Spalt herauskroch. Sie setzte sich auf ihre Hinterbeine und blickte im Raum umher. Dabei schien sie leise vor sich hin zu singen.

Der Mäusebesuch kam bald täglich, bis Ryall schließlich die kleine weibliche Waldmaus einfing und sie Samuel Lockwood brachte, der in der Zeitschrift *Popular Science Monthly* über das Phänomen berichtete. Zur Unterhaltung seiner Besucher hielt Lockwood die Maus, genannt Hespy, in einem Käfig.

In einem ähnlichen Fall, der in der Zeitschrift *Zoologist* aufgegriffen wurde, äußerte der Biologe John Farr den Verdacht, daß das Geräusch möglicherweise durch ein Zähneknirschen entstünde. Wenn man sich jedoch die Maus genau ansah, dann schien es, als hebe und senke sich ihre Kehle und ihr Brustkorb, und dadurch entstand der Eindruck, daß sie die Laute aus der Kehle hervorbrachte.

Wären jedoch die Töne wirklich aus dem Hals gekommen, dann hätten die Mäuse nicht, wie sie es so gerne taten, während des Essens singen können. Das Singen ist auch kein Ausdruck von Wohlbefinden, denn Mäuse singen auch, wenn man sie aus ihren Nestern hinausjagt.

Bei dem Versuch, das Geheimnis der musikalischen Tiere zu ergründen, haben einige Mäusefreunde versucht, aus verschiedenen Rassen singende Mäuse zu züchten. Dieses Unternehmen zeigte jedoch keinen Erfolg. Denn nicht alle Mäuse mit singenden Eltern konnten auch selbst singen. Ein Mann aus Maryland züchtete Hunderte von Mäusen, bis er auch nur ein einziges Tier entdeckte, das singen konnte.

Afrikaner mit Hörnern

Als er sich in den siebziger Jahren des vorigen Jahrhunderts in Afrika aufhielt, entdeckte Kapitän J. S. Hay, daß manche Eingeborene offensichtlich mißgestaltet waren. Ihre Wangenknochen ragten an beiden Seiten der Nase wie Hörner hervor. Der Kapitän beobachtete, daß die Hörner, die sich in der Kindheit zu entwickeln begannen, nicht aufgrund von Selbstverstümmelung oder durch eine Krankheit entstanden waren. Vielmehr fanden die Afrikaner, in deren Gesichtern solche Hörner wuchsen, das rätselhafte Wachstum ihrer Backenknochen so unangenehm, daß die meisten Eltern alles Denkbare unternahmen, um den Knochenwuchs ihrer Kinder zu hemmen.

Die Kanäle des Mars

Wir Erdbewohner sind geneigt anzunehmen, daß wir im Universum allein seien oder zumindest keine intelligenzbegabten Nachbarn in unserem eigenen Planetensystem hätten.

Als der berühmte Astronom Giovanni Schiaparelli seine bekannte Theorie über die Kanäle auf dem Mars entwickelt hatte, erschienen seine Ansichten jedoch jedermann logisch und glaubwürdig, da Schiaparelli international über einen hervorragenden Ruf als Wissenschaftler verfügte.

Schiaparelli behauptete nun, daß er im Jahr 1877 ein Netzwerk auf der Oberfläche des Mars entdeckt habe. Er sprach dabei von »Kanälen« (canalli) und benutzte damit einen Begriff, den auch andere Wissenschaftler seiner Zeit prägten. Diese Wissenschaftler glaubten, daß das Kanalsystem von zivilisierten Marsbewohnern gegraben worden sei, um die schwindenden Wasservorräte auf dem Planeten zu konservieren. Andere Astronomen, die die geraden oder auch leicht geschwungenen Linien betrachteten, meinten, dies seien möglicherweise Trampelpfade von großen, auf dem Mars lebenden Tierherden oder aber, was noch wahrscheinlicher schien, die Betten von ausgetrockneten Flüssen, die früher einmal in nun ausgetrocknete Meere geflossen waren.

Heute neigt man mehr zu dieser letzten Ansicht, weil es deutliche Beweise dafür gibt, daß es früher auf dem Mars Flüsse gab, und weil noch heute die Oberflächen seiner Pole mit Eis bedeckt sind.

Mondbewohner

Die *New York Sun* veröffentlichte 1835 eine Reihe von phantastischen Geschichten über das Leben auf dem Mond. Diese Artikel erschienen im Rahmen einer Serie mit dem Titel »Große astronomische Entdeckungen, die in letzter Zeit von Sir John Herschel am Kap der Guten Hoffnung gemacht wurden«.

Die Erwähnung des Namens Herschel, eines renommierten Astronomen, zerstreute bei den Lesern jeden Zweifel an der Authentizität der Geschichten. Herschel konnte nicht gegen die Veröffentlichung der Artikel, die unter seinem Namen erschienen, protestieren, da er erst davon Kenntnis bekam, nachdem vier davon erschienen waren.

Die Berichte bewirkten, daß die Auflage der *Sun* um mehr als 650 Prozent stieg.

Nach kurzer Zeit brachte eine Taschenbuchausgabe der Serie weitere Tausende von Dollar Gewinn. In der *New York Times* erschien sogar ein Leitartikel, in dem erwähnt wurde, daß die Serie ein Beweis sei für »außerordentlich fundiertes und präzises Wissen über die Astronomie«.

Die Artikel bauten auf bestimmten Aussagen auf, die man Sir John Herschel zuschrieb, die aber eigentlich von einem gewissen Richard Locke von der Zeitschrift *The Sun* stammten. Es stand darin, daß ein sieben Tonnen schweres Teleskop, das am Kap der Guten Hoffnung installiert worden war, eine 42 000fache Vergrößerungskraft besaß. Wenn man es auf den Mond richtete, so sollte es angeblich die Oberfläche des Planeten so nah erscheinen lassen, als sei er nur acht Kilometer weit entfernt.

Weiter war zu lesen, daß Sir John sogar ganz deutlich verschiedene Mondtiere habe unterscheiden können. Einige hätten ausgesehen wie amerikanische Büffel, andere wären Bären ähnlich gewesen; außerdem gebe es einhörnige blaue Gänse, große Kraniche und andere Vögel, die über Berge von Amethystgestein hinwegflögen. Große Strände befänden sich an den Seen, einer davon sei 400 Kilometer lang. Schließlich gebe es auch geflügelte menschenähnliche Wesen, die fliegen, aber auch gehen könnten, und die im Gesicht wie Orang Utans aussähen; diese Wesen seien ungefähr 1,2 Meter groß. (Übrigens: Das ist auch die Größe, die häufig in Beschreibungen von Außerirdischen angegeben wird!)

Zwar ließ das Teleskop den Mond optisch bis auf eine Entfernung von acht Kilometern heranrücken, aber die Leser fragten sich dennoch, wie Sir John in der Lage sein konnte, derartige Einzelheiten zu erkennen. In einem weiteren Bericht wurde dann allerdings ausgeführt, daß der Astronom kleine Tiere und sogar Baumarten identifizieren konnte, indem er die Linse des Geräts noch weiter anpaßte und so die Oberfläche des Mondes optisch auf 72 Meter Nähe rücken konnte. Wahrscheinlich nur weil es in den dreißiger Jahren des 19. Jahrhunderts sonst nicht sehr viele aufsehenerregende Neuigkeiten gab, wurde der Schwindel so lange nicht aufgedeckt. Erst als Locke einem anderen Reporter die Wahrheit erzählte und dieser darüber prompt im *Journal of Commerce* berichtete, flog alles auf. Als nun Sir John von der Sache erfuhr, sah er es gutmütig als netten Scherz an. Trotz allem glaubten Tausende von Lesern an die Berichte über Menschen und Tiere auf dem Mond und waren enttäuscht, als der Schwindel aufgedeckt wurde.

Wie schon ein italienisches Sprichwort sagt: *»Se non e vero, e ben'trovato.«* (»Wenn's auch nicht wahr ist, so ist's dennoch gut ausgedacht.«)

Mehr als bloßer Zufall

Manchmal ist es wirklich schwer, an Zufall zu glauben — dies zumindest meinten zwei Autobesitzer in Sheboygan, Illinois.

Thomas Baker hatte gerade seine Einkäufe im *Northgate Shopping Center* beendet und wollte nach Hause fahren. Er schloß die Tür seines braunen Wagens Marke *American Motors Concord* auf. Aber irgend etwas stimmte nicht. Es schien ihm, als sei der Platz hinter dem Steuerrad zu eng für ihn. Als er sich den Innenraum des Wagens genauer anschaute, fiel ihm ein Tragegestell mit Kaffeetassen und anderen Gegenständen ins Auge, die er noch nie gesehen hatte. Baker beschloß, die Polizei zu rufen.

Während er noch die Situation mit den Polizeibeamten diskutierte, fuhr ein vollkommen identisch aussehender Concord vor. Das ältere Paar in dem Wagen erklärte, sie seien gerade dabei gewesen, Lebensmittel in den Wagen einzuladen, als sie entdeckten, daß sich vollkommen unbekannte Gegenstände darin befanden. Doch schnell wurde ihnen, als sie auf das Nummernschild blickten, klar, daß der Wagen, obwohl er vollkommen wie der eigene aussah, jemand anderem gehören mußte.

Nach Aussage eines Sprechers der Autofirma *American Motors* steht die Wahrscheinlichkeit, zwei Wagen ihres Fabrikats mit demselben Schlüssel aufschließen zu können, tausend zu eins. »Aber«, so meint er, »wenn man außerdem in Betracht zieht, daß die Farbe und das Modell ebenfalls völlig identisch waren und die Wagen zur selben Zeit am selben Ort parkten, dann ist die Wahrscheinlichkeit eher *zehntausend zu eins.*«

Die Möglichkeit, daß sich etwas Derartiges ereignen könnte, wurde sogar noch geringer, nachdem die Fahrer herausgefunden hatten, daß sie noch mehr gemeinsam hatten. Thomas Baker und Mr. und Mrs. Richard Baker hatten auch denselben Nachnamen.

Der Psychiater James Hall vom Gesundheitszentrum der Universität Dallas in Texas meint, daß die Autoverwechslung »ein gutes Beispiel dafür ist, was Carl Gustav Jung Synchronizität nannte, ein Ausdruck, den er prägte, um zu beschreiben, daß es bedeutungsvolle Ereignisse gibt, für die der gewöhnliche Begriff Zufall keine ausreichende Erklärung ist«.

Hall fügt hinzu, daß diese Arten von Zufällen möglicherweise auf eine untergründige Ordnung des Universums hinweisen. »Solche Zufälle haben eine tiefere Bedeutung, und man kann sie durchaus wissenschaftlich erforschen.«

Bedeutungsvolles Ende eines Romans

Charles Dickens starb im Jahr 1870; sein letztes Buch, *Das Geheimnis des Edwin Drood*, blieb unvollendet. Gab es für ihn eine Möglichkeit, den Roman sozusagen aus dem Grab heraus zu Ende zu schreiben? Ein junger Mechaniker und medial veranlagter Mann aus Vermont, T. P. James, behauptete, der Geist von Dickens habe ihn besucht und ihm 1873 das Romanende eingegeben.

Der Parapsychologe Jerry Solfvin und sein Kollege Jo Coffey, beide von der John F. Kennedy University in Orinda, haben Computer eingesetzt, um den bekannten Stil des Werkes von Dickens zu analysieren und ihn mit dem nachträglich medial übermittelten Romanende zu vergleichen. Durch den Vergleich sollte festgestellt werden, ob das gesamte Material von ein und demselben Autor geschrieben worden war.

Solfvin betont, es gebe keinen absolut sicheren *Beweis* dafür, ob Dickens nun *Das Geheimnis des Edwin Drood* zu Ende geschrieben hat oder nicht. »Das ist letztendlich auch nicht unser Ziel«, meint er. »Was wir eigentlich zeigen wollen ist, daß Computertechnik dabei helfen kann, geistige Informationen, die von einem Menschen zum anderen ausgesandt werden, auszuwerten.«

Der Weise von La Fayette

Reuben Field, ein Bürger von La Fayette in Missouri, war ein starker, schwerer Mann mit dem Intellekt eines Kindes. Da er als geistesschwach galt, war er niemals zur Schule geschickt worden und konnte weder lesen noch schreiben. Aber obwohl er nicht einmal Zahlen lesen konnte, war er in der Lage, die allerschwierigsten mathematischen Probleme zu lösen.

Als man ihm beispielsweise sagte, daß der Erdumfang 25 000 Meilen betrage, und ihn fragte, wie viele Flachssamen (von denen zwölf Stück auf 2,5 Zentimeter passen) man brauche, um den Umfang des Planeten einmal damit zu umrunden, da antwortete Field sofort, man benötige 19 008 000 000 solcher Samen. Wenn man ihm außerdem ein Datum nannte, an dem ein bestimmtes Ereignis stattfand, dann konnte er den genauen Wochentag bestimmen. N. T. Allison berichtete im *Scientific American*, daß er auch in der Lage war, immer die genaue Tageszeit anzugeben, ohne auch nur ein einziges Mal auf die Uhr zu sehen. Als ihn Allison einmal nach der Zeit fragte, antwortete Field: »Sechzehn Minuten nach drei.«

Nachdem er siebzehn Minuten lang den Mann in weitere Gespräche verwickelt hatte, fragte Allison erneut nach der Zeit. Fields Aussage war auch diesmal vollkommen exakt: »Siebenundzwanzig Minuten vor vier.«

Ist Noahs Arche gefunden worden?

Die Geschichte von der großen Flut und der Arche, in der Menschen und Tiere sich in Sicherheit brachten, gehört zu den ältesten Legenden, die jeder kennt.

In den Überlieferungen der Juden, Christen und Moslems ist der Ort, an dem die Arche an Land ging, der Berg Ararat, der in der heutigen Türkei liegt.

Das Wort Ararat kommt von *urartu*, dem alten assyrischen Wort für Armenien. Die Bibel nennt Ararat und »die Berge von Armenien« als den Ort, wo die Arche landete. Sie gibt keine genauen Hinweise darauf, auf welchem Berg die Arche nun an Land ging; man sagt jedoch, daß der Berg Ararat zum Ankerplatz für das große Schiff wurde.

Viele Jahre lang meinten Reisende, das Schiff mit einer Eisschicht bedeckt erblickt zu haben. Bergsteiger haben Stücke davon als Andenken mitgenommen. In beiden Weltkriegen haben Piloten der Armee berichtet, daß sie über das Schiff hinweggeflogen seien, und ein Satellitenbild aus dem Jahr 1974, das in einer Höhe von 45 000 Metern aufgenommen worden ist, zeigt, daß sich in einer riesigen Spalte etwas befindet, »das deutlich anders aussieht als alle anderen Details des Berges«. Nach Meinung von Senator Frank Morse, dem Vorsitzenden des Komitees für Raumfahrt, hatte der Gegenstand »ungefähr die richtige Größe und die richtige Form und könnte durchaus die Arche sein«.

Da der Berg Ararat im Lauf der Jahrhunderte von vielen Erdbeben und vulkanischen Explosionen erschüttert wurde, ist die Arche, obwohl durch die feste Eisschicht ein wenig geschützt, möglicherweise beschädigt worden oder auch auseinandergebrochen. So wäre der Fund des Bruchstückes, das aussieht wie ein halber Schiffsrumpf, in einer Höhe von mehr als 2000 Metern erklärbar. Vielleicht ist dieser Teil der Arche den Berg hinuntergerutscht und dadurch ungefähr 20 Kilometer von seinem ursprünglichen Platz entfernt in einer Schlammbank versackt. Übrigens sind auf dieser Strecke auch einige große Anker und ein anderes Wrackteil aus der Backbordseite gefunden worden. Wenn dies wirklich die untere Hälfte der Arche ist, dann befindet sich der andere, obere Teil immer noch in einer Höhe von 4200 Metern unter dem Eis.

Dieses Bruchstück wurde 1948 von einigen Wissenschaftlern untersucht. Es blieb jedoch bis 1980 ein Rätsel, warum das Schiffsteil aus Stein bestand. Seine Maße sind fast identisch mit den Ellen, die im Buch Mose (Genesis) angegeben werden. Dort sind erstmals in der Bibel genaue Zahlen genannt. Das Wrackteil hat sich seit 1948 immer weiter aus dem Schlamm erhoben, und dadurch sind seine äußeren Umrisse immer deutlicher erkennbar geworden.

Radargeräte haben gezeigt, daß der Schiffsrumpf von Metallteilen zusammengehalten wird, die vom Bug zum Heck verlaufen, und daß verschiedene Decks in mehrere Abschnitte unterteilt sind. Der steinerne Schiffsrumpf wurde gebaut, indem man ein Gerüst aus Schilf und Holz errichtete und es mit einer Art Zement umkleidete.

Der Rumpf ist mit versteinertem Schlamm gefüllt und steht jetzt unter besonderem Schutz der türkischen Behörden, damit er in Zukunft von Archäologen genau untersucht werden kann. Auf einem Wegweiser zum Schiffsrumpf stehen die Worte: »Gemesi — Noah's Ark«.

Ob dies nun tatsächlich Noahs Arche ist oder nicht: Es handelt sich auf jeden Fall um die erhaltenen Überreste eines großen Schiffes, größer als irgendein anderes, das wir aus früheren Geschichtsperioden kennen.

Haarsträubende Kräfte

Bei einem Treffen der *American Psychological Association* im Jahr 1940 zeigte der Forscher Donald Lindsley einen Film von einem Mann, der seit seinem zehnten Lebensjahr seine Haare vorsätzlich sträuben konnte. Er brauchte sich nicht einmal selbst in Angst zu versetzen oder sich irgend etwas Entsetzliches vorzustellen. Er sträubte einfach seine Haare genau so, wie er auch seine Muskeln anspannen konnte — allerdings lief in seinem Körper sehr viel mehr ab, als ihm bewußt war. Während des »haarsträubenden« Experiments, so führte Lindsley aus, erweiterten sich die Pupillen des Mannes, sein Herzschlag und seine Atmung beschleunigten sich, und sogar seine Gehirnwellen veränderten sich. Tatsächlich wiesen alle seine Körpersignale darauf hin, daß er sehr verängstigt war, obwohl er behauptete, absolut keine Furcht zu empfinden.

Monster auf dem Schwarzen Kontinent

Die Eingeborenen nennen es *khodumodumo* oder »großmäuliges Buschungeheuer«. In stillen, dunklen Nächten streift das Tier auf Farmen herum, klettert über zwei Meter hohe Zäune in die Gehege und reißt Schafe, Ziegen oder Kälber. Nach Aussagen von Zeugen sind die »runden, untertassenähnlichen Fußspuren des Tieres mit den fünf Zentimeter langen Zehennägelabdrücken« ganz anders als die anderer Tiere.

Einige Wissenschaftler meinen, daß das *khodumodumo* eine durch Mutation veränderte Hyäne sein könnte. Andere wiederum betonen, daß Hyänen immer ihre Beute hinter sich herschleifen und daß man sie nie mit einem Kalb im Maul über einen hohen Zaun habe springen sehen. Die Hyäne ist darüber hinaus kein stiller Dieb: Sie stößt, bevor sie tötet, ein Heulen aus und schreit, nachdem sie ihre Beute erlegt hat. Viele meinen aus diesem Grund, daß der *khodumodumo* auch kein Löwe oder Leopard sein könne.

Im übrigen kommt der *khodumodumo* nie allein. Auf dem Schwarzen Kontinent gibt es viele Erzählungen über geheimnisvolle Tiere. Jeder Jäger, der einmal in Afrika war, hat beispielsweise vom geheimnisvollen, menschenfressenden *ndalawo* aus Uganda gehört oder vom *mbilintu* aus dem Kongo, einer Kreuzung zwischen einem Nilpferd und einem Elefanten. Oder vom schleichenden, schnurrenden *mngwa*, der an vielen Orten der afrikanischen Küste in Kokosnußplantagen herumstreift.

Genau wie Europa mit seiner »Nessie« hat auch Afrika

eine Reihe von Wasserungeheuern. So erzählt man sich beispielsweise vom *lau* und vom *lukwata*, riesigen Schlangen, die irgendwo in den afrikanischen Seen und Sümpfen leben. Sie sind angeblich Hunderte von Metern lang, geben nachts laute, rumpelnde Geräusche von sich und greifen Tiere und Menschen an, die sich im Wasser befinden. Zwar hat der Wissenschaftler E. G. Wayland selbst niemals ein solches Tier entdeckt, aber immerhin zeigte man ihm einen angeblichen Knochen, und er hörte es mit eigenen Ohren durch die Nacht brüllen.

In afrikanischen Geschichten findet sich auch die Beschreibung eines *agowe*, eines kleinen, behaarten Affenmenschen, der nur 1,2 Meter groß ist. Es heißt, daß das Geschöpf, wenn man ihm eine Schale Essen und einen Becher *ntulu*-Bier vor die Tür stellt, dafür den Garten hackt und jätet.

Zwar gibt es ein paar der legendären afrikanischen Tiere vielleicht wirklich nicht, aber *einige* existieren vielleicht doch. Schließlich haben die Wissenschaftler früher ja auch bezweifelt, daß es das Schnabeltier und den Riesenpanda gibt.

Wer hat das Ei gelegt?

In den dreißiger Jahren fand ein Farmer in Australien ein fußballgroßes Ei, das seither Wissenschaftler immer wieder in Erstaunen versetzt hat. Forscher beteuern, daß es sich bei dem Gegenstand tatsächlich um das Ei eines Vogels handele. Aber zugleich müssen sie einräumen, daß es dreizehnmal so groß ist wie das Ei des riesigen Emu, das größte, das jemals auf dem australischen Kontinent gefunden worden ist.

Man hat nun mit vielerlei Theorien versucht, die Herkunft des Eis zu erklären. Es könnte möglicherweise von einer Vogelgattung stammen, die unter dem Namen *Aepyornis* bekannt ist. Dabei handelt es sich um einen Vogel, der seit langem schon in seinem natürlichen Lebensraum, nämlich Madagaskar, Tausende von Kilometern westlich von Australien, ausgestorben ist. Das Ei ist möglicherweise durch den Indischen Ozean getrieben und dann an der Küste Australiens gelandet, so meinen einige Experten. Derlei Dinge sind nämlich schon häufiger passiert. Oder das Ei ist von Menschen eingeführt und dann irgendwann an der Küste Australiens liegengelassen worden.

Andererseits, so meinen einige Wissenschaftler, ist es auch möglich, daß das Ei zu einem ausgestorbenen australischen Vogel gehören könnte, dessen versteinerte Fußabdrücke — und möglicherweise auch sein Schädel — in der Nähe gefunden wurden.

Das Verschwinden des Ziegelfisches

Ein starker Wind aus nordwestlicher Richtung wühlte an einem kalten und stürmischen Dienstagnachmittag die Wellen auf. Um das norwegische Fischereischiff *Sidon* herum, so berichtete der Kapitän, trieben Hunderte von toten oder sterbenden Fischen, einige fast einen Meter lang, auf der Oberfläche des Wassers. Mit einer Geschwindigkeit von sechs bis acht Knoten pflügte sich die *Sidon* eine Strecke von 80 Kilometern durch das Meer; die toten Fische klatschten dabei an seine Planken. Wenig später, im März oder April 1882, berichteten die Mannschaften von mindestens zwölf weiteren Schiffen von ähnlichen Begebenheiten.

Als er die *Sidon*-Geschichte hörte, begann der amerikanische Beauftragte für Fischereiwirtschaft, Spencer Baird, eine Untersuchung in die Wege zu leiten; dabei fand man heraus, daß es sich bei den Fischen wahrscheinlich um Kabeljau gehandelt hatte. Baird selbst jedoch war der Ansicht, daß die toten Fische Ziegelfische gewesen seien. Dies ist eine Fischart aus dem Golfstrom, die man erstmals im Jahr 1879 entdeckt hat. Als Baird dann einen dieser toten Fische sah, wurde ihm klar, daß er recht gehabt hatte.

In einem Artikel im *Nature Magazine* stand, Baird und seine wissenschaftlichen Mitarbeiter schätzten, daß ungefähr eineinhalb Millionen tote Fische in einem Gebiet von etwa 270 Kilometer Länge und 40 Kilometer Breite tot herumtrieben. Alle möglichen Erklärungen wurden für das Massensterben der Fische angeführt: von vulkanischen

Eruptionen über giftige Gase bis zu Hitze und mangelndem Futter.

Die einleuchtendste Theorie war die, daß die Fische, als sie auf eine Strömung von ungewöhnlich kaltem Wasser stießen, erstarrten und schließlich starben. Wie immer es auch geschehen sein mag, die Fische zeigten jedenfalls keinerlei Anzeichen einer Krankheit.

Innerhalb von zehn Jahren verschwanden die Tiere und wurden nie wieder gesehen. Und die Meeresbiologen konnten bis heute keinen Grund für das Massensterben der Fische finden.

Der Schatz der Inkas

Als Pizarro mit seinem kleinen Heer in das Reich der Inkas eindrang und es unterwarf — ein riesiges Territorium, das das heutige Peru, Kolumbien, Ecuador, Bolivien und Teile von Chile und Argentinien umfaßt —, da eroberte er für sich selbst und für Spanien einen riesigen Goldschatz.
Ein Großteil dieses Schatzes fiel auf einen Schlag in seine Hände. Er hatte dafür die Inkakrieger massakriert, die versucht hatten, ihren Herrscher Atahualpa zu schützen, und ihn gefangengenommen. Um freigelassen zu werden, versprach Atahualpa, einen großen Raum im Palast mit Goldschätzen füllen zu lassen, und zwar bis zu einer Höhe, die durch die nach oben ausgestreckte Hand eines Mannes festgelegt werden sollte.
Pizarro nahm dieses Angebot bereitwillig an, aber nachdem er einen großen Teil des versprochenen Schatzes bekommen hatte, meinte er, daß man Atahualpa auf jeden Fall hinrichten solle. Immerhin hatte er noch die Wahl zwischen Verbrennen und Erhängen, wobei das sehr viel schmerzlosere Erhängen davon abhängig gemacht wurde, ob sich der Inka vorher taufen ließe. Er wurde dann immerhin als Christ gehängt.
Nach dem Tod des Inkas wurden weiterhin Goldschätze, darunter Statuen, Götzenbilder, Krüge, Goldbarren und -platten, kultische Waffen und Ketten, aus dem gesamten Reich herbeigetragen. Plötzlich allerdings trafen keinerlei Schätze mehr ein. Pizarro bedauerte es ganz besonders, daß er nicht die versprochene Kette erhielt, die aus so

schwerem Gold geschmiedet war, daß sechzig Inkas sie schleppen mußten. Niemand konnte je in Erfahrung bringen, was aus diesem Schatz geworden war, den man übrigens häufig *el peje grande,* »den dicken Fisch«, nannte.

In Peru hat sich eine seltsame Geschichte recht hartnäckig gehalten, und zwar der Glaube, daß ein direkter Nachkomme des Inka noch immer über ein riesiges Vermögen verfüge, er aber dieses Vermögen, ebenso wie seine persönliche Identität, geheimhalte. Die Inkas der Anden sprechen häufig von einem vornehmen und hellhäutigen Inka, der sehr formell, wie ein Weißer, gekleidet ist, aber die alte Ketschuasprache spricht und manchmal, in wirtschaftlich schwierigen Zeiten, in armen Bergdörfern auftaucht. Das ist meist dann der Fall, wenn bestimmte Familien oder das ganze Dorf nicht genügend Geld oder Lebensmittel haben. Diese noble Persönlichkeit kommt in einem riesigen schwarzen Wagen — ein Fabrikat, das man in Bergdörfern wirklich selten sieht — vorgefahren. Das Dorf erhält eine bestimmte Menge Gold, um Lebensmittel damit zu kaufen oder um Medikamente oder Lehrer damit zu bezahlen, und der Gönner fährt dann wieder fort. Die Identität des geheimnisvollen Fremden bleibt ungelüftet, und niemand kann sich, so scheint es, jemals an das Nummernschild seines luxuriösen Wagens erinnern.

Die Inkas wissen jedoch eines ganz sicher: daß es in Notzeiten jemanden gibt, der sie beschützt. Vielleicht ist der rätselhafte Wohltäter ein Nachkomme des großen Inka, des »Sohns der Sonne«, der immer noch für sein Volk sorgt.

Der Regenbaum

In uralten Reisejournalen kann man von einem Baum lesen, der Wolken anzog, die unweigerlich Regen spendeten.

Eine ganze Weile wurden diese Geschichten als bloße Hirngespinste abgetan, bis einmal ein solcher Baum, der einen wahren Sturzregen auslöste, im frühen 19. Jahrhundert in Brasilien entdeckt wurde. Ungefähr 50 Jahre später fand man einen weiteren derartigen Baum in Peru. Die Blätter des peruanischen Regenbaums, so berichtete der *Scientific American*, schienen die Eigenschaft zu besitzen, Feuchtigkeit in der Atmosphäre zu kondensieren, die dann in Form von Regenschauern auf die Erde fiel.

Scheinbar geht die Geschichte vom Regenbaum auf die *Fortunate Isles* zurück, wo der einzige Niederschlag durch diese Bäume zustande kam. Frühe Erforscher dieser Gegend hinterließen Berichte von ähnlichen Bäumen, die unter anderem auf den Ostindischen Inseln, in Guinea und in Brasilien wuchsen.

Heute haben Wissenschaftler für dieses Phänomen eine mögliche Erklärung gefunden: Viele Pflanzen ziehen Feuchtigkeit durch ihre Wurzeln hoch und geben den Überschuß dann in die Luft ab. Wenn die Luft bereits mit Feuchtigkeit gesättigt ist und wenn eine übergroße Menge von Wasser in die Wurzeln gelangt, dann dunsten die Blätter diese Flüssigkeit wieder aus; manchmal sogar in großen Mengen. Dies geschieht meist in der Nacht, wenn die Luftfeuchtigkeit am höchsten ist. In den Tropen, wo stets eine sehr hohe Luftfeuchtigkeit herrscht, können diese Bäume wahrscheinlich zu wahren »Regenbäumen« werden, so daß der Name durchaus angemessen ist. Das alles kann jedoch in trockenem Klima nicht geschehen, also können Regenbäume leider nicht als Hilfsmittel gegen Dürre eingesetzt werden.

Seltsame Geschöpfe im Garten

Marius Dewildes Haus lag zwischen Wäldern und Feldern, weniger als zwei Kilometer vom französischen Dorf Quarouble in der Nähe der belgischen Küste entfernt. Obwohl die Eisenbahnschienen der staatlichen Bergbaugesellschaft am Grundstück von Dewilde vorbeiführten, waren die Nächte in seinem Haus doch sehr ruhig. In solchen stillen Stunden, meist dann, wenn seine Frau und sein Sohn schon im Bett lagen, pflegte der französische Stahlarbeiter in der Küche zu sitzen und vorm Schlafengehen die Zeitung zu lesen. Die Nacht des 10. September 1954 jedoch verlief ganz anders.
Dewilde hörte seinen Hund heulen und meinte, daß wohl ein Landstreicher um sein Haus streife. Er nahm seine Taschenlampe und wollte der Sache auf den Grund gehen. Draußen entdeckte er in der Nähe der Gleise einen größeren Gegenstand und nahm an, daß es sich um das Fahrzeug eines Bauern handeln könnte.
Sein Hund kroch voller Angst auf ihn zu, und plötzlich wurde Dewilde durch ein Geräusch zu seiner Rechten aufgeschreckt. Er starrte in diese Richtung und sah etwas sehr Seltsames: zwei Kreaturen mit breiten Schultern, aber ohne Arme, die so etwas wie Taucheranzüge und Taucherhelme zu tragen schienen. Die Wesen waren nicht größer als einen Meter und schienen sich auf ganz kurzen Beinchen fortzubewegen. Sie watschelten eilig auf den dunklen Gegenstand zu, den er zunächst für ein landwirtschaftliches Fahrzeug gehalten hatte.
Dewilde rannte zum Gartentor, um die Gestalten abzu-

fangen. Plötzlich richtete sich ein blendend heller Lichtstrahl, ausgehend von dem seltsamen Fahrzeug, auf ihn. Er war vor Schreck vollkommen stumm und wie gelähmt, als er die Kreaturen in einem Abstand von nicht einmal einem Meter an sich vorbeirennen und auf das Fahrzeug zulaufen sah.

Das Licht wurde jedoch schnell gelöscht. Dewilde versuchte die Verfolgung wieder aufzunehmen, aber es war zu spät. Die Wesen stiegen in das Fahrzeug, und es erhob sich mit einem Pfeifton in die Luft, wobei es eine Dampfwolke unter sich ließ. Als es eine Höhe von ungefähr 30 Metern erreicht hatte, bewegte sich das Flugobjekt in östliche Richtung fort, wobei es weiter an Höhe gewann und dabei rot aufglühte.

Zutiefst von diesem Erlebnis aufgewühlt, rannte Dewilde zur Polizei, um über den Vorfall zu berichten; seine Erzählung wurde jedoch als Spinnerei eines Verrückten abgetan. Der Hauptwachtmeister erkannte jedoch immerhin, daß der Mann weder verrückt war noch irgendwelche Scherze machte, und leitete eine eingehende Untersuchung ein. Zunächst einmal deuteten die Untersuchungsbeamten an, daß Dewilde möglicherweise auf Grund einer früheren Kopfverletzung an Halluzinationen leiden könnte.

Als sie allerdings die tief eingedrückten Spuren im fast stahlharten Holz der Eisenbahnschwellen sahen, kamen ihnen Zweifel. Ein Eisenbahningenieur schätzte, daß solche Abdrücke eigentlich nur von einem Objekt herrühren konnten, das wenigsten 30 Tonnen wog. Die Schottersteine zwischen den Schwellen wiesen darüber hinaus Brandflecken auf; es hatte auf jeden Fall einer enormen Hitzeeinwirkung bedurft, um solche Spuren zu hinterlassen.

Das UFO von Valencia

Das spanische Charterflugzeug hatte bereits vier Stunden Verspätung, als es schließlich von Salzburg in Richtung Kanarische Inseln startete. Die Passagiere wurden dann ziemlich mißmutig, als das Flugzeug auch noch außerplanmäßig im spanischen Valencia landete. Wahrscheinlich hätten sie die ganze Angelegenheit wohl etwas gelassener gesehen, wenn sie gewußt hätten, was diese Abweichung von der üblichen Route an jenem Sonntagabend im November 1979 verursacht hatte.

Das Abenteuer begann, nachdem die Maschine Ibiza überquert hatte. Kurz vor 11 Uhr nachts sah Flugkapitän Lerdo de Tejada zwei grellrote Lichter zur Linken seiner Maschine. Das beleuchtete Objekt kam mit großer Geschwindigkeit von links hinten auf das Flugzeug zu. »Das Objekt bewegte sich gezielt nach oben und unten und um uns herum und machte dabei Manöver, die keiner herkömmlichen Maschine möglich gewesen wären«, sagte Tejada. Es schien, so fügte er hinzu, so groß zu sein wie ein Jumbo.

Das unidentifizierbare Objekt folgte dem Flugzeug ungefähr acht Minuten lang. Knapp 100 Kilometer von Valencia entfernt wurde das Flugzeug durch die gefährlichen Manöver der anderen Maschine gezwungen, eine scharfe Wendung zu machen. Nach weiteren 45 Kilometern verschwand sie dann.

Der Flughafendirektor, der Lotse und andere Angehörige des Flugpersonals bestätigten, ebenfalls ein Objekt mit roten Lichtern gesehen zu haben. Später erfuhr auch der spanische Reporter Juan Benitez, daß die spanische Luftwaffe das UFO auf einem Radarschirm in derselben Gegend ausgemacht hatte. Wenige Minuten nach der Landung des Flugzeugs von Kapitän Tejada in Valencia wurden zwei Militärflugzeuge losgeschickt, die das Objekt ebenfalls sichteten, wobei einer der beiden Piloten erzählte, daß eine Art UFO seinem Flugzeug gefährlich nahe gekommen sei.

Das kosmische Wissen des Edgar Cayce

Edgar Cayce, der bekannteste Hellseher der USA, träumte einmal, daß er von Indianern am Ohio gejagt würde und daß sie nahe daran wären, ihn zu töten. Er erzählte nur seinen engsten Familienmitgliedern von diesem Traum. So war er denn an einem Tag im Jahr 1923 auch ziemlich erstaunt, als sich ein kleiner Junge bei ihm auf den Schoß setzte und sagte: »Wir haben damals beide am Fluß Hunger gelitten.«

Cayce war sein ganzes Leben lang ein gläubiger Christ gewesen und hatte den Gedanken an eine Wiedergeburt immer als unchristlich zurückgewiesen — bis zu dem Zeitpunkt, als er sich seine früheren Leben in Erinnerung rief. Während er sich in einem Zustand tiefer Trance befand, erfuhr Cayce nicht nur, daß er im Amerika der Kolonialzeit ein britischer Soldat gewesen war, sondern außerdem ein Hohepriester im alten Ägypten und ein Apotheker im Trojanischen Krieg.

Obwohl er zunächst zögerte, das Phänomen der Reinkarnation zu erforschen, kam Cayce, nachdem er sich an seine eigenen vergangenen Leben erinnert hatte, zu der Überzeugung, daß Menschen tatsächlich mehrere Leben haben könnten. Die Tatsache, daß ein Zeitgenosse aus einem früheren Leben ihm als kleiner Junge begegnete, bestätigte ihn natürlich in dieser Ansicht.

Haben Tiere soviel Verstand wie Menschen?

Einige Tiere, beispielsweise Pferde, Esel, Tauben, Hunde, Kamele, Elefanten und Ochsen, sind trainiert worden, um für Menschen bestimmte Arbeiten zu verrichten. Andere Tiere, etwa Bären, Affen, Ponys, Ziegen, Löwen, Tiger, Delphine, Seehunde und Killerwale, sind durch ein System von Belohnung und Bestrafung darauf abgerichtet worden, bestimmte Kunststücke vorzuführen.

Gelegentlich aber müssen Tiere für bestimmte Arbeiten wirklich logisch denken — und das Denken gilt als Privileg des Menschen.

Können Tiere, so wie der Mensch, ihren Verstand benutzen? Es gibt einige Fälle, die diesen Schluß zulassen. So wurden beispielsweise im Zweiten Weltkrieg von den Deutschen Polizeihunde eingesetzt, die in Bergwerken von Konzentrationslagern die Gruppen von Gefangenen zählen sollten, die aus den Paternostern ausstiegen. Man hatte den Hunden beigebracht, laut zu bellen, sollten es weniger als zwölf Häftlinge sein.

Im Jahr 1877 wurde in Afrika ein Affe von einem verletzten Eisenbahnarbeiter als Helfer eingesetzt. James Wide hatte bei einem Unfall beide Beine verloren, und man hatte ihm deshalb einen ruhigen Posten als Signalwärter gegeben. Sein Lieblingsaffe Jack erledigte die Hausarbeit, die Wide nicht länger tun konnte, und kümmerte sich um den Garten. Wenn Wide draußen an den Gleisen arbeiten mußte, schob Jack seinen Herrn in einem kleinen Wägelchen. Jahrelang konnte Wide auf diese Weise seiner Arbeit nachgehen, und niemals kam es zu einem Unfall oder einer Verzögerung.

Herodot, der berühmte Reisende und Schriftsteller des antiken Griechenlands, erzählt, daß die Priester im Ägypten der Pharaonen in ihren Tempeln Affen hielten, ihnen Besen in die Hand drückten und ihnen beibrachten, den Boden der Tempel zu fegen. Die Affen lernten schnell und hielten die Tempel blitzsauber. Vielleicht fühlten sich die Affen sogar durch die Tatsache geschmeichelt, daß in vielen Tempeln affenköpfige Götterstatuen standen.

Auf dem Weg nach Frankfurt wurde ein griechisches Linienflugzeug kurz nach seinem Start in Athen am 24. November 1983 von einem fremden Objekt gerammt. Als die Maschine in einer Höhe von etwa 9 000 Metern über Norditalien flog, so berichteten die Zeitungen in Athen, da zerschmetterte »irgend etwas« die rechte Windschutzscheibe im Cockpit. Es gelang dem Piloten, das Flugzeug in eine geringere Höhe zu bringen; dadurch wurde es möglich, den Luftdruck im Innenraum aufrechtzuerhalten. Die 60 Passagiere bemerkten nicht, daß irgend etwas Ungewöhnliches geschehen war, bis das Flugzeug am Ziel angelangt war und die Reparaturarbeiten begannen.

Fische aus dem Nichts

In der griechischen Mythologie heißt es, daß Herkules einst die wilden stymphalischen Vögel mit den eisernen Krallen ausgerottet habe, die früher die Menschen von Stymphalos terrorisierten. Heute ist dieser Ort in den Bergen von Korinth weitgehend Ackerland. Allerdings liegt dort auch der See von Stymphalos, der früher einmal sehr groß und reich an Fischen war.
Bis 1976 konnten Fischer sehr gut vom Fang aus dem See leben. Dann allerdings trocknete er aus und schrumpfte auf weniger als die Hälfte seiner ursprünglichen Größe. Bald darauf starben die Fische und verschwanden aus dem flachen, trüben Wasser.
Obwohl die Dürre bis in das Jahr 1978 hinein anhielt, begann das Wasser plötzlich im Februar desselben Jahres wieder zu steigen, und der See breitete sich erneut in seiner früheren Größe aus. Seltsamerweise tauchten auch wieder Fische auf. Schon nach einem Monat, so berichtete die Zeitschrift *Nea*, konnten Fischer mit ihren Booten hinausfahren und kamen täglich mit üppigem Fang wieder zurück.

Massenohnmacht bei Fischen

An den Küsten der griechischen Insel Elaffonisos in der Nähe des Kap von Malleas hat man schon seit Menschengedenken vom Fischfang gelebt. In den letzten beiden Oktoberwochen des Jahres 1986 machten die Fischer jedoch eine merkwürdige Feststellung. Überall entdeckten sie Tiefseefische, die lebend, aber bewußtlos an der Oberfläche des Wassers trieben.

Es schien, als lähme irgend etwas das Nervensystem der Fische, aber seltsamerweise, so schrieb die griechische Fachzeitschrift *Ethnos*, waren Fische, die normalerweise dicht unter der Wasseroberfläche leben, vollkommen munter. Ichthyologische und toxikologische Untersuchungen des Fischbestands konnten keinen Aufschluß über den Grund für die Massenohnmacht geben.

Dies war natürlich nicht der erste Fall einer solchen Massenohnmacht bei Fischen in griechischen Gewässern. Allein in den Jahren 1984 bis 1986 entdeckte man große Schwärme von Tiefseefischen, die im Golf von Kandia in der Nähe der Insel Kreta und rund um die Insel Elaffonisos auf dem Wasser trieben.

1986 gingen Nikolaos Sfakianakis, Nikolaos Chalkiadakis und Manolis Calaitzis an einem schmalen Fluß in den Bergen im Westen Kretas auf die Jagd. Plötzlich hörten sie um halb neun Uhr morgens einen seltsamen Lärm, der wie das Schlagen von Vogelflügeln klang. Zuerst beachteten sie das Geräusch nicht, aber dann entdeckten sie einen riesigen, dunkelgrauen Vogel, der in geringer Höhe über ihnen durch die Luft glitt.

Das geflügelte Wesen sah, gelinde gesagt, recht seltsam aus: Seine Flügel, die anscheinend aus mehreren Häuten bestanden, erinnerten an die Dreiteilung von Fledermausflügeln; allerdings hatten sie fingerkuppenähnliche Wölbungen. An den Hinterbeinen des Tieres waren große, offensichtlich scharfe Krallen, und sein Schnabel sah dem eines Pelikans sehr ähnlich. Die Männer beobachteten, wie das seltsame Tier schließlich in Richtung auf die Berge fortflog.

Nachdem sie heimgekommen waren, blätterten sie in verschiedenen Büchern, bis sie ein ähnliches Tier fanden. Das einzige Bild von einem Tier, das ihrem Vogel stark ähnlich war, war das eines Pterodaktylus, eines fliegenden Reptils, das angeblich schon vor Millionen von Jahren ausgestorben war.

Der unfreundliche Himmel über West Virginia

Der Flug Nummer 1083 der Delta Airlines ging am 15. Juni 1987 von Pittsburgh nach Atlanta. Auf dem Weg flog die Passagiermaschine über West Virginia. Plötzlich entdeckte der Pilot ein Objekt, das sich auf das Fahrzeug zubewegte. Das über einen Meter lange, gerippte »Geschoß«, so erzählte er der Tageszeitung *St. Louis Post Dispatch*, flog mit großer Geschwindigkeit und verfehlte nur um ein Haar das Flugzeug, als es sich ein wenig senkte und zur Seite absackte.

Das Verteidigungsministerium bestritt, daß eine derartige Rakete gestartet worden sei, und der amerikanische meteorologische Dienst meinte, es handele sich sicher nicht um ein Meßinstrument. In der Hauptverwaltung der staatlichen Luftfahrtbehörde in New York meinte die Sprecherin Kathleen Bergen, es könne sich bei dem besagten Luftschiff vielleicht um einen Heliumballon handeln. Der Wetterdienst hielt dieser Behauptung jedoch entgegen, daß der Luftdruck über West Virginia zum fraglichen Zeitpunkt so niedrig gewesen sei, daß sich ein Ballon niemals so schnell hätte bewegen können, wie der Pilot der Passagiermaschine behauptete.

Dennoch beharrte die Luftfahrtbehörde auf ihrer Ansicht, daß es sich bei dem Objekt um einen führerlosen Werbeballon gehandelt habe. »Ballons können sich ziemlich weit bewegen«, erklärte Mrs. Bergen und fügte hinzu: »Wir schließen die Existenz von UFOs aus.«

Ein übersinnlicher Mexikaner

Im Jahr 1919 ließ sich Maria Reyes Zierold wegen ihrer Schlaflosigkeit hypnotisieren. In einer dieser Hypnosesitzungen erzählte die Frau Gustav Pagenstecher, einem deutschen Arzt, der in Mexiko praktizierte, daß seine Tochter an der Tür zu seinem Büro lausche. Um die Frau zu beruhigen, daß wirklich niemand dort sei, öffnete Pagenstecher die Tür, war aber dann doch sehr erstaunt, das Kind, genau wie die Patientin behauptet hatte, dort vorzufinden. Der Arzt war über den Vorfall außerordentlich verwundert, und mit Mrs. Zierolds Erlaubnis machte er sich daran, ihren möglichen hellseherischen Fähigkeiten auf den Grund zu gehen.

Pagenstecher fand bald heraus, daß sie in der Lage war, Ereignisse, die mit einem Objekt in ihrer Hand in Verbindung standen, sehr lebendig zu beschreiben. Während sie beispielsweise ein Stück Band in der Hand hielt, stellte sie sich ein Schlachtfeld an einem kalten, nebligen Tag vor. Gruppen von Männern standen herum, und man hörte ununterbrochen Kanonengedonner. »Ich sehe einen großen Ball mit hoher Geschwindigkeit durch die Luft fliegen«, rief sie plötzlich aus. »Er fällt in eine Gruppe von Männern und zerreißt sie in Stücke.« An dem Band, so erwies sich, hatten ursprünglich die Orden eines deutschen Soldaten gehangen. Die Geschichte, von der Mrs. Zierold berichtete, war, so erzählte der Soldat, der erste Eindruck gewesen, den er vom Krieg erhielt.

Als er von den Experimenten hörte, die Pagenstecher mit Mrs. Zierold gemacht hatte, war Walter Prince, der Präsident der amerikanischen Gesellschaft zur Erforschung parapsychologischer Phänomene, sofort zur Stelle, um herauszufinden, ob die Frau wirklich über telepathische Fähigkeiten verfügte oder hellsehen könnte. In einem Experiment, das er durchführte, ging es um zwei völlig identisch aussehende Stückchen Seide in zwei ebenfalls gleich aussehenden Kästen. Er schob die beiden Kästchen so lange umher, bis er sie selbst nicht mehr auseinanderhalten konnte. Als Mrs. Zierold eines der Kästchen in der Hand hielt, beschrieb sie eine mexikanische Kirche und tanzende Indios; das andere, so sagte sie, rufe bei ihr Gedanken an eine französische Schleifenfabrik wach. Tatsächlich war das erste Stück Seide vom Altar einer Kirche, während das zweite direkt aus der Fabrik gekommen war.

Die Geschichte von Bridget Murphy

Bridget (Bridey) Murphy, die Tochter von Duncan und Kathleen Murphy, zwei irischen Protestanten aus Cork, war eine ausgezeichnete Tänzerin, und ganz besonders gut beherrschte sie den irischen *Jig*. Im Jahr 1818 heiratete Bridey einen Katholiken namens Brian MacCarthy, und beide reisten in einer Kutsche nach Belfast. Bridey war eigentlich keine außergewöhnliche Persönlichkeit, und wahrscheinlich wüßten wir gar nichts über sie, hätte es da nicht eine Frau namens Virginia Tighe aus Maddison, Wisconsin, gegeben, die in Chicago aufgewachsen war.
Zwischen November 1952 und Oktober 1953 ließ sich Mrs. Tighe hypnotisieren; im Lauf dieser Sitzungen hatte sie eine Reihe von Regressionserlebnissen, während derer sie Einblicke in ihr früheres Leben als Bridey Murphy im Irland des frühen neunzehnten Jahrhunderts gewann.
In ihrer Rolle als Bridey sprach Mrs. Tighe mit irischem Akzent und gebrauchte häufig Wörter, deren Bedeutung sich seit dem 19. Jahrhundert geändert hatte; als sie etwa einmal vom Unterrock eines Mädchens sprach, da benutzte sie das Wort *slip* und nicht das modernere Wort *petticoat*.
Mrs. Tighe war nie in Irland gewesen und stritt entschieden ab, jemals mit Iren zusammengewesen zu sein. Aber in Trance tanzte sie sogar einmal den *Morning Jig* und beendete ihre Vorführung mit einem gespielten Gähnen. Sie beschrieb weiter, auf welche Weise man korrekt den *Blarney Stone* küssen mußte — genau so, wie man es zur Zeit Brideys gemacht hatte.

Nach Brideys Aussagen (die, wie wir gesehen haben, Mrs. Tighe als Sprachrohr benutzte) wurde 1796 ihr Bruder Duncan geboren. Er wiederum heiratete Aimee, die Tochter der Leiterin jener Schule, die Bridey besuchte, als sie 15 Jahre alt war. Nachdem sie selbst auch geheiratet hatte, reisten sie und ihr Bruder nach Belfast, und ihr Weg führte sie über bestimmte, von ihr benannte Städte. Sie beteten bei Father Gorman in der *St. Theresa's Church* und kauften in bestimmten Läden ein, die sie ebenfalls nennen konnte. Dabei benutzten sie die damals gebräuchlichen Geldstücke. Und, so erzählte sie, bei ihrer Beerdigung wurden die *uillean pipes*, eine Art Dudelsack, gespielt.
William Barker von der amerikanischen Zeitschrift *Empire* verbrachte drei Wochen in Irland, um Brideys Lebensgeschichte nachzugehen. Er konnte in der Tat einige der Tatsachen bestätigen, vor allem ein paar der weniger bedeutenden Details; allerdings wies er zugleich darauf hin, daß doch einige Einzelheiten der Geschichten nicht korrekt waren.
Barker gelang es nicht, die Richtigkeit der Daten von Geburten, Eheschließungen und Todesfällen zu überprüfen, denn erst im Jahre 1864 wurden von den Beamten in Cork solche Aufzeichnungen eingeführt. Zwar hatten die Murphys diese Ereignisse, wie es üblich war, in der Familienbibel festgehalten, aber diese Bibel war nicht aufzufinden. Man fand auch keine Informationen über Father Gorman oder die *St. Theresa's Church*. Aber nachdem er sehr sorgfältig und mühselig recherchiert hatte, entdeckte Barker, daß *Carrigan* und *Farr*, zwei Läden, die Bridey erwähnt hatte, wirklich existierten. Und tatsächlich wurden auch die *uillean pipes* wegen ihrer sanften Klänge immer bei Beerdigungen gespielt.

Das argentinische UFO

Zwei Meilen außerhalb der kleinen Stadt Trancas im Nordwesten Argentiniens hat die Familie Moreno auf ihrer Santa-Teresa-Ranch ein eigenes Stromkraftwerk gebaut. Als der kleine Generator am Abend des 21. Oktober 1963 nicht funktionierte und das Licht ausfiel, gingen fast alle Familienmitglieder früh zu Bett. Nur die einundzwanzigjährige Yolie de Valle Moreno blieb auf, um ihren kleinen Sohn zu füttern.

Es war ganz ruhig im Haus, als das Dienstmädchen Dora plötzlich an Yolies Tür klopfte und rief, es seien draußen seltsame Lichter zu sehen. Es schien, als sei die ganze Ranch angestrahlt. Yolie und schließlich auch ihre Schwester Yolanda gingen hinaus, um nachzusehen, was los sei. Irgendwo im Osten, in der Nähe der Eisenbahnlinie, entdeckten sie zwei helle, scheibenförmige Objekte, die durch eine glänzende Röhre verbunden waren. Das Gebilde, so erzählte Yolie später, sah aus »wie ein kleiner Zug, der sehr intensiv beleuchtet war«. Sie konnten auch ein paar Schatten erkennen, die sich schemenhaft in dieser Röhre bewegten. Zuerst vermuteten sie, daß ein Zug entgleist sei.

Beim Weitergehen sahen sie in der Nähe des Gartentores zwei blaßgrüne Lichter. Als Yolie den Schein ihrer Lampe darauf richtete, bemerkte sie, daß es sich um ein wie eine Kuppel gewölbtes Objekt handelte, das ungefähr neun Meter breit war. Es schwebte in der Luft und gab dabei einen leichten Summton von sich. Die Frauen konnten sehen, daß durch seine sechs Fenster der Schein mehrfarbigen Lichts fiel, während ein weißer Nebel das Fahrzeug umhüllte. Ohne besondere Vorwarnung schossen plötzlich Flammen daraus hervor und warfen die beiden Frauen zu Boden.

Als nächstes flutete ein breiter Lichtstrahl mit einem Durchmesser von ungefähr drei Metern aus der Spitze des Objekts und zielte auf die Fassade des Hauses. Drei weitere Objekte wurden plötzlich auf den Schienen sichtbar und richteten drei Meter breite Lichtstrahlen auf das Hühnerhaus, die Garage mit dem Traktor darin und auf das Haus eines Nachbarn. Yolie ging hinein. Dort herrschte eine unangenehme Hitze, und die Luft roch nach Schwefel. Nach insgesamt etwa 40 Minuten gesellte sich das Objekt zu den anderen Fahrzeugen auf den Eisenbahnschienen. Schließlich erhoben sich alle sechs UFOs in die Luft und flogen in Richtung Sierra de Medina, eine Bergkette im Osten, davon.

Der Nebel, der das Fahrzeug in der Nähe des Hauses eingehüllt hatte, löste sich erst vier Stunden später wieder auf. Ein Journalist, der die Familie am nächsten Tag besuchte, bezeugte, daß die Hitze und der Schwefelgeruch immer noch wahrnehmbar waren. Darüber hinaus lagen unter der Stelle, wo das Fahrzeug vor dem Tor der Ranch in der Luft geschwebt war, kleine weiße Bälle kegelförmig aufgeschichtet; ähnliche Bälle wurden auch auf den Schienen gefunden. Eine spätere Analyse am chemotechnischen Institut von Tucuman ergab, daß sie im wesentlichen aus Kalziumkarbonat mit Beimengungen von Kaliumkarbonat bestanden.

Bei einer späteren Umfrage erzählten ein halbes Dutzend anderer Gemeindemitglieder der Polizei, daß auch sie die erleuchteten Objekte auf den Eisenbahnschienen gesehen hätten. Ein Mann sagte aus, er habe sechs scheibenförmige Fahrzeuge um zehn Uhr fünfzehn über den Himmel fliegen sehen, ungefähr zum selben Zeitpunkt, als die Fahrzeuge die Ranch der Familie Moreno verlassen hatten.

Seekanonen

In jedem Herbst fährt Albert Ingalls zum Seneca-See. In seiner Jugend hat er dort häufig geschwommen und gezeltet, Fische gefangen und gerudert. An diesem See sind fast jeden Tag und zu allen Jahreszeiten entfernte gedämpfte Explosionen zu hören, die die Gegend erschüttern. Schon die Indianer hatten, vor der Ankunft der ersten Siedler, die Töne gehört und die Schwingungen gespürt, die Kanonenexplosionen ähnelten.

Auch aus anderen Ländern kommen Berichte über derartige Geräusche, die dem Lärm von Kanonendonner ähneln, so zum Beispiel aus Belgien und aus allen Teilen Afrikas. Auch in Nordirland sind das ganze Jahr über kanonenähnliche Geräusche bei Lough Neagh zu hören; Lough Neagh ist ein See, der sich über eine Fläche von 240 Quadratkilometern erstreckt und durch vulkanische Eruptionen entstanden ist. Fischer, die sehr häufig mit ihren Booten auf dem See fahren, haben niemals im Wasser irgendeine Bewegung feststellen können, und doch scheint es, als schieße irgend jemand mit Kanonen. Im Winter 1896 war der See an einigen Stellen oberflächlich zugefroren. In jenem Jahr berichtete Reverend W. S. Smith, daß er und andere Schlittschuhläufer auf dem See die Explosionen, die knapp einen Kilometer entfernt zu sein schienen, gehört hätten. Das Eis, so stellten sie damals fest, hatte jedoch trotz dieser Erschütterungen keine Sprünge bekommen.

Niemand kennt mit Gewißheit den Ursprung der »Seekanonen«; es gibt aber verschiedene Theorien darüber. Eine der wissenschaftlichen Hypothesen beispielsweise besagt, die Kanonengeräusche entstünden dadurch, daß in Schichten von Sandstein, die sich Hunderte oder sogar Tausende von Metern tief am Grunde der Seen befinden, natürliche Gase entweichen. Das Gas schießt dann durchs Wasser nach oben und explodiert an der Luft. Es heißt weiter, daß in den Seen deshalb keine großen Gasblasen gesehen worden seien, weil das Gas, bevor es die Oberfläche erreicht, in kleinere Bläschen zerfällt.

Einer der Forscher, die diesem Phänomen nachgegangen sind, ist der Geologe A. M. Beebee von der *Rochester Gas and Electric Corporation*. Er hat die Vermutung geäußert, daß der Kanonendonner, den man am Seneca-See hört, wahrscheinlich in Zukunft schwächer werden wird. Der Grund: Das Bohren der Firma *Rochester Gas and Electric Corporation* nach Gasvorkommen in dieser Gegend wird den Druck innerhalb des Sees allmählich verringern. Dann wird das natürliche Gas nicht mehr aus dem See entweichen.

Ann H. Bourhill aus Transvaal in Südafrika wurde am Morgen des 14. Juni 1903 von Kanonengedonner geweckt. Nach dem Getöse vernahm man ein lang anhaltendes Zischen, dann noch eine zweite Explosion. Wenig später waren noch andere laute Geräusche zu hören; es entstand der Eindruck, daß ein größeres Gebäude bombardiert worden sei. Aus einer Gegend, die etwa 15 oder 20 Kilometer entfernt lag, wurde von ähnlichen Geräuschen berichtet.

Dies waren durchaus keine einmaligen Ereignisse. Seit mehreren Jahrzehnten gibt es von überall in der Welt Berichte über derlei rätselhafte Explosionen. Obwohl der Grund dafür weiterhin ungeklärt bleibt, haben einige Experten jetzt die Theorie entwickelt, daß die Geräusche von elektrischen Störungen in der Atmosphäre herrühren könnten.

Ein Mann aus Texas erzählte, er habe einen zischenden Laut gehört und dann gesehen, wie ein Meteor in die Erdatmosphäre eindrang. Der amerikanische Meteoritenexperte H. H. Nininger äußerte dazu die Vermutung, daß das Geräusch dadurch entstünde, weil das menschliche Ohr die elektrische Aktivität, die den Meteor umhüllt, in Geräusche umwandelt. Obwohl niemand eine Vorstellung davon hat, wie genau dies geschehen kann, haben Wissenschaftler wiederholt die Vermutung geäußert, daß akustische Täuschungen möglicherweise durch elektromagnetische Schwingungen von Überschallflugzeugen oder aber auch durch Erdbeben hervorgerufen werden könnten.

Der flüsternde See

S. A. Forbes fuhr gerade in einem Boot auf dem Shoshone-See im Yellowstone-Nationalpark, als er ein seltsames Geräusch hörte. Genau wie andere Leute, die dort und auch am Yellowstone-See diese merkwürdigen Laute gehört hatten, dachte er an die schwingenden Saiten einer Harfe oder an das Geräusch von Telegrafendrähten, die im Wind vibrieren, oder sogar an schwache Stimmen irgendwo in der Luft.

Er berichtete im *Bulletin of the United States Fish Commission*, daß der Lärm sehr leise und anscheinend in größerer Entfernung begonnen habe. Beim Näherkommen wurde er dann fortwährend lauter und flachte schließlich, sich anscheinend in die entgegengesetzte Richtung bewegend, wieder ab. Das Geräusch, das wiederholt zu hören war, dauerte zunächst nur ein paar Sekunden, aber am Schluß länger als eine halbe Minute.

Die seltsamen Laute am Shoshone- und ebenso am Yellowstone-See — dort sogar noch häufiger — werden gewöhnlich an hellen, ruhigen Morgen kurz nach Sonnenaufgang vernommen, bisweilen aber auch später am Tag oder bei Wind. Mit Hilfe verschiedener Theorien haben Experten versucht, das Geräusch zu erklären. Sie vermuteten elektromagnetische Phänomene oder aber das Schwirren von Entenflügeln. Sie zogen auch Geräusche von Insekten, Wasserfällen, Geysiren oder Wind in Betracht.

Unberechenbare Meteoriten

Am 10. August 1972 war über dem Westen der Vereinigten Staaten und über Kanada ein bläulicher Meteorit in Form einer glühenden Kugel zu erkennen. Er bewegte sich langsam über den Himmel und ließ eine Nebelspur hinter sich, die noch mindestens eine Stunde nach dem Verschwinden des Meteoriten sichtbar blieb.

Einmal in die Erdatmosphäre eingetreten, fällt ein Meteorit auch fast immer auf die Erde nieder. Dieser jedoch federte, nach Berichten der Zeitschrift *Nature*, »wie ein Gummiball von der Erdatmosphäre ab und flog zurück in den Weltraum«.

Bei anderen Gelegenheiten konnte man beobachten, daß sich Meteoriten auf ihrer Flugbahn zur Erde nicht stetig fortbewegt haben, sondern gesprungen oder getaucht sind. So beobachtete beispielsweise am 14. November 1960 ein Offizier auf dem Schiff *S. S. Hector*, das von Adelaide in Australien nach Aden im Südjemen fuhr, einen solchen Meteoriten. Er war zwei Sekunden lang ganz ungewöhnlich hell und klar erkennbar gewesen, und plötzlich schien er herunterzutauchen und dann wieder aufzusteigen. Andere Meteoriten dagegen sind niemals an die Erdoberfläche gelangt, sondern statt dessen wie Steine auf einem Teich über die obere Schicht der Erdatmosphäre hinweggehüpft.

Gas und andere flüchtige Stoffe, die in einem Meteor enthalten sind, werden durch atmosphärische Reibung erhitzt und dehnen sich aus. Dabei kann es dann gelegentlich geschehen, daß sie den Himmelskörper aus seiner Flugbahn werfen.

Die Fata Morgana

Wenn die Sonne am Himmel einen bestimmten Punkt erreicht und das Meer ruhig ist, dann hat man einen herrlichen Ausblick auf die Straßen von Messina mit ihren Türmen und Palästen, Balkonen und Fenstern. Man sieht außerdem wunderschöne Alleen sowie Menschen zu Fuß und zu Pferde.
Wenn dann noch Nebelschwaden über dem Wasser stehen, spiegeln sich alle diese Bilder auch in der Luft wider.
Benannt nach König Artus' Schwester Morgan le Fay, die Trugbilder von Städten und Häfen heraufbeschwor, um Seeleute in den Tod zu locken, ist eine Fata Morgana eine phantastische Vision von Städten und Landschaften. Dieses Phänomen tritt an vielen Orten überall in der Welt auf. Ganz besonders häufig erscheint eine Fata Morgana in kalten Klimazonen, so beispielsweise am Firth of Forth in Schottland.
Niemand hat bis heute diese Visionen hinlänglich erklären können. Wenn Menschen allerdings längere Zeit auf Felsen und Küstenstriche starren, sollen sie angeblich sehr leicht Dinge sehen, die in Wirklichkeit gar nicht da sind.

Optische Täuschung auf dem Meer

Am 15. April 1949 entdeckte der Zweite Offizier auf der *Stirling Castle* ein anderes Schiff in einer Entfernung von etwa acht Kilometern im Ärmelkanal. Er berichtete in der Zeitschrift *The Marine Observer,* daß er gesehen habe, wie sich in kurzen Abständen die Lichter des Schiffes bewegten. Sie erzeugten anscheinend eine Art Doppelvision: Das obere Bild floß mit dem unteren Bild zusammen, daher sah der Offizier vertikale Lichtstreifen.
Derartige Sinnestäuschungen erzeugen meist auch den Eindruck des Vorhandenseins von Sternen und Planeten, die sich augenscheinlich in geringer Höhe befinden, sowie von »Geisterlichtern« auf der Erde und wahrscheinlich auch von UFOs. Solche Phänomene gelten nicht als das, was man unter einer klassischen Fata Morgana versteht, aber die optische Verlängerung von Bildern ist ein ähnlicher Prozeß wie das optische Naherücken von weit entfernten Küsten.

Marienerscheinungen

Immer wieder gibt es Leute, die behaupten, ihnen seien Geister erschienen. In Zeitoun in Ägypten gab es allerdings *Tausende* von Menschen, die von einer solchen Geisterscheinung berichteten. Viele von ihnen waren der Meinung, es habe sich um die Jungfrau Maria gehandelt, die oben auf dem Turm der koptischen Kirche von St. Mary zu sehen gewesen sei.

Die seltsame Erscheinung zeigte sich erstmals vom April 1968 bis zum Jahr 1971. Dann tauchte sie erneut Mitte der achtziger Jahre auf, diesmal über einer anderen koptischen Kirche außerhalb von Ciro, in St. Demiana. Die Gestalt, die von einem hellen Lichtschein umgeben war, erschien zuerst immer am frühen Morgen. Später kam sie jede Nacht mehrmals, aber jeweils nur kurze Zeit.

In den Straßen, die an der Kirche vorbeiführten, sammelten sich riesige Menschenmengen, und verschiedene Augenzeugen meinten, die Kuppel der Kirche habe zum Zeitpunkt der Erscheinungen auf unerklärliche Weise gestrahlt. Andere wiederum berichteten, daß manchmal ein Weihrauchgeruch in der ganzen Gegend wahrzunehmen war.

Der Journalist Mousaad Sadik, der in der Kairoer Zeitung *Watani* über das Phänomen berichtete, erzählte, die rätselhafte Erscheinung sei zwanzig Minuten lang geblieben. »Die Menschen waren vollkommen fasziniert«, so schrieb er am nächsten Tag, »und begannen zu beten und Fürbitten zu sprechen.«

Wikinger an der Pazifikküste

Historische Funde von Überresten skandinavischer Dörfer in Neufundland und im Norden Labradors haben jeden Zweifel daran ausgeräumt, daß das Seefahrervolk der Wikinger die Neue Welt schon lange Zeit vor Kolumbus entdeckt hatten. Es gibt sogar Anzeichen dafür, daß die Seefahrer sich nicht nur auf das Anlegen an der amerikanischen Ostküste beschränkten. Es scheint vielmehr, als hätten sie den ganzen langen Weg um die Spitze Amerikas herum bis zur Küste des Pazifik zurückgelegt.

In ihrem Buch *Last of the Seris* haben D. und M. R. Cooledge ausgeführt, daß die nördliche Erdhalbkugel im 10. und 11. Jahrhundert, als die großen Wikinger Erik der Rote und Leif Erikson über die Meere fuhren, die höchsten Temperaturen seit der Eiszeit aufwies. Da die Eisschollen vollkommen aufgetaut oder zumindest sehr stark geschmolzen waren, hätten Wikingerschiffe nur sehr wenige Probleme damit gehabt, durch die Inseln, die auf dem nordwestlichen Seeweg oberhalb Kanada verstreut liegen, hindurchzufahren.

Die bei den Seri-Indianern verbreiteten Stammeslegenden deuten darauf hin, daß Norweger das Herkunftsland der Indianer auf der Insel Tiburon und im Golf von Kalifornien besucht haben. Nach einem Bericht, der im Jahr 1953 auf der meteorologischen Konferenz in Toronto von Ronald L. Ives vom *Cornell Aeronautical Laboratory* vorgelegt wurde, habe der Seri-Stamm von »Männern, die weit hergekommen sind« berichtet, die auf Tiburon landeten, und zwar »mit einem langen Boot, das einen Kopf wie eine Schlange hatte ... vor einer langen Zeit, als der Gott noch ein kleiner Junge war.« Nach der traditionellen Überlieferung der Seris hatten diese Männer weiße Haare und Bärte, ihre Frauen waren rothaarig.

In Geschichten der Indianer hört man, daß die Fremden im Golf Wale gejagt und sie an der Küste gebraten hätten. Sie segelten in Richtung Süden fort, aber ihr Schiff wurde schon bald durch die riesigen Wellen zerschmettert. Die Überlebenden auf dem Schiffswrack schwammen an die Küste, wo ihnen der Stamm der Mayos weiterhalf. Die Fremden verheirateten sich schließlich mit den jungen Indianerfrauen.

Ist dies eine historische Tatsache oder nur eine Legende? Bis zum heutigen Tag werden einige Mayo-Indianer mit blonden Haaren oder blauen Augen geboren. Die Indianer selbst behaupten, dies seien Abkömmlinge der »Männer-von-weit-her«. Tatsächlich wurde bis 1920 jeder, der sich mit einem anderen Partner als mit einem Stammesmitglied vermählte, ausgestoßen. Die Mayos wollten offenbar ihre Rasse rein erhalten.

Die Autoren Brad Williams und Choral Pepper schreiben in *The Mysterious West*, daß im amerikanischen Westen echte Wikingerschiffe gefunden worden seien. Eine ältere Witwe in Baja in Kalifornien entdeckte den Rumpf eines alten Schiffes auf dem Grund eines Canyons in der Nähe der mexikanisch-amerikanischen Küste. An den Dollborden dieses Schiffes befanden sich skandinavisch aussehende Schilder. Und die bekannten Erforscher der Antike, Louis und Myrtle Botts aus Julian in Kalifornien, fanden im März 1933 den Drachen eines — wie es schien — Wikingerschiffes. Er ragte aus einer Canyonwand hervor, die sich in der Nähe von Agua Caliente Springs auf der amerikanischen Seite der mexikanischen Küste befindet.

Bevor sie diesen Schiffsbug jedoch ausgraben konnten, löste sich durch ein Erdbeben eine Felsscholle, und der Zugang zum Canyon wurde dadurch versperrt.

Antike Werkzeuge in Arizona

Am 13. September 1924 machte Charles Manie auf der Silverbell Road nordwestlich von Tuscon, Arizona, einen Fund, den er eigentlich dort gar nicht hätte machen dürfen. Zu den Fundstücken gehörten nämlich einige antike romanische Relikte aus Blei, darunter ein etwa 26 Kilogramm schweres Kreuz, Degen, Schlagstöcke, Speere und schwertartige Waffen.
Archäologen und Bergbauingenieure, die bei den Ausgrabungen zugegen waren, fiel auf, daß die gefundenen Gegenstände mit einer Kruste von Caliche (Chilesalpeter) überzogen waren, die sich aufgrund einer chemischen Reaktion im Verlauf vieler Jahre auf dem Wüstenboden bildet. Aus der Dicke dieser Kruste konnte man schließen, daß die entdeckten römischen Werkzeuge in der Tat sehr alt sein mußten.
Nachdem die Experten die Calicheschicht entfernt hatten, wurden auf vielen Fundstücken lateinische Wörter, Buchstaben und grafische Symbole sichtbar. Archäologen werteten diese Symbole aus und ordneten die Entstehungszeit der Werkzeuge in den Zeitraum zwischen 560 und 800 vor Christus ein. Aus den Details dieses Fundes zogen sie die Schlußfolgerung, daß möglicherweise eine Gruppe von römischen Abenteurern einmal die Gegend des heutigen Arizona erkundet haben könnte.

Die arktische Metropole

Als sich im Juni 1940 die Archäologen Magnus Marks und Froelich Rainey zum zweitenmal zu Ausgrabungen in Ipiutak in der Arktis aufhielten, machten sie eine erstaunliche Entdeckung. Sie waren gerade zu dem Zeitpunkt dort angekommen, als das Gras und das Moos grünten — allerdings nicht überall. In einigen Regionen stand das Gras bereits recht hoch und hatte sich gelblich verfärbt. Die Forscher bemerkten, daß durch die Entfärbung ein klares Muster von gelben Vierecken entstanden war. Eine nähere Untersuchung zeigte, daß das gelbe Gras über alten Ruinen wuchs. Rainey nannte diese Ruinenstadt die »Metropole der Arktis«.

Entlang durch gelbliche Grassoden gekennzeichneter Straßen standen über 600 Häuser, die sich auch nach Osten und Westen an der nördlichen Küste entlang erstreckten. Spätere Ausgrabungen zeigten, daß noch weitere 200 Häuser ebenfalls tief unter der Erde begraben waren. Die Stadt bedeckte die Fläche eines Rechtecks, das etwa 1,5 Kilometer lang und circa 400 Meter breit war. Rainey schätzte, daß ungefähr 4 000 Menschen in der Stadt gelebt haben mußten. Dies war für ein Dorf in der Arktis, in dem man nur vom Jagen lebte, in der Tat eine sehr hohe Einwohnerzahl.

Rainey und Marks entdeckten kunstvolle Schnitzereien in Ipiutak; sie wiesen darauf hin, daß die Bewohner dieses Dorfes wahrscheinlich nicht mit den Eskimos der primitiven Kulturen in Verbindung gestanden hatten. Statt dessen, so meinte Rainey, »hatten die Menschen dieser arktischen Metropole ihre Künste aus irgendeinem sehr hochentwickelten kulturellen Zentrum mitgebracht.«

Jedes Jahr erscheint vom 21. Juni bis zum 10. Juli die »Stille Stadt von Alaska« auf dem Gletscher Mount Fairweather. Die Sinnestäuschung, die jeweils ungefähr zwei Stunden zwischen sieben und neun Uhr abends auftritt, ist, so glaubt man, eine Widerspiegelung von Bristol in England. Diese Stadt ist etwa 4000 Kilometer entfernt! Die weiteste bekannte Entfernung bei einer Luftspiegelung beträgt knapp 1000 Kilometer. Nach Meinung von Experten läßt sich in der Spiegelung von Alaska auch ein Turm erkennen, der aussieht wie der von *St. Mary Redcliff* in Bristol. Es ist nicht geklärt, wie diese rätselhafte Sinnestäuschung entsteht. Manche Experten haben die Vermutung geäußert, daß sie von bestimmten Luftschichten herrühren könnte, die wie Linsen wirken. Durch diese Schichten werden dann weit entfernte Schauplätze sichtbar.

Ein hervorragendes Gedächtnis

Ich habe viele Geschichten über Persönlichkeiten — von Mozart bis zu König George III. — gehört, die in bestimmten Wissensbereichen ein ganz ausgezeichnetes Gedächtnis gehabt haben sollen. So waren beispielsweise einige Leute in der Lage, den Wochentag für jedes Datum im Zeitraum von hundert Jahren anzugeben.

Der Engländer Daniel McCartney hatte die herausragende Fähigkeit, sich an fast alles, was im Laufe seines Lebens geschehen war, genau zu erinnern. Bei einer öffentlichen Vorführung wurde McCartney von einem Zuschauer gebeten, den Wochentag eines bestimmten Datums vor 15 Jahren zu benennen. McCartney gab »Freitag« an, und der Frager erwiderte, daß er diesmal im Unrecht sei. Der Wochentag sei nämlich, so sagte er, sein eigener Hochzeitstag gewesen, und zwar ein Donnerstag. Um den Streit beizulegen, wurde ein alter Kalender zu Rate gezogen, und man stellte tatsächlich fest, daß McCartney auch hier im Recht gewesen war. Aber McCartneys Talente gingen weit über die bloße Erinnerung an Daten und an den Wetterbericht hinaus; er wußte sogar, was er in den letzten 40 Jahren zum Frühstück, zum Mittag- und zum Abendessen verzehrt hatte. Er behielt sein bemerkenswertes Gedächtnis bis zu dem Tag, an dem er im Jahr 1887 im Alter von 70 Jahren starb.

Die Bausteine der Inkas

Viele der monumentalen Steinruinen in Peru und Bolivien sind architektonische und archäologische Rätsel. Die gigantisch großen Steine der Wände in Sacsahuanab und Ollantay in Peru und Tiahuanico in Bolivien wurden von Menschen, die noch vor der Zeit der Inkas dort gelebt hatten, gebaut. Irgendwie gelang es diesen frühen Völkern, große Felsbrocken, von denen viele mehr als 150 Tonnen wogen, über Berge, Flüsse und tiefe Täler zu transportieren und dann auf anderen Bergen wieder aufzustapeln. Trotz vieler Erdbeben stehen sie heute noch immer dort, obwohl später gebaute Städte am selben Ort in Trümmern liegen. Die Felsen sind durch diese Erdbeben nicht verrückt worden; sie sind vielmehr kunstvoll miteinander verbunden — vergleichbar etwa mit einem dreidimensionalen Puzzle.
Es ist nicht erklärbar, wie die damaligen Baumeister es schafften, diese riesigen Felsen so nahtlos aneinanderzupassen. Die einzelnen Steine liegen so eng zusammen, daß nicht einmal eine Rasierklinge dazwischenpaßte. Andererseits scheint es unvorstellbar, daß derart riesige Steine mit Steinhämmern oder anderen primitiven Werkzeugen bearbeitet worden sein könnten und daß man sie dann vielleicht mehrmals probeweise aneinandergefügt hätte.

Colonel Percy Fawcett, der britische Autor und Abenteuerreisende, der die Berg- und Dschungelgegenden von Zentralamerika viele Jahre lang erforschte, vermutet,

daß die riesigen Steine möglicherweise deshalb so gut zusammenpaßten, weil die frühen Baumeister eine bestimmte Flüssigkeit oder Paste benutzten.
Er erzählt von seinen eigenen Beobachtungen: beispielsweise darüber, daß einige Vögel des Dschungels nasse Blätter benutzen, um die Ränder von Löchern in Steinwänden aufzuweichen und zu vergrößern, damit sie sich ihre Brutplätze schaffen konnten. Ein anderer Bericht Fawcetts handelt von einem Mann, der durch ein Feld mit merkwürdigen rotblättrigen Pflanzen ging und plötzlich entdeckte, daß seine Sporen aufgeweicht und an den Enden geschmolzen waren. Später wurde er von Indios gefragt, ob er durch ein Feld mit diesen Pflanzen gegangen sei, und die Indios erzählten ihm dann, daß diese Pflanzen früher von den Inkas benutzt worden seien, um Felsen zu »schmelzen«.
Fawcett erzählt weiter, daß eine ganz ähnliche Schmelzwirkung beobachtet worden sei, als einige amerikanische Ingenieure aus einer alten Grabstätte einen versiegelten Behälter ausgruben. In diesem Behälter war *bechicha*, ein starkes Getränk der Andenvölker. Als sie einem der einheimischen Arbeiter einen Schluck davon anboten, wollte er ihn nicht trinken. Plötzlich gab es ein Gerangel; der Krug fiel hinunter und zerbrach auf einem großen Stein. Unter den Augen der Umstehenden weichte der große Stein auf und wurde dann allmählich wieder hart.

Colonel Fawcett konnte dem Rätsel niemals auf die Spur kommen. Einige Jahre nach diesem Vorfall trug er selbst dazu bei, die mysteriösen Geschichten über das Abenteuerland Südamerika zu mehren, indem er ganz einfach in einem der Nebenflüsse des Amazonas, dem Xingú, spurlos verschwand.

Musikalische Sanddünen

Der Jebel Nagus, eine hohe Sanddüne an der Westküste der Halbinsel Sinai, erzeugt, wenn der Sand vom Wind umhergewirbelt wird, laute singende Geräusche. In Erzählungen der Einwohner dieser Gegend heißt es, die Musik käme vom *nagus*, einem hölzernen Gong, in einem Kloster, das in dieser Gegend vom Sand verschüttet worden ist. Besucher, die diese Geräusche gehört haben, meinen übereinstimmend, daß die Töne sehr schwer zu beschreiben seien. Eigentlich haben sie gar keine Ähnlichkeit mit dem Ton einer Glocke oder eines Gongs. Einige beschreiben sie als »Harfenklänge« oder vergleichen sie mit dem Geräusch, das entsteht, wenn man mit dem Finger über den nassen Rand eines Glases streicht.

Andere wiederum meinen, es klänge, als ob Luft in eine leere Metalldose eingesogen wird, wie die tieferen Töne eines Cellos oder wie das Summen eines Kreisels.

Ähnliche singende und summende Geräusche kann man überall auf der Erde hören: in Reg-Ravan, nördlich von Kabul, Afghanistan, und auf den Ebenen von Arequipa in Peru beispielsweise. Häufig klingen allerdings die Geräusche, die in der Nähe von Sanddünen zu vernehmen sind, eher wie ein brüllender, donnernder Lärm oder auch wie schrilles Kreischen. Im östlichen Teil von Churchill Country in Nevada erzeugt ein großer beweglicher Sandhügel einen ohrenbetäubenden Lärm, der an Hochspannungsdrähte erinnert, die im Wind vibrieren.

Die überlebende Schwester

Die pensionierten Lehrerinnen Margaret und Wilhelmina Dewar waren ihr ganzes Leben lang respektierte Bürgerinnen von Whitley Bay in Northumberland, England, gewesen. Nachdem jedoch Wilhelmina ganz plötzlich auf rätselhafte Weise zu Tode gekommen war, fiel auf Margaret der Verdacht, daß sie ihre Hand im Spiel gehabt haben könnte. In den frühen Morgenstunden des 23. März 1908 rief die tief verstörte Margaret die Nachbarn zusammen und führte sie in Wilhelminas Schlafzimmer. Dort entdeckten sie im Bett Wilhelminas verkohlte Leiche. Mysteriöserweise war die Bettwäsche vom Feuer vollkommen unbeschädigt geblieben, und auch an keinem anderen Ort im Haus gab es Feuerspuren. Genau so, sagte Margaret aus, habe sie ihre Schwester aufgefunden.
Der Beamte, der Margaret verhörte, meinte, daß ihre Geschichte wirklich schwer zu glauben sei. Die Polizei behauptete darüber hinaus, daß Margaret zum Zeitpunkt der Entdeckung der Toten so betrunken gewesen sei, daß sie nicht wußte, was sie sagte. Der Beamte verschob die Aufklärung des Falles, um Margaret Zeit zu geben, über ihre Geschichte nachzudenken.
Als das Gericht endlich tagte, machte Margaret tatsächlich eine andere Aussage: Sie erzählte, sie habe Wilhelmina brennend, aber lebend, an einem anderen Ort im Haus gefunden. Sie habe dann ihrer Schwester in ihr Schlafzimmer geholfen, wo sie schließlich starb. Die Richter glaubten diese etwas einleuchtendere Geschichte, und niemand fragte, wie es möglich gewesen sei, daß Wilhelmina in einem Bett verbrannt war, das keinerlei Brandspuren aufwies.

Menschen und Ratten

Viele Tiergattungen sind von der Erde verschwunden oder fast ausgestorben, aber zwei Arten von Lebewesen haben sich immer weiter vermehrt: die Menschen und die Ratten.

Jetzt, gegen Ende des zwanzigsten Jahrhunderts, hat die menschliche Bevölkerung der Erde die Ratten zum erstenmal zahlenmäßig übertroffen. Man nimmt an, daß sich die Anzahl der Menschen ungefähr alle 35 Jahre verdoppelt. Bis jetzt haben bestimmte Auslesemechanismen, wie etwa Kriege, Hungersnöte, Seuchen (die gewöhnlich von Ratten verbreitet werden) und andere Katastrophen, dazu beigetragen, die menschliche Bevölkerung immer wieder zu reduzieren, aber heute wächst, auch aufgrund der neuesten medizinischen Entwicklungen, die Anzahl der Menschen stärker als jemals zuvor. Dieses Anwachsen der Erdbevölkerung wird möglicherweise schon sehr bald zu einer Knappheit an Nahrungsmitteln und zu einem Mangel an Lebensraum in der Welt führen; in der Tat sind solche Entwicklungen heute bereits auf einigen Inseln und in manchen Industrienationen überall auf der Welt zu beobachten.

Menschen und Ratten leben in einer Art Symbiose, von der allerdings besonders die Ratten profitieren. Ratten sammeln sich in und unter menschlichen Städten und in bäuerlichen Lebensbereichen — überall dort, wo Menschen leben und Ratten irgendwelche Lebensmittelvorräte oder auch Müll vorfinden. Ratten sind durch menschliche Transportmittel, vor allem durch Schiffe, an alle

Orte der Welt befördert worden. Versuche, die Vermehrung der Ratten (weibliche Ratten können alle sechs Wochen fünf oder sechs Junge bekommen!) durch Gift, Chemikalien, durch den Einsatz von Frettchen, Hunden oder Katzen zu reduzieren, waren zwar in einigen Gegenden erfolgreich; aber Ratten, von denen manche Wissenschaftler behaupten, sie seien die intelligentesten Lebewesen der Erde, sind anscheinend in der Lage, immer wieder zu überleben.

In einer Zeit, in der die Menschen nach den Planeten und den Sternen greifen und in der man sehr intensiv versucht, Wohnraum für die überzählige Bevölkerung der Welt zu schaffen, bleibt nur zu hoffen, daß nicht etwa Raumschiffe mit Ratten bevölkert werden. Denn auch auf einem neuen Planeten würden sie die Vorherrschaft des Menschen wieder in Frage stellen.

Bei einer Fahrt durch Ayer, Massachusetts, am 12. Mai 1890, wurde Doktor B. H. Hartwell aufgehalten und in einen nahen Wald geführt. Dort sahen er und andere Zeugen eine Frau, die sich brennend auf der Erde wand. Weder Dr. Hartwell noch die anderen Menschen waren in der Lage, die Ursache des Feuers festzustellen.
Dr. Hartwell war allerdings nicht der einzige Arzt, der Fälle von menschlicher Selbstentzündung miterlebte. In einem Vortrag der *Medico-Legal Society* von Massachusetts, der im Herbst des Jahres 1959 stattfand, erwähnten viele der Ärzte, daß sie ebenfalls selbstausgelöste Verbrennungen mitangesehen hätten.
Der englische Arzt D. J. Lee von der Universität Leeds hielt den Einführungsvortrag. Er erntete rauschenden Beifall und konnte erstaunt feststellen, daß verschiedene Ärzte ganz ähnliche Erfahrungen gemacht hatten. Es schien fast so, als sei ein derartiges Phänomen gar nicht ungewöhnlich. Einer der Ärzte erzählte sogar, er erlebe solche Selbstentzündungen bei Menschen ungefähr alle vier Jahre einmal.

Der »Chopper«

»Du brauchst gar nicht erst hinzugehen. Es hat überhaupt keinen Sinn.« Diese Worte ertönten plötzlich, als der Zahnarzt Kurt Bachseitz aus einer Kleinstadt im Süden der Bundesrepublik am Telefon mit einem Patienten sprach.
In den nächsten Monaten hörte Bachseitz die Stimme immer wieder. Häufig war sie zugleich witzig und unverschämt. Der ominöse Sprecher nannte sich selbst »Chopper« und zeigte reges Interesse an der Zahnarzthelferin Claudia. Bald hörte man ihn aus allen möglichen Ecken, einschließlich des Waschbeckens und der Toilette.
Das örtliche Fernmeldeamt untersuchte die gesamten Telefonleitungen, weil der Verdacht nahelag, daß die Stimme von einem Telefonbastler herrühren könnte. Man beschloß, im Büro des Arztes einen neuen Apparat zu installieren und überall im Gebäude neue Kabel zu verlegen. Aber die rätselhafte Stimme machte weiterhin ihre merkwürdigen Scherze; man konnte sie schließlich sogar über einen Münchner Radiosender hören. »Sie haben mir mein Schaltpult weggenommen«, sagte »Chopper«. »Aber ich kann Sie trotzdem hören!«
Die Geschichte vom »Chopper« wurde in allen Zeitungen veröffentlicht, und es schien, als habe jeder eine andere Erklärung dafür. Parapsychologen deuteten an, daß es sich möglicherweise um ein telepathisches Phänomen handeln könne. Psychologen äußerten die Ansicht, daß es eine Manifestation des Unbewußten sei. Einige Ärzte waren der Meinung, es handele sich um Äußerungen ei-

nes Krebspatienten, dessen Stimmbänder operativ entfernt worden waren.
Die Wahrheit kam allerdings im März 1982 ans Tageslicht. Es handelte sich um einen groben Scherz des Zahnarztes selbst, der mit sehr viel Geschick bauchreden konnte. Nachdem sein Trick aufgedeckt worden war, schloß Bachseitz seine Praxis und floh in ein Sanatorium.

Am 17. November 1882 sah man überall im nördlichen Europa am Horizont eine torpedoförmige Lichtwolke. Mehrere Monate später waren sich die Wissenschaftler immer noch nicht im klaren darüber, wie diese Wolke zustande gekommen war. Schließlich beschrieben sie sie als »Aurora-Meteor«, weil sie sich wie ein großer Meteor in einer bestimmten Bahn über den Himmel bewegte.
Etwas noch Seltsameres ereignete sich im Jahr 1849 über Cincinnati: Plötzlich zeigte sich ein heller Lichtstreifen, der, nachdem er über dem Horizont eine bestimmte Höhe erreicht hatte, zu explodieren schien und sich dabei über den ganzen Himmel ausbreitete. Ihm folgten fünf Lichtexplosionen in kurzen Zeitabständen, die alle am selben Punkt entstanden.
Anders als die eigentlichen Meteore, die aus Gestein und Metallen bestehen, handelt es sich bei Aurora-Meteoren wahrscheinlich um Störungen in der oberen Atmosphäre. Niemand weiß genau, was sie verursacht, aber zwei mögliche Auslöser sind Schwerkraftwellen oder Sonnenwindböen.

Der Geistfotograf

Als Ted Serios aus Chicago von einer schweren Krankheit genesen war, entdeckte er, daß er ein ganz ungewöhnliches Talent entwickelt hatte. Er konnte Fotoaufnahmen von Szenen machen, die sich viele Kilometer entfernt abspielten, indem er eine Kamera auf seinen Kopf richtete und ein Bild schoß.

1963 entschloß sich ein Verleger aus Evanston, Illinois, Serios' unerklärbare Fähigkeiten zu testen. Er gab Serios eine Polaroidkamera, in die ein neuer Film eingelegt war, und beobachtete, wie der Fotograf mit den übersinnlichen Fähigkeiten die Kamera ungefähr auf Armeslänge vor sich hielt, so daß er in die Linse sehen konnte. Dann drückte Serios auf den Auslöser.

Der Film wurde aus der Kamera genommen, und der Verleger beobachtete, wie er entwickelt wurde. Man sah auf dem Bild eine Art Flugzeughangar mit der deutlichen Aufschrift *air division*. Auch andere Wortfragmente tauchten auf, die anscheinend mit der kanadischen Polizei zu tun hatten.

Das Bild wurde zum Hauptquartier der Polizei gebracht, und man identifizierte den Schauplatz als den Flugzeughangar der kanadischen Polizei in Rockcliffe, Ontario. Irgendwie hatte Ted Serios es geschafft, das Bild eines Flughafens Hunderte von Kilometern von dem Ort entfernt, wo er selbst sich befand, aufzunehmen, indem er auf sein eigenes Gehirn eine Kamera richtete.

Der Messias der amerikanischen Ureinwohner

Gegen Ende der achtziger Jahre des 19. Jahrhunderts machte ein Cheyenne-Indianer sich auf, um nach dem üblichen Ritus den Verlust eines Verwandten zu betrauern. Zwischendurch fiel er in eine Art Trance und träumte, daß er durch das Land wanderte. Er sah wilde Tiere, die schon seit langer Zeit aus den Jagdgründen seines Stammes verschwunden waren, und schließlich kam er an ein Feldlager. Dort traf er einige tote Mitglieder seiner Familie, die in Reichtum und Überfluß lebten. Als er sich das Lager genauer ansah, bemerkte er ein großes glänzendes Licht, das sich vom Dorf bis zum Himmel erstreckte. In diesem Lichtstrahl stand ein Mann in einem bodenlangen Gewand. Er war hellhäutiger als die Cheyenne-Indianer. Er kam näher und erklärte, er sei der Sohn Gottes. Er sei, so sagte er, gekommen, um den Indianern zu helfen. Er werde ihnen ihre Jagdgründe wieder zurückgeben, den Hunger vertreiben und die Lebenden und die Toten wiedervereinen. Die böse Rasse des weißen Mannes, so verkündete er, werde verschwinden, wenn die Indianer ihn anbeteten und ihm folgten.

Als der Cheyenne nach Hause zurückkam, erzählte er niemandem von seinem Traum. Aber kurze Zeit später hatten Mitglieder der Cheyenne und auch anderer Stämme ähnliche Visionen, und einige hörten sogar Lieder und Stimmen. Sie versammelten sich, um diese Lieder zu singen und zu den Rhythmen zu tanzen. Dabei fielen sie in Trance. Danach erzählten die meisten von ihnen, sie hätten den Messias in den Bergen in der Nähe von Mexiko gesehen.

Obwohl auch die Cheyenne-Indianer an einen Messias glauben, gibt es keine Erklärung dafür, warum ihnen gerade ein hellhäutiger Mann, Christus, als Messias erschien.

Gesteinsregen

In einer Straße eines Vororts von Birmingham in England leben die Bürger das friedliche Leben der wohlhabenden Mittelschicht — und zwar in jeder Hinsicht, außer einer: Seit Jahren prasseln jede Nacht Steine auf die Rückseiten ihrer Häuser herunter. Dabei gehen Fenster zu Bruch, Türen werden eingeschlagen und Dächer zerstört. Als anfangs niemand herausfinden konnte, welche Ursache vorlag, gingen die geplagten Bewohner der Thornton Road zur Polizei.

Alle Ermittlungen blieben jedoch ohne Ergebnis, und schließlich wurde die Sache Oberinspektor Len Turley übergeben. Um dem Rätsel auf den Grund zu kommen, unternahmen Turley und seine Leute wirklich alles Menschenmögliche: Sie hielten die ganze Nacht Wache, setzten automatische Kameras ein und patrouillierten sogar bei extremer Kälte um die Häuser. Als sie sich die Steinbrocken einmal genauer ansahen, stellten sie fest, daß man solche Steine in fast jedem Garten entdecken kann. Allerdings fand man auf keinem der Steine Abdrücke oder Markierungen, nicht einmal Spuren von Erde, so als hätte man sie abgewaschen.

Inzwischen haben sich die Bewohner der Gegend in ihr Schicksal gefügt, haben ihre Hinterfenster verbarrikadiert und Gitter hochgezogen, um ihre Häuser zu schützen. Sie gehen nur dann in ihre Gärten und Hinterhöfe, wenn es absolut notwendig ist, und sie sprechen resigniert von einer Heimsuchung.

Das Bewußtsein lebt weiter

Kann das menschliche Bewußtsein den Tod überdauern? Vielleicht, so meint der polnische Physiker Janusz Slawinski.

Als Beweis für seine These weist Slawinski auf ein bekanntes Phänomen hin: Wenn nämlich Zellen absterben, geben sie eine Strahlung ab, die einer kleinen Explosion ähnelt. Nach den Berechnungen von Slawinski ist diese Explosion so kraftvoll, daß dadurch große Mengen sehr komplexer Informationen freigesetzt werden, auch Informationen, die im menschlichen Gedächtnis und Bewußtsein festgehalten sind.

Slawinski glaubt, daß wir bisweilen einen solchen »Geistesblitz« von uns geben, während wir noch am Leben sind, und daß dadurch Erfahrungen wie das Gefühl, außerhalb des eigenen Körpers zu leben, möglich werden. Vielleicht liegt darin auch die Ursache für ein Erlebnis, das Menschen oft erfahren, wenn sie dem Tod nahe sind — daß nämlich das Bewußtsein beim Sterben den Körper verläßt.

Slawinski behauptet also: »Die elektromagnetische Strahlung, die von den Lebewesen selbst freigesetzt wird, bietet eine realistische Basis für die Möglichkeit eines Lebens nach dem Tode.«

Therese Neumann

Stigmata treten meistens an den Körpern von Frauen in Erscheinung. Es handelt sich dabei um Spuren, die den Wunden des gekreuzigten Christus ähneln. Eine der Frauen, die mit einem Stigma behaftet waren, war Therese Neumann, ein armes Bauernmädchen, das 1898 in Konnersreuth in Bayern geboren wurde.

Frau Neumanns Kindheit war normal, fast prosaisch. Sie arbeitete als Hausmädchen auf benachbarten Bauernhöfen, bis sie durch eine ganze Reihe rätselhafter Krankheiten arbeitsunfähig wurde. Dann, zur Fastenzeit des Jahres 1926, »sah« sie Jesus, und die Krankheit, unter der sie zu diesem Zeitpunkt gerade litt, wurde plötzlich geheilt. Dafür wurde ihr Körper jedoch von den Passionsmalen Jesu heimgesucht — den fünf Wunden, die man mit der Kreuzigung Christi assoziiert. Auch Peitschenstriemen zeigten sich auf ihrem Rücken, und man sah die tiefen Stichwunden der Dornenkrone auf ihrem Kopf.

Im Lauf der nächsten 32 Jahre öffneten sich an jedem Karfreitag ihre Wunden. Manchmal schoß fast ein Liter Blut heraus, und sie nahm dadurch im Lauf solcher Heimsuchungsperioden immer sehr stark ab.

Frau Neumann lebte sehr zurückgezogen und verbrachte einen Großteil ihrer Zeit, in weiße Leintücher gehüllt, im Bett. Sie wurde von ihren Ärzten sehr intensiv überwacht, aber es gab nicht den leisesten Hinweis darauf, daß es sich bei ihren Stigmata um einen Schwindel oder Trick handeln könnte.

Fast genauso erstaunlich wie die Stigmata war die Fähigkeit von Frau Neumann, über weite Zeiträume hinweg ohne Nahrung oder Wasser auskommen zu können. 35 Jahre lang lebte sie nur von Meßwein und Hostien. In Anbetracht ihrer Lebensumstände blieb Frau Neumann vergleichsweise gesund. Bis zu ihrem Tode im Jahr 1962 hatte sie allerdings Visionen und Zustände von ekstatischer Trance.

Der Geschäftsmann Kenneth Arnold aus dem US-Bundesstaat Washington wollte in seinem Privatflugzeug von Chehalis nach Yakima fliegen, aber in letzter Minute wurde sein Flug auf einen späteren Zeitpunkt verschoben. Anscheinend war in der Gegend ein Marinetransportflugzeug verlorengegangen, und auf Anordnung der Behörden mußte der Luftraum für eine Suchaktion freigehalten werden. Um ungefähr zwei Uhr nachmittags jedoch bekam Arnold seine Starterlaubnis und hob in Richtung Mt. Rainier ab. Der Himmel war klar und die Luft angenehm mild. Arnold fiel auf, daß hinter ihm, in einer Höhe von ungefähr 4200 Metern, eine DC-4 flog. Dann sah er einen Lichtblitz, als würde plötzlich die Sonne von einer sehr hellen Aluminiumfolie widergespiegelt. Schließlich entdeckte er eine Formation von fünf Flugzeugen, die von Norden her auf den Mt. Rainier zusteuerten. Arnold meinte zunächst, daß es sich um Kampfflugzeuge handeln könnte, die sich auf einem Testflug befanden. Die Größe jeder dieser Maschinen, so schätzte er, war etwas geringer als die der DC-4, die sich über ihm befand. Arnold schätzte, daß sie sich mit einer Geschwindigkeit von etwa 2500 Stundenkilometern bewegten.
Gelegentlich, so berichtete Arnold, ging eines der Objekte auf niedrigeren Kurs oder wich zur Seite hin ab, und er war überrascht, daß er kein Heck entdecken konnte. Als er sich jedoch die seltsamen Fahrzeuge näher ansah, bemerkte er, daß sie wie Scheiben aussahen.
Arnolds Berichte wurden schon bald von den Nachrich-

tenmedien verbreitet. Sehr schnell wurde der Begriff »fliegende Untertasse« geprägt. Bei Arnold lief das Telefon heiß, weil so viele Menschen ihn über seine Erlebnisse befragen wollten. Allerdings machte man von offizieller Seite keine Anstalten, der Sache auf den Grund zu gehen.
Tatsächlich stritt die *Air Force* nicht nur ab, irgend etwas Ungewöhnliches gesehen zu haben; sie erklärte sogar, Arnolds »fliegende Untertassen« seien nichts weiter als Luftspiegelungen gewesen.
Aber was, so fragten sich Arnold und die Menschen, die ihm glaubten, war aus dem Piloten der DC-4 geworden?

Krösus und die Orakel

Etwa um das Jahr 600 vor Christus machte sich Krösus, der König von Lydien, wegen der wachsenden Übermacht der Perser große Sorgen. Bevor er jedoch ernsthafte Schritte gegen seine Feinde einleitete, entschloß sich der große Führer, ein Orakel zu befragen. Aber welches Orakel sollte es sein? Um die richtige Wahl treffen zu können, entschloß sich Krösus, sechs griechische und ein ägyptisches Orakel zu testen.

Die Aufgabe bestand darin, die Aktivitäten des Königs zu einem bestimmten Zeitpunkt und an einem bestimmten Tag zu beschreiben. Jedermann hätte natürlich die Antwort leicht erraten können, wenn es sich um eine Routineaufgabe eines Königs gehandelt hätte. Krösus allerdings dachte sich etwas aus, das nur ein wirklich begnadeter Prophet wirklich wissen konnte: Er schnitt ein Lamm und eine Schildkröte in Stücke und kochte das Fleisch in einem Messingtopf, der mit einem Deckel verschlossen war.

Die Boten kamen nach vollbrachtem Auftrag wieder heim, und der König las, was die Orakel gesehen hatten. Nur das weise Orakel von Delphi hatte gewußt, was der König getan hatte. Der Historiker Herodot berichtet sogar, daß die Pythia, wie die Priesterin des Orakels genannt wurde, bereits geantwortet habe, bevor sie die Frage überhaupt gehört hatte. Krösus war davon so beeindruckt, daß er das Orakel mit Geschenken überschüttete.

Das UFO von Ipswich

In der Nacht zum 13. August 1956 entdeckte ein Radaroffizier des Luftwaffenstützpunkts Bentwater bei Ipswich in England um 10 Uhr 55 ein sich schnell fortbewegendes Objekt. Es erschien auf dem Radarschirm, als es sich gerade knapp 50 Kilometer östlich befand, und flog auf seinem Weg vom Meer in Richtung Festland mit einer Geschwindigkeit von 3000 bis 6000 Stundenkilometer voran.

Ein Offizier im Tower berichtete, daß das Objekt, als es direkt über den Stützpunkt flog, »aufgrund seiner hohen Geschwindigkeit nur ziemlich verwischt und unklar« zu erkennen gewesen sei.

Darüber hinaus sah ein amerikanischer Pilot, der von der Bodenkontrollstation alarmiert worden war, zwischen seinem Flugzeug und dem Erdboden ein verschwommenes Licht aufleuchten.

Der Kontrolloffizier von Bentwater warnte die Amerikaner, die sich gerade über dem Luftwaffenstützpunkt Lakenheath aufhielten und auf die das UFO zuzusteuern schien. Wenig später zeichnete das Radargerät von Lakenheath Objekte auf, die sich mit einer unheimlichen Geschwindigkeit fortbewegten, plötzlich innehielten und ruckartig ihre Flugrichtung änderten. Bodenbeobachter sichteten zwei weiße Lichter, die zusammentrafen und dann verschwanden. Die Beamten informierten deshalb die zuständigen Stellen der *Royal Air Force.*

Ein Kontrolloffizier der RAF ordnete an, das UFO mit einem Kampfflugzeug zu verfolgen. Als das Flugzeug jedoch näher kam, verschwand das UFO ganz plötzlich und vollkommen rätselhaft hinter dem Flugzeug.

Nach Meinung von James McDonald, eines Physikers der Arizona University, ist für das »offenbar rationale, intelligente Verhalten des UFOs wahrscheinlich eine technische Ausrüstung unbekannter Herkunft« verantwortlich.

Im Bericht der amerikanischen Luftwaffe über UFOs wird dieser Vorfall als eines der »verwirrendsten und ungewöhnlichsten Erlebnisse« beschrieben, die je passiert sind.

Die Ufo-Fotografin

Am 11. Mai 1950, um 7 Uhr 45 morgens, fütterte die Frau von Paul Trent gerade in ihrem Garten die Kaninchen, als sie am Himmel über Oregon ein scheibenförmiges Objekt in Richtung Nordosten fliegen sah. Sie rief ihren Mann, und er sah auf den ersten Blick, daß es sich hier um etwas vollkommen Ungewöhnliches handelte. Er holte eilig seine Kamera, in die bereits ein Film eingelegt war.

Trent erinnert sich heute daran, daß das stille, silbrige UFO leicht schräg stand und beim Heranflug zu gleiten schien. Kurz bevor das Flugobjekt über ihren Köpfen schwebte, fühlte das Ehepaar aus McMinnville einen Lufthauch. Nachdem Trent eine Aufnahme gemacht hatte, transportierte er den Film weiter und machte ein zweites Foto, wobei er sich, um das Objekt im Blick zu behalten, ein wenig nach rechts drehte.

In der Hoffnung, daß die Angelegenheit kein großes Aufsehen erregen würde, ließ Trent den Film in einem Labor am Ort entwickeln und erzählte nur sehr wenigen Leuten von dem ungewöhnlichen Ereignis. Dennoch erfuhr ein Reporter vom *McMinnville Telephone Register* von der Sache und entschloß sich, dem Vorfall nachzugehen. Am 8. Juni erschien darüber eine Reportage in der Lokalzeitung, und die Blätter in Portland, Oregon, und in Los Angeles veröffentlichten am 9. und 10. Juni ebenfalls einen Bericht darüber. Eine Woche später brachte die Zeitschrift *Life* die Fotos.

Als die Air Force 17 Jahre später dem Vorfall nachging, und zwar im Zusammenhang mit dem *Condon Report*, wurden die Fotos einer sehr gründlichen wissenschaftlichen Untersuchung unterzogen. Schließlich mußten die Experten zugeben, daß die Aufnahmen echt waren.

Es hieß im *Condon Report*: »Dies ist einer der wenigen Berichte, bei denen alle einzelnen Faktoren — sowohl die psychologischen als auch die physikalischen — übereinzustimmen scheinen.« Natürlich sind die Fotos von Trent nicht die einzigen Aufnahmen, die es von UFOs gibt. Aber nach Meinung von Experten ist die von Trent eine der wenigen Fotoserien von UFOs, die vollkommen echt zu sein scheint und nicht durch einen versehentlich beschädigten Film oder durch Schummelei zustande gekommen ist.

Es klingt wirklich recht merkwürdig, aber am 10. September 1954 tauchten in Quaroble in Frankreich plötzlich Berichte von seltsamen Zwergen auf, die angeblich wie Außerirdische aussahen. Eine Woche später radelte ein Bauer auf einer Straße in der Nähe von Cenon, als er plötzlich am ganzen Körper ein Jucken verspürte. Als er anhielt und abstieg, erstarrte er plötzlich beim Anblick einer vor ihm stehenden »Maschine«. Ein kleines Geschöpf, das in eine Art Taucheranzug gekleidet war, kam näher und berührte die Schulter des Mannes. Dann ging es wieder zu seinem Flugzeug zurück und verschwand darin. Das UFO leuchtete beim Start grün auf und sauste davon.

Etwa zehn Tage später spielten vier Kinder in der Scheune ihres Vaters. Der Hund bellte, und der älteste Junge rannte hinaus und entdeckte ein rechteckig geformtes Geschöpf, das, wie er sagte, einem »Zuckerwürfel« ähnelte. Als er das seltsame Männchen mit Steinen bewarf und einen Spielzeugpfeil abschoß, wurde der Junge plötzlich von einer unsichtbaren Kraft zur Erde gestoßen. Als er auf allen vieren davonkroch, sah er das Geschöpf auf die Wiese watscheln. Die anderen Kinder, die inzwischen aus dem Haus gelaufen waren, sahen ein glühendrotes Objekt über der Wiese hängen. Am nächsten Tag entdeckten Experten, die der Sache nachgingen, dort einen großen runden Brandfleck im Gras.

Ein paar Wochen später berichtete ein anderer Franzose von einer Begegnung mit einem etwa 1,20 Meter großen

Geschöpf, das ebenfalls in eine Art Taucheranzug gekleidet war. Das Wesen schlurfte die Straße entlang, bevor es in einem Wäldchen verschwand. Und am nächsten Tag sahen drei Kinder ein anderes, ungefähr gleich großes Wesen aus einer glänzenden Maschine aussteigen. Sie beschrieben später das Geschöpf als »Geist« mit einem haarigen Gesicht und großen Augen. Es sei mit einer Art Priestersoutane bekleidet gewesen und hätte Worte gesprochen, die sie nicht verstehen konnten.

Am darauffolgenden Tag fuhren drei Männer aus Bordeaux die Atlantikküste Frankreichs in der Nähe von Royan entlang, als sie ein Flugobjekt sahen, das ungefähr zehn Meter über dem Erdboden schwebte. Als sie aus ihrem Wagen stiegen, um sich die Sache genauer zu betrachten, begegneten sie einigen etwa meterhohen Wesen, die anscheinend unter einem der Flugobjekte Reparaturarbeiten ausführten.

Nach Meinung von Fachleuten scheinen Berichte über UFOs zu bestimmten Zeiten gehäuft aufzutreten. Zwischen 1957 und 1958 wurden im westlichen Teil der Erde sowie in Australien und Asien eine Flut von UFOs gesichtet; in Südamerika dagegen traten diese Häufungen zwischen 1962 und 1963 und in den Vereinigten Staaten um 1964 auf. In Großbritannien und Italien kam eine solche UFO-Welle zwischen 1977 und 1978 zum Ausbruch. Aber von allen diesen »Wellen« war doch die im Jahr 1954 in Frankreich am auffallendsten.

Die lange Straße führte durch eine Wiese zu einem Bahnübergang. Plötzlich platzte der Reifen des Autos, und es fuhr direkt in die Schranke. Ein Lastwagen hielt hinter ihm an. In diesem Traum sah sie auch ganz deutlich den Fahrer, der tot am Boden lag. Es war Prinz Bernhard der Niederlande.

Sofort nach dem Aufwachen schrieb die Frau, die diesen Traum gehabt hatte, an W. H. C. Tenhaeff, der später im *Journal of the Society for Psychical Research* über den Fall berichtete. In seinem Artikel erwähnte er jedoch den Namen der träumenden Frau nicht, sondern nannte sie nur »Frau O. aus Amsterdam«.

Frau O. hatte schon vorher mehrmals mit W. H. C. Tenhaeff Kontakt aufgenommen, um ihre übersinnlichen Fähigkeiten und prophetischen Träume zu beschreiben. Dieser Traum jedoch hatte sie mehr als jeder andere aufgewühlt. Sie warf den Brief sofort in den Briefkasten, und er erreichte Tenhaeff mit dem Poststempel vom Samstag, den 27. November 1937.

Als er am darauffolgenden Montagabend Radio hörte, erfuhr Tenhaeff in einer Nachrichtensendung, daß Prinz Bernhard an jenem Tag in einen Autounfall verwickelt gewesen sei. Anhand der Zeitungsartikel, die später veröffentlicht wurden, konnte Tenhaeff den wirklichen Unfall mit dem Traum von Frau O. vergleichen:

Gleisarbeiter, so berichteten die Nachrichtensendungen, hatten an der Eisenbahnlinie Hilversum—Amsterdam gearbeitet. Sie waren gerade dabei gewesen, einen Lastwagen mit Sand zu beladen. Als das schnelle Auto von Prinz Bernhard sich näherte, manövrierte gerade ein Lastwagen schwerfällig auf der Straße. Der Wagen von Prinz Bernhard krachte mit dem rechten vorderen Kotflügel in die Rückseite des Lastwagens. Mehrere Leute, die in der Nähe wohnten, eilten zu Hilfe; sie holten Wolldecken und deckten die beiden Fahrer bis zur Ankunft des Arztes damit zu. In den Zeitungsberichten stand zwar nichts von einem platten Reifen oder von einem Aufprall an der Schranke; beide Details waren jedoch auf den Zeitungsfotos zu erkennen. Und glücklicherweise ist Prinz Bernhard bei diesem Unfall nicht zu Tode gekommen.

»Ich kann mich sehr gut an den 7. Juni erinnern«, sagte Chauncey Jerome aus Plymouth, Connecticut, und meinte damit den 7. Juni 1816. »Ich hatte dicke Wollkleidung und meinen Mantel angezogen. Und doch wurden meine Hände so kalt, daß ich das Werkzeug niederlegte und mir ein Paar Fäustlinge anzog.«

In jenem Sommer war das Wetter im gesamten Osten der Vereinigten Staaten mehr als unfreundlich. Ein plötzlicher Frosteinbruch zwischen dem 6. und dem 9. Juni zerstörte die gesamte Ernte. Zweimal fiel auch Schnee, am stärksten in Neuengland, wo er immerhin 45 bis 50 Zentimeter hoch lag.

Gegen Ende des Monats schien es, als würde es doch wieder Sommer werden, aber dann wurde im Juli die neue Saat wieder durch einen Frosteinbruch zerstört. Am 20. August fielen die Temperaturen noch einmal, und der Frost breitete sich bis ins nördliche Connecticut aus.

Es gab keine Erklärung für diesen seltsamen Sommer des Jahres 1816. Aber heute haben Meteorologen eine Theorie entwickelt, die die Ursachen von Temperaturstürzen erklären könnte: Sie meinen, daß Vulkanstaub aus drei großen Eruptionen, die sich zwischen 1812 und 1817 ereigneten, dafür verantwortlich sei. Durch die Vulkanausbrüche seien sicherlich große Mengen von Staub in die Erdatmosphäre gelangt, sagen die Wissenschaftler. Dadurch wurden möglicherweise die Sonnenstrahlen verschleiert, und extreme Kälte war die Folge. Gegner dieser Theorie sagen, daß es in einer ähnlichen Situation, beim Ausbruch des Vulkans Krakatoa im Jahr 1883, zwar einen sehr eindrucksvollen Sonnenuntergang, aber keinerlei Klimaveränderung gegeben habe.

Der Riesenvogel von Ägypten

Im Jahr 1821 entdeckte James Burton an der ägyptischen Küste des Roten Meeres drei riesige kegelförmige Vogelnester. Die obere Öffnung war etwa 75 bis 90 Zentimeter groß, der Durchmesser am Boden betrug ungefähr 4,5 Meter. Jedes dieser Nester war fast fünf Meter hoch. Sie waren aus verschiedensten Materialien gebaut, unter anderem aus getrockneten Pflanzen, Fischgräten und Wollfetzen. In einem der Nester war ein alter Schuh eingewoben, außerdem eine silberne Uhr aus dem 18. Jahrhundert, in einem anderen fand man das Brustgerippe eines Menschen. Die Araber, die in dieser Gegend wohnten, erzählten ihre Geschichten über die Nester, und so kam Burton zu der Ansicht, es könnte sich hier wirklich um Nester von Riesenvögeln handeln, die das Gebiet erst vor kurzer Zeit verlassen hatten.

In einem Artikel im *American Journal of Science*, in dem er sich mit diesem Phänomen befaßte, schrieb Burton, daß die Araber in dieser Gegend diese rätselhaften Vögel mit dem Riesenvogel verglichen, den man im Grabmal des Pharao Shufu entdeckt hatte. Shufus Pyramide war ungefähr um 2100 vor Christus entdeckt worden. Der storchähnliche Vogel aus der Pharaonenzeit hatte weiße Federn, einen langen, geraden Schnabel und lange Schwanzfedern. Beim Männchen ragten am Hinterkopf und an der Brust Federbüschel hervor. Offensichtlich wurden solche Vögel häufiger von den Menschen am Nildelta gefangen und dem Pharao als Geschenk dargeboten.

Da auf den späten ägyptischen Pyramiden keine Bilder

solcher Vögel zu sehen sind, hatten die Archäologen bis zu Burtons Entdeckung der Nester angenommen, daß die Riesenvögel wahrscheinlich ausgestorben seien.

Alligatoren im Kanalnetz

Das Gerücht, daß in den Abwasserkanälen und unterirdischen Abflußleitungen von New York Alligatoren leben, gibt es schon seit vielen Jahren. Angeblich sollen New Yorker, die in Miami Urlaub gemacht haben, Alligatorbabys als Haustiere für ihre Kinder mitgebracht haben. Je größer jedoch die Alligatoren wurden, desto mehr verloren sie ihren Reiz als Spielzeug. Anstatt sie nun zum Abdecker zu bringen, warf man sie häufig einfach in die Toilette. Einige Alligatoren haben diese Tortur offensichtlich überlebt und ernähren sich nun, gesund und munter, von fetten Ratten in den Abwasserkanälen von New York.

Kann an dieser wilden Geschichte irgend etwas Wahres sein? Der Kryptozoologe Loren Coleman machte sich daran, den Geschichten über Alligatoren im Abwassersystem auf den Grund zu gehen. In einem Bericht im *Journal of American Folklore* schrieb er, daß es zwischen 1843 und 1973 zwar viele Gerüchte über Alligatoren in der Kanalisation gegeben habe, daß aber nur an wenigen dieser Geschichten ein wahrer Kern zu sein schien. Ein Fall jedoch erschien ihm besonders bemerkenswert. Ein Bericht der *New York Times* vom 10. Februar 1935 trug die Überschrift: »Alligator im Abwasserkanal eines Vororts entdeckt«. Die Geschichte war folgende: In der East 123 Street schaufelten spielende Kinder den letzten Schnee in die Öffnung eines Kanalrohrs. Der sechzehnjährige Salvatore Condulucci bemerkte jedoch, daß der Schneehaufen recht lebendig zu sein schien, sah sich die Sache genauer an und entdeckte, daß sich irgend etwas bewegte. Er rief seine Freunde zusammen und erzählte ihnen, unter dem Schnee befinde sich ein Alligator. Einer nach dem anderen blickten sie nun in den Kanalschacht: Da unten war tatsächlich ein Alligator zu sehen, der zwar schon halb erfroren war, aber noch schwache Lebenszeichen von sich gab.

Aus einem Laden in der Nähe holten die Jungen schnell eine Wäscheleine. Sie knoteten eine Schlaufe und ließen die Leine in das Loch hinab. Mit viel Mühe gelang es ihnen, den Alligator einzufangen und ihn dann langsam nach oben zu ziehen.

Nachdem das Tier in Sicherheit war, lockerte einer der Jungen das Tau. Der halbtote Alligator hatte jedoch offensichtlich keine Lust, sich dankbar zu zeigen, und begann nach den Kindern zu schnappen. Die Neugier und das Mitleid der Jungen verwandelten sich sehr schnell in Furcht und Wutgefühle. Sie nahmen ihre Schneeschaufeln und gaben dem fast erfrorenen Tier den Rest. Dann schleiften sie es zu dem Laden, wo sie die Wäscheleine gekauft hatten.

Der Alligator hatte eine Länge von zwei bis zweieinhalb Metern und wog ungefähr 125 Pfund. Offensichtlich, so meinten die zuständigen Behörden, war er von einem Transportschiff gefallen und durch die Everglades in Florida zu den Kanälen New Yorks gelangt. Bei dem Versuch, dem kalten Wasser des Harlem River zu entkommen, war er in Richtung Küste geschwommen und dabei offensichtlich in die Kanalöffnung gelangt. Er kämpfte sich, bereits halbtot, durch das schmelzende Eiswasser und blieb schließlich im Kanalschacht hängen.

Auf der Suche nach Atlantis

Es gibt die Theorie, daß alle Kontinente dieser Erde einmal miteinander verbunden gewesen sind. Dann jedoch brach diese feste Platte allmählich auseinander; die Teile sind mit unseren heutigen Kontinenten identisch.
Mit dieser Theorie läßt sich erklären, warum die Ränder der Kontinente wie die Stücke eines Puzzle zusammenpassen — außer an der Nahtstelle zwischen Europa und den Vereinigten Staaten. Das fehlende Stück jedoch scheint dieselbe Größe und dieselbe Form zu haben wie das atlantische Unterwasserplateau. Könnte es sein, daß diese unterirdische Landmasse der frühere Kontinent Atlantis war? Viele Leute behaupten allerdings, es habe diesen Kontinent nur in der Sage gegeben.
Obwohl viele Wissenschaftler die Existenz von Atlantis anzweifeln, finden sich die Erzählungen von der versunkenen Stadt in allen Kulturen der Welt. So kennt man beispielsweise überall die Geschichte von der großen Flut, die eine ganze Zivilisation zerstört hat. Und sogar der Name Atlantis ist überall bekannt. Auf den Kanarischen Inseln gibt es das Wort Atalya. Die Ureinwohner dieser Inseln waren angeblich die einzigen Überlebenden der schrecklichen Katastrophe von Atlantis. Die Wikinger hatten dem rätselhaften Land den Namen Atli gegeben. In Nordafrika findet sich Attala, das die Berber als kriegerisches Königreich mit reichen Gold- und Silberschätzen beschrieben haben. Die Azteken hatten ebenfalls ihr Atlantis. Und die nordamerikanischen Indianer, die in der Nähe des Michigansees lebten, sprachen von Azaltan,

wenn sie den versunkenen Kontinent ihrer Vorfahren im Meer meinten.
Es ist unklar, was mit Atlantis geschah. Vor ungefähr 6 000 Jahren, so erzählt die Legende, wurde das Land von einer plötzlichen Katastrophe heimgesucht. Sie entstand dadurch, so sagen jedenfalls die Wissenschaftler von heute, daß Gletscher schmolzen, Vulkane und Erdbeben ausbrachen, riesige Flutwellen heranrollten oder Meteore mit der Erde zusammenstießen.
Nach Meinung von Experten gibt es darüber hinaus heute handfeste Beweise für die Existenz von Atlantis. Mit Hilfe von Radargeräten und anderen hochspeziellen Instrumenten ist es gelungen, Unterwasserinseln mit Süßwasserquellen inmitten des Ozeans auszumachen; auf diesen Inseln wurde außerdem eine üppige Vegetation entdeckt.

Außersinnliche Wahrnehmungen in Prag

Pavel Stepanek, ein einfacher Mann aus dem Volk, hätte niemals angenommen, übersinnliche Kräfte zu haben. Dennoch meldete er sich in der Tschechoslowakei freiwillig zu einem Experiment, das vom tschechischen Wissenschaftler Milan Ryzl entworfen worden war. Ryzl war überzeugt, daß es möglich sei, unter Hypnose eine besondere Wahrnehmungsfähigkeit für das Übersinnliche zu entwickeln.

Stepanek ließ sich auf den Versuch ein. Nach kurzer Zeit schon hatte er tatsächlich bestimmte Fähigkeiten erworben. Ryzl benutzte unter anderem folgende einfache Versuchsanordnung: Er legte einen Satz Karten, die auf der einen Seite grün und auf der anderen Seite weiß waren. Zuerst wurden sie gemischt, dann mit einem Codezeichen versehen und schließlich in Hüllen geschoben, so daß sie nicht mehr zu sehen waren. Schließlich mußte die Versuchsperson, also Pavel Stepanek, raten, ob die grüne oder die weiße Seite in der Hülle nach oben lag.

Stepanek machte verschiedene Lernphasen durch. Immerhin war seine Wahrnehmungsfähigkeit bereits zu Anfang etwas über dem Durchschnitt. Dann aber entwickelten sich seine Fähigkeiten bis 1964 eher negativ, und seine außersinnliche Wahrnehmung wurde eher *schlechter*, als es den durchschnittlichen Zufallsergebnissen entsprochen hätte. Ryzl begann zu befürchten, daß Stepaneks Fähigkeiten möglicherweise nachlassen könnten — bis der Parapsychologe J. G. Pratt sich etwas einfallen ließ.

Anstatt Stepanek zu bitten, sich auf den ganzen Stapel zu

konzentrieren, forderte der Versuchsleiter ihn nun auf, eine Karte nach der anderen zu identifizieren. In dieser Versuchsanordnung erwies sich Stepanek als ganz außerordentlich sensibel. Er war fähig, die Farbe der Karten sehr viel häufiger zu erraten, als es einem Zufallsergebnis entsprochen hätte.

Trotz einer fehlgeschlagenen medikamentösen Therapie gegen Myelitis (Rückenmarksentzündung), die den Betroffenen häufig zum Krüppel macht, kann ein junges Mädchen plötzlich wieder laufen. Ein Mann erholt sich ohne chirurgischen Eingriff von einer Blinddarmentzündung. Ein Fall von Ruhr wird plötzlich geheilt — nicht indem man die Bakterien zerstört, sondern indem man die Widerstandsfähigkeit des Körpers steigert. Diese Wunder hat kein spiritueller Heiler bewirkt, sondern die alte Methode der Akupunktur. Dabei handelt es sich um eine medizinische Kunst, die eine ganze Reihe von Leiden heilen kann, es sei denn, ein Organ wäre unwiderruflich zerstört.

Es heißt, daß sich die Akupunktur dadurch zur Heilkunst entwickelte, daß chinesische Soldaten, die von Pfeilen getroffen worden waren, häufig von Krankheiten genasen, an denen sie bereits seit vielen Jahren gelitten hatten. Den frühesten schriftlichen Nachweis dieser Heilkunst findet man im *Nei ching,* einem internistischen Lehrbuch, das vor 3000 bis 4500 Jahren entstanden ist.

Die Akupunktur basiert auf dem Glauben an eine Kraft, die die Chinesen *qi* nennen, was soviel wie »Lebenskraft« oder »vitale Energie« bedeutet. Wenn das *qi* nicht mehr harmonisch durch den Körper fließt, entsteht eine Krankheit. Das *qi,* so sagen die Chinesen, zirkuliert über eine Reihe von Meridianen durch den Körper, also unsichtbaren Kanälen unter der Haut. Es gibt zwei zentrale Meridiane: die Hauptlinie, die das Rückenmark hinaufführt, und die Empfangslinie, die die Vorderseite des Körpers hochläuft. Ein Dutzend weiterer Meridianpaare auf jeder Seite des Körpers stehen mit dem Herzen, den Lungen, den Nieren und anderen inneren Organen in Verbindung.

Auf jedem dieser Meridiane liegen die Akupunkturpunkte, insgesamt 2000 Stück. Wenn man diese Punkte mit Nadeln oder durch Massage stimuliert, werden die Meridiane und damit die entsprechenden Organe so positiv beeinflußt, daß die Lebensenergie *qi* wieder zu fließen beginnt.

Die Erfolge einer Akupunkturbehandlung sind unterschiedlich: Möglicherweise gibt es eine sofortige Heilung oder aber eine langsame Besserung, die sich über Wochen oder sogar Monate hinziehen kann. Durch diese Therapie werden Gefühle von Ruhe und Entspannung oder auch von überschäumender Energie geweckt. Einige Patienten haben das Gefühl, angenehm benebelt zu sein, andere wiederum fühlen sich eine Zeitlang sogar schlechter. Manche spüren gar keine Wirkung.

Der Behauptung, Akupunktur beruhe lediglich auf Einbildung oder Suggestion, stehen bestimmte Fakten entgegen. Man weiß, daß gekonnte Akupunktur in jedem Fall wirkt und daß sie gleichermaßen bei Tieren erfolgreich ist. Wie es allerdings möglich ist, durch das Stechen mit Nadeln die Lebenskräfte zu wecken oder wiederherzustellen, ist bis heute ungeklärt.

Am Fußende des Bettes gab es ein Geräusch wie von einer nagenden Ratte. Das Knistern, das zunächst nur in großen Abständen zu hören war, kam jetzt immer schneller und wurde auch immer lauter. Dann fing das Bettzeug an vom Bett zu rutschen, als würde es von jemandem gezogen oder als würde eine starke Brise durch den Raum wehen.
N. J. Murphy waren die Gerüchte über das Haus in der Court Street, das Nicholas Redmond gehörte, zu Ohren gekommen. Redmond erzählte, es spuke darin, und Redmonds Frau und zwei Mieter, John Randall und George Sinnott, bestätigten diese Aussage.
Murphy und Owen Devereux wollten allerdings solche Spukgeschichten nicht glauben und entschlossen sich, die Nacht im Geisterhaus zu verbringen. Sie machten es sich mit den beiden Mietern in dem Zimmer, wo der Spuk normalerweise auftrat, gemütlich.
Das Klopfen und das Rutschen der Bettücher begann um 11 Uhr 30 abends, ungefähr zehn Minuten nach dem Löschen des Lichts. Die beiden Männer suchten unter dem Bett nach Drähten oder Fäden, aber sie fanden überhaupt nichts Verdächtiges. Nach weiteren zehn Minuten begann der Lärm erneut, wurde allmählich, wie gewöhnlich, immer lauter, und die Laken rutschten vom Bett. Plötzlich fing Randall an zu schreien, weil er von einer unsichtbaren Kraft vom Bett auf den Fußboden gezogen wurde. Voller Entsetzen und schweißüberströmt stand er wieder auf. Murphy und Devereux, die ihm halfen, überredeten ihn, wieder ins Bett zu gehen.

Um ungefähr 1 Uhr 45 begann das Klopfen wieder; diesmal allerdings kam es aus der Mitte des Zimmers. Es dauerte ungefähr 15 Minuten lang an und hörte dann auf. Murphy und Devereux waren nicht in der Lage, eine Erklärung für das merkwürdige Phänomen zu finden.
Und so blieb das Geheimnis des Geistes von Redmond Manor bis zum heutigen Tag ungeklärt.

Frischfisch vom Himmel

A. D. Bajkov, ein Wissenschaftler, der in den USA im Ministerium für Umwelt und Fischerei arbeitete, nahm am 23. Oktober 1947 in einem Restaurant in Marksville, Louisiana, gerade sein Frühstück ein, als es draußen unruhig wurde. Die Kellnerin erzählte ihm, daß draußen Fische vom Himmel fielen. Völlig verblüfft ging er nach draußen, um sich selbst zu überzeugen. Und tatsächlich: Über eine Fläche von ungefähr 300 Metern Länge und 24 Metern Breite verstreut lagen frische, kalte, aber keineswegs gefrorene Fische überall auf den Straßen und Plätzen. Großmäulige Schwarzbarsche, kleine Haie und Elritzen, aber vor allem Süßwasserheringe. Einem Angestellten der Bank von Marksville und zwei Händlern waren die Fische auf ihrem Weg zur Arbeit direkt auf den Kopf gefallen.

Als Bergen Evans, ein bekannter Wissenschaftler, versicherte, daß solche »Fischregen« nur auf Einbildung beruhen könnten, reagierte E. W. Gudger, ein Wissenschaftler am amerikanischen Museum für Naturgeschichte, mit einer Gegendarstellung. Er veröffentlichte eine Reihe von Beweisen, die er über viele Jahre hinweg gesammelt hatte.

So hatte man im September 1936 bei einem »Fischregen« auf der Pazifikinsel Guam Schleien gefunden, die normalerweise nur im fließenden Süßwasser Europas und des westlichen Asien existieren.

Häufig gehen solche »Fischregen« mit schweren Gewittern oder heftigen Schauern einher. Wenn Fische vom

Himmel fallen, findet man oft nur eine einzige Fischsorte in einem Bereich, der ellipsenförmig ist. Man könnte dies vielleicht so erklären, daß die Fische durch eine Wasserhose oder einen Wirbelwind aus ihrem natürlichen Lebensraum fortgetragen werden und dann an einem anderen Ort zur Erde fallen. Dies wäre plausibel, wenn man nur solche Fische fände, die in flachen Gewässern leben. Aber häufig »regnet« es Fische, die nur in tiefem Wasser leben, und manche von ihnen sind schon lange tot, ausgetrocknet oder sogar kopflos. Niemandem ist es bisher gelungen, für dieses merkwürdige Phänomen eine Erklärung zu finden.

Drieschs Evolutionstheorie

In der Annahme, daß aus einem halben Ei auch ein halber Embryo entstehen könne, nahm Hans Driesch, ein Biologe des 19. Jahrhunderts, eine heiße Nadel, um die Hälfte eines befruchteten Seeigeleis abzutöten. Er war sehr erstaunt, als er entdeckte, daß jede der beiden Hälften zu einem gesunden, aber kleineren Seeigelembryo heranwuchs. In jeder Eihälfte, so wurde deutlich, war ein vollständiger Seeigel angelegt. Darüber hinaus zeigte sich, daß zwei halbe Eizellen, die man zu einer zusammenfügte, verschmolzen und daß daraus ein besonders großer Embryo hervorging. Driesch leitete aus diesen Ergebnissen ab, daß das Leben selbst eine dynamische Kraft ist, die, unabhängig von den grundlegenden chemischen Prozessen, auf Ganzheit abzielt.

Die konservativen Wissenschaften gehen davon aus, daß das Leben auf der Erde durch einen bloßen Zufall entstanden ist und durch die Gesetze der Physik und Biologie vollständig erklärt werden kann. Die meisten Wissenschaftler vertreten die Ansicht, für alles sei eine Erklärung möglich, und daß es in der Natur so etwas wie freien Willen nicht gebe. Driesch und andere meinen jedoch, daß das Leben möglicherweise seine eigenen Gesetze haben könnte.

Harold Saxton Burr war von Drieschs Ideen völlig fasziniert und studierte die Mechanismen, die die Anlagen eines Organismus im Ei lenken. Er befestigte an Bäumen und an bestimmten Lebewesen ein Meßgerät und zeichnete die elektromagnetische Spannung dieser Organismen fortwährend auf. Die Spannung von Bäumen war unterschiedlich, und zwar abhängig von den Jahreszeiten, der Sonnenfleckenaktivität und den Mondphasen. In der Gebärmutter von weiblichen Kaninchen schlug der Spannungsmesser immer beim Eisprung ganz besonders heftig aus. Wenn das Meßgerät bei Psychiatriepatienten angelegt wurde, konnte die Schwere der psychischen Erkrankung am Ausschlag des Spannungsmessers abgelesen werden. Auch körperliche Krankheiten konnten, so behauptete Burr, an einem solchen Meßgerät abgelesen werden; Krebs beispielsweise wurde bereits im Frühstadium diagnostiziert.

Burr folgerte daraus: Alle Lebewesen werden von ihren elektromagnetischen Feldern, ihren »Lebensfeldern«, wie er sie bezeichnete, beeinflußt. So befinden sich beispielsweise in der Eizelle eines Frosches verschiedene Ströme; wenn sich das Ei in eine Kaulquappe verwandelt, werden diese Ströme zum Nervensystem — als würde lebende Materie in die vorgezeichneten Linien hineingegossen.

Untersuchungen von anderen Wissenschaftlern des 20. Jahrhunderts haben ebenfalls Burrs Behauptungen unterstützt. So gelang es in den dreißiger Jahren S. D. Kirlian, das »Lebensfeld« einer Blume zu fotografieren. Auf hochempfindlichen Filmen zeigte sich ein glühender Kranz, der die Pflanze umrahmte. Und mehr noch: Auf der Fotografie eines zerrissenen Blattes waren die schwachen Umrisse des fehlenden Blattstückes erkennbar.

In Experimenten, die in den siebziger Jahren an der Universität von Wisconsin durchgeführt wurden, züchteten Daniel Perlman und Robert Stickgold Bakterien in einer bestimmten Nährlösung, die ein Antibiotikum enthielt, das normalerweise Bakterien zerstört. Diese Bakterien jedoch enthielten ein Gen, das das Antibiotikum zerstörte und dadurch sein eigenes Überleben sicherte. Wissenschaftler sind der Ansicht, daß dies durch Aktivierung der Abwehrkräfte geschieht, diese Abwehrkräfte jedoch bei Abklingen der Gefahr wieder ruhen. In besagtem Experiment reagierten die Bakterien allerdings so, daß sie die schützenden Gene verdoppelten, als würde dadurch eine wirkungsvollere Verteidigung geschaffen.

Sollte es so sein, daß es Leben unabhängig von Materie gibt, dann ist das Leben der Herr der Materie, und nicht umgekehrt, wie die meisten Wissenschaftler heute glauben. Und wenn das Leben tatsächlich mächtiger sein sollte als die Materie, dann kann es die Gesetze der Natur überwinden. Nachdem er die DNS-Struktur erforscht hatte, war der Kybernetiker David Foster felsenfest der Meinung, daß die darwinistische Biologie wahrscheinlich vollkommen irrt. Er geht davon aus, daß die Programmierung der DNS darauf hinweist, daß es wahrscheinlich irgendwo eine Instanz von höherer Intelligenz gibt. Er glaubt, daß das Universum auf irgendeine Weise mit einem höheren Wesen verwandt ist, das mit den Gesetzen der Physik nicht erschöpfend zu erklären ist.

Der Tod kam schriftlich

Eine junge Frau, die von A. A. Liebeault in seinem Werk *Noted Witnesses for Psychic Occurrences* (»Bekannte Zeugen paranormaler Phänomene«) nur als »Mademoiselle B.« bezeichnet wird, pflegte in geschliffener Prosa mit hoher Geschwindigkeit seitenweise Botschaften niederzuschreiben. Sie konnte beim Schreiben zugleich entspannt mit anderen Menschen plaudern.

Einmal, am 7. Februar 1868 um acht Uhr morgens, fühlte sich Mademoiselle B. plötzlich inspiriert, einen Bleistift zu nehmen und zu schreiben. Mit fieberhafter Geschwindigkeit kritzelte sie, Seite für Seite, immer wieder dieselben Wörter. Zunächst konnte man diese Wörter nicht entziffern; erst ganz allmählich war ein gewisser Sinn erkennbar. Schließlich verstand sie die Nachricht.

Die Botschaft kam von einer Frau, die sich Marguerite nannte und offensichtlich ihren Tod ankündigte. Nachdem sie versucht hatte herauszufinden, wer diese Marguerite war, zogen Mademoiselle B. und ihre Familie in Erwägung, es könne sich um eine Freundin und Klassenkameradin handeln. Auf Liebeaults Vorschlag hin entschloß sie sich, an einen Lehrer ihrer früheren Schule zu schreiben, ohne allerdings die Hintergründe ihres Schreibens offenzulegen. Als die Antwort kam, erfuhr sie von ihrem Lehrer, daß ihre gemeinsame Freundin Marguerite am 7. Februar 1868 um ungefähr acht Uhr gestorben war. Dem Brief war die gedruckte Todesanzeige beigelegt.

Kometentraum

Charles Tweedale erwachte an einem Morgen des Jahres 1886 um ungefähr vier Uhr. Er hatte gerade von einem Kometen geträumt, der vor der aufgehenden Sonne am Himmel entlangzog. Schnell warf er sich ein paar Kleidungsstücke über und ging hinaus. In einer Ausgabe des *English Mechanic* schrieb er später, daß er einen Blick durch sein Teleskop auf den sternenklaren Himmel geworfen habe. Dann sah er den Kometen nahen. Er leuchtete strahlend wie ein Feuerrad und drehte sich um seine eigene Achse.

Tweedale war absolut fasziniert von dem Anblick. Zum erstenmal hatte er selbst einen Kometen entdeckt. Sobald das Postamt geöffnet hatte, schickte er ein Telegramm, in dem er von seiner Entdeckung des Kometen berichtete. Aber bereits in der Morgenzeitung las er, daß die Astronomen Barnard und Hartwig ebenfalls — unabhängig voneinander — den Kometen gesichtet hatten. Er wurde unter dem Namen Barnard-Hartwig-Komet bekannt.

Tweedale selbst gelang es leider nie mehr, noch einen Kometen zu sichten, und so trägt auch kein einziger Himmelskörper seinen Namen.

Der weiße Rabe

Als eine alte Frau aus Somersetshire in England eines Tages ihren Nachbarn allzusehr auf die Nerven fiel, rächten sie sich mit dem alten, ziemlich bösartigen Brauch des »Schepperns«. Mit allen alten Töpfen, Pfannen und anderem Küchengerät, das sie im Lauf des Jahres gesammelt hatten, bombardierten sie die Haustür der alten Dame und machten soviel Lärm wie irgend möglich, um sie zu ärgern. Aber noch jemand, der eigentlich nicht gemeint war, hatte unter diesem Höllenlärm zu leiden.

In einem der Nachbarhäuser lebte in einem Käfig ein zahmer Rabe, der bekannt war für sein prächtiges glattes Gefieder und seine tiefe Krächzstimme. Zwei Tage lang hüpfte er voller Aufregung in seinem Käfig umher und wollte nicht fressen. Obwohl sich der Vogel schließlich doch beruhigte, hatte der Streß, dem er ausgesetzt gewesen war, eine traurige Langzeitwirkung. Er begann, so berichtete Alfred Charles Smith in der Zeitschrift *Zoologist*, sich zu mausern, und die nachwachsenden Federn waren weiß. Der arme Vogel war vor Angst ergraut.

Asthmaheilung durch einen Blitz

Martin Rockwell sah aus dem Fenster. Bedrohlich dunkle Wolken zogen am Himmel auf. Er stand auf dem linken Bein und stützte sich mit der rechten Hand auf einem nassen Regal ab, das mit dem Spülbecken verbunden war. Plötzlich bemerkte er, wie sein rechter Arm und sein linkes Bein taub wurden. Im nächsten Moment schlug drei Meter von ihm entfernt ein Blitz ein. Er selbst verlor das Bewußtsein. Zwar kam er einige Minuten später wieder zu sich, aber es dauerte mehrere Tage, bis er sich wieder richtig bewegen konnte.

Der Unfall hatte jedoch auch eine positive Seite. Seit seiner Kindheit — und ganz besonders im Herbst — hatte Rockwell unter Asthma gelitten und mußte deshalb häufig wochenlang im Bett bleiben. Nach dem Blitzeinschlag jedoch, so berichtete das *American Journal of Science,* hat er nie wieder einen Asthmaanfall gehabt.

Die Kanonen von Barisal

Den ganzen Tag lang war der Lärm auf dem Dampfer wahrhaft ohrenbetäubend gewesen. Auch in der Nacht, wenn das Schiff von G. B. Scott am Ufer des Ganges anlegte, vernahm er das dumpfe, verhaltene Dröhnen entfernter Kanonen.

Die Kanonen von Barisal, die rund um das Gangesdelta zu hören sind, ertönen meist zwischen Februar und Oktober, meist in Zusammenhang mit schweren Regenfällen, die aus dem Süden oder Südosten heraufziehen. Viele Menschen dieser Region sind der Meinung, zwischen dem Donnern der Kanonen von Barisal und den Freudenschüssen anläßlich von Hochzeiten und Festen gebe es keinen Unterschied. Die Hochzeitssaison ist jedoch sehr kurz. Die Kanonen von Barisal dagegen sind sogar während der jährlichen Fastenzeit, wenn gar nicht gefeiert wird, zu hören.

Einige Forscher haben diese rätselhaften Detonationen auf Unterwassererdbeben oder vulkanische Ausbrüche zurückgeführt. Aber bis heute hat noch niemand eine befriedigende Erklärung für das Kanonendonnern gefunden.

Letzte Besorgungen

Am Samstag, den 3. Januar 1891 um genau acht Uhr morgens, ging ein Mann in ein Fotogeschäft und fragte nach Bildern auf den Namen Thompson. Leider, so sagte man ihm, würden sie erst später an diesem Tag fertig sein. Der Mann erklärte, er sei die ganze Nacht auf Reisen gewesen und könne nicht noch einmal wiederkommen; dann ging er unvermittelt fort. Der Besitzer des Ladens, ein Mr. Dickenson, entschloß sich, die Fotos per Post zu schicken. Er sah sich die Negative an und erkannte, daß der Mann auf den Fotos derselbe war, der die Lieferung abholen wollte.
Zwei Tage später machte er sich daran, die Bilder zu entwickeln. Leider jedoch zerbrach er bei der Arbeit die Platte mit dem Negativ. Also schrieb er an die Familie Thompson, um einen neuen Fototermin auszumachen. Von Thompsons Vater hörte er jedoch, daß es zu spät sei. Thompson war an genau dem Samstag gestorben, als Dickenson ihn im Laden gesehen hatte. In dem Augenblick, als er den Laden betrat, also um acht Uhr morgens, war Thompson bereits bewußtlos gewesen und lag auf dem Totenbett. Der Vater des Mannes fügte hinzu, daß sein Sohn schon am Tag vorher im Delirium gewesen sei und daß er in diesem Zustand immer wieder nach den Fotos gefragt habe.

Der Geist ist stärker als Pilzkulturen

Seit Jahren beschäftigen sich Parapsychologen mit dem Thema Geistheilung. Aber es ist nicht leicht, die Theorien wissenschaftlich korrekt zu überprüfen, da Menschen natürlich aus vielerlei Gründen gesund werden können. Parapsychologen wollten erforschen, ob es möglich sei, daß Menschen vielleicht mit Hilfe von Psychokinese biologische Systeme oder Pilzkulturen zerstören können.

Die Pionierarbeit bei diesem Experiment wurde von dem Forscher Dr. Jean Barry, einem französischen Arzt, der mit dem Institut für Agrarwirtschaft in Paris zusammenarbeitete, geleistet. Dr. Barry wollte herausfinden, ob seine Versuchspersonen durch ihren Geist die Materie soweit beherrschen konnten, daß beispielsweise das Wachstum von Pilzkulturen gehemmt werden könnte. Pilze können — wie man weiß — schwere Krankheiten hervorrufen. Am Tag vor den Experimenten wurden Petrischalen mit bestimmten Kulturen vom Institut vorbereitet und dann in einen Inkubator gelegt, in dem sie sich entwickeln sollten. Am nächsten Tag wurden Dr. Barrys Versuchspersonen zehn Schalen mit diesen verschiedenen Kulturen vorgesetzt. Man bat nun die Teilnehmer dieses Experiments, sich fünfzehn Minuten lang auf fünf dieser Schälchen zu konzentrieren; sie sollten versuchen, durch ihre geistige Energie das Wachstum der Kulturen zu verhindern. Die anderen fünf Schalen sollten zu Kontrollzwecken dienen.

Am Ende des Experiments waren 11 Versuchspersonen in insgesamt 39 Sitzungen getestet worden. Das Resultat:

Die zu Kontrollzwecken unbeeinflußt gebliebenen Kulturen hatten sich in signifikanter Weise üppiger entwickelt als die anderen. Also mußten die Versuchspersonen erfolgreich ihre psychischen Fähigkeiten eingesetzt haben, um die Pilze am Wachstum zu hindern.

Brahms und der Brustkrebs

Bestimmte religiöse Sekten glauben daran, daß ein Mensch, der eine bestimmte hohe Bewußtseinsebene erlangt hat, die meisten körperlichen Krankheiten heilen kann. Etwas Derartiges ist möglicherweise 1974 geschehen, als Harold Jaworski, ein kanadischer Psychologe, erfuhr, daß seine Schwester Eileen sich einer Brustoperation unterziehen mußte. Verschiedene Mammographien und Zelluntersuchungen ihrer rechten Brust hatten gezeigt, daß sie einen Tumor hatte, und nur mittels eines chirurgischen Eingriffs konnte man feststellen, ob der Tumor bösartig war.

Dr. Jaworski hatte immer eine sehr innige Beziehung zu seiner Schwester gehabt, und er betete inständig, daß sie vollkommen gesund werden möge. Er bot sogar sein eigenes Leben im Austausch gegen ihres an.

Am Abend vor der Operation ging Jaworski etwas unlustig in ein Konzert in der Innenstadt von Toronto. Während ihn die Klänge von Brahms und Mozart umgaben, bemerkte er, daß ein Lichtstrahl auf ihn fiel. Ihm war das ziemlich peinlich, weil er fürchtete, daß es die anderen Zuschauer stören könnte, aber bald entdeckte er, daß er der einzige war, der das Licht sehen konnte. »Dann bekam ich geradezu ekstatische Gefühle«, erzählte er später einem Psychiater aus Toronto, Dr. Joel Whitton. »Sie überschwemmten mich wie eine Flutwelle, von den Füßen bis hinauf zum Kopf. Ich verlor jedes Zeitgefühl und fühlte mich in die Helligkeit hineingesogen. Ich schloß meine Augen, und Tränen strömten über meine Wangen. Von dieser Erfahrung tief erschüttert *wußte* ich plötzlich, daß meine Schwester gesund werden würde.«

Am nächsten Morgen ging Dr. Jaworski in das Krankenhaus, in dem seine Schwester operiert werden sollte, und wartete auf das Ende der Operation. Er war ziemlich verwirrt, als er hinterher mit dem Chirurgen sprach. Der Tumor sei nicht nur gutartig gewesen, sondern sogar während der Nacht kleiner geworden. Das Operationsteam hatte ihn kaum finden können und nur winzige Gewebeproben entnehmen müssen.

Schließlich erholte sich Eileen vollständig von der Operation und hatte niemals mehr Probleme mit Krebs.

Der Magus von Strovolos

Jedes Jahr reist Dr. Kyriacos C. Markides nach Zypern, um mit Spyros Sathi zu sprechen. Sathi ist ein Geistheiler und Lehrer, der als Daskalos, der Magus von Strovolos, bekannt geworden ist.

Bei einem seiner Besuche brachte Dr. Markides, ein Soziologe von der Universität Maine, einen Kollegen mit, den er Daskalos vorstellen wollte. Der Mann war vor kurzem von einem Hund gebissen worden und humpelte, und der Heiler sollte sich das Bein einmal ansehen. Nachdem der Mann den Verband gelöst hatte, ließ Daskalos seine Hand über der Wunde kreisen, um sie zu heilen. Er behauptete, dabei ein Blutgerinnsel aufzulösen, das sich gerade bildete.

»Das Blutgerinnsel habe ich verhindert«, sagte er zu seinem Besucher. »Aber ich muß Sie warnen: Sie haben eine Leberinfektion. Sie müssen Alkohol meiden.«

Der Kollege von Dr. Markides glaubte nicht an diese Diagnose, denn er fühlte sich vollkommen wohl. Also ignorierte er die Bemerkung. Erst drei Monate später schrieb er aus Connecticut, daß er an Gelbsucht leide. Als er die ersten Anzeichen der Krankheit bemerkte, erinnerte er sich plötzlich an Daskalos' Diagnose und wollte wissen, ob Dr. Markides sich ebenfalls daran erinnern konnte. Der hatte das Gespräch mit dem Heiler sogar auf Tonband aufgenommen und besaß so einen Beweis für die Richtigkeit der Prophezeiung.

Aber wie hatte Daskalos von der Krankheit, die noch gar keine Symptome hervorgebracht hatte, wissen können?

Der Heiler behauptete, er habe direkt in den Körper des Patienten »hineinsehen« können. »Als ich mir nämlich sein Bein ansah«, erzählte er später Dr. Markides, »und mich dann auf das Innere seines Körpers konzentrierte, da sah ich auf der Leber und auch auf der Galle einen kleinen braunen Fleck. Ich wußte aus Erfahrung, daß das etwas Unangenehmes zu bedeuten hatte.«

Diese Diagnose stimmt durchaus mit dem Stand der modernen Medizin überein, denn bei Hepatitis können sich die Symptome in der Tat manchmal erst drei Monate nach der eigentlichen Infektion manifestieren.

Behandlung erfolgreich — Patient tot

Dean Kraft ist einer der bekanntesten Geistheiler in den USA. 1976 arbeiteten er und verschiedene andere mit besonderen Heilkräften begabte Männer an einem umfangreichen Forschungsprojekt, das von mehreren Parapsychologen am *Washington Research Center* in San Francisco durchgeführt wurde. Roger MacDonald leitete das Team der Wissenschaftler. Er wollte herausfinden, ob die Heiler die Fähigkeit besäßen, elektrische und magnetische Felder zu stören, in einem abgeschlossenen Raum Strömungen und Unruhen zu erzeugen und Wassermoleküle aneinanderzubinden.
Kraft war bei dieser Aufgabenstellung nur wenig erfolgreich. Aber etwas Mysteriöses — und Amüsantes zugleich — ereignete sich, als er versuchte, eine Ratte, die speziell für Versuchszwecke mit dem Krankheitssymptom Bluthochdruck gezüchtet worden war, zu »heilen«. Am Tag, als das Experiment stattfinden sollte, wurde die Ratte in das Laboratorium gebracht. Dort wurde ihr Blutdruck mit einem Meßgerät, das an den Schwanz angeschlossen war, gemessen. Kraft wurde erst in den Raum gelassen, nachdem die Vorbereitungen für das Experiment abgeschlossen waren. In dem Moment, als er die Ratte sah, empfand er einen Widerwillen gegen das Tier.
»Ich erklärte den Umstehenden, daß ich nur in einem Musikladen, in dem ich einmal gearbeitet hatte, Erfahrungen mit diesen Tieren gesammelt hätte«, erzählte Kraft. »Dort huschten lange, fette Ratten im Erdgeschoß umher, wagten sich sogar manchmal in den ersten Stock und ängstig-

ten jeden zu Tode. Ratten riefen in mir Gefühle von Angst und Abscheu hervor. Und das machte mir Sorgen, denn ich hatte immer das Gefühl gehabt, ich müsse unbedingt positive Gedanken für diese Lebewesen hegen, die ich zu heilen versuchte.«

Trotz seiner unguten Gefühle versuchte Kraft, den Blutdruck der Ratte mit Hilfe seiner Heilenergie zu senken. Als der Test vorbei war, verließen alle, die am Experiment mitgewirkt hatten, den Raum. Der Schock kam erst einige Sekunden später, als ein Techniker noch einmal zurückging, um den Blutdruck der Ratte ein letztes Mal zu prüfen. Die Ratte war mausetot!

Nina Kulagina und die Rote Armee

In den letzten Tagen des Zweiten Weltkrieges wurde Nina Kulagina, eine junge Soldatin der Roten Armee, die an der vordersten Kriegsfront kämpfte, von einem Bombensplitter der deutschen Artillerie verwundet. Man transportierte sie verletzt nach Hause, und sie war zutiefst unglücklich, nicht für ihr Heimatland kämpfen zu können. Ihre Wunde heilte nur langsam; in der Zwischenzeit starben ihre Freunde und Landsleute im Kampf gegen Hitler und seine Armee.

»Ich ging zu einem Schrank«, erzählte später die Kulagina, »als sich plötzlich ein Krug von selbst auf den Rand des Regals zubewegte, herunterfiel und in tausend Stücke zerbrach.«

In Zimmern, in denen sie sich aufhielt, begannen plötzlich die Lichter an- und auszugehen. Türen sprangen auf und schlugen wieder zu — ohne jede sichtbare Ursache. Das Geschirr tanzte auf den Tischen. Nina Kulagina vermutete zuerst, ein Poltergeist sei plötzlich aktiv geworden, aber schon bald erkannte sie, daß die rätselhafte Kraft von ihr selbst ausging. Nachdem ihr dies deutlich geworden war, übte sie monatelang, ihre geistigen Kräfte einzusetzen und zu konzentrieren, bis sie in der Lage war, Gegenstände nach ihrem Willen umherzubewegen.

Eduard Naumow war der erste russische Wissenschaftler, der die psychokinetischen Fähigkeiten der Kulagina erforschte. Später machte sie mit anderen Experten eine Reihe weiterer erfolgreicher Experimente; mehr als 60 davon wurden auf einem Film festgehalten. Eine der eindrucksvollsten Szenen ist die, wo ein Ei zerbrochen und in einen Glasbehälter mit Salzlösung geschüttet wurde. Die Kulagina stand einige Meter entfernt und richtete ihre Aufmerksamkeit auf das Ei in dem Behälter. Langsam gelang es ihr, durch Konzentration und Geisteskraft das Eiweiß vom Eigelb zu trennen. Als dieses Experiment durchgeführt wurde, war die Kulagina durch Drähte an verschiedene Instrumente angeschlossen; sie zeigten deutlich, daß sie unter sehr starkem geistigen und emotionalen Streß stand. Ihr elektrostatisches Feld wurde von Dr. Genadij Sergejew überwacht. Er berichtete, daß die Kulagina, als sie die Eihälften voneinander trennte, einen außerordentlich beschleunigten Puls hatte.

Sergejew war der Ansicht, daß ihr Pulsschlag elektromagnetischen Wellen ähnelte. »Wenn sie nun derartige Wellen aussendet, wird das Objekt, dem sie ihre Aufmerksamkeit schenkt, reagieren wie ein Magnet. Es wird dann zu ihr hingezogen oder abgestoßen.«

Die Welt des Unbegreiflichen

Erlebnisse mit einer anderen Dimension

UFO's, Geistererscheinungen, Wiedergeburt und andere übernatürliche Phänomene zeigen, daß die Trennungslinie zwischen dem Paranormalen und den Naturwissenschaften allmählich verblaßt, und in vielen Fällen beginnen beide Bereiche miteinander zu verschmelzen.

Titel der Originalausgabe »The Odd And The Awesome«

Inhalt

VORWORT

Das Ungewöhnliche und Unheimliche, das wir mit unseren Augen nicht sehen und mit unserem Verstand nicht begreifen können, ist mitten unter uns. Es steckt voller Geheimnisse: Ungewöhnliche Erscheinungen, phänomenale Kräfte oder eigenartige Wesen erinnern uns ständig daran, daß wir nicht wirklich bis ins letzte wissen, was wir zu wissen glauben. Was geschah zum Beispiel mit Judge Crater, Amelia Earhart oder Jimmy Hoffa? Beendete Napoleon wirklich sein Leben auf St. Helena, oder verbrachte er, wie manche vermuten, seinen Lebensabend in New Orleans? Wird sich die Theorie eines zweiten Kennedy-Mörders je beweisen lassen? Aber all dies sind Geheimnisse um einzelne Personen, die gelüftet werden können — und es vielleicht sogar schon sind.
Zu den größten Geheimnissen gehören das Verschwinden von Städten, Kulturen, von riesigen Inseln und ganzen Zivilisationen, wie die der Maya, der Tolteken, des Indus-Tals, der Inseln im Pazifik und der Völker, die den Inkas in Südamerika vorangingen. Viele dieser frühen Zivilisationen besaßen eine erstaunlich genaue Vorstellung von der Welt und dem Universum, sie waren späteren und oft in ganz anderen Teilen der Welt entstandenen Zivilisationen weit voraus und gelangten dabei zu wissenschaftlichen Höchstleistungen, die nach ihnen über Tausende von Jahren hinweg nicht mehr erreicht wurden. Solche ungemein fortgeschrittenen Zivilisationen blühten plötzlich auf und verschwanden — aus uns unbekannten Gründen — wieder, oder sie bildeten sich zu primitiveren Dschungel- oder Wüstenstämmen zurück oder gingen in anderen, weniger zivilisierten Völkern auf.

Trotz unserer hochentwickelten Technologie werden wir oft von geheimnisvollen »Geistern« heimgesucht, und zwar nicht nur von gewöhnlichen Hausgeistern, sondern auch von moderneren, wie etwa gewissen Radio- und Fernsehsendungen, die in den vergangenen Jahren auf diversen Kanälen das gewöhnliche Programm plötzlich unterbrachen und ebenso plötzlich wieder verschwanden. Deuten solche unerklärlichen Ereignisse auf eine mögliche Krümmung von Zeit und Raum hin? Immer häufiger berichten verläßliche Zeugen von solchen Erscheinungen, die angeblich sowohl tags wie nachts auftreten. So viele Berichte kann man nicht ignorieren. Inzwischen untersuchen Wissenschaftler diese Erscheinungen, ebenso wie auch viele Fälle von Besessenheit und Poltergeistern, wobei letztere wohl gewaltsame, extrakorporale Projektionen der Persönlichkeit oder der »Seele« eines Menschen sind. Mittlerweile wird vermutet, daß die immer größer werdende Anzahl von Berichten über Ufo-Erscheinungen, an die nun bereits mehr als die Hälfte der Weltbevölkerung glaubt, möglicherweise ein modernes Äquivalent zu Geistererscheinungen darstellen, und daß es in unserer Zeit statt in Häusern am Himmel spukt.

Doch die allergrößten Geheimnisse unserer Welt liegen nicht in solchen Vorfällen, gleichgültig, wie faszinierend sie auch sein mögen, sondern in den möglichen Antworten auf die schwer faßbaren Fragen nach dem Wesen von Zeit und Raum. Der Raum, das Universum mit seinen Sonnen, Planeten und Bewohnern (sofern es sie gibt), ist seit langem Gegenstand intensiver Forschungen; und es ist wahrscheinlich, daß schon in wenigen Jahren eine Expedition von der Erde die Oberfläche des Mars erforschen und dabei auch klären wird, ob Phänomene, die aussehen wie gigantische Pyramiden oder ein riesiges menschliches Gesicht in einer Region des Mars, die man heute Cydonia nennt, wirklich sind, was sie zu sein scheinen, und ob sie nicht von der Natur, sondern von Lebewesen erschaffen wurden. Diese Expedition wird auch Gesteinsformationen auf dem Mars untersuchen, die man durchaus für die Ruinen einer Hafenstadt an einem inzwischen ausgetrockneten Meer halten könnte. Amerikanische und russische Astronauten haben diese Ruinen fotografiert; und wenn sich herausstellt, daß es wirklich Gebäude waren, wird deren Existenz, auch wenn sie schon Hunderttausende von Jahren alt sind, den Völkern der Erde sicherlich den einen Trost spenden: daß sie nämlich nicht allein im Universum sind. (Aber vielleicht wurden diese Gebäude ja von unseren Vorfahren errichtet, bevor sie die Erde bevölkerten!)

Während wir immer tiefer in die Erforschung von Raum und Zeit vordringen, werden sich uns neue, wunderbare Welten eröffnen, die unser Bewußtsein und unser Schicksal verändern werden. Und auch in diesen Bereichen wird unsere Phantasie so wichtig sein wie unsere Intelligenz.

Man bedenke, was Marcellin Berhelot, der berühmte französische Wissenschaftler, 1887 über den Fortschritt der Wissenschaften und die Erkundung des Weltalls schrieb:

> »Von nun an hat das Universum keine Geheimnisse mehr . . .«

Wenn er in der Lage gewesen wäre, genauer hinzuhören, dann hätten er und viele andere die Reaktion auf ihre insulare Sicherheit vernommen — das Echo eines kosmischen Gelächters von einem Ort außerhalb von Raum und Zeit.

Zufall mal drei

Wohl die eigenartigste Häufung von Zufällen, von der man je hörte, umspannt eine Zeit von fast zweihundert Jahren und betrifft drei Schiffe, die vor der Küste von Wales in der Meerenge von Menai untergingen. Das erste Schiff sank am 5. Dezember 1664, und von seinen 81 Passagieren überlebte nur einer, ein gewisser Hugh Williams. Am 5. Dezember 1785, 121 Jahre später, sank wieder ein Schiff in der Meerenge von Menai, und wieder mußten alle Passagiere ihr Leben lassen – bis auf einen mit dem Namen Hugh Williams.

Daß zwei Schiffe an der gleichen Stelle und am gleichen Tag des Monats sinken, ist noch nicht gerade weltbewegend. Aber wenn es bei beiden nur einen Überlebenden gibt, und der auch jeweils Hugh Williams heißt, ist das schon etwas unheimlich. Und die Geschichte geht noch weiter.

Am 5. Dezember 1860 sank wieder ein Schiff, ein kleiner Kahn mit nur 25 Passagieren, in der Meerenge von Menai. Und wieder gab es nur einen Überlebenden – einen Mann namens Hugh Williams.

Koptische Visionen

In den Vororten von Kairo, Ägypten, wurde ab April 1968 über den Dächern von zwei koptischen Kirchen eine strahlende Erscheinung beobachtet, die sowohl Gläubigen wie Zweiflern Rätsel aufgibt. Die Vision, die immer in den frühen Morgenstunden auftritt und nach Aussage einiger Zeugen Ähnlichkeit mit der Jungfrau Maria hat, wurde zuerst über der koptischen Kirche zur Hl. Maria in Zeitoun beobachtet. Drei Jahre lang strömten Tausende von Menschen zu der Sehenswürdigkeit, um das nächtliche Phänomen zu beobachten.

Nach einer letzten Erscheinung 1971 zeigte sich die Vision erst wieder im Jahr 1986, als sich die Gestalt über der Kirche zur Hl. Demiana, einem weiteren koptischen Gotteshaus außerhalb Kairos, materialisierte. Nach Augenzeugenberichten war die Vision oft von Weihrauchdüften begleitet, und die gesamte Kuppel der Kirche erstrahlte, während die Gestalt über ihr schwebte.

Die Menschenmenge vor der Kirche zur Hl. Demiana wurde so groß, daß die Polizei von Kairo einschreiten mußte, um die Ordnung wiederherzustellen. Mousad Sadik, ein Reporter, der für eine Kairoer Zeitung der ganzen Geschichte nachging, berichtete, bei einer Gelegenheit sei die Erscheinung volle zwanzig Minuten sichtbar gewesen. Obwohl Wissenschaftler versucht haben, Betrug, Massenhalluzinationen, ein natürliches optischen Phänomen oder elektrische Entladungen vom Dach der Kirche als Ursachen für die Erscheinung glaubhaft zu machen, konnte niemand eine eindeutige Erklärung des Phänomens liefern.

Gerechtigkeit für die Familie Orchard

Ab Mitte der siebziger Jahre beobachteten Joe Orchard, ein Maat a. D. der *Royal British Navy,* und seine Familie plötzlich eigenartige Phänomene in ihrem Haus in Adisham, Kent. Türen und Wasserhähne lösten sich auf unerklärliche Weise aus den Wänden und flogen durchs Haus. Eine Mauer stürzte ohne erkennbaren Grund zusammen, elektrische Geräte versagten regelmäßig den Dienst. Die Umstände brachten die Orchards schließlich dazu, ihr Haus zu verlassen.

Nach reiflicher Überlegung kam Joe Orchard zu dem Schluß, daß »Elektroosmose« der Grund für die Störungen in seinem Haus sei. Ein Stromkabel in der Nähe des Hauses, so vermutete er, verströme Elektrizität, die das ordnungsgemäße Funktionieren seines Haushalts beeinträchtige. Erst nachdem sie Elektroden, die die ausströmende Elektrizität ablenken sollten, im Garten vergraben hatten, zogen die Orchards wieder in ihr Haus ein.

Die Familie unternahm dann rechtliche Schritte gegen ihr Elektrizitätswerk, die *South Eastern Electricity Board,* denn sie wollte sich den Schaden an ihrem Haus ersetzen lassen. Doch das Elektrizitätswerk leugnete jede Verantwortung und fand sogar einen voreingenommenen Richter, der den Behauptungen der Orchards keinen Glauben schenkte. Nach zwölf Tagen Verhandlung verkündete der Richter, daß Joe, seine Frau June und ihr dreiundzwanzigjähriger Sohn die ganze Sache nur inszeniert hätten, um das Elektrizitätswerk schröpfen zu können. »Wir haben vor Gericht die Wahrheit gesagt, aber man hat uns zu Lügnern abgestempelt«, erklärte June nach dem Urteil.

Wandernde Sinne

Man nimmt allgemein an, daß Menschen, wenn sie ihre Seh- oder Hörfähigkeit verloren haben, diesen Mangel kompensieren, indem sie andere Sinne schärfer ausbilden. In mehreren dokumentierten Fällen jedoch tauchte der verlorene Sinn an einer anderen Körperstelle tatsächlich wieder auf.

Über den berühmtesten Fall einer solchen Verlegung eines Sinnes berichtet Dr. C. Lombroso, ein hochangesehener Neurologe und Psychiater. Nach einer dreimonatigen schweren Krankheit verlor ein vierzehnjähriges Mädchen ihr Sehvermögen. Obwohl ihre Augen nicht mehr funktionierten, behauptete das Mädchen, sie könne sehen. Ihre erstaunten Eltern brachten sie zu Lombroso, der eine Reihe von Tests mit ihr durchführte, um festzustellen, ob sie die Wahrheit sagte.

Der Neurologe verband dem Mädchen die Augen und legte ihr dann verschiedene Gegenstände vor. Erstaunlicherweise konnte sie diese wirklich sehen, sie konnte Farben beschreiben und sogar einen Brief lesen. Als jedoch ein heller Lichtstrahl auf ein Ohrläppchen gerichtet wurde, zuckte sie vor Schmerz zusammen, und als der Arzt ihr mit dem Finger auf die Nasenspitze tippte, rief sie wütend: »Wollen Sie mich vielleicht blind machen?«

Ganz offensichtlich hatte sich der Gesichtssinn des Mädchens sowohl an der Nasenspitze wie am Ohrläppchen wieder ausgebildet. Doch nicht nur ihr Sehvermögen hatte sich einen anderen Ort gesucht: offensichtlich konnte sie auch mit ihrem Kinn riechen.

Rückkehr einer Selbstmörderin

Am 8. November 1952 nahm Theresa Butler eine Überdosis Schlaftabletten. Man fand sie erst Stunden später in ihrer Badewanne. Da der Leichenbeschauer keinen Puls, keinen Blutdruck und keine erkennbaren Reflexe mehr feststellen konnte, erklärte er sie für tot, und sie wurde ins Leichenhaus gebracht.

Der diensthabende Leichenwärter war durchaus an gelegentliche Fälle von *rigor mortis* gewöhnt, bei denen die fortschreitende Erstarrung der Leichen reflexartige Zuckungen hervorrief. Aber er war nicht darauf vorbereitet, die Leiche Theresa Butlers plötzlich den Mund öffnen und nach Atem ringen zu sehen. Verblüfft, aber kein bißchen erschrocken, rief er seinen Chef, der feststellte, daß die Butler gar nicht tot war, und die komatöse Frau eiligst ins nächste Krankenhaus brachte.

Es kommt nicht oft vor, daß jemand, der offiziell für tot erklärt wurde, wieder zum Leben erwacht. Aber genau das war mit Theresa Butler geschehen, denn schon fünf Tage später wurde sie aus dem Krankenhaus entlassen. Sie hatte Glück gehabt, daß man ihren Zustand bemerkte, bevor sie lebendig begraben wurde.

Mediale Schiffsuche

Im Jahr 1977 untersuchte die *Mobius Society,* ein parapsychologisches Forschungsinstitut mit Sitz in Los Angeles, die Fähigkeit von Medien, gesunkene Schiffe aufzuspüren. Direktor Stephen Schwartz verschickte Sätze von jeweils vier Navigationskarten des Pazifischen Ozeans an fünf Freiwillige, die behaupteten, mediale Fähigkeiten zu haben, diese aber nicht professionell ausnutzten. Nur mit Hilfe ihrer Fähigkeit zum Distanzsehen sollten sie ein Schiffswrack lokalisieren und beschreiben. Sie hatten also nur das Bild eines Schiffes in ihrer Vorstellung, um das wirkliche Schiff aufzuspüren.
Es war bereits ein großer Zufall, daß vier der fünf Teilnehmer einen einzigen Ort aussuchten: zehn Quadratmeilen in der Nähe der Insel Santa Catalina. Nach den Angaben der vier Medien war dort irgendwann vor 82 bis 93 Jahren ein Holzschiff mit einer Dampfturbine explodiert. Darüber hinaus beschrieben sie Gegenstände, wie das Steuerrad des Schiffes und eine Steinplatte, die man dort, in etwa 84 Meter Tiefe, finden würde.
Im Juni dieses Jahres begaben sich Schwartz und zwei der Medien daran, die Genauigkeit der Voraussage zu überprüfen. Mit an Bord des Schiffes war Al Whitcombe, der die *Taurus I,* ein gut zehn Meter langes U-Boot, steuern sollte. Nach drei Stunden ergebnisloser Suche senkte Whitcombe im Zielgebiet ein Funkwellenortungsgerät ab. Anschließend grub sich der Greifarm der *Taurus* in den Sand am Meeresboden und holte das erste der vielen Relikte des gesunkenen Schiffes heraus, das das Ortungsgerät aufgespürt hatte.
Die drei folgenden Tauchtage brachten einen unglaubli-

chen Erfolg. Jeder Gegenstand, den die Medien beschrieben hatten, wurde gefunden, darunter auch das Steuerrad und die Steinplatte. Verteilung und Beschaffenheit der Wrackteile stützten darüber hinaus die Behauptung der Medien, das gesunkene Schiff sei aus Holz gewesen und explodiert. Und der maritime Bewuchs der Wrackteile deutete darauf hin, daß das Wrack schon seit Jahrzehnten unter Wasser gelegen hatte.

Die vielen Leben des Dalai-Lama

Für die Gläubigen der jahrhundertealten Religion des tibetanischen Buddhismus ist der Dalai-Lama, ein Wesen, halb Mensch und halb Gott, die Verkörperung von spirituellem Führertum und Vollkommenheit. Seine Bedeutung rührt von der buddhistischen Lehre der Reinkarnation her.

Das Endziel der Reinkarnation ist für die Buddhisten das Nirwana, ein Zustand, in dem alle karmischen Bedürfnisse des menschlichen Lebens befriedigt sind und die Seele in einem Zustand der Erleuchtung Ruhe findet. Fortgeschrittenere Seelen können jedoch auch zu dem Entschluß kommen, im Kreis der Reinkarnationen zu bleiben, um anderen Seelen auf ihrem Weg ins Nirwana zu helfen. Der Heiligste dieser sogenannten Bodhisattwas ist Awalokiteschwara, der Bodhisattwa des Mitleids. Jeder Dalai-Lama in der Geschichte des Buddhismus ist nach diesem Glauben eine Reinkarnation des Awalokiteschwara.

Beim Tod eines Dalai-Lama befragen die Mönche Orakel, um herauszufinden, in welchem Kind der Geist des Awalokiteschwara wiedergeboren wurde. Sobald das Kind gefunden ist, wird es Prüfungen unterzogen, um festzustellen, ob der Geist wirklich in ihm wohnt, und um festzulegen, ob es der neue Dalai-Lama werden kann. Das Ritual verlangt von dem Kind, aus einer bunten Mischung von Gegenständen die Habseligkeiten seines Vorgängers herauszufinden. Dies ist möglich, weil Bodhisattwas, im Gegensatz zu anderen Sterblichen, die Erinnerung an ihr vergangenes Leben behalten.

Um den Dalai-Lama ranken sich noch viele andere Geschichten. Als etwa die chinesische Rote Armee 1950 endgültig die Herrschaft in China an sich riß, erneuerte sie in einem Vertrag mit dem Dalai-Lama die chinesische Oberherrschaft über Tibet. Die Tibetaner leisteten zwar weiterhin Widerstand, wurden 1959 aber endgültig besiegt. Eine der Folgen des chinesischen Sieges wäre unter anderem die Gefangennahme des Dalai-Lama, des geistlichen Oberhaupts von Millionen von Tibetanern und Chinesen, gewesen. Aber die Chinesen konnten ihn nie gefangennehmen, obwohl er mit großem Gefolge reiste, das die chinesischen Sondereinheiten mit ihren modernen Flugzeugen leicht hätten aufspüren können. Als der Dalai-Lama nämlich den Gebirgspaß erreichte, der nach Indien in die Freiheit führte, hüllte plötzlich ein unerwarteter dichter Nebel die Grenze ein, so daß er von den Flugzeugen aus nicht mehr zu sehen war, und ein Schneesturm machte seine Spuren für die Verfolgertruppen unkenntlich.
Er ließ sich in Indien nieder, und dort lebt er auch heute noch, moralisch gestärkt in seinem Anspruch auf die Oberhoheit über Tibet und ganz offensichtlich beschützt von den tibetanischen Göttern des Schnees und des Nebels.

Die verlorene Flotte Alexanders des Großen

Nachdem Alexander der Große im Jahre 234 v. Chr. bei seinen Eroberungsreisen bis ins westliche Indien vorgedrungen war, befahl er seinem Admiral Nearchos, in den Persischen Golf zurückzukehren und die erschöpften und dezimierten Truppen nach Griechenland heimzuführen. Aber ein Teil der Flotte erreichte nie die Heimat. Einige Historiker vermuten, ihre Schiffe seien an Indien vorbeigesegelt, in den Pazifischen Ozean vorgedrungen und hätten schließlich Tahiti und Hawaii erreicht. Es gibt gewisse Spuren, die darauf hindeuten, daß die Griechen sogar die amerikanische Westküste erreicht hatten.

Die ersten weißen Männer, die an der nordamerikanischen Ostküste, den heutigen Staaten Maryland und Virginia, landeten, entdeckten einen Fluß, den die Eingeborenen Potomac nannten. Eigenartigerweise klingt das griechische Wort für Fluß sehr ähnlich: *potamós.*

Als im sechzehnten Jahrhundert die spanischen *conquistadores* das Aztekenreich überfielen, erfuhren sie, daß die Azteken ihre Pyramiden *teocalli* nannten, was »Wohnung der Götter« bedeutete. Spätere Studien von Historikern zeigten, daß *teocalli* bemerkenswerte Ähnlichkeit mit zwei griechischen Wörtern aufweist, nämlich *theós* und *kalías*, die, zusammen gebraucht, dasselbe bedeuten wie *teocalli.*

Und in Hawaii sind bestimmte Wörter, wie etwa *aeto* (der Adler), *mele* (das Lied) und *noo-noo* (der Verstand), griechischen Wörtern mit derselben Bedeutung erstaunlich ähnlich: *aétós, melodía, nous.*

Eine einfache, aber faszinierende Theorie zur Erklärung

des Auftauchens griechischer Sprache und griechischer Gerätschaften in derart weit entfernten Kulturen rankt sich um Alexander, den Eroberer des größten Teils der Alten Welt. Nachdem Alexanders Landtruppen das mächtige persische Reich besiegt hatten, stießen sie in östlicher Richtung nach Indien und in nördlicher in die heutige Sowjetunion vor. Seine 800 Schiffe starke Flotte erkundete unterdessen unter der Führung von General Nearchos die indische Küste.
Falls die Griechen wirklich einen Weg zu den Inseln im Südpazifik und zum amerikanischen Kontinent gefunden hatten, mußten sie den dortigen Einwohnern zumindest wie Halbgötter vorgekommen sein, deren Sprache und Kunst es wert war, in die eigene Kultur aufgenommen zu werden.

Sprechende Delphine

Vor einigen Jahren wurde eine Anzahl frisch gefangener Delphine in ein Becken des Meeresaquariums von Miami gebracht. Dieses Becken lag in der Nähe eines zweiten mit gezähmten Delphinen, wobei zwischen den beiden jedoch keine Sichtverbindung bestand. Es war beabsichtigt, die neuen Delphine abzurichten, damit auch sie die Besucher des Aquariums unterhalten konnten. Das Training sollte erst am folgenden Tag beginnen.

In dieser Nacht vernahm J. Mansion Valentine, ehrenamtlicher Kurator des Naturwissenschaftlichen Museums von Miami, anhaltende Geräusche aus den beiden Delphinbecken. Als Valentine und sein Team am folgenden Morgen mit dem Training der Neuankömmlinge beginnen wollten, merkten sie, daß dies praktisch nicht mehr nötig war. Die neuen Delphine beherrschten fast alle Übungen schon beim ersten Versuch.

Valentine nahm an, daß die Delphinveteranen in einer Art interdelphinärer Kommunikation den Neuankömmlingen mitgeteilt hatten, was von ihnen erwartet wurde.

Die Haw-Branch-Plantage war mit ihren Gärten, den weiten Rasenflächen, dem ausgetrockneten Wassergraben und den stattlichen Kaminen, die das klassische, vor dem Bürgerkrieg erbaute Landhaus zierten, einst ein ansehnlicher Besitz gewesen. 1964 jedoch war das Anwesen nach 50 Jahren der Vernachlässigung in einem traurigen Zustand, und als Gibson McConnaughey Haw Branch erbte, begab sie sich mit ihrem Ehemann Carey sofort daran, die alte Pracht wiederherzustellen. Doch sollte auch zumindest einer der Vorfahren ebenfalls nach Haw Branch zurückkehren.

Schon bald begannen die McConnaugheys, eigenartige Geräusche im Haus zu hören. Manchmal wehte ein Duft nach Orangen oder Rosen durch die Zimmer, obwohl weder Früchte noch Blumen vorhanden waren. Und als der Hausherr eines Tages aus der Scheune kam und auf das Haus zuging, sah er jemanden mit einer Laterne; als er sich jedoch der Erscheinung näherte, sah er nur noch die Kerosinlampe in der Luft schaukeln.

Drei Monate nach ihrem Einzug in Haw Branch wurden das Ehepaar und seine Kinder mitten in der Nacht von den Schreien einer Frau auf dem Dachboden aufgeweckt. Wie gelähmt vor Schreck warteten sie bis zum Morgen, um nachzusehen, doch auch dann fanden sie nichts, das das Geräusch hätte erklären können. Die Schreie kehrten nun regelmäßig alle sechs Monate wieder, aber erst im Sommer 1967 sah Gibson auch die Gestalt, die zu der Stimme gehörte.

»Sie war nicht durchsichtig, mehr eine Art flüchtiger Umriß«, erinnerte sich Gibson später. Sie konnte zwar das

Gesicht nicht erkennen, bemerkte aber, daß die Erscheinung ein bodenlanges Kleid aus einer früheren Epoche trug. Die Frau, die immer wieder zu verschwimmen und dann erneut feste Gestalt anzunehmen schien, blieb einen Augenblick lang vor Gibson stehen und starrte schweigend in die Ferne.

Bis 1969 hatte sich die Familie an die Frau und die anderen gespenstischen Hausbewohner gewöhnt. Doch die Stimme der Frau, die bis dahin nur jedes halbe Jahr zu hören gewesen war, erklang immer häufiger, nachdem ein Familienerbstück in Haw Branch eingetroffen war: Gibsons ältere Cousine schickte den McConnaugheys das Porträt einer längst verstorbenen Verwandten namens Florence Wright. Der Beschreibung nach erwartete die Familie ein Porträt in leuchtenden Pastelltönen, das Florence als jüngeres Mädchen, kurz vor ihrem plötzlichen Tod, darstellte. Doch als es dann eintraf, waren die McConnaugheys überrascht, auf dem Bild nur dunkle Grau-, Braun- und schmutzige Weißtöne vorzufinden. Trotzdem hängten sie es über den Kamin in der Bibliothek.

Im Februar 1970 jedoch begann das Bild, sich zu verwandeln. Das pechschwarze Haar schien etwas heller zu werden. Eine bis dahin stumpfgraue Rose am unteren Rand des Bildes wurde rosa. Florences Haut bekam eine lebensechte Tönung. Jedes Detail wurde auf unerklärliche Weise heller und farbiger. Im Lauf dieser Verwandlung zeigte das Porträt der Florence Wright schon bald eine blauäugige, rothaarige Schönheit, die in einem leuchtend grünen Sessel saß.

Ein Medium, das dieses Porträt daraufhin untersuchte, meinte, Florences Geist sei zum Zeitpunkt ihres Todes in das Bild eingesperrt worden und habe deshalb die

Macht, dem Kunstwerk die Farbe zu entziehen, bis sie mit dem Ort, an dem es hing, zufrieden sei. Die Stimmen, die man in Haw Branch gehört hatte, seien befreundete Geister, die der Frau hatten helfen wollen, die verlorene Farbe wiederzuerlangen. Ganz offensichtlich, so meinte das Medium, sei Haw Branch mit seiner lebendigen spirituellen Atmosphäre für Florence Wright ein angenehmes Zuhause.

Ufos über Japan

Etwa 700 Jahre bevor in Ufo-Berichten aus dem Westen der Begriff »fliegende Untertasse« auftauchte, wurden in Japan bereits ähnliche Vorfälle gemeldet. So ist in alten Dokumenten ein Objekt beschrieben, das am 27. Oktober 1180 (nach westlicher Zeitrechnung) von einem Berg in der Provinz Kii nach Norden flog. Das Objekt verschwand dann am Horizont und ließ eine leuchtende Spur zurück. In einem anderen Fall wurde 1271 die Exekution eines Dichters ausgesetzt, da am Hinrichtungstag plötzlich ein Objekt am Himmel auftauchte.

Es war auch ein japanischer Offizier, der im Jahr 1235 die erste bekannte Ufo-Nachforschung befahl. In der Nacht des 24. September bemerkten der General Yoritsume und seine Armee am Himmel mysteriöse Lichter, die über viele Stunden hinweg im Sturzflug abwärts sausten, kreisten und andere damals noch unvorstellbare Bewegungen in der Luft vollführten. Doch die Experten des Generals kamen schließlich zu dem Schluß, das Phänomen sei eine Folge »des Windes, der die Sterne schwanken läßt«.

Indianische Observatorien

In Arizona, Saskatchewan und an fünfzig weiteren Orten in ganz Nordamerika findet man auf dem Boden radförmige Muster, die jedoch nur von erhöhter Position aus zu erkennen sind. Diese Räder bestehen aus schmalen Steinbändern, die Felge, Nabe und oft auch eine Anzahl Speichen bilden. Bei einigen dieser Räder finden sich innerhalb der Felge auch offensichtlich an besonderen Punkten plazierte Steinhügel, sogenannte *cairns*. Das bekannteste und am besten erhaltene der nordamerikanischen Räder ist das Medizinrad von Bighorn, das diesen Namen von den Indianern der Ebene wegen seiner angeblich übersinnlichen Eigenschaften erhalten hat. Es liegt hoch oben auf einem Plateau in den Bighorn-Bergen in Wyoming.

Historiker vermuten, daß diese Räder wie ihre europäischen Gegenstücke, die Megalithen, astronomische Beobachtungsstationen waren, die von den örtlichen Stämmen bereits im elften Jahrhundert benutzt wurden. Einer der Steinhaufen des Bighorn-Rades ist so plaziert, daß eine gedachte Linie zwischen Nabe und Steinhaufen bei der Sommersonnwende genau auf die aufgehende Sonne weist. Andere Steinhaufen markieren das Auf- und Untergehen von drei leuchtenden Sternen im Wechsel der Jahreszeiten. Alle Räder sind darüber hinaus so angelegt, daß von ihnen aus ein klarer Blick auf den Horizont möglich ist.

Während sich die Historiker über die Funktionsweise dieser Räder einigermaßen im klaren sind, herrscht noch Verwirrung über ihren Zweck. Einige Forscher nehmen an, daß die Räder Ackerbau betreibenden Stämmen bei der Planung der Aussaat halfen. Nomadisch lebende Jägerstämme wiederum hätten anhand der Räder die Wanderbewegungen der Büffelherden beobachten oder sich an ihnen bei ihren eigenen Winterwanderungen in wärmere Klimazonen orientieren können.

Der Ozeanograph und Umweltschützer Jacques Cousteau entwirft ein Szenario des Schreckens, was die Folgen der augenblicklichen Ausbeutung und Verschmutzung der Weltmeere durch den Menschen angeht.
Würde man sämtliches Leben in den Meeren plötzlich ausrotten, so entstünde durch die verfaulende organische Materie ein unerträglicher Gestank. Diese Gestankwolken würden die Menschen von den fruchtbaren Küstenstrichen in die Berge und Hochländer treiben, die diesen massiven Zustrom neuer Einwohner wohl kaum ernähren könnten.
Noch schlimmer aber wäre die Freisetzung von Kohlendioxid in die Atmosphäre. Ohne die Meereslebewesen als Stabilisierungsfaktor des Salz- und Gashaushalts der Erde würde die Gasmenge immer mehr zunehmen und einen Treibhauseffekt hervorrufen. Die Erdwärme würde nicht mehr ins All abstrahlen, sondern wäre unter der Stratosphäre gefangen und würde die Temperatur am Meeresspiegel auf unerträgliche Höhen treiben. Die Eiskappen der Pole würden schmelzen und so Flutwellen unvorstellbaren Ausmaßes auslösen.
So alptraumhaft diese Aussichten auch scheinen, sind sie doch nicht die einzig möglichen Folgen. Eine dicke Schicht toter organischer Materie würde Land und Meere bedecken, und dieser Schleim würde die Wasserverdunstung und die daraus entstehenden Regenfälle beeinflussen. Globale Dürren und Hungersnöte wären die Folge.
Letztendliche Folge wäre dann, 30 bis 50 Jahre nach dem Tod der Meere, die Ausrottung der Menschheit. Zusam-

mengedrängt in übervölkerten Landstrichen zwischen toten Meeren und unfruchtbaren Gebirgen, geschwächt von Epidemien und extremen Wetterbedingungen, würde der Mensch schließlich an Sauerstoffmangel sterben. Bakterien und einige wenige Insektenarten wären dann die einzigen Lebewesen auf der Erde.

Wenn dies wirklich so eintreffen sollte — und mit der Verschmutzung der Meere scheint dieser Prozeß wirklich bereits begonnen zu haben —, wäre es gerade jetzt an der Zeit, sich eingehend mit der Reise zu anderen Planeten zu beschäftigen, vor allem zu solchen, die über ausreichende Wasservorräte verfügen.

Muster in der Wüste

Piloten, die 1939 die Nazca-Wüste in Peru überflogen, stießen unerwartet auf eigenartige Muster am Boden. Es seien Darstellungen von Tieren und Vögeln, so behaupteten sie, und auch spiralförmige und gerade Linien, die den Startbahnen moderner Flughäfen ähnelten. Noch erstaunlicher war, daß die Abmessungen dieser Muster bemerkenswert präzise waren. Auch fünfzig Jahre später ist es den Wissenschaftlern noch nicht gelungen, den Ursprung dieser riesigen Zeichnungen zu erklären. Weil aber diese Muster nur aus der Luft zu beobachten sind, vermuten viele Forscher, daß auch ihre Schöpfer in uralten Zeiten fliegen konnten — oder daß sie von jemand angeleitet wurden, der dieser Kunst mächtig war.

Für Weltraumprofis wie den Schweizer Autor Erich von Däniken ist die Erklärung dieser Muster sehr einfach. Die Zeichnungen in Nazca, so glaubt er, sind Signalmarkierungen für Raumschiffe und wurden von außerirdischen Besuchern in der peruanischen Wüste angebracht. In einigen seiner Bücher stellt von Däniken die These auf, daß fremde Wesen vor etwa 10 000 Jahren auf der Erde gelandet seien und Affengene manipuliert hätten, um daraus eine menschliche Rasse zu erschaffen. Von diesen ihren Geschöpfen seien die Fremden dann als Götter betrachtet worden.

Die biblische und andere Schöpfungsgeschichten, so Däniken, rührten von diesen außerirdischen Besuchern her, und archäologische Funde wie die in Nazca seien Überreste der Astronauten der Vorzeit.

Der geheimnisvolle Maya-Kalender

Der Kalender der Maya ist, obwohl über 5000 Jahre alt, erstaunlich präzise. Seine fast schon mit Computerberechnungen vergleichbare Komplexität setzt Archäologen und Astronomen in Erstaunen. So fanden die Maya unter anderem heraus, daß die Sonne, der Mond und der Planet Venus nur einmal in 104 Jahren in einer Reihe stehen.

Von all den alten Völkern kamen die Maya einer exakten Bestimmung der Länge des Sonnenjahres am nächsten. Nach moderner Rechnung beträgt es 365,2422 Tage, während die Maya mit ihren Instrumenten und bei ihren Berechnungen, die sie von den Spitzen ihrer hohen Pyramiden aus anstellten, auf 365,2420 Tage kamen. Eine Differenz von nur 0,0002 Tagen also, und das Tausende von Jahren, bevor andere diese Präzision erreichten.

Aber wie war es den Maya möglich, lange vor Erfindung des Teleskops so präzise astronomische Beobachtungen anzustellen? Glaubt man den Legenden von dieser Zivilisation, so war dieser Kalender ein Geschenk von »Fremden aus der Sternenwelt«.

Gruppenwiedergeburt

Im Jahre 1962 begann der englische Psychiater Arthur Guirdham mit der Behandlung einer jungen Frau, die unter entsetzlichen Alpträumen litt. Während der folgenden vier Jahre erinnerte sich »Mrs. Smith« (wie Guirdham sie in seinen drei Büchern über den eigenartigen Fall nannte) an Folterungen, die sie als Mitglied der Katharer, einer religiösen Sekte im Frankreich des dreizehnten Jahrhunderts, erlitten hatte.
Die historischen Details und die Darstellung des Lebens im dreizehnten Jahrhundert in Smith' Berichten fand Guirdham erstaunlich präzise. So behauptete sie zum Beispiel, die Katharer hätten dunkelblaue Kutten getragen, und widersprach damit den meisten Historikern, die darauf beharrten, die Kutten seien schwarz gewesen. Nach umfangreichen Nachforschungen konnte Guirdham schließlich feststellen, daß Smith recht hatte.
Mrs. Smith war nur die erste von mehreren wiedergeborenen Katharern, die Guirdham aufsuchten. Am Ende waren es insgesamt sieben, die eine eng miteinander verbundene Gruppe bildeten. Und da Guirdham schon von Anfang an etwas Vertrautes in Smith' Erzählungen gespürt hatte, begann er zu glauben, er selbst sei der wiedergeborene Roger Isran de Fanjeaux, der Liebhaber der Smith aus dem dreizehnten Jahrhundert. Das hätte zumindest erklärt, warum die anderen den Psychiater überhaupt gefunden hatten.

Ein Medium als Zeugin

Als 1978 ein kleiner Junge in Los Angeles von zu Hause verschwand, war es der Polizei nicht möglich, irgendwelche weiterführenden Spuren zur Lösung des Falles zu finden. In ihrer Ratlosigkeit wandten sich die Beamten an ein Medium in der Stadt, das nur unter dem Namen Joan bekannt war.

Bald darauf erzählte Joan den Beamten, der Junge sei von einem Mann ermordet worden, den sie anschließend dem Polizeizeichner beschrieb. Danach stritt sie mit ihm über die Genauigkeit der angefertigten Zeichnung, da ihrer Meinung nach das Gesicht länger und die Nase schmaler sein müsse. Dennoch konnte der Vater des vermißten Jungen den abgebildeten Verdächtigen als einen Freund der Familie identifizieren, der daraufhin verhaftet wurde.

Bei Beginn des Prozesses verlangte der Verteidiger die Aufhebung der Anklage gegen seinen Mandanten. Da die Verhaftung sich nur auf die Voraussagen eines Mediums stützte, sei sie illegal gewesen, behauptete der Anwalt. Aber der Richter lehnte diesen Einspruch ab, und der Mann wurde schließlich des Mordes für schuldig befunden.

Pacals Sargdeckel

Eine Steinrelief, das in Palenque, Mexiko, auf dem Sargdeckel eines adligen Maya gefunden wurde, erwies sich als kostbares Zeugnis der Kunst dieses alten Volkes. Ausgegraben wurde der Fund in einer Krypta unter einem Pyramidentempel, und man geht davon aus, daß es sich um Sarg und Porträt eines Mannes namens Pacal handelt. Archäologen haben die Theorie aufgestellt, Pacal sei ein Herrscher gewesen, obwohl es schwierig ist, Genaueres über ihn in Erfahrung zu bringen, da die Schrift der Maya, ein kompliziertes System von Hunderten von Hieroglyphen, noch immer nicht ganz entziffert ist. Doch ungeachtet seines Namens mußte er eine Person von außerordentlicher Wichtigkeit gewesen sein, um auf diese Weise begraben zu werden.

Es ist nicht sicher, was der Sargdeckel eigentlich darstellt. Wenn man den rechteckigen Deckel von der Längsseite betrachtet, sieht er aus wie eine mit Federn und Juwelen geschmückte Mayagestalt, die rittlings auf einem stilisierten Gegenstand sitzt, dem Baum des Lebens, wie einige Archäologen glauben.

Eine andere Theorie, die von einigen russischen Raumfahrttechnikern, Wissenschaftlern und Schriftstellern wie etwa Alexandr Kaschentschew vertreten wird, geht davon aus, daß das Bild die stilisierte Darstellung eines Raumfahrers sei. Kaschentschew wies darauf hin, daß viele der einzigartigen Details des Reliefs dem Steuerpult einer Raumkapsel ähneln. Bringt man die Schnitzerei in eine horizontale Lage, scheint die sitzende Position der Figur der Haltung eines Astronauten bei einem Raumflug zu entsprechen. Kaschentschew identifizierte erkennbare Details einer Antenne, eines Raumorientierungssystems, eines Steuerpults, eines Turbokompressors und, hinter der Abbildung Pacals, Gegenstände, die Treibstofftanks, einer Turbine und einer Verbrennungskammer ähneln.

Zwar ist auch in diesem Fall, wie bei vielen geheimnisvollen archäologischen Funden, das, was man sieht, vom Blickwinkel auf die Schnitzerei abhängig, doch kann man nicht leugnen, daß Pacals Sargdeckel zumindest ein sehr ungewöhnlicher Fund ist.

Von absichtlichen oder zufälligen Erlebnissen außerhalb ihres Körpers (abgekürzt OBE, nach der englischen Bezeichnung für dieses Phänomen) haben Menschen jeden Zeitalters, jeder Rasse, jedes Alters, jedes Glaubens und jeder Kultur berichtet. OBEs sind bei Russen und Amerikanern so häufig wie bei den primitiven Stämmen Afrikas und Australiens.

Schriftsteller und Künstler behaupten, OBEs seien Quellen kreativer Inspiration, und sie berichten auch in allen Einzelheiten darüber. Berühmte Reisende außerhalb ihres Körpers waren D. H. Lawrence, Aldous Huxley, Emily Brontë, Jack London und der deutsche Dichter Goethe.

Der amerikanische Autor Ernest Hemingway zum Beispiel diente während des Ersten Weltkriegs im Sanitätskorps der Vereinigten Staaten. An einem heißen Juliabend des Jahres 1918 kauerte er in einem überfüllten Schützengraben in der Nähe des Dörfchens Fossalta an der italienischen Front, als er plötzlich eine Granate durch die Luft sausen hörte. Die Granate explodierte, Splitter zerfetzten seine Beine. Seinen Freunden erzählte er später, der Schmerz sei entsetzlich gewesen, und er glaubte schon, dem Tode nahe zu sein, als er plötzlich wirklich spürte, wie sein Geist seinen Körper verließ.

Hemingway verewigte diese Erfahrung 1929 in seinem Roman *In einem andern Land.* »Ich versuchte zu atmen, aber mein Atem blieb weg«, sagt dort der Protagonist Frederic Henry, »und ich fühlte, wie ich sausend meinen Körper verließ, hinaus, hinaus, hinaus, und die ganze Zeit spürte ich deutlich meinen Körper im Wind. Ich fuhr geschwind aus mir heraus, mein ganzes Ich, und ich wußte, daß ich tot war und daß es gar nicht wahr ist, wenn man denkt, man stürbe einfach. Dann trieb ich dahin, und anstatt daß es weiterging, fühlte ich mich zurückgleiten. Ich atmete, und da war ich wieder.«

Ein kurzer Blick in den Himmel

Im Rom des sechzehnten Jahrhunderts hatte Pater Filippo Neri den Ruf eines außergewöhnlich heiligen Mannes. Gläubige hatten beobachtet, wie er sich während der Messe in die Luft erhob, Exorzismen durchführte und sogar Tote auferweckte.

In den frühen Morgenstunden des 16. März 1589 rief man Neri in den Palast des italienischen Prinzen Fabrizio Massimo. Paolo, der vierzehnjährige Sohn des Prinzen, sei schwer krank, erfuhr der Priester, und man erwarte nicht, daß er noch viel länger lebe. Obwohl der Junge bereits eine halbe Stunde, bevor der Priester an seinem Bett eintraf, gestorben war, kniete sich der Priester hin, um für die verschiedene Seele zu beten, und salbte die Leiche mit Weihwasser.

Unter den Augen der trauernden Familie blies der heilige Mann nun Paolo ins Gesicht, legte dem Jungen die Hand auf die Stirn und rief seinen Namen. Und wie durch ein Wunder öffnete Paolo plötzlich die Augen.

Poalo erzählte den Leuten, die sein Bett umstanden, er sei im Himmel gewesen und habe dort seine Mutter getroffen, die acht Jahre zuvor gestorben war. Der Himmel sei ein wunderbarer Ort, sagte der Junge verzückt, und er wolle unbedingt wieder dorthin zurückkehren. »Also gut«, erwiderte der Priester, »dann geh in Frieden.« Worauf der Junge die Augen schloß und — noch einmal — starb.

Haie im Wald

Sporttaucher, die im klaren Wasser auf Haie treffen, glauben allgemein, daß die Haie, sofern sie nicht von einer anderen Ursache zu einem Freßrausch verleitet werden, sie nicht angreifen. Die Taucher mit ihren sperrigen Atemtanks, der Sicherheitsausrüstung und den Blasenwolken, die sie umgeben, scheinen den Haien den Eindruck zu vermitteln, daß sie einen Gegner vor sich haben, den man besser genauer auskundschaftet, bevor man ihn angreift. Mit anderen Worten: Leute, die an der Oberfläche des Wassers schwimmen und mit den Beinen strampeln wie verletzte oder sterbende Fische, die einfachste Beute für die Haie, sind in größerer Gefahr als ein Taucher, der langsam durch tiefes Wasser gleitet wie ein Raubfisch.
Ungewöhnliche Ausnahmen von dieser Regel werden aber aus dem Pazifik südlich von San Francisco berichtet, wo Haie Taucher in den Tangwäldern unter der Wasseroberfläche angegriffen und getötet haben, weil sie sie für Beutetiere hielten. Der Tang wächst vom Meeresgrund empor wie Bäume mit Ästen und Blättern. Dies macht es nicht nur schwieriger für die Taucher, hungrige Haie zu erkennen, sondern scheint auch den Haien den Eindruck zu vermitteln, die Taucher, die sie sonst nicht angreifen, seien Seehunde, das Lieblingsfressen der Raubfische. Die Taucher mögen vielleicht wirklich an Seehunde erinnern, mit ihren glänzenden Taucheranzügen, den Flossen und ihrer Art der Fortbewegung, mit der sie durch die baumähnlichen Tangformationen vor der nordkalifornischen Küste schwimmen.

Lebensretter für Scheintote

Im neunzehnten Jahrhundert war die Feststellung des Todes für die Ärzte in Europa und Amerika eine sehr schwierige Aufgabe. Um eine Ansteckung zu vermeiden, wurden die Leichen, vor allem während der Cholera- und Typhusepidemien, oft sehr schnell beerdigt. Und da es die modernen Einbalsamierungstechniken noch nicht gab, kam es sehr häufig vor, daß Leute beerdigt wurden, die eigentlich noch gar nicht tot waren. Allein in Deutschland sollen pro Jahr Tausende dieser vorzeitigen Begräbnisse vorgekommen sein.

Der Märchenerzähler Hans Christian Andersen und andere schrieben über das Risiko, plötzlich aufzuwachen und zu entdecken, daß man lebendig begraben worden war. Andersen ging darüber hinaus nie ins Bett, ohne vorher eine Notiz auf sein Nachtkästchen zu legen: »Befinde mich nur im Zustand vorübergehend aufgehobener Belebtheit.« Wenige Tage vor seinem Tod bat Andersen einen Freund, er solle ihm nach dem Ableben die Pulsadern öffnen, damit er wirklich nicht mehr lebe, wenn er beerdigt werde.

Die verbreitete Angst vor dem Lebendigbegrabenwerden schuf einen blühenden Markt für verschiedene lebensrettende Schutzmaßnahmen. Eine der einfachsten war eine Vorrichtung, die aus einer in Bodenhöhe befestigten Klingel und Drähten, die in den Sarg liefen, bestand. So konnte derjenige, der nach dem Begräbnis wieder aufwachte, läuten und die Lebenden alarmieren. Fortschrittlichere Versionen hatten pneumatisch auszulösende Signaleinrichtungen, die schon auf die leiseste Bewegung innerhalb des Sarges reagierten.

Die vermutlich ausgeklügeltste Kontrollanlage für Tote war jedoch eine automatisierte Leichenhalle, die 1874 in Wien geplant wurde. Die Leichen sollten dabei von Metallplatten überwacht werden, die jede Bewegung registrierten und einen elektrischen Impuls aussandten, der wiederum im zentralen Kontrollraum einen Alarm auslöste. Mit Hilfe von Nummern an jeder Klingel konnte der Wachhabende erkennen, welche Leiche sich bewegt hatte, und so den Betreffenden retten.

Aber die Pläne für diese Leichenhalle wurden aufgegeben, als ganz in der Nähe ein neuer Friedhof mit den populären überirdischen Klingeln errichtet wurde. Doch in den Annalen des Friedhofs gibt es keinen Hinweis darauf, daß je einer der nur vermeintlich Toten geläutet hätte.

Medial begabte Wölfe

Als Jack Lynch die Leitung des Projekts zur Erhaltung der amerikanischen Büffelwölfe übernahm, ahnte er noch nicht, daß seine Schützlinge eine beinahe unheimliche mediale Begabung an den Tag legen sollten. Die Tiere hatte offensichtlich ein sehr enges Verhältnis zu ihrem Retter, E. H. McCleery, entwickelt, der das Reservat gegründet hatte. Lynch, der mit dem Verhalten von Wölfen bestens vertraut war, übernahm McCleerys Posten, als dieser an Darmkrebs erkrankte und die Aufgabe nicht mehr erfüllen konnte.
In der Nacht des 23. Mai 1962 hörte Lynch überrascht, wie alle Wölfe im Einklang heulten. »Wenn Wölfe etwas beunruhigt, heulen sie vielleicht zwanzig Sekunden lang«, erklärte Lynch später. »Aber diesmal heulten sie zehn Minuten.«
Tags darauf erfuhr Lynch, daß McCleery genau zu der Zeit gestorben war, als die Wölfe zu heulen begannen. »Ich kann das nicht erklären«, sagte Lynch, »vor allem, da McCleery 36 Meilen entfernt im Krankenhaus lag. Ich weiß nur, was ich gesehen und gehört habe.«

Der Traum von den Höhlenbewohnern

Der Anthropologe Joseph Mandemant berichtet von einem prophetischen Traum, in dem er sich in der berühmten Höhle von Bedeilhac in Frankreich wiederfand. Prähistorische Jäger saßen in dieser Höhle um ein Feuer. An der Decke konnte Mandemant deutlich Jagdszenen erkennen, die offensichtlich von den Bewohnern der Höhle gemalt worden waren.

Mandemant fielen besonders eine Frau und ein Mann auf, die er für ein Liebespaar hielt. Die beiden verließen die Haupthöhle und verschwanden durch eine schmale Spalte in eine kleinere, abgetrennte Nebenhöhle. Während der Anthropologe zusah, wie sich die beiden in der Dunkelheit auf einem Felssims zusammenkuschelten, stürzte plötzlich mit lautem Krachen die Decke der Höhle ein und verschloß die Spalte, durch die das Paar verschwunden war.

Beim Aufwachen konnte Mandemant sich an jedes Detail seines Traums erinnern, und er brach sofort zu der Höhle auf. Zuerst glaubte er ernsthaft, einem Hirngespinst nachzulaufen. Doch im Inneren der Höhle fand er an einer Stelle, die genau der Felsspalte, durch die in seinem Traum die Liebenden verschwunden waren, zu entsprechen schien, einen riesigen Kalksteinbrocken. Er klopfte ihn an mehreren Stellen ab und hörte als Antwort einen ermutigend hohlen Klang. Nun ließ er den Stein von einigen Hilfskräften beiseite räumen und fand dahinter wirklich die Nebenhöhle und den Sims, auf dem sich die Liebenden niedergelassen hatten.

Spuren des prähistorischen Liebespaares fand Mandemant zwar nicht, doch immerhin die primitiven, aber detaillierten Jagdszenen, die er in seinem Traum gesehen hatte.

Am Anfang mochte es ja recht unterhaltsam gewesen sein, aber mit der Zeit wurde A. W. Underwood seiner Fähigkeit, Gegenstände mit seinem Atem in Flammen zu setzen, überdrüssig. Es war schließlich ein Talent, mit dem er sehr sorgfältig umgehen mußte. Und trotz monatelanger Tests und der Berühmtheit, die er schließlich erlangte, konnte kein Experte erklären, wie dieses bizarre Phänomen zustande kam.

L. C. Woodman, der erste Arzt, der den Feuermann untersuchte, berichtet, daß Underwood sich Gegenstände wie Baumwolltücher oder trockene Blätter an den Mund hielt und diese dann innerhalb von Sekunden in Flammen standen. Der Arzt spülte dem vierundzwanzigjährigen Mann den Mund mit verschiedenen Lösungen aus. Er ließ ihn Gummihandschuhe tragen. Doch trotz strengster Tests konnten weder Woodman noch seine Kollegen auch nur den geringsten Hinweis auf einen Betrug feststellen. Und ebensowenig konnten sie eine medizinische Begründung für dieses Phänomen liefern.

Roger William's Äpfel

Roger Williams war unter den frühen Siedlern in der Neuen Welt einer der angesehensten und beliebtesten. 1631 traf er, aus dem englischen Cambridge kommend, in Massachusetts ein und wurde später wegen seiner unverblümten religiösen Ansichten nach Rhode Island verbannt. In seiner neuen Heimat jedoch wurde Williams der Führer einer winzigen Kolonie, die für ihre beispiellose religiöse Freiheit berühmt war.

Als Williams 1683 starb, setzte man nur einen sehr bescheidenen Stein auf sein Grab. Einige Jahre später beschlossen die Behörden von Rhode Island, ihm ein angemesseneres Denkmal zu errichten. Beim Öffnen des Grabes mußte man jedoch zum allgemeinen Erstaunen feststellen, daß es leer war.

Zunächst vermuteten die Mitglieder der Kommission zum Gedenken an Roger Williams, Grabräuber hätten die sterblichen Überreste ihres Führers gestohlen. Doch in Wirklichkeit steckte kein solcher Frevel dahinter. Offensichtlich waren die Wurzeln eines Apfelbaums, der in der Nähe wuchs, in den Sarg eingedrungen, hatten Roger Williams Leiche überwuchert und schließlich absorbiert. Als Beweis dafür sah man die Form des Wurzelgeflechts an, das eine erstaunliche Ähnlichkeit mit einem menschlichen Körper aufwies.

Die Kommission beschloß, den Baum zu fällen und die Wurzeln aufzubewahren. Sie sind nun im Besitz der Historischen Gesellschaft von Rhode Island.

Das frühere Leben der Shanti Devi

Shanti Devi wurde 1926 in Delhi, Indien, geboren. Sie war erst drei Jahre alt, als sie von Leuten zu sprechen begann, die sie als ihren Gatten und ihre Kinder bezeichnete. Auf die Fragen ihrer verwunderten Eltern erklärte sie, der Name ihres Mannes sei Kedarnath, und er lebe mit zwei Söhnen in Muttra.

Da die Eltern glaubten, das Mädchen leide an Halluzinationen, brachten sie es zu einem Arzt. Dort erzählte dann Shanti noch weitere Einzelheiten aus ihrem früheren Leben, unter anderem auch von ihrer Schwangerschaft. Sie sei im Jahr 1925 im Kindbett gestorben, sagte sie dem Arzt.

Bis zu ihrem achten Lebensjahr war Shanti von einem halben Dutzend Ärzten untersucht worden, doch keiner hatte mehr unternommen, als sie auszufragen. Schließlich beschloß ihr Großonkel, der Sache nachzugehen, und er konnte auch den Mann aufspüren, den Shanti als ihren Gatten bezeichnete. Kedarnath lebte wirklich mit seinen zwei Kindern in Muttra, und seine Frau war 1925 bei der Geburt des jüngsten gestorben. Da aber Kedarnath glaubte, man wolle ihn zum Narren halten, weigerte er sich, das Mädchen kennenzulernen, und schickte statt dessen einen Cousin nach Delhi.

Als der Cousin unter dem Vorwand, er habe Geschäftliches mit dem Vater zu besprechen, im Haus der Devis eintraf, erkannte Shanti ihn sofort. Nachdem sie sich über die Verstorbene unterhalten und dabei Übereinstimmungen festgestellt hatten, schenkte der Cousin schließlich Shantis Erinnerungen Glauben und benachrichtigte Kedarnath.

Einige Zeit später ging Shanti selbst nach Muttra, um ihre frühere Familie wiederzusehen, aber diese wollte nichts mit ihr zu tun haben und meinte, sie müsse lernen, in der Gegenwart zu leben. Doch der Fall hatte inzwischen die Aufmerksamkeit von Presse und Wiedergeburtsforschern auf sich gezogen, und so mußte Shanti noch viele Fragen über sich ergehen lassen, bevor sie ihr neues Leben beginnen konnte. Ihr Fall ist einer der am besten dokumentierten in der Geschichte der Erinnerungen an ein vergangenes Leben.

Die geschwätzigen Mönche von Glastonbury

Bei seinen Nachforschungen, die der eigentlichen Ausgrabung der Glastonbury Abbey vorausgingen, mußte Frederick Bligh-Bond im Jahr 1907 zu seiner Enttäuschung feststellen, daß es ihm unmöglich war, zwei Kapellen, die in frühen Beschreibungen erwähnt wurden, zu lokalisieren. Da alle anderen Versuche fehlgeschlagen waren, beschloß der britische Architekt und Archäologe, sich der Technik des automatischen Schreibens zu bedienen, um die Geisterwelt um Hilfe zu bitten.

Glastonbury Abbey, eine der berühmtesten historischen Stätten Englands, soll angeblich schon zu Lebzeiten Jesu Christi existiert haben. Der Legende nach soll Christus die religiöse Enklave sogar selbst besucht haben. Mehrere Könige, darunter auch König Arthur, wie viele glauben, wurden in ihrer Kapelle begraben. Bis zum Jahr 1086 war die Abtei zu einem Heiligtum und beliebten Wallfahrtsort geworden. Unter der Herrschaft Heinrichs VIII. aber wurde sie, als Folge seines Streits mit der katholischen Kirche, zerstört. Die mächtigen Mauern zerfielen, bis nichts mehr von der früheren Pracht übrig war.

Obwohl Bligh-Bond ursprünglich nur ein Experiment in automatischem Schreiben geplant hatte, um die Kapellen zu lokalisieren, wandte er sich dennoch an einen Freund, einen gewissen Captain Bartlett, der viel Erfahrung mit geschriebenen Nachrichten aus der anderen Welt hatte. Und erstaunlicherweise reagierten die »Geister« wirklich auf Bligh-Bonds Bitte. Bald sprudelten sie förmlich über von unglaublich detaillierten Angaben über Lage und Ausmaße der Abteikapellen. Die Informanten gaben sich darüber hinaus als frühere Bewohner von Glastonbury

zu erkennen, die meisten als Mönche. Zumindest einer von ihnen hatte etwa 1000 Jahre vor der Erbauung der eigentlichen Abtei dort gelebt und beschrieb nun eine Stützkonstruktion für das Dach einer Hütte, die er entworfen und die später von Bligh-Bonds Arbeitern entdeckt wurde. Jeder der Geister konnte Fragen beantworten, die sich speziell auf seine Zeit in der Abtei bezogen.
Mit den Informationen, die er von den Geistern erhalten hatte, untersuchte Bligh-Bond nun das Gelände der ehemaligen Abtei. Spätere Ausgrabungen zeigten, daß alle Angaben, oft bis zum Bruchteil eines Zentimeters, korrekt waren. Niemand zweifelte an der Echtheit der Entdeckungen in Glastonbury. Doch als Bligh-Bond enthüllte, wie er darauf gestoßen war, verlor er einen Großteil seiner Glaubwürdigkeit. Obwohl die Ausgrabungen weitergeführt wurden, nahm man Bligh-Bond 1922 das Projekt aus der Hand. Zehn Jahre später schrieb er in seinem Buch *Pforten der Erinnerung* nicht nur über die Botschaften, die er von den Geistern erhalten hatte und die durch die Ausgrabungen bereits bestätigt worden waren, sondern erwähnte auch weitere Beschreibungen der Abtei, die später ebenfalls verifiziert wurden.

Velikovsky, die Bibel und die Planeten

Immanuel Velikovsky, ein in Rußland geborener Autor, der 1939 nach Amerika kam, löste elf Jahre später mit seinem Buch *Welten im Zusammenstoß* in wissenschaftlichen und astrologischen Kreisen einen wahren Wirbelsturm aus. Ausgehend von seinen Studien der Vorgeschichte, versuchte Velikovsky aufzuzeigen, daß die Geschichten aus den ersten Büchern der Bibel, die man allgemein für Legenden hielt, im wesentlichen historisch korrekt sind und von Legenden anderer alter Völker, die zur selben Zeit lebten, bestätigt werden.

Velikovsky behauptete, daß die Erde vor »gerade erst« 2000 Jahren tatsächlich welterschütternde Katastrophen erlebt habe, in deren Verlauf, wie die Bibel berichtet, die Sonne stillstand, das Rote Meer sich teilte und wieder vereinte, Manna vom Himmel fiel und die Israeliten ernährte, schlimme Seuchen die Ägypter heimsuchten — kurzum also, daß alle Wunder aus der Zeit Moses' wirklich passiert seien. Seine Theorien stützte er mit einer noch überraschenderen Annahme: daß nämlich ein Teil des Planeten Jupiter abgebrochen und zu einem Kometen geworden sei; daß dieser Komet Mars aus seiner Bahn geworfen und so einen Beinahe-Zusammenstoß mit der Erde verursacht habe; daß er dann seinen Weg durch unser Sonnensystem fortgesetzt, dabei auf der Erde periodisch wiederkehrende Flutwellen und Erdbeben ausgelöst habe und schließlich zum Planeten Venus geworden sei.

Nach Velikovsky finden sich in allen Aufzeichnungen alter Völker detaillierte Hinweise auf die Massenvernichtung von Menschen, und für die Massenvernichtung von

Tieren finden sich in Höhlen und Erdschichten auf der ganzen Welt Hinweise. Doch obwohl Velikovsky sein Beweismaterial sorgfältig aus alten Quellen und Legenden zusammengetragen hatte, machte sich das wissenschaftliche Establishment über seine Theorien lustig. Ein bekannter britischer Astronom sagte, daß dieses Buch »nur Lügen« enthalte, und fügte hinzu, daß er »(es) nicht gelesen habe und auch nie lesen werde«. Ein anderer Astronom hielt es für »das schlechteste Buch seit Erfindung des Buchdrucks mit beweglichen Lettern«. Aber man kann davon ausgehen, daß die Allgemeinheit es mit Begeisterung las.

Kurz vor seinem Tod wurde Velikovsky gefragt, wie er, lange bevor es »offiziell« bekannt wurde, habe voraussagen können, daß die Oberfläche des Mars von Kratern bedeckt sei, daß die Venus sich in Gegenrichtung zu den anderen Planeten unseres Sonnensystems drehe, und daß die Planeten und die Sonne elektrisch positiv und negativ geladen seien. Und weiter, wie Velikovsky im voraus habe wissen können, daß die Temperatur auf der Venus 427 Grad Celsius betrage, als Einstein noch voraussagte, es seien minus 3,9 Grad Celsius.

Velikovsky gab darauf nur eine indirekte Antwort. Er sagte: »Sie wissen doch, daß das Britische Museum Abertausende von babylonischen Tontafeln besitzt, die bis jetzt weder übersetzt noch veröffentlicht wurden. Jedem, der sich die Mühe macht, sie zu lesen, liefern sie einschlägige und interessante Informationen über unser Sonnensystem.« Man sollte wohl erwähnen, daß Dr. Velikovsky Experte für die alten Sprachen des Mittleren Ostens war und die alten Keilschriften der Babylonier und Assyrer lesen konnte.

Im Jahr 1513 ließ Piri Ibn Haji Memmed, ein Offizier der türkischen Marine, der unter dem Namen Piri Re'is bekannt wurde, von seinen Kartographen eine Karte des Atlantischen Ozeans und der angrenzenden Länder anfertigen. Die Karte geriet dann in Vergessenheit, bis sie 1929 in den kaiserlich türkischen Archiven in Konstantinopel wiederentdeckt wurde. Obwohl nur 21 Jahre nach der Entdeckung Amerikas durch Kolumbus angefertigt, war sie eine der präzisesten frühen Karten der Neuen Welt. Eine Inschrift am Rand weist darauf hin, daß sich Piri Re'is beim Westteil auf Karten stützte, die Kolumbus selbst während seiner ersten Reise benutzt hatte. Das war ein erster Hinweis darauf, daß es bereits früher solche Karten gegeben hatte, und untermauerte die These vieler Forscher, daß Kolumbus diese gekannt und benutzt hatte. Eine weitere Inschrift behauptet darüber hinaus, daß der türkische Offizier sogar noch ältere Karten zu Rate gezogen habe, einige davon aus der Zeit Alexanders des Großen.

Die Karte war auch ein Beweis dafür, daß der unerforschte antarktische Kontinent bereits Tausende von Jahren vor seiner Wiederentdeckung im Jahr 1820 kartographiert worden war. Sie zeigt in korrekten Größenverhältnissen Teile von Afrika und des östlichen Südamerika. Unter der Südspitze Südamerikas sieht man die Konturen einer anderen Küstenlinie. Der Kartograph und Historiker Charles Hapgood identifizierte sie als die Küste und die Bergketten der Antarktis, wie sie unter der Eisschicht tatsächlich existieren. Für eine so alte Karte aber noch viel unglaublicher ist die Tatsache, daß bei der Erstellung die

sphärische Trigonometrie benutzt und die Krümmung der Erdoberfläche berücksichtigt wurde, und das Tausende von Jahren vor Entwicklung des Konzepts der Längengrade.
Da man weiß, daß die Antarktis etwa 8000 bis 10 000 Jahre vor Christus eisfrei war, wurde eine ganze Reihe von Erklärungen für eine dermaßen fortschrittliche Karte angeboten, darunter auch die Theorie, sie sei von Außerirdischen aus einem Ufo heraus erstellt worden.
Charles Hapgood wendet gegen diese Ufo-Theorie ein:

> »Es ist ... vernünftig, anzunehmen, daß das Land besiedelt war und die Bewohner Karten anfertigen konnten. Ich habe den Eindruck, daß nur wirtschaftliche Gründe zu einer solchen Kartographierung führen konnten: jemand wollte die natürlichen Rohstoffe des Kontinents erschließen und dort Handel treiben.
> Unrealistisch dagegen ist die Annahme, daß ... Außerirdische diese Karten anfertigten. Die Karten weisen nicht die Präzision auf, die man bei Wesen, die fähig sind, Milliarden von Meilen interstellaren Raums zu durchqueren, wohl voraussetzen sollte ...«

Mit der Erwähnung wirtschaftlicher Motive hat Hapgood möglicherweise die Überlieferung der griechischen und protogriechischen Karten der frühen Welt erklärt. Ihre Erhaltung verdanken sie dem beständigen Kopieren durch Schiffsführer, die ihre Handelsrouten zu weit entfernten Orten geheimhalten wollten. Die Oronteus-Finaeus-Karte, die zum letzten Mal 1532 von einem antiken Original kopiert wurde, zeigt auf der Antarktis Flüsse, die dem Verlauf der gegenwärtigen Gletscher entsprechen. Eine weitere, die Bouache-Weltkarte aus dem Jahr 1754, zeigt die Antarktis am unteren Ende der Welt und erklärt, das unentdeckte Land müsse existieren, um die Landmassen im Gleichgewicht zu halten. Aber der damals unbekannte Kontinent ist korrekt gezeichnet — mit einer bemerkenswerten Ausnahme: Er wird dargestellt als zwei riesige, durch das Meer voneinander abgetrennte Inseln. Genauso sieht die Antarktis ohne das Eis wirklich aus.

1820 war man von der Existenz der Antarktis schließlich überzeugt. Aber erst im Geophysikalischen Jahr 1955 konnte eine internationale wissenschaftliche Expedition eindeutig feststellen, daß die eigentliche Landgestalt der Antarktis vom Eis verhüllt ist, daß es unter der fast drei Kilometer dicken Eisschicht Berge und Flußbette gibt, und daß der Kontinent eigentlich aus zwei Inseln besteht.

Doch ein Geheimnis bleibt. Welche hochentwickelte Zivilisation war es, die dieses entlegene Gebiet kartographierte, als die Welt noch jung und die Antarktis noch nicht von Eis bedeckt war?

Ufos über Afrika

In der Luftwaffe von Simbabwe herrscht weiterhin Verwirrung über ein unidentifiziertes glänzendes Objekt mit einer konischen Spitze, das im Jahr 1985 den südlichen Teil des afrikanischen Landes überflog. Zimbabwes Luftwaffenkommandant David Thorne berichtet, sein Bodenpersonal habe es am Himmel beobachtet und auch auf den Radarschirmen aufgespürt. Piloten, die das Ufo verfolgten, konnten es sogar aus der Nähe betrachten. Sie beschrieben es als so glänzend, daß sie zuerst meinten, es würde die Farben des Sonnenuntergangs reflektieren. Als aber der Himmel dann dunkler wurde, merkten sie, daß das Ufo eine eigene Lichtquelle hatte. Nach Schätzungen der Piloten flog das Ufo mit etwa doppelter Schallgeschwindigkeit. »Unsere Piloten sind absolut zuverlässig«, bekräftigte Thorne. »Man kann es nicht als Flugzeug, Wetterballon oder Naturerscheinung abtun.«

Himmlisches Hakenkreuz

In unserer Zeit wurde das Hakenkreuz zu einem Symbol des Bösen, aber nach Angaben von zwei Wissenschaftlern der Universität von Texas hat dieses Naziemblem womöglich auch eine mystische Bedeutung.
Als die Physiker C. J. Ransom und Hans Schluter gasförmigen Wasserstoff elektrischen und magnetischen Kräften aussetzten, glühte das Gas auf. Dann verteilte es sich plötzlich und formte den Umriß eines Hakenkreuzes. Das Experiment brachte die Wissenschaftler zu der Hypothese, ein Komet könne bei Durchquerung des Magnetfelds der Erde eine ähnliche Erscheinung hervorrufen. Trifft das zu, wäre das Hakenkreuz frühen Menschen zwar als Naturphänomen erschienen, die in Ehrfurcht erstarrten Beobachter hätten es aber als übernatürliches Zeichen interpretiert. Und das, so schlossen die Wissenschaftler, würde erklären, warum das moderne Symbol des Bösen früher von den Hindus und anderen Religionen als heiliges Zeichen verehrt wurde. Hakenkreuze findet man zum Beispiel auf Gräbern in der Nähe der antiken Stadt Troja. Und auch für die Christen des Mittelalters war es ein heiliges Zeichen.

Römische Ufos

In seinem Manuskript *Predigerium Liber* berichtet Julius Obsequinus, der römische Geschichtsschreiber aus dem vierten Jahrhundert, von zahlreichen Ufo-Erscheinungen. So wurde etwa in der Nähe von Spoletium nördlich von Rom ein runder, schiffähnlicher Schild mit brennenden Fackeln beobachtet, der sich in der Luft drehte und zu Boden fiel. »Es schien dann anzuwachsen, erhob sich von der Erde und stieg in den Himmel, wo es mit seinem Strahlen die Scheibe der Sonne verdeckte«, schrieb er.

Aber Obsequinus' Berichte sind nicht die einzigen, die bis ins zwanzigste Jahrhundert überliefert wurden. In *Prodigerium ac Ostentorium Chronicon* sammelte ein Professor für Grammatik und Dialektik weitere Beispiele für derartige Beobachtungen aus römischer Zeit, die erstaunliche Ähnlichkeit mit modernen Berichten über Ufos im Formationsflug aufweisen. Während der Herrschaft des Kaisers Theodosius gegen Ende des vierten Jahrhunderts etwa tauchte plötzlich eine glänzende Scheibe am Himmel auf, die fast so hell strahlte wie die Venus. Erschrockene Beobachter sahen, wie plötzlich viele ähnliche Objekte hinzukamen und das erste wie ein Schwarm Bienen umschwirrten. Sie schienen sich gegenseitig anzustoßen und bildeten schließlich eine Formation, die einem zweischneidigen Schwert ähnelte.

Das Bildnis im Rauch

Als am 28. Januar 1986 die Raumfähre Challenger explodierte, sah die ganze Welt entsetzt zu, wie sieben amerikanische Astronauten und Helden, darunter eine Lehrerin, auf überaus tragische Weise ums Leben kamen. Am Abend danach sah sich eine Zeugin immer wieder die Videoaufzeichnung der Katastrophe an, weil sie hoffte, so die Wirklichkeit des Geschehenen besser zu begreifen. Doch während sie gebannt auf den Fernseher starrte, entdeckte sie plötzlich ein Bild, das viele der entsetzten Angestellten des *Kennedy Space Center* tief berührte.

Debi Hall, eine Ärztin am *Kennedy Space Center,* war unmittelbare Augenzeugin der Katastrophe geworden, weil sie in einer Reihe mit den Reportern und den Familien der Astronauten gesessen hatte. Als sie dann erschöpft und erschüttert über die Ereignisse des Tages zu Hause vor dem Fernseher saß, glaubte sie zunächst an eine Halluzination. Sie spielte die Szene immer wieder ab, bis sie überzeugt war, daß sie wirklich ein Bildnis Christi in den Rauchschwaden, die aus der Challenger quollen, sah.

Tags darauf schaute sie sich die Aufzeichnung zusammen mit ihrem Mann an, und er stimmte ihr zu, daß da wirklich ein großes, bärtiges Gesicht zu sehen war. Und als Hall die Aufzeichnung in das *Space Center* brachte, sahen auch andere das Gesicht, ohne daß man sie vorher darauf aufmerksam gemacht hätte. Debi Halls Erklärung? »Ich glaube, es zeigt ein göttliches Eingreifen«, sagte sie.

Gefangene Außerirdische

Im Sommer 1983 zog Larry Bryant aus Alexandria, Virginia, gegen das amerikanische Außen- und Verteidigungsministerium, die Luftwaffe, die Armee, die Nationale Sicherheitsbehörde (NSA) und gegen das FBI vor Gericht. Seine Anklage? Die Beschuldigten hätten versucht, den Absturz eines Raumschiffes von Außerirdischen in der Wüste von New Mexico im Jahr 1950 geheimzuhalten. Die Luftwaffe habe darüber hinaus mindestens eines der Besatzungsmitglieder des Ufos noch immer in Gewahrsam.

Ein Dokument des FBI, das den Anklageunterlagen beigefügt war, zitiert einen Ermittler der Luftwaffe, der angegeben hatte, in der Nähe der riesigen Radaranlage des Pentagon in New Mexico seien drei fliegende Untertassen entdeckt worden. Offensichtlich hatte das Radar die Kontrollmechanismen der Raumschiffe gestört. Nach dem Bericht hatten die kreisrunden Raumschiffe einen Durchmesser von etwa fünfzehn Metern und wiesen in der Mitte einen erhöhten Bereich auf. Die Besatzung sei humanoid, so hieß es weiter, einen knappen Meter groß und bekleidet mit metallischen Anzügen.

Bryant glaubte, daß die außerirdischen Besucher noch am Leben seien und gegen ihre verfassungsgemäßen Rechte festgehalten würden. Man könne sie nicht einsperren, ohne ihnen ein Verbrechen zur Last zu legen, argumentierte er, und er hoffte, mit seiner Anklage die Regierung zur Freilassung der Fremden oder zumindest zur Herausgabe der Leichen zu zwingen. Vielleicht wollte er vor allem die Affäre an die Öffentlichkeit tragen, denn es ist eher unwahrscheinlich, daß die Regierung, nach Jahren des Leugnens von Ufo-Erscheinungen, nun plötzlich die Existenz von Ufos anerkennen und darüber hinaus zugeben würde, daß sie Außerirdische in Verwahrung halte, nur weil eine Privatperson sie vor Gericht zitierte.

Neues vom Bermuda-Dreieck

Das Bermuda-Dreieck, ein von einer gedachten Linie zwischen Florida, Bermuda und Puerto Rico begrenztes Gebiet, war schon häufig Schauplatz für das mysteriöse Verschwinden von Schiffen, Flugzeugen und Menschen. Einer der eigenartigsten Vorfälle ereignete sich während eines kurzen Flugs zur Turk-Insel in den Bahamas.

Als Helen Cascio sich in ihrer Cessna 172 der Insel näherte, gab der Kontrollturm ihr die Landeanweisungen durch. Aber Cascio antwortete nicht darauf, obwohl ihr Funkkanal offen war. Schließlich hörte das Bodenpersonal die Pilotin zu ihrem Passagier sagen: »Ich muß mich verflogen haben. Da unten müßte eigentlich Turk sein, aber da ist nichts. Kein Flugplatz, keine Häuser, nichts.«

Die Fluglotsen versuchten weiterhin verzweifelt, die Pilotin zu erreichen, aber Cascio konnte sie offensichtlich nicht hören. Plötzlich empfingen sie eine Botschaft, die ihr letztes Lebenszeichen sein sollte: »Gibt es denn keinen Weg hier heraus?« Weder von dem Flugzeug noch von der Pilotin oder dem Passagier wurde je eine Spur gefunden.

Mögliche Erklärungen für dieses bizarre Verschwinden im Bermuda-Dreieck reichen von Entführungen durch moderne Piraten bis zu menschlichem Versagen. Es gibt die Hypothese, daß das Gebiet über einem riesigen Strudel oder einem Loch im Meer liege, das alle Schiffe oder Flugzeuge, die es überqueren, verschlingt.

Es besteht aber auch die Möglichkeit, daß Teile von Atlantis unter dem Bermuda-Dreieck liegen. Die sagenumwobenen, angeblich als Kraftquellen errichteten Pyramiden von Atlantis funktionieren vielleicht noch hin und wieder und stören die Kommunikations- und Steuersysteme von Schiffen und Flugzeugen.

Die Leute, die an eine Invasion von feindseligen und hinterhältigen Außerirdischen glauben, neigen natürlich zu der Hypothese, diese Wesen könnten sich irgendwie in das Magnetfeld des Bermuda-Dreiecks einschalten und Menschen und deren Produkte zu ihren eigenen Forschungszwecken herausziehen.

Während es häufig Berichte über ein Verschwinden im Bermuda-Dreieck gibt, hört man nur selten von einem Auftauchen von Schiffen oder Flugzeugen in diesem Gebiet. Doch im Juli 1975 fotografierte das Mitglied eines Forschungsteams an Bord der Yacht *New Freedom* ein verblüffend heftiges Gewitter über dem Dreieck. Als er sich den entwickelten Film ansah, stellte er erschrocken fest, daß darauf deutlich ein voll getakeltes Schiff in etwa hundert Meilen Entfernung von der *New Freedom* zu sehen war. Aber er wußte, daß sich in der Nacht des Gewitters kein anderes Schiff in der Nähe befunden hatte.

Das Geheimnis der Marskanäle

Als der italienische Astronom Giovanni Schiaparelli im Jahre 1877 ein Netz von Linien auf dem Mars entdeckte, stellte er die Theorie auf, daß diese Kanäle, wie er sie nannte, von Bewohnern des roten Planeten als Bewässerungssystem zur Erhaltung ihrer schwindenden Wasservorräte errichtet worden seien. Andere nach ihm hielten die Linien dagegen für die Fährten von wandernden Tierherden.

In unserer Zeit neigen viele Wissenschaftler zu der Annahme, diese sogenannten Kanäle seien in Wirklichkeit ausgetrocknete Flußbette. Und es gibt in der Tat deutliche Anzeichen dafür, daß die Pole des Planeten eisbedeckt sind. Aber solange noch keine Raumfahrer auf dem Planeten gelandet sind, werden die Marskanäle ein Rätsel bleiben.

Der unbekannte Planet

Jedes Kind lernt schon in der Schule, daß es in unserem Sonnensystem neun Planeten gibt. Doch seit über hundert Jahren gehen einige Astronomen von der Annahme aus, daß es noch einen zehnten geben müsse.

Die wissenschaftliche Spekulation begann im März 1859, als der französische Landarzt und Amateurastronom Levearbault ein Objekt beobachtete, das die Sonne umkreiste. Es schien der Sonne noch näher zu sein als der Merkur, den die meisten Astronomen für den sonnennächsten Planeten hielten. Levearbault beobachtete sorgfältig Umlaufzeit und Umlaufbahn des vermeintlichen Planeten und notierte sich seine Beobachtungen auf einer Holztafel.

Als der berühmteste Astronom Frankreichs, Urbain Jean Le Verrier, Levearbaults Aufzeichnungen las, war er mit ihm einer Meinung, daß es sich tatsächlich um einen weiteren Planeten handle, den er daraufhin Vulcan taufte. Nach Le Verrier würde die Existenz des Vulcans erklären, warum der Merkur jedes Jahr einen knappen Meter näher an die Sonne rückt. Vulcans Schwerkraft ziehe, so Le Verrier, Merkur an.

Seitdem konnte niemand mehr den Vulcan beobachten — vielleicht weil viele gar nicht glauben, daß er existiert, und deshalb gar nicht nach ihm suchen. Aber einige dieser skeptischen Astronomen spielen mit dem Gedanken, daß ein anderer zehnter Planet, den sie ebenfalls noch nie gesehen haben, existiert, jedoch in der anderen Richtung, nämlich hinter Pluto.

Die Stadt, die zweimal verschwand

Eine ganze Reihe sagenumwobener Städte liegt verborgen auf dem Grund des Atlantischen Ozeans, des Mittelmeers und der Karibik. Einige andere sind zwar ebenfalls versunken, aber nicht verloren, da man ihren früheren Standort kennt. Das antike römische Seebad Baiai zum Beispiel liegt in einer Tiefe von knapp 20 Metern im Golf von Neapel und wurde von Tauchern ausführlich untersucht und fotografiert. Sybaris, dessen Namen zum Symbol für ein luxuriöses, »sybaritisches« Leben wurde, liegt auf dem Meeresboden im Golf von Tarent. Die Ruinen von Karthago, Leptis Magna, Tyros, Caesarea, Alexandria und anderer großer Städte liegen noch heute unter den Wassermassen des Mittelmeers.

Diese Städte sind für gewöhnlich als Folge von Erdbeben im Meer versunken, ihr ehemaliger Standort läßt sich jedoch leicht feststellen, da in antiken Chroniken darüber berichtet wird. Etwas Ungewöhnliches geschah jedoch mit Helike, einer großen Stadt des klassischen Griechenlands, die im Jahr 373 v. Chr. während eines Erdbebens und einer Flutwelle mit allen Gebäuden, Straßen, Schiffen und unzähligen Einwohnern vom Erdboden verschwand. Niemand entkam der letzten, turmhohen Welle, die nicht nur die Schiffe Helikes, sondern auch zehn Kriegsschiffe aus Sparta, die zu Besuch im Hafen lagen, davonschwemmte. Wo zuvor noch Helike gestanden hatte, war nun nur noch das Wasser des Golfs von Korinth.

Als das Meer sich beruhigt hatte, konnte man die Ruinen auf dem Meeresboden sehen. Über Jahrhunderte hinweg blieb Helike im glasklaren Wasser deutlich sichtbar. Römische Touristen einer späteren Epoche ließen sich von griechischen Schiffern über die gut erhaltenen Ruinen rudern. Oft bezahlten sie auch Taucher, die ihnen Münzen und andere Fundstücke aus der unterseeischen Sehenswürdigkeit heraufholten. Die Taucher schwammen in bis zu 20 Meter Tiefe durch das glasklare Wasser. Von der Oberfläche aus konnte man eine Statue des Zeus (Jupiter für die Römer) noch immer aufrecht zwischen den Ruinen seines Tempels stehen sehen.

Gegen Ende der römischen Besatzung Griechenlands öffnete sich bei einem weiteren Erdbeben der Meeresboden unter diesem unterseeischen Pompeji und schloß sich über ihm wieder. Vielleicht barg das für uns nun verlorene Helike noch weit größere Schätze als die silbernen und goldenen Münzen, nach denen die Taucher suchten.

Wenn nicht ein erneutes Erdbeben die Stadt wieder an die Oberfläche bringt, bleibt Helike für ewig dort liegen, wo es jetzt liegt, verloren und doch nicht verloren, einige Meilen östlich der modernen Stadt Aiyion an der Nordküste und in unbekannter Tiefe unter dem Meeresboden im Golf von Korinth.

Der Pharao und die Außerirdischen

Eine uralte ägyptische Papyrusrolle enthält möglicherweise den ältesten geschriebenen Bericht über die Beobachtung eines Ufos. Nach dem Bericht aus der Zeit des Pharao Tutmose III., der von 1504 bis 1450 v. Chr. regierte, hatten Schreiber im Haus des Lebens einen »Feuerring« beobachtet, der leise über den Himmel zog. »Er hatte keinen Kopf«, heißt es in dem Papyrus, »und der Atem aus seinem Mund stank abscheulich.« Die entsetzten Beobachter fielen zu Boden, denn sie wußten nicht, ob sie das unbekannte himmlische Feuer nun fürchten oder anbeten sollten. In den folgenden Tagen erschienen mehrere solcher Feuerbälle, jeder so strahlend wie die Sonne, am Himmel über Ägypten.

Der Pharao ließ seine Priester nun Weihrauch verbrennen, um das Volk gegen die Macht der Objekte zu schützen und die Götter um Hilfe zu bitten. Und als die unidentifizierten Objekte schließlich verschwanden, ließ Tutmose den Vorfall niederschreiben, damit er nie vergessen würde.

Der Eidechsenmann

Immer wieder kommen aus den USA und auch aus anderen Teilen der Welt Berichte über ein Auftauchen der sogenannten Bigfoots. Diese menschenähnlichen Wesen sind, so heißt es, sehr groß und behaart und haben funkelnde rote Augen. Im Sommer 1988 aber berichteten die Einwohner von South Carolina von einem sehr seltenen Exemplar dieser Bigfoots: einem weit über zwei Meter großen Eidechsenmann mit grüner Schuppenhaut. Zeugenaussagen zufolge hatte dieser Eidechsenmann, im Gegensatz zu den anderen Bigfoots, nur drei Zehen an jedem Fuß, außerdem lange, affenähnliche Arme mit jeweils drei Fingern, die in zehn Zentimeter lange Klauennägel ausliefen. Der Eidechsenmann ist sicher der ungewöhnlichste seiner Spezies, da man nur von einem weiteren Bigfoot mit drei Fingern an jeder Hand weiß und von keinem mit nur drei Zehen an jedem Fuß.

Der siebzehnjährige Chris Davis war der erste, der dem Eidechsenmann begegnete. Er war am 29. Juni auf dem Heimweg, als er etwa gegen zwei Uhr mittags neben dem Brackwasser des Scape Ore Swamp, einem Sumpfgebiet außerhalb von Bishopsville, stehenblieb, um einen Reifen zu wechseln. Während er den Wagenheber wieder in den Kofferraum legte, sah er etwas über das offene Feld auf ihn zu laufen. Er sprang sofort in seinen 76er Toyota Celica, doch als er die Tür schließen wollte, kam es zu einem Tauziehen mit dem Reptilienwesen. Der Eidechsenmann sprang auf das Autodach, wo er Kratzer im Lack hinterließ, später ein Beweis für seinen Angriff.

Zutiefst erschrocken fuhr Davis nach Hause und erzählte nur seinen Eltern und wenigen engen Freunden von seinem Erlebnis. Aber die Polizei befragte ihn schließlich doch, nachdem sie von Nachbarn erfahren hatte, daß der Junge vielleicht etwas über die komischen Biß- und Kratzspuren, die an einem weiteren Auto gefunden wurden, sagen könne.

Davis stand mit seinem Erlebnis natürlich nicht alleine. Bald darauf wurde der Sheriff mit ähnlichen Berichten überschüttet. Die Teenager Rodney Rolfe und Shane Stokes zum Beispiel waren mit ihren Freundinnen in der Nähe des Sumpfgebietes unterwegs, als plötzlich der Eidechsenmann vor ihrem Auto über die Straße lief. Und der Bauarbeiter George Holloman behauptete, der Eidechsenmann habe ihn angesprungen, als er von einem Brunnen Wasser holte.

Bei ihren Nachforschungen in der Umgebung des Sumpfgebiets fanden der Bundespolizist Mike Hodge und der Hilfssheriff von Lee County, Wayne Atkinson, drei zerdrückte, je 150 Liter fassende Kartons. An jungen Bäumen waren in einer Höhe von über 2,40 Meter die Spitzen abgerissen. Und nach Hodges Angaben entdeckten sie auch »gigantische« Fußabdrücke von etwas 35 mal 43 Zentimetern in hartem, rotem Lehmboden. Die Beamten folgten den Spuren etwa 400 Meter weit, kehrten dann zurück und fanden in den Reifenspuren ihres Autos frische Abdrücke. Nach Angaben von Biologen paßten die Abdrücke zu keiner bekannten Tierart.

Die Urwälder und Wüsten diese Erde beherbergen eine Reihe »verlorener« Städte; verloren deshalb, weil man in ihren eindrucksvollen Ruinen keinen Hinweis auf den Menschenstamm, der sie erbaute, und den Grund, warum sie verlassen wurden, findet. Ihre Standorte, oft in Wüsten, dichten Wäldern oder im Meer, zeugen noch von vergangenen, teils natürlichen, teils von Menschen verursachten Katastrophen. Die Zeit versteckte sie unter einem dichten Urwalddach oder begrub sie unter mächtigen Erdschichten.
Die meisten der verlorenen Städte Europas, des Mittleren Ostens und Südasiens können bekannten Kulturen zugeschrieben werden. Die Ruinen von Ankor Wat in Kambodscha, die verschütteten Städte von Babylon, die versunkenen Städte im Mittelmeer und sogar die Inselruinen im Pazifik können wegen ihrer Ähnlichkeit mit anderen Kulturen identifiziert werden. Aber ehemals so riesige Städte wie Mohendjo-Daro und Harappa in Pakistan werden in keiner der alten Chroniken erwähnt. Diese großen Metropolen, die vor Tausenden von Jahren in Blüte standen, beherbergten Millionen von Einwohnern. Aber keiner kennt ihren wahren Namen oder weiß, welches Volk sie erbaute. Was an Berichten darüber erhalten ist, wurde in einer Hieroglyphensprache verfaßt, die bis jetzt noch niemand entziffern konnte. Spuren derselben Sprache fand man auch an einem anderen Ort, den Osterinseln im Pazifik mit ihren kolossalen Statuen, also praktisch genau am anderen Ende der Welt.
Einige der prähistorischen Städte in Südamerika geben besondere Rätsel auf, da ihre Lage auf den Gipfeln hoher

Berge die Frage aufwirft, wie solche riesigen Steine, oft Hunderte von Tonnen schwer, dort hinauftransportiert und so exakt plaziert werden konnten. Wir wissen nicht, wie diese Städte ursprünglich hießen, weil sie bereits vor der Ankunft der spanischen Eroberer verlassen waren. Die amerikanischen Stämme, welche die Spanier zuerst begrüßten und dann bekämpften, hatten den Städten verschiedene Namen gegeben, und als man sie danach fragte, sagten sie, die Städte seien von den Göttern erbaut worden.

Es gibt eine faszinierende Legende über eine verlorene Stadt, die angeblich noch immer im Dschungel des Amazonas existiert. Diese Stadt soll große Schätze enthalten, die nicht verborgen liegen, sondern, so meinen einige, von den Bewohnern der Stadt noch immer genutzt werden. Angeblich konnten diese in Isolation überleben, da sie umgeben sind von kriegerischen Indianerstämmen, die Forschern feindlich gegenüberstehen. Die Bewohner dieser verlorenen Stadt sind weißhäutig, so heißt es, und sie verfügen der Legende nach über eine fortgeschrittene Kultur und über viele Annehmlichkeiten der Zivilisation, darunter auch Lichtquellen, die zwar nicht von Strom, aber auch nicht von offenem Feuer gespeist werden.

Seit dem siebzehnten Jahrhundert versuchen portugiesische und andere Forscher, diese mysteriöse Stadt aufzuspüren. Eine frühe Expedition unter der Führung eines Francisco Raposo bestieg einen über den Dschungel hinausreichenden Berg und erreichte ein Plateau. Von dort aus sahen sie in etwa sechs Kilometern Entfernung eine große Stadt. Als sie sich nun der Stadt näherten, entdeckten sie, daß die Stadt zwar verlassen, aber nur zu einem Teil verfallen war. Ein Teil der großen Steingebäude stand noch. Es gab Straßen, Plätze, Mauern, Torbögen und offensichtlich mit Schriftzeichen verzierte Obelisken. Statuen, Steinreliefs und Architektur zeigten eine höhere Kunstfertigkeit als die der anderen präkolumbianischen südamerikanischen Städte. Bei der Erkundung entdeckten Raposo und seine Männer einige sehr ungewöhnlich bekleidete »weiße Indianer« in einem Kanu. Aus Angst vor einem ungleichen Kampf verließ die Expedition die Stadt. Spätere Expeditionen versuchten vergeblich, den Spuren der ersten zu folgen, und eine davon verschwand mit Hunderten von Männern im Dschungel.

Colonel Percy Fawcett, ein ehemaliger Offizier der britischen Armee, war zweifellos einer der engagiertesten Forscher, die diese Suche fortsetzten. Zwischen 1906 und 1925 unternahm er mehrere Expeditionen und sammelte Informationen über diese verlorene Stadt, die seiner Meinung nach am Ufer des Rio Xingu, eines Zuflusses des Amazonas, in Brasilien lag. Er glaubte auch, daß noch weitere solcher Städte im Dschungel verborgen seien, allesamt Überreste einer alten, fortgeschrittenen Zivilisation, deren Menschen zwar inzwischen degeneriert seien, aber noch immer die Relikte einer vergessenen Vergangenheit bewahrten.

1925 fand seine engagierte Suche ein Ende, denn er verschwand auf seiner letzten Expedition. Der letzte Eintrag in seinem später wiedergefundenen Tagebuch deutete darauf hin, daß er glaubte, in knapp zwei Wochen die Stadt erreichen zu können, nach der er so lange gesucht hatte.

Fand er sie? Oder wurde er von eben den Indianern getötet, die seiner Meinung nach die Stadt beschützten? Colonel Fawcetts Verschwinden bleibt eins der großen Geheimnisse in der Geschichte der Entdeckungen. Seine eigenen Worte wären eine passende Grabinschrift: »Was kann faszinierender sein als die Erforschung der Geheimnisse der Vergangenheit und der Geschichte der Zivilisation selbst?«

Die Prophezeiungen von Fatima

Vor mehr als siebzig Jahren behaupteten drei Hirtenkinder, sie hätten die Erscheinung »einer wunderschönen Frau vom Himmel« gesehen, die ihnen im Lauf der Zeit drei Geheimnisse anvertraute. Zwei dieser Offenbarungen wurden später veröffentlicht, die dritte jedoch liegt verschlossen in einem Gewölbe des Vatikans.

Lucia, Francesco und Jacintha behaupteten, sie hätten die Erscheinung in einer Wolke über einem Baum in der Nähe des portugiesischen Dorfes Fatima gesehen. Die geheimnisvolle Frau habe ihnen befohlen, am Dreizehnten jedes Monats an diesen Ort zurückzukehren. Am festgesetzten Tag des folgenden Monats wanderten die Kinder wirklich wieder zu der Eiche, gefolgt von etwa fünfzig Dorfbewohnern, denn die Geschichte der Kinder hatte sich in Windeseile in ganz Fatima verbreitet.

Während einige Zeugen behaupteten, tatsächlich eine tiefhängende Wolke über dem Baum bemerkt zu haben, sah niemand außer den Kindern die Frau selbst. Daran änderte sich auch in den folgenden Monaten nichts, und bald lästerten Skeptiker über die Kinder und die Erwachsenen, die sich hatten täuschen lassen. Aber die Kinder beharrten darauf, daß sie die Wahrheit gesagt hätten.

Obwohl die Amtskirche vor Wut schäumte, kehrten die Kinder weiterhin am Dreizehnten jedes Monats zu dem Baum zurück. Am 13. Oktober 1917, einem regenverhangenen Tag, trat die Erscheinung ein letztes Mal auf. Unzählige gläubige Katholiken, die alle auf ein Wunder hofften, drängten sich um den Baum. Obwohl auch weiterhin nur die Kinder die Frau sehen konnten, gab sie sich als »Muttergottes vom Rosenkranz« zu erkennen und verriet ihnen die drei Geheimnisse. Dann verschwand die Vision. Plötzlich hörte der Regen auf, so berichteten die Dorfbewohner später, die Wolken zerteilten sich und enthüllten eine Sonne, die zur Erde zu stürzen schien. Die entsetzte Menschenmenge glaubte, das Ende der Welt sei gekommen, doch dann kehrte die Sonne an ihre gewohnte Position zurück. Angeblich trat dieses Phänomen danach noch zweimal auf.

Aber was war nun mit den Geheimnissen, die den Kindern anvertraut worden waren? Francesco und Jacintha, die während der Grippeepedemie 1918 starben, sprachen nie darüber, doch Lucia schrieb später auf Bitten des Heiligen Stuhls einen Bericht über ihre Erlebnisse, in dem sie auch die drei Prophezeiungen enthüllte. Die eine sei eine Vision der Hölle, so schrieb sie, die zweite handele vom Ausbruch des Zweiten Weltkriegs und erwähne unter anderem ein »großes, unbekanntes Licht«, das Hitlers Einmarsch in Österreich im Jahr 1938 begleite.

Auf Bitten der Dame, so Lucia, dürfe das dritte Geheimnis nie enthüllt werden, und es blieb auch wirklich in einem versiegelten Umschlag verborgen, bis Papst Johannes XXIII. 1960 das Siegel erbrach. Aber die Prophezeiung entsetzte Seine Heiligkeit so, daß er sie sofort wieder versiegeln ließ und befahl, sie dürfe nie veröffentlicht werden.

Eine erstaunliche Begegnung

Der inzwischen legendäre Untergang des Passagierschiffes *Andrea Doria* war zur damaligen Zeit weltweit ein Medienereignis. Eine der weniger bekannten Episoden im Zusammenhang mit dieser Katastrophe handelt von einem bizarren Zusammentreffen.

Der schwedische Ozeandampfer, der die *Andrea Doria* rammte, drang auch in den Bereich der Passagierkabinen ein. In einer der Kabinen befand sich ein junges norwegisches Mädchen, das aus Angst und Verzweiflung in ihrer Muttersprache zu schreien begann.

Zufällig hörte einer aus der Mannschaft des schwedischen Schiffes, ein norwegischer Seemann, die Hilfeschreie des Mädchens. Es klang, als würde jemand direkt neben seiner Kabine schreien. Er versuchte zu helfen. Durch die zersplitterte Wand des Schiffes hindurch konnte er direkt in die Kabine des Mädchens auf der *Andrea Doria* greifen und es in seine Kabine ziehen.

Die beiden Schiffe waren genau an der Stelle zusammengestoßen, wo sich die Kabinen der beiden Norweger befanden.

Der Meteor von Forest Hill

Der 8. Dezember 1847 begann in Forest Hill, Arkansas, hell und sonnig. Noch am selben Abend sollten die Leute über einen ungewöhnlichen Vorfall diskutieren, der im Verlauf des Tages passiert war.

Am Nachmittag dieses Frühwintertages zogen unvermittelt drohende graue Wolken auf, die die Sonne verdeckten und den Himmel verdüsterten. Die Wolken schienen von einem »roten Glühen wie von vielen Fackeln« erleuchtet zu sein, wie Augenzeugen berichteten. Plötzlich gab es eine ohrenbetäubende Explosion. Die Häuser erzitterten, die Kirchenglocke begann zu läuten. Schließlich fiel ein faßförmiges Objekt, einen Feuerschweif hinter sich herziehend, vom Himmel.

Der Feuerball grub sich knapp außerhalb von New Forest in den Boden, wo er ein Loch von 60 Zentimeter Durchmesser und 250 Zentimeter Tiefe hinterließ. Auf dem Grund des Lochs lag rauchend ein riesiger Stein. Er war so heiß, daß Wasser, das man in das Loch goß, sofort verdampfte. Und die Luft war, laut Augenzeugenberichten, erfüllt von Schwefelgestank.

Einige Experten hielten den Feuerball natürlich für einen Meteor, obwohl Meteore gewöhnlich nicht von plötzlichen Wolkenformationen begleitet werden. Andere sind der Meinung, während eines Gewitters sei ein Blitz in den Boden eingeschlagen und habe Erdbrocken zu einem steinähnlichen Gebilde namens Fulgurit zusammengeschmolzen. Doch diese Erklärung läßt natürlich das Projektil unberücksichtigt, das viele Augenzeugen vom Himmel hatten fallen sehen.

Hungertod im Palast

Im fünfzehnten Jahrhundert lebte in Cheshire, England, ein Bauernjunge namens Robert Nixon, ein stiller, geistig zurückgebliebener junger Mann. Nur wenige Leute schenkten dem Geplapper, das hin und wieder aus ihm hervorbrach, Beachtung. Erst als er in den Dienst des Königs gerufen wurde, erkannte man seine besondere Begabung.

Als Nixon nämlich eines Nachmittags im Feld arbeitete, rief er plötzlich und unerklärlicherweise aus: »Los, Dick! Los, Harry! Das war aber schlecht, Dick! Sehr gut, Harry! Harry ist der Sieger!« Seinen Kollegen auf dem Feld sagten diese Sätze nichts, und normalerweise hätten sie den Vorfall sofort wieder vergessen. Aber tags darauf brachte ein durchreitender Kurier aus London die Meldung, König Richard III. sei im Kampf gegen die Truppen seines Rivalen Heinrich Tudor getötet worden. Die Schlacht, so erfuhren die Leute in Cheshire, habe am Tag zuvor stattgefunden, und zwar offensichtlich zu der Zeit von Nixons unverständlichem Ausruf.

Als Heinrich Tudor, inzwischen Heinrich VII. von England, von diesem Vorfall hörte, schickte er sofort nach dem geistig zurückgebliebenen Visionär. Doch Nixon wurde hysterisch, als man ihm den Befehl des Königs überbrachte. Er hatte entsetzliche Angst vor London und bettelte darum, nicht gehen zu müssen. Denn dort, so sagte er, würde er verhungern. Er wurde aber trotz seines Protests in den Palast gebracht, wo Heinrich Nixons Fähigkeiten prüfen wollte.

Zu diesem Zweck versteckte Heinrich einen wertvollen Diamanten, behauptete, ihn verloren zu haben, und bat

Nixon, ihn zu suchen. Doch Nixons Begabung war größer, als der König angenommen hatte. Ruhig und verständlich und dabei ein altes Sprichwort zitierend, sagte er, daß derjenige, der einen Gegenstand versteckt, doch fähig sein sollte, ihn auch wiederzufinden. Deshalb sei es nicht nötig, antwortete er dem König, daß er Seiner Majestät sage, wo der Diamant sei.

Der Überlieferung nach war Heinrich so beeindruckt, daß er Nixon einen Platz im Palast zuwies, damit die Offenbarungen des neuentdeckten Propheten aufgeschrieben werden konnten. Und wirklich sah Nixon während seiner königlichen Anstellung die englischen Bürgerkriege, den Krieg mit Frankreich und den Tod und die Abdankung von Königen voraus. Nur eine seiner Prophezeiungen — daß die Stadt Nantwich von einer großen Flut zerstört werde — muß erst noch eintreffen.

Trotz seiner großen Erfolge in königlichen Diensten wurde Nixon ständig von der Furcht vor dem Hungertod geplagt. Um seinem Propheten die Angst zu nehmen, befahl Heinrich, Nixon müsse zu essen erhalten, gleichgültig, was und wann er es wolle, ein Befehl, der Nixon nicht gerade zum Liebling des Küchenpersonals machte. Und sooft Henry nicht im Schloß war, wies er Nixon einen Soldaten zu, der über sein Wohlergehen wachte.

Der Soldat nahm nun offensichtlich seinen Auftrag so ernst, daß er Nixon in einen Wandschrank einschloß, um ihn vor Schaden zu bewahren. Doch als er eines Tages während der Abwesenheit des Königs vom Palast abberufen wurde, vergaß er einfach, daß Nixon im Schrank eingesperrt war. Als man ihn dann endlich fand, war er wirklich verhungert.

Nomen est omen

(Um die folgende Geschichte besser verstehen zu können, sollte der deutsche Leser wissen, daß der englische Begriff *chance* in diesem Kontext etwa »glücklicher Zufall« bedeutet; Anm. d. Übers.)

Frederick Chance fuhr mit hoher Geschwindigkeit eine einsame Straße in Stourbridge, Worchester, in England entlang, als er plötzlich die Scheinwerfer eines entgegenkommenden Autos bemerkte. Beide Wagen fuhren so schnell, daß ein rechtzeitiges Ausweichen unmöglich und der Zusammenprall unvermeidlich war. Als Chance nun mit nur geringfügigen Verletzungen aus seinem Wrack geklettert war, sah er in dem anderen Auto nach und stellte erleichtert fest, daß auch dessen Fahrer kaum verletzt war. Chance war froh, daß der Unfall so glimpflich abgelaufen war, und stellte sich dem anderen Fahrer vor. Doch dieser riß ungläubig die Augen auf, denn auch er hieß Frederick Chance.

Steinzeitkannibalen

Im allgemeinen gehen moderne Anthropologen davon aus, daß Geschichten über Kannibalismus bei primitiven Stämmen meist nur Legenden sind. Doch der Archäologe Jean Courtin fand bei Ausgrabungen deutliche Anzeichen dafür, daß zumindest eine Gruppe von Höhlenbewohnern in der Steinzeit Menschenfleisch verspeist haben mußte.

Bei Forschungsarbeiten in einer Höhle in Fontgregoua im Südwesten Frankreichs fanden Courtin und seine Kollegen die Überreste von sechs Menschen, die seit über 6000 Jahren tot waren. Bei einer genaueren Untersuchung zeigten sich an den Knochen winzige Schnitt- und Hiebspuren. Das Fleisch der Toten war offensichtlich systematisch von den Knochen gelöst worden.

Während Courtins Fund nun nicht beweist, daß derjenige, der das Fleisch ablöste, es auch wirklich aß, deutet er zumindest darauf hin, daß Menschen Angehörige ihrer eigenen Spezies mit Werkzeugen schlachteten. Der Anthropologe Paolo Villa, der die Knochen untersuchte, ist der Ansicht, daß die Knochen sechs Kriegsgefangenen gehörten, die von ihren Feinden getötet und aufgegessen wurden.

Unheimliche Quellen

An einem milden, trockenen Oktoberabend im Jahr 1963 bemerkten Francis Martin und seine Familie beim Fernsehen plötzlich einen sich immer weiter ausbreitenden nassen Fleck an einer Wand ihres Hauses in Methuen, Massachusetts. Dann hörten sie plötzlich einen Knall und mußten zusehen, wie Wasser aus dem Fleck spritzte. Das Wasser floß etwa 20 Minuten, hörte auf und floß etwa fünfzehn Minuten später noch einmal. In den folgenden Tagen trat das Phänomen auch an anderen Stellen im Haus auf.

Bald war das Haus der Martins so feucht, daß es unbewohnbar wurde und die Familie zu Mrs. Martins Mutter ins nahe Lawrence ziehen mußte. Doch die unheimlichen Quellen sprudelten bald darauf auch in diesem Haus in Lawrence. Der stellvertretende Feuerwehrhauptmann, den man herbeigerufen hatte, damit er die Wasserleitungen untersuchte, konnte keine Lecks finden, die für die Wasserdurchbrüche, die er selbst bezeugen konnte, hätten verantwortlich sein können.

Nun beschloß Martin, in das Haus in Methuen zurückzukehren, wo er sofort die Hauptwasserzufuhr abdrehte und alle Leitungen entleerte. Doch obwohl alle Leitungen in ausgezeichnetem Zustand waren, sprudelte weiterhin Wasser aus den Wänden. Und als die Familie nun wieder nach Lawrence zog, folgten auch die Quellen.

Nach einiger Zeit endeten diese Übergriffe des Wassers ebenso geheimnisvoll, wie sie begonnen hatten.

Die Vision des Cyrano de Bergerac

Die legendäre Nase des Cyrano de Bergerac fand Eingang in viele moderne Erzählungen, aber die Geschichten, die dieser französische Autor selbst verfaßte, verdienen eigentlich noch größere Aufmerksamkeit.

In seinen posthum veröffentlichten Erzählungen über Reisen zur Sonne und zum Mond beschrieb er die Bahnen der Planeten um die Sonne, ein bewegtes Himmelssystem also, das zu seiner Zeit noch nicht allgemein akzeptiert war. Er erwähnte auch eine Art Raketenantrieb. Darüber hinaus vertrat Cyrano die Theorie, daß traditionelle Mythen und Religionen den Menschen auf der Erde von außerirdischen Besuchern überliefert worden seien.

Für die Himmelsreisen stand in Cyranos Geschichten eine erstaunliche Fülle von Apparaten zur Verfügung, die im siebzehnten Jahrhundert noch unbekannt waren. Auf Cyranos Zeitgenossen wirkten seine Ideen — bewegliche Unterkünfte, Maschinen zur Aufnahme und Wiedergabe von Sprache, Röhren als Lichtquellen — mit Sicherheit bizarr. Aber für uns haben sie eine erstaunliche Ähnlichkeit mit Wohnmobilen, Kassettenrecordern und Glühlampen.

Die Rache der Fische

Das Lieblingsgericht der Eingeborenen von Papua, Neuguinea, ist der Nadelfisch, eine dünner, silbriger Meeresbewohner mit einer knapp acht Zentimeter langen, knochigen Schnauze. Doch irgendwann begann der Fisch seine potentiellen Fänger anzugreifen — mit tödlichen Folgen, denn Berichten nach gab es bis zu zwanzig Opfer pro Woche. Die Eingeborenen baten deshalb die Geisterwelt um Schutz und sangen Beschwörungen, während sie in ihren Booten auf Beute warteten.

Der Arzt Peter Brass machte schon eine Woche nach seinem Dienstantritt im *Milne Bay Hospital* Bekanntschaft mit den Folgen dieser Nadelfischangriffe. Dorfbewohner brachten ihm die Leiche eines Fischer, der an einem scharfen Knochen, der seine Brust durchstochen hatte, gestorben war. Die Herkunft dieses Knochens wurde deutlich, als ihm die Eingeborenen eine Woche später einen weiteren toten Fischer brachten. Denn diesmal hing an dem Knochen noch der zugehörige Körper: ein lebender Nadelfisch, der sich in den Bauch des Mannes gegraben hatte.

In den folgenden Woche sah Brass noch zahlreiche Fälle von Nadelfischangriffen, wobei die meisten nachts passiert waren. Deshalb ging der Arzt zunächst davon aus, daß die Fische, etwa wie die Motten, von den Laternen der Fischer angezogen wurden und ihre arglosen Opfer nur zufällig »erstachen«. Aber es gab auch andere, die bei Tag angegriffen worden waren, darunter auch ein dreijähriges Mädchen, das nach einem solchen Nadelfischhieb gelähmt war. Brass schloß daraus, daß sich die Fische absichtlich auf die Insassen der Boote stürzten, um sich, nach Art der Kamikazeflieger, an ihren Jägern zu rächen.

Das Philadelphia-Experiment

Im Jahre 1943 entwickelte die amerikanische Marine in Philadelphia ein streng geheimes Experiment, um die optimale Waffe zu testen: ein unsichtbares Schlachtschiff. Doch als Folge dieses Experiments litten zahlreiche Personen an bizarren Nachwirkungen, darunter als spektakulärste die spontane Totalverbrennung, und die Regierung beendete — und vertuschte — schließlich das Projekt.
Die Marine hatten ein starkes elektromagnetisches Feld (EMF) benutzt, um das zerstörte Begleitschiff *U. S. S. Eldridge* für Radarschirme und Magnetminen unauffindbar zu machen. Doch während des Zweiten Weltkriegs wußten die Wissenschaftler noch nichts von den schädlichen Folgen, die EMFs auf das zentrale Nervensystem haben können. So kam es vor, daß während der Arbeiten einige Besatzungsmitglieder aus Unachtsamkeit der Quelle der elektromagnetischen Energie zu nahe kamen.
Die Marine leugnet auch weiterhin dieses Experiment und behauptet, es sei eine Legende aus einem Buch über Ufos. Doch der Fall ist noch nicht abgeschlossen, denn immer wieder kommen neue Indizien ans Tageslicht.

Leute erinnern sich oft in solcher Detailtreue an frühere Leben, daß man fast nicht umhin kann, die Reinkarnation als Tatsache zu akzeptieren. Aber die Wissenschaft verlangt Beweise. Sollte sich nun ein von Geburt an Blinder an visuelle Eindrücke aus seinem früheren Leben erinnern, so meint der Philosophieprofessor James Parejko, könnte dies durchaus ein Beweis für die Reinkarnation sein. Mit einem Experiment an der *Chicago State University* wollte er seine Hypothese überprüfen.

Parejko begann damit, daß er drei blinde Testpersonen hypnotisierte und sie so in ein früheres Leben zurückführte. Wie er gehofft hatte, berichteten alle drei, sie würden Dinge *sehen*. Sie erzählten zum Beispiel von flackernden Kerzen, gelben Zähnen und von Leuten mit Flecken im Gesicht. Und ihre Angaben deuteten auf Reaktionen hin, die typisch für Sehende sind. So berichtete eine Testperson, sie habe wegsehen müssen, als die Sonne auf Juwelen ihres Gegenübers fiel. Würde ein Blinder überhaupt auf den Gedanken kommen, daß eine solche Reaktion notwendig sei?

Parejko widerspricht Skeptikern, die meinen, daß die drei Blinden ihre Beschreibungen sehr einfach in Büchern hätten nachlesen können. Er zitiert dazu einen Mann, der, nachdem er sein Augenlicht wiedererhalten hatte, verblüfft war über den Unterschied zwischen der Art, wie er sich die Dinge vorgestellt hatte, und wie er sie nun wirklich sah. Und die Blinden berichteten darüber hinaus, daß die Erinnerung an ihre früheren Leben viel lebendiger sei als ihre Träume.

Die Suche nach Jason

Jason, einer der größten Forschungsreisenden der griechischen Mythologie, besiegte mit seiner Mannschaft, den Argonauten, auf seiner Suche nach dem Goldenen Vlies so legendäre Feinde wie die Amazonen und die Harpyien, Zwitterwesen, halb Vogel, halb Frau. Der Oxforder Gelehrte Tim Severin glaubt nun, daß Jason mehr war als ein nur fiktiver Held.

Nach Severins Meinung lebte Jason in der Bronzezeit, vor etwa 3000 Jahren. Weil es aus dieser Zeit keine schriftlichen Chroniken gibt, beschloß Severin, mit einer Expedition Jasons alte Reiseroute nachzufahren und dabei archäologische Beweise für Jasons Existenz zu suchen.

Im März 1984 stachen Severin und eine Gruppe von zwanzig Kollegen mit einem Schiff, das der Gelehrte nach Jasons berühmtem Wassergefährt *Argo* getauft hatte, vom griechischen Volos aus in See. Denn Volos liegt angeblich am selben Ort wie Jasons Heimat, die antike Stadt Pegasae, und von dort aus wollte Severin ins Schwarze Meer segeln, wo er das Königreich Colchis, die Heimat von Jasons Frau, der Zauberin Medea, zu finden hoffte. Dieses Colchis wird irgendwo auf dem Gebiet der Sowjetrepublik Georgien vermutet.

Eindeutige Spuren konnte Severin bis jetzt noch nicht finden, aber er ist zuversichtlich, daß sowjetische Archäologen irgendwann den Beweis dafür liefern können, daß Jason in uralter Zeit wirklich das heutige Georgien durchstreifte. Denn immerhin, so betont Severin, haben doch Legenden in den allermeisten Fällen einen wahren Kern.

Bis auf einige Gewitterwolken in etwa 60 Meilen Entfernung war der Himmel klar, als ein russisches Passagierflugzeug 1984 den Flugplatz der Stadt Sotschi verließ. Alles deutete auf einen Routineflug hin. Doch gleich nach dem Start bemerkten die Piloten einen leuchtenden Feuerball von etwa zehn Zentimeter Durchmesser vor dem Cockpitfenster. Mit einem ohrenbetäubenden Knall jagte der Feuerball plötzlich durch die Metallwand des Flugzeugrumpfs und tauchte im Passagierabteil wieder auf. Die Fluggäste mußten entsetzt zusehen, wie er über ihre Köpfe hinweg in den hinteren Teil der Kabine raste, wo er sich in zwei Halbkugeln teilte. Doch im nächsten Augenblick waren die beiden Hälften wieder vereinigt, und der Ball verschwand, ohne eine Spur zu hinterlassen, durch das Flugzeugheck.

Die Piloten wendeten die Maschine und kehrten sofort nach Sotschi zurück, wo schwere Schäden am Radarsystem des Flugzeugs festgestellt wurden. An Rumpf und Heck des Flugzeugs wurden außerdem Löcher entdeckt.

Nach Meinung sowjetischer Wissenschaftler war dieser Feuerball ein Kugelblitz, ein seltenes und noch kaum erforschtes Phänomen, dessen Bekanntschaft einige Jahre zuvor auch ein amerikanisches Militärflugzeug machen mußte. Ähnlich wie bei dem sowjetischen Fall drang auch hier der Feuerball durch das Cockpit ein, schoß an den beiden erstaunten amerikanischen Piloten vorbei durch das Flugzeug und verließ es am Heck wieder.

Der menschliche Blitzableiter

Die meisten von uns haben Angst davor, während eines Gewitters von einem Blitz getroffen zu werden, aber das Risiko, daß dies passiert, ist eigentlich sehr gering. Und daß man mehr als einmal getroffen wird, ist noch unwahrscheinlicher. Für Betty Jo Hudson freilich ist dieses Risiko ungleich höher. Denn diese Frau aus Winburn Chapel, Mississippi, ist inzwischen überzeugt davon, ein menschlicher Blitzableiter zu sein.

Mrs. Hudson entdeckte ihre elektrische Affinität schon als Kind, als sie von einem Blitz ins Gesicht getroffen wurde. Kurz darauf erhielt ihr Elternhaus einen starken elektrischen Schlag und wurde schließlich 1957 von einem weiteren Blitzschlag vollkommen zerstört. Als sie dann Ernest Hudson heiratete, schienen die Blitze ihre Richtung zu ändern. Nun wurde ihr neues Haus zum Ziel, dreimal schlug der Blitz ein. Auch die Nachbarhäuser waren diesmal betroffen; die Blitze schlugen in die Bäume und in die Wasserpumpe im Hof ein, einer tötete sogar den Hund der Hudsons.

Die letzte Episode geschah erst kürzlich: Die Hudsons enthülsten eines Sommernachmittags Erbsen auf ihrer Veranda, als ein aufziehendes Gewitter sie ins Haus trieb. Während sie sich verängstigt aneinanderkuschelten, hörten sie plötzlich einen entsetzlichen Krach: Ein Blitz hatte ihr Schlafzimmer verwüstet.

Werbewirksamer Selbstmord

Verbreitete Motive für einen Selbstmord sind die Flucht vor Sorgen, vor unerträglichen Schwierigkeiten oder unheilbaren Krankheiten, sie geschehen aus Protest oder um der Ehre willen — in Japan und anderen asiatischen Ländern kommt das häufig vor —, oder auch aus unerfüllter Liebe, was heute allerdings seltener vorkommt als in früheren, romantischeren Zeiten. Das Angebot des portugiesischen Dichters Joaquim Castro Ca'des, nur um der Publicity willen Selbstmord zu begehen, stellt hierbei eine interessante Ausnahme dar. Er richtete das Angebot gutgläubig an die Gulbenkian-Stiftung, eine Weltorganisation, die sich den Künsten widmet.
Für seinen Selbstmord verlangte er 7000 Dollar (in portugiesischer Währung klingt es besser: 1320000 Escudos). Er reichte sogar eine Aufstellung ein, wie das Geld verwendet werden sollte: 70000 für Revolver und Kugeln; 500000 für die Verbrennung und das anschließende Verstreuen der Asche in dem durch Lissabon fließenden Fluß Tejo; 500000 für ein gutes Orchester, das Mahlers *Kindertotenlieder* spielen sollte; und 250000 für eine Vorführung von 200 Clowns.
Wie nicht anders zu erwarten, lehnte die Stiftung das detaillierte und originelle Angebot natürlich ab. Doch es gelangte auch so an die Presse, das zukünftige »Opfer« hatte sie selbst informiert. Und der Dichter erhielt nun die Publicity, die er wollte, ohne sich dafür wirklich töten zu müssen.

Ein heldenhafter Hund

Als Christine Harrison ihre Eltern in Barnsley, England, besuchte, brachte sie Percy, ihren Chihuahua, mit. Während dieses Besuchs lief Percy auf die Straße, wurde von einem Auto überfahren und ganz offensichtlich getötet. Die Familie steckte das geliebte Haustier in eine feste Papiertüte und begrub es einen halben Meter tief im Garten.

Aber Mick, der Hund von Christines Eltern, ließ das Grab nicht in Ruhe. Der Terrier schnüffelte und kratzte wie wild im Dreck. Schließlich grub er den Sack wieder aus und trug ihn ins Haus, wo er sofort damit begann, den Chihuahua abzulecken. Percy war offensichtlich nur ohnmächtig, sein Herz schlug noch schwach.

Die Familie brachte den Chihuahua nun eilends zum Tierarzt, der ihn wiederbelebte und schließlich zu der Diagnose kam, Percy habe wohl einen Schock erlitten und unter der Erde nur überlebt, weil in der Papiertüte noch Luft war. Micks massierendes Lecken habe den Blutkreislauf des kleineren Hundes wieder angeregt.

Percy wurde wieder ganz gesund, und der englische Tierschutzverein, die *Royal Society for the Prevention of Cruelty to Animals,* nominierte Mick für einen Lebensrettungsorden. Was aber Christine an Micks bemerkenswertem Heroismus am meisten beeindruckte, war die Tatsache, daß die beiden Hunde sich eigentlich immer gehaßt hatten.

Kanalkrokodile

Geschichten von Alligatoren im New Yorker Abwasserkanalsystem haben seit Jahren, trotz mangelnder Beweise, Hochkonjunktur. Doch in Cairns, Australien, sind bis über einen Meter lange Krokodile in den unterirdischen Röhren keine Seltenheit. Obwohl für gewöhnlich diese Tiere die Bewohner der Stadt höchst selten belästigen, bekam zumindest eines von ihnen Appetit auf Menschenfleisch.

Eines Nachmittags ging der einundzwanzigjährige Leon Phillips die Hauptstraße von Cairns entlang, als ein kräftiges Krokodil plötzlich den Kopf aus einem Gully streckte und den jungen Mann am Bein packte. Doch Phillips hatte Glück: er konnte mit seinen festen Cowboystiefeln und Unterstützung eines Taxifahrers das Krokodil wieder wegstoßen.

Niemand weiß genau, wie die Krokodile in das Kanalsystem gelangten, aber einige Einwohner vertreten die Theorie, daß jemand sich möglicherweise einige Krokodile als Haustiere hielt und sie im Kanalsystem freisetzte, als sie ihm zu groß wurden.

Das Auge Gottes

Das medizinische Symbol auf ärztlichen Rezepten, das aussieht wie ein R mit einem Querbalken am unteren Ende, ist eigentlich gar kein Buchstabe. Es ist eine stilisierte Form der Hieroglyphe für »Auge« — für das Auge des Horus, des ägyptischen Gottes der Medizin und der Heilkunst. Von den Ärzten längst vergangener Zeiten zum Symbol ihrer Kunst erwählt, hat es die Zivilisation des pharaonischen Ägypten um Tausende von Jahren überlebt, und wenn heutige Ärzte ihre Rezepte ausstellen, erweisen sie, oft ohne es zu wissen, dem ägyptischen Gott der Medizin und der Heilkunst ihre Reverenz.

Der Zombie auf dem Feld

Ob es sie nun wirklich gibt oder nicht, zumindest in Haiti gehören die Zombies zum Alltag. Eine mögliche Erklärung für die vielen Fälle, in denen offensichtlich Tote und bereits Begrabene wieder ins Leben zurückgeholt und als Handlanger verwendet werden, liegt wohl darin, daß diese sogenannten Toten gar nicht wirklich tot sind, sondern in einem von bewußt verabreichten Drogen hervorgerufenen tiefen Koma liegen. Die ausgesuchten Opfer werden von den Anhängern des Voodoo-Kults begraben, sobald sie dem Anschein nach tot sind, dann wieder ausgegraben, mit anderen Drogen wiederbelebt und schließlich als Landarbeiter verkauft. Mrs. Gloria Andrulonis, eine Dame, die vor einigen Jahren auf einem Gut im ländlichen Haiti lebte, hatte ein sehr ungewöhnliches Erlebnis mit Zombies, als die Tochter ihrer Köchin starb. Das Mädchen wurde zwar ordnungsgemäß begraben, jedoch erzählten wenige Tage nach der Beerdigung Bedienstete vom angrenzenden Gut der Köchin, sie hätten ihre Tochter zusammen mit einer Gruppe Zombies bei der Arbeit auf der Nachbarplantage beobachtet.

Als Mrs. Andrulonis ihre Köchin fragte, was sie deswegen unternehmen wolle, antwortete die Frau: »Nichts. Was kann man denn schon tun? Sie ist tot. Sie wurde begraben, und ihre Seele hat sie verlassen.«

Der Legende nach darf man Zombies nur ungesalzene und ungesüßte Nahrung geben. Doch es gibt Berichte aus Haiti, wonach sogenannte Zombies Süßigkeiten gegessen hatten, sich danach an ihren Tod erinnerten und versuchten, in ihre Gräber zurückzukehren.

Das Geheimnis der sowjetischen Mumien

Sowjetische Wissenschaftler entdeckten bei der Erkundung von Höhlen in Zentralrußland eine regelrechte Totenstadt mit Dutzenden uralter mumifizierter Männer, Pferde und wilder Tiere. Einer wissenschaftlichen Hypothese nach waren diese Männer vor der Armee Alexanders des Großen geflohen, der im vierten Jahrhundert vor Christus das heutige Afghanistan erreichte. Sie hätten aber auch vor einer Familienfehde in diese Höhlen fliehen können, wo schließlich ein geheimnisvoller, kollektiver Tod sie ereilte. Andere, wie Brad Shore, ein Anthropologe von der *Emory University,* glauben, die Männer seien Opfer einer Naturkatastrophe geworden: ein Schlamm- oder Erdrutsch habe die Männer von der Außenwelt abschneiden, sie so lebendig begraben und ihre Leichen konservieren können.
Doch die Mumien weisen auch Anzeichen einer Milbeninfektion auf, Wundmale, die sehr schmerzhaft gewesen sein mußten. Das Bergvolk, das heute in diesem Gebiet lebt, überrascht dies nicht. Denn unter ihnen gibt es die Legende, daß die Schwarze Pest durch weiße Milben aus eben diesen Höhlen verursacht wurde.

Die Bombe unter dem Bett

Mit Maschinengewehr- und Artilleriefeuer näherten sich 1941 die Nazis der sowjetischen Stadt Berdiansk. Zinaida Bragantsowa saß nähend am Fenster und versuchte, die Ruhe zu bewahren. Plötzlich spürte sie einen heftigen, heißen Windstoß und wurde ohnmächtig. Als sie wieder zu sich kam, bemerkte sie ein großes Loch im Boden. Eine deutsche Bombe lag auf dem Grund des Lochs. Da sie wegen des ununterbrochenen Beschusses nicht die Behörden um Hilfe bitten konnte, besserte sie das Loch einfach aus und wartete das Ende des Krieges ab.
Noch Jahre danach erzählte sie jedem, der ihr zuhörte, von der Bombe unter ihrem Bett, aber niemand wollte ihr die Geschichte glauben. Ihre Nachbarn hielten sie für verrückt. Und die sowjetischen Behörden beschuldigten die Frau sogar, die ganze Geschichte nur erfunden zu haben, um eine neue Wohnung zu bekommen.
Doch 1984 wurde in Bragantsowas Viertel ein Telefonkabel verlegt, und Abrißexperten suchten in ganz Berdiansk nach übriggebliebenen Bomben aus dem Zweiten Weltkrieg. Wieder bat Bragantsowa, man möge ihre Bombe entfernen. Diesmal wurde ein Armeeleutnant mit der Nachforschung beauftragt, und er fand auch wirklich eine deutsche 500-Pfund-Bombe unter dem Bett der alten Frau, das sie über die Stelle geschoben hatte, um das häßliche Flickwerk zu verdecken.
Nachdem die Nachbarn hastig evakuiert worden waren, wurde die Bombe gesprengt, wobei das Haus der Bragantsowa zu Bruch ging. Doch die alte Frau war die Bombe endlich los und erhielt auch eine neue Wohnung.
Die Gefahr bei diesen jahrzehntealten Bomben ist, daß

sie plötzlich und ohne erkennbaren Grund explodieren können. Zinaida Bragantsowa hatte Glück, daß die Bombe unter ihrem Bett 43 Jahre inaktiv war und nach ihrer Entdeckung gefahrlos zur Detonation gebracht werden konnte.

Das Teufelsmeer vor Japan

Das Bermuda-Dreieck hat möglicherweise im Pazifik vor der Küste Japans ein ebenso geheimnisvolles Pendant. Im Meer der Dämonen oder auch im Teufelsmeer, wie man dieses Gebiet nennt, waren bereits neun Schiffe spurlos verschwunden, als die Regierung im Jahr 1955 ein Untersuchungsteam dorthin schickte. Doch die Expedition fand nicht nur keine Spuren der ersten neun Schiffe, sondern verschwand auch selbst nach wenigen Tagen.

In den folgenden fünfzehn Jahren verschlang das Teufelsmeer noch mindestens ein Dutzend Schiffe. Und erst in jüngster Zeit startete das japanische Verkehrsministerium eine weitere Expedition, doch diesmal wurden die Wissenschaftler durch Roboter ersetzt. Eine automatische Boje soll die gefährliche Aufgabe der Analyse von Wind- und Wetterbedingungen und Wellengang übernehmen.

Einige Wissenschaftler nehmen an, daß das strenge Winterwetter und außergewöhnlich hohe Wellen für die Unfälle verantwortlich sind. Doch eine Besonderheit des Teufelsmeers ist bereits bekannt: Der magnetische und der eigentliche Norden fallen an dieser Stelle zusammen und sind für Navigationszwecke nicht mehr zu unterscheiden.

Die Pyramide auf dem Meeresgrund

Östlich der Küste von Florida und etwa 40 Kilometer nördlich von Kuba erhebt sich in etwa 330 Meter Tiefe eine pyramidenähnliche Formation vom Meeresboden. Sie ist so regelmäßig geformt, daß sie wie von Menschenhand errichtet scheint. Radarmessungen zufolge ist sie etwa 130 Meter hoch, ähnlich also wie die ägyptischen Pyramiden. Falls es sich hier wirklich um eine künstliche Pyramide handelt, wäre das ein weiterer Beweis für die Existenz einer untergegangenen alten Kultur, deren Gebäude, Straßen, Mauern, Treppen und Monolithen auf dem Meeresboden des Westatlantiks und der Karibik verstreut liegen. Es wären dann die Überreste von Siedlungen aus der Dritten Eiszeit vor etwa zehntausend Jahren, als die Ozeane sich absenkten und die Landmassen sich hoben.

Diese riesige Steinformation, die ebensogut eine von Menschen geschaffene Pyramide sein könnte, wurde in den siebziger Jahren von John Henry entdeckt, der mit Hilfe eines Sonars Fischschwärme aufspürte. Sie liegt nicht auf der Bahamaplatte, sondern auf dem Meeresboden, der in der Nähe von Cay Sal stark abfällt.

Wie auf dem Sonargerät zu erkennen ist, liegt die Spitze der Formation mehrere hundert Meter unter der Wasseroberfläche, was eine genaue Untersuchung durch Taucher unmöglich macht.

Die regelmäßige Form erinnert jedoch weniger an ägyptischen Pyramiden als an die aztekischen oder Maya-Pyramiden mit ihren kleinen Aufbauten auf den abgeflachten Spitzen. Schon mehrere Expeditionen untersuchten und fotografierten die Pyramide mit absenkbaren Kameras. Aufnahmen der Forscher Jacques Mayol und Ari Marshall lassen geheimnisvolle, blinkende Lichtkugeln an der Pyramidenbasis erkennen.

Vor etwa zehn Jahren kreuzte ein amerikanisches Atom-U-Boot auf dem Meeresboden des Bermuda-Dreiecks, als es plötzlich, so der Bericht verschiedener Mannschaftsangehöriger, gegen etwas Festes stieß. Da das U-Boot als Eisbrecher ausgerüstet war, wurde niemand verletzt und das Schiff blieb manövrierfähig. Tiefseekarten weisen für dieses Gebiet keine Unterwasserklippen oder -gebirge aus, doch Sonarmeßgeräte können eine Pyramide leicht übersehen, auch wenn sie in großer Tiefe operieren.

Da von offiziellen Stellen keine weitere Information zu erhalten ist, bleibt uns nur eine faszinierende Spekulation. Vielleicht kollidierte das modernste und höchstentwickelte Unterwasserkampfschiff der Geschichte mit einer Pyramide, die so alt ist, daß das Land, auf dem sie erbaut wurde, inzwischen im Meeresboden versank.

Ein Blick in die Hölle?

Erlebnisse in Todesnähe, bei denen die Betroffenen angeblich ihre Körper verlassen und auf ein helles Licht zustreben, sind ein immer häufiger zu beobachtendes Phänomen. Aber nach Maurice Rawlings, einem Professor für Medizin an der Medizinischen Fakultät der Universität von Tennessee in Chattanooga, sind einige dieser Reisen in die Außenbezirke des Himmels in Wirklichkeit möglicherweise Abstecher in die Hölle.

Rawlings befragte fast 300 Patienten unmittelbar nach ihrer Wiederbelebung. Und mehr als die Hälfte dieser Geschichten brachten ihn zu der Überzeugung, daß die Befragten Feuerseen und dämonische Gestalten gesehen hatten und eben nicht die friedlichen Bilder, die man aus den verbreiteten Geschichten aus dem Jenseits kennt. Rawlings glaubt, daß viele Leute ihre Berichte in wesentlichen Zügen verändern, einfach weil sie sich schämen, zuzugeben, daß sie vielleicht nicht in den Himmel kommen.

Extraterrestrische Starthilfe

An einem Sonntagabend im November 1976 fuhren Joyce Bowles und ihr Nachbar Ted Pratt in das britische Dorf Chilcomb, um Bowles Sohn abzuholen. Unterwegs begann das Auto plötzlich zu vibrieren und schleuderte auf die Grasnarbe neben der Straße. Scheinbar grundlos starb der Motor ab, die Scheinwerfer erloschen.

Plötzlich sahen Bowles und Pratt ganz in der Nähe ein glühendes, zigarrenförmiges Vehikel über der Straße schweben. Durch ein Seitenfenster der Zigarre waren drei Köpfe, hintereinander aufgereiht wie bei Passagieren in einem Bus, zu erkennen.

Nun verließ eine dieser Gestalten das mysteriöse Luftschiff und kam auf die Menschen zu. Das Wesen habe eine Art silberfarbenen Trainingsanzug getragen, berichtete Bowles später, und seine Augen seien intensiv rosafarben, aber ohne Pupillen oder Iris gewesen. »Es sah durchs Fenster auf das Armaturenbrett«, erinnerte sich Bowles. Sofort darauf sprangen Motor und Scheinwerfer wieder an. »Und dann verschwanden das Wesen und die Zigarre einfach.«

Nach Ansicht einiger Experten ist der Ort dieser Begegnung für Außerirdische äußerst attraktiv. Denn dort kreuzen sich Verbindungslinien zwischen uralten Begräbnisstätten auf der Insel.

High-Tech und Wünschelrute

Als 1951 *General Motors* (GM) in dem halb ausgetrockneten Port Elizabeth eine Fabrik eröffnete, litt dieser südafrikanische Landstrich unter einer großen Dürre. Doch die GM brauchte, wie jede andere große Produktionsstätte, eine zuverlässige Wasserversorgung. Wasser gibt es, tief in der Erde, natürlich auch dort, wo die Oberfläche knochentrocken ist, aber nirgends waren verläßliche Quellen zu finden. Und auch wissenschaftliche Nachforschungen nach unterirdischem Wasser waren bis dahin erfolglos gewesen.

Da die Manager von GM nun schon nichts mehr zu verlieren hatten, wandten sie sich an einen Wünschelrutengänger, der das Wasser unter der Oberfläche erspüren sollte. Der Leiter der Firma rief C. J. Bekker zu sich, einen örtlichen Rutengänger, der zufällig auch bei GM angestellt war und sich zur Mithilfe bereit erklärte.

Mit vor der Brust verschränkten Armen ging Bekker eine halbe Stunde lang über das Gelände der Firma. Doch dann blieb er plötzlich stehen und begann unkontrolliert zu zittern. Die GM-Manager würden Frischwasser finden, sagte Bekker, wenn sie genau an der Stelle grüben, wo er stand. Dann ging er weiter und entdeckte noch zwei weitere Stellen.

Die Manager markierten zwar die Stellen, um sie später wiederzufinden, blieben aber skeptisch. Um ganz sicher zu gehen, daß sie Bekker trauen konnten, verbanden sie ihm die Augen und ließen ihn den Prozeß wiederholen. Ohne zu sehen, wohin er ging, blieb Bekker genau an denselben Stellen wie zuvor stehen.

Die Firma mußte nun nur noch an einer der von Bekker bezeichneten Stellen graben, um so viel Wasser zu finden, daß keine weiteren Quellen mehr nötig waren.

Widerstandsfähige Gehirne

Während man allgemein das Gehirn für das empfindlichste Organ hält, gibt es doch zahlreiche Fälle von Gehirnverletzungen, bei denen die Patienten keine Schäden davontrugen. Einer dieser Fälle betraf eine junge Arbeiterin in einer Spinnerei, die 1879 von einem Maschinenbolzen über dem rechten Auge getroffen wurde. Die Wucht des Schlages trieb ihr Knochensplitter ins Gehirn. Bei der anschließenden Operation wurde das Organ noch weiter beschädigt. Aber die Frau wurde wieder ganz gesund und hatte in den ihr verbleibenden 42 Jahren ihres Lebens nicht einmal Kopfschmerzen.

Das Gehirn von Phineas Gage war vermutlich eins der widerstandsfähigsten aller Zeiten. Gage, zu der Zeit 25 Jahre alt und Vorarbeiter bei der Eisenbahn, stopfte am 13. September 1847 mit einer langen, an einem Ende scharf zugespitzten Eisenstange Sprengstoff in ein Loch. Als er mit der Stange auf einen Felsen traf, gab es einen Funken, der den Sprengstoff entzündete. Die Explosion trieb Gage die Eisenstange mit der Wucht einer Pistolenkugel knapp unterhalb des linken Auges durch den Wangenknochen. Die Stange drang dem Mann durch den Schädel, hätte ihm dabei beinahe das linke Auge aus der Höhle gedrückt und stand schließlich fast einen halben Meter am Hinterkopf wieder heraus.

Erstaunlicherweise verlor Gage nicht das Bewußtsein. Man brachte ihn in ein Hotel, von wo aus man einen Arzt benachrichtigen wollte. Bei der Ankunft dort richtete sich Gage auf und ging aus eigener Kraft ins Haus. Der eintreffende Arzt rief einen Chirurgen hinzu, der die Stange und dabei auch Knochensplitter und Fragmente der Gehirnmasse entfernte. Obwohl keiner der beiden Ärzte Gage eine Überlebenschance gab, verblüffte er später alle medizinischen Autoritäten, die ihn untersuchten. Bis auf den Verlust des linken Augenlichts waren keine Schäden zurückgeblieben.

Während gewisse Leute an der Glaubwürdigkeit prophetischer Träume zweifeln, haben doch viele in ihren Träumen die Zukunft vorausgesehen. Der Schriftsteller Rudyard Kipling zum Beispiel berichtet von einem Traum, in dem er an einem formellen Empfang teilnahm. Die Sicht auf eine nicht zu identifizierende Zeremonie war ihm durch den Bauch eines dicken Mannes vor ihm versperrt. Gegen Ende des Traums kam ein Fremder auf Kipling zu und bat ihn um eine Unterredung. Sechs Wochen später nahm Kipling an einer realen Veranstaltung teil, die er bald als die seines Traums wiedererkannte. Der ganze Ablauf war so, wie er es in seinem Traum gesehen hatte, und auch der Dicke und der Fremde befanden sich unter den Gästen.

Zahllose ganz gewöhnliche Leute hatten in ihren Träumen Visionen der Zukunft. Der vierjährige Robert Beresford aus Buckinghamshire, England, wußte im Oktober 1918 noch wenig vom Ersten Weltkrieg. Aber am Achtzehnten des Monats begann er plötzlich während seines Mittagsschlafs zu sprechen. »Die arme Mrs. Timms«, hörten Roberts Eltern ihn murmeln. »Warum sagt es ihr denn niemand?« Roberts Eltern waren verwirrt. Sie kannten keine Mrs. Timms und auch keinen Edwin. Denn während der Junge noch schlief, fragten ihn seine Eltern, was sie Mrs. Timms denn sagen sollten. »Es ist wegen Edwin«, antwortete er nach einigen Minuten. »Er ist tot, er liegt tot im Dreck.« Beim Aufwachen erinnerte Robert sich nicht mehr an seinen Traum.

Der Hausarzt, dem die Familie die Geschichte erzählte, erinnerte sich an eine Mrs. Timms, die etwa dreißig Kilometer entfernt wohnte. Er fragte nach und erfuhr, daß sie wirklich einen Sohn namens Edwin hatte, der in Frankreich stationiert war. Und dieser Edwin war am Tag des Traums im Kampf getötet worden. Robert Beresford hatte also über Edwins Tod berichtet, bevor dessen Mutter die offizielle Bestätigung erhielt.

Auch Helen Watson aus Ellerbuck, England, hatte einen prophetischen Kriegstraum, der ihren Sohn Teddy betraf. Teddy war nach der Schlacht bei Dünkirchen im Jahr 1940 unter den Vermißten gewesen. Während der Evakuierung von Dünkirchen wurden viele wichtige Unterlagen vernichtet, und es gab deshalb keine offizielle Information über den Ort von Teddys Grab. Eines Nachts im Jahr 1956 träumte Helen nun, sie stehe auf einem Soldatenfriedhof in Dünkirchen zwischen zahllosen Reihen anonymer Kreuze. Als sie auf eine der Grabstellen zuging, erschien plötzlich ihr Sohn, lächelte sie an und verschwand dann wieder.

Als sie dann später den Dünkirchener Soldatenfriedhof besuchte, fand sie die Grabstelle, die ihr der Sohn im Traum gezeigt hatte. Sie wandte sich an die Behörden, die einer Exhumierung zustimmten. In dem Sarg fand man den Rosenkranz, das Medaillon und die Zigarettendose mit Monogramm, die dem Corporal Teddy Watson gehört hatten.

Der Zyklop, der legendäre einäugige Riese, erscheint in vielen Mythen auf der ganzen Welt. Aber ein Mann aus einer abgelegenen Ortschaft in Mississippi war vermutlich das einzige, wirklich einäugige menschliche Wesen. Den einzelnen, in jeder Hinsicht völlig normal funktionierenden Augapfel hatte er genau in der Mitte der Stirn, so zumindest das *Boston Medical Journal.* Zirkusdirektoren und Raritätenshows lagen dem Mann jahrelang in den Ohren, aber er weigerte sich standhaft, aus sich ein öffentliches Spektakel machen zu lassen.

Dieser Mann aus Mississippi war natürlich nicht der einzige Mensch mit einer Mißbildung der Augen. So gab es zum Beispiel in England einen Mann mit vier Augen, der jedes einzelne unabhängig voneinander öffnen und schließen und in vier verschiedene Richtungen sehen konnte.

Lebensabend eines Hummermonsters

Der Arzt George Macris aus Palmer, Alaska, wollte sich für seine bevorstehende Dinnerparty Hummer, eine regionale Spezialität, besorgen, als er im Fischbecken seines Lebensmittelgeschäftes ein Prachtexemplar dieser Spezies entdeckte. Macris, selbst ein erfahrener Hummertaucher, hatte so etwas noch nie gesehen: der Hummer war einen Meter lang und hatte unglaublich riesige Scheren. Macris, dessen Hobby die Meeresbiologie war, erkannte sofort, daß es sich bei diesem vollkommenen Exemplar um einen fast neunzigjährigen Gliederfüßlermethusalem handelte. Er wußte, daß er einen Hummer dieser Größe nicht seinem Schicksal überlassen durfte, und kaufte ihn deshalb, um ihn vor dem Kochtopf zu retten.

Macris reservierte nun einen Frachtplatz auf einem Flug nach Maine, wo das Fangen von Hummern ab einer gewissen Größe verboten ist. Er packte seine lebendige Fracht, die er inzwischen Monster Mike getauft hatte, in Eis und mit Salzwasser getränkte Lappen und fuhr sie durch gefrierenden Regen zum Flugplatz. Obwohl Monster Mike den Anschlußflug nach Chicago verpaßte, traf er doch 24 Stunden nach seiner Abreise aus Alaska in Portland, Maine, ein, wo ihn Joseph Fessenden, ein Leutnant der Marinepatrouille, abholte. Am Morgen darauf ließ Fessenden den Hummer in der Bucht von Portland wieder frei, wo er seitdem schwimmt und sich eines geruhsamen Greisenalters erfreut.

Eine Riesenschildkröte als Lebensretterin

Candelaria Villanueva reiste auf der *Aloha,* als auf dem Schiff ein Feuer ausbrach und es 900 Kilometer südlich von Manila sank. Mit einer Schwimmweste um die Brust trieb die Frau 12 Stunden im Wasser, bevor plötzlich eine riesige Meeresschildkröte unter ihr auftauchte. Etwa 36 Stunden später rettete sie die Crew eines philippinischen Marinebootes, die zunächst glaubte, die Frau würde sich an einem Ölfaß festhalten. Daß die Schildkröte sie über Wasser gehalten hatte, erkannten die Männer erst, als sie die Frau an Bord hievten. Villanueva berichtete außerdem, eine kleinere Schildkröte sei ihr auf den Rücken geklettert und habe sie jedesmal gezwickt, wenn sie einzuschlafen drohte. Sie glaubte, das Tier wollte damit verhindern, daß sie ins Wasser rutschte und ertrank.

Die Betonsäulen von Neukaledonien

Soweit bekannt ist, wurde Neukaledonien, eine Inselgruppe vor der Ostküste von Australien, etwa 2000 Jahre vor Christus von indonesischen Seefahrern zum ersten Mal besucht. Archäologen haben deshalb Schwierigkeiten, das Vorhandensein von uralten Betonsäulen zu erklären. Diese Säulen, die Tausende von Jahren alt sind, wurden auf der zu Neukaledonien gehörenden Fichteninsel entdeckt.

Den Wissenschaftlern waren die etwa 400 Hügel auf dieser Insel, ameisenhügelähnliche Erdformationen von etwa zweieinhalb Metern Höhe und etwa 100 Meter Durchmesser, praktisch ohne jede Vegetation, zwar bereits bekannt, doch erst bei den in den sechziger Jahren von L. Chevalier vom Neukaledonischen Museum in der Hauptstadt Noumea durchgeführten Grabungsarbeiten an diesen geologischen Besonderheiten wurden in drei Hügeln je eine dieser Betonsäulen gefunden und zwei weitere nebeneinanderliegend in einem vierten. Die Säulen waren zwischen 100 und 250 Zentimeter hoch und 100 bis 190 Zentimeter im Durchmesser. Diese Säulen bestanden höchst eigenartigerweise aus einer Kalk-Sand-Mischung, einem Baustoff, der erst wenige Jahrhunderte vor Christus entwickelt wurde. Doch Radiocarbonmessungen ergaben, daß die Säulen zwischen 5120 und 10 950 vor Christus entstanden waren.

Was aber Chevalier an dem Fund am meisten verblüffte, war die Tatsache, daß er an keiner der Grabungsstätten menschliche Überreste entdecken konnte. Aufgrund dieses Fehlens jeglicher Spuren menschlichen oder andersartigen Lebens werden diese uralten Säulen, die von hoher Kunstfertigkeit zeugen, wohl immer ein Rätsel bleiben.

Das Spukhaus

Bei Grabungsarbeiten für ein Schwimmbecken im Garten ihres Hauses entdeckten Sam und Judy Haney zwei Leichen. Aber das war erst der Anfang ihrer Schwierigkeiten. Es dauerte nicht lange, bis der Fernseher zu glühen anfing, auch wenn er ausgeschaltet war, ausgesteckte Uhren Funken sprühten und Schuhe verschwanden, die man später auf einem der Gräber im Garten wiederfand.

Wie sich zeigte, waren das Haus der Haneys und andere in dieser Vorortsiedlung auf einem Friedhof aus dem neunzehnten Jahrhundert gebaut worden. Auch die anderen Hausbesitzer waren von Störungen betroffen: Tassen zerbrachen in den Schränken, Geräte funktionierten ohne ersichtlichen Grund nicht mehr, Lampen leuchteten plötzlich auf und Wasserhähne wurden aufgedreht. Ein Gespenst namens Betty tauchte auf und verschreckte einige der Anwohner.

Die Haneys gingen vor Gericht und verklagten die Immobilienfirma wegen seelischer Belastung und einer daraus entstandenen, streßabhängigen Diabetes auf zwei Millionen Dollar. Die Jury empfahl einen Vergleich bei 142 000 Dollar, aber der Richter überstimmte die Jury und wies die Klage ab. Der Immobilienfirma sei keine Nachlässigkeit vorzuwerfen, so der Richter, da sie die Existenz der Gräber den Klägern nicht mit Absicht verschwiegen habe.

Die Haneys zogen daraufhin aus und verzichteten auf eine Berufung.

Spontane Verbrennung von Menschen in ihren Autos

Zwei der ungewöhnlichsten Fälle von spontaner Verbrennung ereigneten sich, als die Opfer in ihren Autos saßen. Der erste Fall passierte im Dezember 1959 und wurde ursprünglich als reiner Selbstmord abgetan. Billy Peterson, ein verzweifelter Automobilarbeiter aus Pontiac, Michigan, hatte tatsächlich in Selbstmordabsicht die Abgase seines Autos in die Fahrerkabine geleitet, und als offizielle Todesursache wurde deshalb Kohlenmonoxidvergiftung angegeben. Doch die Ärzte fanden keine Erklärung für die Verbrennungen dritten Grades an Rücken, Armen und Beinen der Leiche, vor allem da Kleidung und Unterwäsche nicht verbrannt waren. Und was sie noch mehr verwirrte, war die Tatsache, daß die Haare an den verbrannten Körperstellen nicht einmal angesengt waren.

Im Oktober 1964 saß die fünfundsiebzigjährige Olga Worth Stephens aus Dallas in ihrem geparkten Auto, als sie, Augenzeugenberichten zufolge, plötzlich in Flammen ausbrach. Als Rettungsmannschaften am Ort des Geschehens eintrafen, war sie bereits bis zur Unkenntlichkeit verbrannt, obwohl nichts sonst im Auto in Mitleidenschaft gezogen war. Die anschließende Untersuchung konnte keine Erklärung für das tödliche Feuer liefern.

Mondbewohner

Im Jahr 1835 veröffentlichte die *New York Sun* eine rein fiktive Artikelserie, die den Lesern erste Einblicke in das Leben auf dem Mond gab. Unter dem Titel »Große astronomische Entdeckung, die Sir John Herschel vorwiegend am Kap der Guten Hoffnung machte« basierten die Artikel auf angeblichen Aussagen des großen Astronomen, was den Spekulationen eine gewisse Glaubwürdigkeit verlieh.

Herschel, so behauptete der Reporter Richard Locke, hatte mit einem am Kap der Guten Hoffnung in Südafrika installierten, sieben Tonnen schweren Teleskop die Oberfläche des Mondes mit einer Detailgenauigkeit beobachtet, die bis dahin unmöglich gewesen war. Indem er den Mond 42 000fach vergrößerte und ihn so bis auf etwa acht Kilometer heranzog, konnte Herschel deutlich Amethystberge und herrliche Seen, der größte davon fast 400 Kilometer lang, sehen. Durch Justierung der Linse konnte Herschel dann den Mond sogar bis auf etwa 80 Meter heranziehen und so verschiedene Lebewesen beobachten, darunter blaue, einhörnige Ziegen, riesige Kraniche und andere Vögel und auch Tiere, die amerikanischen Büffeln und Bären ähnelten. Sogar die verschiedenen Baumsorten konnte er erkennen. Aber das Überraschendste war die Entdeckung etwa 120 Zentimeter großer, menschenähnlicher Wesen mit Flügeln und affenähnlichen Gesichtern.

In einem Kommentar schrieb die *New York Sun*, die Serie zeige »ein überaus umfangreiches und präzises astronomisches Wissen«. Und die Berichte, die später in einer gesonderten Broschüre veröffentlicht und an Kiosken verkauft wurden, trieben die Auflage der Zeitung um 650 Prozent in die Höhe.

Doch die Wahrheit kam erst ans Licht, als Locke einem anderen Reporter gestand, er habe sich die ganze Serie nur ausgedacht. Als die Enthüllung dann im *Journal of Commerce* erschien, waren Tausende gutgläubiger Leute enttäuscht. Herschel selbst aber hielt die ganze Sache für einen großen Spaß.

Gleicher Name, gleiches Schicksal

Als das deutsche Magazin *Das Beste* 1979 einen Leserwettbewerb veranstaltete, ahnten die Redakteure noch nicht, daß der Gewinnerbeitrag ein bizarres Zusammentreffen enthüllen würde. Als seinen Beitrag zum Wettbewerb um das interessanteste persönliche Erlebnis sandte der Münchner Pilot Walter Kellner die Geschichte seines glücklichen Überlebens ein. Er war in einer Cessna 421 über dem Tyrrhenischen Meer zwischen Sardinien und Sizilien geflogen, so schrieb er, als plötzlich der Motor des Flugzeugs versagte. Er stürzte ins Wasser und trieb in einem kleinen Gummiboot auf dem Meer, bis er gerettet wurde.

Die Redakteure von *Das Beste* waren beeindruckt und setzten Kellners Bericht auf die Liste der Finalisten. Dann versuchten sie, von den italienischen und deutschen Behörden eine Bestätigung der Geschichte zu erhalten. Kellners Erlebnisbericht stimmte in allen Einzelheiten und wurde schließlich zum Gewinnerbeitrag des Wettbewerbs erklärt.

Am 6. Dezember wurden die Gewinner bekanntgegeben und Kellner erhielt seinen Preis. Aber am selben Tag erhielt der Chefredakteur von *Das Beste,* Wulf Schwarzwaller, einen mysteriösen Brief von einem gewissen Walter Kellner aus Kritzendorf, Österreich, der behauptete, die Geschichte des deutschen Kellner sei eigentlich seine eigene, nur mit einem anderen Ausgang. Der österreichische Kellner behauptete, er habe mit einer Cessna 421 das Tyrrhenische Meer überflogen, als ein Maschinenschaden ihn zur Landung auf dem Flugplatz von Cagliari auf Sardinien zwang. Der zweite Kellner beschuldigte nun

den ersten Piloten des Betrugs und behauptete, dessen Geschichte sei ein Schwindel.
Der erste Walter Kellner gab nun zu, aus dem Bordbuch des Flugzeugs habe er gewußt, daß ein anderer Pilot namens Kellner dieselbe Cessna geflogen hatte, aber, so sagte er, er habe nicht gewußt, daß dieser Kellner auch den gleichen Vornamen hatte wie er und daß ihm am selben Ort ein ähnlicher Maschinenschaden passiert war.
Nach einigen Nachforschungen erfuhren die Redakteure, daß beide Geschichten wirklich der Wahrheit entsprachen.

Die Geister des Towers von London

Im Jahr 1605 wurde Henry Percy wegen seiner Beteiligung am *Gunpowder Plot*, einer Verschwörung zur Vernichtung des Parlaments und König James I., in den Londoner Martin-Tower geworfen. Erst 16 Jahre später konnte sich der Earl mit 30 000 Pfund wieder freikaufen. Doch obwohl er freigelassen und nie hingerichtet wurde, spukt sein Geist seit seinem Tod im Tower; man sieht ihn auf der Brustwehr spazierengehen, wo Percy während seiner Gefangenschaft Luft schnappte.

Lady Jane Grey war eine noch berühmtere Insassin des Towers; sie wurde verurteilt wegen ihrer Verwicklung in eine Intrige, die sie selbst zur Königin hätte machen sollen. Am 12. Februar 1554 wurde sie auf dem Gelände vor dem Tower geköpft, und seitdem spukt ihr Geist in dem Gemäuer. Vor wenigen Jahren, am Todestag der Lady im Jahr 1957, sah ein Wachposten, wie eine weiße Masse sich zur Gestalt der Lady Jane formte. Er rief sofort eine zweite Wache herbei, und der Mann konnte die Erscheinung bestätigen.

Es ranken sich viele Gespensterlegenden um den Martin-Tower, doch nicht alle betreffen frühere Gefangene. Eine der eigenartigsten Erscheinungen tauchte offensichtlich nur einmal auf und blieb bis heute unerklärt. Im Oktober 1817 saß Edmund Lenthal Swifte, der Bewahrer der Kronjuwelen, mit seiner Familie im Martin-Tower, wo die Juwelen untergebracht sind, beim Abendessen. Plötzlich sahen sie einen Glaszylinder mit einer wirbelnden blauweißen Flüssigkeit knapp über dem Tisch schweben. Er glitt langsam hinter Swiftes Frau, die sofort zu schreien begann. Als Swifte einen Stuhl nach dem gespenstischen Behältnis warf, verschwand es und wurde nie wieder gesehen.

Seit der Zeit Heinrichs I. beherbergte der Tower darüber hinaus oft eine ganze Reihe von Tieren zur königlichen Unterhaltung, von Löwen, Tigern und Bären bis hin zu Eseln, Zebras und Hyänen und sogar Elefanten. Erst 1835 wurde dieser Zoo aufgelöst, da ein Wachposten von einem Löwen zerfleischt worden war. Doch schon davor, im Jahr 1815, sah ein Posten, der den Eingang bewachte, Schlag Mitternacht einen riesigen Bären sich vor ihm auf den Hinterpfoten aufrichten. Der entsetzte Wächter stieß mit seinem Bajonett zu, mußte aber verblüfft zusehen, wie es nur auf Luft traf und schließlich an der Stelle in der Eichentür steckenblieb, wo eben noch der Bär gestanden hatte. Der Wachposten meldete den Vorfall am folgenden Morgen, starb aber tags darauf am Schock, wie es hieß.

Vertauschte Rollen

An einem Juniabend in den dreißiger Jahren verfolgte der Verkehrspolizist Allan Falby bei El Paso, Texas, einen Lastwagen, der mit überhöhter Geschwindigkeit fuhr. Als der Lastwagen vor einer Kurve plötzlich abbremste, prallte Falbys Auto mit voller Geschwindigkeit darauf. Aus einer durchtrennten Arterie an Falbys Bein spritzte das Blut, und er wäre sicherlich gestorben, wäre Alfred Smith nicht gewesen, der zufällig vorbeifuhr und anhielt, um Falby zu helfen. Smith band dem Polizisten das Bein ab, um die Blutung zu stoppen, bis ein Krankenwagen eintraf.

Fünf Jahre nach seinem beinahe tödlichen Unfall wurde Falby über Funk zum Schauplatz einer Kollision gerufen. Ein Auto war gegen einen Baum geprallt, der Fahrer war bewußtlos, und aus einer durchtrennten Arterie am Bein spritzte das Blut. Falby legte schnell einen Druckverband an, wie er es im Erste-Hilfe-Kurs gelernt hatte, und rettete so dem Mann das Leben. Erst als er genauer hinsah, erkannte er, daß der verletzte Fahrer kein anderer war als eben jener Alfred Smith, der ihm fünf Jahre zuvor das Leben gerettet hatte.

Die Wiederbelebung abgetrennter Köpfe

Die Guillotine war im Frankreich des neunzehnten Jahrhunderts das bevorzugte Hinrichtungsinstrument. Einem kühnen Wissenschaftler, der im Jahr 1887 versuchte, abgetrennte Köpfe auf Hundekörper aufzupflanzen, lieferten diese Enthauptungen beständig Nachschub. Obwohl diese schauderhaften Experimente fehlschlugen, sind moderne Wissenschaftler der Ansicht, daß es bald möglich sein wird, einen abgetrennten Kopf wiederzubeleben, und daß man eines Tages sogar dazu in der Lage sein wird, auf organischem Weg einen neuen Körper wachsen zu lassen.
In einem Buch zu diesem Thema berichtet der Anwalt und Ingenieur Chet Fleming von einem Experiment in Cleveland aus dem Jahr 1971, bei dem man abgetrennte Affenköpfe 36 Stunden lang bei Bewußtsein gehalten hatte. Fleming ließ sich sogar eine Maschine patentieren, mit der abgetrennte Tierköpfe mit Blut versorgt und so am Leben gehalten werden können. Doch er macht unmißverständlich klar, daß niemand diese Maschine ohne seine Genehmigung benützen darf. Er will damit sicherstellen, daß Wissenschaftler, die an abgetrennten, lebendigen Köpfen arbeiten, alle ethischen, rechtlichen und sozialen Aspekte ihrer Arbeit berücksichtigen.
Einige Wissenschaftler erwarten sogar, daß es irgendwann möglich sein wird, Köpfe für eine spätere Verwendung zu konservieren. Bei einer entsprechenden Weiterentwicklung der Technologie des Klonens und der lebenserhaltenden Kryogenik (das Einfrieren und die spätere Wiederbelebung von Tieren und auch Menschen), wird man eines Tages neue Körper für eingefrorene Köpfe klonen können.

Der Forschungsreisende und die freundlichen Kannibalen

Der Begriff »Kannibale« kommt von *caribal*, was sich auf die Eßgewohnheiten gewisser karibischer Indianer zur Zeit ihrer Entdeckung durch Kolumbus bezieht.

Es gibt viele Gründe für Kannibalismus. Ein Stamm auf den Inseln im Südpazifik aß das Herz und andere Körperteile ihrer Feinde, um deren Kraft und Mut in sich aufzunehmen. In anderen, oft weit auseinanderliegenden Gegenden kam es während Hungersnöten zu sporadischen Fällen von Kannibalismus, so etwa in Irland in den vierziger Jahren des letzten und in China in den dreißiger Jahren dieses Jahrhunderts. Auch unter den Überlebenden von Schiffsunglücken und anderen Katastrophen kam es aus Nahrungsmangel vereinzelt zu Kannibalismus.

Die Azteken, so bemerkten die spanisches *conquistadores* bei ihrer Ankunft in Mexiko, aßen nur die Arme und Beine (die für gewöhnlich in einer würzigen Schokoladensoße zubereitet wurden) ihrer Gefangenen, welche sie auf den Altären ihrer hoch aufragenden Pyramidentempel opferten. Die Rümpfe der Opfer warfen sie den Tieren des kaiserlichen Zoos zum Fraß vor, mit den Köpfen aber verzierten sie ein besonderes Gebäude vor dem Haupttempel, an dessen Stelle das moderne Mexico City errichtet wurde.

In den tiefen Urwäldern von Südamerika, Neuguinea und in Teilen von Zentralafrika wurde Kannibalismus noch bis weit ins zwanzigste Jahrhundert praktiziert. Der amerikanische Schriftsteller und Forschungsreisende William Seabrook berichtet, daß ihm während eines kannibalistischen Rituals in Afrika vom Häuptling Menschenfleisch angeboten wurde. Er hielt es für taktisch klug anzunehmen, und wie ein wahrer Forscher probierte er es gebraten, geschmort und gegrillt. Gegrillt fand er es am besten, und er schrieb, es schmecke wie Schweinefleisch. In dieser Hinsicht stimmte er mit den frühen Kannibalen der Südsee überein, die ihre menschlichen Fleischlieferanten als »lange Schweine« bezeichneten.

Wiedergeborene Wunderkinder

Der Ursprung der unglaublichen Talente von Wunderkindern gab immer schon Anlaß zu heftigen Diskussionen. Die meisten Psychologen gehen einfach davon aus, daß Kinder wie Wolfgang Amadeus Mozart, der bereits mit fünf Jahren komplexe Musikstücke komponierte, von Geburt an ein außergewöhnliches Gedächtnis und phänomenale organisatorische Fähigkeiten besitzen. Andere dagegen glauben, daß diese erstaunlichen Kinder, weil sich ihre scheinbar angelernten Fähigkeiten so früh in ihrem Leben zeigen, das Produkt einer Wiedergeburt sind.

Als Belege dafür, daß diese Fähigkeiten in Wahrheit aus einem früheren Leben herübergerettete Talente sind, geben die Verfechter dieser Theorie zwei Beispiele an: zum einen den Fall des Jean Cardiac, eines französischen Jungen aus dem achtzehnten Jahrhundert, der im Alter von drei Monaten das Alphabet aufsagen konnte und mit sechs Jahren ein halbes Dutzend Sprachen beherrschte; zum anderen den Fall eines vier Jahre alten, blinden Sklavenjungen aus Georgia im neunzehnten Jahrhundert. Der Lehrer dieses Blind Tom, wie er genannt wurde, berichtete, der Junge habe, als er das erste Mal die Tasten berührte, sofort perfekt Klavier spielen können und außerdem »mehr über Musik gewußt, als wir wissen oder je lernen können«.

Die Traumgeschichten des Robert Louis Stevenson

Robert Louis Stevenson machte nie einen Hehl daraus, daß die Handlungen seiner populären Geschichten Träumen entstammten. Er behauptete sogar, Handlungen nach eigenem Belieben träumen zu können. Am Anfang seiner Karriere schrieb er eine Geschichte über eine gespaltene Persönlichkeit — der eine Teil gut, der andere schlecht —, der er den Titel »Der Reisegefährte« gab. Ein Verleger lehnte die Geschichte mit der Begründung ab, die Idee sei zwar gut, die Handlung jedoch zu schlecht. Stevenson versuchte vergeblich, die Geschichte zu verbessern und beschloß in seiner Verzweiflung schließlich, eine Lösung zu erträumen. Da er ein außergewöhnliches Erinnerungsvermögen besaß, konnte Stevenson jedes Detail der geträumten Handlung niederschreiben. Und so wurde aus seinem »Reisegefährten« der Klassiker *Dr. Jekyll und Mr. Hyde.*

Das grausame Wortspiel des Shi Huangdi

Die über zweitausend Jahre alte Chinesische Mauer ist das größte von Menschen geschaffene Bauwerk der Erde und das einzige, das, wie die ersten Astronauten berichteten, auch vom Weltall aus zu sehen ist.
Die mehr als 2500 Kilometer lange Mauer kostete unglaublich vielen Menschen das Leben. Aber Menschenleben bedeuteten dem Kaiser Shi Huangdi wenig, er war nur darauf bedacht, die Nordgrenze Chinas zu sichern. Auf Befehl des Kaisers arbeiteten und starben beim Bau der Mauer Sklaven, Gefangene, Bauern und, als Ausdruck der Verachtung des Kaisers für jede Art von Bildung, die die seine übertraf, auch einige Gelehrte und Historiker. Während die Verluste immer größer wurden, verbreitete sich an der Mauer die Nachricht von einer entsetzlichen Prophezeiung: Zehntausend Menschen würden bis zur Fertigstellung in der Mauer ihr Grab finden.
Als der Kaiser davon erfuhr, sagte er: »Wir werden die Prophezeiung erfüllen«, und fügte hinzu, daß sich dann niemand mehr Sorgen zu machen brauche und alle noch härter würden arbeiten können. Er hatte nämlich einen Mann gefunden, dessen Name, *Wan*, »zehntausend« bedeutete, und den er nun in der »Mauer der zehntausend Li«, der *Wan Li Changeng*, wie sie auf Chinesisch heißt, begraben ließ. So erinnert der Name der Mauer noch heute an diesen Mann, dessen Gebeine, zusammen mit zehn mal zehntausend anderen, in ihr begraben liegen.

Ufos über Chesapeake Bay

Am 14. Juli 1952, etwa gegen 20 Uhr, befanden sich Captain William Nash und sein Kopilot William Fortenberry an Bord ihrer DC-4 von PanAm auf einem Routineflug von New York nach Miami. Der Himmel war klar und die Sicht unbegrenzt, ein perfekter Abend für einen Flug in einer Höhe von 8000 Fuß.

Doch nicht weit von Norfolk, Virginia, bemerkten Nash und Fortenberry plötzlich ganz in ihrer Nähe ein gespenstisches Glühen. Bald wurde deutlich, daß das Licht von sechs feuerroten Objekten kam, jedes etwa 30 Meter im Durchmesser, die in Formation flogen. »Die Form war deutlich erkennbar und eindeutig rund«, berichtete Nash. »Die Umrisse waren klar abgegrenzt, weder phosphoreszierend noch irgendwie ausgefranst.«

Bei einer Flughöhe von etwa 2000 Fuß über der Chesapeake Bay stießen noch zwei weitere Scheiben zu den sechs. Sobald sich die Gruppe direkt unter der DC-4 befand, wurden die Lichter plötzlich schwächer und die Flugobjekte drehten seitlich ab.

Die Piloten der DC-4 gaben einen Funkspruch durch, der an die Luftwaffe weitergegeben werden sollte, und am nächsten Morgen erfuhren sie dann, daß noch mindestens sieben weitere Personengruppen diese leuchtenden Scheiben in der Gegend beobachtet hatten. Aber trotz Überprüfung aller zivilen und militärischen Flugbewegungen zur fraglichen Zeit in dieser Gegend konnte die Luftwaffe die Identität dieser Ufos nicht feststellen. Der Vorfall liegt in den Akten der Luftwaffe mit dem offiziellen Vermerk »ungeklärt«.

Eine gewisse Rosemary Brown behauptet, der Geist von Franz Liszt sei ihr im Jahr 1964 erschienen und habe damit ein Versprechen eingelöst, das er ihr gab, als sie erst sieben Jahre alt war. Liszt brachte aber auch die Geister von Chopin, Schumann, Beethoven, Bach, Mozart, Brahms und noch von vielen anderen mit. Jeder dieser Geister bat sie, die Musik niederzuschreiben, die er nach seinem Tod komponiert habe.

»Die Musik ist ganz und gar im Stil der jeweiligen Komponisten«, behauptet die Konzertpianistin Hepzibah Menuhin, die Schwester von Yehudi Menuhin, die damit die Meinung vieler Kritiker vertritt. Und der Komponist Richard Rodney Bennett meint: »Viele Leute können improvisieren, aber man kann Musik nicht ohne jahrelanges Training fälschen.« Aber genau das besaß die Brown nicht. (Als Kind ging sie sogar nur unter Zwang in die Oper.)

Brown kommt jedoch aus einer stark medial veranlagten Familie. Beide Eltern und ihre Großeltern waren Medien, und sie selbst wurde sich schon in der Kindheit ihrer Fähigkeiten bewußt. Als ihr im siebten Lebensjahr Liszt erschien, war sie an Besuche von Geistern bereits gewöhnt.

Was nun ihre angebliche Transkription von Musikstücken von den berühmtesten Komponisten der Welt angeht, so haben Musiker und Psychologen sie untersucht, und alle schlossen übereinstimmend einen Betrug aus.

Als Etta Louise Smith, eine Versandangestellte bei Lockheed, im Radio von der Suche nach einer verschwundenen Krankenschwester hörte, dachte sie plötzlich: *Sie ist nicht im Haus.* Dann sah sie plötzlich ein Bild vor sich, so, als würde man ihr ein Foto vorhalten, und sie wußte, daß die Krankenschwester tot war.

Die neununddreißigjährige Mutter von drei Kindern ging nun zur Polizei, um mit den Ermittlungsbeamten zu sprechen. Sie führte sie zu einem abgelegenen Canyon, den sie ebenfalls gesehen hatte. Dort fand sie die Leiche der einunddreißigjährigen Melanie Uribe.

12 Stunden später wurde Smith wegen Mordverdacht verhaftet. Während ihres vierstündigen Gefängnisaufenthalts wurde jedoch einer der Mörder gefangen. Er gestand und erwähnte zwei Komplizen, die später ebenfalls gefaßt wurden. Smith verklagte daraufhin die Polizei von Los Angeles wegen ungerechtfertigter Verhaftung.

Sie behauptete, die Polizei habe weder ein hinreichendes Motiv noch genug Indizien für eine Verhaftung besessen. Die Geschworenen gewährten ihr Schadensersatz von über 26 000 Dollar. Polizei und Staatsanwaltschaft bezweifelten allerdings weiterhin, daß Smith wirklich ein mediales Erlebnis gehabt habe, und behaupteten, sie habe irgendwie davon gehört, vielleicht beim Klatsch mit den Nachbarn.

Smith selbst meint, daß sie bei zukünftigen Visionen die Polizei anonym anrufen wird.

Die Reinkarnation einer Priestergattin

Dolores Jay, die Frau eines Priesters und Mutter von vier Kindern, glaubt nicht an Wiedergeburt, spricht kein Deutsch und war auch noch nie in Deutschland. Aber unter Hypnose kehrt diese amerikanische Hausfrau in die Vergangenheit zurück, weit über ihre Kindheit hinaus, bis sie plötzlich ein junges Mädchen im Deutschland des neunzehnten Jahrhunderts wird, das sich an ihre Puppen, ihr Zuhause und schließlich ihren Tod erinnert.
Als das sechzehnjährige Gretchen Gottlieb versteckt sie sich entsetzt vor Katholikenjägern, die bereits ihre Mutter getötet haben. Sie bekommt Kopfschmerzen und flüstert plötzlich in Deutsch; sie erwähnt ein funkelndes Messer, weicht aber allen Fragen aus. Schließlich beginnt sie zu weinen und damit endet das Erlebnis. Bis zu ihrer Geburt im Jahr 1923 erinnert sie sich an nichts mehr.
Dieses Gretchen Gottlieb stammte aus Eberswalde, einem kleinen Dorf in der jetzigen DDR, nahe an der polnischen Grenze. Im Zweiten Weltkrieg war es Schauplatz der letzten deutschen Schlacht gegen die Russen, die den Ort beinahe vollkommen zerstörten. Alle Unterlagen, die eine Existenz Gretchens hätten beweisen können, wurden vernichtet.

Verstümmelte Nutztiere

Es war etwas Hinterhältiges und Tödliches, das im Verlauf des Jahres 1988 in dem Ort Geneva im Südwesten Alabamas eine große Zahl von Nutztieren verstümmelte. Obwohl über vierzig Tiere getötet wurden — darunter Pferde, denen die Genitalien abgetrennt, und Schweine, denen die Gedärme aus dem Bauch gerissen wurden —, konnte die Kreatur, die dafür verantwortlich war, nie gefunden werden.

Unter den getöteten Tieren waren mehrere 60 Pfund schwere Schweine und ein 250 Pfund schwerer Eber der Familie Stinson. »Was es auch ist, es scheint mehr daran interessiert zu sein, seinem Opfer die Gedärme herauszureißen, als es zu essen«, sagte Lance Stinson, dessen Eltern und Schwester glauben, den Killer eines Nachts gehört zu haben. »Sie hörten ein schrilles Kreischen, das gleichzeitig aus verschiedenen Richtungen zu kommen schien.«

Nach Angaben von Dot Kirkland, der Sprecherin der Bezirkspolizei von Geneva, wurde eine offizielle Untersuchung dieser mysteriösen Tiertode durch Schaulustige behindert, die einen Blick auf den unbekannten Killer erhaschen wollten. »Eine Spurensicherung war unmöglich, weil zu viele Leute am Schauplatz herumtrampelten«, sagte sie. »Neue Spuren gibt es keine, und die Anschläge scheinen aufgehört zu haben. Wir gehen inzwischen davon aus, daß die Tiere wahrscheinlich von wilden Hunden überfallen wurden.«

Lance Stinson ist sich da nicht so sicher. »Ein paar der älteren Leute im Dorf glauben, daß es womöglich ein verletzter, wahnsinnig gewordener Bär war. Andere vermuten einen Panther oder sogar Wölfe«, sagt er. »Aber eins ist offensichtlich. An den Spuren, die der Killer an den getöteten Tieren hinterlassen hat, wird deutlich, daß er an einer Pfote vier und an der anderen nur drei Klauen hat. Auch wenn die Polizei annimmt, daß es wilde Hunde waren, andere sind davon nicht überzeugt.«

Die intradimensionalen Reisen der Maya

Die Maya-Kultur war schon immer ein Rätsel für die Wissenschaftler, da sie nicht verstehen können, wie Steinzeitmenschen ein so präzises Wissen über Mathematik, Astronomie und die Zeiteinteilung besitzen konnten. Nach einer Theorie, so der Kunstgeschichtler José Arguelles aus Colorado, waren die Maya intradimensionale Reisende, die sich etwa 600 v. Chr. in Mexiko niederließen. Ihre Aufgabe: unsere Erde und unser Sonnensystem in Einklang mit dem Universum zu bringen.
Arguelles hörte zum erstenmal von der Theorie der Maya-Reisen bei einer Begegnung mit einem heiligen Mann der Maya, der ihm erzählte, unser Sonnensystem sei das siebte, das die Maya besucht hätten. Ihre Führer seien im 9. Jahrhundert n. Chr. wieder abgereist und hätten den geheiligten Maya-Kalender als ein System von Prophezeiungen zurückgelassen. Bei Ende des Kalenders im Jahr 2012 werde die Menschheit eine dezentralisierte, nicht-industrielle Kultur erreichen, in der Kontakte mit Außerirdischen an der Tagesordnung seien.

Unsere Urmutter

Nach der Bibel war Eva, die Gefährtin Adams und die Mutter von Kain und Abel, die erste Frau und die Urmutter der Menschheit. Einige Gelehrte betrachten Eva und natürlich auch Adam lediglich als Symbolfiguren für den Ursprung des Menschen. Aber eine kürzlich vorgelegte Studie der Universität von Berkeley führt die moderne Menschheit wirklich auf einen einzigen Urahnen zurück, auf eine Frau, die vor etwa 200 000 Jahren in Afrika lebte.

Diese Urahnentheorie fußt auf der Untersuchung der DNA der Mitochondrien von 147 Personen, der Zellteile also, die Nahrung in Energie verwandeln. Der Biochemiker Mark Stoneking stellte die DNA, die nur von weiblichen Vertretern einer Spezies weitergegeben wird, dar und verfolgte sie in der Zeit zurück. Nach Abschätzung der Mutationsrate kam er zu dem Schluß, daß dieser gemeinsame Urahn eine Frau sein müsse, die vor etwa 140 000 bis 280 000 Jahren gelebt hatte.

Spontanverbrennung an Weihnachten

Am Weihnachtsabend des Jahres 1885 luden Patrick Rooney und seine Frau ihren Sohn John und ihren Knecht John Larson zu einem Umtrunk ein. Die vier saßen am Küchentisch und ließen sich den Whisky schmecken, den Patrick in der Stadt gekauft hatte. Nach einigen Gläsern fuhr der junge Rooney nach Hause auf seine Farm, die etwa eine Meile entfernt lag, Larson ging schließlich auf sein Zimmer und ließ die Gastgeber mit dem Rest der Flasche alleine.

Obwohl Weihnachten war, stand Larson vor Tagesanbruch auf, um seine tägliche Arbeit zu erledigen. Aber als er die Küche betrat, fand er Patrick Rooney zusammengesunken auf dem Stuhl, auf dem er auch am Abend davor gesessen hatte. Er war tot. Und Mrs. Rooney war nirgends zu finden. Larson lief wie benommen zu Johns Farm. Als die beiden Männer dann zum Schauplatz des Todes zurückkehrten, entdeckten sie ein Loch im Boden der Küche. Auf dem Grund des Lochs lagen die Überreste der einst 200 Pfund schweren Mrs. Rooney: ein verbranntes Stückchen Schädel, zwei verkohlte Wirbel und ein Fuß in einem Aschenhaufen. Sie war ganz offensichtlich verbrannt. Aber warum hatte in der Küche nichts anderes gebrannt? Und was hatte Patrick Rooney getötet?

Als schließlich die Polizei und der Leichenbeschauer eintrafen, fiel der Verdacht sehr schnell auf Larson, aber man konnte ihm nichts nachweisen. Der aufsteigende Ruß, so entdeckte man, hatte Larsons Kopf auf dem Kissen nachgezeichnet, er hatte die Katastrophe ganz offensichtlich verschlafen. Der Leichenbeschauer kam zu dem

Schluß, daß Mrs. Rooney einer spontanen Selbstverbrennung zum Opfer gefallen sei. Ihr Gatte, vermutete er (und die Geschworenen stimmten ihm zu), sei an dem entstandenen Rauch erstickt.

Der Geliebte als Lebensretter

Victorine Lefourcade, ein junge, hübsche Frau des französischen Adels, liebte einen armen Journalisten namens Julius Bossuet, den sie aber nach dem Willen ihrer Eltern nicht heiraten durfte. Statt dessen wurde sie zur Heirat mit einem Mann gezwungen, den sie ihr ausgesucht hatten, jemand von Rang und Namen. Es war eine lieblose Ehe, die Victorine wie eine trauernde Witwe durchlebte. Nach einigen elenden Jahren wurde sie 1810 schließlich krank und starb.

Als Bossuet von ihrem Tod hörte, besuchte er den Dorffriedhof, auf dem seine Geliebte begraben lag. Weil er verzweifelt ein Erinnerungsstück wollte, etwas, das ihn das ganze Leben lang an sie erinnern sollte, begann er, den Sarg der Frau auszugraben, um ihr eine Locke abzuschneiden. Doch in diesem Augenblick schlug Victorine die Augen auf.

Für alle anderen war Victorine tot. So blieben die beiden Liebenden versteckt, bis Victorine wieder ganz gesund war, und schifften sich schließlich nach Amerika ein. Erst zwanzig Jahre später, als sie glaubten, daß niemand mehr die Frau erkennen würde, kehrte das Paar nach Frankreich zurück.

Aber sie wurden dennoch wiedererkannt, und bald erfuhr auch ihr früherer Mann davon. Obwohl er Victorine verhaften ließ, schlug das Gericht die Anklage gegen sie nieder, und Victorine und Julius Bossuet durften zusammenbleiben und in Frankreich leben.

Ursprünglich war die von der Psychologin Judith Kuriansky und dem Herausgeber des Magazins *Forbes*, William Flanagan, organisierte dreistündige Kreuzfahrt mit 120 Börsenexperten und fünf professionellen Medien als Scherz gedacht. Es sollte, so Flanagan, versucht werden, auf amüsante Weise »die Vibrationen und Energieströme von der Wall Street einzufangen«. Aber die Kreuzfahrt auf dem East River wurde bald unheimlich, als alle fünf Medien plötzlich negative Energien aus dem Stadtzentrum von New York spürten. Eines der Medien, eine Frau namens Wendy, war überzeugt, daß für die nächsten zwei Jahre ein ökonomisches Chaos bevorstünde, wobei der Dow-Jones-Index gegen Ende 1989 bis auf 1100 absinken würde. Aber ihre Voraussage stand ganz im Gegensatz zur augenblicklichen Marktentwicklung, die überwältigend positive Tendenzen zeigte. Und doch wurde zwei Wochen nach der Kreuzfahrt die ökonomische Welt vom Schwarzen Montag heimgesucht, an dem der Marktindex um 500 Punkte sank.

Amelia Earhart: Eine verschwundene amerikanische Heldin

Das plötzliche Verschwinden der amerikanischen Heldin und Pilotin Amelia Earhart war wohl eines der spektakulärsten Vorkommnisse der neueren Geschichte. Earhart und ihr Kopilot Fred Noonan starteten am 20. Mai 1937 zu einer Erdumkreisung in östlicher Richtung. Die Route der extra dafür ausgerüsteten zweimotorigen Maschine über Florida, Brasilien, Afrika, Indien und Australien wurde vom Boden aus genau verfolgt.

Am 2. Juli tankten Earhart und Noonan in Lae, Neuguinea, und starteten dann wieder, um sich im Zentralpazifik mit dem Küstenwachschiff *Itasca* zu treffen. Doch die letzte Botschaft von den beiden war verwirrend und unvollständig. Danach hörte man nichts mehr von ihnen, und das Flugzeug wurde nie wieder gesehen.

Man begann sofort mit einer verzweifelten Suche, an der auch ein Freund der Earharts, George Plutnam, sowie ihr Ehemann teilnahmen. Das Medium Jacqueline Cochran behauptete, Earhart sei kurz nach dem Abbruch des Kontakts lebend auf einer nicht identifizierten Insel im Pazifik gelandet. Es gab einige Spekulationen, etwa, daß das Flugzeug auf einer Vulkaninsel niedergegangen sei, die anschließend im Meer versank. Oder auch, daß die beiden von den Japanern gefangengenommen worden seien, die sie als Spione exekutierten. Auf jeden Fall wurden weder das Flugzeug noch die Piloten je gefunden.

Das Gehirn ist so kompliziert, daß in der Wissenschaft noch immer nicht bis ins letzte geklärt ist, wie es eigentlich funktioniert. Es ist jedoch allgemein bekannt, daß selbst anscheinend geringfügige Verletzungen oder Schockzustände dem Gehirn Schaden zufügen können — die Folgen reichen vom Verlust der Sinne bis zu epileptischen Anfällen. Im Gegensatz dazu gibt es in der medizinischen Literatur aber auch Fälle schwerer Hirnverletzungen, die den Betroffenen offensichtlich überhaupt nicht geschadet haben.

Im Jahr 1879 zum Beispiel erlitt eine Textilarbeiterin einen entsetzlichen Arbeitsunfall. Ein riesiger Bolzen löste sich aus einer Maschine und drang zehn Zentimeter tief in den Schädel der Frau ein. Der Aufprall zerstörte einen Teil der Hirnmasse, und bei der anschließenden Operation gingen weitere Fragmente des Gehirns verloren. Doch die Frau wurde wieder gesund und lebte noch 42 Jahre — nicht einmal Kopfschmerzen waren ihr von dem Unfall geblieben.

The Medical Press of Western New York aus dem Jahr 1888 beschreibt den Fall eines Mannes, der ein Viertel seines Schädels verlor, als er zwischen den Balken einer Brücke und dem Aufbau des Schiffes, auf dem er arbeitete, eingeklemmt wurde. Der scharfkantige Balken schnitt dem Mann einen Teil der Schädeldecke ab. Die Ärzte, die die Wunde wieder verschlossen, stellten fest, daß der Mann eine bedeutende Menge der Hirnsubstanz und viel Blut verloren hatte. Aber sobald das Opfer wieder zu Bewußtsein kam, redete er und zog sich an, als ginge es ihm ausgezeichnet. Von einigen wenigen Schwindelanfällen abgesehen, erfreute sich der Mann in der Folgezeit bester Gesundheit; erst sechsundzwanzig Jahre später trat eine Teillähmung auf.

Siebenundzwanzig Tage lang wirkte ein Baby, das 1935 im *St. Vincent's Hospital* in New York geboren wurde, wie ein ganz normaler Säugling — es schrie, aß und bewegte sich. Erst bei der Autopsie merkten die Ärzte dann, daß das Baby überhaupt kein Hirn hatte.

In einem Vortrag vor der *American Psychological Association* im Jahre 1953 berichteten Dr. Jan W. Bruell und Dr. George W. Albee von einer Operation an einem neununddreißigjährigen Mann. Obwohl sie die gesamte rechte Hirnhälfte entfernten, überlebte der Mann. Und die Operation habe darüber hinaus, so schlossen die beiden Doktoren, unerklärlicherweise »die intellektuellen Fähigkeiten des Mannes praktisch nicht beeinträchtigt«.

Die brasilianischen Ärzte Dr. Augustin Iturricha und Dr. Nicholas Ortiz dokumentierten einen weiteren verblüffenden Fall. In einer Rede vor der Anthropologischen Gesellschaft in Sucre erzählte Iturricha von einem vierzehnjährigen Patienten mit entsetzlichen Kopfschmerzen, bei dem ursprünglich ein Abszeß am Hirn diagnostiziert worden war. Der Junge starb, und bei der Autopsie stellte man fest, daß sich die Hirnmasse vollständig von der Schädelinnenseite gelöst hatte — ein Zustand, der für gewöhnlich ähnliche Folgen hat wie eine Enthauptung. Und doch war der Junge bis zu seinem Tod im Vollbesitz seiner geistigen Fähigkeiten.

Von einem noch eigenartigeren Fall berichtet der deutsche Gehirnexperte Hufeland. Bei der Autopsie eines Mannes, der bis zu seinem Tod bei vollem Bewußtsein gewesen war, fand er überhaupt kein Gehirn, sondern nur gut 300 Gramm Wasser.

Ufos über Florida

Einige der spektakulärsten Ufo-Fotos alles Zeiten wurden 1987 im *Gulf Breeze Sentinel* in Florida veröffentlicht. Die von einem ortsansässigen Geschäftsmann aufgenommenen Fotos zeigen ein geducktes, teekannenförmiges Ufo mit Bullaugen. Nach den Angaben des Fotografen, der anonym bleiben wollte, hob ihn ein aus dem Objekt kommender blauer Lichtstrahl etwa einen Meter in die Höhe.

Obwohl die Geschichte sehr unglaubwürdig klang, zeigte sich bald, daß der Fotograf mit seinem Erlebnis nicht alleine war. Etwa einen Monat nach der Veröffentlichung lagen ähnliche Fotos im Nachtbriefkasten des *Sentinel.* Ein anonymer Leser hatte sie aufgenommen und damit den ersten Bericht bestätigt. Und in den folgenden Tagen und Wochen behaupteten über hundert Leser in Briefen an den *Sentinel,* sie hätten die eigenartigen Ufos ebenfalls gesehen.

Schließlich erfuhr Walt Andrus, der Direktor des *Mutual UFO Network* in Seguin, Texas, von dem Fall. Er beschloß, sich persönlich ein Bild zu machen, und fuhr nach Gulf Breeze. »Ich hatte irgendeine Fälschung erwartet«, sagte er, »aber jetzt weiß ich nicht mehr, was ich denken soll. Diese Fotos sind die besten, die ich bei meinen über dreißigjährigen Nachforschungen gesehen habe.«

Der Laserphysiker Bruce Maccabbee aus Silver Spring, Maryland, stimmt dem zu: »Wenn das Fälschungen sind«, meint er, »dann sind es die besten, die ich je gesehen habe.«

Der Priester des Bel

Im März 1892 legte Herman Hilprecht, Professor für Assyrologie an der *University of Pennsylvania,* letzte Hand an sein Meisterwerk, ein kommentiertes Verzeichnis alter babylonischer Inschriften. Aber zwei Fundstücke — Achatfragmente, die Hilprecht für Ringe aus dem Tempel des Bel in Nippur hielt — ließen sich nicht identifizieren. Müde und enttäuscht legte der Assyrologe die beiden Fragmente unter der Rubrik »Unklassifiziert« ab und beendete etwas widerwillig die Arbeit an seinem Buch.
Doch in dieser Nacht träumte Hilprecht von einer großen Gestalt in einem babylonischen Priestergewand, der ihn in die Schatzkammer des Tempels des Bel führte. Und dort erklärte ihm die Gestalt, die beiden Achatfragmente seien wirklich Teile desselben Rings, die wegen einer Achatknappheit getrennt wurden, um daraus Ohrringe für die Statue des Gottes Ninib anzufertigen. Würden die beiden Stücke aneinandergelegt, so der Priester im Traum, zeigten sie die ganze Inschrift, die Hilprecht so vergeblich zu entziffern versucht hatte.
Gleich am nächsten Morgen untersuchte Hilprecht, noch aufgeregt über seinen Traum, die beiden Stücke. Und wirklich ergaben sie, wenn man sie aneinanderlegte, die folgende Inschrift: »Dem Gott Ninib, dem Sohn Bels, seines Herrn, hat Kurigalzu, der Hohepriester des Bel, dies geweiht.«

Die allerersten Menschen?

Nach der gängigen paläontologischen Theorie gibt es Menschen erst seit ein oder zwei Millionen Jahren auf der Erde. Aber gewisse Fossilienfunde in Nordamerika deuten womöglich darauf hin, daß es menschliche oder zumindest sehr menschenähnliche Wesen schon seit Hunderten von Millionen Jahren gibt.

In den Cumberland-Bergen in Jackson County wurde in den neunziger Jahren des vorigen Jahrhunderts eine erstaunliche Entdeckung gemacht. Bei Grabungen am Big Hill wurde unter dem beiseite geräumten Kalkstein eine Felsschicht gefunden, deren Alter man später auf über 300 Millionen Jahre taxierte. Auf diesem uralten Stein fanden die Ausgräber verschiedene Tierspuren und auch zwei menschliche Fußabdrücke, die sie als »wohlproportioniert, mit gespreizten Zehen, sehr deutlich gezeichnet« beschrieben.

Schon einige Zeit davor, im Jahre 1816, kam am Westufer des Mississippi bei St. Louis ein ebenso eigenartiges Paar Fußabdrücke zutage. Die Abdrücke waren etwa 28 Zentimeter lang und an den Zehen 10 Zentimeter breit. Henry Schoolcraft, der sie untersuchte, stellte fest, daß sie von jemand stammen mußten, der es gewohnt war, barfuß große Entfernungen zurückzulegen. Schoolcraft beschrieb sie als »erstaunlich natürlich, mit deutlich ausgebildeten Muskelsträngen und den Krümmungen von Fersen und Zehen, und von einer Präzision und Naturtreue, die wiederzugeben mir nicht möglich war«. Doch obwohl Schoolcraft von der Echtheit der Fußabdrücke überzeugt war, konnte er nicht erklären, wie sie in eine Kalksteinschicht gelangt waren, die sich bereits vor 270 Millionen Jahren zu Fels verhärtet hatte.

Geheilt durch Blitz

An einem Sommermorgen des Jahres 1806 wachte Samuel Leffers mit einem tauben Gefühl in der linken Seite auf. Zunächst machte er sich keine Sorgen, weil er glaubte, daß er einfach zu lange auf dieser Seite gelegen hatte. Aber er merkte bald, daß er auch Schwierigkeiten beim Sprechen hatte und sein linkes Auge nicht mehr schließen konnte. Obwohl sich der Zustand insgesamt wieder etwas besserte, schien er sich auf das Auge zu konzentrieren, das nun permanent geöffnet blieb.

Später in diesem Sommer, so das *American Journal of Science,* ereilte Leffers ein weiteres Unglück, so dachte er zumindest, denn er wurde von einem Blitz getroffen und bewußtlos zu Boden geworfen. Doch als er wieder zu Bewußtsein kam, waren auch seine Gliedmaßen wieder voll funktionstüchtig. Tags darauf merkte er, daß auch der Zustand seines Auges sich gebessert hatte, und bald konnte er das Lid wieder bewegen. Die Sache hatte nur einen Haken: Der Blitz hatte sein Gehör geschädigt.

Napoleons Doppelgänger

Während seiner Regierungszeit als allmächtiger Kaiser Frankreichs ließ Napoleon in ganz Europa nach seinen möglichen Doppelgängern suchen. Vier Doubles wurden schließlich gefunden. Einer wurde kurz vor der Schlacht bei Waterloo ermordet, und ein anderer erlitt einen Unfall, der ihn untauglich dafür machte, an Napoleons Stelle aufzutreten. Aber die beiden anderen Männer, die beinahe aussahen wie Napoleons Zwillingsbrüder, blieben für den Rest von Napoleons Herrschaft an seinem Hof. Eines dieser Doubles, François Eugène Robeaud, hat die Rolle Napoleons möglicherweise bis zu seinem Tod gespielt.
Nach seiner Niederlage bei Waterloo war Napoleon dem Sieger auf Gedeih und Verderb ausgeliefert. Die Briten beschlossen, ihn an einem Ort einzusperren, von dem er nicht fliehen konnte, auf der Insel St. Helena nämlich. François Robeaud kehrte in der Zwischenzeit auf seinen Bauernhof in Baleycourt zurück.
Historischen Dokumenten zufolge lebte Napoleon bis zu seinem Tod im Exil vor der Küste von Afrika. Aber eine Reihe von eigenartigen Vorfällen deutet darauf hin, daß Napoleon möglicherweise entkommen konnte und einen Doppelgänger an seine Stelle setzte.
1818 geschah in Baleycourt etwas sehr Ungewöhnliches. Eine luxuriöse Kutsche fuhr vor dem Haus von Napoleons Double Robeaud vor. Hatte dieser Besuch vielleicht etwas mit der Rückkehr des Generals Gourgard zu tun, der eben erst von seinem Posten als Oberkommandierender auf St. Helena abgelöst worden war? Es war allgemein bekannt, daß sich unter Gour-

gards Freunden auch reiche Anhänger Napoleons befanden.

Robeaud erzählte seinen Nachbarn, der Mann in der Kutsche habe nur ein paar Hasen von ihm kaufen wollen. Doch bald darauf verschwanden Robeaud und seine Schwester.

Bei der Suche nach dem Doppelgänger Napoleons spürten die Behörden schließlich dessen Schwester auf, die in Tours in unerklärlichem Luxus lebte. Aber wo war ihr Bruder? Den Ermittlungsbeamten erzählte sie: »Er ist zu einer langen Reise aufgebrochen.«

Wie zufällig ließ sich 1818, kurz nach Robeauds Verschwinden, im italienischen Verona ein Fremder namens Revard nieder. Zusammen mit einem Geschäftspartner namens Petrucci eröffnete dieser »Revard« einen kleinen Laden. Doch dieser Ladenbesitzer sah Napoleon so ähnlich, daß er schon bald den Spitznamen »Kaiser« erhielt.

Der Gefangene auf St. Helena, der angeblich wirkliche Napoleon, wurde unterdessen sehr vergeßlich. Seine Handschrift veränderte sich, und er wirkte plötzlich sehr ungeschlacht. Für die französischen Behörden waren diese Veränderungen »zweifellos der Gefangenschaft zuzuschreiben«.

Am 5. Mai 1821 starb Napoleon im Exil. Starb er dort wirklich?

Zwei Jahre später verließ der italienische Ladenbesitzer, der Napoleon so ähnlich sah, unvermittelt seinen Laden und kehrte nie wieder nach Verona zurück. Zwölf Nächte nach »Revards« Verschwinden, am 4. September 1823, wurde im österreichischen Schönbrunn ein Mann getötet, als er auf das Schloß zulief, in dem Napoleon Bonapartes Sohn mit Scharlach im Sterben lag.

Als Vertreter der Behörden die Leiche sahen, stellten sie

das Gebäude unter Bewachung. Napoleons Frau bestand darauf, daß der Mann im Schloß begraben werde. Der geheimnisvolle namenlose Eindringling erhielt sein Grab direkt neben den geplanten Grabstätten von Napoleons Frau und Sohn.

Dreißig Jahre später gestand der Mann, der in Verona Geschäftspartner des mysteriösen Napoleon-Doppelgängers gewesen war, man habe ihm für sein Schweigen über die wahre Identität seines Kollegen 100 000 Goldkronen gezahlt. Er sei ganz sicher, behauptete Petrucci, daß »Revard« keine anderer als Napoleon Bonaparte gewesen war.

Der Gazellenjunge aus der Spanischen Sahara

Im Jahr 1970 entdeckte der französische Anthropologe Jean-Claude Armen in der Spanischen Sahara ein Kind, das wild unter einer Herde Gazellen lebte. Der dunkelhaarige, etwa zehn Jahre alte Junge galoppierte in gigantischen Sprüngen mit den Besten der Herde, er schien seiner Umgebung hervorragend angepaßt und lebte mit den Gazellen, als wäre er einer von ihnen. Obwohl Armen den Jungen nicht fangen konnte, war er fest davon überzeugt, daß der Junge nicht geistig zurückgeblieben sei, denn er glaubte, daß ein zurückgebliebenes Kind in der Wildnis nie so erfolgreich sein könne wie eben dieser Gazellenjunge.

Das Horoskop des Blutes

Der Psychologe Takeji Furukawa schrieb in seinem Buch *Blutgruppen und Temperatur,* die Blutgruppe eines Menschen könne viel über den Betreffenden enthüllen. So seien zum Beispiel Personen mit der Blutgruppe 0 hervorragende Angestellte, die mit dem Typ B sehr freiheitsliebend und solche mit Typ A am erfolgreichsten in einer gut durchstrukturierten Umgebung. Obwohl das Buch schon in den dreißiger Jahren erschien und von der Schulmedizin nicht ernstgenommen wurde, löste es 50 Jahre später in Japan eine landesweite Modewelle aus. In den Achtzigern stellte das japanische Rote Kreuz einen noch nie dagewesenen Ansturm der Sechzehn- bis Neunzehnjährigen auf die Blutspendeaufrufe fest. Die Teenager reagierten darauf nicht nur, weil sie es für ihre Bürgerpflicht hielten, sondern auch, weil sie wissen wollten, welche Blutgruppe sie hatten. Denn damit können sie, anhand von Furukawas Buch, ihren Charakter bestimmen. In japanischen Frauenzeitschriften tauchten sogar blutgruppenabhängige Horoskope auf. Und ein Partnervermittlungsdienst wollte von zukünftigen Kunden die Blutgruppe wissen. Ein japanisches Umfrageinstitut führt die Blutgruppen unter seinen demographischen Daten. Die wiederaufgeflammte Kritik der Schulmedizin an *Blutgruppen und Temperatur* hatte wenig Einfluß auf die Popularität der Bluthoroskope.

Das Rätsel der Sphinx

Die Sphinx von Gizeh, der legendäre Steinkoloß, halb Frau, halb Löwe, wurde angeblich vom Pharao Chephren gegen 2700 v. Chr. erbaut. Trifft aber die Theorie des Ägyptologen Anthony West, Autor des Buches *The Traveller's Key to Ancient Egypt*, zu, dann wurde die Sphinx in Wirklichkeit schon viel früher errichtet. Und daraus folgt dann, daß die ägyptische Zivilisation viel älter ist als ursprünglich angenommen.

West weist besonders darauf hin, daß die Erosion an der steinernen Sphinx viel schlimmer ist als bei ihren angenommenen Zeitgenossen, den Pyramiden. Und die über einen halben Meter tiefen Furchen an den Flanken stammen, so West, von den großen ägyptischen Überflutungen, die zwischen 15 000 und 10 000 v. Chr. die Gegend verwüsteten. Wurde die Sphinx von Gizeh wirklich vor den Fluten erbaut, würde das erklären, warum die ägyptische Kultur danach so rasch aufblühte: Der Grundstock dafür war bereits gelegt und hatte die zerstörerischen Wassermassen überstanden.

Die Fische auf den Bäumen

Beim *Periophthalmus Schlosseri,* einem Fisch, der in Malaysia beheimatet ist, scheint die Evolution an einem gewissen Punkt stehengeblieben zu sein: Er verläßt oft das Wasser und steigt auf Bäume. Bei Ebbe zappeln diese Fische im Schlamm und klettern auf der Suche nach Insekten auf nahe Bäume. Unter Zuhilfenahme zweier beinähnlicher Flossen bewegen sie sich dabei mit unglaublicher Geschicklichkeit.

Die größte Zeitkapsel der Welt

Zur Zeit der großen Weltausstellungen war es üblich, an den jeweiligen Schauplätzen, so etwa in New York, Chicago und anderen Städten, Zeitkapseln mit Zeugnissen des Lebens der gegenwärtigen und früherer Epochen zu vergraben. Doch die größte Zeitkapsel aller Zeiten ist nicht vergraben, sie ist über 45 Stockwerke hoch. Die großen ägyptischen Pyramiden, angeblich die Gräber der Pharaonen Cheops und Chephren aus der IV. Dynastie, sind inzwischen anerkannt als Kompendien uralten Wissens über Geographie, Astronomie und andere Wissenschaften.

Ägyptische Legenden deuteten schon immer darauf hin, daß diese beiden größten Pyramiden weniger als Gräber dienten, sondern als Wissensspeicher (die Cheops-Pyramide) und geheime Schatzkammer (die Chephren-Pyramide). Im Mittelalter hatten die arabischen Herrscher Ägyptens versucht, die Pyramiden als Steinbrüche zu benutzen. Es gelang ihnen nur, die glatten, mit Hieroglyphen übersäten Deckplatten aus Kalkstein von der großen Pyramide zu entfernen und sie, mit der Außenseite nach innen und deshalb nicht mehr zu entziffern, beim Bau der Moschee von Ibn Tulum in Kairo zu verwenden.

As Napoleon 1798 in Ägypten einfiel und die ägyptische Armee besiegte, befahl er seinen Landvermessern, die großen Pyramide als Ausgangspunkt zur Triangulation für die Erstellung militärischer Karten zu verwenden. Die französischen Landvermesser mußten nun überrascht feststellen, daß die Verlängerungen der Diagonalen durch die Pyramidenbasis genau das Nildelta einschlossen und daß der Längenmeridian durch die Pyramidenspitze verlief und so das Delta in zwei gleiche Hälften aufteilte.

Französische Wissenschaftler, die den Landvermessern folgten, machten erstaunliche Entdeckungen. Nimmt man etwa den Gesamtumfang der Basis und teilt ihn durch die doppelte Pyramidenhöhe (die ursprüngliche Höhe wohlgemerkt, also bevor einige der großen Gipfelsteine entfernt wurden), so erhält man genau 3,1416, was, im Gegensatz zu der späteren griechischen Näherung von 3,1428, exakt der Kreiszahl *pi* entspricht.

Wissenschaftler haben seitdem errechnet, daß eine vom Schnittpunkt der Transversalen nach Norden verlängerte Linie den Nordpol um etwa vier Bogenminuten verfehlt, aber die Lageveränderung des Pols seit Errichtung der Pyramide entspricht genau dieser Abweichung. Ein von der Königskammer ausgehender Schacht wies zur Zeit der Erbauung genau auf den Polarstern, der damals noch im Sternbild des Drachen stand und nicht wie heute im Großen Bären.

Jede Seite der Pyramide gibt, in ägyptischen Ellen gemessen, die Anzahl der Tage im Jahr mit 365 an, wobei alle 1460 Jahre nachgerechnet werden muß. Die Ursprungshöhe der Pyramide entspricht, multipliziert mit einer Milliarde, in etwa der mittleren Entfernung der Erde von der Sonne.

Als die Franzosen, bevor sie in Ägypten einfielen, die Maßeinheit des Meters als den vierzigmillionsten Teil eines Erdmeridians definierten, wußten sie noch nicht, daß dieser Meter fast, aber nicht genau, der Länge einer ägyptischen Elle entspricht, die wiederum als zehnmillionster Teil der Polachse definiert ist, was eigentlich korrekter ist, weil die Meridiane je nach Oberflächenbeschaffenheit der Erde variieren.

Die vielleicht überraschendste Zahl — weil sie auf eine weit in die Vergangenheit reichende Kultur hindeutet — ergibt sich, wenn man die Länge der Diagonalen der Pyramidenbasis addiert: In ägyptischen Zoll gemessen, sind das 25826,6 Zoll, und diese Zahl entspricht fast genau den Jahren, die die Polachse braucht, um in bezug auf die Sonne zu ihrer Ursprungsstellung zurückzufinden — 25827 Jahre.

Dies sind nur einige der Beispiele, die darauf hindeuten, daß die Cheops-Pyramide weniger ein Grab, sondern vielmehr eine steinerne Zeitkapsel ist, die uns von uraltem, jahrtausendelang verlorenem Wissen erzählt, das wir erst jetzt wieder, da die Wissenschaft das Wissen einer fernen Vergangenheit einholt, richtig verstehen können.

Das Ungeheuer von Gloucester

Berichte über angebliche Seeungeheuer gibt es immer wieder, doch einer der am besten dokumentierten Fälle dieser Art ereignete sich im August 1817 in Gloucester Harbour in Massachusetts. So viele Leute hatten das riesige Meeresuntier beobachtet, daß die *Linnaean Society* von New England eine Sonderkommission einrichtete, um beeidigte Bestätigungen zu sammeln.

Matthew Gaffney, einem Schiffszimmerer, berichtete zum Beispiel, er habe am 14. August um 4.30 Uhr auf einem im Hafen liegenden Schiff gearbeitet, als die Seeschlange plötzlich keine zehn Meter von dem Schiff entfernt aus dem Wasser auftauchte. Ihr Kopf, so behauptete er, sei so groß gewesen wie ein Viergallonenfaß (also ein Fäßchen mit etwa fünfzehn Litern; Anm. d. Ü.), ihr Körper habe den Umfang eines Barrels (ein Faß mit etwa 120 Litern) gehabt, und die Länge schätzte er auf etwa zwölf Meter. Das Untier schien sich dem Schiff zu nähern, als wollte es angreifen, doch dann tauchte es plötzlich unter. Kurz darauf kam es in über dreißig Metern Entfernung wieder an die Oberfläche, was einer geschätzten Geschwindigkeit von einer Meile pro zwei oder drei Minuten entsprach.

Das psychokinetische Mädchen aus Columbus, Ohio

Am 3. März 1984 begann im Haus der Familie Resch eine Serie bizarrer Ereignisse. Ohne erkenntlichen Grund gingen Lichter an und aus. Elektrische Geräte sprangen von alleine an. Aus dem Fernseher kamen mysteriöse Geräusche, obwohl er abgeschaltet und der Bildschirm dunkel war. Die Dusche lief plötzlich, obwohl niemand im Bad war. Doch alle Phänomene hatten etwas gemeinsam: Immer schien die vierzehnjährige Tina Resch in der Nähe zu sein, obwohl sie körperlich für keins der Ereignisse verantwortlich war.

In den folgenden Wochen ließ Tina mit schöner Regelmäßigkeit Kerzen tanzen und Deckenlampen schwingen. Bald wußte die ganze Nachbarschaft von dem Phänomen, und Verwandte und Freunde der Familie sahen Gegenstände im Haus herumfliegen. Es dauerte nicht lange, bis auch Forscher und Reporter auf die völlig entnervte Resch-Familie einstürmten. Zwei religiöse Gruppen versuchten sogar einen Exorzismus.

Eine Videoaufnahme war schließlich der Grund für eine ernste Kontroverse. Als man das Band, das Tina bei der Levitation einer Lampe zeigte, in Zeitlupe abspielte, behaupteten einige der Zuschauer, sie hätten gesehen, daß Tina die Schnur der Lampe in der Hand hielt. Unter den Erforschern des Übersinnlichen wurde der Verdacht des Betrugs laut. Aber andere, wie etwa Fred Shannon, ein Fotograf des *Columbus Dispatch*, beharrten darauf, daß die Ereignisse keine Fälschungen seien. Shannon, der sich Sorgen um Tinas Sicherheit machte, berichtete von einem Vorfall, bei dem die Wohnzimmercouch sich fast einen halben Meter von der Wand entfernt und Tina, die in einem Sessel saß, »angegriffen« hatte. Er hatte auch beobachtet, wie bei mindestens sieben Gelegenheiten das Telefon durchs Zimmer segelte und dabei einige Male Tina so fest traf, daß sie aufschrie.

In der Hoffnung, damit das Problem lösen und den Streit schlichten zu können, waren Tinas Eltern mit einer Untersuchung ihrer Tochter in einem Labor in der Nähe von Chapel Hill, North Carolina, einverstanden. Bei einer bemerkenswerten Reihe von Experimenten verlangte man von Tina unter anderem, sie solle nur mit ihren Geisteskräften die Frequenz der Nervenzellenimpulse von Riesenseeschnecken ändern. Nach Angaben des biomedizinischen Technikers und Neurologen Steve Baumann verlief der Test erfolgreich. Senden die Nervenzellen der Riesenseeschnecke für gewöhnlich alle ein oder zwei Sekunden ein Signal aus, konnte der Wissenschaftler 23 Sekunden lang kein einziges Signal feststellen, da Tina in dieser Zeit mit ihren Geisteskräften die Schnecken kontrollierte.

Skeptiker sind damit natürlich noch nicht zufrieden, sie beharren darauf, daß Tinas psychokinetische Fähigkeiten erst bewiesen sind, wenn sich die Tests mit den gleichen Ergebnissen wiederholen lassen.

Vorahnung und Vorsorge

Als Jaime Castell, ein spanischer Hotelmanager, nach einem unheimlichen Traum erwachte, hielt er es für klüger, seiner schwangeren Frau nichts davon zu erzählen. Es gab keinen Grund, sie mit dem zu belasten, was er im Traum erfahren hatte. Denn die Stimme aus dem Traum hatte ausdrücklich das Kind, das sie trug, erwähnt und Castell gewarnt, daß er nicht mehr lange genug leben werde, um dieses Kind noch zu sehen. Besorgt über diesen ahnungsvollen Traum, schloß Castell gleich am nächsten Morgen eine Lebensversicherung über 100 000 Dollar ab, die seine Frau nach seinem Tod erhalten sollte.

Wenige Wochen später fuhr Castell wie gewöhnlich mit dem Auto von der Arbeit nach Hause, als er aus der Gegenrichtung ein Auto mit über 150 Stundenkilometern dahinrasen sah. Er mußte entsetzt mit ansehen, wie das Auto von der Straße abkam, über die Leitplanke, die die beiden Fahrspuren abgrenzte, schleuderte und kopfüber durch die Luft flog. Es war das letzte, was Castell sah, bevor das andere Auto auf dem Dach des seinen landete. Beide Fahrer waren sofort tot.

Versicherungsgesellschaften stornieren häufig Verträge, wenn es so aussieht, als hätte der Versicherungsnehmer beim Abschluß bereits gewußt, daß er bald sterben muß. Wegen der höchst ungewöhnlichen Art von Castells Unfall konnte die Gesellschaft die Berechtigung des Anspruchs jedoch nicht bestreiten und zahlte deshalb das Geld unverzüglich an Castells Witwe aus.

Der Bigfoot von New Jersey

Im Mai 1977 wurden auf dem Hof der Sites in Wantage, New Jersey, mehrere Hasen zerquetscht aufgefunden. Der Täter hatte während der Nacht die Holztür des Käfigs aufgebrochen, um zu den Tieren zu gelangen. In der folgenden Nacht ließen die Sites den Hof hell erleuchtet, doch der Übeltäter tauchte wieder auf. Er war groß und haarig und sah fast aus wie ein Mann mit Vollbart, hatte aber riesige, glühendrote Augen. Einen Hund, der das Wesen ansprang, schleuderte es mit einem wuchtigen Schlag fast sieben Meter weit weg.
In der dritten Nacht warteten Mr. Sites und drei weitere Männer mit geladenen Schrotflinten auf das Untier. Als es auftauchte, feuerten sie mehrmals darauf. Es heulte und rannte in den Wald. Obwohl sich alle sicher waren, ihr Ziel getroffen zu haben, konnte man später keine Blutspuren finden.
Mitglieder der *Society for the Investigation of the Unexplained,* der Gesellschaft zur Erforschung des Unerklärlichen, durchsuchten die Gegend, bekamen das Wesen aber nie zu Gesicht. Doch sie hörten Schreie, die von den Einheimischen diesem Wesen zugeschrieben wurden. Nach Abschluß dieser Untersuchung wurde es noch mehrmals beobachtet, einmal auch von den Sites-Kindern, die es durchs Gras kriechen sahen. Es hatte den Arm ausgestreckt, als sei es verletzt und würde Hilfe suchen.

Musikalisches Aspirin

Den ganzen Tag über hörte eine Frau in ihrem Kopf Musik, vorwiegend Schlager aus den Dreißigern und Vierzigern. In ihrer Verzweiflung wandte sie sich schließlich an James Allen von der Neurologischen Klinik in Minneapolis.

Allen überprüfte alle denkbaren Erklärungsmöglichkeiten: Vielleicht spielten die Nachbarn zu laute Musik; oder funktionierte ihr Hörgerät nicht richtig und empfing vielleicht Signale der örtlichen Radiostation? Doch auch als man die Frau in eine schallsichere Zelle setzte, hörte sie weiterhin die Schlager.

Nun untersuchte Allen die Frau gründlich. Sie war geistig gesund und wies ganz normale Gehirnströme auf. Bis auf ihre Schwerhörigkeit und eine rheumatische Arthritis zeigte sie keinen krankhaften Befund.

Schließlich erkannte Allen, daß die zwölf Aspirin, die die Frau täglich gegen ihre Arthritis einnahm, der Grund für diese Musik im Kopf waren, denn er wußte, daß das Medikament manchmal Ohrensausen verursachen konnte. Da sich die musikalische Erinnerung im Hörzentrum im Schläfenlappen des Gehirns befindet, wirkte die Kombination aus hohen Dosen Aspirin und der Schwerhörigkeit der Frau auf eben dieses Erinnerungsvermögen ein und brachte ihr diese Melodien wieder ins Bewußtsein. Sobald die Aspirindosis um die Hälfte reduziert wurde, ließ die Musik langsam nach, vermerkte Allen im *New England Journal of Medicine.*

Mord im Traum

Da die Polizei von Oak Park, Illinois, bei dem am 4. Oktober 1980 verübten Mord an einer vierundzwanzigjährigen Schwesternschülerin nicht mehr weiter wußte, bat sie die Bevölkerung in der Umgebung des Schauplatzes um Mithilfe. Steven Linscott, ein moralisch aufrechter junger Mann, fühlte sich verpflichtet, den Ermittlungsbeamten von einem bizarren Traum zu erzählen, den er in der fraglichen Nacht zwischen ein und drei Uhr gehabt hatte, während er neben seiner Frau schlief.

In dem Traum, so der siebenundzwanzigjährige Bibelschüler und Prediger der *Good News Mission,* habe er eine Frau und einen Mann zu Hause bei einer offenbar freundschaftlichen Unterhaltung gesehen. Plötzlich änderte sich die Stimmung des Mannes, er packte einen langen, schweren Metallgegenstand und prügelte damit die Frau zu Tode. Was aber Linscott am meisten verwunderte, war die Tatsache, daß die Frau im Traum sich zu keiner Zeit gegen die Schläge gewehrt hatte.

Die Polizei war verblüfft über die erstaunliche Ähnlichkeit zwischen Linscotts Traum und den Details des wirklichen Mordes. Die Schwesternschülerin war wirklich mit einem schweren Metallgegenstand mehrere Male geschlagen worden. Bei der Frau, einer Yogaschülerin, war darüber hinaus festgestellt worden, daß sie die Finger in einer bestimmten Yoga-Geste, dem Kriya, hielt, welches die Hinnahme des Todes bedeutet. Zu all diesen zufälligen Übereinstimmungen kam noch, daß Linscott bei einem seiner Besuche im Polizeirevier ein ähnliches Hemd getragen hatte wie der Mann in seinem Traum. Die Polizei kam nun zu dem Schluß, daß all diese Details nur dem Mörder selbst bekannt sein konnten und verhaftete Linscott. Zwei Jahre später wurde er für schuldig befunden und zu 40 Jahren Zuchthaus verurteilt.

1984 wurde das Urteil von zweien der drei Richter, die über Linscotts Einspruch verhandelten, wieder aufgehoben. In der Begründung sagten sie, der Traum könne nicht als Geständnis betrachtet werden. Er deute lediglich auf die Möglichkeit einer Schuld hin. Darüber hinaus gebe es genug Unstimmigkeiten zwischen dem Traum und dem wirklichen Mord, unter anderem auch bei der Hautfarbe des Opfers. Obwohl der dritte Richter Linscott für schuldig hielt, war die Mehrheit der Überzeugung, daß das Beweismaterial »für einen Ausschluß der Unschuld offensichtlich nicht hinreichend« sei.

Das Ungeheuer von Loch Morar

Loch Ness ist nicht der einzige See in Schottland, der sich eines geheimnisvollen Seeungeheuers rühmen kann. Berichte über ein Ungeheuer im Loch Morar gehen zurück bis zum Jahr 1887, doch erst 1969 erhielt es von den Einheimischen den Namen Morag.

Am Abend des 19. August 1969 befanden sich Duncan MacDonnell und William Simpson in ihrem Fischerboot auf dem See. Sie waren nach einem langen Fischzug bereits auf der Heimfahrt, als sie plötzlich ein Platschen hörten. Sie sahen hinaus und entdeckten das Ungeheuer, das direkt auf sie zukam. Als es gegen die Seitenwand des Kahns stieß, schien es verwundert anzuhalten, so als hätte es ihn unabsichtlich gerammt.

Morag, so berichteten die beiden, war riesig, fast zehn Meter lang und mit einem etwa 30 Zentimeter breiten, schlangenähnlichen Kopf versehen. Es hatte eine rauhe, braune Haut, und auf dem Rücken ragten drei Höcker etwa einen halben Meter aus dem Wasser heraus.

Einige Minuten lang versuchten die Männer, das Untier von einem Angriff auf das Boot abzuhalten. Erst als einer der beiden ein Gewehr packte und schoß, tauchte es langsam unter und ließ die Männer entkommen.

Solarer Selbstmord

Robert Saylor war verzweifelt über seine bevorstehende Scheidung, und da seine Frau ihn nicht mehr wollte, war ihm das Leben nichts mehr wert. Er hatte einen Fernkurs in Elektronik abgeschlossen und kam so auf die Idee, aus einer Solarzelle, einer Batterie und einer Patrone vom Kaliber .22 eine »narrensichere« Selbstmordmaschine zu bauen. Der Arbeitslose aus Seattle nahm die Maschine mit in ein Hotel, schloß sich in seinem Zimmer ein und rief dann seine Frau an. Er erzählte ihr von seinem Selbstmordplan und bat, sie und seine junge Tochter noch ein letztes Mal sehen zu dürfen.

Tags darauf rief er seine Frau noch einmal an und sagte, er wolle nun Ernst machen mit seinem Plan. Seine Frau alarmierte sofort die Polizei, die kurz nach Mitternacht im Hotel eintraf. Mehr als fünf Stunden lang versuchten sie, ihn von seinem Selbstmord abzubringen, und am Ende waren sie sicher, daß ihr Reden Erfolg gehabt hatte. Doch bei Tagesanbruch hörte sie plötzlich eine dumpfe Explosion aus dem Hotelzimmer.

Die Polizei brach die Tür auf und fand Saylor in einem Sessel sitzend, mit den Beinen auf dem Bett. Er war tot. Bei der Durchsuchung des Zimmers fand die Polizei am Fenster einen fotosensitiven Rezeptor, der mit der Batterie verbunden war. Die ersten Sonnenstrahlen hatten die Batterie aktiviert, die mit der Patrone, die Saylor sich ans Herz geklebt hatte, verbunden war. Die Explosion hatte ihn auf der Stelle getötet.

Das Seeungeheuer von British Columbia

Seit dem Jahr 1700 gibt es etwa 200 Berichte über ein angeblich riesiges Wassertier im Okanagan Lake in British Columbia, Kanada. 1949 zum Beispiel wurde Ogopogo, so der populäre Name des Tiers, von mehreren Personen aus nächster Nähe betrachtet. Leslie Kerry war mit einer Urlauberfamilie aus Montreal mit seinem Boot auf dem See, als sie plötzlich eine große, schlangenähnliche Gestalt bemerkten, die sich, teils unter, teils über der Wasseroberfläche vertikal dahinschlängelte. Das Tier schien etwa 10 Meter lang und 30 cm dick zu sein und hatte einen gespaltenen Schwanz. Kerrys Frau konnte die Gestalt vom Ufer aus ebenfalls sehen und rief ihre Nachbarn herbei, damit sie die Erscheinung ebenfalls betrachteten. Sie beobachteten das Ungeheuer mit Ferngläsern und beschrieben es später als glatt und schwarz, »mit Wellenform oder Windungen«. Einige glaubten auch, daß es sich um zwei Tiere handelte, da einige dieser Windungen sehr weit auseinanderlagen.

Der fahrende Prophet und das Erdbeben von Glasgow

Eines Nachts im November 1974 wachte Edward Pearson, ein selbsternannter »arbeitsloser Prophet« aus Wales, mit einer schrecklichen Vorahnung auf. Erdbeben auf den Britischen Inseln sind etwa ebenso häufig wie Schnee im Juli, das wußte er genau. Und dennoch hatte Pearson das Gefühl, als würde die schottische Stadt Glasgow bald von einem starken Beben heimgesucht werden.

Er sah nun keinen anderen Ausweg, als die Bürger von Glasgow vor der bevorstehenden Katastrophe zu warnen. Obwohl er das Geld für die Reise nicht hatte, stieg er am 4. Dezember ohne Fahrkarte dennoch in den Zug und hoffte, der Schaffner würde wegen der Bedeutung seines Anliegens eine Ausnahme machen.

Aber der Prophet hatte Pech, denn das Zugpersonal war nicht so einsichtig, wie er gehofft hatte, und er mußte den Zug verlassen. Immerhin gelangte seine Geschichte, mit einem leicht hämischen Unterton, in den *Courier and Advertiser* aus Dundee, Schottland. Als dann aber drei Wochen später tatsächlich ein Erdbeben Glasgow erschütterte und in der Stadt und der Umgebung eine ganze Reihe von Gebäuden zerstörte, erkannten die Reporter, daß sie eine sehr präzise Voraussage verächtlich abgetan hatten.

Unwahrscheinliche Verwechslung

Als Thomas Baker das *Northgate Shopping Center* in Sheboygan, Illinois, verließ, dachte er zunächst, sein Auto sei ihm gestohlen worden. Doch nach wenigen Minuten entdeckte er seinen braunen Concord nicht weit von der Stelle, wo er ihn ursprünglich abgestellt hatte. Er schloß auf und stieg ein, wunderte sich aber, daß er mit seinen einsfünfundneunzig nicht, wie gewohnt, bequem hinter das Lenkrad paßte. Seine Verwunderung wuchs noch, als er sich umsah und einige fremde Gegenstände entdeckte, und er beschloß deshalb, die Polizei zu rufen.

Während Baker nun den eingetroffenen Polizisten den verwirrenden Fall erklärte, hielt plötzlich ein älteres Ehepaar in einem identischen braunen 1978er Concord neben ihnen. Auch sie hatten sich gewundert, als sie in dem Auto, das sie für das ihre hielten, unvertraute Gegenstände entdeckten. Eine Überprüfung der Autonummern ergab nun, daß Baker und das ältere Paar tatsächlich ihre Autos verwechselt hatten.

Nach Angaben der Herstellerfirma, der *American Motors,* war das Erstaunlichste an der Verwechslung die Tatsache, daß sich mit den Schlüsseln der Besitzer das jeweils andere Auto öffnen ließ, da dies in 1000 Fällen nur einmal vorkommt. Da nun aber auch Farbe und Modell identisch waren und die Autos zu gleichen Zeit am gleichen Ort standen, dürfte die Wahrscheinlichkeit wohl eher bei eins zu 10 000 liegen.

Das Bizarrste an dem ganzen Fall war aber wohl, daß das ältere Paar ebenfalls Baker hieß.

Der Fluch des Kimono

Es ranken sich viele Legenden um Kleidungsstücke, die mit einem Fluch belegt sind, doch keines erregte so viel Aufsehen und brachte auch so viel Zerstörung wie ein japanischer Kimono aus dem siebzehnten Jahrhundert. Drei Frauen besaßen kurz hintereinander das Kleidungsstück, und alle drei starben, bevor sie es auch nur einmal tragen konnten. Ein japanischer Priester, der glaubte, der Kimono sei böse und für den Tod der drei Mädchen verantwortlich, verkündete schließlich, er werde im Februar 1657 verbrannt. Doch sobald der Kimono angesteckt war, kam plötzlich ein heftiger Wind auf, der die Flammen anfachte, bis sie nicht mehr zu kontrollieren waren. Das daraus entstehende Großfeuer zerstörte drei Viertel von Tokio und tötete 100 000 Menschen.

Bismarck, Jefferson und die Zahl 3

Auch wenn sie zu unterschiedlichen Zeiten in verschiedenen Ländern lebten, hatten doch Thomas Jefferson und Fürst Bismarck eins gemeinsam: Die Zahl 3 hatte in ihrer beider Leben große Bedeutung. So war Thomas Jefferson unter anderem der dritte Präsident der Vereinigten Staaten, der dritte Sohn seiner Eltern und der dritte Thomas in der Familie. Mit 33 verfaßte er die Unabhängigkeitserklärung, war drei Jahre lang dritter Botschafter in Frankreich, wurde zum dritten Präsident der *American Philosophical Society* ernannt und verlor die Präsidentschaftswahlen des Jahres 1796 wegen drei Stimmen.
Als leidenschaftlicher Liebhaber von drei Künsten, der Architektur, der Malerei und der Musik, haßte Jefferson drei Dinge: die Monarchie, den Adel und den Fanatismus. Er hätte deshalb an Bismarcks drei Titeln wenig Freude gehabt: Graf, Herzog und Fürst. Bismarck studierte, wie Jefferson, an drei Schulen, doch anschließend diente der Fürst drei Königen, kämpfte in drei Kriegen, verlor drei Pferde in der Schlacht, unterzeichnete drei Friedensverträge, diente als Botschafter in drei Ländern und gründete den Dreibund. Und im Gegensatz zu Jefferson hatte Bismarck drei Kinder, entkam drei Anschlägen auf sein Leben. Sein Wappen zeigte darüber hinaus ein dreiblättriges Kleeblatt, um das sich drei Eichenblätter rankten.

William Meister war mit seiner Frau und seinen beiden Töchtern auf Fossiliensuche in Antelope Spring in der Nähe von Delta, Utah. Als ausgebuffte Fossilienamateure hatte die Meisters bereits einige versteinerte Trilobiten ausgegraben — kleine, wirbellose Meerestiere, die vor 280 Millionen Jahren ausstarben, aber als Vorläufer von Krebsen und Krabben gelten. Aus derselben Erdschicht zog Meister nun eine etwa 5 Zentimeter dicke Felsplatte. Als er sie aufbrach, entdeckte er zu seiner Überraschung eine Versteinerung, die aussah wie ein Fußabdruck. Als wäre das noch nicht ungewöhnlich genug, hatte der Fuß offensichtlich eine Sandale getragen und darunter einen Trilobiten zerdrückt.

Wenn sein Fossilienfund wirklich das zeigte, was er zu zeigen schien, so überlegte Meister, dann irrten sich die Paläontologen bei zumindest einer von zwei Hypothesen. Entweder waren die Trilobiten, die über 320 Millionen Jahre lang existierten, nicht vor 280 Millionen Jahren ausgestorben; oder es gab schon vor weit mehr als zwei Millionen Jahren, der von der Paläonthologie postulierten Entstehungszeit des Menschen, menschenähnliche Wesen auf der Erde. Das Schuhwerk stellte darüber hinaus noch eine weitere moderne Theorie in Frage: Historiker behaupten, daß Sandalen, Schuhe oder andere Fußbekleidung erst seit einigen tausend Jahren in Gebrauch sind.

Meister versuchte nun, seinen Fund von Geologen der örtlichen Universität untersuchen zu lassen, aber diese hatten kein Interesse daran. Meisters Interpretation seines Fundes sei schlichtweg falsch, meinten sie. So wandte er sich schließlich mit seinem Fund an die Presse. Doch die akademische Welt zeigte auch weiterhin kein Interesse. James Madsen, der Kurator des *Museum of Earth Science* an der Universität von Utah, entgegnete auf die Behauptung Meisters, er habe Hinweise auf die Existenz von Homiden zur Zeit der Trilobiten: »Vor 600 Millionen Jahren gab es keine Menschen. Und auch keine Affen oder Bären oder andere Bodentiere, die menschenähnliche Spuren hätten hinterlassen können. Welches Menschenwesen hätte denn vor der Entstehung der Wirbeltiere auf diesem Planeten herumlaufen sollen?«

Ja, welches denn? Einige Leute, die diesen Fall kennen, kommen zu der Vermutung, daß lange vor der Entstehung des *Homo sapiens* vielleicht ein Zweifüßler von einem anderen Planeten in Schuhen auf unserer Erde herumspazierte.

Kriegswichtige Codewörter

Wegen der absoluten Geheimhaltung der Invasionspläne der Alliierten im Zweiten Weltkrieg mußte man zur Befehlsübermittlung an die jeweiligen Agenten ein kompliziertes System von Codewörtern entwickeln. Der Gesamtplan, der den Decknamen »Operation Overlord« erhielt, war in verschiedene Phasen unterteilt, die wiederum mit verschiedenen Codewörtern bezeichnet wurden. So hieß die Marineoperation zum Beispiel »Neptun«. Die Ziel- und Treffpunkte in Frankreich wurden »Omaha« und »Utah« genannt, und ein künstlicher Hafen, der als Waffen- und Nachschublager dienen sollte, hieß »Mulberry«. Aber 33 Tage vor dem geplanten Invasionsbeginn tauchten eigenartigerweise plötzlich viele der Codewörter im Kreuzworträtsel des Londoner *Daily Telegraph* auf. Und vier Tage vor Operationsbeginn hieß eins der Lösungswörter des Rätsels »Overlord«.

Aus Angst, ein Spion der Nazis habe von dem Code erfahren und mache die »Operation Overlord« nun über das Kreuzworträtsel publik, stürmten Geheimagenten die Redaktion des *Daily Telegraph*. Doch dort fanden sie zu ihrer Überraschung nur einen etwas verwunderten Lehrer namens Leonard Dawes, der seit über zwanzig Jahren die Kreuzworträtsel der Zeitung zusammenstellte. Dawes konnte die Agenten schließlich davon überzeugen, daß das plötzliche Auftauchen der Codewörter in den Kreuzworträtseln ein reiner Zufall war.

Der Stern mit den neun Monden

Der französische Anthropologe Jean Pierre Hallet, der in den Jahren 1957 und 1958 bei dem Pygmäenstamm der Efe im abgelegenen Ituri-Wald in Zentralafrika lebte, mußte verblüfft feststellen, daß die Efe den Saturn als »den Stern mit den neun Monden« bezeichneten. Daß der Saturn neun Monde hat, war natürlich keine Überraschung. Das wußte man bereits seit 1899, als Astronomen den neunten entdeckten. Und die Raumsonde Voyager stellte bei der Umrundung des Planeten im Jahr 1980 sogar noch einen zehnten fest. Aber niemand kann erklären, warum die Efes von den neun Monden wußten, da sie mit bloßem Auge nicht zu erkennen sind und den technisch äußerst primitiven Pygmäen der Gebrauch eines Teleskops mit Sicherheit unbekannt war.

Während einer Seance der beiden Londoner Medien Frank Herne und Charles Williams mit einem Kreis von Besuchern meldeten sich plötzlich die Geister John King und seine Tochter Katie. Katie war einverstanden, den Teilnehmern etwas zu bringen, und einer bat sie, das bekannte Medium Mrs. Guppy in ihre Mitte zu teleportieren. Katie lachte und beharrte trotz des Protestes ihres Vaters darauf, den Wunsch zu erfüllen.

Die Anwesenden lachten, als plötzlich ein dumpfer Schlag auf dem Tisch zu hören war, und einige schrien. Das Licht wurde angeschaltet, und wirklich saß Mrs. Guppy mitten auf dem Tisch. Sie schien in Trance zu sein und hielt Stift und Papier in der Hand.

Als man nun das Medium sanft aus der Trance aufweckte, war es zunächst etwas verwirrt. Sie konnte sich noch daran erinnern, bis zuletzt zu Hause gesessen zu sein. Man brachte sie nach Hause, wo eine Freundin sie bereits ängstlich erwartete. Offensichtlich waren die beiden zusammen in Mrs. Guppys Wohnzimmer gesessen, als Mrs. Gyppy plötzlich verschwand und nur noch »einen feinen Dunstschleier an der Decke hinterließ«.

Der konservierte Leichnam der hl. Bernadette

Im Jahr 1858 erschien dem damals vierzehnjährigen französischen Mädchen Bernadette Soubirois die Jungfrau Maria an einer Quelle in Lourdes, die daraufhin zum berühmtesten Wallfahrtsort der katholischen Kirche wurde. Bernadette selbst trat später in das Kloster der Damen von Nevers ein und starb mit 35 Jahren. In den 45 Jahren nach ihrem Tod wurde die Leiche dreimal exhumiert, um ihren Zustand zu untersuchen, da ihre mögliche Nichtverwesbarkeit nach katholischem Glauben ein Zeichen von Heiligkeit wäre. Obwohl es als Folge der Exhumierungen zu gewissen Verfallserscheinungen kam, konnten die jeweils mit der Untersuchung Beauftragten feststellen, daß die Leiche Bernadettes erstaunlich gut erhalten blieb. Sie ist heute in der Kapelle des Konvents zum Hl. Gildard in Frankreich aufgestellt.

Eine Oase mitten im Ozean

Im Jahr 1881 stach Captain Neal Curry mit seiner Frau und den zwei Kindern und einer zweiunddreißigköpfigen Mannschaft von Liverpool, England, aus in See. Während der Überfahrt nach San Francisco brach an Bord ein heftiges Feuer aus, das sie zwang, das Schiff vor der Westküste Mexikos zu verlassen. In drei Rettungsbooten trieben sie ziellos im Pazifik, nirgends war Land oder ein anderes Schiff in Sicht. Bald überwältigten Hunger und Durst die Schiffbrüchigen, und schon nach kurzer Zeit waren sieben von ihnen ohnmächtig geworden.

Eines Nachts träumte Curry, die Farbe des Wassers würde sich von Blau zu Grün verändern. Im Traum kostete er es und merkte, daß es frisch und trinkbar war. Als er dann schließlich erschöpft und so schwach, wie er es nie für möglich gehalten hatte, aufwachte, stellte er überrascht fest, daß das Wasser um die Rettungsboote wirklich grün geworden war. Und wie in seinem Traum, brachte er gerade noch genug Kraft auf, um einen Behälter ins Wasser zu senken. Er zog ihn wieder ins Boot und kostete das Wasser. Es war wirklich frisch — und trinkbar.

23 Tage, nachdem sie das brennende Schiff verlassen hatten, landeten Captain Curry, seine Familie und seine Mannschaft an der mexikanischen Küste. Die geheimnisvolle Frischwasseroase, die Curry durch Zufall mitten im Meer entdeckt hatte, hatte allen Schiffbrüchigen das Leben gerettet.

Die Heilkräfte des Padre Pio

Treten bei einer offensichtlich normalen Person plötzlich Stigmata, also die Wundmale Jesu am Kreuz, auf, wird das nach katholischem Glauben als Wunder betrachtet. Ein höchst bemerkenswerter Fall einer solchen Stigmatisierung ereignete sich am Anfang dieses Jahrhunderts in der italienischen Stadt Loggia. Ein Kapuzinermönch namens Padre Pio trug nicht nur die Wundmale an Händen und Füßen und die Stichwunde an der Seite, sondern er besaß darüber hinaus noch die Gabe, durch Handauflegen Kranke zu heilen. So konnte ein etwa neunjähriger Junge, der so bucklig war, daß er durch die Straßen kriechen mußte, nach einer Berührung von der blutenden Hand des Mönchs plötzlich wieder aufrecht gehen.
Der 1887 geborene Padre Pio spürte mit 28 zum erstenmal Schmerzen an Händen, Füßen und in der Seite, doch die Ärzte konnten keinen Grund dafür feststellen. Drei Jahre später brach er während eines Gebets vor dem Altar schmerzverzerrt zusammen. Als Glaubensbrüder ihn einige Zeit später bewußtlos am Boden fanden, blutete er aus Wunden an den Händen, den Füßen und an der Seite. Die Mönche erkannten sofort, daß es die Wunden Christi waren.
Obwohl Padre Pio in Italien und später auch in der ganzen Welt verehrt und respektiert wurde, traf er doch immer wieder auf Skeptiker und Kritiker. Einer von ihnen, ein gewisser Doktor Ricciardi aus der Stadt San Giovanni Rotondo, ganz in der Nähe des Klosters, litt seit 1929 an einem Gehirntumor. Da er in Frieden sterben wollte, verweigerte er Padre Pio den Zutritt zu seinem Krankenzimmer. Doch Dr. Ricciardi wartete vergeblich auf einen leich-

ten Tod, und als Padre Pio unerwartet am Krankenbett des Arztes erschien, akzeptierte er bereitwillig die Heilkräfte des Mönchs. Noch vor Ende des Jahres war Dr. Ricciardi wieder ganz gesund.

Menschen mit blauer Haut

Blaue Haut bei Menschen hält man meist für eine Laune der Natur, doch in vielen Fällen gibt es eine biologische Erklärung dafür. An der pastellblauen Tönung der Haut von gewissen Einheimischen der Ozarks sind von jahrzehntelanger Inzucht verursachte genetische Abnormitäten schuld. Auch einige Krankheiten können eine bläuliche Verfärbung der Haut bewirken. In den chilenischen Anden wurde jedoch in einer Höhe von gut achthundert Metern oberhalb des Niveaus, auf dem Menschen längere Zeit überleben können, eine kleine Gruppe echter Blauhäutiger entdeckt. Der Bergsteiger und Physiologe John West von der medizinischen Fakultät der *University of California* in San Diego stieß auf diese kleine Gruppe von Bergarbeitern, deren Haut offensichtlich in Anpassung an den in über 6000 Meter Höhe herrschenden Sauerstoffmangel eine bläuliche Färbung angenommen hat.

Diese Bergarbeiter produzieren anscheinend eine große Menge Hämoglobin, den Sauerstoffträger in den Blutzellen. Und dieser Überschuß an Hämoglobin gibt der Haut die bläuliche Färbung. Vermutlich besitzen die Männer eine höhere Lungenkapazität und Atemfrequenz. Und da sie in dieser Höhe geboren werden und aufwachsen, fällt ihnen eine Anpassung an diese Lebensbedingungen nicht schwer.

Natürlich verbringen auch tibetanische Mönche viel Zeit in ähnlichen Höhen, aber diese Bergarbeiter in den Anden verrichten dabei äußerst anstrengende Arbeit.

Der Anwalt, der seinen Fall zu überzeugend darstellte

Thomas McGean war an seinem Ort ein bekannter Unruhestifter, der im Jahr 1871 angeklagt wurde, während eines Streits in einer Bar einen Mann erschossen zu haben. Sein Verteidiger, Clement Vallandigham, behauptete dagegen, das Opfer, ein Mann namens Myers, habe sich selbst erschossen, als er versuchte, in kniender Haltung seine Waffe aus der Tasche zu ziehen. Eines Abends traf sich Vallandigham mit Kollegen, ebenfalls Verteidigern, denn er wollte demonstrieren, was wirklich passiert war.

Bereits zuvor hatte der Anwalt zwei Pistolen auf seinen Schreibtisch gelegt, die eine geladen, die andere nicht. Aus Versehen nahm er nun die geladene, steckte sie sich in die Hosentasche und spannte sie. Er wollte die Szene so nachspielen, wie sie seiner Meinung nach abgelaufen war. Doch als er den Abzug betätigte, traf die Kugel ihn selbst, und zwar genau so, wie es, seiner Argumentation nach, bei dem Toten geschehen war. Zwölf Stunden später starb Vallandigham. McGean wurde freigesprochen.

Der Mann, der nicht hängen wollte

Der junge Will Purvis stand wegen Mordes an einem Farmer in Columbia, Mississippi, vor Gericht, und obwohl er während des ganzen Prozesses seine Unschuld beteuerte, befanden ihn die zwölf Geschworenen für schuldig. Er wurde zum Tod durch den Strang verurteilt, doch beim Verlassen des Gerichtssaals rief er den Geschworenen zu: »Ich werde euch noch alle überleben!«

Am 7. Februar 1894 stand Purvis dann unter dem Galgen, eine schwere Schlinge um den Hals. Doch anstatt mit gebrochenem Genick in der Luft zu baumeln, sobald die Falltür geöffnet wurde, fiel er einfach hindurch. Auf geheimnisvolle Weise hatte sich der Knoten gelöst und die Schlinge war so dem Verurteilten einfach über den Kopf geglitten. Die Schlinge wurde nun wieder verknotet und die Hinrichtung ein zweites Mal angesetzt. Aber die Menge der Schaulustigen war anderer Ansicht. Für sie war Purvis' Rettung ein Wunder, er war offensichtlich nicht dazu bestimmt, durch den Strick zu sterben. Schreiend, singend und Gott anrufend, erreichten die Zuschauer schließlich einen Aufschub der Hinrichtung. Gnadengesuche von Purvis' Anwälten hatten jedoch keinen Erfolg, und für den 2. Dezember 1885 wurde ein zweiter Hinrichtungstermin angesetzt, obwohl Purvis inzwischen zu einer Berühmtheit geworden war.

Wenige Nächte vor diesem zweiten Termin verhalf eine Gruppe von Bewunderern Purvis zur Flucht aus dem Gefängnis. Er versteckte sich, um den Amtsantritt eines neuen Gouverneurs abzuwarten, der seinem Gesuch wohlwollender gegenüberstand. 1896 stellte er sich jedoch wieder, und das Urteil wurde in eine lebenslange

Gefängnisstrafe umgewandelt. 1898 zeigte die Unmenge von Bittbriefen und die günstig gestimmte öffentliche Meinung schließlich Wirkung: Purvis wurde begnadigt und aus dem Gefängnis entlassen. Doch erst 1917 wurde er endgültig freigesprochen: Ein gewisser Joseph Beard hatte auf dem Totenbett den Mord gestanden, für den Purvis hätte gehängt werden sollen.

Die Geschichte hatte noch ein eigenartiges Nachspiel: Am 13. Oktober 1938 starb Purvis, drei Tage nach dem letzten Geschworenen seines Prozesses. Er hatte sie wirklich alle überlebt.

Noch größer als der »Weiße Hai«

Das Leben in den Weltmeeren ist auch für die eifrigsten Forscher noch immer ein Geheimnis. Viele Meeresbiologen gehen davon aus, daß es unter Wasser noch unzählige, nicht identifizierte Arten gibt. Zwei Haie, die vor den Küsten von Hawaii und Kalifornien gefangen wurden, gehören vielleicht zu einer solchen Art — einer Haigattung, die angeblich schon seit Millionen von Jahren ausgestorben ist. Die fünf Meter langen Ungeheuer, Mega-Mäuler, wie man sie wegen ihrer riesigen Schlünde nannte, sind lebendige Beweise dafür, daß es in den Tiefen, aus denen sie stammen, noch viele andere unbekannte Lebewesen gibt.

Richard Greenwell von der Internationalen Gesellschaft für Kryptozoologie zitiert Augenzeugenberichte aus der ganzen Welt, die für die Existenz von außergewöhnlich großen Haien sprechen. Der Schriftsteller Zane Grey zum Beispiel berichtet von einem über 13 Meter langen, gelbgrünen Hai, den er in den zwanziger Jahren im Südpazifik beobachtet hatte. Und im Jahr 1977 trafen zwei Fischer in ihrem Kahn auf einen weißen Hai von schätzungsweise zehn Metern Länge. Es gibt keinen Grund zu der Annahme, so Greenwell, daß neben solch ungewöhnlich langen Haien nicht auch noch prähistorische Haigattungen wie etwa der *Carcharodon megaladon* in großen Tiefen existieren können.

Brennender Strand

Die Gäste des Parkfield Hotel in Kittery Point an der Küste des Maine genossen am 1. September 1905 nach dem Abendessen noch ein wenig den lauen Sommerabend, als sie plötzlich Zeugen eines erstaunlichen Schauspiels wurden: der Strand brach in Flammen aus. Der Sand und die Wasseroberfläche brannten, dicker, schwefliger Rauch quoll aus dem Feuer. Das Prasseln war bis in 100 Meter Entfernung zu hören, und über 45 Minuten lang brannten die bis zu 30 Zentimeter hohen Flammen.
Ein neugieriger Gast nahm etwas Sand in die Hand, ließ ihn aber gleich wieder fallen, weil die Hitze ihm die Haut versengte. Andere Gäste schaufelten Sand in einen Topf und brachten ihn ins Hotel, wo sie Wasser darüber gossen. Zu ihrer Überraschung stiegen nun Gasblasen aus dem Sand, die sich selbst entzündeten, sobald sie die Wasseroberfläche durchbrachen.
Nach einer Erklärung für diesen bizarren Vorfall war eine unter dem Sand verborgene Schicht Algen verfault und hatte so Gastaschen gebildet, die sich unter Lufteinwirkung entzündet hatten. Doch das ist nur eine mögliche Erklärung, die nicht bewiesen werden konnte.

Immun gegen Hitze

Trotz gewisser mystischer Konnotationen läßt sich die Fähigkeit, über glühende Kohlen zu laufen, einfach auf eine zeitlich begrenzte mentale Kontrolle der Schmerzempfindlichkeit zurückführen. Doch die erstaunlichen Fähigkeiten eines Schmieds aus Denton, Maryland, aus dem neunzehnten Jahrhundert, beweisen eine wirkliche Immunität gegen Hitze.

Nathan Coker wurde 1814 in Hillsborough, Maryland, als Sklave eines Rechtsanwalts namens Purnell geboren. Sein Besitzer mißhandelte den Jungen, er ließ ihn hungern, und eben dieser Hunger war es, der Nathan seine ungewöhnlichen Fähigkeit entdecken ließ. Eines Nachmittags, als die Köchin eben die Küche verlassen hatte, griff Nathan in einen Kessel mit kochendem Wasser, holte einen siedendheißen Kloß heraus und steckte ihn sich in den Mund. Und plötzlich merkte er, daß er keine Schmerzen verspürte, weder an der Hand noch im Mund. Bald fand er heraus, daß er kochend heiße Nahrung berühren und essen konnte. So trank er zum Beispiel das Fett, das auf der Oberfläche von siedenden Suppen schwamm. Nur *kalte* Speisen und Getränke bereiteten ihm Schmerzen, behauptete er. Nach seiner Freilassung arbeitete Nathan bei einem Schmied, wo ihm seine einzigartige Fähigkeit recht nützlich wurde. »Ich nehme oft das rotglühende Eisen mit der Hand aus der Esse, und es brennt überhaupt nicht an meiner Haut«, berichtete Nathan.

Bald verbreitete sich die Nachricht von Nathans besonderer Gabe, und er wurde zu einer Demonstration vor prominenten Bürgern, darunter zwei Zeitungsredakteuren und zwei Ärzten, nach Easton, Maryland, eingeladen. 1871 wurde sogar im *New York Herald* von dieser Heldentat berichtet. Nach Augenzeugenberichten hielt sich Cooker eine weißglühende Eisenschaufel an die Fußsohlen. Die Schaufel wurde später erneut erhitzt, und er fuhr mit der Zunge darüber. Man goß ihm sogar geschmolzenes Blei in die Hand, das er in den Mund nahm und vor den Augen des erstaunten Publikums so lange mit der Zunge herumrollte, bis es sich verfestigt hatte.

Nach jedem Versuch wurde Nathan von den Ärzten untersucht, doch sie konnten keine Verletzungen feststellen.

Fliegende Untertassen aus dem neunzehnten Jahrhundert

In einem Artikel, der am 25. Januar 1878 im *Daily Herald* von Denison, Texas, erschien, wurde möglicherweise zum erstenmal der Begriff »Untertasse« zur Beschreibung eines Ufos verwendet. Der Artikel berichtet über ein Erlebnis des Farmers John Martin, der etwas südlich von Denison lebte.

Am Nachmittag des 24. Januar arbeitete Martin auf dem Feld, als er plötzlich aufsah und ein dunkles, scheibenförmigen Objekt am klaren Himmel entdeckte. Das Objekt sei »mit einer wunderbaren Geschwindigkeit« geflogen, erzählte er dem Reporter des *Daily Herald*, und habe ausgesehen wie eine Untertasse, die durch die Luft segelt.

Das Geheimnis des Rutengehens

Traditionsgemäß haben Rutengänger immer nur unterirdische Wasserquellen aufgespürt, doch in neuerer Zeit suchen sie auch nach verborgenen Gegenständen. Eine gegabelte Rute ist ihr einziges Handwerkszeug. Doch unabhängig von dem Objekt der Suche stammt die Kunst des Rutengehens selbst wahrscheinlich noch aus prähistorischer Zeit; darauf scheinen zumindest Felsmalereien in Algerien hinzudeuten. Die alten Ägypter und auch die frühen Chinesen haben sich offensichtlich ebenfalls in dieser Kunst versucht. Schriftliche Zeugnisse gibt es allerdings erst seit dem Mittelalter.

Obwohl über die genaue Funktionsweise wenig bekannt ist, gibt es zwei Kategorien von Erklärungsversuchen: eine physikalische und eine psychische. Die Rutengänger selbst behaupten, von unterirdischem Wasser oder vergrabenen Gegenständen würde eine bestimmte Kraft ausgehen. Diese Kraft, so glauben sie, kann ein Energiefeld sein, Elektromagnetismus oder sogar radioaktive Strahlung. Aber dies erklärt nicht, warum ein schwingendes Pendel auf einer Landkarte die Stelle bezeichnen kann, an der ein Gegenstand vergraben ist.

Für das Kartenpendeln scheint sich eher die psychische Erklärung anzubieten. Man nimmt dabei an, daß der Pendler seinen Geist auf ein universelles Bewußtsein einstimmt und von diesem Informationen erhält, die bei ihm unwillkürliche Muskelreaktionen hervorrufen. Diese Reaktion versetzt dann das Pendel in Schwingung, und zwar genau an der Stelle der Landkarte, wo der vergrabene Gegenstand zu finden ist. Einige Pendler und Rutengänger behaupten sogar, gar kein Instrument zu benötigen, sie »wüßten« einfach, wo der Gegenstand sich befindet.

Abraham Lincoln und das tanzende Klavier

In den sechziger Jahren des letzten Jahrhunderts war der Spiritualismus so populär, daß sogar der amerikanische Präsident Abraham Lincoln davon angezogen wurde. Bei einer Seance im Haus von Mrs. Laurie und ihrer Tochter Mrs. Miller wurde er Zeuge, wie Mrs. Miller das Klavier, auf dem sie in Trance spielte, den Takt dazu schlagen ließ.

Als sie zu spielen begann, hoben und senkten sich die Vorderbeine des Klaviers im Rhythmus. Einer der Gäste bat, sich auf das Klavier setzen zu dürfen, um zu überprüfen, ob es sich auch wirklich bewegte, und das Medium antwortete, jeder, der wolle, könne sich darauf setzen. Vier der Anwesenden taten es auch wirklich: ein Kongreßlobbyist, ein Richter und zwei Soldaten aus der Eskorte Lincolns. Sobald Mrs. Miller ihr Spiel fortsetzte, hob sich das Klavier bis zu zehn Zentimeter vom Boden und fiel wieder herab.

Besuch von der toten Mutter

Eines Nachts im Jahr 1878 überließ Reverend Charles Jupp, der Direktor des Waisenhauses von Aberlour in Schottland, sein Bett unerwartet eingetroffenen Gästen und legte sich zu seinen Kindern in den Schlafsaal. Er schlief in einer Koje neben drei Kindern, die nach dem Tod ihrer Mutter erst vor kurzem im Waisenhaus eingetroffen waren.

Mitten in der Nacht schreckte er plötzlich aus dem Schlaf hoch und sah sich im Saal um. Ihm bot sich ein fremdartiger, aber wunderbarer Anblick: eine kleine, leuchtende Wolke, nach seinen eigenen Worten »so hell wie der Mond in einer gewöhnlichen Mondnacht«, die über dem jüngsten der drei kürzlich verwaisten Kinder schwebte.

Nachdem der Reverend sich versichert hatte, daß er nicht träumte, verspürte er plötzlich den Drang, diese überirdische Erscheinung zu berühren. Doch als er aufstehen wollte, schien ihn eine unsichtbare, aber gütige Hand ins Bett zurückzudrücken. Er hörte zwar nichts, spürte und verstand aber die Ermahnung: »Leg dich hin. Es wird dir nichts tun.« Beruhigt von dieser unsichtbaren Kraft, schlief er wieder ein.

Am nächsten Morgen stand er, wie immer, um sechs Uhr auf und half den Kindern beim Anziehen. Als er zu dem Jungen kam, über dem er die Wolke gesehen hatte, fand er ihn ungewöhnlich still. Doch dann sah er den Reverend mit einem ganz außergewöhnlichen Blick an und sagte: »Mr. Jupp, heute nacht hat mich meine Mutter besucht. Haben Sie sie gesehen?«

Der Reverend antwortete nicht, sondern lächelte den Jungen nur an und befahl ihm, sich zum Frühstück fertigzumachen.

Das Geheimnis von Cawder Castle

Der Sage nach ist Cawder Castle in Schottland der Ort, an dem Macbeth im Jahr 1040 König Duncan umbrachte. William Shakespeare hat diese Geschichte bekanntlich in einem Drama verewigt. Doch die Burg ist noch aus einem ganz anderen, sehr ungewöhnlichen Grund interessant: Auf dem Kamin findet sich ein Steinrelief, das einen pfeiferauchenden Fuchs darstellt. Der Fuchs hält die Pfeife genau so, wie es ein menschlicher Raucher tun würde. Auf dem Stein ist die Jahreszahl 1510 eingraviert. Tabak wurde jedoch erst im Jahr 1585 von Sir Walter Raleigh in England eingeführt, also 75 Jahre nach der Entstehung des rauchenden Fuchses.

Fünf brenzlige Tage im Januar

Mysteriöse, spontan ausbrechende Flammen belästigten im Januar 1932 die Familie Williamson aus Bladenboro, North Carolina. In diesen kalten Wintertagen entzündeten sich plötzlich und ohne erkennbaren Grund Kleidungsstücke und Gegenstände des täglichen Gebrauchs. Polizei, Vertreter des Elektrizitätswerks und Brandstiftungsexperten gelang es nicht, den Grund herauszufinden oder wenigstens eine logische Erklärung für das Phänomen zu liefern.

Zunächst stand Mrs. Williamsons Kleid in Flammen. Kurz danach brannte auch eine von Mr. Williamsons Hosen, die im Schrank hing. Schließlich gingen auch das Bett, die Vorhänge und andere Gegenstände in Flammen auf. Jedesmal waren es bläuliche, schlanke Flammen ohne Rauch oder Geruchsentwicklung. Aber das Ungewöhnlichste war wohl, daß alles in der Umgebung der Brände unversehrt blieb.

Der Alptraum vom Lebendigbegrabensein

In der Nacht nach der Beerdigung des fünfjährigen Max Hoffman hatte sein Mutter einen Alptraum, in dem sie ihren Sohn in seinem dunklen Gefängnis sah. Die kleinen Hände unter der rechten Wange zu Fäusten geballt, warf sich der Junge hin und her und versuchte, aus seinem tödlichen Gefängnis zu entkommen.

Die Mutter schrak aus diesem entsetzlichen Traum hoch und bat ihren Mann, den Sarg ausgraben zu lassen, doch er weigerte sich, weil er glaubte, sie könne einfach nicht akzeptieren, daß ihr Sohn tot sei. Aber in der nächsten Nacht hatte Mrs. Hoffman noch einmal den gleichen Traum. Und ihr Mann gab schließlich nach, um seine vollkommen verstörte Frau zu beruhigen.

Zusammen mit einem hilfsbereiten Nachbarn ging Mr. Hoffman um ein Uhr nachts zum Friedhof und exhumierte die Leiche seines Sohnes. Der Junge lag genau so, wie Mrs. Hoffman es geträumt hatte, zeigte aber kein Lebenszeichen. Sie brachten ihn aber dennoch zu dem Arzt, der ihn für tot erklärt hatte. Widerwillig begann der Arzt mit Wiederbelebungsversuchen. Eine Stunde später stellten sie dann entsetzt fest, daß ein Augenlid des Jungen zuckte.

Nach einer Woche war Max wieder ganz gesund und erreichte schließlich ein hohes Alter von beinahe 90 Jahren.

Matthew Mannings privater Poltergeist

Das Haus in Cambridge, England, war weder besonders ungewöhnlich noch besonders unheimlich, und es war auch nicht alt genug, um ein Spukhaus zu sein. Doch im Februar 1967 merkte Derek Manning auf einmal, daß sich Gegenstände im Haus auf geheimnisvolle Weise bewegten.

Es begann mit einem silbernen Bierkrug, den Manning auf einem Holzregal aufbewahrte. Eines Morgens fand er den Krug auf dem Boden, doch Mannings drei Kinder leugneten, damit etwas zu tun zu haben. Der mysteriöse Vorgang wiederholte sich auch an den folgenden Morgen. Nachdem Manning das Regalbrett um den Krug herum eines Abends mit Körperpuder eingestäubt hatte, mußte er am nächsten Morgen überrascht feststellen, daß die Puderschicht zwar unversehrt war, der Krug jedoch wieder auf dem Boden lag.

Manning wandte sich schließlich an die Polizei, die ihn an die *Psychical Research Society* von Cambridge verwies. Dort erfuhr er, daß wahrscheinlich ein Poltergeist für die Störung verantwortlich sei und daß sich dessen Aktivität auf Mannings Kinder, vor allem auf den elfjährigen Matthew, konzentriere. Und die Phänomene hörten wirklich auf, als die Kinder eine gewisse Zeit bei Verwandten verbrachten. Doch sobald sie zurückkehrten, erschien auch der Poltergeist wieder, und diesmal verrückte er sogar Möbel.

Die unerklärlichen Ereignisse erreichten ihren Höhepunkt an Weihnachten 1970, als Matthew die Ferien zu Hause verbrachte. Matthew selbst hörte oft kratzende Geräusche hinter den Wänden seines Schlafzimmers und

Schritte vor dem Fenster. In einer besonders schrecklichen Nacht schien das Kratzen aus der Richtung des Schranks in seinem Zimmer zu kommen, und als Matthew das Licht anknipste, sah er, daß der Schrank fast einen halben Meter von der Wand weg und auf ihn zu gerückt worden war. Schnell schaltete er das Licht wieder aus, doch fast im gleichen Augenblick begann das Bett heftig zu schwanken. Schreckensstarr vor Angst wartete der Junge, was noch alles passieren würde. Doch als er spürte, wie sich das Fußende des Betts hob, stürzte Matthew aus dem Zimmer und verbrachte den Rest der Nacht im Schlafzimmer seiner Eltern. Die Familie selbst wurde in dieser Nacht zwar nicht mehr gestört, doch am Morgen war das Haus ein einziges Chaos.

Als wäre das umgestürzte Mobiliar noch nicht genug, begannen nun plötzlich alle möglichen Gegenstände durch das Haus zu fliegen. Es kam sogar soweit, daß der Poltergeist auf Bitten der Familie ganz bestimmte Gegenstände bewegte. Im ganzen Haus tauchten plötzlich Pfützen auf, und an den Wänden erschienen gespenstische Botschaften in einer kindlichen Schrift. Eine dieser unheimlichen Inschriften lautete: »Matthew, sieh dich vor.« Matthew kehrte daraufhin eilig in sein Internat zurück, doch der Poltergeist folgte ihm ganz offensichtlich, denn er richtete dort das gleiche Chaos an wie im Haus der Mannings.

Schließlich versuchte Matthew, die Energien des Geistes mit automatischem Schreiben und Zeichnen in andere Bahnen zu lenken, und er glaubte, daß etwa fünf Prozent der Ergebnisse von dem Geist stammten. Die Störungen hörten schließlich auf. Doch Matthew hatte auch weiterhin paranormale Fähigkeiten und entwickelte auch ein beträchtliches mediales Talent.

Der Monstermensch

Es geschah am 26. Juli 1969 gegen 2.35 Uhr morgens. Verlin Harrington, der Hilfssheriff von Grays Harbor County, Washington State, fuhr eben auf der Deekay Road nach Hause, als er etwas entdeckte, was er zunächst für einen Bären hielt. Er trat auf die Bremse und kam mit quietschenden Reifen zum Stehen. Doch als er seinen Suchscheinwerfer einschaltete, sah er, daß es gar kein Bär war. Und obwohl es aufrecht ging, war es eigentlich auch kein Mensch. Es hatte einen dichten, schwarzbraunen Pelz und ein menschenähnliches Gesicht mit dunkler, lederartiger Haut. Statt Pranken hatte es Füße, an denen die Zehen, ähnlich wie die Finger an den Händen, deutlich unterschieden waren. Es war etwa 2,20 Meter groß und wog schätzungsweise 300 Pfund.

Aus Angst zog Harrington seine Waffe, doch bevor er zum Schuß kam, lief das Wesen in den Wald und verschwand. Am nächsten Morgen kehrte der Hilfssheriff zum Schauplatz zurück und fotografierte dort einen beinahe 50 Zentimeter langen Fußabdruck.

Archäologen ginge lange Zeit davon aus, daß die in Europa anzutreffenden Bodenformationen der sogenannten verbrannten Hügel nichts anderes als ehemalige Kochstellen seien. Aber diese Annahme stützte sich vorwiegend auf historische Hinweise über die Verwendung von heißen Steinen zum Wasserkochen. Das mag durchaus zutreffen, aber der eigentliche Zweck war vielleicht weniger das Kochen als die Dampferzeugung. Denn in jüngster Zeit förderten Ausgrabungen Fundstücke zutage, die darauf hinweisen, daß diese verbrannten Hügel möglicherweise die Vorläufer unserer modernen Saunen waren. Nach Angaben von Lawrence Barfield, Professor für europäische Frühgeschichte an der Universität von Birmingham, waren diese Hügel vermutlich Schwitzhäuser oder Saunen. Zur Bekräftigung seiner Theorie führt Barfield an, daß tierische Rückstände jeglicher Art, die eine Benutzung der Hügel als Kochstellen hätten beweisen können, fehlen, während Mulden gefunden wurden, in denen Wasser hätte verdampft werden können.

Diese Indizien, zusammen mit gewissen Hinweisen auf den Gebrauch von Marihuana, bringen Barfield zu der Theorie, daß unsere Vorfahren schon im ersten Jahrtausend v. Chr. bei Sitzungen in prähistorischen Dampfbädern mit bewußtseinsverändernden Drogen experimentierten.

Die Regenmacher

In den letzten Tagen des neunzehnten Jahrhunderts traf ein Australier namens Frank Melbourne in Amerika ein, der sich selbst als professioneller Regenmacher anpries. Bei seinen Experimenten mixte er, verborgen hinter Segeltuchwänden, nach einer Geheimformel ein Gebräu, von dem bald darauf durch einen zehn Meter hohen Rauchabzug Dämpfe in den Himmel stiegen.

Melbournes Trick war natürlich nicht neu. Schon die Schamanen, die wußten, daß großen Waldbränden immer Regengüsse folgten, entzündeten in Zeiten der Dürre große Feuer. Und sogar die Soldaten im amerikanischen Bürgerkrieg akzeptierten Regen als natürliche Folge eines Kampfes — »Schlachtstürme« nannten sie diese Güsse. Denn sie wußten aus Erfahrung, daß den Wolken von Pulverdampf, die in den Himmel stiegen, bald auch Regenwolken folgten. Vielleicht war das nur Zufall, vielleicht auch nicht.

Im Jahr 1891 engagierten die Farmer von Goodland, Kansas, gemeinsam Frank Melbourne, damit er eine Dürreperiode beende. Als er mit seiner Arbeit begann, war seit Tagen keine Wolke am Himmel gewesen. Doch dann stieg Melbournes chemischer Rauch in die Luft, und noch am gleichen Nachmittag zogen schwere, dunkle Wolken auf. Am Abend standen die Farmer dann fröhlich im Regen.

Im Jahr darauf mußte Melbourne wieder ein solches Wunder bewirken. Und der Regen kam wirklich in Hülle und Fülle. Danach verschwand der australische Regenmacher; daß er nach Afrika gegangen sei, war das letzte, was man von ihm hörte. Aber an seiner Stelle kamen na-

türlich andere. C. B. Jewells spektakuläre Methode des Regenmachens bestand aus einer Ladung Dynamit, die er an einem kleinen Ballon in etwa 150 bis 300 Meter Höhe aufsteigen ließ und mittels eines Telefonkabels zur Detonation brachte. Die Schaulustigen unterhielt er auf diese Weise mit einem Feuerwerk, und die Farmer, die ihn engagierten, wurden mit heftigen Regenfällen belohnt.
Der vermutlich bekannteste Regenmacher aber war wohl Charles Mallory Hatfield, der sich sein Leben lang mit Regenmachen beschäftigte und nach der Lektüre von Edward Powers 1871 erschienenem Buch über die »Wissenschaft der Pluvikultur« auch eigene Experimente anstellte. Dieses Buch erregte soviel Aufmerksamkeit, daß sogar der amerikanische Kongreß Mittel bereitstellte, um Powers Theorie, Regen sei mit wissenschaftlichen Methoden vom Himmel zu holen, zu überprüfen.
1902 war Hatfield bereits ein professioneller Regenmacher. Er baute riesige Tanks, die er auf vier Meter hohe Stelzen stellte. Auch er benutzte Chemikalien, die er in die Tanks schüttete und umrührte, schließlich Wasser und Säure dazugoß und den Tank mit einem Holzdeckel fest verschloß. Nach etwa 20 Minuten hob er den Deckel wieder und ließ übelriechende Dämpfe in die Atmosphäre steigen. In 25 Jahren erhielt er in der Gegend um Los Angeles 500 Aufträge, für die er zwischen 50 und 10 000 Dollar verlangte. Bei einem Experiment versprach er, das Lake Helmet Reservoir aufzufüllen, und es gelang ihm auch wirklich, den Wasserstand des Reservoirs um über sieben Meter zu heben. Doch seinen größten und bisher unerreichten Erfolg hatte er in der Mojave-Wüste, wo er in drei Stunden etwa 1000 Liter pro Quadratmeter produzierte.

Der Bardin Booger

Tief in den Föhrenwäldern von Bardin, Florida, lauert ein großes, haariges, menschenähnliches Ungeheuer mit einer Stupsnase auf vorbeifahrende Autos, die es anspringt und schüttelt. Die Bewohner des Ortes nennen es den Bardin Booger, und als solcher wurde er inzwischen zu einer örtlichen Berühmtheit. Bud Key, der Besitzer von Bud's Lebensmittelladen in Zentrum von Bardin, verkauft T-Shirts mit dem Bild des Monsters. Und ein Country-Musiker hat sogar einen Song über den Booger geschrieben.

In Gegenden, wo der Booger angeblich gesehen wurde, fand man Fußabdrücke, die der amerikanischen Schuhgröße 13 entsprachen. Einer der Augenzeugen, Doug Crew, ein langjähriger Bewohner von Bardin, berichtete, er sei eines Abends mit zwei jungen Frauen in seinem Transporter gesessen, als das Auto plötzlich entsetzlich zu vibrieren begann. »Wie soll ich's am besten beschreiben«, sagte Crew danach, »es war wie ein Hund, der sich das Wasser aus dem Pelz schüttelt.«

Während das Phänomen einige Witzbolde dazu verführte, die Fußabdrücke des Booger nachzumachen und mit den Stereoanlagen in ihren Autos unheimliche Geräusche zu produzieren, behaupten andere, den Booger wirklich gesehen zu haben. Und Key sagt: »Wenn man mich fragt, ist er immer noch in der Gegend.«

Sonderbare Rettung

Ein britisches Schiff aus Liverpool mit Kurs auf Neuschottland war im Jahr 1828 schon einige Wochen in den eisigen Gewässern des Nordatlantik unterwegs, als Robert Bruce, der erste Maat, eines Tages in der Kapitänskajüte einen Fremden entdeckte. Der Mann, der, wie Bruce wußte, kein Mitglied der Mannschaft war, schrieb etwas auf die Tafel. Da ihn der Maat für einen blinden Passagier hielt, holte er den Kapitän. Als die beiden in die Kajüte zurückkehrten, war der Mann verschwunden, doch er hatte auf der Tafel eine Nachricht hinterlassen: »Nehmen Sie Kurs Nordwest.«

Der Kapitän ließ nun alle Männer antreten und jeden die Nachricht aufschreiben, aber keine der Handschriften ähnelte der des Fremden. Der Kapitän hielt es dennoch für klug, den geheimnisvollen Rat zu befolgen und ließ den Kurs des Schiffes ändern.

Bald nach dieser Kursänderung entdeckte der Mann im Ausguck ein anderes Schiff, das im Eis des Nordatlantik festzustecken schien. Als nun die Passagiere des Havaristen an Bord des britischen Schiffes kamen, entdeckte Bruce darunter einen Mann, der dem Fremden in der Kapitänskajüte ähnlich sah. Man ließ sich von ihm eine Handschriftprobe geben, und sie paßte auch wirklich zu der auf der Tafel.

Er sei eingeschlafen, kurz nachdem das Schiff im Eis festgefahren war, erzählte der Mann. Und beim Aufwachen habe er das sichere Gefühl gehabt, daß sie gerettet würden. Ganz offensichtlich hatte der Mann ein Erlebnis außerhalb seines Körper gehabt und war dabei an Bord des britischen Schiffes teleportiert worden, um es zu Hilfe zu rufen.

Geomagnetismus und ASW

Da ASW (Außersensorische Wahrnehmungen) in kontrollierten Testsituationen oft nicht demonstriert werden können, argumentierten Skeptiker lange Zeit, ASW sei nichts anderes als Zufall oder Glück. Denn wenn es sich wirklich um reale Phänomene handelt, so die Skeptiker, warum sollten die Testpersonen an einem Tag fähig sein, positive Ergebnisse zu liefern und am nächsten nicht? Doch nun haben zwei getrennte Forschergruppen nachgewiesen, daß Veränderungen im Magnetfeld der Erde wahrscheinlich für die Unbeständigkeit dieser medialen Fähigkeiten verantwortlich sind. Da man weiß, daß der Geomagnetismus in biologische Prozesse eingreift, ist es nur vernünftig anzunehmen, daß er auch psychische Fähigkeiten manipuliert.

In einer fünfjährigen Testserie mit Experimenten zum Distanzsehen fand Marcia Adams, Direktorin des *Time Research Institute* in Woodside, California, heraus, daß eine deutliche Verbindung zwischen erfolgreichen Tests und geomagnetischen Fluktuationen bestand. In einer Zeitspanne von 24 bis 48 Stunden vor erfolgreichen Experimenten waren die geomagnetischen Werte im allgemeinen sehr niedrig, bei erfolglosen Test traf dagegen das genaue Gegenteil zu.

Der empirische Psychologe und Neurologe Professor Michael Persinger von der kanadischen *Laurentian University* bestätigt Adam's Ergebnisse. Persinger untersuchte »Krisenerscheinungen«, Situationen also, in denen eine Person drohendes Unheil vorausspürt, bevor es überhaupt eintritt. Bei einer Überprüfung von Berichten, die bis ins Jahr 1868 zurückreichten, konnte er feststellen, daß eine signifikante Verbindung zwischen solchen Vorahnungen und Zeiten geringer geomagnetischer Aktivität bestand.

Der verschwundene See

Hunderte von Jahren lang lag ein kleiner See versteckt in den italienischen Dolomiten. Im Juli 1980 jedoch verschwand das ruhige, friedliche Wasser plötzlich und hinterließ nichts als Schlamm und einige Fische. Während noch Leute im See fischten und schwammen, erhob sich plötzlich das Wasser spiralförmig aus der Mitte des Sees und stieg in den Himmel, bis nur noch das trockene Bett übrig war. Weder Hydrauliker noch Geologen konnten dieses Phänomen erklären.

Lepenski Vir

Lange Zeit hielt man das Westufer der Donau in Jugoslawien, was prähistorische Zivilisationen betraf, für eher unbedeutend. Man ging davon aus, daß das neolithische Europa kein Geburtsort unabhängiger Zivilisation gewesen war, sondern daß seine Entwicklung von Einflüssen aus dem Nahen Osten bestimmt wurde. Im Jahr 1965 jedoch machten Archäologen an einer hufeisenförmigen Flußbiegung eine erstaunliche Entdeckung: ein kleine, aber hochgradig durchorganisierte Siedlung, die bis ins Jahr 5800 v. Chr. zurückreichte.

Ein Paradebeispiel für eine hohe soziale, ökonomische, religiöse und künstlerische Organisationsform schien diese prähistorische Siedlung, die die Archäologen Lepenski Vir nannten, unabhängig von äußeren Einflüssen entstanden zu sein, es sei denn, ihre Erbauer wären Flüchtlinge aus einer weit entfernten Gegend gewesen. Neben einem Heiligtum mit erstaunlich hoch entwickelten Steinskulpturen fand sich ein zentraler Platz, von dem sternförmig Straßen abgehen. Trapezoide und andere geometrisch geformte Gebäude säumen diese Straßen. Die Böden dieser Häuser bestehen aus einem raffinierten Mörtelbestrich aus Kalk, Wasser, Kies und Sand.

Adolf Rodewyk, Jesuitenpater und Verfasser des 1963 erschienenen maßgeblichen Handbuchs über den Exorzismus *Die dämonische Besessenheit in der Sicht des Rituale Romanum,* verlangt von den Priestern, zuerst jede mögliche medizinische Erklärung für eine offensichtliche Teufelsbesessenheit auszuschließen, bevor sie mit dem gefährlichen Ritual beginnen. Man weiß nicht sicher, ob er seinen eigenen Rat befolgt hat, als er im Jahr 1976 an einer deutschen Studentin einen erfolglosen Exorzismus vollzog, der schließlich tragisch endete.

Anneliese Michel, Studentin an der Universität von Würzburg, war schon seit vier Jahren wegen Epilepsie in medizinischer Behandlung gewesen, als sie plötzlich scheinbar grundlose Wutanfälle, Gewalttätigkeiten und andere abnormale Verhaltensweisen an den Tag legte. Auf Bitten der Eltern der jungen Frau sprach der Gemeindepfarrer mit ihr und empfahl schließlich, nachdem er sich mit dem damals einundachtzigjährigen Rodewyk beraten hatte, den Exorzismus. Unter Aufsicht von Hw. Arnold Renz und Hw. Ernst Alt begann man bald darauf mit dem Ritual.

Doch nach einigen Monaten der qualvollen, aber nutzlosen Zeremonie starb die Dreiundzwanzigjährige, die am Ende nur noch gute dreißig Kilo wog, am 1. Juli 1976 an Unterernährung und Dehydrierung. Knapp zwei Jahre später standen Renz, Alt und Annelieses Eltern wegen fahrlässiger Tötung vor Gericht. Die Priester wurden schließlich verurteilt, die sechsmonatige Gefängnisstrafe jedoch zur Bewährung ausgesetzt. Dieser tragische Fall führte zu einem Entschluß der Deutschen Bischofskonferenz, nach dem nun ein Exorzismus nur noch in Anwesenheit eines Arztes durchgeführt werden darf.

Aber war nun Annelieses Dämon der Sieger in diesem Exorzismus? Oder starb die junge Frau, weil sie gar nicht besessen war? Es gibt die Hypothese, daß es sich hier um einen Fall von gespaltener Persönlichkeit handelte, um ein Syndrom also, bei dem sich zwei oder mehrere gegensätzliche Persönlichkeiten manifestieren, die nichts voneinander wissen. Wenn eine davon diabolisch zu sein scheint, verwendet die Kirche eine Methode zur Feststellung der Besessenheit, die sie auch zur Unterscheidung von Hysterie und Besessenheit benutzt.

Die Kirche betrachtet paranormale Phänomene als Anzeichen für Besessenheit, während viele Ärzte und Psychiater sie als Wahrnehmungsdefekte oder Halluzinationen abtun. Aber auch weniger Skeptische werden paranormale Phänomene kaum für Werke des Teufels halten. Die Methode der Kirche basiert jedoch auf der Frage, ob diese Phänomene in einer extrem religionsfeindlichen Umgebung auftreten.

Das gesicherte Grab

Shi Huangdi, der erste Kaiser Chinas, wurde in einem riesigen, weitverzweigten Grabkomplex begraben, der extra für ihn errichtet wurde. Wie der Geschichtsschreiber Sima Qian im zweiten Jahrhundert v. Chr. schrieb, war diese Grabstätte umgeben von einem Quecksilberfluß, der manuell in Bewegung gehalten wurde.

Obwohl Sima Qian der berühmteste der chinesischen Geschichtsschreiber und ein hochgeachteter Gelehrter war, hielt man die Beschreibung des Quecksilberflusses und anderer Einzelheiten des Kaisergrabes lange für Legenden. Doch neuere Ausgrabungen in China scheinen vieles von dem zu beweisen, was Qian behauptet hatte. Nach Berichten der *Guangming Daily,* einer offiziellen chinesischen Zeitung, ergab eine Analyse des Erdreichs in der Umgebung der Grabstätte eine ungewöhnlich hohe Quecksilberkonzentration.

Sima Qians Beschreibungen erscheinen inzwischen so glaubwürdig, daß die Archäologen nur mit äußerster Vorsicht weitergraben. Denn Qian hatte schließlich auch behauptet, die Grabstätte sei gesichert mit »mechanisch auslösbaren Armbrüsten, die jeden Eindringling erschießen«.

Der geträumte Mord

Am 3. Mai 1812 träumte der britische Aristokrat John Williams, er befinde sich in der Garderobe des britischen Unterhauses und müsse zusehen, wie ein Verrückter in einem grünen Mantel einen anderen Mann erschießt. Als er nach dem Namen des Erschossenen fragte, erfuhr er, daß es sich um den Premierminister Spencer Perceval handelte. Williams schreckte nun aus dem Schlaf hoch, erzählte erschüttert seiner Frau von dem Traum und schlief dann sofort wieder ein. Doch der Alptraum wiederholte sich in derselben Nacht noch zweimal, und er wachte jedesmal danach auf.
Obwohl Williams politisch nicht sonderlich interessiert war, fragte er sich doch, was der Traum zu bedeuten habe und überlegte sogar, ob er den Premierminister warnen sollte. Er wußte dabei nicht, daß Perceval etwas sehr Ähnliches geträumt hatte. In seinem immer wiederkehrenden Alptraum, so erzählte der Premierminister seiner Familie am folgenden Morgen, habe er die Halle des Unterhauses durchquert, als sich ihm plötzlich ein Wahnsinniger in einem grünen Mantel mit glänzenden Messingknöpfen näherte. Der Mann zielte und schoß mit einer Pistole auf ihn. Danach sei alles schwarz geworden, berichtete Perceval.
Obwohl seine Familie versuchte, ihn zum Zuhausebleiben zu überreden, ging Perceval ins Unterhaus und wurde beim Betreten der Halle von einem Verrückten in einem grünen Mantel mit Messingknöpfen erschossen.

Die Rache aus dem Grab

Ein Müller namens Jason Graeme aus dem County Durham in England erhielt ihm Jahr 1681 nicht nur einmal, sondern gleich dreimal Besuch von einem rachelüsternen weiblichen Gespenst. Die Erscheinung, die sich Graeme als Anne Walker vorstellte, sah abscheulich aus: Sie war über und über mit Blut bespritzt und hatte fünf klaffende Wunden am Kopf. Sie sei ermordet worden, sagte sie, und zwar von einem gewissen Mark Sharp, den ein Verwandter, von dem Anne ein Kind erwartete, dazu angestiftet hatte. Das Gespenst wollte nun, daß Graeme den Behörden die Geschichte erzähle.
Da Graeme nicht glauben wollte, daß Anne etwas anderes sei als das Produkt seiner überreizten Phantasie, erfüllte er ihr die Bitte nicht. Anne Walker mußte so noch zweimal erscheinen, bevor der Müller zum Friedensrichter des Ortes ging und ihm die Stelle nannte, wo das Mordopfer angeblich begraben lag. Als man dort grub, fand man wirklich eine Leiche mit Wunden, wie Graeme sie beschrieben hatte. Als Folge dieser gräßlichen Entdeckung wurden der erwähnte Verwandte und Mark Sharp verhaftet, verurteilt und gehängt. Anne Walker hatte sich gerächt.

Die mysteriöse griechische Seuche

Werden Krankheiten wirklich ausgerottet? Oder ruhen sie nur und warten auf günstige Bedingungen für einen neuerlichen Ausbruch? Eine mysteriöse Seuche verwüstete zum Beispiel Athen zwischen 430 und 427 v. Chr., brachte Tod und Leid über die Stadt und schwächte die Armee so, daß sie im Krieg gegen Sparta unterlag. Der griechische Geschichtsschreiber Thukydides berichtet, die Symptome der Seuche seien Husten, Erbrechen, Durchfall und Durst, aber auch Blasen, Wundbrand und Gedächtnisschwund gewesen. Von Äthiopien kommend, habe sich die Seuche, so Thukydides, über Ägypten, Libyen und Persien bis nach Athen verbreitet. Seit Jahrhunderten versuchen Wissenschaftler nun schon, dieser Seuche auf den Grund zu kommen.
Der Epidemiologe Alexander Langmuir, der ehemalige Leiter der Epidemiologischen Abteilung des *Center for Disease Control* in Atlanta, berichtet, daß viele der von Thukydides erwähnten Symptome denen der pandemischen Grippe etwa des Jahres 1918 ähneln. Andere dagegen, wie das krampfhafte Würgen und der Wundbrand an Händen und Zehen, seien vereinbar mit einer Staphylokokkeninfektion, die man allgemein als moderne Krankheit betrachtet. Das legt nun nahe, daß die Athener Seuche gar nicht ausgerottet ist, sondern in nächster Zukunft vielleicht wieder ausbrechen kann.

Die Babylonier waren lange Zeit berühmt für ihr umfangreiches astronomisches Wissen, das Jahrtausende vor der von Kopernikus ausgelösten astronomischen Revolution in Europa entwickelt wurde. Doch nun deuten erst kürzlich übersetzte babylonische Texte darauf hin, daß diese Zivilisation den enormen Wissensschatz von ihren Vorläufern, den Sumerern, nur übernommen hatte. Die Babylonier, so scheint es, konnten die Karten lediglich benutzen und wußten eigentlich sehr wenig über die zugrunde liegenden Berechnungen.
So wurde die Basis für unseren modernen Kalender vor etwa 5000 Jahren von den Sumerern entwickelt, die offensichtlich bereits wußten, daß die Planeten Kugelform hatten und die Sonne umkreisten. Sie wußten darüber hinaus, daß die Erde bei der Drehung um die eigene Achse schwankt, was die Lage des Nordpols verändert. Davon ausgehend berechneten sie, daß der Nordpol etwa 26 000 Jahre braucht, um zur Ausgangsstellung zurückzukehren. Doch noch weitaus interessanter ist, daß sie die Entfernung zwischen den Sternen exakt berechneten, Informationen also, die vor allem für Raumfahrer von Bedeutung sind. Doch warum waren die Sumerer, die doch offensichtlich keine interstellaren Raumschiffe besaßen, an der Entfernung zwischen den Sternen derart interessiert?

Freundliche Geister

Wie Carol Mitchell von der Universität von Colorado berichtet, sind die meisten modernen Geister freundlicher als die vergangener Tage. In einer Studie über 400 Leute, denen Geister erschienen waren, fand Mitchell heraus, daß die überirdischen Erscheinungen heutzutage weniger fremdartig und wild, sondern viel alltäglicher sind. Testpersonen beschreiben ihre Geister als blaue oder weiße Lichter, als Feuerbälle oder wabernde menschliche Gestalten, die kurz in sehr verschiedenen Umgebungen, in Autos, Häusern oder Gärten, aber vor allem in Schlafzimmern auftauchen. Sie reden mit Familienangehörigen, geben Ratschläge oder bitten darum, Kinder in den Arm nehmen zu dürfen. Die Studie widerlegt darüber hinaus die Behauptung, Geistererscheinungen seien heute nicht mehr so häufig wie früher.

Der Veilchenduft

Nach seiner Niederlage im Französisch-Preußischen Krieg im Jahre 1871 floh Kaiser Napoleon III. von Frankreich nach England, wo ihm Königin Viktoria Zuflucht gewährte. Louis, dem Sohn des Kaisers, gefiel es unter seinen neuen Landsleuten so gut, daß er sich zum Militärdienst in Südafrika meldete. Und im Jahr 1879 ließ er im Kampf gegen die Zulus sein Leben für England. Er wurde im Dschungel, unweit vom Schauplatz des Kampfes, in dem er gefallen war, begraben, doch niemand wußte genau, wo.

Die Kaiserin Eugénie wünschte nun, daß ihr Sohn in der Familiengruft in England beigesetzt werde, und begleitete deshalb im Jahr 1880 eine Expedition auf der Suche nach Louis' Leiche. Unzählige Tage durchforschten sie den Dschungel, ohne das Grab zu entdecken. Und als die Kaiserin, deren Gesundheit bereits unter dem tropischen Klima litt, schon alle Hoffnung aufgegeben hatte, roch sie plötzlich Veilchenduft, das Lieblingsparfüm ihres Sohnes. Sie folgte dem Duft und stand plötzlich vor dem überwucherten und im Unterholz des Dschungels verborgenen Grab Louis'.

Heilsame Blutegel

Vor der Entwicklung der modernen Medizin des zwanzigsten Jahrhunderts verwendeten Ärzte oft Blutegel als Heilmittel. Und inzwischen entdecken auch moderne Mediziner wieder die heilsame Wirkung dieser Blutsauger. Der Zoologe Roy Sawyer behauptete sogar, die Sekrete der Blutegel zeigten bei Herzerkrankungen die gleiche Wirkung wie Penicillin bei Infektionen. Und in der plastischen Chirurgie werden sie bei Patienten mit Hauttransplantationen und wiederangenähten Gliedmaßen zur Belebung des Blutkreislaufs verwendet. Zwei Enzyme aus dem Speichel der Egel können Blutpfropfen auflösen, und mit einem weiteren ist möglicherweise der grüne Star zu heilen, da es die gallertartige Masse, die sich hinter dem Auge ansammelt und so die Krankheit auslöst, angreift und zerstört. Auch bei der Erforschung der Parkinsonschen Krankheit sind die Blutegel sehr nützlich. Die Ärzte und Heilkundigen früherer Zeiten besaßen mit den Blutegeln also eine durchaus wirksame Medizin, ohne jedoch genau zu wissen, wie sie auf den menschlichen Körper einwirkten.

Der Bischof und die Ermordung des Erzherzogs

Eines Nachts erwachte der Bischof Joseph Lanyi aus einem entsetzlichen Traum, der von einem Brief seines früheren Schülers, des Erzherzogs Franz Ferdinand von Österreich, handelte. Am oberen Rand des Briefes hatte der Bischof eine kleine Skizze der Limousine des Erzherzogs bemerkt. Ein General saß dem Herrscher und seiner Frau gegenüber, neben dem Fahrer hatte ein weiterer Offizier Platz genommen. Eine große Menschenmenge drängte sich auf der Straße, während zwei junge Männer mit Pistolen sich dem Wagen zu nähern versuchten. Der Text unter dieser beunruhigend detailgenauen Zeichnung klang noch unheimlicher: »Lieber Dr. Lanyi«, begann er, »ich möchte Ihnen mitteilen, daß meine Frau und ich Opfer eines politischen Attentats wurden.« Der Brief war unterzeichnet mit »Ihr Erzherzog Franz« und trug das Datum »28. Juni, 3.15 Uhr morgens«.

Als der Bischof aufwachte, war es wirklich 3.15 Uhr am Morgen des 28. Juni 1914. Lanyi notierte sich den Traum und erzählte ihn später verschiedenen Leuten.

Gegen 15.30 Uhr am Nachmittag desselben Tages erhielt Bischof Lanyi ein Telegramm mit der Nachricht von der Ermordung des Erzherzogs Franz Ferdinand in Sarajewo, Jugoslawien, ein Ereignis, das den Ersten Weltkrieg auslöste. Es hatte zwar nur einen Mörder gegeben und der Offizier war auf dem Trittbrett des Wagens gestanden, aber ansonsten stimmte der Traum des Bischofs in allen Einzelheiten.

Ein chinesischer Bigfoot

Die Gebirgsregion von Shennongjian, zwischen den chinesischen Provinzen Hubei, Shaanxi und Sichuan gelegen, ist offensichtlich die Heimat eines großen, menschenähnlichen Wesens, dem Gegenstück zum amerikanischen Bigfoot. Im Mai 1976 entdeckten sechs Funktionäre der kommunistischen Partei auf einer Fahrt durch den Südteil von Hubei das Wesen auf der Straße direkt vor ihrem Jeep. Es hatte ein dünnes, hellbraunes Fell mit einem dunkelroten Streifen am Rücken, ein menschenähnliches Gesicht mit breiter Stirn und schmalem Kinn und einen breiten, klaffenden Mund. Es kauerte bewegungslos vor dem Auto und starrte die Passagiere an. Nachdem die sechs ausgestiegen waren, es umringt und mit Steinen beworfen hatten, richtete es sich schließlich auf langen, muskulösen Beinen auf und trottete schweigend davon.

Einen Monat später ließ sich das Wesen erneut sehen. Gong Yulan und ihr vierjähriger Sohn sammelten gerade Schweinefutter, als sie in einigen Metern Entfernung ein rötliches Tier entdeckten, das sich an einem Baum den Rücken kratzte. Sie packte ihr Kind und fing an zu laufen, mußte aber entsetzt feststellen, daß das Tier sie verfolgte und etwas schrie, das wie »ya, ya« klang.

Da nach 1976 die Berichte über das geheimnisvolle menschenähnliche Wesen in der Region Shennongjian nicht mehr abrissen, entschloß sich die Chinesische Akademie der Wissenschaften zu eigenen Nachforschungen. Während der achtmonatigen intensiven Suche konnten 110 Biologen, Zoologen, Fotografen und Soldaten zwar keines dieser Wesen fangen, sie aber immerhin beobachten.

Wie Ghou Guoting, der Leiter der Forschungsexpedition, berichtete, ist das Wesen weder Mensch noch Bär, sondern etwas dazwischen, möglicherweise eine bis jetzt unbekannte Primatengattung. Platte, 30 bis 40 Zentimeter lange Fußabdrücke weisen drei deutlich unterschiedliche Zehen auf, wobei einer aus drei zusammengewachsenen Zehen zu bestehen scheint. Und das Wesen ist offensichtlich kein Raubtier, sondern bevorzugt Nüsse, Blätter, Wurzeln und Insekten.

Traumbegegnungen mit den Seelen Verstorbener

Zwei Schweizer Wissenschaftler, die über 2500 Träume analysiert haben, sind der Überzeugung, daß manche dieser nächtlichen Phantasiegebilde tatsächlich einen kurzen Einblick in das Leben nach dem Tod ermöglichen. Die Psychologen Marie-Louise von Franz und Emmanuel Xipolitas Kennedy haben herausgefunden, daß zwar nicht alle Träume über das Leben nach dem Tod wirklich von Bedeutung sind, viele jedoch eine gewisse übernatürliche Qualität besitzen, die sie unter den anderen hervorheben. Nach Kennedy scheinen sie Begegnungen mit den Seelen Verstorbener zu sein, wie sie sonst nur Todkranke erleben. Die Testpersonen berichteten, sie seien in ihren Träumen verjüngt gewesen oder hätten bereits verstorbene enge Freunde oder Verwandte getroffen. Kennedy glaubt nun, daß diese Träume, auch wenn sie nicht unbedingt Beweise für ein Leben nach dem Tod sind, insofern Bedeutung haben, als sie dem Unbewußten bestätigen, daß der Tod kein Ende ist, und so dem Patienten den Übergang vom Leben zum Tod erleichtern. Diese Träume, so Kennedy, scheinen darauf hinzuweisen, daß alles, was im Leben noch nicht erledigt wurde, nach dem Tod in irgendeiner Form zu Ende geführt werden muß. Sinn dieser Träume scheint es zu sein, das Individuum mit dem archetypischen Wesen, das wir als Gott bezeichnen, zu vereinen.

Todesursache: Eine Überdosis Wasser

Tina Christopherson, eine neunundzwanzigjährige Frau aus Kalifornien mit einem Intelligenzquotienten von 189, war besessen von der Vorstellung, sie leide an Magenkrebs, derselben Krankheit, an der ihre Mutter gestorben war. Um ihren Körper zu reinigen, setzte sie sich selbst immer wieder auf Wasserdiät, wobei sie nichts aß, aber bis zu 20 Liter Wasser pro Tag trank. Dabei trank sie eines Tages so viel Wasser, daß die Nieren es nicht mehr verarbeiten konnten und ihr die Flüssigkeit deshalb in die Lunge stieg. Sie starb an »Wasservergiftung«, oder, anders ausgedrückt, sie ertrank innerlich.

Die Geistersoldaten von Loe Bar

Im Jahr 1974 kehrte Stephen Jenkins nach Loe Bar an der Küste von Cornwall zurück, der Ort, an dem, der Sage nach, König Artus starb. Mit einer Karte in der Hand und seiner Frau an seiner Seite stand Jenkins nun an diesem Ort. Im August 1936 war er, zu der Zeit noch ein Teenager, schon einmal hiergewesen. Auch damals hatte er sich die Gegend angesehen und plötzlich ein Bataillon mittelalterlicher, berittener Krieger in roten, schwarzen und weißen Umhängen entdeckt. Einer der Ritter war in der Mitte der Gruppe gestanden und hatte, die Hand am Schwert, Jenkins direkt in die Augen geblickt. Doch als Jenkins auf die Gruppe zuging, war die ganze Armee plötzlich verschwunden.

Vier Jahrzehnte später zeigte sich die Erscheinung wieder genau so wie damals, aber diesmal war auch Jenkins' Frau Zeugin. Und mit seiner Karte konnte Jenkins den genauen Standort der Geisterarmee bestimmen. Als er nun Verbindungslinien zwischen den verschiedenen Begräbnisstätten in der Gegend zog, kam er zu dem Schluß, daß die Ritter nur an genau diesem Punkt sichtbar werden konnten, weil dort die spirituellen Kräfte aus diesen alten Gräbern am stärksten waren.

Niemand weiß genau, wo die »Mission zu den Vier Evangelisten« liegt, aber man vermutet sie in einem Vierzigmeilenradius um die Stadt Yuma in Arizona oder etwas weiter südlich in diesem Staat. Viele glauben auch, die Mission liege am Laguna Pieta, einem See südlich der Grenze in Mexiko, doch auch dieser See ist nicht zu finden. Jahrelang bleibt die spanische Mission unter dem Sand verborgen, nur um dann plötzlich daraus aufzutauchen und ebenso plötzlich wieder zu verschwinden. Vielleicht liegt sie begraben unter sogenannten »Wanderdünen«, die sich um Gegenstände oder Gebäude herum anhäufen, beständig die Form wechseln und bis zu 100 Meter hoch werden können.

Uralte japanische Mexikaner

Bei seiner mehr als fünfzigjährigen Erforschung präkolumbianischer Kunst fand Alejandro von Wuthenau unzählige Statuen mit asiatischen Gesichtszügen, von denen einige bis zu 4000 Jahre alt sind. Eine zwischen 1000 und 800 v. Chr. entstandene und in den Guerrero-Bergen in Mexiko gefundene Terrakottaplastik zum Beispiel stellt einen asiatischen Ringer dar. Diese Kunstwerke, so von Wuthenau, deuten darauf hin, daß die Japaner lange vor den Europäern den amerikanischen Kontinent besuchten. Doch eine Frage blieb offen. Wie kamen sie dorthin?

1985 entdeckte von Wuthenau eine Skulptur, die er als Modell eines Schiffes interpretiert, wie es von diesen frühen asiatischen Forschungsreisenden benutzt wurde. Das etwa dreißig Zentimeter lange Keramikboot enthält zehn Rudererfiguren, die alle deutlich japanische Gesichtszüge aufweisen.

Der verschwundene Seefahrer

Als die *Times* für den 31. Oktober 1968 den Start eines von ihr gesponserten Bootsrennens um die Welt bekanntgab, sah Donald Crowhurst die Chance gekommen, mit der Publicity und vielleicht auch dem Preisgeld, das ihm bei diesem Rennen winkte, seinem bankrotten Geschäft neuen Auftrieb zu geben. Also ging der Fabrikant von elektronischen Geräten für Schiffe mit seiner neugebauten *Teignmouth Electron* an den Start. Zwei Wochen nach Beginn der Reise aber beschloß er, sich im Südatlantik zu verstecken und seine Logbücher zu fälschen. Als schließlich deutlich wurde, daß nur noch die *Teignmouth Electron* und ein anderes Schiff im Rennen waren, sah Crowhurst, daß er keine andere Alternative hatte, als das andere Schiff gewinnen zu lassen. Am 21. Mai 1969 sank jedoch das Schiff seines einzigen Rivalen bei den Azoren.

Vor Angst, die Berühmtheit, die ihm sein bevorstehender Sieg verschaffen würde, könnte seinen Betrug aufdecken, schien Crowhurst den Verstand zu verlieren; zumindest schienen seine immer wirrer und unzusammenhängender werdenden Logbucheintragungen und Funkbotschaften, die am 30. Juni schließlich ganz aufhörten, auf einen beginnenden Wahnsinn hinzudeuten. Als man die *Teignmouth Electron* am 11. Juli im Mittelatlantik treibend fand, war Crowhurst nicht an Bord. Wahrscheinlich war er lieber ins Wasser gegangen, als sich der Verantwortung für seine »Sünde des Versteckens«, wie er es in seinem Logbuch genannt hatte, zu stellen.

Vor seinem Flug über Alaska zum Nordpol im Oktober 1937 verabredete Sir Hubert Wilkins mit Harold Sherman, telepathisch miteinander zu kommunizieren. Diese telepathische Kontaktaufnahme sollte unter strengen Laborbedingungen stattfinden: Am Montag, Dienstag und Donnerstag um jeweils 22.30 Uhr östlicher Standardzeit sollte sich Sherman eine halbe Stunde lang still hinsetzen und auf Wilkins' Botschaften warten. Wilkins wollte versuchen, ihm zu übermitteln, was er zu diesen Zeiten erlebte. Zwei Kontrollinstanzen sollten die Legitimität des Test gewährleisten:

Sherman sollte jeden Abend die Eindrücke, die er übermittelt erhielt, niederschreiben und sie an Gardner Murphy, den Leiter der Parapsychologischen Fakultät der Universität von Columbia, schicken. Und Reginald Iverson, der Chef des Kurzwellensenders der *New York Times,* sollte Wilkins vom Fortschritt des Experiments berichten. A. E. Strath-Gordon und Henry Wardwicke sollten Sherman überwachen.

Die Ergebnisse: Eine erstaunliche Zahl der Eindrücke, die Sherman von Ereignissen während Wilkins' Flug empfangen hatte, stimmten in etwa mit den Gedanken und Handlungen des Fliegers überein und hatten unmöglich erraten werden können.

Am 14. März schrieb Sherman etwa: »Glaube, Sie haben Riß im Heck des Flugzeugrumpfs entdeckt, der reparaturbedürftig ist. Glaube, Sie während des Flugs mit einer Art Handpumpe hantieren zu sehen. Aus einem Motor quillt schwarzer Rauch — unregelmäßige, stotternde Geräusche, wie bei Vergaserproblemen.«

Wilkins' eigenen Aufzeichnungen zufolge hatte er wirklich einen Riß im Rumpf entdeckt. Und Motorprobleme, verursacht vom Wechsel der Treibstoffzufuhr von einem Tank zum anderen, hatten ihn schon den ganzen Tag beschäftigt.

Wilkins selbst zeigte sich überrascht über einige der Angaben in Shermans Berichten, darunter auch die Beschreibung Wilkins' im Abendanzug bei einem Ball in Saskatchewan. Natürlich gab es auch Zeiten, da Sherman überhaupt keine Botschaften erhielt oder seine Eindrücke falsch waren. Aber daß er überhaupt etwas empfing, war schon bemerkenswert.

Indianische Freimaurer

Mitte der siebziger Jahre fotografierte John Loughran, ein Fotograf und ehemaliger Zeitungsverleger, Ausgrabungsstätten der Anasazi im Südwesten Amerikas. Dabei mußte er überrascht feststellen, daß zwischen den Tempeln dieser Indianer und seiner eigenen Freimaurerloge erstaunliche Ähnlichkeiten bestanden. Da er sich in Tradition und Symbolismus des Freimaurertums gut auskannte, erkannte er sofort, daß die Stellung der Einrichtungsgegenstände im Anasazi-Tempel und auch die Punkte, an denen die wichtigen Rituale stattfanden, zu etwa 80 Prozent denen in den modernen amerikanischen Freimaurerlogen entsprach. Der einzige Unterschied bestand darin, daß der indianische Tempel rund war. Doch nach weiteren Nachforschungen entdeckte Loughran, daß Freimaurertempel in Nordafrika ursprünglich auch rund waren. Loughran überlegte nun, daß die Indianer, falls sie die Freimaurerei praktiziert hatten, entgegen historischer Lehrmeinung eine Schriftsprache besessen haben mußten, da die Freimaurerei auf der Vermittlung von Wissen aufbaut.

Mit seinem Wissen über die Freimaurerei konnte Loughran die Symbole der Anasazi entziffern und schließlich mit Hilfe der darin enthaltenen Hinweise eine uralte indianische Bibliothek aufspüren. Die Bestände dieser Bibliothek, bis zu 30 x 60 Zentimeter große Stein- oder Tontafeln, waren zwischen 1000 und 1200 unserer Zeitrechnung entstanden. Das Überraschendste an diesem Fund war aber, daß die Schrift auf diesen Platten dem Arabischen zu ähneln schien.

Das geheimnisvolle Mondlicht

Seit dem achtzehnten Jahrhundert haben Astronomen immer wieder geheimnisvolle, von der Oberfläche des Mondes abstrahlende Lichter beobachtet. Die erste Erwähnung diese Phänomens stammt aus dem Jahr 1787. In den Nächten des 19. und 20. April dieses Jahres richtete der britische Astronom Sir William Herschel sein Teleskop auf den Mond und entdeckte überrascht drei hell strahlende Lichter, die seiner Meinung nach nur aus Mondvulkanen kommen konnten. Im Jahr 1790 beobachtete Herschel über 150 dieser Lichter, die er beschrieb als »rote, leuchtende Punkte ... klein und rund«.

Obwohl Herschel ein geachteter Wissenschaftler war, traf seine Vulkantheorie auf verbreitete Ablehnung. So behauptete ein Artikel im *American Journal of Science and Arts* im Jahr 1822, Vulkane auf dem Mond seien sehr unwahrscheinlich, da geschmolzenes Gestein im Kern des Mondes wegen der geringen Größe des Trabanten sehr schnell abkühlen würde. Die Lichter, die Herschel und andere in der Nähe des Kraters Aristarchus beobachtet hatten, seien nur Reflexionen von der Erde, behauptete die Zeitschrift.

Bis zum Jahr 1965 hatte der Astronom Zdenek Kopal 16 voneinander unabhängige Berichte über Lichter am Aristarchus und anderen Mondregionen gesammelt, doch über die Ursache herrschte weiterhin Streit. Kopal gelang es nun, Fotos vom Mond zu schießen, die deutlich eine Erhellung von dunklen Gebieten der Mondoberfläche zeigten. Er schrieb dieses Phänomen Partikeln zu, die eine kurz zuvor stattgefundene Sonneneruption ausgestoßen hatte. Doch damit konnte Kopal die Lichtflecken, die auf der sonnenbeschienenen Seite des Mondes entdeckt wurden, nicht erklären, und er kam deshalb zu dem Schluß, daß »die Wirkung der Sonnenaktivität möglicherweise von Prozessen abhängt, die wir noch nicht verstehen«.

Einige Jahr später schlug A. A. Mills in der Zeitschrift *Nature* eine andere Erklärung für diese Mondlichter vor: Sie seien »fluoreszierende Lagen« feinen Staubs, die von Gasen aus dem Mondgestein aufgewühlt würden. In diesen Lagen würden »glühende Entladungen« von statischer Elektrizität stattfinden, die von der Erde aus als Lichtpunkte erkennbar seien.

Keine dieser Theorien wurde bis jetzt bewiesen oder widerlegt. Doch eine andere Beobachtung straft sie alle Lügen. Im Jahr 1788 beobachtete der deutsche Astronom Johann Hieronymus Schroter »einen leuchtenden Punkt, so hell wie ein Stern fünfter Ordnung« östlich der Mondalpen. Nach 15 Minuten verschwand das Licht wieder. Schroter beobachtete den Mond weiter, bis diese Gegend, diesmal jedoch von der Sonne beschienen, wieder ins Blickfeld kam. Und nun bemerkte er überrascht genau an der Stelle, wo zuvor das Licht gewesen war, einen runden, schwarzgrauen Schatten.

Eine uralte Butterkugel

Vom frühen Mittelalter bis zum ausgehenden neunzehnten Jahrhundert war es in Irland üblich, Milchprodukte im Torfmoor aufzubewahren. Viele Funde zeugen davon, doch eine erst kürzlich ausgegrabene Butterkugel übertrifft alle bisherigen Entdeckungen. Die zwar ranzige, aber noch eßbare Butterkugel wog fast 100 Pfund und lag in etwa 1,50 Meter Tiefe, was auf ein Alter von etwa tausend Jahren schließen läßt. Dank der Feuchtigkeit der Moorerde war die offensichtlich in einem Kuhmagen verpackte Butter noch sehr gut erhalten. Wie die Entdeckung der ältesten erhaltenen menschlichen Gehirnmasse in einem feuchten Grab in Florida ist auch dieser Fund ein Beispiel für die unglaubliche Konservierungsfähigkeit nasser Erde.

Haustiere als Erdbebenmelder

Die Chinesen wissen seit langem, daß Tiere bevorstehende Erdbeben spüren. Sie spüren die drastischen Veränderungen im Magnetfeld der Erde, die solchen Beben vorausgehen, sie werden nervös und ängstlich und verstecken sich oft.

In Japan etwa versuchten Goldfische, vor Erdbeben aus ihren Gläsern zu springen, und in China wollten Ziervögel ihre Käfige verlassen.

Jim Berkland, der Chefgeologe des *Santa Clara County* in Kalifornien, ist inzwischen von der Wahrheit der chinesischen Erdbebenvoraussagen, die sich zum Teil auf das Verhalten der Tiere verlassen, überzeugt, da ihm selbst einmal vor einem Erdbeben seine Katze davonlief. Berkland überprüft nun regelmäßig die Rubriken »Gesucht/Gefunden« in den drei großen kalifornischen Zeitungen. Wenn die Zahl der verschwundenen Haustiere ansteigt, deutet dies auf ein möglicherweise bevorstehendes Erdbeben hin.

Er kombiniert die Anzahl der als verschwunden gemeldeten Tiere mit Angaben über Geysiraktivitäten, Gezeitenbewegungen und den Positionen von Sonne und Mond und erstellt daraus seine Erdbebenvoraussagen. Seine Erfolgsquote beträgt dabei erstaunliche 82 Prozent.

Montreals Tag ohne Sonne

Am 10. November 1819 erwachte die Stadt Montreal in Quebec, Kanada, zu einem düsteren, unheilvollen Morgen. Als die Bewohner die schweren, zuerst schmutzig grünen und dann pechschwarzen Wolken sahen, erwarteten sie eine Wiederholung des heftigen, öligen Regens, der zwei Tage zuvor die Stadt mit einem rußigen Schmierfilm überzogen hatte. Aber sie waren nicht vorbereitet auf das mysteriöse, entsetzliche Unwetter, das folgen sollte, ein Unwetter, wie es Montreal noch nie zuvor und auch nie mehr danach erlebt hatte.

Gegen Mittag brannten alle Straßenlaternen der Stadt, als wäre es Nacht. Die Sonne, sofern sie durch die dichten Wolken überhaupt zu erkennen war, wechselte von einem dunklen Braun zu einem fahlen Gelb, zu Orange und schließlich zu einem düster blutigen Rot. Gegen zwei Uhr nachmittags raste ein Wolkengebirge über die Stadt, gefolgt von einem gleißend hellen Blitz, der den Himmel erleuchtete wie die Sonne. Der Donner rüttelte an den Fensterscheiben und ließ die Häuser in ihren Grundmauern erzittern.

Wieder türmten sich die Wolken, und dann begann es leicht zu regnen, ähnlich wie schon zwei Tage zuvor. Die entsetzten Einwohner mußten zusehen, wie der nächste Blitz in den Turm der französischen Gemeindekirche einschlug. Funkensprühend entlud sich die Elektrizität an dem Eisenkreuz auf der Turmspitze. Das Kreuz stürzte zu Boden und zerbrach.

Doch als die Montrealer am nächsten Morgen aufwachten, war der Himmel klar und blau. Nur noch das Kreuz, das zerbrochen am Boden lag, erinnerte an den Sturm des vergangenen Tages.

Der Mann mit der schwarzen Samtmaske

Alexandre Dumas' berühmte Erzählung aus dem Jahr 1848, *Der Mann mit der eisernen Maske,* basiert auf einer wahren, aber mysteriösen Geschichte aus der Herrschaftszeit Ludwigs XIV. von Frankreich im siebzehnten Jahrhundert. Dumas' Geschichte handelt von einem Mann, der 36 Jahre lang in verschiedenen Gefängnissen gefangengehalten wurde und während der ganzen Zeit eine Eisenmaske tragen mußte, um seine wahre Identität zu verbergen. Der Gefangene war bei Dumas der Zwillingsbruder des Königs, dessen Gesicht von jedem sofort erkannt worden wäre. In der historischen Wirklichkeit aber wurde die wahre Identität des Gefangenen nie bekannt.

Was weiß man? Im Juli 1669 wurde in der Nähe von Dünkirchen ein Mann festgenommen. Da er offensichtlich zu gefährlich war, um freigelassen zu werden, aus irgendeinem Grund aber auch zu wertvoll, um getötet zu werden, sperrte man ihn in die Bastille, wo er den Rest seines Lebens bis zu seinem höchstwahrscheinlich natürlichen Tod in Einzelhaft verbrachte. Im Gegensatz zu der Figur in Dumas' Erzählung trug er keine Eisenmaske, sondern eine schwarze Samtmaske.

Einige Leute glauben, der Mann mit der schwarzen Samtmaske sei der ältere Bruder des Königs gewesen, den man einsperrte, um Streitigkeiten über die Rechtmäßigkeit der Thronfolge zu vermeiden. Andere vermuten, es sei Louis selbst gewesen, nachdem ihn sein illegitimer Halbbruder vom Thron vertrieben hatte. Doch die wahrscheinlichste Erklärung lautete, es sei Louis' leiblicher Vater gewesen.

Bei Louis' Geburt im Jahr 1838 bestand die Ehe seiner Eltern nur noch auf dem Papier. Louis XIII. war alt, leidend und wahrscheinlich impotent. Da man aber einen Thronfolger brauchte, verschafften die königlichen Berater der Königin vermutlich einen Ersatzvater. Falls der Gefangene also wirklich Louis' leiblicher Vater war, wäre eine Exekution auf seinen Befehl einem Vatermord gleichgekommen. Und höchstwahrscheinlich hatte Louis auch gar nichts gegen ihn. Wenn man ihn aber einsperrte und ihm bei Todesstrafe verbot, nichts zu sagen (und den Menschen in seiner Umgebung, ihm nicht zuzuhören), konnte er die wahre Herkunft des Königs Louis XIV. nicht preisgeben.

Der Fluch auf der »Charles Haskell«

Fischer sind ein abergläubischer Haufen, und diejenigen, die ihrem Beruf in den gefährlichen Gewässern der Grand Banks vor der Küste von Neufundland nachgehen, sind es vielleicht noch etwas mehr als die anderen. Als im Jahr 1869 ein Arbeiter auf der Kajütentreppe des Schoners *Charles Haskell* ausrutschte und sich das Genick brach, glaubten deshalb viele, der Kahn sei mit einem Fluch beladen. Doch trotz dieses Rufs übernahm Kapitän Curtis das Kommando des Schiffes und schaffte es sogar, ein Mannschaft zusammenzustellen, die bereit war, auf der *Haskell* zu segeln.
Im Jahr 1870 fischte die *Charles Haskell* mit über hundert anderen Schiffen in den Grand Banks, als plötzlich ein Hurrikan losbrach. In der tosenden See rammte die *Haskell* die *Andrew Johnson*. Das Schiff wurde zerstört und die gesamte Mannschaft an Bord getötet, die *Haskell* dagegen schaffte es, obwohl schwer angeschlagen, zurück in den Hafen.
Nach Abschluß aller Reparaturen nahm die *Haskell* im folgenden Frühjahr wieder Kurs auf die Grand Banks. Sechs Tage nach dem Auslaufen wurden die beiden Männer auf Mitternachtswache Zeugen einer entsetzlichen Vision: 26 Gespenster mit leeren Augenhöhlen und in Gummistiefeln kletterten an Bord des Schiffs und nahmen ihre Positionen ein, als wollten sie fischen. Nachdem sie einige Zeit später ihre Arbeit offensichtlich getan hatten, kehrten sie im Gänsemarsch in die trübe See zurück.
Die beiden Wachposten berichteten nun dem Kapitän, was sie gesehen hatten, und dieser war so erschrocken

über die entsetzten Gesichter der beiden, daß er sofort wenden ließ. Doch auf der Heimfahrt erschienen die gespenstischen Fischer noch einmal. Und diesmal, die *Haskell* näherte sich bereits der Küste, gingen die 26 Gespenster über das Wasser auf den Hafen von Salem zu.

Diese beiden Erlebnisse genügten den Fischern und auch Kapitän Curtis, denn die *Charles Haskell* lief nie mehr aus.

Waldos Hügel

In den frühen Sechzigern hatte der etwas exzentrische Landschaftsplaner Waldo Sexton plötzlich das Gefühl, seine Heimatstadt Vero Beach in Kalifornien sei viel zu flach. Was ihr fehlte, war ein Hügel. Also errichtete er einen. Zu beiden Seiten des gut 13 Meter hohen Hügels grub er Stufen ein, die zu zwei einsamen Liegestühlen am Gipfel führten. Später schenkte Sexton den Hügel der Stadt, zur Erholung — und zur Belustigung der Einwohner.
1972, fünf Jahre nach Sextons Tod, wurde der Hügel wieder abgetragen und an seiner Stelle ein Restaurant errichtet. Doch seit seiner Eröffnung passieren dort eigenartige Dinge. Gläser zerbrechen und Bilder fallen von den Wänden — alles ohne erkennbaren Grund. Doch dann hatte Loli Heuser, die Besitzerin des Restaurants, eines Abends nach der Sperrstunde die Vision einer Bronzestatue von Waldo Sexton, und nun wußte sie plötzlich, was mit ihrem Gasthaus nicht stimmte. Waldo ärgerte sich über die Abtragung seinen Hügels und rächte sich.
Wie Loli Heuser das Problem lösen will? Sie hat vor, auf einer kleinen Nachbildung des Hügels auf dem Gelände des Restaurants eine Statue von Waldo Sexton zu errichten, und hofft, damit den Geist des Landschaftsplaners zu besänftigen.

Tod durch Todesangst

Die australischen Aborigines praktizieren eine höchst bizarre Methode der Hinrichtung. Das Ritual des Knochenweisens, wie es genannt wird, wurde erst 1953 allgemein bekannt, als Kinjika, ein Mitglied des Mailli-Stammes aus Arnheim-Land, in ein Krankenhaus in Darwin eingeliefert wurde. Obwohl er keine äußeren Anzeichen einer Vergiftung, einer Krankheit oder einer Körperverletzung aufwies, starb er nach vier Tagen unter heftigen Schmerzen.
Kinjika war aus seinem Heimatgebiet geflohen, nachdem ihn der Stammesrat der Mailli wegen Inzest zum Tode verurteilt hatte. In einem komplizierten Ritual begann der Henker mit der Vorbereitung des *kundela,* dem »Hinrichtungsknochen«, der von einem Menschen, einem Känguruh oder einem Emu stammen kann. Ein solcher, manchmal auch nur aus Holz gefertigter *kundela* ist 19 bis 23 Zentimeter lang und hat für gewöhnlich am hinteren Ende ein Büschel Menschenhaar. Nach den rituellen Vorbereitungen ist er mit einer starken spirituellen Energie geladen.
Nach Kinjikas Flucht wurden die rituellen Henker, die *kurdaitschas,* ausgeschickt, um den Verurteilten aufzuspüren und zu töten. Traditionelle, mit Menschenblut und Känguruhhaaren geschmückte *kurdaitschas* machen sich zu zweit oder zu dritt auf die Suche und tragen dabei Masken aus Emufedern sowie Sandalen, die ihnen ein lautloses Vorwärtskommen ermöglichen. Sobald sie ihr Opfer finden, stellen sie sich auf, als wollten sie den *kundela* abschießen, sie richten ihn jedoch nur auf das Opfer, sprechen eine Beschwörungsformel und verschwinden dann wieder.

Ob nun wirklich als Folge der spirituellen Kraft des Knochens oder nur aus seinem eigenen Seelenzustand heraus, bietet das Opfer auf jeden Fall danach einen erbärmlichen Anblick, weil es sich vorstellt, daß das Gift der tödlichen Waffe in ihn fließt.

Sein Blick wird trüb, sein Gesicht verzerrt sich, die Muskeln zucken unkontrolliert. Er hat Schaum vor dem Mund, und wenn er schreien will, versagt ihm die Stimme. Schließlich wird er immer schwächer und lethargischer, er nimmt keine Nahrung mehr zu sich und stirbt nach wenigen Tagen.

Nur eins hilft gegen die Kraft des Hinrichtungsknochens: Ein Gegenzauber des Medizinmanns des Stammes.

Wenn Galaxien zusammenstoßen

Von allen denkbaren Weltuntergangsszenarios wäre der Zusammenstoß unserer Milchstraße mit einer anderen Galaxie wohl das beeindruckendste. Der Astronom Marshal McCall, der sich mit der Wahrscheinlichkeit einer solchen Katastrophe beschäftigt hat, meint, es werde passieren, allerdings nicht mehr zu unseren Lebzeiten.

Über die Schwerkraft ist unsere Milchstraße mit einer Nachbargalaxie, der M31, wie die Astronomen sie sehr prosaisch nennen, verbunden. Da die beiden ein gemeinsames Schwerkraftzentrum besitzen, werden sie, so McCalls Vermutung, bei gleichbleibendem Kurs in etwa vier Millionen Jahren zusammentreffen. Doch alle Planeten unseres Systems werden in Sonnennähe bleiben, da deren Anziehungskraft stärker ist als die intergalaktischen Kräfte.

Wenn es zum Schlimmsten kommt, könnte unser Sonnensystem aus der Milchstraße herausgerissen werden und auf unabhängigem Kurs durch das Universum treiben.

Der Fluch auf Dunnellen Hall

Lynda Dick, die Besitzerin von Dunnellen Hall, schrieb den 28 Zimmer umfassenden Landsitz zum Verkauf aus, nachdem ihr Gatte bei der Heimfahrt in seiner Limousine, die der Chauffeur gelenkt hatte, einem Herzinfarkt erlegen war. Lynda verglich das Anwesen in Greenwich, Connecticut, mit dem Hope-Diamanten, weil sie glaubte, daß es seinem Besitzer nur Pech bringe. Und wirklich, seitdem das Haus von seinen ursprünglichen Besitzern verkauft worden war, hatten alle nachfolgenden Bewohner mit finanziellen Schwierigkeiten zu kämpfen gehabt, einige mußten sich sogar vor Gericht verantworten.

Dunnellen Hall, ein Landhaus im jakobinischen Stil auf 26 Morgen Land mit Blick auf den Long-Island-Sund, wurde 1918 im Auftrag von Daniel Grey Reid als Hochzeitsgeschenk für seine Tochter Rhea und ihren Gatten Henry Ropping erbaut. 1950 verkauften deren Söhne das Anwesen an Loring Washburn, den Präsidenten eines Stahlkonzerns.

Nachdem Washburn 1963 in finanzielle Schwierigkeiten geraten war, wurde Dunnellen von einer Finanzierungsgesellschaft übernommen und blieb unbewohnt, bis schließlich Gregg Sherwood Dodge Moran es kaufte. Diese Gregg Moran war Showgirl und Exehefrau eines Erben des Dodge-Automobilvermögens und zum Zeitpunkt des Kaufs mit Daniel Moran verheiratet, einem Polizeibeamten aus New York City, der sich später erschoß.

1968 zahlte der Finanzier Jack Dick eine Million Dollar für Dunnellen Hall. Doch bald darauf, im Jahr 1971, wurde er wegen Betrugs und Krediterschleichung in Höhe von 840 000 Dollar angeklagt. Doch er starb 1974, bevor der Fall zur Verhandlung kam.

Trotz Lynda Dicks Vermutung, das Anwesen sei mit einem Fluch beladen, zahlte der in Indien geborene Öltankerreeder Ravi Tikkoo 1974 drei Millionen Dollar für das Anwesen. Doch der Verfall des Marktes während des Ölembargos Mitte der Siebziger zwang Tikkoo zum Verkauf an die bis jetzt letzten Besitzer, den Immobilien- und Hotel-Tycoon Harry Helmsley und seine Frau Leona. Doch die Helmsleys wurden 1988 der Steuerhinterziehung in Höhe von 4 Millionen Dollar angeklagt.

Die Riesenschlangen von Südamerika

Das Amazonasbecken in Brasilien ist die Heimat der längsten je entdeckten Riesenschlangen. So erblickten Anfang des zwanzigsten Jahrhunderts zwei angesehene Forscher dort wahre Schlangenmonster, über die sie nach ihrer Rückkehr in die Zivilisation auch stolz berichteten. Doch manchmal weigert sich die Öffentlichkeit einfach, solche Geschichten zu glauben, gleichgültig, wie verläßlich die Zeugen sind.

Im Jahr 1907 erforschte Henry Fawcett im Auftrag der *Royal Geographical Society* das Amazonasbecken. Er segelte mit seiner Crew eben den Rio Anuba entlang, als plötzlich der dreieckige Kopf einer Anakonda unter dem Bug des Kahns auftauchte. Fawcett packte seine Flinte und zerschoß dem Reptil das Rückgrat. Das Wasser brodelte auf, der Kiel des Bootes erzitterte unter Schlägen, und dann starb die Schlange, doch ihr langer Leib wand sich weiter unter unheimlichen Zuckungen. Fawcett schätzte die Länge der Schlange auf über 20 Meter, knappe 6 Meter im Wasser und die restlichen 15 am Ufer.

Von einer noch größeren Schlange berichtete der brasilianische Missionar Victor Heinz. Am 22. Mai 1922 fuhr er den vom Regen angeschwollenen Amazonas entlang, als er gegen drei Uhr nachmittags in etwa dreißig Metern Entfernung eine riesige Gestalt im Wasser entdeckte. Es war eine Riesenwasserschlange, die sich zusammengerollt den Fluß hinuntertreiben ließ. Sie war dick wie eine Öltonne und, soweit sichtbar, etwa 26 Meter lang.

Leise und regungslos segelten der Priester und seine Mannschaft an der Schlange vorbei. Als sie dann außerhalb der Gefahrenzone waren, erklärte einer der Führer, warum die Schlange so ruhig im Wasser lag: Sie hatte eben einige riesige Nagetiere, sogenannte Capybaras, verspeist.

Die Bergwerke des Königs Salomon

Der Bibel nach war König Salomon sagenhaft reich. Offensichtlich hatte er die meisten seiner wertvollen Metalle und Edelsteine und auch andere Exotika und Luxusgüter aus weit entfernten Ländern importiert. Man nimmt an, daß sein Schatz vor allem aus Kupfer und Bronze bestand. Doch wo sich seine sagenhaften Bergwerke befunden haben sollen, bleibt im Dunkel der Geschichte verborgen.

Die Bibel nennt vor allem zwei Orte, Ophir, wo angeblich das Gold herkam, und Tharsis, das in Verbindung mit der Flotte, die es transportierte, erwähnt wird. Leider gibt es keine Hinweise auf die Lage dieser Städte. Zumindest bei Tharsis existieren verschiedene Möglichkeiten: Es gab nämlich vermutlich mehrere Orte mit dem Namen Tharsis, von denen Salomon seine Metalle bezog, denn der Name läßt sich in etwa mit »Schmelzerei« übersetzen. Es kann aber auch sein, daß der jüdische Geschichtsschreiber Josephus, der das Alte Testament im ersten Jahrhundert n. Chr. übersetzte, eigentlich Tarsus, den alten römischen Hafen, meinte. Da aber Salomon mit dem Seehändlervolk der Phönizier, die das heutige Spanien kolonialisiert hatten, Kontakt hatte, könnte Tharsis auch Tartessos sein, ein Königreich in der Nähe von Cadiz, von dem die Griechen berichteten, daß es reiche Silbervorkommen besitze.

Tartessos war möglicherweise auch der Ausgangspunkt für noch größere Seeabenteuer, Reisen an der Küste von Afrika entlang oder möglicherweise sogar bis nach Amerika. Reisen in die westliche Hemisphäre scheinen nach heutigem Kenntnisstand durchaus möglich gewesen zu sein, vor allem nach der faszinierenden Entdeckung eines Textes an der israelischen Mittelmeerküste, in dem das »Gold von Ophir« erwähnt und darauf hingewiesen wird, daß Ophir über Gibraltar zu erreichen sei. So erscheint es als nicht unwahrscheinlich, daß bereits die alten Phönizier in Brasilien landeten. Denn dieser Name »Brasilien« bedeutet in Aramäisch und Hebräisch »Eisen« — ein hervorragendes Beispiel dafür, daß ein Land und sein Hauptausfuhrprodukt seinen Namen erhielt, lange bevor es von den Schiffen späterer Kulturen überhaupt »offiziell« entdeckt wurde.

Die wandernde Tote

Die Vermischung von afrikanischen Religionen mit dem europäischen Katholizismus hat in Haiti ein eigenartige spirituelle Mischform hervorgebracht, den Voodoo-Kult. Die Götter dieses Kults, die *loas,* statten vor allem Priester mit speziellen Kräften aus, die es ihnen ermöglichen, offenbar Tote wiederzubeleben und aus ihnen seelenlose Automaten, die Zombies, zu machen.

Unerfüllte Liebe oder Rachegelüste sind oft der Grund für das Auftreten solcher Zombies, denn beide Motive spielen bei den Voodoo-Riten eine bedeutende Rolle. In einem Fall etwa wollte ein Voodoo-Priester, ein *houngan,* eine junge Frau besitzen, die aber bereits mit einem anderen verlobt war. Sie gab dem *houngan* deshalb einen Korb, was dieser wiederum mit einer Reihe von Flüchen und Verwünschungen beantwortete. Nach wenigen Tagen wurde die Frau krank und starb schließlich unter geheimnisvollen Umständen. Bei den Vorbereitungen zum Begräbnis mußte man der Leiche den Kopf zur Seite biegen, damit sie überhaupt in den Sarg paßte. Außerdem verbrannte sie einer der Umstehenden mit seiner Zigarette unabsichtlich am Fuß.

Schon bald nach dem Begräbnis ging das Gerücht, die Frau sei mit eben dem *houngan* gesehen worden, den sie zurückgewiesen hatte. Es gab aber keinen konkreten Beweis dafür, und man prüfte auch nicht nach, ob die Frau nicht aus Versehen lebendig begraben worden war. Doch einige Jahre später kehrte die Frau in ihr Heimatdorf zurück und erzählte ihrer Familie, der Voodoo-Priester habe sie zu einem Zombie gemacht, sie aber schließlich wieder freigelassen, weil er seine Tat bereute. Die Brandnarbe am Fuß und der permanent schräggelegte Kopf, eine Folge ihrer unbequemen Stellung im Sarg, ließen keinen Zweifel an der Identität der Frau.

Die Legende des Grafen von Saint-Germain

Er war Berater von Königen, eine gesellschaftliche Berühmtheit, ein Alchimist und ein hochgeachteter Weiser. Aber es ranken sich viele Geheimnisse um den Mann, den man den Grafen von Saint-Germain nannte. Man weiß zum Beispiel nicht, wo und wann er geboren wurde und wann er starb. Einige glauben sogar, daß der Graf von Saint-Germain noch immer am Leben ist.

Der Graf, ein spritziger Gesprächspartner, ein talentierter Geigenspieler, ein begabter Maler und ein umfassend gebildeter Mensch, wurde wegen seiner engen Beziehung zu Louis XV. von Frankreich in der Mitte des achtzehnten Jahrhunderts zu einer Berühmtheit. Einige nannten ihn ein Genie, andere einen unglaublichen Scharlatan. Mißtrauen brachten ihm vor allem die Mitglieder des Königshofs entgegen, da sie ihn um seinen Rang als Vertrauter des Königs beneideten. Saint-Germain hatte, sehr zum Leidwesen der restlichen Regierung, sogar Einfluß auf außenpolitische Entscheidungen. Als man ihm schließlich mit der Verhaftung drohte, floh er nach England.

Es ging das Gerücht, Saint-Germain sei Mitglied in einer Geheimgesellschaft, den Freimaurern oder den Rosenkreuzern, und außerdem mit uralten Riten vertraut. Etwa 15 Jahre vor Ausbruch der Französischen Revolution warnte er den König vor dem bevorstehenden Blutbad. Doch er konnte nicht nur die Zukunft voraussagen, sondern auch über Ereignisse der Vergangenheit berichten, als hätte er sie selbst erlebt.

Der Tod des Grafen war so mysteriös wie sein ganzes Leben. Nach Berichten des Hofes starb er am 27. Februar

1784. An diesem Tag praktizierte er in Deutschland Alchimie mit dem Prinzen Karl von Hessen-Kassel, der später bei jeder Frage nach dem Tod seines Freundes das Thema wechseln sollte. Außerdem nahm Saint-Germain 1785 angeblich an einer Versammlung von Freimaurern teil und soll sogar noch im Jahr 1800 von verläßlichen Zeugen in Wien und im Fernen Osten gesehen worden sein.

Verstümmelte Rinder

Satanische Kulte oder Ufos? Diese Frage haben sich Rinderzüchter im Mittelwesten Amerikas wohl gestellt, wenn sie wieder einmal vor den Kadavern entsetzlich verstümmelter Tiere aus ihren Herden standen. Doch gleichgültig, wie die Antwort auch lautete, irgend etwas vergriff sich auf eine entsetzliche und zerstörende Weise an ihren Rindern.

Im Spätsommer 1975 fand ein Rancher aus Colorado einen blauen Plastikkoffer mit dem Ohr und der Zunge eines Rindes und einem Skalpell. Für die Ermittlungsbeamten war dies der erste Hinweis, der diese Schlächtereien mit einem Geheimkult in Verbindung brachte. Im August des gleichen Jahres berichtete ein Autofahrer aus Blaine County, Idaho, er habe in der Nähe eines Hofes, auf dem tags darauf zwei verstümmelte Rinder entdeckt wurden, ein Gruppe von Kapuzenmännern gesehen. Obwohl eine sofort darauf zusammengestellte Suchmannschaft keine Spur dieser Kultanhänger entdecken konnte, waren die Männer überzeugt, daß es sich bei den Schuldigen um Menschen handelte, auch wenn ihre Taten unmenschlich waren.

Andere Vorfälle lassen sich aber nicht so einfach erklären. In Washington County, Colorado, zum Beispiel schienen verstümmelte Rinder vom Himmel zu fallen, was die Rancher zu dem Schluß brachte, Luftfahrzeuge seien dafür verantwortlich. Und in Copperas Cove, Texas, sah ein Farmer in der Nacht, als seine Kälber getötet wurden, ein orangefarbenes Licht über seinem Hof schweben. Eine Untersuchung der Gegend erbrachte tags darauf, daß das Gras in konzentrischen Kreisen niedergedrückt war, so als wäre es von heftigen Luftstößen von oben plattgewalzt worden.

Doch der verwirrendste Fall einer Rinderverstümmelung ereignete sich in Whiteface, Texas, im März 1975. Die Färse, die in einem kreisförmigen, verbrannten Fleck mitten in einem Weizenfeld lag, war auf eine entsetzliche und besonders unerklärliche Weise verstümmelt worden: Man hatte ihr die Zunge und alle äußeren Organe abgeschnitten, der Kopf war grotesk verdreht, und der Nabel schien herausgeschnitten worden zu sein. Doch erstaunlicherweise waren in der Umgebung des Kadavers nirgends Blutspuren zu finden.

Der Zar als Eremit

Fast augenblicklich nachdem bekannt wurde, der russische Zar Alexander I. sei mit 47 Jahren gestorben, begann das Volk sich zu fragen, ob er wirklich tot sei. Denn es gab das Gerücht, er habe eigentlich nur abgedankt, um das Leben eines Eremiten zu führen. Die Bewohner der ostrussischen Stadt Tomsk behaupteten, bei ihnen sei plötzlich ein Eremit aufgetaucht, der sich Fedor Kuzmitsch nenne, aber eigentlich der frühere Zar sei. Und als Kuzmitsch 1864 starb, sollen seine letzten Worte gewesen sein: »Gott kennt meinen wahren Namen.«
Alexander II., der seinem Vater auf den Zarenthron gefolgt war, versuchte, den Spekulationen ein Ende zu bereiten. Er ließ deshalb 1865 den Sarkophag öffnen, fand ihn aber leer. Und eine spätere Untersuchung im Jahre 1926 bestätigte, daß sich wirklich keine Leiche in dem Sarkophag befand.

Der Mann, der Zeuge seines eigenen Begräbnisses wurde

Ein anonymes Opfer der Typhusepidemie des Jahres 1831 in England wurde vier Tage nach seiner Beerdigung wieder ausgegraben und einer Gruppe von Medizinstudenten zur Sektion vorgelegt. Doch als der Professor zum ersten Schnitt in die Brust ansetzte, schrie die Leiche auf und packte den Professor am Arm. Die Ereignisse, die zum vermeintlichen Tod des Mannes führten, machen die Geschichte noch bizarrer.

Obwohl er vom Typhus körperlich stark geschwächt war, so erzählte der Engländer, habe er nie das Bewußtsein verloren. Da er nicht mehr reden oder sich in anderer Form verständlich machen konnte, mußte er zuhören, wie der Arzt ihn für tot erklärte, und spürte schließlich, daß man ihm das Gesicht bedeckte. Er lag wach, während Freunde und Familie ihn tagelang betrauerten. Nach einer brutalen Behandlung durch den Leichenbestatter hörte er »das Krachen des Holzes, als die Nägel in den Sargdeckel geschlagen wurden. Zusammengequetscht in dieser schmalen Kiste, hatte ich das Gefühl, als würde man mir Kopf und Glieder auseinanderreißen.« Dann hörte er noch, wie ein Freund die Grabrede sprach.

Er blieb auch während der folgenden vier Tage bei Bewußtsein. Doch als der Professor ihn zu schneiden begann, da »gelang es mir, aufzuschreien, die Fesseln des Todes wurden durchtrennt, und ich kehrte ins Leben zurück«.

Tötete saurer Regen die Dinosaurier?

Der moderne saure Regen ist etwa so stark wie Essig. Er brennt zwar keine Löcher in die Kleidung, kann jedoch Bäume und Fische töten, weil er langsam die Mineralienkonzentration in Erde und Wasser verändert. Ronald Prinn und Bruce Fegley jr. vom *Massachusetts Institute of Technology* haben nun die Hypothese aufgestellt, ein prähistorischer saurer Regen sei viel stärker gewesen, etwa so wie eine Säure in Laborstärke, er habe Pflanzen und Tiere angegriffen und alles Leben zu Wasser und zu Lande zerstört. Wenn die Dinosaurier vor 65 Millionen Jahren also nicht von den Staubwolken eines Asteroideneinschlags ausgerottet wurden, dann vielleicht von Prinns und Fegleys saurem Regen.

In Gesteinsschichten, die sich vor etwa 65 Millionen Jahren ablagerten, finden Wissenschaftler sehr häufig hohe Konzentrationen des seltenen Metalls Iridium. Ausgehend von der bekannten Konzentration von Iridium in Asteroiden und Kometen kommen sie zu dem Schluß, daß zu dieser Zeit ein kleiner Asteroid oder ein großer Komet auf der Erde eingeschlagen haben muß und eine Schuttwolke produzierte, die den Planeten mit Iridium überzog.

Ein Komet hätte zwanzigmal größer sein müssen als ein Asteroid, da er eine viel geringere Iridiumkonzentration aufweist. Die Wucht seines Aufpralls hätte die Erdatmosphäre so aufgeheizt, daß sich Stickstoff und Sauerstoff zu Stickstoffoxid verbunden hätten. In Verbindung mit Regenwasser wäre dann Salpetersäure entstanden, ein sehr saurer Regen.

Dr. Louis Alvarez vom *Laurence Berkeley Institute* in Kalifornien hat Iridiumablagerungen in Gesteinsschichten des Mesozoikum (65 Millionen Jahre alt) untersucht. Diese Schichten, die sich an den verschiedensten Orten der Welt finden, werden auch die Schichten des »Großen Sterbens« genannt, da sie quasi die Friedhöfe der Dinosaurier darstellten, die Millionen Jahre lang die Erde beherrschten.

Die Wolfskinder von Indien

Der Reverend J. A. L. Singh hatte schon viele Geschichten über die Menschenkinder gehört, die angeblich unter Wölfen lebten. Und diese Wölfe, so erzählten die Leute, hätten sich in einen ehemaligen Termitenbau eine Höhle gegraben. Nachdem Singh eins dieser Wesen selbst gesehen hatte, beschloß er, der Sache weiter nachzugehen, und kehrte mit einem Trupp Männer zu dem Bau zurück. Die Männer begannen zu graben, und es dauerte nicht lange, bis die Wölfe aus ihrer bedroht geglaubten Höhle flüchteten. Eins der Tiere griff die Männer an und wurde erschossen. Da nun die Wölfe verschwunden waren, gruben die Männer weiter, bis sie eine grausige Entdeckung machten: Tief im Inneren des Baus lagen zwei Menschenkinder, das eine etwa zwei Jahre alt, das andere etwa acht. Die beiden kleinen Mädchen lagen zusammengerollt zwischen zwei Welpen, als wären sie selbst Wolfsjunge.

Singh nahm die Mädchen, die er Kamala und Amala nannte, und brachte sie in sein Waisenhaus in Midnapore, Indien. Die Wolfskinder gingen auf Händen und Füßen, als wären sie vierfüßige Tiere. Sie heulten und aßen nur Fleisch. Das Leben in der Zivilisation war am Ende für beide tödlich. Amala, das jüngere Kind, starb kaum zwei Jahre nach der Rettung von den Wölfen. Und Kamala, die immerhin gelernt hatte, aufrecht zu gehen und ein paar einfache Sätze zu sprechen, starb neun Jahre später.

Geduld wird belohnt

In den Mittelmeerländern war es früher üblich, die Ruderbänke von Kriegsschiffen mit Sträflingen zu bemannen. So geschah es im Jahr 1684 auch dem siebzehnjährigen Jean Baptiste Mouron, der wegen Aufwiegelung zu 100 Jahren und einem Tag Galeerenhaft verurteilt wurde. Doch die meiste Zeit verbrachte Mouron nicht am Ruder der Galeere, da Schiffe dieses Typs in dieser Zeit praktisch nicht mehr benutzt wurden. Sie lagen nur noch festgetäut im Hafen und dienten als Gefängnisse. Man kettete ihn also einfach an eine Bank und wollte ihn zusammen mit dem Schiff verrotten lassen. Aber dennoch saß Mouron seine ganze Strafe ab und taumelte schließlich mit 117 Jahren als freier Mann an Land.

Das Geheimnis der »Joyita«

Bei Tagesanbruch des 3. Oktober 1955 verließ das 70-Tonnen-Schiff *Joyita* den Hafen von Apia in Westsamoa und nahm Kurs auf die 270 Meilen weiter nördlich gelegenen Tokelau-Inseln. 37 Tage später fand man es verlassen 450 Meilen westlich von Samoa; der Kapitän, die Mannschaft und alle Passagiere waren nicht mehr an Bord. Verschwunden waren auch sämtlicher Proviant, das Logbuch und die Instrumente, aber an Deck fand man ein Skalpell, ein Stethoskop und blutige Binden. Die Brücke war mit einer Segeltuchplane verhängt.

Einer Theorie zufolge war die *Joyita* von einem japanischen Fischerboot gerammt worden, dessen Besatzung das Schiff anschließend plünderte und alle an Bord ermordete. Nach einer anderen wurden Mannschaft und Passagiere von Außerirdischen entführt. Die wahrscheinlichste Erklärung ist vermutlich die, daß es zwischen dem Kapitän und einem Maat zu einem Streit kam. Der Maat fiel über Bord, und der Kapitän wurde von einem Arzt, der sich zufällig unter den Passagieren befand, verbunden. Da ein Sturm drohte und das Schiff offensichtlich nicht mehr manövrierbar war, kletterten Mannschaft und Passagiere in die Rettungsboote, nachdem sie die Segeltuchplane über die Brücke mit dem Kapitän, der sein Schiff nicht verlassen wollte, geworfen hatten. Die *Joyita* wurde schließlich von Fischern entdeckt, die das Schiff plünderten und den toten oder sterbenden Kapitän über Bord warfen.

Doch die *Joyita* hatte keine Genehmigung zur Personenbeförderung, und man weiß auch nicht, ob sie überhaupt Rettungsboote an Bord hatte. Und das eigentlich nicht seetüchtige Schiff hatte bei dieser Reise über 18 Kubikmeter Kork an Bord, der es praktisch unsinkbar machte. Es wäre deshalb gar nicht nötig gewesen, die *Joyita* zu verlassen.

Der Stern von Bethlehem

Seit langem suchen die Astronomen eine realistische Erklärung für den Stern von Bethlehem, der die Geburt Christi anzeigte und die drei Weisen zu seiner Krippe führte. Roger Sinnott, Redakteur bei *Sky and Telescope,* behauptet nun, das Erscheinen dieses biblischen Sterns sei in Wahrheit eine Folge des Zusammentreffens von Jupiter und Venus im Jahr 2 v. Chr.

Obwohl dieses Zusammentreffen allgemein bekannt ist, lehnen viele Astronomen es als Erklärung für den Stern von Bethlehem ab. Sie wenden ein, daß die Planetenkonvergenz, wenn Sinnotts Datierung zutreffen würde, erst nach dem Tod des Königs Herodes aufgetreten wäre, der vermutlich 4 v. Chr. starb. Nach der Bibel aber war Herodes zur Zeit der Geburt Christi noch am Leben.

Nach Sinnotts Überzeugung liegt das Problem jedoch einfach darin, daß Herodes' Todesdatum falsch berechnet wurde. Der alte jüdische Geschichtsschreiber Flavius Josephus berichtet, Herodes sei zur Zeit der Mondfinsternis gestorben. Das würde, modernen Berechnungen zufolge, das Todesdatum auf den 12. März des Jahres 4 v. Chr. festsetzen. Doch am 9. Januar des Jahres 1 v. Chr. kam es zu einer weiteren Mondfinsternis. Wäre nun Herodes während der zweiten Mondfinsternis gestorben, wäre er zur Zeit des Zusammentreffens von Jupiter und Venus und des Erscheinens des Sterns von Bethlehem noch am Leben gewesen.

Die linkshändigen Antanalas

Mindestens zehn Prozent der Weltbevölkerung ist linkshändig, was in einer Welt, die von Rechtshändern bestimmt ist, manchmal als Makel gilt. Da Linkshändigkeit oft als Zeichen von Hinterhältigkeit betrachtet wird, versucht man häufig, Kinder zur Rechtshändigkeit zu zwingen, meistens jedoch mit wenig Erfolg.

Die Antanalas sind in dieser Hinsicht eine Besonderheit unter den Rassen und Kulturen der Welt: Dieser Urwaldstamm auf Madagaskar ist eine linkshändige Gesellschaft. Im Gegensatz zum Rest der Welt ist Rechtshändigkeit dort so selten, daß der Stamm Kinder, die dieser Abweichung verdächtigt wurden, früher sogar tötete.

Prähistorische Zahnseide

Für den modernen Menschen war der Neandertaler ein häßlicher Wilder. Doch möglicherweise war er bereits so hygienebewußt, daß er sich nach jeder Mahlzeit die Zähne putzte. Neandertalerzähne aus einer Fundstelle in der Nähe von Krapina, Jugoslawien, weisen winzige, aber regelmäßige Furchen auf. Und eben wegen dieser Regelmäßigkeit können sie unmöglich natürliche Ursachen, wie etwa Karies oder Zahnstein, haben.

Das verschwundene Friesland

Mindestens 100 Jahre lang, von 1550 bis 1660, trieben die geschickten Handwerker von Friesland Handel mit Grönland und Europa. Aber gegen Ende des siebzehnten Jahrhunderts verschwand diese große Insel südlich von Grönland plötzlich von den Landkarten. Einige nehmen an, daß die Landmasse sich absenkte, aber wenn das so war, dann weiß niemand, warum. Andere hingegen vermuten, daß es von den Karten verschwand, weil es mit einer nahegelegenen Insel verwechselt wurde, die wirklich unterging. Aber das würde bedeuten, daß Friesland noch existiert, man müßte es nur finden.

Fotos vom Schneemenschen

Der Fotograf Anthony Wooldridge durchstreifte im Auftrag des britischen Magazins *Wildlife* das Himalajagebiet, als er eines Tages ein großes, pelziges Tier zwischen den schneebedeckten Abhängen entdeckte. Natürlich kannte Wooldridge die Legenden über den Yeti, den Schneemenschen, der angeblich in dieser Bergregion leben soll. Aber für den Fotografen war es beinahe eine Offenbarung, plötzlich ein Wesen vor sich zu sehen, das nur dieser sagenumwobene Yeti sein konnte.

Das Wesen war mindestens einsachtzig groß, so Wooldridge, und es hatte »einen großen Kopf, und der ganze Körper schien mit einem dunklen Pelz bedeckt zu sein«. Wooldridge war natürlich dankbar für diese einmalige Gelegenheit und schoß Fotos von dem Yeti, bevor dieser wieder im Hochland des Himalaja verschwand.

Vor Veröffentlichung der Fotos ließen die Herausgeber des *BBC Wildlife* sie eingehend von zwei Yeti-Experten prüfen. Beide waren übereinstimmend der Meinung, daß das fotografierte Wesen zumindest ungewöhnlich war, doch sie konnten sich nicht einigen, was es nun eigentlich sei. Nach Ansicht von Robert Martin vom Londoner *University College* war die Gestalt möglicherweise »ein großer Primat, den die Zoologie bis jetzt noch nicht registriert hat«. Doch der Anatomieexperte und notorische Skeptiker John Napier schockierte die Herausgeber mit der Behauptung, das fotografierte Wesen sei eindeutig ein Hominide, weder Bär noch Mensch.

Haikiller

Haie jagen den meisten Menschen Angst und Schrecken ein, denn mit ihren muskulösen, zahnbewehrten Kiefern können sie auch den kräftigsten Mann zerreißen. Doch der kleine Igelfisch in den südamerikanischen Gewässern greift häufig die bis zu acht Meter langen Ungetüme an und tötet sie. Denn dieser Winzling kann seine normalerweise schlaffe, mit winzigen Stachelspitzen bewehrte Haut zu einer Kugelform aufblasen, wobei die Stacheln weit hervortreten und sich aufrichten wie bei einem Stachelschwein. Und wenn ein Hai einen solchen Igelfisch verschluckt, frißt und nagt sich dieser durch die Magenwand und die Flanke des Meeresungetüms wieder ins Freie.

Teuflische Spuren

Auf die Bewohner des ländlichen Devon County in England wartete am Morgen des 8. Februar 1855 eine unliebsame Überraschung: In ihren schneebedeckten Gärten entdeckten sie mysteriöse Spuren, die an Abdrücke von winzigen Hufeisen erinnerten und sich über ein Gebiet von über 100 Meilen erstreckten. Eigenartigerweise verliefen die Spuren in vollkommen gerader Linie, so als hätte der Verursacher nur ein Bein. Sie führten durch 18 Dörfer, quer über Felder und Bäche, an Hauswänden hoch und über die Dächer hinweg. Die Leute waren überzeugt, daß diese Spuren vom Satan selbst stammten, und trauten sich deshalb einige Wochen lang nach Einbruch der Dunkelheit nicht mehr aus dem Haus.

Der Tag, an dem die Sonne zweimal aufging

Die Erklärung eines alten chinesischen Geheimnisses ermöglichte Wissenschaftlern die Bestimmung der Länge eines Tages vor 3000 Jahren. Offensichtlich schreitet die Zeit wirklich fort, denn die Tage damals waren nicht so lang wie die heutigen.

Nach den sogenannten Bambusannalen ging in einer Stadt namens Cheng an einem Frühlingstag im ersten Jahr der Herrschaft des Königs Yü die Sonne zweimal auf. Wissenschaftlich genau gesprochen, kam es, kurz bevor die Sonne über den Horizont stieg, zu einer Sonnenfinsternis. Die Bewohner von Cheng sahen, wie sich der Himmel kurz vor dem Morgengrauen erhellte und dann wieder dunkel wurde, weil sich der Mond vor die Sonne schob. Das Ende der Sonnenfinsternis war dann der zweite Sonnenaufgang.

Grabräuber entdeckten diese auf Bambusstäben verfaßten Annalen, die etwa vom Jahr 2000 v. Chr. an über historische Ereignisse berichten, im Grabmal des Königs Hsiang, der im Jahr 299 v. Chr. begraben wurde. Modernen Astronomen sind diese Aufzeichnungen bei ihren Berechnungen eine große Hilfe. Die Annalen verzeichnen auch frühere Sonnenfinsternisse. Da es aber damals noch keine Uhren gab, finden sich darüber keine präzisen Zeitangaben. Die Finsternis bei Tagesanbruch in Cheng bildet da eine Ausnahme, da die heutigen Astronomen den Zeitpunkt des Sonnenaufgangs berechnen können.

Wie sich zeigt, entspricht eine errechnete Sonnenfinsternis am 21. April 899 v. Chr. exakt der in den Annalen erwähnten. Bei einer Tageslänge von exakt 24 Stunden hätte man diese Sonnenfinsternis aber im Mittleren Osten sehen müssen und nicht in China. Sie war jedoch in China zu beobachten, weil die Tage im Jahr 899 v. Chr. um 0,043 Sekunden kürzer waren als heute. Bei einer Million Tagen ergibt das fast sechs Stunden, genug Zeit für die Verschiebung der Sonnenfinsternis um ein Viertel des Erdumfangs nach Osten, nach China also, wo sie als doppelter Sonnenaufgang beobachtet wurde.

Der verschwundene Finanzmann und die geduldige Ehefrau

Eines Abends im Jahr 1936 teilte sich der Finanzmann Fred Lloyd für den Nachhauseweg ein Taxi mit einem Freund. Nachdem Lloyd sich in Manhattan von seinem Freund verabschiedet hatte, fuhr er im selben Taxi weiter. Das war das letzte, was man von ihm sah.

Trotz vieler erfolgloser Nachforschungen glaubte Lloyds Frau bis zu ihrem Lebensende fest daran, daß ihr Mann wieder auftauchen würde. Als sie schließlich im Jahr 1945 starb, entdeckte man, daß sie die drei Lebensversicherungen ihres Gatten nicht eingefordert hatte.

Manchmal sind die Launen der Natur wirklich bizarr. So etwa im Iran, wo Riesenratten, manche über 26 Pfund schwer, Katzen angriffen und fraßen. Nach Angaben der Zeitung *Kayhan* besaßen die Nager außergewöhnlich lange Hinterläufe, mit denen sie springen konnten wie Känguruhs.
William Jackson, Biologieprofessor an der *Bowling Green State University,* vergleicht diese Rattenmonster mit den sogenannten »Rohrschneidern«, großen Ratten, die in Westafrika beheimatet sind und dort sogar als Leckerbissen gelten. Doch diese afrikanischen Nager sind Vegetarier, und Jackson wundert sich deshalb über die fleischfressenden iranischen Vertreter. Das aggressive Verhalten dieser Ratten, so der Professor, sei sehr eigenartig.

Der mysteriöse Mord in einem verschlossenen Zimmer

Als Mrs. Locklan Smith Schreie und offensichtliche Kampfgeräusche aus einer Wäscherei an der Fifth Avenue in New York hörte, rief sie die Polizei. Doch die Beamten, die kurz darauf eintrafen, fanden den Laden verschlossen, und zwar von innen. Nur ein Oberlicht war geöffnet, und die Polizisten hoben deshalb einen kleinen Jungen zu dem Fenster hoch, der hindurchklettern und die Tür von innen öffnen konnte.

Drinnen fand die Polizei den Besitzer der Wäscherei, Isidore Fink, tot am Boden. Man hatte ihm zweimal in die Brust und einmal in die linke Hand geschossen, an den Einschußlöchern waren noch Spuren von verbranntem Pulver zu finden. Die Kasse und auch Finks Taschen waren noch voller Geld. Doch das Motiv für den Mord war nicht das einzige Geheimnis dieses Falls.

Fink verschloß immer die Tür, wenn er nachts arbeitete. Der Mörder konnte die Wäscherei also nur betreten, wenn Fink ihn hereinließ. Da nun aber die Tür von innen verschlossen war, hätte er nach der Tat nur durch das kleine Oberlicht fliehen können, durch das sich schon das kleine Kind nur mit Mühe hindurchzwängen konnte. Die Pulverspuren an den Wunden deuteten darauf hin, daß Fink aus nächster Nähe erschossen worden war, Schüsse vom Fenster aus kamen deshalb nicht in Frage.

Nach zwei Jahren vergeblicher Nachforschungen mußte Kommissar Edward Mulrooney von der New Yorker Polizei den Fall als »unlösbares Geheimnis« zu den Akten legen.

Der tödliche Salutschuß

Im Jahr 1750 hatte ein gewisser Robert Morris, ein kolonialer Würdenträger, einen beunruhigenden Traum: Er sah sich selbst tödlich verwundet, getroffen von den Salutschüssen des Schiffes, das er am folgenden Tag wirklich besuchen sollte. Beim Aufwachen war er so entsetzt, daß er sich weigerte, das Schiff zu betreten. Um seinem Gast die Angst zu nehmen, versprach nun der Kapitän des Schiffes, auf dem Schiff würden keine Schüsse abgefeuert werden, solange Morris nicht wieder sicher am Ufer sei. Morris gab schließlich nach, und die Besichtigung konnte stattfinden.

Nach der Besichtigung befahl der Kapitän, wie versprochen, seinen Männern, die Salutschüsse erst abzufeuern, wenn der Gast wieder an Land sei. Doch während der Kapitän noch wartete, landete eine Fliege auf seiner Nase, und er hob die Hand, um sie wegzuwischen. Seine Mannschaft hielt das für ein Signal und feuerte die Kanone ab. Ein Splitter der explodierenden Kanonenkugel traf Morris, der in einem Ruderboot nur noch wenige Meter vom Ufer entfernt war.

So war der Traum also trotz aller Vorsichtsmaßnahmen wahr geworden.

Der verlorene Ring

Im Jahr 1941 buk A. A. Vial aus Greytown, Natal, Südafrika, 150 Kuchen für die Truppen im vom Krieg gebeutelten Europa. Am Ende merkte sie, daß ihr der Ehering fehlte, und sie nahm an, daß er ihr in einen der Kuchen geglitten war. Da sie aber die 150 fertigen Kuchen nicht mehr zerstören wollte, legte sie jedem eine Nachricht bei, daß der Finder ihr den Ring doch bitte zurückschicken sollte, und übergab die ganze Sendung der Armee. Der Finder war schließlich ihr eigener Sohn, der zufällig auch einen Kuchen erhalten hatte und den Ring seiner Mutter darin entdeckte.

Eine biblische Vase in amerikanischem Gestein

Im Jahr 1851 machten Arbeiter bei Sprengungsarbeiten in Dorchester, Massachusetts, eine eigenartige Entdeckung: In dem Gestein lag eine gut 10 Zentimeter hohe Vase, die bei der Explosion in zwei Teile zerbrochen war. Das Ungewöhnliche an dem Objekt war jedoch die Tatsache, daß es aus einem unbekannten Material bestand, das sehr kunstvoll mit silbernen Blumenintarsien verziert war. Kein Geringerer als der Herausgeber des *Scientific American* kam schließlich auf die Idee, die Vase könnte doch von Tubal-cain, dem biblischen Vater der Metallurgie, stammen.

Die Frau, die vom Dämon ihres Vaters besessen war

Die blasphemischen Stimmen und die eigenartigen Fähigkeiten einer Frau, von der nur der Vorname, Mary, bekannt ist, manifestierten sich bei ihr schon im Alter von 14 Jahren. In den folgenden 26 Jahren attestierten die Ärzte ihr immer wieder, daß sie »in jeder Hinsicht völlig normal« sei, doch die bizarren Launen ihrer Persönlichkeit konnten sie auch nicht erklären. Priester, bei denen sie Rat suchte, wurden angespuckt und verflucht von einer Instanz innerhalb der Frau, die ihre Worten und Taten vollkommen kontrollierte. Mit 40 brachte man Mary schließlich in das Franziskanerkloster in Ealing, Iowa, zu Theophilus Reisinger, einem sechzigjährigen Mönch und Experten für exorzistische Rituale.

Der Dämon, der von Marys Körper Besitz ergriffen hatte, wehrte sich gegen den Mönch, er wand und krümmte sich, kreischte unmenschlich und produzierte Unmengen von übelriechendem Erbrochenem und Fäkalien. Er sprach in fremden Sprachen und verhöhnte und verfluchte Reisinger und die anderen Anwesenden. Zwischendurch prophezeite er den Autounfall, bei dem einige Tage später Pater Joseph Steiger, der Priester des Klosters und Assistent Reisingers, getötet wurde. Doch Marys Lippen bewegten sich dabei nie, sie blieb während der ganzen Prozedur bewußtlos.

Der qualvolle Exorzismus dauerte einige Monate, in denen Reisinger mehr als nur einen bösen Geist in Marys Körper identifizieren konnte. Der Anführer hieß Beelzebub, und an seiner Seite war Jakob, Marys Vater, der eigentliche Auslöser der Besessenheit, denn er hatte seine

Tochter verflucht, weil sie sich seinen inzestuösen Annäherungsversuchen verweigert hatte. Auch Mina, Jakobs Geliebte, war unter den Dämonen. Sie sei verdammt, so erfuhr Reisinger von ihr, weil sie vier ihrer eigenen Kinder getötet hatte.

Vier Tage vor Weihnachten 1928 war der Exorzismus schließlich beendet. An diesem Tag gelang es Reisinger, die Dämonen auszutreiben, die dabei so durchdringend kreischten, daß das Zimmer vibrierte.

Leute, die an die Macht von Medizinmännern und anderen Handlangern des Bösen glauben, lassen sich leicht von Suggestionen beeinflussen. Während ein Fluch nicht direkt körperliche Krankheiten auslösen kann, leiden die Opfer doch häufig an psychosomatischen Beschwerden, an denen sie längerfristig sogar sterben können. Ein Beispiel aus Australien: Anfang des zwanzigsten Jahrhunderts hatte ein Missionar, der die australischen Aborigines zum Christentum bekehren wollte, einen frisch getauften jungen Mann namens Rob zum Assistenten. Dieser bekehrte Eingeborene besuchte häufig einen Stamm, der in den Außenbezirken der Missionsstation lebte und von einem Medizinmann namens Nebo geführt wurde. Eines Tages im Jahr 1919 rief man einen Arzt der *International Health Division of the Rockefeller Foundation* zu der Mission, denn Rob war schwer krank. Obwohl sein bedrohlicher Zustand unübersehbar war, hatte Rob keine Schmerzen, kein Fieber oder andere Symptome, und es gab auch keinen organischen Befund, der auf eine spezifische Krankheit hingewiesen hätte. Da aber Rob behauptete, der wütende Nebo habe ihn verhext, gingen der Arzt und der Missionar zu dem Medizinmann und drohten ihm, die Versorgung mit Lebensmitteln einzustellen und ihn und seinen Stamm zu vertreiben, falls Rob stürbe. Nebo erklärte sich einverstanden, mit Rob zu reden, und sagte ihm, das alles sei ein Mißverständnis, weil er ihn gar nicht habe verhexen wollen. Wenige Augenblicke später stand Rob auf und war wieder vollkommen gesund.

Die heißen Körper der Yogis

Eine der erstaunlichsten Eigenschaften der tibetanischen Yogis ist wohl ihre Fähigkeit, in großen Höhen unbeschadet Temperaturen zu überleben, die für die meisten Menschen unerträglich sind. Und dabei tragen diese Yogis nur ganz dünne Kleidung oder überhaupt nichts. Der Schlüssel dazu ist natürlich *tumo,* eine mystische Wärme. Wie sie diese Fähigkeit zur Selbsterwärmung erlangen, ist ein wohlgehütetes Geheimnis der tibetanischen Priester, doch es gehört zur Grundausbildung eines jeden Yogi.

Ein Novize, der glaubt, diese Fähigkeit der inneren Erwärmung erreicht zu haben, muß sich einem eigenartigen Test unterziehen. Er wird nachts zu einem gefrorenen See oder Fluß gebracht, wo er sich nackt ans Ufer setzen muß. Nun wird ein Loch ins Eis gebrochen und ein Leintuch in das eiskalte Wasser getaucht. Der Novize wird in das Tuch gewickelt und muß es mit seiner Körperwärme trocknen. Während der ganzen Nacht wird diese Prozedur mehrmals wiederholt, und am Morgen werden die getrockneten Tücher gezählt. Einige Novizen trockneten in einer Nacht bis zu 40 Tücher.

Übernatürliche Kräfte in Virginia Beach

In Virginia Beach, Virginia, gibt es zwei sehr unterschiedliche Organisationen, die beide zu Zentren starker übernatürlicher Kräfte wurden. Doch sie benutzten diese Energieströme für sehr unterschiedliche Ziele.

Da ist zunächst das *Christian Broadcasting Network* (CBN), in dessen Fernsehshow »The 700 Club« als Folge der vom Sendeleiter Pat Robertson ausgesprochenen »Worte des Wissens« dramatische Heilungen stattfanden. Robertson erklärt diese Heilungen mit göttlichen Inspirationen.

Die zweite Organisation nennt sich *Association for Research and Enlightment* (ARE) und ist den Lehren des berühmten Mediums und Geistersehers Edgar Cayce verpflichtet. ARE beschäftigt sich hauptsächlich mit der Erforschung von ASW, Reinkarnation und »der großen Kräfte, die von Virginia Beach ausgehen«, so Charles Cayce, Präsident der ARE und Enkel von Edgar Cayce. Cayce meint nun, die Heilungen bei CBN seien die Folge derselben spirituellen Kräfte, die auch sie untersuchten, nur daß CBN sie eben Gott nenne. CBN dagegen betont, daß bei der Arbeit der ARE jeder Hinweis auf eine Religion fehle.

Trotz der Unterschiede zwischen beiden Gruppen würde Cayce es gern sehen, wenn sie zusammenarbeiteten, doch er gibt zu, daß dies unwahrscheinlich ist.

Das Partygirl vom »Friedhof zur Auferstehung«

Es geschah im Jahr 1931 in Chicago: Auf der Heimfahrt vom O'Henry Ballroom wurde ein junges Mädchen bei einem Unfall in der Archer Avenue getötet. In dem weißen Kleid und den Tanzschuhen, die sie an diesem Abend getragen hatte, wurde sie im »Friedhof zur Auferstehung« an derselben Straße beigesetzt.
Viele Jahre später berichteten Autofahrer, sie hätten ein hübsches junges Mädchen in einem altmodischen Kleid gesehen, das versuchte, auf der Archer Avenue Autos anzuhalten. Die meisten alleinfahrenden Männer nahmen sie mit, oder sie sprang einfach uneingeladen ins Auto und wollte nach Hause gefahren werden. Am »Friedhof zur Auferstehung« ließ sie sich dann immer absetzen. Einige Fahrer behaupteten sogar, sie habe das Auto verlassen, ohne die Tür zu öffnen.
Eines Abends im Dezember 1977 fuhr ein Mann an diesem Friedhof vorbei und bemerkte eine junge Frau, die in einem langen, weißen Kleid hinter dem Tor stand. Da er glaubte, man habe sie unabsichtlich eingesperrt, rief er die Polizei. Als die Beamten eintrafen, war die Frau verschwunden. Doch sie stellten fest, daß die Eisenstäbe des Tores leicht nach außen gebogen waren. Und auf beiden Seiten waren deutlich die Abdrücke von zwei Händen zu sehen.

Edgar Cayces mediale Gabe

Das berühmte Medium Edgar Cayce leistete in den dreißiger Jahren mit seinen medizinischen Voraussagen einen wichtigen Beitrag zur Geschichte der Parapsychologie. Dabei versetzte er sich regelmäßig in einen schlafähnlichen Trancezustand, in dem dann Geisterstimmen aus ihm sprachen. Cayce behauptete, er sei sich mit 13, während einer Bibellektüre auf der elterlichen Farm in Hopkinsville, Kentucky, zum erstenmal seiner außerordentlichen Fähigkeiten bewußt geworden. Er spürte plötzlich, daß er nicht allein im Zimmer war, und als er aufblickte, sah er eine Frau vor sich stehen. Da sie genau in der Sonne stand, konnte er ihr Gesicht nicht deutlich sehen. Und als sie sprach, klang ihre Stimme unnatürlich weich und melodisch.

»Deine Gebete wurden erhört«, sagte sie und verkündete ihm, er brauche nur zu bitten, und sie würde ihm alles geben, was er wolle.

Was er am meisten wolle, erwiderte er zitternd, sei, anderen zu helfen, kranken Kindern vor allem. Bei diesen Worten verschwand die Frau, und er sah sie nie wieder. Und Edgar glaubte, er sei dabei, den Verstand zu verlieren.

Cayces Lehrer beklagten sich ständig, daß der Junge, der nie ein guter Schüler war, immer so unaufmerksam sei, was wiederum seinen Vater ärgerte. Eines Abends nach seiner Vision kämpfte sich Edgar durch seine Rechtschreiblektionen, unterstützt von seinem Vater, der fest entschlossen war, ihm das Rechtschreiben beizubringen, koste es, was es wolle. Plötzlich hörte er dieselbe magische Stimme wieder, und diesmal sagte sie ihm: »Wenn du jetzt ein wenig schläfst, können wir dir helfen.« Er bat seinen Vater um eine Pause und kuschelte sich, mit dem Schulbuch unter dem Kopf, in einen Sessel.

Als er dann nach seinem Schläfchen die Übungen wiederaufnahm, konnte er nicht nur jedes Wort gleich beim ersten Versuch richtig schreiben, sondern schrieb gleich auch noch Wörter aus späteren Lektionen des Buches. Er kannte die Seitenzahl von jeder Lektion und auch die begleitenden Illustrationen. Von diesem Tag an besaß er ein fast fotografisches Gedächtnis für alle Bücher, auf denen er, im Wortsinn, geschlafen hatte.

Kurz nach diesem Ereignis stellte er seine wahrscheinlich erste mediale Diagnose — bei sich selbst. Während einer Schulpause wurde Edgar von einem Baseball am Genick getroffen. Obwohl keine ernsthafte Verletzung vorzuliegen schien, verhielt sich der ansonsten eher zurückhaltende Teenager sehr ungewöhnlich: Er warf Gegenstände nach seiner Schwester und war ungezogen gegenüber seinem Vater. In dieser Nacht hörten seine Eltern ihn im Schlaf sprechen. Er sagte, er stehe unter Schock, und verschrieb auch gleich die entsprechende Behandlung: einen Umschlag aus Maismehl, Zwiebel und Kräutern am Hinterkopf. Da die Eltern glaubten, es könne wohl nicht schaden, folgten sie seinem geheimnisvollen Rat. Und kurz darauf war Edgar auch wirklich wieder ganz normal, auch wenn er sich an den vergangenen Tag nicht erinnern konnte.

Der unverwundbare Totengräber

In New Orleans gab es nach dem Bürgerkrieg einen Totengräber namens Samuel Dombey, der von seinen Kollegen gehaßt wurde, weil er seine Dienste zu billig anbot. Sie engagierten deshalb den berühmten Zauberer Dr. Beauregard und zahlten ihm 50 Dollar für seinen »äußerst wirksamen Fluch«. Am nächsten Morgen hörte Dombey bei seiner Arbeit im Friedhof plötzlich eine laute Explosion, und kurz darauf taumelte jemand aus dem Gebüsch in der Nähe. Beauregard, der nach diesem Vorfall mit dicken Verbänden herumlief, hatte offensichtlich zuviel Schrot in seine Flinte geladen, so daß sie in seinen Händen explodierte.

Beauregards vergeblicher Versuch blieb nicht der einzige Anschlag auf Dombeys Leben, doch der Schwarze schien unverwundbar. Nach Beauregards Versagen beschlossen die konkurrierenden Totengräber, die Sache selbst in die Hand zu nehmen. So legten sie zunächst ein Fäßchen Pulver unter Dombeys Koje im Werkzeugschuppen und zündeten es, während Dombey schlief. Die Explosion zerstörte die Hütte, und Dombey wurde über sechs Meter weit weggeschleudert, blieb aber unverletzt.

Doch seine Konkurrenten ließen sich nicht so leicht einschüchtern. Schon bald nach der Explosion wurde der Totengräber entführt und, an Händen und Füßen gefesselt, in den Lake Pontchartain geworfen. Er konnte sich befreien und ans Ufer schwimmen.

Aber seine Feinde beließen es nicht dabei. Als nächstes setzten sie sein Haus in Brand, und als er herausstürzte, durchsiebten sie ihn mit Schrot. Die Feuerwehr eilte zum

Tatort, löschte das Feuer und brachte Dombey ins Krankenhaus, wo er sich wieder vollständig erholte.

Den Totengräbern gelang es nie, den Unverwundbaren Sam, wie die Polizei ihn inzwischen nannte, zu töten. Ja, Dombey überlebte alle, die versucht hatten, ihn umzubringen, und starb schließlich mit 98 Jahren eines natürlichen Todes.

Der Magier, der stellvertretend litt

Die Vorführung von Feuerläufern im Sommerpalast von Mysore, einer Stadt in Indien, sei keine religiöse Zeremonie, sagte der Maharadscha dem Monsignore Despartures. Es sei einfach nur ein Spektakel, das dem katholischen Bischof sicher Freude bereiten werde. Der Bischof traf auch wirklich früh genug ein, um sowohl die Vorbereitungen wie das Ereignis selbst beobachten zu können. Er sah, wie ein Graben von 4 Metern Länge, 1,80 Metern Breite und 30 cm Tiefe ausgehoben und darin ein Feuer entzündet wurde, das so viel Hitze ausstrahlte, daß die Zuschauer in über 8 Metern Entfernung sitzen mußten.
Nach Abschluß der Vorbereitungen stellte sich der Moslem aus Nordindien, der die Vorführung veranstaltete, an den Rand des Grabens und befahl einem der Palastbediensteten, in die Flammen zu steigen. Als der Diener sich weigerte, zwang er ihn ins Feuer. Die Zuschauer konnten nun beobachten, wie der entsetzte Blick des Dieners schnell dem der Überraschung und Erleichterung wich. Da die übrigen Diener sahen, daß ihrem Kollegen nicht geschah, liefen sie herbei und stiegen ebenfalls ins Feuer. Bald hüpften sie zu zehnt auf den glühenden Scheiten herum, und keinem schien die Hitze etwas auszumachen.
Den Dienern folgten nun die Musiker des Maharadschas. »Die Flammen, die bis zu ihren Gesichtern reichten, leckten nur an den Musikinstrumenten und den Noten, ohne sie in Brand zu setzen«, berichtete der Bischof.
Am Ende der Vorstellung hatten über 200 Menschen, darunter auch zwei englische Gäste, den lodernden Graben unbeschadet überquert. Doch als der Maharadscha auf-

stand, um die Darbietung zu beenden, fiel der Moslem plötzlich zu Boden und wand sich vor Schmerzen. Er bat um Wasser und trank es gierig. Augenblicke später war er wieder völlig normal. Eine Brahmane, der neben Monsignore Despartures stand, lieferte die einzig mögliche Erklärung für die unglaubliche Vorführung: »Er hat die Hitze des Feuers auf sich genommen.«

Ziegen, die in Ohnmacht fallen

Im Jahr 1978 brachte der Vater des Tierarztes Renfrow Hauser einen sehr ungewöhnlichen Ziegenbock auf die Farm seines Sohnes in Mount Airy, North Carolina. Hauser warf nur einen kurzen Blick auf den Bock, der daraufhin sofort steif wurde und wie tot umfiel. Doch er war nicht tot, sondern litt nur an Myotonie, einer sehr seltenen Krankheit, die die Aufnahme von Neurotransmittern blockiert. Das betroffene Tier wird stocksteif, sobald man es erschreckt, und fällt ohnmächtig zu Boden.

Man ließ den kranken Bock nun gesunde Ziegen decken, und bald gab es 25 Zicklein, die die väterliche Krankheit geerbt hatten — die größte bekannte Herde von myotonischen Ziegen auf der Welt. Wegen ihrer Krankheit sind die Tiere von keinem praktischen Nutzen, sondern höchstens als Haustiere zu gebrauchen. Die Farm der Hausers erhält deshalb häufig Besuch von Leuten, die einfach nur sehen wollen, wie die Ziegen umfallen, was diese bei tieffliegenden Flugzeugen, lautem Schreien und Händeklatschen auch häufig tun. Hauser selbst sieht sie oft, wenn er mit seinem Transporter die Straße entlangfährt; er drückt dann auf die Hupe, und sie fallen einfach in den Graben. Doch je mehr Kontakt die Ziegen mit Menschen haben, desto weniger anfällig sind sie für solch plötzliche Ohnmachten.

Die Geisterschlacht von Büderich

Die Regierung von Westfalen sammelte nicht weniger als 50 Augenzeugenberichte über eine Geisterschlacht, die angeblich am 22. Januar 1854 in dem Dorf Büderich stattgefunden haben soll. Wie die Zeugen berichteten, marschierte eine gesamte Armee, Infanterie, Kavallerie und zahlreiche Wagen, quer über die Felder. Die Rauchwolken der Gewehrschüsse und die Farben der Uniformen waren deutlich zu sehen, und als die Truppe auf den Wald von Schafhäuser zumarschierte, hinterließ sie zwei brennende Häuser und dichte, schwarze Staubwolken. Doch dann verschwand die Armee im Wald. Bei Sonnenuntergang war der ganze Spuk so plötzlich verschwunden, wie er aufgetaucht war.

Die kleine Stadt Bethsaida

Das Fischerdorf Bethsaida war der Bibel nach die Heimat der Apostel Petrus, Andreas und Philippus und auch der Ort, wo Jesus seine größten Wunder wirkte. Von Bethsaida aus ging er auf dem See Genezareth, dort heilte er einen Blinden und sättigte fünftausend Menschen mit einigen Laib Brot und wenigen Fischen. Herodes Philippus, der Sohn Herodes' des Großen, erhob Bethsaida wegen ihrer inzwischen sehr umfangreichen Bevölkerung zur Stadt. Aber trotz aller historischer Hinweise auf diese Stadt wurde sie bis jetzt nicht entdeckt.

Bereits im Jahr 530 n. Chr. stritten sich Gelehrte um den Standort von Bethsaida. Im neunzehnten Jahrhundert einigten sich die Forscher schließlich auf zwei mögliche Standorte, einen in der Nähe der Jordanmündung, den anderen bei Et-Tell, der höchsten Erhebung am Nordufer des Sees Genezareth. Der Archäologe Rami Arav glaubt nun, die Ruinen von Bethsaida unter dem gut 26 Meter hohen Et-Tell gefunden zu haben.

Die Stadt unter dem Et-Tell, so Arav, läßt sich etwa auf das dritte Jahrhundert v. Chr. datieren. Aus einem unbekannten Grund wurde sie jedoch plötzlich aufgegeben, vermutlich etwa um 70 n. Chr. während des Jüdisch-Römischen Krieges.

Der geheimnisvolle Martin Bormann

Über das Schicksal des Hitler-Stellvertreters Martin Bormann gibt es viele Spekulationen. Berichten zufolge war er an Hitlers Seite, als dieser und Eva Braun am 30. April 1945 im Führerbunker vor den Toren von Berlin Selbstmord begingen. Nachdem Bormann die Leichen gemäß Hitlers Anweisungen beseitigt hatte, fuhr er in einem Panzerkonvoi mit dem Rest von Hitlers Stab davon. Nach diesem Abend wurde Bormann offiziell für vermißt erklärt und bei den Nürnberger Prozessen in Abwesenheit zum Tode verurteilt.

Aber die Gerüchte blühten weiter. Nach einer damals weitverbreiteten Theorie wurde Bormann in Dänemark getötet, als er versuchte, mit Hitlers Nachfolger, General Dönitz, Kontakt aufzunehmen. Andere glauben, er sei über die Alpen nach Italien geflohen oder mit einem U-Boot nach Südamerika. Angeblich wurde er noch 1973 in einem Krankenhaus in Bolivien gesehen.

Die Rache des Kaktus

Im Jahr 1982 feuerte David Grundman zwei Schüsse aus seinem Gewehr auf einen riesigen Saguarokaktus in der Wüste außerhalb von Phoenix, Arizona, ab. Die Schüsse trennten ein fast acht Meter langes Stück des Kaktus ab, das auf Grundman fiel und ihn tötete.

Das Buschmonster von Loch Ness

Kryptozoologen, Forscher also, die nach Beweisen für die Existenz von Sagentieren suchen, nehmen allgemein an, daß es sich bei Nessie, dem Ungeheuer von Loch Ness, um ein reines Meerestier handelt. Aber mindestens zweimal hat Nessie seinen schottischen See verlassen, um an Land herumzuspazieren.

Im Sommer 1933 unternahmen George Spicer aus Inverness, Schottland, und seine Frau einen Ausflug in die kleine Stadt Foyers. In der Nähe von Loch Ness bemerkten sie plötzlich eine Bewegung im Gebüsch am Straßenrand. Sie blieben stehen und sahen, wie ein riesiges Tier mit einem langen Hals aus dem Unterholz auftauchte. Spicer beschrieb es als »entsetzlich, von dunkelgrauer Farbe wie ein Elefant und mit einer abscheulichen Haut, fast wie eine Schnecke«. Das Untier überquerte die Straße und verschwand im Gebüsch auf der anderen Seite, um, wie das Ehepaar vermutete, in den See zurückzukehren.

Kaum sechs Monate später fuhr der Medizinstudent Arthur Grant mit seinem Motorrad auf einer mondhellen Straße in der Nähe von Lochend, als auch er eine riesige, dunkle Gestalt im Gebüsch am Straßenrand bemerkte. Das Wesen hatte einen langen Hals und einen langen Schwanz, ovale Augen und sah fast aus wie ein Aal. Die vier Beine ähnelten eher Flossen und waren offensichtlich nicht für eine Fortbewegung an Land gedacht. Da das Tier unförmig und unbeholfen wirkte, glaubte Grant, es fangen zu können, aber es war schneller, als er es sich vorgestellt hatte.

Doch Grant sah sich das Seeungeheuer auf dem Lande genau an und zeichnete später eine detaillierte Skizze. Nach Meinung Grants schien es entweder ein prähistorischer Pleiosaurier oder ein Riesenseehund zu sein.

Ein Bild als Brandstifter

»Der weinende Junge«, ein in Großbritannien sehr populäres und häufig verkauftes Bild, zeigt einen Jungen mit einem Engelsgesicht und einer Träne auf seiner dicken, rosigen Wange. Wenn man aber einem ehemaligen Feuerwehrmann aus Yorkshire glauben kann, ist das Bild gar nicht so unschuldig, wie das Kind wirkt.

Alan Wilkinson kam überhaupt erst auf die Idee, an dem Bild sei etwas Ungewöhnliches, als er es vollkommen unbeschädigt in einem abgebrannten Haus fand. In den Jahren nach diesem ersten Vorfall sammelte Wilkinson 50 Berichte über ähnliche Vorkommnisse allein in Yorkshire. Häufig handelte es sich dabei um von Bränden völlig zerstörte Häuser, in denen auch sämtliche Bilder ein Raub der Flammen wurden, bis auf den »Weinenden Jungen«, der völlig unbeschädigt blieb. Als nun die lokale Presse die Geschichte des »Weinenden Jungen« verbreitete, entstand das Gerücht, das Bild sei für all die Brände verantwortlich.

Einige Besitzer des Bildes entfernten es aus ihren Häusern, da sie überzeugt waren, es sei verhext. Eine Frau brachte ihr Bild sogar direkt zu Wilkinson und bat ihn, es zu zerstören. Wilkinson ließ das Bild im Büro der Feuerwache, und am gleichen Abend überhitzte sich ein Herd und verbrannte das Abendessen der Feuerwehrleute.

Rosen vom Himmel

Die Mystikerin und medial begabte Russin Madame Blawatsky besaß eine sehr anziehende Persönlichkeit. Eines Abends in Indien befand sie sich in Gesellschaft einiger indischer Gelehrter, eines deutschen Sanskritprofessors und ihres ergebenen Schülers Colonel Olcott. Im Verlauf des Abends erzählte der deutsche Professor von den alten indischen Weisen, die hatten angeblich Wunder vollbringen können. Sie hätten Rosen vom Himmel regnen lassen, sagte er und beklagte sich, daß diese Zeiten leider vorbei seien, weil niemand mehr solche Kräfte besitze.
Madame Blawatsky nahm die Herausforderung an und tadelte die modernen Hindus, weil sie sich nicht mehr um das Wissen ihrer Vorfahren kümmerten. Aber sie werde beweisen, daß Wunder wie ein Rosenregen noch immer möglich seien — und dazu noch vollbracht von einer westlichen Frau.
Nun drückte sie die Lippen fest zusammen und setzte mit der Rechten zu einer majestätisch weit ausholenden Geste an. Im selben Augenblick schwebten wie aus dem Nichts unzählige Rosen zu Boden. Doch Madame Blawatsky nahm, ohne auch nur ein Wort über das Wunder zu verlieren, das zuvor unterbrochene Gespräch wieder auf.

Unglaubliche fliegende Monster

In vielen Kulturen gibt es Legenden von überirdischen fliegenden Wesen. Anführer dieser mythologischen Spezies ist vermutlich der fliegende, feuerspeiende Drache. Daneben gibt es die geflügelten Harpyien und die Donnervögel der amerikanischen Indianer. Und natürlich gibt es auch Fossilien eines Tieres, das der Vorfahr all dieser fliegenden Ungeheuer sein könnte: der prähistorische Pterodaktylus, ein Reptil mit scharfen Zähnen und einer Flügelspannweite von über 8 Metern. Kann man jedoch gewissen Berichten Glauben schenken, dann existiert dieses Untier heute noch.

Aus New Jersey hört man gelegentlich vom Jersey Devil. Dieses Wesen hat angeblich die Größe eines großen Kranichs, einen langen, dicken Hals, lange Hinter- und kurze Vorderbeine, eine Spannweite von 60 Zentimetern, den Kopf eines Pferdes, eines Hundes oder eines Widders und einen langen Schwanz.

Ein entsetzliches Wesen namens Kongamato ähnelt einer fliegenden Eidechse mit glatter Haut, einem Schnabel voller Zähne und fledermausähnlichen Flügeln mit bis zu 210 Zentimetern Spannweite. Und über den Mückenmann, eine menschenähnliche, geflügelte und absolut furchterregende Kreatur, gibt es Berichte aus den ganzen Vereinigten Staaten, von Texas bis West Virginia.

Windstöße, die die Erde erschüttern

Böige Märzwinde können manchmal durchaus so stark sein, daß sie einen Menschen buchstäblich umwerfen, aber man sollte doch annehmen, daß Wind, gleichgültig wie stark, kein Erdbeben auslösen kann. Doch Jerome Namias vom *Scripps Institute of Oceanography* in La Jolla, Kalifornien, kam bei einer Untersuchung von Hochdrucksystemen, die oft Sturmböen produzieren, zu anderen Ergebnissen. Zwei solcher Naturphänomene sind möglicherweise für die Erdbeben verantwortlich, die im Juli und im Oktober 1987 Südkalifornien erschütterten. In den sechs bis acht Wochen vor den Erdbeben konnte Namias über dem Pazifischen Ozean einige hundert Meilen vor der amerikanischen Westküste immer wiederkehrende Hochdrucksysteme beobachten. Ihre ungewöhnliche Stärke, so Namias' Theorie, hätte Druck auf den Meeresboden ausüben können, was sich wiederum belastend auf die Verwerfungslinien des kalifornischen Festlands ausgewirkt hätte.

Namias weist in diesem Zusammenhang auf Untersuchungen hin, die zeigten, daß der Druck, den globale Windsysteme auf Gebirgsketten ausüben, die Rotationsgeschwindigkeit der Erde beeinflussen kann. Die Annahme, daß Winde manchmal auch Erdbeben auslösen, erscheint deshalb nicht unberechtigt.

Der schlimmste Alptraum

Im Jahr 1924 träumte der Anwalt Thornton Jones, er habe Selbstmord begangen. Als er entsetzt aufschreckte, stellte er fest, daß er sich wirklich die Kehle durchgeschnitten hatte. Mit Handzeichen bat er seine Frau um Stift und Papier und schrieb: »Ich habe geträumt, daß ich es tat. Als ich aufwachte, merkte ich, daß es stimmte.« Er starb eine Stunde später.

Beißende Poltergeister

Im Jahr 1761 wurden die dreizehnjährige Molly Giles und ihre jüngere Schwester von ihren besorgten Eltern zum Apotheker des Ortes gebracht. Die Mädchen hatten entsetzliche Bißwunden an den Armen, die sich niemand erklären konnte. Von den beiden selbst war nur zu erfahren, »etwas« habe sie gebissen. Martin Riccardo, der Gründer der *Ghost Research Society,* meint nun, Molly und ihre Schwester seien einem beißenden Poltergeist begegnet.

Nach Meinung Riccardos, der mindestens ein halbes Dutzend Berichte über Erscheinungen von böswilligen Geistern zusammengetragen hat, sind beißende Poltergeister zwar selten, aber für jeden, der ihnen begegnet, eine entsetzliche Erfahrung. Im Jahr 1922 etwa untersuchten Ärzte des *National Laboratory of Psychical Research* die dreizehnjährige Rumänin Eleonora Zugon, die ein unsichtbarer Angreifer in Rücken und Hals gebissen hatte. Während der Untersuchung mußten die Wissenschaftler entsetzt zusehen, wie plötzlich noch weitere Zahnspuren auf der Haut des Mädchens auftauchten.

Zeugen berichten auch von einem Kampf, den die achtzehnjährige Clarita Villanueva 1953 in einem philippinischen Polizeirevier mit einem unsichtbaren Gegner führte. Was ursprünglich für einen epileptischen Anfall gehalten wurde, erwies sich als etwas ganz anderes. Denn nach dem Kampf waren Claritas Arme und Beine übersät von blutigen Bißspuren.

Die Suche nach El Dorado

Als Christopher Columbus im Jahr 1492 die erste der vielen karibischen Inseln entdeckte, war er eigentlich auf der Suche nach einem Seeweg nach Indien; er hatte es auf die Gewürze, die Juwelen, das Gold und Silber des Orients abgesehen. Doch er fand nichts dergleichen, und bald gab man in Europa die Hoffnung auf, in der Neuen Welt sagenhafte Reichtümer zu entdecken. Aber im Jahr 1520 blühte das Interesse wieder auf, denn Hernan Cortez kehrte beladen mit Schätzen zurück, die ihm der große Aztekenherrscher Montezuma geschenkt hatte: goldene Figuren und Schmuckstücke in der Gestalt von Enten, Hunden, Tigern, Löwen und Affen und andere Gegenstände, über die seine Landsleute staunten. Es war der Beginn der Legende von El Dorado und von *el hombre dorado,* dem Mann aus Gold. Die nun beginnende Suche nach ihm sollte bis ins zwanzigste Jahrhundert fortdauern.

Zehn Jahre nachdem Cortez die mexikanischen Reichtümer vor dem spanischen König ausgebreitet hatte, ernannte Karl I. von Spanien den deutschen Bankier Ambrosius Dalfinger zum ersten Gouverneur von Venezuela. Gleich nach seiner Ankunft begann Dalfinger mit der Erkundung des Landes. Am Maracaibo-See fand er schließlich Gold und Legenden über das Gold. Der Stamm, der dort lebte, besaß goldene Schmuckstücke und Gegenstände in Hülle und Fülle. Doch das Gold, so erfuhr Dalfinger, komme von einem Stamm, der weiter im Landesinneren lebe, einem Stamm, der so reich sei, daß sein Häuptling, El Dorado, sich den Körper mit Gold bemale. Nach wiederholter vergeblicher Suche starb Dalfingerschließlich im Dschungel, ohne El Dorado gefunden zu haben. Aber zuvor hatte er noch einen wertvollen Hinweis erhalten: Das Gold, so erzählte man ihm, stamme von demselben Ort, von dem auch das Salz komme.

Die Gier nach diesem El Dorado wurde nun immer stärker. Auch Dalfingers Nachfolger, Georg Hohermuth, suchte danach, ebenfalls erfolglos, obwohl er nur noch gute hundert Kilometer von dem Ort entfernt war, der möglicherweise sein Ziel hätte sein können, ein Ort, der später von Gonzalo Jiménez de Queseda entdeckt wurde. An der Südgrenze des von den Chibcha-Indianern beherrschten Gebietes war Salz im Überfluß vorhanden. Quesedas Männer folterten einige dieser Indianer, die ihnen schließlich den Herkunftsort ihrer Smaragde verrieten. Im weiteren Verlauf der Expedition wurden die Edelsteine gegen Gold eingetauscht.

Im Juni 1536 erreichte Queseda schließlich Hunsa, dessen Einwohner Gold im Überfluß besaßen. Es gab dort sogar einen wirklichen *el hombre dorado:* Bei der Krönungszeremonie der Chibcha wurde der neue König mit Pflanzensaft eingerieben und mit Goldstaub bepinselt. Doch Queseda selbst glaubte nicht, daß er nun wirklich in der Stadt El Dorado sei, und so ging die Suche trotz seiner Entdeckung weiter. Sogar Sir Walter Raleigh versuchte zweimal vergeblich, El Dorado aufzuspüren.

So gab es in jedem Jahrhundert zwei bis drei Männer, die sich auf die Suche nach dem sagenhaften Goldmann machten. Anfang dieses Jahrhunderts war es dann Colonel Percy Fawcett, der die Tradition dieser abenteuerlustigen Entdeckungsreisenden fortsetzte. Er verschwand schließlich 1920 im dicht bewaldeten Grenzgebiet zwischen Brasilien und Bolivien. Doch wichtiger noch als die Frage, wie Fawcett starb, ist die, ob er das, was er suchte, wirklich gefunden hatte. Denn wenn El Dorado wirklich existiert und nur noch nicht gefunden wurde, dann wartet es noch immer auf einen Abenteurer, der wagemutig und entschlossen genug ist, es zu finden.

Kamikaze-Vögel

Selbstmord kommt im Tierreich praktisch nicht vor, und doch gibt es einen Fall, der so interpretiert werden könnte: 400 Rotkehlchen starben, weil sie im Pulk auf eine Betonmauer zuflogen und dagegenprallten. Einige Katzen, die sich über die toten oder sterbenden Vögel hermachen wollten, wurden von später kommenden Vögeln getötet, die sich wie Kamikaze-Bomber auf sie herabstürzten. Auf dem Highway 101 kam es in der Nähe von Mountain View, Kalifornien, zu einer Massenkarambolage, weil die Autofahrer versuchten, dem Kadaverhaufen auszuweichen.

Karen Fraad von der *Santa Clara Count Humane Society* glaubt nicht an einen instinktiven oder gar geplanten Selbstmord. Die Rotkehlchen, meint sie, waren betrunken. Offensichtlich hatte das kalifornische Verkehrsministerium am Rand der Autobahn Pyracantha-Büsche gepflanzt, deren Beeren auf Vögel berauschend wirken. Die Vögel hätten wohl von den alkoholischen Beeren gefressen, so Fraad, und danach die Orientierung verloren. Ihr kollektiver Tiefflug endete schließlich an der Mauer, die, so Fraad, zufällig im Wege stand.

Als Reaktion auf Fraads Protest gegen die berauschenden Pflanzen hat das Verkehrsministerium die Pyracantha-Büsche zum Großteil entfernt und durch andere ersetzt.

Tod durch Schlaflosigkeit

Ein italienischer Industriemanager mittleren Alters wurde plötzlich von Schlaflosigkeit befallen, die im Verlauf von Wochen immer schlimmer wurde und auf keine medizinische Behandlung ansprach. Im dritten Monat seiner Krankheit schlief der Mann nur noch eine Stunde pro Nacht, und auch in der wurde er von lebhaften Träumen gequält, die ihn schließlich dazu brachten, daß er aufstand und militärisch salutierte. Daneben litt er auch an Impotenz, Gedächtnisschwund und einer unheilbaren Lungeninfektion. Ein Jahr nach Ausbruch der Krankheit starb er an Erschöpfung.

Als Neuropathologen das Gehirn des Mannes obduzierten, entdeckten sie, daß ein Teilbereich des Thalamus und an zwei Stellen dieses Bereichs auch 85 bis 95 Prozent der Neuronen zerstört waren. Die Ärzte erfuhren nun, daß vier Verwandte des Mannes an ähnlichen Beschwerden gelitten hatten, darunter auch eine Schwester, deren Obduktionsbefund des Hirns darauf hindeutete, daß sie an derselben unbekannten Krankheit gestorben war.

Die grünen Kinder von Banjos

Im August 1887 erhielten die Bewohner des Dorfes Banjos in Spanien Besuch von einem eigenartigen Paar. Aus einer nahen Höhle tauchten plötzlich ein Junge und ein Mädchen auf. Sie hatten grüne Haut und asiatisch wirkende Augen, trugen Kleidung aus einem unbekannten Material und sprachen beide kein Wort Spanisch. Der Junge starb bereits kurz darauf, aber das Mädchen lernte schließlich genug Spanisch, um Auskunft über ihre außergewöhnliche Herkunft geben zu können: Sie seien aus einem Land ohne Sonne gekommen, sagte sie. Eines Tages habe ein heftiger Wirbelsturm sie und ihren Begleiter fortgetragen und in diese Höhle bei Banjos gebracht. Als das Mädchen fünf Jahre später starb, stand die Wissenschaft immer noch vor einem Rätsel.

Der konservierte Kumpel

Im Jahr 1869 fanden Arbeiter in einem luftlosen Kohlestollen in Fort Smith, Arkansas, die Leiche eines jungen Mannes. Der Fund sorgte für beträchtliche Unruhe in der Gemeinde, und bald hatte sich eine große Menge Schaulustiger versammelt, die alle sehen wollten, wer der Mann nun eigentlich sei. Als die Arbeiter die vollkommen erhaltene Leiche an die Oberfläche brachten, schob sich eine alte Frau durch die Menge hindurch und warf sich weinend auf die jugendliche Leiche. Sie war mit dem Bergarbeiter verlobt gewesen, so erfuhr man, und hätte ihn einen Tag nach seinem Verschwinden vor 40 Jahren heiraten sollen.

Die Todesfee von County Monaghan

Die gälischen *banshees,* die Todesfeen, sind eigentlich sehr gutwillige Gespenster. Diese weiblichen Schutzgeister hängen sich ein Leben lang an einen Einzelnen oder eine Familie und künden den bevorstehenden Tod ihres Schützlings durch lautes Jammern und Wehklagen an. Einer der bekanntesten dieser Art war die Todesfee der Rossmore-Familie aus dem County Monaghan in Irland. Im Jahr 1801, beim Tod von General Robert Cunningham, dem ersten Baron von Rossmore, hörte man sie zum ersten Mal schreien.

Während eines Besuchs in Cunningham House zogen sich Sir Jonah und Lady Barrington eines Abends früh zurück, weil sie am Morgen früh aufstehen wollten. Doch gegen zwei Uhr morgens riß sie ein markerschütterndes Jammern aus dem Schlaf. Die Stimme schrie laut und gut verständlich immer wieder den Namen Rossmore, und hörte erst nach etwa einer halben Stunde wieder auf. Erst dann fanden die erstaunten und verstörten Gäste wieder Schlaf.

Am nächsten Morgen erfuhren sie, daß ihr Gastgeber Baron Rossmore um 2.30 Uhr im Schlaf gestorben war.

Im Zug nach Nirgendwo

Im September 1890 sah Louis Le Princes Zukunft noch sehr rosig aus. Denn er hatte eben in der Pariser Oper seine Erfindung der bewegten Bilder, des Films, demonstriert. Wäre er nicht verschwunden, hätte er die Lorbeeren für eine Technik eingeheimst, die später von Thomas Edison neu erfunden wurde. Doch er bestieg in Paris einen Zug und blieb seitdem verschwunden. Sieben Jahre später wurde er offiziell für tot erklärt.

Rückkehr des ausgestorbenen Tasmanischen Tigers

Der letzte bekannte Tasmanische Tiger, auch Tasmanischer Wolf oder Thylazin genannt, wurde 1933 auf Tasmanien gefangen und starb 1936 in einem Zoo. Obwohl man allgemein annahm, diese Gattung sei auf der australischen Hauptinsel seit über 100 Jahren ausgestorben, gab es in den letzten 55 Jahren immer wieder Berichte über ein Auftauchen dieses Tiers. Und in den achtziger Jahren beauftragte die australische Regierung Jevin Cameron, einen erfahrenen eingeborenen Fährtensucher, mit einer Überprüfung dieser Berichte.

In der Vergangenheit hatte es immer wieder Suchexpeditionen gegeben, aber keine hatte einen Beweis für die Existenz dieses Tiers erbringen können. Obwohl Cameron später behauptete, er habe mindestens vier dieser Tiere, jedes mit dem typischen schwankenden Gang, gesehen, blieben die Behörden skeptisch. Cameron kehrte also zurück, um eindeutige Beweise zu liefern, und erschien schließlich mit Fotos eines etwa hundegroßen Tieres mit dunklen Streifen an den Hinterläufen, einem Erkennungsmerkmal des Tigers. Er brachte auch Abgüsse von Pfotenabdrücken mit — deutlich erkennbar mit fünf Zehen an den Vorderläufen und vier an den Hinterläufen. Entgegen der allgemein akzeptierten Schulmeinung halten einige Wissenschaftler Camerons Beobachtungen für authentisch. Und Athol Douglas, ein ehemaliger Feldforscher des *Western Australian Museum* in Perth, glaubt, daß es noch mindestens sechs Tasmanische Tiger in den australischen Wäldern gibt.

Daß jemand spurlos verschwindet, ist eine Sache, daß er dies aber vor Zeugen tut, ist, gelinde gesagt, bizarr. Aber genau das geschah im Juli 1854 mit Orion Williamson vor den Augen seiner Frau, seiner Tochter und zweier Nachbarn in Selma, Alabama. In einem Augenblick ging er noch über seine Weide, im nächsten war er verschwunden. Eine sofort eingeleitete Suche, bei der auch Spürhunde eingesetzt wurden, ergab weder verborgene Löcher noch die geringste Spur von Williamson.

Ein ähnlicher Vorfall passierte im September 1880 in Gallatin, Tennessee, als der Farmer David Lang vor den Augen seiner Frau zu einem Spaziergang über seine Felder aufbrach und sich dann plötzlich in Luft auflöste. Zeuge dieses Verschwindens wurde auch August Peck, der Richter des Ortes und Schwager des Verschwundenen, der Augenblicke zuvor auf der Farm eingetroffen war und seinem Schwager noch zugewinkt hatte.

In manchen dieser Fälle gibt es mysteriöse Spuren, etwa Fußabdrücke, die plötzlich aufhören. So ging im November 1878 der sechzehnjährige Charles Ashmore aus Quincy, Indiana, nur kurz nach draußen, um Wasser zu holen, und kehrte nie mehr zurück. Als sein Vater und seine Schwester ihn später suchten, entdeckten sie seine frischen Spuren in der feuchten Erde, die aber etwa auf halbem Weg zum Brunnen plötzlich aufhörten.

Zwei ähnliche Fälle weisen eigentümliche Parallelen auf. In beiden verschwanden zwei elfjährige Jungen, die beide Oliver hießen und an Weihnachtsabenden auf dem Weg zu ihren Brunnen waren, wenngleich auch mit zwanzig Jahren Zeitdifferenz und in zwei verschiedenen

Kontinenten. Oliver Larch verschwand im Jahr 1889 auf dem Weg zum Brunnen seiner Familie in South Bend, Indiana. Oliver Thomas aus Rhayader, Wales, scheint im Jahr 1909 ein Opfer geheimnisvoller Kräfte geworden zu sein. Seine Familie hörte seine verängstigten Schreie: »Hilfe! Sie haben mich!« Doch als sie nach draußen stürzten, war der Junge nirgends zu sehen. Sie folgten seinen Spuren, die jedoch auf halbem Weg zum Brunnen plötzlich aufhörten.

Biblisches Aids

Geschlechtskrankheiten gibt es seit Beginn der medizinischen Geschichtsschreibung, aber die Aids-Epidemie, so glauben zumindest einige, ist eine vollkommen neue Krankheit. Der britische Chemiker John Gwilt, Vizepräsident der New Yorker *Sterling Drug Company,* behauptet jedoch, in der Bibel gebe es Hinweise darauf, daß bereits die alten Israeliten an einer erschreckend ähnlichen Krankheit zu leiden hatten.

Nach Gwilt erzählt das Vierte Buch Mose im fünfundzwanzigsten Kapitel von Geschlechtsbeziehungen zwischen den Israeliten und den Töchtern der Moabiter. Als Folge dieser Beziehungen erkrankten und starben 24 000 Israeliten. Obwohl Gwilt nun annimmt, die Zahl selbst sei ein Übersetzungsfehler — er selbst rechnet mit 2400 Toten —, scheinen doch die Amouren der Israeliten tödliche Folgen gehabt zu haben.

Auch ansonsten finden sich in der Bibel häufig Krankheitsbeschreibungen, vom Herzinfarkt über Unterkühlung und Epilepsie bis zum plötzlichen Kindstod, die vor dem Hintergrund unseres modernen medizinischen Wissens erstaunlich präzise sind. Im Alten Testament gibt es darüber hinaus Hinweise auf bis jetzt noch unbekannte Krankheiten. Bei Sacharja, den Gwilt als Beispiel nimmt, steht etwa: »Er wird ihr Fleisch faulen lassen, während sie noch auf den Füßen stehen, faulen werden ihre Augen in ihren Höhlen, und faulen wird ihnen die Zunge im Munde.« Das scheint eine präzise Beschreibung des Sterbens bei einer Kernschmelze oder einem Atomkrieg zu sein.

Tod beim Golfen

Am 25. April 1982 spielte Michael Scaglione in New Orleans mit Freunden eine Runde Golf. Am 13. Loch mißlang ihm ein Schlag, und er schleuderte wutentbrannt den Schläger mit solcher Wucht gegen den Golfwagen, daß der Schläger zerbrach, der Schlägerkopf zurückprallte, Scaglione am Hals traf und die Halsschlagader durchtrennte. Taumelnd zog sich Scaglione das Metallstück aus dem Hals. Er starb kurz darauf an dem massiven Blutverlust.

Die Flucht des Riesentintenfischs

Der Himmel war klar und das Meer im Umkreis von einigen Meilen spiegelglatt an diesem 30. November des Jahres 1861. Als deshalb die Mannschaft der französischen Schaluppe *Alecton* das Seeungeheuer erblickte, waren sich alle ziemlich sicher, daß es sich nicht um eine Welle oder einen Felsen handeln konnte. Es war, wie sie später erzählten, der legendäre Riesentintenfisch, an dessen Existenz es lange Zeit Zweifel gab.

Der von der *Alecton* auf der Fahrt von Cadiz nach Teneriffa entdeckte Riesentintenfisch war etwa sechs Meter lang und besaß acht Greifarme und einen riesigen Schwanz. Leutnant Bouyer, der Kapitän der *Alecton*, beschrieb ihn als »entsetzlich, von ziegelroter Farbe, formlos und schleimig, eine absolut widerwärtige und schreckliche Gestalt«.

Trotzdem versuchte der Kapitän, das Untier zu fangen, aber der schwankende Kahn machte einen gezielten Schuß schwierig. Und als die Männer ihn schließlich harpuniert und seinen Schwanz mit einer Schlinge gefaßt hatten, mußten sie feststellen, daß er stärker war, als sie es sich vorgestellt hatten. Er schlug mit seinen Tentakeln um sich, hob den Kopf mit einem eigenartigen papageienähnlichen Schnabel und konnte sich schließlich losreißen, wobei er allerdings ein etwa 40 Pfund schweres Schwanzstück zurücklassen mußte.

Geheimnisvolle Muster im amerikanischen Südwesten

Vor etwa 10000 Jahren errichteten amerikanische Ureinwohner im heutigen Panamint Valley im Südosten Kaliforniens riesige Steingebilde. Doch die Vögel, Schlangen und die geometrischen Gebilde in Form von überlappenden Kreisen und parallelen Linien sind nur aus der Luft zu erkennen. Einige dieser etwa 60 Gebilde sind etwa so lang wie ein Fußballfeld, andere wiederum nur knappe 6 Meter. Bis zu 700 Steinen von je etwa 15 Zentimeter Höhe wurden für diese Gebilde verwendet.
Das eigentliche Rätsel liegt nun in der Frage, warum ein Stamm von Jägern und Sammlern in einer so trockenen, einsamen Gegend solche Gebilde errichten sollte, wenn die Erbauer selbst sie, da sie am Boden lebten, gar nicht identifizieren konnten. Oder konnten sie es? Sind diese Gebilde, ähnlich wie die in Nazca, Peru, vielleicht astronomische Hilfsmittel, oder hatten sie religiöse oder magische Bedeutung?

Der Säufer, der nicht sterben wollte

Im Jahr 1933 dachten sich Anthony Marino und vier seiner Freunde eine raffinierten, aber diabolischen Plan aus, um ihre finanziellen Schwierigkeiten zu beheben: Sie wollten Marinos Freundin umbringen, um ihre Lebensversicherung zu kassieren. Da der Plan so gut funktionierte, wollten sie es ein zweites Mal versuchen und suchten sich dafür einen gewissen Michael Malloy aus, einen Alkoholiker, der regelmäßig in Marinos Kneipe in der Bronx verkehrte. Sie schlossen drei Versicherungen auf seinen Namen ab und überlegten, wie sie ihn töten konnten, ohne daß ein Mordverdacht aufkam. Doch Malloy erwies sich als sehr widerstandsfähiges Opfer.

Da sie glaubten, Malloy würde sich zu Tode trinken, wenn er Gelegenheit dazu erhielt, gewährte Marino ihm unbegrenzt Kredit in der Bar. Doch als Malloy immer weitertrank, ohne auch nur umzufallen, ersetzte der Barkeeper den Schnaps durch Frostschutzmittel. Malloy wurde nach einer Weile zwar wirklich ohnmächtig, kam aber wenige Stunden später wieder zu sich und trank die ganze folgende Woche nur Frostschutzmittel.

Der Barkeeper setzte Malloy nun ein mit Rattengift versetztes Einreibemittel für Pferde vor. Aber Malloy kam immer wieder und wollte mehr. Sie fütterten ihn mit in Holzgeist getränkten, verdorbenen Austern und verfaulten Sardinen, unter die sie Teppichnägel gemischt hatten, und Malloy verlangte einen Nachschlag. Sie warfen ihn in den Schnee, spritzten ihn mit Wasser ab und ließen ihn bei –20 Grad Celsius über Nacht draußen liegen. Aber nichts konnte Michael Malloy töten.

Nun heuerten sie einen Profikiller an, der Malloy mit

über 60 Stundenkilometern anfuhr, ihn durch die Luft schleuderte und überrollte. Nach drei Wochen im Krankenhaus kehrte Malloy in die Kneipe zurück und trank weiter.

Schließlich steckten sie Malloy einen mit dem Gasanschluß verbundenen Gummischlauch in die Nase, bis sein Gesicht blau anlief. Damit töteten sie den Mann zwar, ihr Ziel hatten sie aber doch nicht erreicht, weil die Behörden den Mord aufdeckten und die Verschwörer verhafteten. Sie wurden schließlich zum Tode auf dem elektrischen Stuhl verurteilt.

Champ, das Ungeheuer vom Lake Champlain

Der Lake Champlain ist ein ruhiges, etwa hundert Meilen langes Gewässer, das Vermont und New York mit Kanada verbindet. Unter seiner Oberfläche aber lauert vielleicht ein außergewöhnliches Ungeheuer. Am 30. August 1878 wurde es von sechs Ausflüglern vermutlich das erste Mal beobachtet. Es hatte zwei große Hautfalten auf dem Hinterkopf, die über die Wasseroberfläche hinausstanden. Ein weiteres Hautfaltenpaar zeigte sich fast 17 Meter weiter hinten, vermutlich am Schwanzende des Untiers.

Seitdem wurde das Ungeheuer, das inzwischen den Spitznamen Champ erhielt, noch häufig gesehen. Im Jahr 1971 zum Beispiel sahen Mrs. Robert Green, ihre Mutter und eine Freundin, die in einem Hotel am Ufer des Sees wohnten, eine riesige schlangenähnliche Gestalt mit drei Höckern behende durchs Wasser gleiten. Der Beschreibung des Tiers und der Art seines Lebensraums nach zu urteilen, dürfte Champ ein entfernter Verwandter von Nessie, dem Ungeheuer von Loch Ness, sein.

Der verschwundene Richter

Von 1790 bis 1801 war John Lansing Richter am *New York State Supreme Court* und ab 1798 sogar Vorsitzender dieses Gerichts. Als Veteran der amerikanischen Unabhängigkeitskriege war er bereits an der Gesetzgebung beteiligt gewesen und hatte darüber hinaus als Bürgermeister von Albany und als Staatsminister gedient. 1804 zog sich Lansing aus der Politik zurück und verbrachte seinen Lebensabend als ökonomischer Berater des New Yorker *Columbia College.*

Am 12. Dezember 1829 suchte Lansing nach einer Konferenz mit Vertretern des *Columbia College* sein Hotel in Manhattan auf. Er schrieb dort einige Briefe und ging noch am gleichen Abend aus, um sie zur Post zu bringen. Von da an war der fünfundsiebzigjährige Staatsmann verschwunden. Trotz einer umfangreichen Suche fand man nie auch nur eine Spur von ihm.

Akupunktierter Mais

Die Chinesen benutzten die alte Kunst der Akupunktur nicht nur zur Heilung von Krankheiten. Sie verwendeten sie auch zur Wachstumsförderung und Geschmacksverbesserung von Mais. Fasziniert von der Idee, beschloß die landwirtschaftliche Fachautorin Jude Ramsey Jensen aus Sandy, Oregon, diese Vorgehensweise zu testen, wobei sie Zahnstocher anstelle der langen, dünnen Metallnadeln verwendete.

In einem kontrollierten Experiment stach Jensen einen Zahnstocher in den Stamm jedes Kolbens, solange der Flaum noch grün war. Jede zweite Reihe ließ sie aus. Zu ihrer Verwunderung waren die akupunktierten Pflanzen eine ganze Woche früher reif, und der Mais schmeckte auch beträchtlich süßer als der der nicht akupunktierten Pflanzen.

Wichtig dabei ist, daß die Pflanze verletzt wird. Denn sie produziert dann mehr Zucker, um die »Wunde« zu heilen. Diese Technik sei ein schönes Beispiel für die Logik der Einfachheit — die Pflanze muß sich selbst um die Wunde kümmern —, meint Jensen, die auch weiterhin ihren Mais akupunktiert. Und so erhält sie den süßesten und am schnellsten reifen Mais in ganz Oregon.

Der berühmte Geistermacher

Eigentlich war John Henry Pepper Chemiker, und im Jahr 1852 wurde er sogar zum Direktor des Londoner *Royal Polytechnic Institute* ernannt. Doch im viktorianischen England, das vom Spiritualismus ebenso fasziniert war wie von der exakten Wissenschaft, war er vor allem bekannt als Gründer der Geistershow.

Diese Geistershow erfreute ihr Publikum mit gespenstischen Gestalten, die mit wirklichen Schauspielern auf der Bühne zu agieren schienen. Doch diese »Geister« waren in Wirklichkeit ebenfalls nur Schauspieler, allerdings unter der Bühne. Von einer verborgenen Lichtquelle angestrahlt, erschienen die Schauspieler in einem Spiegel unter der Bühne, der die Reflexion auf eine für die Zuschauer nicht sichtbare Glasscheibe auf der Bühne projizierte. Was dann wirklich auf der Bühne zu sehen war, wirkte wie Gespenster, die Schauspieler und Zuschauer gleichermaßen zu bedrohen schienen.

Trotz seines Rufs als wissenschaftlicher Possenreißer in Australien, Kanada, Amerika und auch zu Hause in Großbritannien behauptete Pepper nie, seine Geister seien etwas anderes als optische Täuschungen, und stand damit im Gegensatz zu vielen seiner betrügerischen Kollegen, die vorgaben, sie könnten ganz nach Belieben wirkliche Geister rufen.

Niemand kann sagen, was Soldaten der Antike kurz vor ihrem Tod sahen, aber vielleicht waren es verstorbene Verwandte, die ihnen den Weg zu dunklen Tunneln wiesen, an deren Ende ein helles Licht strahlte. Und die Christen des Mittelalters benutzten möglicherweise Visionen des Jenseits, um ihre Beschreibungen von Himmel und Hölle lebensechter zu gestalten. Vergil, Dante und andere literarische Reisende in die Unterwelt nahmen für die Erlebnisse ihrer Helden vielleicht Berichte von wirklichen Personen zum Vorbild, die Erlebnisse außerhalb ihres Körpers gehabt hatten.

Das sind nur wenige Beispiele aus dem Buch *Otherworld Journeys,* eine sehr gelehrte Arbeit, die todesnahe Erlebnisse von der Antike bis zur Gegenwart analysiert. Ob nun in der Wissenschaft oder der Mythologie, solche todesnahen Erlebnisse sind ein Beweis für die Existenz einer vom Körper unabhängigen Seele. Und nach Meinung der Autorin des Buches, der Theologieprofessorin Carol Zaleski aus Harvard, liefert das Verständnis der Geschichte den Schlüssel zum Verstehen dieser Erfahrungen.

Während Astronomie, Biologie und andere Naturwissenschaften in den letzten 1500 Jahren unermeßliche Fortschritte gemacht haben, scheinen viele todesnahe Erfahrungen geradezu ewige Gültigkeit zu besitzen. Da ist etwa der Soldat aus dem sechsten Jahrhundert, der von den Toten zurückkehrt und berichtet, er habe eine Brücke über einen schlammigen Fluß gesehen, in den die verdammten Seelen hineinfallen, während die geretteten über die Brücke auf eine friedliche Wiese auf die andere

Seite gelangen. Und Raymond Moody, der Spezialist für todesnahe Erlebnisse in unserem Jahrhundert, berichtet, daß auch seine Patienten mit einem Gefühl des Friedens in ihren Körper zurückkehren.

Nessie Nummer zwei

Im Lauf der Jahre gab es zahlreiche wissenschaftliche und quasi-wissenschaftliche Versuche, die Existenz des Ungeheuers von Loch Ness zu beweisen. Einer der seriösesten Versuche dieser Art wurde von Robert Rines von der *Academy for Applied Sciences* im Jahr 1972 unternommen. Seine Ergebnisse waren in doppelter Hinsicht überraschend.

Mit einer raffinierten Sonarausrüstung und einem mit Röhrenblitzgeräten ausgestatteten Kamerasystem untersuchten Rines und sein Team die Stellen des Sees, an denen Nessie am häufigsten aufgetaucht sein sollte. Man wollte sowohl mit sonartechnischen wie mit fotografischen Mitteln einen Beweis für Nessies Existenz erbringen.

Am Abend des 8. August saß das Team in Booten, die in der Urquhart-Bay knapp vor dem Ufer vor Anker lagen. Die Sonarausrüstung war auf einer schrägen Fläche unterhalb der Wasseroberfläche montiert, die Kamera stand etwas tiefer und war genau auf den Bereich gerichtet, den das Sonar abdeckte. Die Männer warteten.

Gegen ein Uhr morgens erfaßte der Sonarstrahl ein großes Objekt, das sich im Blickfeld der Kamera bewegte. Etwa vierzig Minuten später erschienen auf dem Sonarbildschirm zwei Objekte, die von der Kamera erfaßt werden konnten.

Obwohl das Wasser trüb und die Fotografien daher verschwommen waren, zeigten sie, nach einigen computergesteuerten Vergrößerungen, nicht nur ein, sondern gleich zwei mögliche Nessies. Eine Analyse der Fotos ergab eine Flossenlänge von 120 bis 180 Zentimetern. Und die beiden Tiere waren anscheinend etwa 4 Meter voneinander entfernt. Obwohl nun Rines und seine Kollegen offensichtliche Beweise für das Ungeheuer von Loch Ness geliefert hatten, reichten sie nicht aus, um die Skeptiker zu überzeugen.

Ermutigt vom Erfolg dieser Expedition, die sonare und fotografische Belege für zwei Nessies erbracht hatte, startete die *Academy of Applied Sciences* 1975 eine weitere Suchexpedition. Diesmal hatten die Forscher noch moderneres und empfindlicheres Gerät zur Verfügung, was die Bildqualität diesmal entscheidend verbessern sollte. Doch diese modernere Kamera nahm nur den Treibsand auf, den das Tier, das schließlich doch noch erschien, aufwühlte. Glücklicherweise war zur Sicherheit auch die 1972 verwendete Kamera aufgestellt worden, und die schoß vom 19. auf den 20. Juni vierundzwanzig Stunden lang einige aufsehenerregende Bilder: den oberen Teil des Körpers, den ausgestreckten Hals, die Höcker und den drachenähnlichen Kopf eines riesigen Seeungeheuers. Eine eingehende Untersuchung der Bilder lieferte schließlich eine Fülle von Informationen über Nessies Aussehen. Das Tier war insgesamt etwa 6,6 Meter lang, der Hals 45 Zentimeter dick, das Maul etwa 22 Zentimeter lang und knappe 13 Zentimeter breit, und der Kopf wies zwei 25 Zentimeter voneinander entfernte, etwa 15 Zentimeter lange, hornartige Auswüchse auf.

Diese und spätere Fotos von Nessie zeigen eine erstaunliche Ähnlichkeit mit dem Plesiosaurier, einem prähistorischen Wasserreptil, das angeblich seit mehr als 70 Millionen Jahren ausgestorben ist. Das Ungeheuer ist fast identisch mit einer Untergattung der Plesiosaurier, dem Elasmosaurier.

Seeungeheuer in der Sowjetunion

Während einer fünfmonatigen Expedition zur Erforschung der Bodenschätze in Ostsibirien im Jahr 1964 schlug eine Gruppe Wissenschaftler von der Moskauer Universität ihr Lager am Ufer des Khaiyr-Sees auf. Als einer aus der Gruppe, der Biologe N. Gladkikh, im See Wasser holen wollte, stolperte er förmlich über ein Wesen, das Gerüchten zufolge schon lange in diesem See hausen sollte.

Wissenschaftler hatten das Ungeheuer des Khaiyr-Sees natürlich immer für eine Legende gehalten. Aber hier stand nun ein hochgeachteter Biologe plötzlich einem Tier gegenüber, wie er es noch nie zuvor gesehen hatte. Der kleine Kopf ruhte auf einem langen, glänzenden Hals, der sich in einem riesigen, pechschwarzen Körper mit einer vertikalen Rückenflosse fortsetzte. Erschrocken lief Gladkikh zum Lager zurück und holte die anderen Wissenschaftler mit ihren Kameras und Gewehren. Doch als sie das Ufer erreichten, war das Wesen wieder in den Tiefen des Sees verschwunden.

Einige Tage später tauchte es dann erneut auf, und diesmal vor der gesamten Wissenschaftlergruppe. Der stellvertretende Leiter der Expedition, G. Rokosuew, berichtet: »Das Untier schlug mit seinem langen Schwanz aufs Wasser und produzierte hohe Wellen.« Nun konnte man das Ungeheuer des Khaiyr-Sees nicht länger als Sagengestalt abtun.

Ein Schutzgeist auf dem Weg zum Südpol

Die Vorstellung, daß Geister menschliche Wesen führen und beschützen, ist nicht gerade neu, doch einige Experten des Übersinnlichen behaupten sogar, daß Geister als Begleiter oder Berater eine wesentliche Rolle in einigen der großen Abenteuer der Menschheit gespielt haben. Der Forschungsreisende Ernest Shackleton, der im Jahr 1917 eine Dreimannexpedition über die menschenfeindlichen Gebirgsketten der Antarktis führte, schrieb in seinem Tagebuch, daß er oft den Eindruck gehabt habe, sie seien zu viert und nicht nur zu dritt gewesen. Auch seine zwei Begleiter auf diesem 36-Stunden-Trip berichteten, sie hätten oft das Gefühl gehabt, daß eine führende Kraft sie begleite. Und offensichtlich hatte ihnen ihr gespenstischer Begleiter auf dieser qualvollen Expedition einige sehr nützliche Ratschläge gegeben.

ASW vor Pferderennen

Auch wenn es stimmt, daß noch niemand reich geworden ist, weil er mit Hilfe von ASW bei Pferderennen wettete, so gibt es doch eine große Menge von Berichten über kleinere, isolierte Erfolge, bei denen mediale Fähigkeiten eine entscheidende Rolle spielten. Einige der interessantesten Berichte wurden in den dreißiger Jahren von der Dame Edith Lyttelton, der britischen Vertreterin bei den Vereinten Nationen, gesammelt, die eine Vorliebe für übersinnliche Phänomene hatte.

Als Reaktion auf eine 1934 ausgestrahlte BBC-Sendung über das Phänomen der Präkognition schickten die Hörer Mrs. Lyttelton eine wahre Flut von Briefen, in denen sie eigene Erfahrungen mit Präkognition beschrieben. A. W. L. Freeman aus North Leicester, England, zum Beispiel, behauptete, er sei noch nie sonderlich an Pferderennen interessiert gewesen, doch eines Abends im November 1913 habe er einen eigenartigen Traum gehabt, in dem er die Kathedrale von Lincoln besuchte. Plötzlich merkte er, wie spät es schon war, und er lief zur Rennbahn, weil er fürchtete, er habe sich zu lange in der Kirche aufgehalten und deshalb das *Lincoln Handicap* versäumt. An der Rennbahn sagte man ihm, daß das Rennen wirklich bereits vorüber sei und ein Pferd namens Outran es gewonnen habe. Im folgenden März erfuhr Freeman dann, daß bei dem 1914er *Lincoln Handicap* wirklich ein Pferd namens *Outran* gelaufen sei und es, obwohl alle Wetten dagegen standen, auch gewonnen habe.

Ein weiterer Brief an Edith Lyttelton stammte von einer Phyllis Richards aus London. Auf dem Weg zum 1933er Grand-National-Rennen in Liverpool träumte sie, der Name des

Siegerpferdes beginne mit dem Buchstaben »K« und ende mit »Jack«. Doch das Pferd würde nicht als erstes über die Ziellinie laufen. Wie sich nun zeigte, hieß der Gewinner des wirklichen Rennens an diesem Tag *Kellesboroa Jack*, und er kam als zweites Pferd ins Ziel, hinter einem führerlosen Pferd, das disqualifiziert wurde.

Eine andere Frau hatte eine Woche vor dem 1932er Derby sogar im wachen Zustand eine Vorahnung. Laut und deutlich hörte sie eine Stimme sagen, ein Pferd namens *April the Fifth* würde das Rennen gewinnen. Sie beschloß nun, das Risiko einzugehen, und setzte eine kleine Summe auf das Pferd. Mit ihrer Familie verfolgte sie das Rennen im Radio, und wirklich übernahm *April the Fifth* auf halber Strecke die Führung und gewann. »Es war ein so eigenartiges Gefühl, daß ich beinahe ohnmächtig geworden wäre«, berichtete die Frau. »Mir traten die Tränen in die Augen.«

Patrioten im Wettstreit

John Adams, der zweite Präsident der Vereinigten Staaten, und Thomas Jefferson, der dritte Präsident, entwickelten während ihrer gemeinsamen Arbeit an der Unabhängigkeitserklärung eine intensive, wenn auch von einem gewissen Wetteifer bestimmte Freundschaft. Doch erst bei ihrem Tod zeigte sich, was die beiden wirklich verband. Beide starben am 15. Jahrestag der Unterzeichnung der Unabhängigkeitserklärung, am 4. Juli 1826. Eigenartig daran war, daß beide es sich offensichtlich in den Kopf gesetzt hatten, bis zu diesem Tag zu leben, zum Teil aus Patriotismus, doch vor allem, weil keiner wollte, daß der andere zuerst stürbe.
Jefferson ließ sich noch auf dem Totenbett, kurz bevor es mit ihm zu Ende ging, das Datum bestätigen, während Adams, 100 Meilen entfernt in Neuengland, seine berühmten letzten Worte äußerte: »Thomas Jefferson lebt noch.« Adams lebte schließlich noch fünf Stunden länger als Jefferson.

Die Bestie von Exmoor

Die legendäre Bestie von Exmoor durchstreift angeblich die Moore und Hügel Westenglands, wo sie Schafe reißt und unachtsamen Reisenden auflauert. Der Naturschützer Trevor Beer ist überzeugt davon, daß dieses Wesen mehr als nur eine Sagengestalt ist. Es gelang ihm sogar, die schwarze, katzenähnliche Bestie zu fotografieren, während sie auf einem Hügel Hasen zerfleischte.
Im Auftrag des Kittiwell Hotel, das neugierigen Touristen ein einzigartiges Pauschalabenteuer anbietet, veranstaltet Beer Führungen durch den Lebensraum der Bestie. Zum Preis eines viertägigen Wochenendes erhalten so Touristen neben Kost und Logis Gelegenheit, einen Blick auf die Bestie von Exmoor zu werfen. Aber wie erklärt Beer die Anwesenheit dieser Bestie in der englischen Landschaft? »Ich glaube, daß im Laufe der Jahre aus Zirkussen und Exotentierhaltungen einige große Katzen entlaufen sind«, sagt er. »Und die vermehren sich nun wild auf den Britischen Inseln.«
Beer glaubt, daß es in Wirklichkeit mehr als nur eine Bestie von Exmoor gibt, die jedoch alle, so meint er, völlig harmlos sind. Er will dafür sorgen, daß diese Tiere geschützt werden, und veranstaltet deshalb seine Führungen, um Aufmerksamkeit und Mitleid für die Katzen zu erregen.

Die winzigen Tunnels des alten Mexiko

Die Kultur der Zapotec-Indianer in Südwest-Mexiko blühte von 200 v. Chr. bis zur spanischen Invasion im Jahr 1519. Wie schon die Olmeken und die Maya vor ihnen, hatten die Zapotec eine hochentwickelte Kultur, sie waren begabte Künstler, Astronomen und Architekten. Ihre Herkunft ist unbekannt, obwohl der Legende nach die Zapotec selbst glaubten, sie würden von Bäumen, Steinen und Jaguars abstammen. Doch die Zapotec-Zivilisation gibt noch viel größere Rätsel auf.

Die Überreste der alten Hauptstadt der Zapotec, Monte Alban, wie man sie heute nennt, liegen sieben Meilen von der modernen mexikanischen Stadt Oaxaca entfernt, auf dem künstlich eingeebneten Gipfel eines Berges. Die alte Stadt wird auf allen vier Seiten von terrassenförmigen Treppen, abgesenkten Höfen und niedrigen Gebäuden flankiert. Archäologen, die 1931 die Stadt ausgruben, waren beeindruckt von den Gold-, Jade- und Türkisschätzen, die sie in den Gräbern der Häuptlinge fanden. Aber die wohl erstaunlichste Entdeckung war ein weitverzweigtes Netz von winzigen Tunnels, die viel zu klein sind, um von Erwachsenen oder auch nur durchschnittlich großen Kindern benutzt werden zu können.

Einige der Tunnels messen 45 bis 50 Zentimeter im Durchmesser, andere dagegen sind nur knapp dreißig Zentimeter hoch. Zuerst hielten die Archäologen die Gräben für eine Art Abwassersystem. Doch als es ihnen schließlich unter großen Schwierigkeiten gelang, in die Tunnels einzudringen, indem sie sich, auf dem Rücken liegend, in ihnen vorwärtsschoben, entdeckten sie am Ende eines jeden ein menschliches Skelett, umgeben von ähnlichen

Schätzen, wie sie in den Gräbern gefunden worden waren.

Der eigentliche Zweck dieser Zwergentunnels von Monte Alban ist bis heute unbekannt.

Der Flug nach Nirgendwo

Am 5. Dezember 1945 starteten fünf Torpedobomber von Fort Lauderdale, Florida, zu einem Übungsflug auf einen 320 Meilen langen Kurs. Das Geschwader erhielt die Bezeichnung *Flight 19.* Die Flugzeuge, beim Bodencheck vor dem Start alle in hervorragendem Zustand, waren bemannt mit jeweils zwei erfahrenen Piloten, darunter Lieutenant Charles Carroll Taylor und weiteren 12 Mann. Der geplante Kurs führte zuerst nach Osten, dann in nördlicher Richtung über die Bahamas und schließlich in südwestlicher Richtung zurück zur Basis, also über das Gebiet, das allgemein als das Bermuda-Dreieck bekannt ist. Doch statt dessen wurde das Manöver zu einem Fünfstundenflug ins Nirgendwo.

Knapp zwei Stunden nach dem Start meldete Taylor, seine beiden Kompasse seien plötzlich ausgefallen, und das Geschwader könne weder Position noch Flugrichtung bestimmen. Sie nahmen jedoch an, daß sie sich irgendwo über den Florida Keys befänden, etwa 200 Meilen vom vorgeschriebenen Kurs entfernt. Wie sie zu dieser Annahme kamen, ist bis heute ungeklärt. Noch etwa drei Stunden lang kamen fragmentarische und unverständliche Meldungen über den Äther, bis Taylor schließlich verkündete, sie würden versuchen, die Maschinen auf dem Meer zu wassern, da ihnen der Treibstoff ausging.

Trotz einer fünftägigen Suche, die sich über 250 000 Quadratmeilen erstreckte, konnte nie auch nur eine Spur der fünf Bomber entdeckt werden. Es ist zwar möglich, daß die Besatzungen die Bomber nicht mehr rechtzeitig vor dem Sinken verlassen konnten, doch nicht einmal ein 400 Seiten starker Ermittlungsbericht der Marine konnte alle Fragen klären, die dieses mysteriöse Verschwinden umgaben.

Glück aus dem Unglück

Leute, die regelmäßig auf Pferde wetten oder Lotterien spielen, vertrauen häufig auf ihre Glückszahlen: Geburtstage, Hausnummern oder die Ziffern auf ihren Nummernschildern. An einem Tag im Jahr 1958 setzten Tausende von New Yorkern auf eine ausgesprochene Unglückszahl, aus der schließlich doch noch eine Glückszahl werden sollte.

Ein Zug der Jersey-Central-Bahn war von einer Brücke in das Wasser der Newark Bay gestürzt. Zeitungsfotografen und Kameramänner, die sofort zum Unglücksort eilten, konnten eben noch festhalten, wie der letzte Waggon von einem Kran aus dem Wasser gezogen wurde. Dieses Foto erschien tags darauf auf der Titelseite einer Zeitung. Auf der Seitenwand des Waggons war deutlich die Nummer 932 zu lesen.

Am gleichen Tag tippten nicht nur Tausende von New Yorker in der Nummernlotterie die Nummer 932, sondern hatten damit auch noch Erfolg: 932 war das Gewinnerlos.

Mehr als 40 Jahre lang lebte auf Ballechin House in Perthshire, Schottland, ein gewisser Major Stewart, ein exzentrischer Herr mit einer Vorliebe für Spiritualismus und Hunde. Bei seinem Tod im Jahr 1876 besaß er 14 Hunde, die alle auf Ballechin House lebten. Da die Verwandten nicht wußten, was sie nach dem Tod des Majors mit ihnen anfangen sollten, ließen sie bedenkenlos alle 14 einschläfern. Einige Zeit später saß die Frau des Neffen des Majors eines Nachmittags in der Bibliothek von Ballechin House, als sie plötzlich den unverkennbaren Geruch von Hunden in der Nase hatte. Sie spürte auch etwas am Bein, als würde ein Hund sie mit der Schnauze anstupsen. Und so kam Ballechin zu dem Ruf, ein Spukhaus zu sein.

Nach dem Tod des Neffen bei einem Autounfall in London ging Ballechin House in den Besitz eines Verwandten namens Captain Stewart über, der das Anwesen sehr lukrativ an Leute vermietete, die den Grund als Gelände für Sportjagden benutzten, ohne sich um den Ruf des Hauses zu kümmern. Doch eines Nachts im August 1896 wurden die Bewohner von entsetzlichen Geräuschen und dem Gefühl von Hundenasen an den Beinen so erschreckt, daß sie flohen, ohne sich die Miete zurückzahlen zu lassen.

Bald darauf wurde der Marquis of Bute, ein Mitglied der *Psychical Research Society,* auf das Haus aufmerksam. Der Marquis und seine Kollegen beschlossen, in Ballechin House ein Fest zu veranstalten und sich dabei näher mit den Hundegeistern zu beschäftigen. Während der Festlichkeit hörten die 35 Gäste eigenartige Geräusche, gedämpfte Explosionen, das Rascheln von Füßen und endloses lautes Vorlesen. Man schrieb die Geräusche zunächst den Eulen auf dem Dachboden und defekten Wasserleitungen zu, und später beschuldigten sich die Anwesenden gegenseitig, den Lärm zu produzieren. Doch als es plötzlich an die Tür klopfte und einige der Anwesenden eine wabernde, an einen Spaniel erinnernde Gestalt bemerkten, erkannten der Marquis und seine Gäste, daß in Ballechin House wirklich starke übersinnliche Kräfte am Werk waren.

Blutsbande

George und Hart Northey standen sich in ihrer Kindheit außerordentlich nahe und waren nie lange voneinander getrennt. Doch schließlich ging George, der ältere der beiden Brüder, zur Marine, während Hart das elterliche Geschäft in St. Eglos, Cornwall, übernahm.

Eines Nachts im Februar 1840 schlief George in seiner Koje an Bord seines Schiffes, das im Hafen von St. Helena vor Anker lag, als er von einem beunruhigenden Traum heimgesucht wurde. Er sah sich sehr deutlich neben seinem Bruder auf dem Marktplatz von Trebodwina, einem Ort in der Nachbarschaft von St. Eglos, stehen. Jede Einzelheit, jeder Handgriff war so klar und deutlich, daß George beinahe glaubte, er habe die Entfernung überbrückt und stehe wirklich neben seinem Bruder. Aber sprechen konnte er mit Hart in diesem Traum nicht; er konnte ihn nur begleiten und beobachten.

Etwas später in Georges Traum befand sich Hart mit den Tageseinnahmen auf dem Heimweg. Als er sich dem Dorf Polkerrow näherte, wurde er von zwei Männern angesprochen, die George als berüchtigte Gauner kannte. George mußte nun hilflos zusehen, wie die beiden Hart mit vorgehaltener Waffe ausraubten und ihn schließlich erschossen. Harts Pferd jagten sie davon, und seine Leiche warfen sie in einen nahen Bach. Nachdem die Mörder alle Blutspuren auf der Straße beseitigt hatten, versteckten sie die Waffe im Strohdach einer verlassenen Hütte. Beim Aufwachen plagten George die schlimmsten Befürchtungen, und während der ganzen Heimreise von St. Helena sorgte er sich, daß sein Traum mehr sei als nur ein nächtliches Hirngespinst.

Die Bewohner von St. Eglos waren unterdessen entsetzt über den Mord an Hart Northey, dessen Leiche man im Bach gefunden hatte. Zwei Brüder mit dem Namen Hightwood waren die Hauptverdächtigen. Obwohl die Polizei bei einer Hausdurchsuchung blutbefleckte Kleidung entdeckt hatte, konnten die Beamten die Mordwaffe nicht finden. Aber dennoch war die öffentliche Meinung dermaßen gegen die Hightwoods aufgebracht, daß man sie vor Gericht stellte und zum Tode verurteilte. Kurz vor der Hinrichtung traf George in St. Eglos ein. Als er erfuhr, daß seine Befürchtungen berechtigt gewesen waren, sann er auf Rache für den Tod seines Bruders. Er ging zur Polizei und sagte ihnen, wo die Mordwaffe zu finden sei. Und die erstaunten Beamten fanden sie auch wirklich genau an der Stelle, die George beschrieben hatte. Als sie ihn fragten, woher er das gewußt habe, antwortete er: »Ich habe das Verbrechen im Traum gesehen.«

Mystischer Masochismus im Dienste der Evolution

Stelio Arcadiou, auch unter dem Pseudonym Stelarc bekannt, nennt es »Aufhängung des veralteten Körpers«, eine Art asketischer Meditationsübung, die »die physische und psychische Beschränktheit des Körpers« symbolisieren soll. Bei dieser Übung sticht er sich 18 große Angelhaken durch die Haut, befestigt sie an Drahtseilen und hängt daran bis zu 30 Minuten lang von Bäumen, Kränen oder Decken.

Diese Aufhängungen, die er vor einem faszinierten Publikum praktiziert, variieren in Ablauf und Intensität. Einmal hing Stelarc von der Decke eines kleinen Zimmers, umgeben von einem Kreis ebenfalls aufgehängter Steine. Er beschrieb die Übung als »meditativ und friedlich«, im Gegensatz zu der »lärmenden und belastenden« Atmosphäre, als er bei einer anderen Gelegenheit über einer New Yorker Straße hing. Und nach einer Vorführung in Dänemark, bei der er in 60 Metern Höhe von einem Kran hing, gab er zu, daß er Angst gehabt hatte.

Aber die Übungen, so sagt er, sind notwendig. »Der Fortschritt der Technik übersteigt unsere evolutionären Fähigkeiten bei weitem«, erläutert Stelarc. »Der Körper kann die Quantität und die Qualität der Informationen, die auf ihn einwirken, nicht mehr verarbeiten. Die Menschheit steckt in einer evolutionären Krise — der Körper ist veraltet. Der nächste Schritt der menschlichen Evolution wird es sein, die Technik mit dem Körper zu verbinden. Die Aufhängungen stellen einen dieser evolutionären Wege dar.«

Für Stelarc und sein Publikum sind diese Aufhängungen

die Verwirklichung des Grundbedürfnisses nach dem Schweben im Raum. Er bleibt zwar innerhalb der Grenzen der Schwerkraft, das Publikum sieht in ihm jedoch das Symbol eines Mannes, der versucht, diese Grenzen zu überwinden.

Stelarc hatte nach seinen meditativen Vorführungen noch nie medizinische Probleme und mußte deswegen auch noch nie einen Arzt aufsuchen.

Die schicksalhafte Vision des Mark Twain

Während eines Besuchs bei seiner Schwester in St. Louis hatte Samuel Clemens (wohl besser unter dem Namen Mark Twain bekannt) einen beunruhigenden Traum, in dem er seinen Bruder Henry in einem Metallsarg liegen sah. Auf der Brust der Leiche lag ein Strauß weißer Blumen mit einer einzelnen roten Rose in der Mitte. Twains erster Gedanke beim Aufwachen war, sein Bruder sei wirklich tot, doch er vergaß sofort dieses Gefühl wieder und erzählte am nächsten Morgen seiner Schwester den Traum.

Zu dieser Zeit, in den Jahren um 1850, arbeiteten Twain und sein Bruder Henry auf den Flußbooten, die auf dem Mississippi zwischen St. Louis und New Orleans verkehrten. Einige Wochen nach Twains Traum kehrten die beiden Brüder auf verschiedenen Schiffen nach St. Louis zurück. Auf einem der Schiffe, der *Pennsylvania,* explodierte der Kessel und tötete fast alle Passagiere, darunter auch Henry Clemens.

Während die meisten der Opfer später in Holzsärgen begraben wurden, spendeten die Bewohner von St. Louis Geld für einen Metallsarg für Henry. Bei der Beerdigung erkannte Twain nun, daß die Szene in allen Einzelheiten mit seinem Traum übereinstimmte — bis auf den Blumenstrauß. Doch während Twain noch neben der Leiche seines Bruders stand, trat plötzlich eine Frau an den Sarg und legte einen Strauß weißer Blumen auf Henrys Brust — mit einer einzelnen roten Rose in der Mitte.

Puppenkrankheit

Die Reproduktionen antiker Puppen waren perfekt bis auf die schwarzen Flecken auf ihren Gesichtern. Das Mädchen, das die Puppen herstellte, war verzweifelt, denn sie wußte nicht, woher die Flecken kamen. Da sie aber vermutete, daß ihre schweißfeuchten Hände dafür verantwortlich sein könnten, suchte sie den britischen Arzt Conrad Harris auf.

Der Arzt beschloß, einen simplen Test durchzuführen. Er trug seiner Patientin auf, auf den Kopf einer Puppe mit dem Finger ein Kreuz zu zeichnen, bevor sie ihn in den Brennofen legte. Bei einem zweiten Puppenkopf sollte sie dabei Gummihandschuhe tragen. Und wirklich zeigte die Puppe, die sie nur mit Handschuhen berührt hatte, keine Flecken.

Da Harris nun wußte, daß das Mädchen die Verursacherin der Flecken war, versuchte er herauszufinden, welcher Bestandteil ihres Schweißes die Reaktion auf den Puppenköpfen hervorrief. Er tippte auf Sulfid und sah sich in seiner Vermutung bestätigt, als er erfuhr, daß das Mädchen große Mengen des sulfidreichen Knoblauchs verzehrte. Und als das Mädchen nun eine Woche lang keinen Knoblauch aß, erschienen auf den Puppen auch keine Flecken.

Harris' Entdeckung hat natürlich Auswirkungen auf den ganzen Industriezweig, der sich mit der Reproduktion antiker Puppen beschäftigt: Handwerker in Italien, Deutschland und Frankreich — wo traditionell viel Knoblauch gegessen wird — verlieren regelmäßig bis zu zehn Prozent ihrer Produktion wegen dieser schwarzen Flecken.

Erfüllung eines tödlichen Wunsches

Viele Leute wünschen sich zwar eine ganz bestimmte Todesart, doch nur wenige sterben so, wie sie es sich vorstellen. Der Wunsch des amerikanischen Soldaten James Otis, der in den Unabhängigkeitskriegen kämpfte, ging jedoch in Erfüllung. Er hatte schon häufig vor Freunden und Verwandten bemerkt, er würde gerne, wenn er sterben müsse, von einem Blitz erschlagen werden. Am 23. Mai 1783 lehnte Otis am Türpfosten eines Hauses in Andover, Massachusetts, als ein Blitz in den Kamin einschlug, durch das Haus fuhr und den Türpfosten traf. Otis war sofort tot.

Bei einer Rast am Ufer des Wenbu-Sees in einer einsamen Gegend Tibets mußte ein chinesischer Parteifunktionär entsetzt zusehen, wie ein saurierähnliches Untier aus dem Wasser stieg und das Yak, das Reittier des Mannes, angriff und verschlang. Die Beobachtung gelangte bis in die Abendnachrichten des Landes, da es sich um einen seriösen Zeugen handelte; doch er war nicht der erste, der ein solches unbekanntes Wesen sah. Der chinesische Autor Lei Jia zum Beispiel erblickte 1980 in Schangbai, einer Bergregion der Mandschurei, zweimal ein schwarzes, fast zwei Meter langes Seeungeheuer. Das reptilienhafte Tier, berichtete er, hatte einen langen Hals und einen ovalen Kopf. Drei Angestellte des Wettbüros, die die Schlange ebenfalls beobachtet hatten, bestätigten Jias Bericht. Sie hatten sogar auf das Ungeheuer geschossen, doch es verschwand.

In einem Kratersee in der nordöstlichen Provinz Jilin sahen Touristen und die Belegschaft einer nahen Wetterstation eine Schlange mit einem entenähnlichen Schnabel, die durchs Wasser glitt und dabei Wellen verursachte wie ein Motorboot.

Der Fluch auf der Route 55

Der geplante Bau eines 4,2 Meilen langen Autobahnstücks durch das Stadtgebiet von Deptford, New Jersey, traf auf den beharrlichen Widerstand von Carl Pierce, eines Nanticoke-Indianers, der auch unter dem Namen Wayandaga bekannt war. Bei einer Pressekonferenz prophezeite Wayandaga, die geplante Route 55 sei mit einem Fluch beladen, weil sie ein altes indianisches Dorf mit Friedhof überqueren würde. Diese Autobahn, so erklärte er, würde die Gräber der Paleo-Indianer entweihen, die vor 8000 Jahren in dieser Gegend gelebt hatten. Den Behördenvertretern sagte er, wenn sie die Straße bauten, würden seine Vorfahren sich rächen.

Doch die Konstrukteure hörten natürlich nicht auf die Voraussagen Wayandagas und bauten weiter. Bald darauf kam es unter den Bauarbeitern zu entsetzlichen, sogar tödlichen Unfällen. Ein Arbeiter wurde von einer Asphaltwalze überrollt, ein anderer bei einem Sturz von einer Brücke schwer verletzt. Ein Inspektor wurde unvermittelt von einem Hirnaneurysma befallen. Ein weiterer Arbeiter erlitt während der Bauarbeiten drei Herzinfarkte. Am schlimmsten traf es jedoch fünf Arbeiter in einem Transporter, der plötzlich und ohne erkennbaren Grund explodierte.

Wayandaga behauptet nun, Unfälle und Todesfälle werden so lange die Bauarbeiten behindern, bis der Bau der Route 55 eingestellt oder der Verlauf der Straße geändert wird.

Mutierende Schwämme

Vor etwa 25 Jahren wurden 475 000 Fässer radioaktiven Abfalls vor San Francisco im Pazifik versenkt. Heute beträgt der Plutoniumgehalt des Meeresbodens das fünfundzwanzigfache dessen, was die Experten damals voraussagten. Noch erstaunlicher aber ist die Entdeckung einer neuen Gattung von Schwämmen in diesem Gebiet, Mutanten, die bis zu 160 Zentimeter hoch werden und die Form von Vasen besitzen.

Die Schätze von Cocos

Falls es je jemandem gelingen sollte, die Schätze von Cocos Island, einer Insel, auf der zwei Piraten des neunzehnten Jahrhunderts an getrennten Plätzen ihre Beute versteckten, zu heben, würde er wohl sagenhaft reich.
Im Jahr 1820 überfiel der Pirat Benito Bonito eine spanische Galeone mit 150 Tonnen Gold an Bord und vergrub seine Beute auf Cocos, einer unwirtlichen Insel 200 Meilen vor der Küste von Costa Rica. Um sein Geheimnis zu schützen, tötete er einen Großteil seiner Mannschaft und segelte davon. Doch er kehrte nie zurück.
Einige Jahre später bedrohte eine Revolution in Peru die unschätzbaren Reichtümer von Staat und Kirche. Man wollte diese Schätze deshalb nach Panama bringen lassen. Doch der Kapitän der *Mary Dier,* die diese Schätze an Bord hatte, änderte plötzlich seinen Kurs und steuerte Cocos an. Es war das letzte, was man von dem Kapitän, der Mannschaft und den peruanischen Schätzen hörte.

Der geheimnisvolle Mönch

Trotz seines bewundernswerten Talents und seiner Erfolge war der Porträtmaler Joseph Aigner oft verzweifelt und dem Selbstmord nahe. Seinen ersten Selbstmordversuch unternahm er schon mit 18 Jahren, doch als er bereits an den Dachsparren seines Elternhauses in Wien hing, erschien plötzlich ein Kapuzinermönch, der ihn irgendwie davon überzeugte, daß das Leben doch lebenswert sei. Vier Jahre später versuchte Aigner erneut, sich umzubringen, und wieder erschien wie aus dem Nichts dieser geheimnisvolle Mönch, um den Selbstmord zu verhindern.

Im Verlauf der nächsten acht Jahre wurde Aigner zu einem Revolutionär und Rebellen, wurde schließlich verhaftet und zum Tode verurteilt. Doch kurz vor der Exekution begnadigte man ihn — durch die Intervention eben dieses Mönchs, der schon zweimal einen Selbstmord Aigners verhindert hatte.

Im Jahr 1889 gelang es dem achtundsechzigjährigen Künstler schließlich doch, seine Todessehnsucht zu erfüllen. Er schoß sich eine Kugel in den Kopf. Doch den Begräbnisgottesdienst hielt kein anderer als dieser Kapuzinermönch, dessen Namen Aigner nie erfahren hatte, der ihn aber 68 Jahre lang am Leben erhalten hatte.

Vision vom Tod des Papstes

Papst Alexander VI., ein Sproß des italienischen Adelsgeschlechts der Borgia, war ein Ausbund an Verderbtheit, dessen Amtszeit von Mord, Inzest und Gier bestimmt war. Er starb im Jahr 1503 mit 73 Jahren, offensichtlich an Malaria. Doch der Sage nach war sein Tod von bösen und übernatürlichen Kräften überschattet.

Kurz vor seinem Tod hatte Alexander VI. ein Edikt erlassen, nach dem alle Besitztümer verstorbener Kardinäle Eigentum des Heiligen Stuhls wurden. Da er nun die Absicht hatte, einen besonders reichen Kardinal mit vergiftetem Wein zu ermorden, kündigte er diesem Kardinal seinen Besuch an. Unterwegs merkte er, daß er das Amulett vergessen hatte, das angeblich gegen die Wirkung des Gifts schützte. Er brauchte es aber, damit er selbst von dem Wein trinken konnte, um keinen Verdacht zu erregen. Also schickte er einen Reisebegleiter, Kardinal Caraffa, zurück, um es zu holen.

Als Caraffa das Schlafzimmer betrat, in dem das Amulett vergessen worden war, entdeckte er dort zu seinem Entsetzen eine schwarz verhüllte, von Fackeln beleuchtete Bahre. Auf der Bahre lag die Leiche eben jenes Mannes, der ihn zurückgeschickt hatte — die von Papst Alexander VI.

Alexander selbst war inzwischen bei dem Kardinal eingetroffen und hatte, da bei dem Bankett die Weinkelche verwechselt wurden, von dem vergifteten Wein getrunken. Wenige Tage später war der Borgia-Papst tot und wurde, wie Caraffa es vorhergesehen hatte, auf einer schwarz verhüllten Bahre in seinem Schlafzimmer aufgebahrt.

Als Mary Carpenter mit ihrem Gatten und den Kindern in einem Kabinenkreuzer zu einem Segeltörn vor der Küste von Norfolk, England, aufbrach, ahnte die Familie nichts von der Tragödie, die ihnen bald widerfahren sollte. Am 29. Juli 1938 genossen sie das schöne Wetter bei einem Sonnenbad an Deck, als Mary plötzlich und unerklärlich in Flammen aufging. Ihre erschrockene Familie mußte entsetzt und hilflos zusehen, wie sie innerhalb weniger Minuten zu einem Häufchen Asche verbrannte. Doch erstaunlicherweise wurde nichts sonst an Bord von den Flammen ergriffen.

Die Sprache der Flucht

Während des amerikanischen Bürgerkriegs diente ein kleiner Trupp Schweizer als Soldaten in der Armee der Unionisten. Sie wurden von den Konföderierten gefangengenommen und mit dem Zug in ein Gefangenenlager in Salisbury, North Carolina, gebracht. Bewacht von einem Siebzehnjährigen namens Beverly Tucker, planten die Schweizer ihre Flucht und benutzten dabei, um nicht entdeckt zu werden, ihre Muttersprache.
Als der Zug an einem Bahnhof auf dem Weg nach Salisbury anhielt, versuchten die Gefangenen auszubrechen. Aber zu ihrer Überraschung waren sie sofort von einem Regiment Konföderierter umringt, die sie mit ihren Bajonetten bedrohten. Die Schweizer hatten Pech, denn Tucker sprach ihre Sprache. Er war in eben jenem Landstrich der Schweiz zur Schule gegangen, wo die Gefangenen aufgewachsen waren.

Gerechtigkeit beim Pokern

Robert Fallon aus Northumberland, England, war ein begeisterter Pokerspieler, Weltreisender und berüchtigter Betrüger. Sein Ende kam nach einem Pokerspiel im *Belle Union Saloon* in San Francisco, bei dem er 600 Dollar gewonnen hatte: Seine Mitspieler beschuldigten ihn des Betrugs und erschossen ihn. Da aber durch Falschspiel gewonnenes Geld Unglück bringt, brauchten die abgebrühten Kartenspieler jemand, der Fallons Platz einnahm, bevor sie weiterspielen konnten. Sie wandten sich also an den Erstbesten, der vorbeiging, und dieser war gern bereit, mit Fallons Gewinn als seinem Einsatz an dem Spiel teilzunehmen.

Doch anstatt zu verlieren, wie die mordlustigen Kartenspieler es erwartet hatten, erhöhte der neue Spieler seinen Gewinn auf 2200 Dollar, bevor die Polizei eintraf. Die Beamten verlangten von dem Fremden die ursprünglichen 600 Dollar, damit diese Fallons nächstem Verwandten übergeben werden konnten. Doch das war gar nicht notwendig, denn es stellte sich heraus, daß der Fremde Fallons Sohn war, der seinen umherstreifenden, pokerspielenden Vater seit sieben Jahren nicht mehr gesehen hatte.

Das mysteriöse Geschoß von Lakewood

Mehr als 30 Jahre nach dem Ende des Zweiten Weltkriegs schlug ein Geschoß aus dieser Zeit im Hof eines Hauses in einem Vorort von Lakewood, Kalifornien, ein. Die 22-Pfund-Granate fiel an einem sonnigen Nachmittag aus dem Himmel auf Fred Simons Terrasse, wo sie eine Betonschicht durchschlug und einen 120 Zentimeter tiefen Krater riß.
Das Bombenkommando des Ortes grub das Geschoß aus und stellte fest, daß es ein Blindgänger ohne Sprengladung war. Zunächst glaubten die Ermittler der *Federal Aviation Administration* (FAA), der Luftverkehrsbehörde, ein Witzbold habe das Geschoß aus einem Flugzeug geworfen, das den vom *Long Beach Airport* über Lakewood führenden Luftkorridor benutzte. Sie hörten deshalb die Flugkontrollbänder aller in Frage kommenden Flugzeuge ab, um festzustellen, ob bei einem eine Tür geöffnet und etwas hinausgeworfen worden war. Wenn das passiert wäre, hätten sie auf dem Band ein kreischendes Geräusch hören müssen, aber sie fanden nichts.
Auch eine Untersuchung durch das Büro des County-Sheriffs brachte kein positives Ergebnis. Man konnte lediglich feststellen, daß das Geschoß nicht aus einer Kanone oder einer ähnlichen röhrenförmigen Vorrichtung abgefeuert worden war.
Die FAA und auch das Büro des Sheriffs stellten schließlich die Ermittlungen ein, da es ihnen nicht gelungen war, auch nur den kleinsten Hinweis zu entdecken. Sie mußten zugeben, daß sie keine Ahnung hatten, woher das Geschoß gekommen sein könnte, und wahrscheinlich wird man es auch nie erfahren.

José Pedro de Freitas, den alle nur Arigo nannten, wurde 1918 im brasilianischen Distrikt Belo Horizonte als Sohn eines Farmers geboren. In der Gewerkschaft der Eisenarbeiter machte er schnell Karriere und war mit 25 bereits Vorsitzender seiner Ortsgruppe. Doch nach einem Proteststreik gegen die gefährlichen Arbeitsbedingungen in den Bergwerken wurde er entlassen und betrieb von da an eine Bar im nahen Congonhas de Campo.
Während des Wahlkampfs im Jahr 1950 kam einer der Kandidaten, Lucio Bittencourt, ein engagierter Kämpfer für die Eisenarbeiter, auch nach Congonhas. Dort lernte er Arigo kennen und war so beeindruckt von dessen leidenschaftlichem Eintreten für die Eisenarbeiter, daß er Arigo zur Fortsetzung des Gesprächs in sein Zimmer im Hotel Financial einlud.
Irgendwann im Verlauf dieser Nacht wachte Bittencourt auf und sah Arigo mit glasigen Augen und einem Rasiermesser in der Hand über sich stehen. Mit einem ungewöhnlichen deutschen Akzent sagte Arigo dem Kandidaten, er müsse operiert werden, und er, Arigo, würde den Eingriff vornehmen. Bittencourt war so entsetzt, daß er ohnmächtig wurde. Als er später wieder aufwachte, merkte er, daß er zwar durchaus noch lebte, aber am ganzen Körper blutbefleckt war. Am Rücken spürte er in Höhe des Brustkorbs Schmerzen und entdeckte an dieser Stelle überrascht eine saubere, ordentliche Schnittwunde. Er zog sich schnell an und stellte Arigo zur Rede, der sich aber an nichts erinnern konnte.
Bittencourt litt seit langem an Lungenkrebs, doch Arigo wußte nichts davon. Als Bittencourt nun am nächsten

Tag seinen Arzt aufsuchte, zeigte die Röntgenaufnahme, daß der Tumor verschwunden war. Der Arzt war aufs höchste erstaunt, als Bittencourt ihm erzählte, was passiert war, denn die Operation, die Arigo vorgenommen hatte, wurde in ganz Brasilien nicht ausgeführt und war den örtlichen Ärzten vollkommen unbekannt.

Bald darauf wurde Arigo von Kranken aus dem ganzen Land bedrängt, die sich alle von seinen wunderbaren medizinischen Kräften heilen lassen wollten. Den Patienten folgten Reporter und Parapsychologen, die Arigos Kräften auf den Grund kommen wollten. In den folgenden sechs Jahren behandelte Arigo bis zu 300 Patienten pro Tag. Oft operierte er auch ohne Messer, doch bei allen Behandlungen schien er wie in Trance und konnte sich danach an nichts mehr erinnern.

Nach Angaben dieses Heilers wider Willen hatte er schon seit seiner Kindheit Visionen und Alpträume. Zunächst waren es immer nur ein blendendes Licht und eine Stimme, die in einer fremden Sprache mit Arigo sprach. Doch je häufiger diese Erlebnisse kamen, desto intensiver wurden sie auch, und Arigo litt danach immer unter heftigen, lang anhaltenden Kopfschmerzen. Die Visionen wurden aber auch deutlicher. Er konnte nun einen hell erleuchteten Operationssaal erkennen, in dem ein kurzer, stämmiger Mann mit beginnender Glatze in Operationskleidung zu Kollegen sprach — in eben der fremden Sprache, die Arigo schon die ganze Zeit gehört hatte. Schließlich erfuhr Arigo auch die Identität und die Absicht dieses Arztes: Er sei Dr. Adolph Fritz, sagte der Arzt Arigo in einer Vision, und er habe den Brasilianer wegen seiner menschenfreundlichen Natur dazu ausersehen, seine Heilungsverfahren durchzuführen.

Arigo begann jede seiner Behandlungen mit einem Vaterunser, und während des Gebetes erreichte er einen anderen Bewußtseinszustand, den er beschrieb als einen »Zustand, den ich nicht verstehe«. In Trance operierte er dann und schrieb Rezepte aus und konnte damit phänomenale Erfolge verzeichnen.

Ein Priester des Ortes, der erfahren hatte, daß die Schulmedizin und die katholische Kirche über diese medialen Heilungen gar nicht erfreut waren, riet Arigo, seine Behandlungen aufzugeben. Aber Arigo weigerte sich, weil er, wie er behauptete, nur ein Vermittler zwischen den Patienten und dem Geist des Dr. Fritz sei. Im Jahr 1956 jedoch klagte man Arigo wegen »illegalen medizinischen Praktizierens« an.

Der Prozeß fand in der Öffentlichkeit große Beachtung, und die allgemeine Anteilnahme an Arigos Arbeit war überwältigend. Professor J. Herculano schrieb in einer brasilianischen Zeitung, es sei einfach »lächerlich zu leugnen, daß dieses Phänomen Arigo existiert. Ärzte, berühmte Journalisten, Intellektuelle und prominente Politiker waren Zeugen der Ereignisse in Congonhas. Wir können die Realität dieser Wunder nicht leugnen.« Trotz der öffentlichen Unterstützung wurde Arigo zu einer Gefängnisstrafe verurteilt, die aber unter der Bedingung, daß er seine Tätigkeit aufgebe, zur Bewährung ausgesetzt wurde.

Einige Zeit später nahm Arigo seine medialen Behandlungen wieder auf, was nicht schwer war, da die örtlichen Behörden, was Arigo anging, ein Auge zudrückten.

Die »Mary Celeste«, ein Geisterschiff

Bei einer Fahrt in den Gewässern östlich der Azoren entdeckte die Besatzung der *Dei Gratia* im Dezember 1872 eine Brigg, die mit ihren Segeln auf halbmast auf den Wellen trieb. Beim Näherkommen konnten die Männer das Schiff als die *Mary Celeste* identifizieren, deren Kapitän ein enger Freund von David Morehouse, dem Kapitän der *Dei Gratia,* war. Das Schiff war menschenleer und offensichtlich in größter Hast verlassen worden. Der Kapitän Benjamin Briggs, seine Frau Sarah, seine zweijährige Tochter und die ganze Mannschaft waren verschwunden, während die Ladung noch intakt zu sein schien. Seit dieser Zeit ranken sich Legenden und Gerüchte um die *Mary Celeste,* denn es konnte nie geklärt werden, was eigentlich geschehen war.

Die letzten Aufzeichnungen des Kapitäns, auf einer Schiefertafel und noch nicht ins Logbuch eingetragen, deuteten darauf hin, daß sich das Schiff am 25. November etwa 370 Meilen westlich des Fundorts befand. Im Logbuch gab es keine Hinweise auf den Verbleib der Mannschaft und der Familie Briggs.

Der Staatsanwalt von Gibraltar ging zunächst von der Hypothese aus, die Mannschaft habe sich über die Ladung des Schiffes, Fässer mit Industriealkohol, hergemacht, sich betrunken, die Briggs getötet und sei schließlich im Rettungsboot geflohen. Doch das war unwahrscheinlich, da dieser Alkohol jeden, der davon trank, getötet hätte. Andere wiederum vermuteten, der Kapitän habe ein Leck in der leicht entflammbaren Ladung entdeckt und das Schiff eilig verlassen. Vielleicht hatte Briggs die Aufgabe des Schiffes auch wegen einer

herannahenden Wasserhose angeordnet. Solche Wasserhosen verändern den Luftdruck in der Atmosphäre, was dazu führen kann, daß die Lukendeckel der Frachträume abgerissen werden, Schlagwasser das Deck überflutet und das Schiff schließlich zum Sinken bringt.
Was aber nun wirklich mit Mannschaft und Passagieren der *Mary Celeste* passiert ist, bleibt ein Geheimnis.

Die schrecklichen Folgen eines Alptraums

Im Jahr 1987 erregte ein Mordprozeß in Großbritannien großes Aufsehen, nicht nur wegen der eigenartigen Mordumstände, sondern auch wegen eines sehr bizarren Arguments der Verteidigung. Der Angeklagte behauptete, er habe in der Tatnacht geträumt, von japanischen Soldaten verfolgt zu werden, und deshalb zur Selbstverteidigung einen davon erwürgt. Als er aufwachte, mußte er feststellen, daß er im Schlaf seine Frau erwürgt hatte.

Sachverständige attestierten dem Mann, daß er an einer sehr seltenen Schlafstörung leide, an nächtlicher Angst. Anders als beim Schlafwandeln kommt es bei dieser Krankheit zu starken emotionalen Störungen, die sich typischerweise in dem Gefühl, zu fallen oder angegriffen zu werden, äußern. Die Betroffenen haben oft sehr realistische Träume, in deren Verlauf sie körperlich wirklich tun, was sie träumen, sich nach dem Aufwachen jedoch an praktisch nichts mehr erinnern können. Bei dem Angeklagten war das der Fall.

Von einem ähnlichen Fall berichtet der Psychiater Ernest Hartmann in seinem Buch *The Nightmare: The Psychology and Biology of Terrifying Dreams.* Ein betrunkener Autofahrer aus Massachusetts war an den Straßenrand gefahren, um seinen Rausch auszuschlafen. Im Schlaf startete er das Auto jedoch wieder, wendete und fuhr die Straße in der Gegenrichtung entlang. Drei Tote waren die Folge. Der Mann wurde zwar verurteilt, jedoch nur wegen des Alkoholpegels in seinem Blut. Nach den Gesetzen von Massachusetts konnte der Fahrer auf Unzurechnungsfähigkeit plädieren, weil er nicht mehr wußte, was er tat, und richtiges und falsches Verhalten nicht mehr abschätzen konnte.

Psychiater in Großbritannien fordern jedoch, daß das Verteidigungsargument der nächtlichen Angst nicht zu einem Freispruch des Angeklagten führen dürfe, wie es im Fall des Mannes, der seine Frau ermordet hatte, geschehen war. Denn fast alle anderen Verbrechen, so argumentieren sie, die im Zustand nachgewiesener Verwirrung verübt werden, ziehen eine Einweisung in ein Krankenhaus nach sich.

Hüte dich vor dem 21. Tag jedes Monats

Fast während seines ganzen Lebens vermied es Louis XVI. von Frankreich, am 21. Tag jedes Monats wichtige Angelegenheiten zu erledigen, weil ein Astrologe ihn bereits als Kind vor diesen Datum gewarnt hatte. Aber es war dem König nicht immer möglich, Ereignisse zu vermeiden, die er selbst nicht kontrollieren konnte. Am 21. Juni 1791 wurden Louis und seine Königin Marie Antoinette verhaftet, als sie nach dem Ausbruch der Revolution versuchten, aus Frankreich zu fliehen. Am 21. September des folgenden Jahres wurde die Monarchie abgeschafft, und am 21. Januar 1793 wurde Louis hingerichtet.

Die Entdeckung des Pygmäenflußpferds und anderer nicht existierender Tiere

Etwa um die Jahrhundertwende hörte Sir Harry Johnston bei einem Pygmäenstamm im Kongo zum erstenmal Geschichten über das Okapi. 1901 schickte er ein Fell, zwei Schädel und eine detaillierte Beschreibung des etwa maultiergroßen, wie ein Zebra gestreiften Tieres nach London, wo man feststellte, daß das Okapi ein naher Verwandter der Giraffe ist. 1919 gelangten die ersten lebenden Okapis aus dem Kongo in europäische Zoos.

Bereits 1812 behaupteten Paläontologen und andere Wissenschaftler, daß eine Entdeckung neuer Tierarten sehr unwahrscheinlich sei. Aber schon damals täuschten sich die Fatalisten, denn 1819 wurde der Tapir entdeckt. Seit dieser Zeit, von der Entdeckung des Tapirs bis zu der des Okapis und darüber hinaus, gab es eine ganze Reihe Neuentdeckungen von Tierarten auf der ganzen Welt.

1909 brach der deutsche Forscher Hans Schomburgk nach Liberia auf, um dort das schwarze Riesenschwein zu suchen. Er brauchte Jahre, doch schließlich entdeckte er es — groß, schwarz und glänzend, aber offensichtlich mit dem Flußpferd verwandt und nicht mit dem Schwein. Da er es nicht fangen konnte, mußte er mit leeren Händen nach Hause zurückkehren und sich so den Skeptikern stellen. Aber Schomburgk wußte, was er gesehen hatte, und fuhr deshalb 1912 noch einmal nach Afrika, um es doch noch zu fangen. Und diesmal kehrte er triumphierend nicht mit einem, sondern mit fünf Pygmäenflußpferden zurück, jedes mit einem Gewicht von etwa 400 Pfund, einem Zehntel des Durchschnittsgewichts eines normalen Flußpferds.

Viele unbekannte oder angeblich ausgestorbene Tierarten wurden schon oft gesehen und beschrieben, bevor man ein Exemplar der Gattung fangen und den Skeptikern präsentieren konnte. So glaubte zum Beispiel kein Mensch die Berichte über den in Indonesien beheimateten Riesenwaran, der angeblich bis zu dreieinhalb Meter lang und fast 350 Pfund schwer werden kann. Gerüchte, daß dieser Drachen Ziegen und Schweine verspeise und sogar Pferde angreife, waren für die Skeptiker einfach zu unglaublich. Doch dann lieferte man Häute und Fotos als Beweise, und schließlich wurde sogar ein lebender Drachen gefangen und ausgestellt.

Andere sogenannte nicht existierende Tiere sind etwa der Bergnyala des südlichen Äthiopien, der Andenwolf und der Kouprey aus Südostasien. Noch viel interessanter waren die Entdeckungen »ausgestorbener« Arten. 1938 etwa wurde an der Küste von Südafrika der *Coelacanthus* entdeckt, ein riesiger stahlblauer Fisch mit großen Schuppen, der, so behaupteten die Wissenschaftler, vor 60 Millionen Jahren ausgerottet wurde. Und 1975 stieß man in Paraguay auf das langnasige Pekari, das mit den Schweinen und Warzenschweinen verwandt ist und angeblich vor 2 Millionen Jahren ausstarb.

Ufo oder Meteor?

Der Kapitän der *Eastern Airlines* C. S. Chiles und sein Kopilot J. B. Whitted hatten am 23. Juli 1948 eigentlich einen Routineflug erwartet. Sie waren in Houston gestartet und flogen nun durch eine klare, mondhelle Nacht in einer Höhe von 5000 Fuß auf Boston zu. Gegen 2.45 Uhr bemerkte Chiles einige Meilen südlich von Montgomery, Alabama, ein rötlich glühendes Objekt, das mit beängstigender Geschwindigkeit auf die DC-3 zukam.

Zunächst glaubten sie, es sei ein Militärflugzeug, und Chiles nahm an, daß der Jetpilot, sobald er die grünen und roten Warnlichter der DC-3 bemerkte, ausweichen würde. Aber sie sahen bald, daß das nicht der Fall war, und der Schweiß trat ihnen auf die Stirn, während sie zusehen mußten, wie das Objekt immer näher kam. Chiles hatte schließlich keine andere Wahl mehr, als sein Flugzeug scharf nach links zu kippen, um einen Zusammenstoß zu vermeiden. Während das Objekt nun in dreißig Metern Entfernung an ihrem rechten Flügel vorbeisauste, konnten sich Chiles und Whitted es sich genau ansehen.

Der vermeintliche Militärjet war ein zigarrenförmiges, flügelloses Flugobjekt mit Fenstern, die von einem gleißend weißen Licht erleuchtet wurden. Es stieg plötzlich in die Höhe und verschwand mit einem leuchtend orangefarbenen Feuerstoß in den spärlichen Wolken.

Der kürzlich verstorbene Ufo-Experte J. Allen Hynek glaubte, Chiles und Whitted hätten wohl nur einen Meteor gesehen, aber Meteore verändern nicht plötzlich die Richtung und verschwinden im Weltall.

Der Ri von Neuirland

Nach einer über zwanzigjährigen Beschäftigung mit den Eingeborenen Neuguineas wandte der Anthropologe Roy Wagner Ende der Siebziger seine Aufmerksamkeit den Baroks auf der Insel Neuirland zu. Während Wagner nun bei diesem Stamm lebte, hörte er bald eine faszinierende Geschichte über einen *ri,* der angeblich vor Jahrzehnten an den Strand gespült worden war.
Wagner hielt den *ri,* angeblich ein Wesen mit menschlichem Gesicht und Oberkörper und dem Unterleib und Schwanz eines Fisches, zunächst für ein Sagentier aus dem umfangreichen Legendenschatz des Stammes. Doch immer wieder hörte er von Leuten, die einen *ri* gesehen haben wollten, und die Stammesmitglieder behaupteten beharrlich, daß dieses Wesen wirklich existiere.
Einige der Eingeborenen erzählten Wagner, sie hätten einmal sogar einen *ri* gegessen, und dessen Fleisch sei sehr schmackhaft gewesen. Ein Junge berichtete, er habe in einer mondhellen Nacht in einem Bach einen ganzen *ri*-Schwarm beobachtet. Und ein anderer wollte sogar eins dieser Wesen gefangen haben, doch als er mit Wagner zu der Stelle am Strand zurückkehrte, hatte sich der *ri* offensichtlich »aus dem Staub gemacht«.
Neugierig geworden von Wagners Bericht über den *ri,* den dieser nach seiner Rückkehr an die Universität von Virginia veröffentlicht hatte, beschloß der Kryptozoologe J. Richard Greenwell, der Geschichte selbst nachzugehen. Zusammen mit Wagner und zwei Geologen traf Greenwell 1983 in Neuirland ein. Und bei den Susurunga, einem weiteren Stamm auf Neuirland, stießen sie schließlich auf den *ri.*

Eines Morgens kurz vor Sonnenaufgang beobachteten die Wissenschaftler in der Nakon-Bay ein sonderbares Meerestier. Es hatte einen dunklen, schlanken Leib, keine Rückenflosse, aber offensichtlich auch keinen menschlichen Kopf oder menschliche Arme. Greenwell gelang es sogar, die Schwanzflossen des Wesens zu fotografieren, bevor es wieder in der Tiefe verschwand.

Greenwell wandte sich nun an verschiedene Meeresbiologen und konnte so ausschließen, daß es sich bei dem Tier um einen Delphin oder einen Seehund gehandelt hatte. Zeitweise glaubte er, es sei ein Dugong gewesen, ein Meeressäuger, der in den Küstengewässern um Australien und Neuguinea häufig anzutreffen ist. Das Wesen jedoch, das er vor Neuirland beobachtet hatte, war sehr schnell gewesen, untypisch für die schwerfälligen Dugongs. »Und Dugongs bleiben höchstens eine Minute unter Wasser«, fügte Greenwell hinzu. »Unser Tier dagegen blieb zehn Minuten unten.«

Eine tödliche Wolke

Nach Überzeugung einer Gruppe französischer Astronomen treibt eine riesige interstellare Wolke direkt auf unsere Erde zu, die drastische Auswirkungen auf das Klima unseres Planeten haben könnte. Irgendwann in den nächsten 10 000 Jahren, so Alfred Vidal-Madjar, wird sich diese Wolke vor die Sonne schieben und auf der Erde eine neue Eiszeit auslösen. Möglich wäre natürlich auch, fügt der Forschungsleiter des französischen »Instituts für stellare und planetare Physik« hinzu, daß die Wolke die Sonnenstrahlung verstärkt.

Interstellare Wolken sind generell ein astronomisches Rätsel, doch bei der Wolke, die sich nun unserer Erde nähert, gehen die französischen Wissenschaftler davon aus, daß sie die Form einer Zigarre hat und etwa zehnmal so lang wie breit ist. Bei einer geschätzten Geschwindigkeit von 15 bis 20 Kilometern pro Sekunde nimmt Vidal-Madjar an, daß sie sich der Erde bereits bis auf den zehnten Teil eines Lichtjahrs genähert hat. Obwohl genaue Voraussagen unmöglich sind, so der Wissenschaftler, besteht das allerdings geringe Risiko, daß ihre zerstörerische Wirkung bereits im Jahr 2001 spürbar wird.

Ein prähistorischer Atomkrieg

Im Ersten Weltkrieg erzählten indische Offiziere der Britischen Armee ihren englischen Kollegen häufig, die sogenannten modernen Waffen hätten die alten Inder schon vor Tausenden von Jahren gekannt und benutzt. Die englischen Offiziere hörten den Geschichten mit amüsiertem Lächeln zu und taten sie schließlich als unglaublich und unmöglich ab.

Dennoch tauchen einige dieser »großen Geschichten« auch in historischen Berichten nichtindischer Autoren auf. Alexander der Große zum Beispiel mußte gegen Porus eine unerwartete Niederlage hinnehmen, denn dieser indische Radscha, so der griechische Bericht, setzte mit Sprengladungen gefüllte Bomben ein, die von speziellen Artillerietruppen abgefeuert wurden. Die Griechen (und vor allem ihre Pferde) hatten beträchtlich unter der zerstörerischen Wirkung dieser unbekannten Waffen zu leiden, und das mehr als 2200 Jahre vor der »offiziellen« Erfindung von Explosivgeschossen.

Alte indische Bücher wie das *Mahabharata* und das *Ramayana*, beide Tausende von Jahren alt, enthalten detaillierte Beschreibungen von Luftschiffen mit Quecksilberantrieb, Projektilen, die Gift über die Feinde versprühen, und Raketen, die menschliche Ziele verfolgen (wie etwa unsere modernen Lenkwaffen), auch wenn sie sie »durch die drei Welten« verfolgen müßten. Darüber hinaus gab es eine Superbombe, die den Feind auslöschte. Man nannte sie den »Eisenblitz«, der, so die Beschreibung in dem Epos, etwa die Größe eines »kleinen Jungen« hatte — und *Little Boy* war der Name der ersten modernen Atombombe. Wenn dieser »Eisenblitz« explodierte, ent-

stand eine große Wolke am Himmel, die verglichen wurde mit einem sich öffnenden Parasol. Man denke hier nur an unseren modernen Begriff der Atompilze.
Das *Mahabharata,* das erst Mitte des neunzehnten Jahrhunderts ins Englische übersetzt wurde, war für den westlichen Leser lange nur unter religiösen und literarischen Gesichtspunkten von Interesse. Erst 1945 wurde das *Mahabharata* auch in einem naturwissenschaftlichen Kontext zitiert, passenderweise in White Sands, New Mexico, von einem sehr bedeutenden Wissenschaftler.

Denn als bei dem ersten Atombombentest der Rauchpilz in die Höhe stieg, benutzte Robert Oppenheimer ein Zitat aus dem *Mahabharata,* um seine Gefühle zu beschreiben:

»Wenn die Strahlkraft von tausend Sonnen
Auf einmal den Himmel erhellen würde,
Das wäre wie die Herrlichkeit des Allmächtigen ...
Ich, der ich Tod wurde — der Zerstörer der Welten ...«

Das *Mausala Parva,* ein Abschnitt des *Mahabharata,* weiß noch mehr zu berichten von den Wirkungen des »Eisenblitzes«, und diese Beschreibungen erinnern auf eine fast unheimliche Weise an die Wirkungen einer Atombombe.

»... Es war ein einziges Geschoß, geladen
mit all der Macht des Universums.
Eine Feuersäule aus Rauch und Flammen,
so hell wie zehntausend Sonnen,
stieg auf in Macht und Herrlichkeit ...
... war eine unbekannte Waffe, ein Eisenblitz,
ein mächtiger Todesbote,

der zu Asche verwandelte die Stämme
der Vrishnis und der Andhakas.
Die Leichen waren verbrannt
bis zur Unkenntlichkeit.
Haare und Nägel fielen aus —
Geschirr zerbrach ohne Grund
und die Vögel wurden weiß.
Nach wenigen Stunden war alle Nahrung verdorben.
Um diesem Feuer zu entkommen,
warfen die Soldaten sich in Flüsse,
um sich zu waschen und ihre Waffen.«

Sind diese eigenartigen Parallelen zu unseren eigenen Erfahrungen nur ein Beispiel für uralte Science-fiction, oder sind es Berichte über ein wirkliches Ereignis, das eine Zivilisation zerstörte, Tausende von Jahren bevor die unsere entstand?